商务大数据分析导论

主　编　张　武
副主编　杨　蕊　汪大金　刘美言
参　编　罗频宇　周朝进

西南交通大学出版社
·成　都·

图书在版编目（CIP）数据

商务大数据分析导论 / 张武主编. -- 成都：西南交通大学出版社，2024. 8. -- ISBN 978-7-5643-9997-9

Ⅰ. F712.3

中国国家版本馆 CIP 数据核字第 2024RX1800 号

Shangwu Dashuju Fenxi Daolun
商务大数据分析导论

主　编／张　武

策划编辑／张　波
责任编辑／李　伟
封面设计／墨创文化

西南交通大学出版社出版发行
（四川省成都市金牛区二环路北一段 111 号西南交通大学创新大厦 21 楼　610031）
营销部电话：028-87600564　　028-87600533
网址：http://www.xnjdcbs.com
印刷：成都中永印务有限责任公司

成品尺寸　185 mm×260 mm
印张　26.25　　字数　655 千
版次　2024 年 8 月第 1 版
印次　2024 年 8 月第 1 次

书号　ISBN 978-7-5643-9997-9
定价　59.00 元

课件咨询电话：028-81435775
图书如有印装质量问题　本社负责退换
版权所有　盗版必究　举报电话：028-87600562

前　言

　　以大数据、云计算、算法和大模型为核心的人工智能技术迅猛发展，不仅改变了我们的工作和生活方式，也对商业分析理论与方法进行了全新的定义。然而，目前有关商务大数据分析方法的教材多偏重理论知识，主要表现在：一是大部分有关大数据的书籍是思维导引性质的，适合作为启迪读物，无法满足中等深度学习的要求；二是小部分有关大数据分析的教材内容偏重数理专业，内容不易理解，对大部分学生来说学习困难，会使学生产生畏难情绪，难以满足商科学生和从业人员的实际需求。基于此，编者决定编写一本既深入浅出又实用易懂的教材，旨在帮助本科层次的学生掌握大数据分析的基本原理和应用技巧。

　　本书是在编写组成员近三年的教学基础上逐渐形成的。在这个过程中，我们不仅深入研究了大量文献资料，还自主开发了多个数据分析软件工具，以期通过实践加深对理论知识的理解。其中，每个项目都经过反复推敲和精心设计，力求做到内容丰富、结构清晰、案例生动。基于此理念，本书的编写原则主要聚焦于三个方面：一是要让读者掌握大数据算法的基本原理，以便在应用场景中进行算法选型时思路清晰；二是注重公式呈现及推导过程，聚焦主干，不涉旁支，同时以图示演变作为辅助说明；三是自主开发应用程序，以实例来演示相关内容，所有内容可下载、可扩展，帮助读者理解相关内容。

　　本书涵盖了大数据分析算法，如决策树、K-means 聚类、朴素贝叶斯分类、K 近邻算法等；注重理论与实践相结合，强调算法的应用场景和操作过程，同时提供了丰富的教学资源，包括彩色图例、PPT 课件、原始数据集、模拟软件等，并以"数字经济"为视野，介绍了当前主流的深度学习算法及主要专业工具的应用场景等。其主要特点是借助大量专业工具及信息化手段，营造"沉浸式"阅读氛围，通过移动端扫码，让复杂的算法通过三维立体视图动起来，给学习者以直观感受，并且简化推导过程，注重结果呈现和应用场景的说明；同时，在专业工具使用方面，部分相关书籍只注重输入端和输出端的"傻瓜机"式应用模式的介绍，而本书更加注重中间处理过程的说明和描述，强化阅读者解决实际问题的能力。

本书风格适合商科学生对大数据分析技术相关课程的学习，既保持了范度，又加持了深度。本书的案例来自企业的商务真实数据和通用分析工具，同时结合实际需求，开展真正的商务数据分析。本书结构严谨、内容新颖、顺应时代需求、叙述清晰、强调实践，可作为商科低年级学生的专业基础课教材，也可作为商务数据分析的培训教材及企事业单位会计财务、电子商务、企业管理、市场营销、国际贸易等相关从业人员的参考用书。本书配套的一些图例、教学 PPT 课件、实训原始数据、专用工具、自创模拟软件、3D 呈现图样、实训操作视频等资料，都可以通过课程教学资源库网站或手机端下载。

编者在编写本书的过程中参阅了大量文献资料，由于篇幅所限，本书仅列出了其中的部分参考文献，在此向所有相关著作者表示衷心的感谢。

因为编者的知识面和水平有限，本书一定还存在许多疏漏和不足之处，欢迎广大读者批评指正。

编 者

2024 年 4 月

目 录

项目一　大数据分析算法基础 ... 1
　任务一　大数据分析基础知识 ... 2
　任务二　大数据分析能力 ... 17
　本项目知识积累与技能训练 ... 27

项目二　大数据分析的算法 ... 31
　任务一　决策树算法 ... 32
　任务二　聚类算法 ... 45
　任务三　朴素贝叶斯算法 ... 60
　任务四　K 近邻分类算法 ... 67
　任务五　关联规则 ... 78
　任务六　逻辑回归 ... 89
　任务七　人工神经网络 ... 117
　任务八　支持向量机 ... 133
　任务九　马尔可夫链及自然语言处理 ... 149
　本项目知识积累与技能训练 ... 163

项目三　数据采集与整理 ... 165
　任务一　数据挖掘及其方法 ... 166
　任务二　Python 数据采集实例 ... 170
　任务三　八爪鱼数据采集实例 ... 184
　任务四　Power BI 数据采集实例 ... 190
　任务五　数据整理实例 ... 196
　本项目知识积累与技能训练 ... 202

项目四　构建数据模型 ... 204
　任务一　网站分析与推荐 ... 205
　任务二　分析方法与过程 ... 211
　本项目知识积累与技能训练 ... 230

项目五　认识客户价值 ... 231
　任务一　RFM 模型与应用 ... 232
　任务二　决策树分析实例 ... 242
　本项目知识积累与技能训练 ... 254

项目六　数据可视化 ………………………………………………………… 255
　　任务一　数据可视化的重要性 ………………………………………… 256
　　任务二　常用可视化图表示例 ………………………………………… 258
　　本项目知识积累与技能训练 ……………………………………………… 312
项目七　商务大数据应用场景 …………………………………………… 313
　　任务一　税收大数据 …………………………………………………… 314
　　任务二　金融大数据 …………………………………………………… 319
　　任务三　电子商务大数据 ……………………………………………… 324
　　任务四　财务大数据 …………………………………………………… 328
　　任务五　旅游大数据 …………………………………………………… 330
附　录 ……………………………………………………………………… 337
　　附录一　H航空公司大数据应用案例 ………………………………… 337
　　附录二　M科技公司大数据应用案例 ………………………………… 350
　　附录三　H公司大数据应用案例 ……………………………………… 373
　　附录四　全国职业院校技能大赛商务数据分析赛项应用案例 ………… 397
参考文献 …………………………………………………………………… 412

项目一　大数据分析算法基础

○ **知识目标**

（1）了解机器学习与深度学习、监督学习与无监督学习。
（2）了解训练集、验证集和测试集。
（3）了解大数据分析流程、方法和工具。
（4）了解离散型随机变量和连续型随机变量。
（5）了解常见的离散型随机变量的分布：等概率分布、伯努利分布、二项分布、几何分布、超几何分布、泊松分布。
（6）了解常见的连续型随机变量的分布：正态分布、指数分布。

○ **能力目标**

（1）能够区分机器学习与深度学习、监督学习与无监督学习。
（2）掌握大数据分析流程、方法和工具。
（3）能够区分常见的离散型随机变量的分布和连续型随机变量的分布。

○ **素养目标**

（1）培养财经商贸类专业学生的大数据意识、思维和素养。
（2）培养学生使用大数据的法律意识和安全意识。
（3）培养学生使用大数据技术分析商务数据的意识。

○ **德技并修**

大数据是一种在获取、存储、管理、分析等方面大大超出传统数据库软件工具能力范围的数据集合。它具有大量、快速、多样、价值密度低和真实性五大特征。"大数据"是需要新处理模式才能具有更强的决策力、洞察发现力和流程优化能力来适应海量、高增长率和多样化的信息资产。在大数据时代，数据的意义不亚于第一次工业革命后的煤炭、钢铁，或是现代工业的电力、石油，甚至自动化技术。

○ **项目说明**

本项目包括两个任务：大数据分析基础知识、大数据分析能力。这些是学生学习商务大数据分析技术必须具备的数学知识和思维，也是帮助学生建立对大数据的初步认识，逐步迈入商务大数据世界的开门钥匙。

任务一 大数据分析基础知识

一、大数据分析的相关概念

（一）机器学习与深度学习

1. 机器学习

机器学习是人工智能在近期最重要的发展之一。机器学习的理念是，不将智能看作是给机器传授东西，而是机器自己学习东西。这样一来，机器就可以直接从经验（或数据）中学习如何处理复杂的任务。

随着计算速度和用于编程的算法的巨大进步与发展，机器学习成长迅速。由此产生的算法对我们的生活开始产生重大影响，而且它们的表现往往胜过人类。那么，机器学习是如何工作的呢？

在机器学习系统中，计算机通常是通过在相同任务的大型数据库中进行训练，然后自己编写代码去执行一项任务。其中很大一部分涉及识别这些任务中的模式，然后根据这些模式做出决策。

机器学习的核心是"使用算法解析数据，从中学习，然后对新数据做出决定或预测"。也就是说，机器学习是计算机利用已获取的数据得出某一模型，然后利用该模型进行预测的一种方法。这个过程跟人的学习过程类似，比如人获取一定的经验，可以对新问题进行预测。

举个例子，春节前的"集五福"活动，我们用手机扫"福"字照片识别福字，就是采用机器学习的方法。我们可以为计算机提供"福"字的照片数据，通过算法模型训练，系统不断更新学习，然后输入一张新的"福"字照片，机器会自动识别这张照片上是否有福字。

机器学习是一门多领域交叉学科，涉及概率论、统计学、计算机科学等多门学科。机器学习的概念就是通过输入海量训练数据对模型进行训练，使模型掌握数据所蕴含的潜在规律，进而对新输入的数据进行准确分类或预测。训练数据与模型的关系如图 1-1-1 所示。

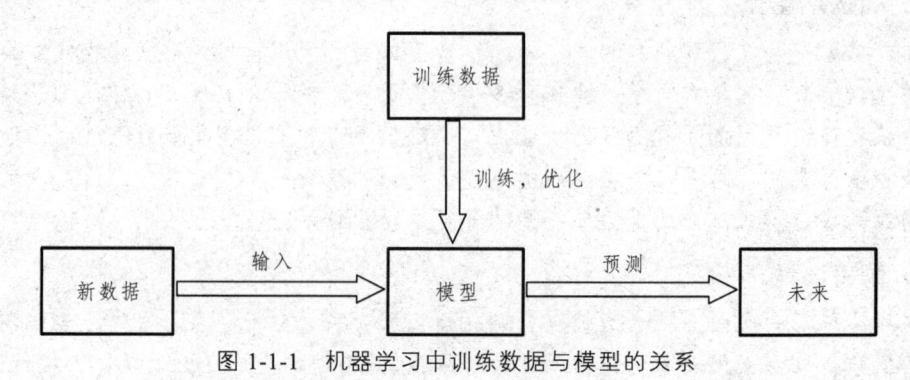

图 1-1-1 机器学习中训练数据与模型的关系

为了更清楚地理解机器学习的过程，我们将以开发能够识别手写数字的机器为具体例子来考虑模式识别的问题。这种机器应该能够准确识别一个字符所代表的数字，而无论它的书写格式如何变化。

数字识别的过程分为两个阶段。首先，我们必须能够将手写数字的图像扫描到机器中，并从这张（数字）图像中提取出有意义的数据。这通常是通过主成分分析（PCA）的统计方法实现的，这种方法会自动提取图像中的主要特征，如图像的长度、宽度以及线条的交点等。这个过程与求解矩阵的特征值和特征向量的过程密切相关，也与搜索网站在互联网上搜索信息的过程非常相似。

然后，我们想训练机器从这些提取的特征中识别数字，一种非常主流的用来训练机器的方法是神经网络。神经网络算法的最初灵感来源是我们认为的人类大脑的工作方式，但并不严格地建立在我们认为的人类大脑的工作方式之上。

2. 深度学习

深度学习（Deep Learning，DL）是目前关注度很高的一类算法，属于机器学习的子类。它的灵感来源于人类大脑的工作方式，是利用深度神经网络来解决特征表达的一种学习过程。

人工智能、机器学习、深度学习的关系如图1-1-2所示。

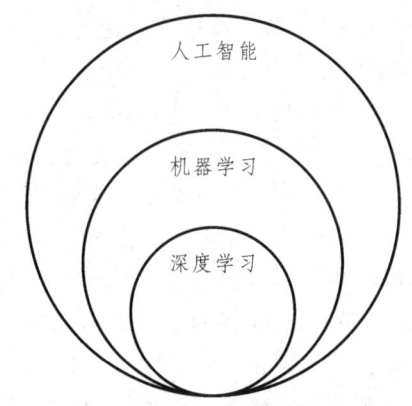

图1-1-2 人工智能、机器学习、深度学习的关系

深度学习归根结底也是机器学习，不过它不同于监督学习、半监督学习、无监督学习、强化学习的分类方法，而是另一种分类方法，即机器学习基于算法神经网络的深度分为浅层学习算法和深度学习算法。

浅层学习算法主要是针对结构化数据、半结构化数据场景的预测；深度学习主要解决复杂的场景，如图像、文本、语音识别与分析等。

【理解案例】

世界著名围棋棋手柯洁对战人工智能机器人AlphaGo（"阿尔法狗"）连输三盘

2017年5月3日，世界著名围棋棋手柯洁与人工智能机器人AlphaGo（"阿尔法狗"）在乌镇的对弈，吸引了社会广泛关注。这是"阿尔法狗"2016年3月大胜韩国棋手李世石后，与围棋大师的再次交战。结果柯洁连败三局。

引领"阿尔法狗"出奇制胜的系统，是一套"深度学习+强化学习"的算法模型。在人工智能的日常应用中，能够进行小样本分析的"迁移学习"算法模型也十分重要。业内专家表示，未来人工智能的发展趋势将是深度学习、强化学习、迁移学习三者融合互补。

"阿尔法狗"的"大脑"，是机器学习系统，即一套机器模拟人脑运算的体系。支撑"阿尔法狗"的机器学习算法，是"深度学习+强化学习"。

实际上，人工智能技术已走过了60多年历程，直到近年来机器学习技术中的深度学习算法取得突破，才迎来春天。深度学习概念由加拿大学者Geoffrey Hinton提出并不断完善，意为使机器模仿人脑神经网络的学习、判断和决策能力。

在深度学习过程中，数据至关重要，是训练机器智能的沃土。2016年在对弈李世石前，"阿尔法狗"以半年时间集中模仿学习了3 000万步人类围棋大师的走法，并从自我对弈中积累胜负经验。

2017年在对弈柯洁前，"阿尔法狗"的算法又有三大显著的进步。

其一，其学习的数据全部来自机器自身，而非人类。"阿尔法狗"项目负责人David Silver介绍，最好的训练数据不是来自人类，而是来自"阿尔法狗"自己，利用其强大的搜索能力，生成数据，让下一代的"阿尔法狗"学习。由于数据优质、算法高效，"阿尔法狗"计算量仅为对阵李世石时的1/10。

其二，由多机运行升级为单机运行，更便于应用。2016年的"阿尔法狗"使用了谷歌云上的约50个TPU（张量处理单元），使用多台计算机运行，而2017年的"阿尔法狗"使用了4个TPU，单台计算机即可运行。

其三，强化学习的重要性进一步凸显，机器自我决策能力大大提高。人工智能强化学习概念，借鉴自心理学，即机器会在环境给予的奖励或惩罚的刺激下，逐步形成对刺激的预期，产生能获得最大利益的习惯性行为。强化学习的本质是实现"自动决策"。机器会在没有任何指导、标签的情况下，尝试行为，得到一个结果，再判断是对还是错，由此调整之前的行为，通过不断地调整，算法持续优化。强化学习的算法更接近于人类的思维模式。

目前，深度学习和强化学习的算法已经得到了一定的应用。研发"阿尔法狗"的团队、谷歌旗下的DeepMind公司已与英国国家医疗服务体系（NHS）合作，与眼科医院共同开发一套用于早期识别视觉疾病的机器学习系统，通过对眼球扫描图像的分析，发现糖尿病视网膜病变、老年性黄斑病变的早期症状。

（二）监督学习、无监督学习、半监督学习与强化学习

在了解了机器学习的概念后，即通过建立模型进行自我学习，那么学习方法有哪些呢？

1. 监督学习

监督学习就是训练机器学习的模型的训练样本数据有对应的目标值，通过对数据样本因子和已知的结果建立联系，提取特征值和映射关系，通过已知的结果、已知数据样本不断地学习和训练，对新的数据进行结果预测。

监督学习通常用在分类和回归中。比如手机识别垃圾短信，电子邮箱识别垃圾邮件，都是通过对一些历史短信、历史邮件做垃圾分类的标记，对这些带有标记的数据进行模型训练，然后获取到新的短信或是新的邮件时，进行模型匹配，来识别此邮件是否是垃圾短信或垃圾邮件，这就是监督学习下分类的预测。

再举一个回归的例子，比如我们要预测公司净利润的数据，可以通过历史上公司利润（目

标值），以及与利润相关的指标，如营业收入、资产负债情况、管理费用等数据，通过回归的方式建立公司利润与相关因子的方程式，通过输入因子数据，来预测公司利润。

监督学习的难点是获取具有目标值的样本数据的成本较高，原因在于这些训练集要依赖人工标注工作。

2. 无监督学习

无监督学习与监督学习的区别就是选取的样本数据无须有目标值，无须分析这些数据对某些结果的影响，只是分析这些数据内在的规律。

无监督学习常用在聚类分析方面，比如客户分群、因子降维等。例如，RFM模型（客户价值模型）的使用，通过客户的销售行为（消费次数、最近消费时间、消费金额）指标，来对客户数据进行聚类（如下四类）。

（1）重要价值客户：最近消费时间较近，消费频次和消费金额都很高。

（2）重要保持客户：最近消费时间较远，但消费频次和金额都很高，说明这是个一段时间没来的忠诚客户，我们需要主动与他保持联系。

（3）重要发展客户：最近消费时间较近、消费金额高，但频次不高，忠诚度不高，很有潜力的用户，必须重点发展。

（4）重要挽留客户：最近消费时间较远、消费频次不高，但消费金额高的用户，可能是将要流失或者已经流失的用户，应当采取挽留措施。

除此之外，无监督学习也适用于降维，无监督学习比监督学习的好处是数据不需要人工打标记，数据获取成本低。

3. 半监督学习

半监督学习是监督学习和无监督学习相互结合的一种学习方法，通过半监督学习方法可以实现分类、回归、聚类的结合使用。

半监督分类：是在无类标签的样例的帮助下训练有类标签的样本，获得比只用有类标签的样本训练得到更优的分类。

半监督回归：在无输出的输入的帮助下训练有输出的输入，获得比只用有输出的输入训练得到的回归器性能更好的回归。

半监督聚类：在有类标签的样本的信息帮助下获得比只用无类标签的样例得到的结果更好的簇，提高聚类方法的精度。

半监督降维：在有类标签的样本的信息帮助下找到高维输入数据的低维结构，同时保持原始高维数据和成对约束的结构不变。半监督学习是最近比较流行的方法。

4. 强化学习

强化学习是一种比较复杂的机器学习方法，强调系统与外界不断地交互反馈，它主要是针对流程中不断需要推理的场景，如无人驾驶汽车。强化学习更多关注性能，是机器学习中的热点学习方法。

需要说明的是，深度学习是根据模型的结构差异化形成的机器学习的一个分支，而上述四类学习是连接主义学习的四大类别。深度学习与四类学习都有部分重叠关系，如图1-1-3所示。

除此之外，随着人工智能技术的不断发展及应用场景的持续深入，深度学习还发展出迁移学习等技术。

目前的深度学习和强化学习算法，虽然进步迅速，得到了一定的应用，但仍面临一定的局限性。

深度学习的局限性在于，必须依赖庞大且优质的数据量。然而目前，数据源、数据算法、数据应用的市场高度分离，数据高度集中在几大互联网巨头手中，高质量的大数据高度垄断、不易获得。

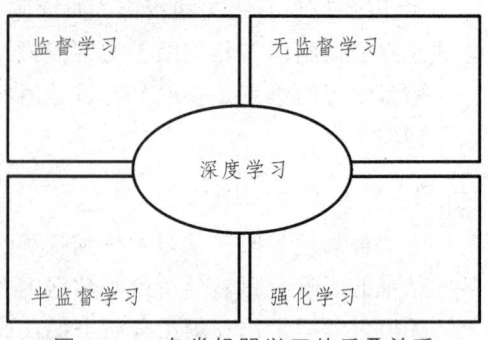

图 1-1-3　各类机器学习的重叠关系

强化学习的问题在于，不仅速度慢、反馈延迟，其分析的数据还可能与大部分数据不同，存在数据偏差，在这种情况下，强化学习就会"将错就错"，运算结果不可信。

面对上述局限，出现了迁移学习。2005 年，学界提出"迁移学习"概念，强调"深度学习 + 小样本"理念，即将大数据训练好的模型迁移到类似场景改进应用中，其特征是小数据、冷启动，打破了"逢模型必大数据"的局限。

例如，将骑自行车的经验应用在骑摩托车上，就是迁移学习。"阿尔法狗"能适应 19×19 的棋盘，那么，如果要迅速适应 21×21 的棋盘，就需要迁移学习算法。

在 IT 行业，迁移学习已有局部应用，如利用迁移学习将百度搜索算法应用到问答社区"百度知道"，使后者点击率提升四成；腾讯将大规模在线电商推荐任务迁移到新领域，大大减少了数据需求量；微软也利用迁移学习分析了电商产品的舆情取向。

（三）训练集、验证集和测试集

为了评估有监督算法的区分度、稳定性、鲁棒性等模型效果，往往会将样本拆分为训练集、测试集、验证集（或外样本测试）。

机器学习中普遍的做法是将样本按 7∶3 的比例从同一个样本集中随机划分出训练集和测试集。在风控领域，做评分卡模型的时候除了随机抽样外，也有用到分层抽样，不过划分的比例还是一样的。这三个样本集的作用分别如下：

训练集（train set），用于训练有监督模型、拟合模型、调整参数、选择入模变量，以及对算法做出其他抉择。

测试集（test set），用于评估训练出的模型效果，但不会改变模型的参数及效果，一般验证模型是否过拟合或欠拟合，决定是否重新训练模型或者选择其他的算法。

验证集（validation set），因为训练集和测试集均源自同一分布中，随着时间的流逝，近期样本的分布与训练模型的样本分布会有变化，需要校验训练好的模型在近期样本（验证集）是否有同样的效果，即模型的稳定性、鲁棒性、泛化误差。

只有确定好了训练集和测试集后，才可以对有监督算法调整学习算法的参数来探索合适的参数，筛选合适的特征，快速检测算法的性能，引导对机器学习做出最重要的改变。

因此，需合理选择训练集和测试集，使其分布能代表真实的数据分布，才能期望算法有良好的效果。

二、大数据分析流程

大数据分析是指对规模巨大的数据进行分析。大数据可以概括为 5 个 V，即数据量大（Volume）、速度快（Velocity）、类型多（Variety）、价值（Value）、真实性（Veracity）。

数据分析即从数据、信息到知识的过程，数据分析需要数学理论、行业经验及计算机工具三者结合。

（1）数据分析工具：各厂商开发了数据分析的工具、模块，将分析模型封装，使不了解技术的人也能够快捷地实现数学建模，快速响应分析需求。

（2）传统分析：在数据量较少时，传统的数据分析已能够发现数据中包含的知识，包括结构分析、杜邦分析等模型，方法成熟，应用广泛。

（3）常规分析：揭示数据之间的静态关系；分析过程滞后；对数据质量要求高。

随着计算机技术的进步，数据挖掘、商务智能、大数据等概念的出现，数据分析的手段和方法更加丰富。

（4）数据挖掘：就是充分利用统计学和人工智能技术的应用程序，把这些高深复杂的技术封装起来，使人们不用自己掌握这些技术也能完成同样的功能，并且更专注于自己所要解决的问题。同时将统计学和计算机技术等多学科进行结合，揭示数据之间隐藏的关系，将数据分析的范围从"已知"扩展到"未知"，从"过去"推向"将来"。

（5）商务智能：一系列以事实为支持，辅助商业决策的技术和方法，曾用名包括专家系统、智能决策等，一般由数据仓库、联机分析处理、数据挖掘、数据备份和恢复等部分组成对数据分析的体系化管理，数据分析的主体依然是数据挖掘。

（6）大数据技术：从多种类型的数据中，快速获取知识的能力及数据挖掘技术的衍生。

（7）数据可视化：大数据时代，展示数据可以更好辅助理解数据、演绎数据。

（一）数据分析标准流程

跨行业数据挖掘标准流程（CRISP-DM）是 20 世纪 90 年代由 SIG 组织（共同利益组织）提出的，目前是被业界广泛认可的数据分析流程。

（1）业务理解（business understanding）：确定目标、明确分析需求。

（2）数据理解（data understanding）：收集原始数据、描述数据、探索数据、检验数据质量。

（3）数据准备（data preparation）：选择数据、清洗数据、构造数据、整合数据、格式化数据。

（4）建立模型（modeling）：选择建模技术、参数调优、生成测试计划、构建模型。

（5）评估模型（evaluation）：对模型进行较为全面的评价，评价结果、重审过程。

（6）部署（deployment）：分析结果应用。

数据分析的标准流程可以由图 1-1-4 和图 1-1-5 予以说明。

商务大数据分析导论

业务理解	数据理解	数据准备	建立模型	模型评估	应用
理解业务背景 评估分析需求	数据收集 数据清理	数据探索 数据转换	选择方法、工具建立模型	建模过程评估 模型结果评估	分析结果应用 分析模型改进
·理解业务背景：数据分析的本质是服务于业务需求，如果没有业务理解，缺乏业务指导，会导致分析无法落地。 ·评估业务需求：判断分析需求能否可以转换为数据分析项目，某些需求不能有效转换为数据分析项目，如不符合商业逻辑、数据不足、数据质量极差等。	·数据收集：抽取的数据必须能够正确反映业务需求，否则分析结论会对业务造成误导。 ·数据清洗：原始数据中存在数据缺失和坏数据，如果不处理，会导致模型失效，因此对数据进行过滤"去噪"从而提取有效数据。	·探索数据：运用统计方法对数据进行探索，发现数据内部规律。 ·数据转换：为了达到模型的输入数据要求，需要对数据进行转换，包括生成衍生变量、一致化及标准化等。	·建立模型：综合考虑业务需求精度、数据情况、花费成本等因素，选择最合适的模型。在实践中对于一个分析目的，往往应用多个模型然后通过后续的模型评估，进行优化调整，以寻求最合适的模型。	·建模过程评估：对模型的精度、准确性、效率和通用性进行评估。 ·模型结果评估：评估是否有遗漏的业务，模型结果是否回答了当初的业务问题，需要结合业务专家进行评估。	·结果应用：将模型应用于业务实践，才能实现数据分析的真正价值，产生商业价值和解决业务问题。 ·模型改进：对模型应用效果的及时跟踪和反馈，以便对后期的模型进行调整和优化。

图 1-1-4　数据分析标准流程图

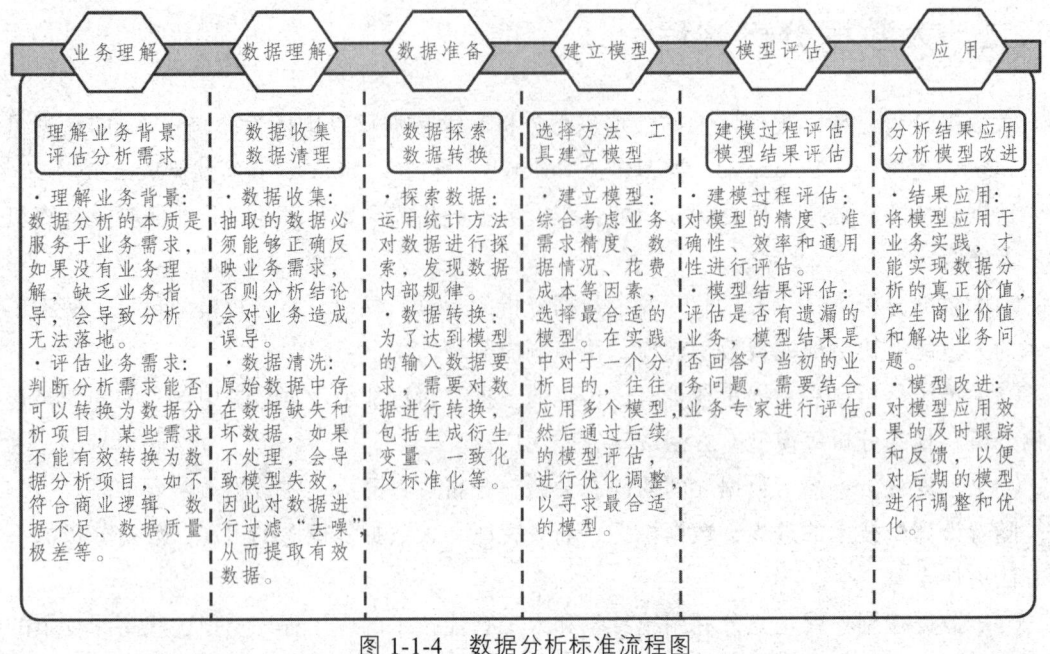

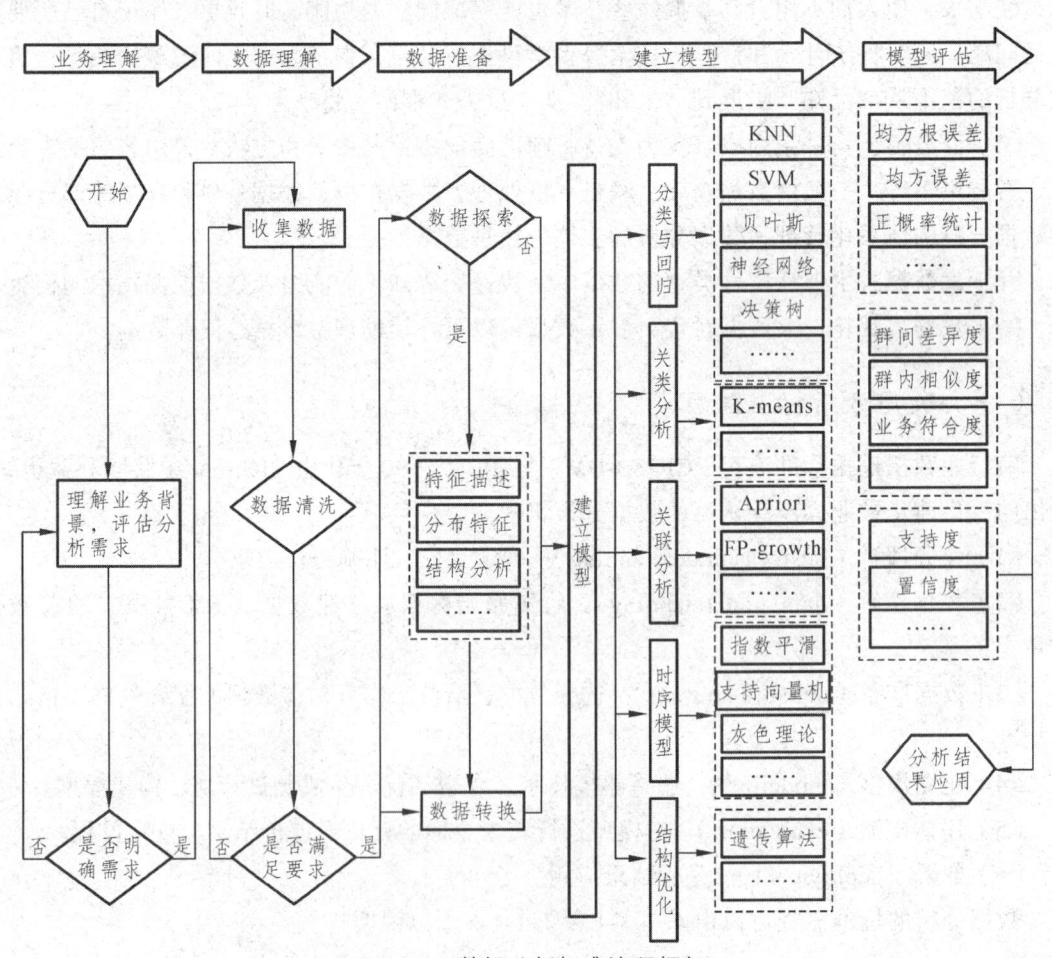

图 1-1-5　数据分析标准流程框架

- 8 -

（二）数据分析标准流程的案例解析

案例：某企业用大数据卖矿泉水。

> **业务背景**：告诉人们这是一家什么样的企业？业务活动主要有哪些？业务的主要瓶颈及困惑是什么？

这里是上海某乡镇超市的一个角落，矿泉水堆头静静地摆放在这里。公司业务员每天例行公事地来到这个点，拍摄 10 张照片：水怎么摆放、位置有什么变化、高度如何……，这样的点每个业务员一天要跑 15 个，按照规定，下班之前 150 张照片就被传回到公司总部。每个业务员，每天产生的数据量约 10 MB，这似乎并不是个大数字。

但公司全国有 10 000 个业务员，这样每天的数据就是 100 GB，每月为 3 TB。当这些图片如雪片般进入公司总部机房时，这家公司的首席信息官（CIO）就会有这么一种感觉：守着一座金山，却不知道从哪里挖下第一锹。

CIO 想知道的问题包括：怎样摆放水堆更能促进销售？什么年龄段的消费者在水堆前停留得更久，他们一次购买的量多大？气温的变化使购买行为发生了哪些改变？竞争对手的新包装对销售产生了什么影响？不少问题现在也可以回答，但更多是基于经验，而不是基于数据。

从 2008 年开始，业务员拍摄的照片就这么被收集起来，如果按照数据的属性来分类，"图片"属于典型的非关系型数据，还包括视频、音频等。要系统地对非关系型数据进行分析是 CIO 设想的下一步计划，这是公司在"大数据时代"必须迈出的步骤。如果超市、金融公司与公司有某种渠道来分享信息，如果类似图像、视频和音频资料可以系统分析，如果人的位置有更多的方式可以被监测到，那么摊开在 CIO 面前的就是一幅基于人消费行为的画卷，而描绘画卷的是一组组复杂的"0、1、1、0"。

思爱普（SAP）全球执行副总裁、中国研究院院长接受《中国企业家》采访时表示，企业对数据的挖掘使用分三个阶段：第一步是把数据变得透明，让大家看到数据，能够看到的数据越来越多；第二步是可以提问题，可以形成互动，并使用工具来帮我们做出实时分析；第三步是通过信息流来指导物流和资金流，数据要告诉我们未来，告诉我们往什么地方走。

> **业务理解**：将业务的瓶颈、困惑进一步凝练及具体化，能够清晰描述要解决的主要问题是什么。在本案例中，聚焦形成的主要问题是"如何根据不同的变量因素来控制自己的物流成本"。

SAP 从 2003 年开始与公司在企业管理软件 ERP（企业资源计划）方面进行合作。彼时，公司仅仅是一个软件采购和使用者，而 SAP 还是服务商的角色。而等到 2011 年 6 月，SAP 和公司开始共同开发基于"饮用水"产业形态运输环境的数据场景。

关于运输的数据场景到底有多重要呢？公司在全国有十多个水源地，把水灌装、配送、上架，一瓶超市售价 2 元的 550 mL 饮用水，其中 3 角花在了运输上。如何根据不同的变量因素来控制自己的物流成本，成为问题的核心。

> **数据理解**：如果说业务理解是用文字描述需要解决的问题，那数据理解就是用数学思维或算法原理来描述需要解决的问题。本案例中，在业务理解的基础上，转换出来的数据理解是：首先这是一个预测问题，所应用的预测模型的数据输入端是生产和销售链条上的所有数据，输出的是总成本最优化。

在没有数据实时支撑时，公司在物流领域花了很多冤枉钱。比如某个小品相的产品（350 mL 饮用水），在某个城市的销量预测不到位时，公司以往通常的做法是通过大区间的调运，来弥补终端货源的不足。"华北往华南运，运到半道的时候，发现华东实际有富余，从华东调运更便宜。但很快发现对华南的预测有偏差，华北短缺更为严重，华东开始往华北运。"这种"没头苍蝇"的状况让公司头疼不已。在采购、仓储、配送这条线上，公司特别希望大数据获取解决三个顽症：首先是解决生产和销售的不平衡，准确获知该产品缺多少，送多少；其次，让 400 家办事处、30 个配送中心能够纳入体系中来，形成一个动态的网状结构，而非简单的树状结构；最后，让退货、残次品等问题与生产基地能够实时连接起来。

也就是说，销售的最前端成为一个个神经末梢，它的任何一个痛点，在大脑中都能快速感知到。

> **数据准备：** 将问题由文字描述转换成数学描述后，接下来就是收集各种数据源，并进行数据集的归一化处理，或对异常值及缺失值进行处理，以保证数据的有效性。

基于上述场景，SAP 团队和公司团队开始了场景开发，他们将很多数据纳入进来，包括高速公路的收费、道路等级、天气、配送中心辐射半径、季节性变化、不同市场的售价、不同渠道的费用、各地的人力成本等，甚至突发性的需求（如某城市召开一次大型运动会）。

"日常运营中，我们会产生销售、市场费用、物流、生产、财务等数据，这些数据都是通过工具定时抽取到 SAP BW 或 Oracle DM，再通过 Business Object 展现。"CIO 表示，这个"展现"的过程长达 24 小时，也就是说，在 24 小时后，物流、资金流和信息流才能汇聚到一起，彼此关联形成一份有价值的统计报告。当公司的每月数据积累达到 3 TB 时，将导致公司每个月财务结算都要推迟一天。更重要的是，CIO 及公司决策者们只能依靠数据来验证以往的决策是否正确，或者对已出现的问题做出纠正，仍旧无法预测未来。

> **建立模型：** 本案例是通过成熟的大数据应用平台将数据和算法进行整合，形成整体解决方案。在实际解决问题时，往往要应用不同的算法进行测试，并选择应用场景最合理或结论性状最优的模型算法，比如应用于预测的算法有各种时间序列算法或朴素贝叶斯、支持向量机、决策树等。

2011 年，SAP 推出了创新性的数据库平台 SAP Hana，公司成为全球第三个、亚洲第一个上线该系统的企业，并在当年 9 月宣布系统对接成功。

采用 SAP Hana 后，同等数据量的计算速度从过去的 24 小时缩短到了 0.67 s，几乎可以做到实时计算结果，这让很多不可能的事情变为了可能。

> **模型评估：** 通过测试集的输入来对算法的稳定性及可靠性进行评估，从而形成商业模型。

对于公司而言，精准的管控物流成本将不再局限于已有的项目，也可以针对未来的项目。

以往，公司的执行团队也许要经过长期的考察、论证，再形成一份包括多方案的报告提交给董事长，到底设在哪座城市，还要凭借经验来再做判断。但现在，首先从成本方面已经一览无遗。剩下的可能是一些无法测量的因素。

> **应用**：将实际数据集或即时发生的数据集连入模型，产生有价值的数据产品。

有了强大的数据分析能力做支持后，公司近年来以 30%～40%的年增长率，在饮用水方面快速超越了竞争对手。

获益的不仅仅是公司本身，在这些场景中积累的经验，SAP 迅速将其复制到租车企业身上。比如，车辆使用率在达到一定百分比之后出现瓶颈，这意味着还有相当比例的车辆处于空置状态，资源尚有优化空间。通过合作创新，采用 SAP Hana 数据库平台制定算法，优化租用流程，将车辆使用率提高了 15%。

三、大数据分析方法概览

在大数据时代，数据挖掘算法是最关键的工作。大数据的挖掘是从海量、不完全的、有噪声的、模糊的、随机的大型数据库中发现隐含在其中有价值的、潜在有用的信息和知识的过程，这也是一种决策支持过程。其主要基于人工智能、机器学习、模式学习、统计学等，通过对大数据高度自动化分析，做出归纳性的推理，从中挖掘出潜在的模式，可以帮助企业、商家、用户调整市场政策、减少风险、理性面对市场，并做出正确的决策。目前，在很多领域尤其是在商业领域如银行、电信、电商等，数据挖掘可以解决很多问题，包括市场营销策略制定、背景分析、企业管理危机等。一般来说，大数据的挖掘常用的方法有分类、回归分析、聚类、关联规则、人工神经网络等，如图 1-1-6 所示。这些方法从不同的角度对数据进行挖掘，从而生成数据产品，产生数据价值。

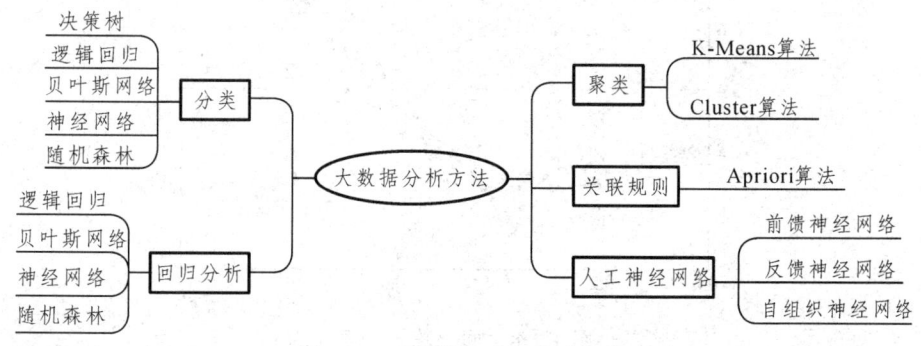

图 1-1-6 大数据分析方法概览

1. 分 类

分类是找出数据库中的一组数据对象的共同特点，并按照分类模式将其划分为不同的类，其目的是通过分类模型，将数据库中的数据项映射到某个给定的类别中，可以应用到涉及应用分类、趋势预测中，如电商将用户在一段时间内的购买情况划分成不同的类，根据情况向用户推荐关联类的商品，从而增加商铺的销售量。其算法如图1-1-7所示。

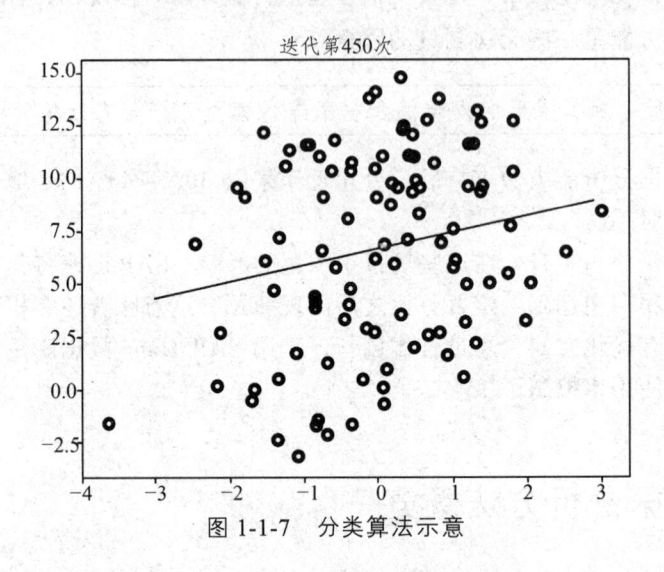

图1-1-7　分类算法示意

2. 回归分析

回归分析反映了数据库中数据的属性值的特性，通过函数表达数据映射的关系来发现属性值之间的依赖关系。它可以应用到对数据序列的预测及相关关系的研究中去。在市场营销中，回归分析可以被应用到各个方面。如通过对本季度销售的回归分析，对下一季度的销售趋势做出预测，并做出针对性的营销改变。其算法如图1-1-8所示。

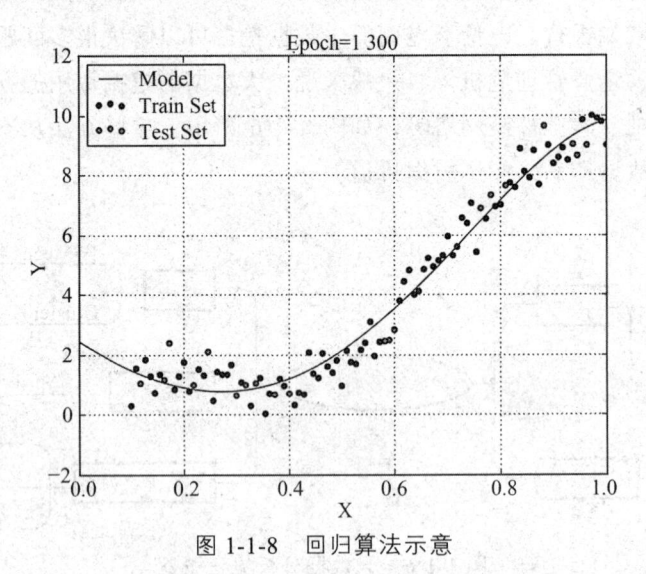

图1-1-8　回归算法示意

3. 聚　类

聚类类似于分类，但与分类的目的不同，是针对数据的相似性和差异性将一组数据分为几个类别。属于同一类别的数据间的相似性很大，但不同类别之间数据的相似性很小，跨类的数据关联性很低。其算法如图1-1-9所示。

图 1-1-9　聚类算法示意

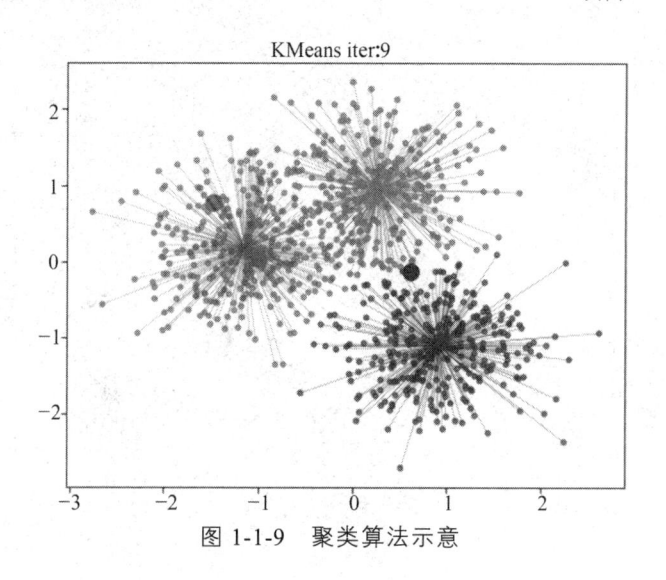

4. 关联规则

关联规则是隐藏在数据项之间的关联或相互关系，即可以根据一个数据项的出现推导出其他数据项的出现。关联规则的挖掘过程主要包括两个阶段：第一阶段为从海量原始数据中找出所有的高频项目组；第二阶段为从这些高频项目组产生关联规则。关联规则挖掘技术已经被广泛应用于金融行业用以预测客户的需求，如各银行在自己的自动取存款机上通过捆绑客户可能感兴趣的信息供用户了解并获取相应信息来改善自身的营销。

5. 神经网络方法

神经网络作为一种先进的人工智能技术，因其自身自行处理、分布存储和高度容错等特性，非常适合处理非线性的以及那些以模糊、不完整、不严密的知识或数据为特征的处理问题，因此十分适合解决数据挖掘的问题。典型的神经网络模型主要分为三大类：第一类是用于分类预测和模式识别的前馈式神经网络模型，其主要代表为函数型网络、感知机；第二类是用于联想记忆和优化算法的反馈式神经网络模型，以 Hopfield 离散模型和连续模型为代表；第三类是用于聚类的自组织映射方法，以 ART 模型为代表。虽然神经网络有多种模型及算法，但在特定领域的数据挖掘中使用何种模型及算法并没有统一的规则，而且人们很难理解网络的学习及决策过程。其算法如图 1-1-10 所示。

四、本书主要使用的大数据分析工具

大数据现在正在蓬勃发展，因此目前许多大数据分析工具应运而生，并不断改进以提高竞争力。

目前，收集和管理用户数据的技术、应用程序、软件、游戏越来越多，这就必须使用大数据来管理这些所有不同来源的数据，并将这些数据转化为有价值的信息，以做出行业中最具挑战性的决策。

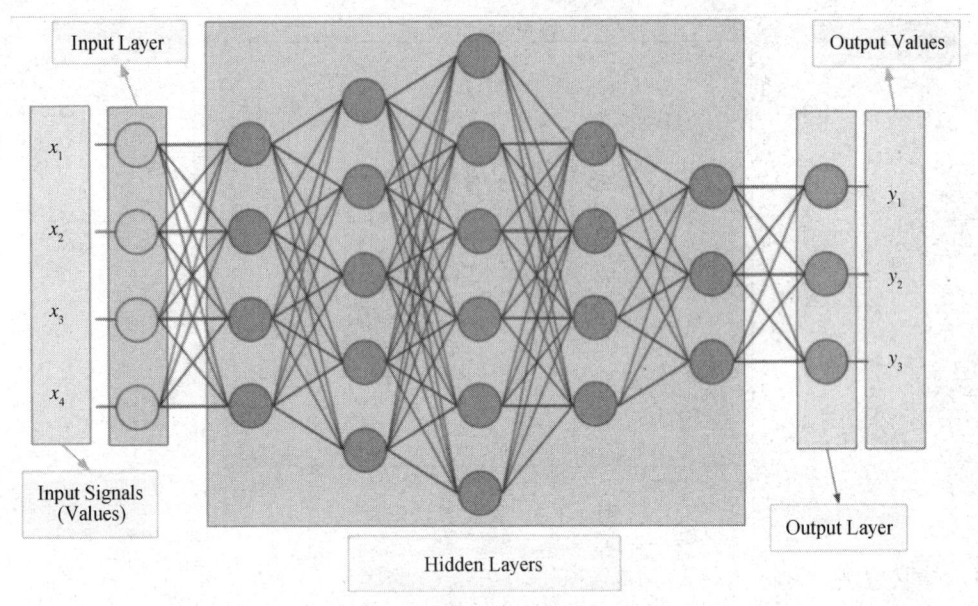

图 1-1-10　神经网络算法示意

用于大数据分析的工具有哪些？世界上有数百种大数据分析工具可用，其中只有少数几款可靠和值得信赖的分析工具：

Hadoop：它是较为流行的数据仓库，可以轻松存储大量数据。

MongoDB：它是较为领先的数据库软件，可以快速有效地分析数据。

Spark：它是较为可靠的实时数据处理软件，可以有效地实时处理大量数据。

Cassandra：它是较为强大的数据库，可以完美地处理数据块。

Python：它是一流的编程语言，可轻松执行几乎所有大数据分析操作。

以上为当下主流的大数据分析工具，侧重于专业技术人员使用，本书为适应非技术学习者理解和掌握大数据分析方法，特选择如下三种大数据分析工具进行讲解。

（一）Power BI 简介

Power BI（Business Intelligence）是一种商业分析解决方案，可用于对数据进行可视化、在组织中共享见解或将见解嵌入应用及网站中。它连接到数百个数据源，并使用实时仪表板和报表让数据变得生动起来。

一个 BI 工具，可以满足自助式 BI、企业级 BI、个人数据分析，能发现并放大数据的价值。

值得一提的是，Power BI 对于企业和个人来说都有丰富的应用场景，其处理数据的核心组件在 2013 版本之后的 Excel 中均已内嵌，或者说 Power BI 的功能本身就源自这些组件。

目前，Power BI 有三种部署方式：Power BI Pro（微软云服务）、Power BI Premium（微软云服务）、Power BI Report Server（报表服务器）。前两种是云端部署，第三种是本地部署。

对于个人用户，如果想部署报表到服务器端并分享给他人，只能使用 Power BI Pro（公司邮箱可以注册试用，购买按用户收费）和 Power BI Report Server（部署到自己的本地或云服务器）。如果只是自己做测试，推荐使用 Power BI Report Server 方式，简而言之，Power BI Desktop 是本地报表的编辑器，可以本机编辑和预览报表。

Power BI 由三部分组成，分别是 Power Query（数据获取和处理）、Power Pivot（数据建模和分析）、Power View（数据可视化）。其中，Power Query 和 Power Pivot 在 2013 版本后的 Excel 中已经内置，功能十分强大，掌握一些技巧后对办公中的数据处理会有极大提升。

（二）Python 简介

Python 是一种解释型、面向对象、动态数据类型的高级程序设计语言，由荷兰人 Guido van Rossum 于 1989 年发明，第一个公开发行版发行于 1991 年。像 Perl 语言一样，Python 源代码同样遵循 GPL（GNU General Public License）协议。

1. Python 概要

Python 是一个高层次的结合了解释性、编译性、互动性和面向对象的脚本语言。Python 的设计具有很强的可读性，相比其他语言经常使用英文关键字和一些标点符号，它具有比其他语言更有特色语法的结构。

（1）Python 是一种解释型语言：这意味着开发过程中没有编译环节，类似于 PHP 和 Perl 语言。

（2）Python 是交互式语言：这意味着可以在一个 Python 提示符内直接互动执行程序。

（3）Python 是面向对象语言：这意味着 Python 支持面向对象的风格或代码封装在对象的编程技术中。

（4）Python 是初学者的语言：Python 对初级程序员而言，是一种伟大的语言，它支持广泛的应用程序开发，从简单的文字处理到 WWW 浏览器，再到游戏。

2. Python 的发展历史

Python 的创始人为 Guido van Rossum。1989 年的圣诞节期间，他为了在阿姆斯特丹打发时间，决心开发一个新的脚本解释程序，作为 ABC 语言的一种继承。之所以选中 Python 作为程序的名字，是因为他是 BBC 电视剧——《Monty Python's Flying Circus》（蒙提·派森的飞行马戏团）的爱好者。ABC 是由他参与设计的一种教学语言。在他本人看来，ABC 这种语言非常优美和强大，是专门为非专业程序员设计的。但是 ABC 语言并没有成功，究其原因，他认为是非开放造成的。他决心在 Python 中避免这一错误，并获取了非常好的效果，完美结合了 C 语言和其他一些语言。

Python2.0 于 2000 年 10 月 16 日发布，增加了实现完整的垃圾回收，并且支持 Unicode。同时，整个开发过程更加透明，社群对开发进度的影响逐渐扩大。Python3.0 于 2008 年 12 月 3 日发布，该版本不完全兼容之前的 Python 源代码。不过，很多新特性后来又被移植到旧的 Python2.6/2.7 版本中。

3. Python 的特点

（1）易于学习。Python 有相对较少的关键字，结构简单，且有一个明确定义的语法，学习起来更加简单。

（2）易于阅读。Python 代码定义更清晰。

（3）易于维护。Python 的成功在于它的源代码相当容易维护。

（4）一个广泛的标准库。Python 的最大优势之一是丰富的库，且是跨平台的，在 UNIX、Windows 和 Macintosh 中兼容得很好。

（5）互动模式。可以从终端输入执行代码并获得结果语言、互动测试和调试代码片段。

（6）可移植。基于其开放源代码的特性，Python 已经被移植到许多平台。

（7）可扩展。如果需要一段运行很快的关键代码，或者想编写一些不愿开放的算法，可以使用 C 或 C++完成那部分程序，然后从 Python 程序中调用。

（8）数据库。Python 提供所有主要的商业数据库的接口。

（9）GUI 编程。Python 支持 GUI 编程，可以创建和移植到许多系统中调用。

（10）可嵌入。可以将 Python 嵌入到 C/C++程序，使程序获得"脚本化"的能力。

（三）Orange 3.0 简介

Orange 是一个开源的数据挖掘和机器学习软件。Orange 是基于 Python 和 C/C++开发的，提供了一系列的数据探索、可视化、预处理以及建模组件。

Orange 是一款对于初学者友好的软件，只需要在 Orange 图形界面中通过拖拽加点击的方式就可以实现常见的数据分析、探索、可视化以及数据挖掘任务；对于高级用户，可以通过开发自定义的组件（widget）实现扩展功能，或者在 Python 中利用 Orange 代码库编写数据挖掘脚本程序。

Orange 从 3.0 版本开始使用 Python 代码库进行科学计算，如 numpy、scipy 以及 scikit-learn；前端的图形用户界面使用跨平台的 Qt 框架。Orange 支持 Windows、macOS 以及 Linux 平台。

Orange 的组件如下：

数据（data）：包含数据输入、数据保存、数据过滤、抽样、插补、特征操作以及特征选择等组件，同时还支持嵌入 Python 脚本。

可视化（visualize）：包含通用可视化（箱形图、直方图、散点图）和多变量可视化（马赛克图、筛分曲线图）组件。

模型（model）：包含一组用于分类和回归的有监督机器学习算法的组件。

评估（evaluate）：交叉验证、抽样程序、可靠性评估以及预测方法评估。

无监督算法（unsupervised）：用于聚类（K-means、层次聚类）和数据降维（多维尺度变换、主成分分析、相关分析）的无监督学习算法。

另外，还可以通过插件（add-ons）的方式为 Orange 增加其他功能（生物信息学、数据融合与文本挖掘）。添加的方法是点击"Options"菜单下的"Add-ons"按钮，打开插件管理器。

● 技能训练

（1）谈一谈机器学习与深度学习、监督学习与无监督学习的意义。

（2）说一说把样本拆分为训练集、验证集和测试集的意义。

（3）大数据分析流程、方法和工具有哪些？

任务二　大数据分析能力

一、基本概念辨析

随机变量有离散型随机变量和连续型随机变量两种类型。

（一）离散型随机变量

离散型随机变量是可以逐个列举出来的变量。如果能够用我们日常使用的量词进行度量取值，比如次数、个数、块数等都是离散型随机变量。

（二）连续型随机变量

连续型随机变量是无法逐个列举的变量，无法用量词度量，且取值可以取到小数 2 位、3 位甚至无限多位的时候，那么这个变量就是连续型随机变量。比如正态分布（也称为高斯分布）、指数分布等就是连续型随机变量。

（三）概率函数

其实，无论是离散型随机变量还是连续型随机变量，基础性的概率函数概念只有两个，即概率分布函数和概率密度函数。

需要说明的是，一般用大写字母 P 或 F 来表示概率分布函数，而用小写字母 p 或 f 来表示概率密度函数。

对于离散型随机变量，其概率分布的表达可以用最简单的列表来呈现，如表 1-2-1 所示。

表 1-2-1　离散型随机变量的值分布和值的概率分布列表

X	x_1	x_2	…	x_n	…
P_i	p_1	p_2	…	p_n	…

对于可以枚举的离散型随机变量，如抛骰子、掷硬币等，表格可以清晰表达各变量的概率取值情况，但对于大量取值的离散变量，如彩票等，表格将无法呈现，所以离散型随机变量的概率分布函数和概率密度函数可以用统一公式表示如下。

（1）离散型变量 X 的概率密度函数：

$$f(x) = p\{X = x_k\} = p_k \quad k = 1, 2, 3 \cdots$$

该函数又称为分布律、概率函数等。

（2）离散型变量 X 的概率分布函数：

$$F(x) = P(X \leqslant x) = \sum_{x_k \leqslant x} p_k$$

由公式可以看出，$F(x)$ 是 X 取 $\leqslant x$ 的各 x_k 概率值之和，因此又称为累积概率函数。

（3）连续型变量 X 的概率密度函数：

若随机变量 X，对于任意 x 有一非负函数 $f(x)$，则称 $f(x)$ 为连续型随机变量 X 的概率密度函数。

（4）连续型变量 X 的概率分布函数：

对于随机变量 X 的 $f(x)$ 恒有 $F(x) = \int_{-\infty}^{x} f(t)dt$，则称 $F(x)$ 为连续型随机变量 X 的概率分布函数，又称为概率质量函数。

【拓展知识】

密度一词，来源于物理学。一个物体是由无数个点组成的，而一个点又是无限小的，点的质量为 0。如果要计算这个物体的质量，需要引入密度的概念。$\rho = \lim\limits_{v \to 0} \dfrac{\Delta m}{\Delta v}$，最后再把密度积分即可得到质量 m。

如果在 [0,1] 上随机取点，求取在某一点处的概率，而点的长度无限小，此概率一定为 0。同理需要引入概率密度 p，其中 $p = \lim\limits_{x \to 0} \dfrac{\Delta p}{\Delta x}$，这样就可以求取点落在某一段 (a,b) 上的概率。概率 $p = \int_{a}^{b} p(t)dt$。所以，可以归纳为以下两点：

（1）字面意义上的"一个点的概率"是 0。

（2）应用层面的概率密度其实也是指一个区间内的概率密度函数的定积分，只不过这个区间趋向于无穷小。

举例如下：

给定概率密度函数：$p(x) = \dfrac{B}{1+x^2}$

（1）求解 B 的值：$\int_{-\infty}^{+\infty} \dfrac{B}{1+x^2} dx = 1 \Rightarrow B = \dfrac{1}{\pi}$

（2）求解 x 的分布函数：$\int_{-\infty}^{x} \dfrac{1}{\pi(1+x^2)} dx = \dfrac{1}{2} + \dfrac{1}{\pi} \arctan x$

（3）求解 $p(0 \leq x \leq 1)$：$\int_{0}^{1} \dfrac{1}{\pi(1+x^2)} dx = \dfrac{1}{4}$

给定概率分布函数：$F(x) = \begin{cases} 0 & x < 0 \\ Ax^2 & 0 \leq x \leq 1 \\ 1 & x > 1 \end{cases}$

（1）求解 A 的值：$F(1) = 1 \Rightarrow A = 1$

（2）求概率密度函数：$p(x) = F'(x) = \begin{cases} 2x & 0 \leq x \leq 1 \\ 0 & 其他 \end{cases}$

二、常见的离散型随机变量的分布

（一）等概率分布

顾名思义，等概率分布是指每一个可能出现情况的概率取值都是相等的。比如抛硬币、抛骰子等，一般将等概率分布称为"古典概型"。

以抛硬币为例，将反面记为 0 分，正面记为 1 分，随机变量 X 为抛硬币一次的分数，那么 X 的分布可以写为

$$p(X=k) = \begin{cases} \dfrac{1}{2}, & k=0 \\ \dfrac{1}{2}, & k=1 \end{cases}$$

设随机变量 X 有 n 个取值 $a_1, a_2, \cdots, a_n$，每个取值出现的概率相等，那么，随机变量 X 的概率密度函数为 $f(x) = P\{X = a_k\} = 1/n$，$k = 1, 2, \cdots, n$。

（二）伯努利分布

伯努利分布，也叫 0-1 分布或两点分布。凡是随机试验只有两个可能的结果，常用伯努利分布描述，如产品是否合格、人口性别统计、系统是否正常、电力消耗是否超负荷等。其概率分布如表 1-2-2 所示。

表 1-2-2　概率分布

$X = x_k$	1	0
P_k	p	$1-p$

其概率密度函数为

$$p\{X = k\} = p^k (1-p)^{1-k}, \quad k = 0, 1$$

（三）二项分布

二项分布，也叫 n 重伯努利分布，是指反复多次重复伯努利试验，比如重复抛骰子计算某个点出现几次的概率问题、射击的命中次数和命中率问题、一批种子的发芽率问题、药物治疗病人是否有效的问题、产品的不合格率问题等都要用到二项分布。实际上，在现实生活中一件事件的发生能归并为两种结果，并且事件每次发生都是独立的，我们都可以尝试用二项分布来解决一些问题。

一般设伯努利实试验有两种可能的结果 A 和 B，事件 A 发生的概率是 p，事件 B 发生的概率是 $1-p$，独立地重复进行 n 次该试验，设随机变量 X 表示事件 A 发生的次数 k，我们称随机变量 X 服从参数为 n, p 的二项分布，记为 $X \sim B(n, p)$，其概率密度函数为

$$p\{X = k\} = C_n^k p^k (1-p)^{n-k}$$

图 1-2-1 为 $n = 10$，$p = \dfrac{1}{2}, \dfrac{1}{3}, \dfrac{1}{5}, \dfrac{1}{10}$ 时的二项分布概率图，从图中可以看出，一次事件发生时的概率不同，其概率分布的图形走向也不同，但总有发生次数最大的概率呈现。比如，在 $X \sim B\left(10, \dfrac{1}{2}\right)$ 分布中，某一事件发生 5 次的概率最大，而在 $X \sim B\left(10, \dfrac{1}{3}\right)$ 分布中，概率值最大的发生次数是 3 次。

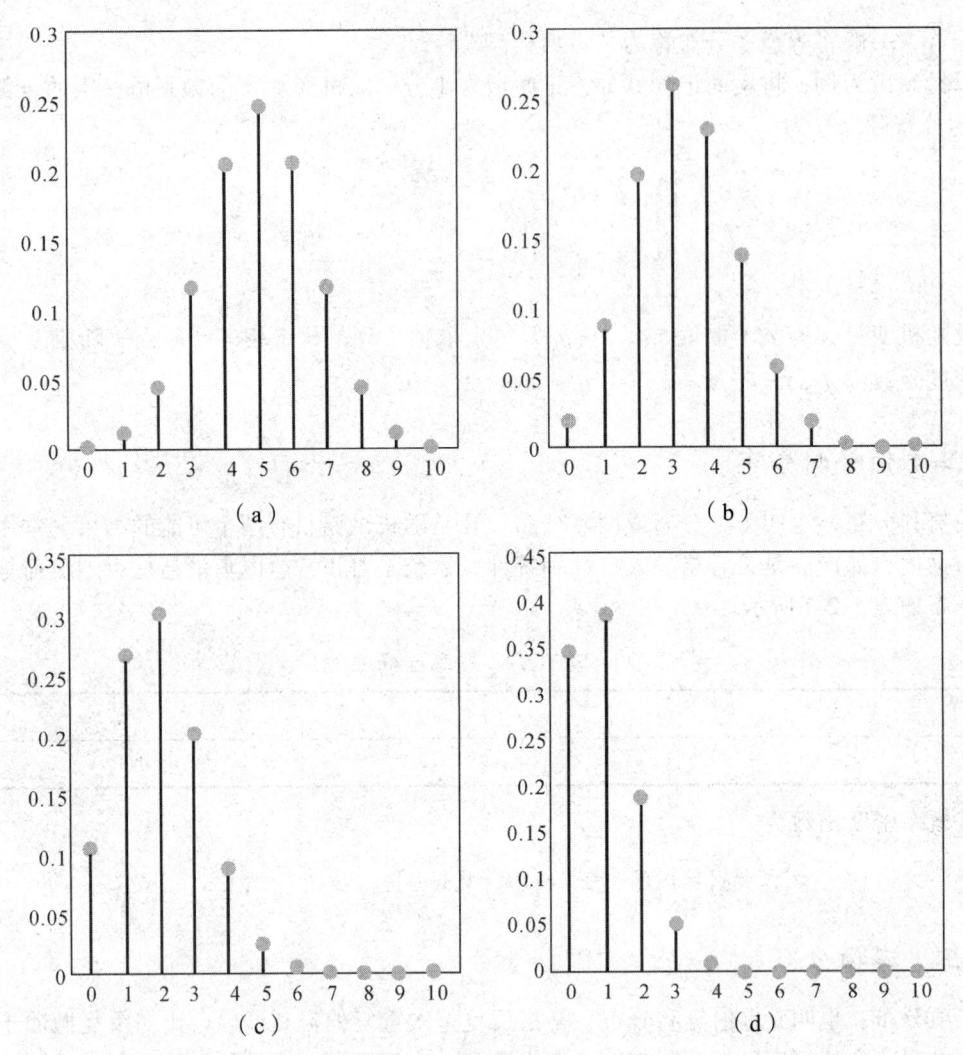

图 1-2-1 四个二项分布

在现实生活中，有时人们更关心最有可能的发生次数是多少。比如，在射击试验中最有可能击中的次数是多少，在产品检验中最有可能检出不合格数是多少等。要解决此类问题，可以应用二项分布的性质 1 进行计算。

性质 1：设 $X \sim B(n,p)$，则 X 最可能的值是 $[(n+1)p]$。如果 $(n+1)p$ 是整数，则 $[(n+1)p]-1 = np-q$ 也是最可能的值，这里 $[\cdot]$ 为取整函数，例如 $[4.2]=4$。

证明：考虑如下概率比，并令其大于 1，保证 p_k 随 k 增大而严格增大。

$$\frac{p_{k+1}}{p_k} = \frac{C_n^{k+1} p^{k+1} q^{n-k-1}}{C_n^k p^k q^{n-k}} = \frac{(n-k)p}{(k+1)(1-p)} > 1$$

即 $(n-k)p > (k+1)(1-p)$，从而 $k < (n+1)p-1$，即 $k+1 < (n+1)p$ 时 $p_{k+1} > p_k$，故当 $i \leq [(n+1)p]$ 时，p_i 严格增加。同上，$k > (n+1)p-1$ 时 $p_{k+1} < p_k$，即当 $i \geq [(n+1)p-1]$ 时，p_i 严格下降，由此可证得性质 1。

设 n 重伯努利取得概率最大值的 k 为 $k_{\max}$，如果想要知道 $k_{\max}$ 在 n 中排名地位如何，则只需要计算 $\frac{k_{\max}}{n}$。

$\dfrac{k_{\max}}{n} = \dfrac{(n+1)p}{n} = p + \dfrac{p}{n}$，则当 $n \to +\infty$ 时，$\dfrac{k_{\max}}{n} \to p$。

二项分布给我们的启示为：① 小概率事件有存在的空间，只要 n 足够大，就有发生的可能；② 最有可能的发生次数，由 $k_{\max} = np$ 可大体估算；③ 固定 p，随着 n 的增大，其取值的分布趋于对称。

（四）几何分布

几何分布也是以伯努利分布为基础的一种特殊分布，它主要解决在 k 次重复独立试验中，某个我们关心的结果在某次（k 值）时第一次出现的概率。如在已知某器件报损概率的情况下，测算其正常的使用寿命。或在中奖概率一定的情况下，需要多长时间能中大奖。

设随机试验有且只有两种结果 A 和 B，A 出现的概率是 p，B 出现的概率是 $1-p$，反复进行该随机试验，随机试验之间彼此独立，随机变量 X 表示 A 第一次出现时随机试验进行的次数，此时称随机变量 X 服从几何分布，记为 $X \sim G(p)$，其概率密度函数为

$$p(X = k) = (1-p)^{k-1} p$$

由其概率密度函数不难得出，其分布列各项构成等比数列，而等比数列，又称几何数列，这源于除了首项和末项之外，每一项都是前后两项的几何平均数。

图 1-2-2 是几何分布在不同 p 值和 k 值时的形态图。图 1-2-2（a）为假设 A 事件发生概率 $p = 0.2$，随机变量 X 在 10 次重复试验中，分别在第 k $(k = 1, 2, \cdots, 10)$ 时第一次出现 A 的概率分布图。从图中可以看出，在第一次就出现 A 事件的概率最高，然后概率值逐渐降低。事实上，当我们尝试增加 k 值时，就会得到近似的曲线，其概率会无限接近于 0，如图 1-2-2（b）所示（$p = 0.2$，$k = 20$）。而如果改变事件成功概率 p，则会影响曲线的弯曲程度，如图 1-2-2（c）所示（$p = 0.5$，$k = 20$）。

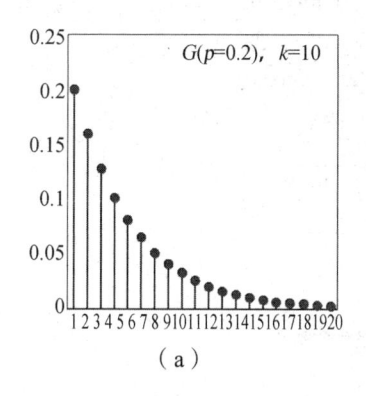

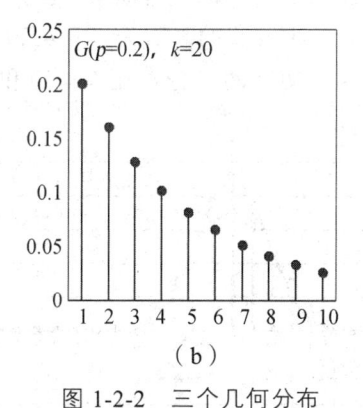

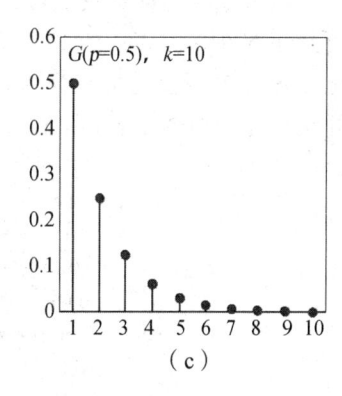

图 1-2-2 三个几何分布

（五）超几何分布

超几何分布也是常见的一种分布，建立其模型：在 N 个物品（如产品）中有指定商品 M（如废品）个，不放回地抽取 n 个，随机变量 X 表示抽中 k 件指定商品，此时我们称随机变量 X 服从超几何分布，记为 $X \sim H(n, N, M)$，其概率密度函数为

$$p(X=k)=\frac{C_M^k C_{N-M}^{n-k}}{C_N^n} \quad [k=0,1,\cdots,\min(M,n); M,N,n \text{ 为正整数且} M \leq N, n \leq N]$$

超几何分布其实在性质上与几何分布没有关系，之所以叫这个名字，是因为它的分布列的每一项正好是某个超几何级数中的项，是几何数列的扩展，故命名为"超几何"。

以下是 $X \sim H(10,50,20)$ 的超几何分布图（见图 1-2-3），其中 $n \leq N-M$，否则在达到阈值时，部分 k 值的概率无意义。

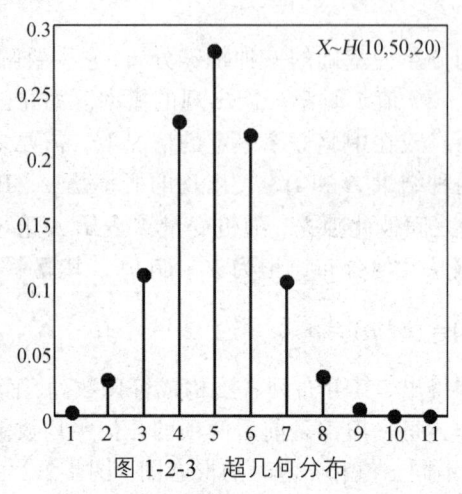

图 1-2-3　超几何分布

超几何分布从图形上来看与二项分布非常相似，实际上，这两个分布有内在的紧密联系，即样本个数越大，超几何分布和二项分布的对应概率相差就越小，当样本个数为无穷大时，超几何分布和二项分布的对应概率就相等，换而言之，超几何分布的极限就是二项分布。

超几何分布与二项分布的动态拟合演示

两者之间的动态关系可扫描右边的二维码观看演示。演示区中的超几何分布的参数为 $X \sim H(20,N,25)$，二项分布的参数为 $X \sim B(20,25/N)$，变化参数为 N，变化区间为 $N=50 \rightarrow 350$。两个分布在 $N=50$ 和 $N=350$ 时的状态比较如图 1-2-4 所示。

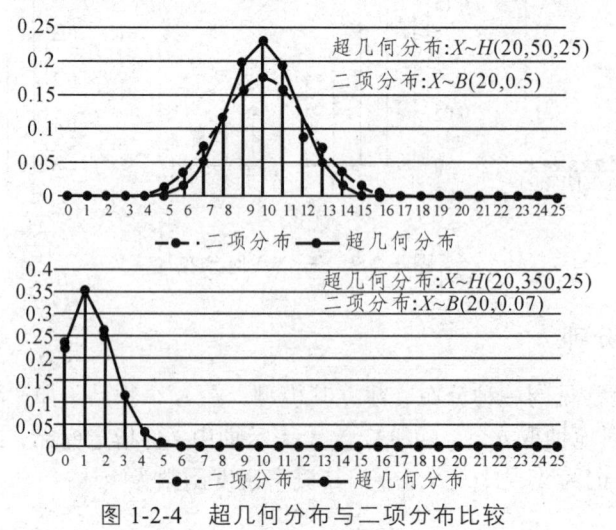

图 1-2-4　超几何分布与二项分布比较

超几何分布在实际生活中也有相当广泛的应用场景,比如生产企业的质量检测环节、总体个数的最大似然估计、统计假设检验问题等。

(六)泊松分布

泊松分布适合于描述单位时间或空间内随机事件发生的次数,比如某一个服务设施在一定时间内到达了多少人、电话交换机接到了多少次呼叫、汽车站台的候车人数、机器出现的故障次数、显微镜下单位分区内的细菌分布数等。

泊松分布是指某个随机事件在一定的时间或空间独立发生,已知该事件发生的平均次数,且为有限值,记为 λ,随机变量 X 表示事件发生的次数 k,如果 X 服从参数为 λ 的泊松分布,则记为 $X \sim Po(\lambda)$,其概率密度函数为

$$p(X=k) = \frac{\lambda^k}{k!}e^{-\lambda}, \quad k=0,1,2\cdots$$

图 1-2-5 是 $X \sim Po(\lambda = 2)$ 的泊松分布图。

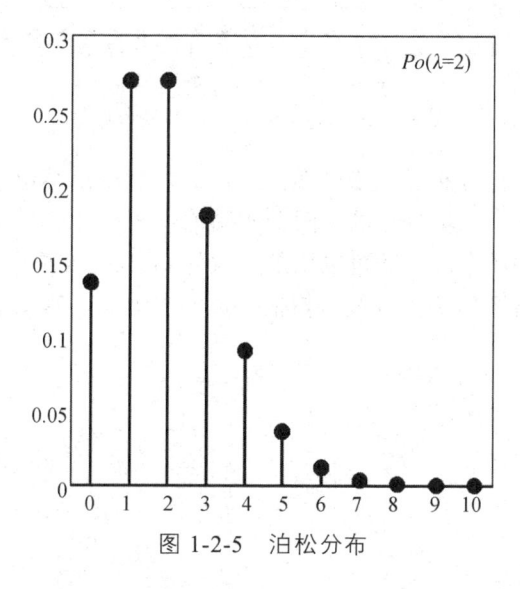

图 1-2-5 泊松分布

泊松分布的参数 λ 是单位时间(或单位空间)内随机事件的平均发生率。比如,根据统计,2015 年共发生 17 次航空灾难,而这一年共有 3 400 万个航班,即这一年的全球航班失事概率为 1/200 万次。如果我们将这一概率视为近一段时间飞机失事的发生概率,即 $p = \frac{1}{2 \times 10^6}$,而将 1 亿个航班(近三年)作为考察区段,即 $n = 1 \times 10^8$ 个,则 $\lambda = np = 50$。

泊松分布的概率分布图形与二项分布的图形也非常相似,其实,这两个分布也有着非常密切的关系。通过证明,当 n 很大,而 p 很小时,可用泊松分布近似代替二项分布。一般 $n \geq 20, p \leq 0.05$ 时,两个分布的近似程度更高。两者之间的动态关系可扫描右边的二维码观看演示。演示区中的泊松分布的参数按 $\lambda=5$ 设置,二项分布的参数 $n = 10 \rightarrow 100$,而 $p = 0.5 \rightarrow 0.05$。其初始值与结束值之间的两个分布的状态如图 1-2-6 所示。

泊松分布与
二项分布的动态
拟合演示

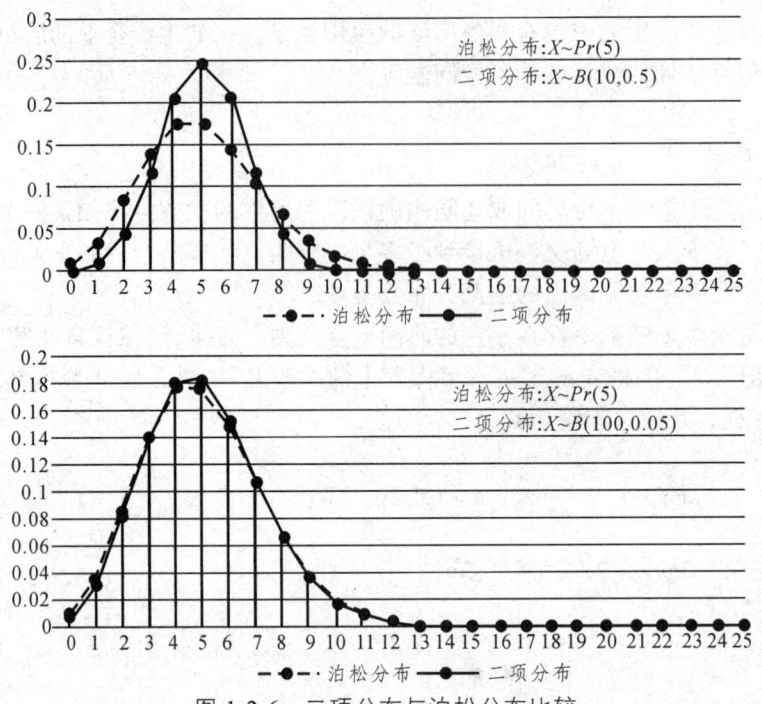

图 1-2-6 二项分布与泊松分布比较

综合二项分布、超几何分布及泊松分布的规律,可以得出结论:超几何分布的极限分布是二项分布,二项分布的极限分布是泊松分布。

以上四种离散分布的动态演示图可以用数学软件 Geogebra 画出,学习者可以调整各分布的参数查看图形变化过程,扫描右边的二维码,其图形呈现如图 1-2-7 所示。

离散分布动态演示

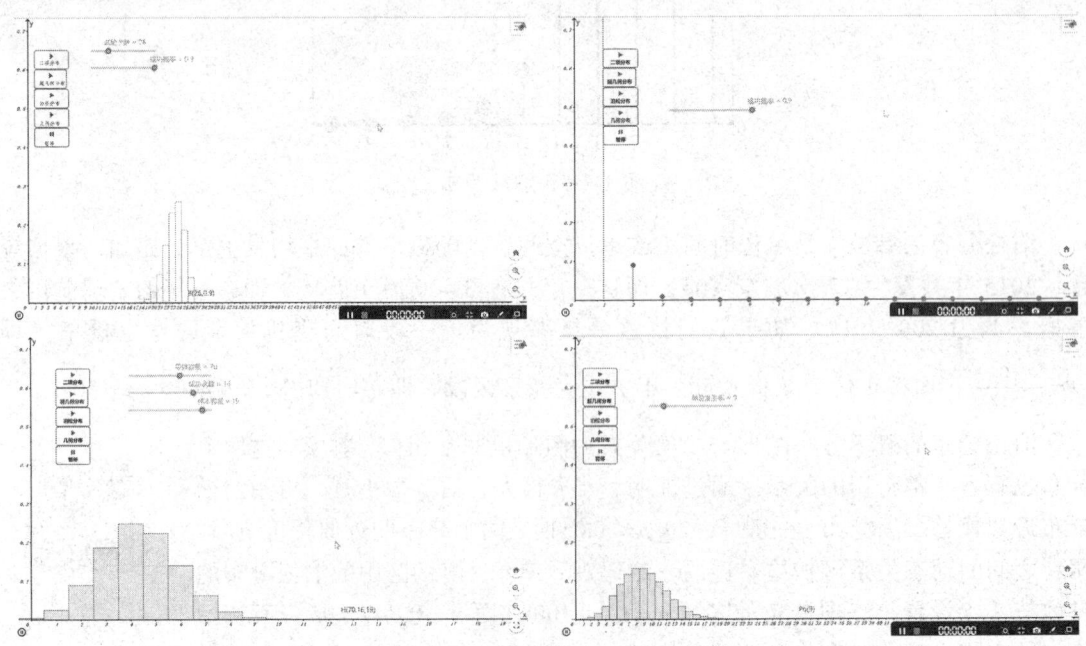

图 1-2-7 四种分布在 Geogebra 中的呈现

三、常见的连续型随机变量的分布

（一）正态分布

正态分布，又称为高斯分布，作为连续随机变量的概率分布，是概率统计中最常用的概率分布。一般来讲，为了便于区分，在描述连续随机变量的分布时，使用概率密度函数 $f(x)$，而不使用在离散随机变量中使用的 $P(X)$。

如果随机变量 X 的概率密度函数为

$$f(x) = \frac{1}{\sqrt{2\pi}\sigma} e^{\frac{(x-\mu)^2}{2\sigma^2}}$$

则称 X 服从数学期望为 μ、方差为 σ^2 的正态分布，记为 $X \sim N(\mu, \sigma^2)$。简单来说，μ 是整个概率分布的平均值，从图形上决定了其位置；σ 是整个概率分布的偏差水平，从图形上决定了其幅度。图 1-2-8 是 $\mu=0$，$\sigma=1$ 时的正态分布图，称为标准正态分布。

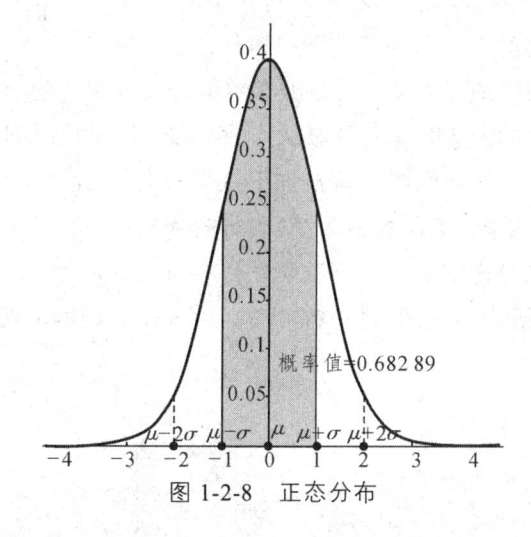

图 1-2-8　正态分布

正态分布在现实生活的各个场景中有着极为广阔的应用，尤其是在大数据分析领域，由于正态分布具有形式简单、性质优良的特性，特别适合机器学习中大规模批量化处理的模型。

正态分布是典型的统计学基础定理——中心极限定理的应用体现。中心极限定理是与大数定理并列的重要概率理论。其核心思想是：大量的独立随机变量相加，不论各个随机变量的分布是怎样的，它们的相加总和必定会趋向于正态分布。而大数定理的含义是，随机变量 X 多个观察值的均值会随着观察值的增加越发趋近于期望值 μ，即均值服从期望为 μ 的正态分布。

（二）指数分布

在连续型随机分布中，存在一个与指数有关的分布——指数分布。

如果随机变量 X 的概率密度函数为

$$f(x) = \begin{cases} \lambda e^{-\lambda x}, & x > 0 \\ 0, & x \leq 0 \end{cases}$$

则称 X 服从参数为 λ 的指数分布,记为 $X \sim E(\lambda)$,其中 $\lambda > 0$ 为常数。图 1-2-9 为 $\lambda=1$ 时的指数分布概率密度图。

指数分布的一个重要性质是"无记忆性"。用数学语言来描述,即服从指数分布的随机变量 X 满足:
$P(X > s+t | X > s) = P(X > t)$,其中,$s$ 和 t 是两个常数。

举例来说,设随机变量 X 是灯泡的使用时间,上面的公式是指,灯泡在已经使用 s 小时的条件下,使用时间长于 $s+t$ 小时的概率与灯泡使用时间长于 t 小时的概率是相等的,这意味着,灯泡已经忘记了自己已使用了 s 小时,这就是"无记忆性",正因为这一特性,指数分布常常应用于排队论中。

排队论,也称随机服务系统理论。在这一理论中,我们常常假定顾客到来是"不可预测"的随机事件,而这一特性符合泊松分布的应用场景,所以顾客单位时间内到达的人数服从泊松分布,与之相对应,顾客的到达时间间隔服从指数分布。设单位时间内到达的顾客数量为 λ,则顾客的到达时间间隔 T 服从如下概率密度函数:
$f(t) = \lambda e^{-\lambda t}, t \geq 0$。式中,$T$ 的均值为 $1/\lambda$,方差为 $1/\lambda^2$。

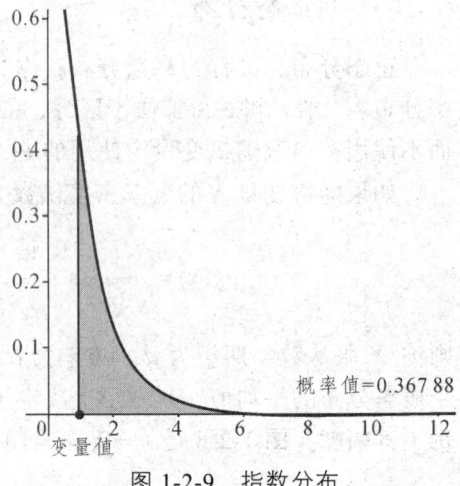

图 1-2-9 指数分布

以上两种连续分布的动态演示图可用数学软件 Geogebra 画出,学习者可以调整各分布的参数查看图形变化过程,扫描右边的二维码,其图形呈现如图 1-2-10 所示。

连续分布动态演示

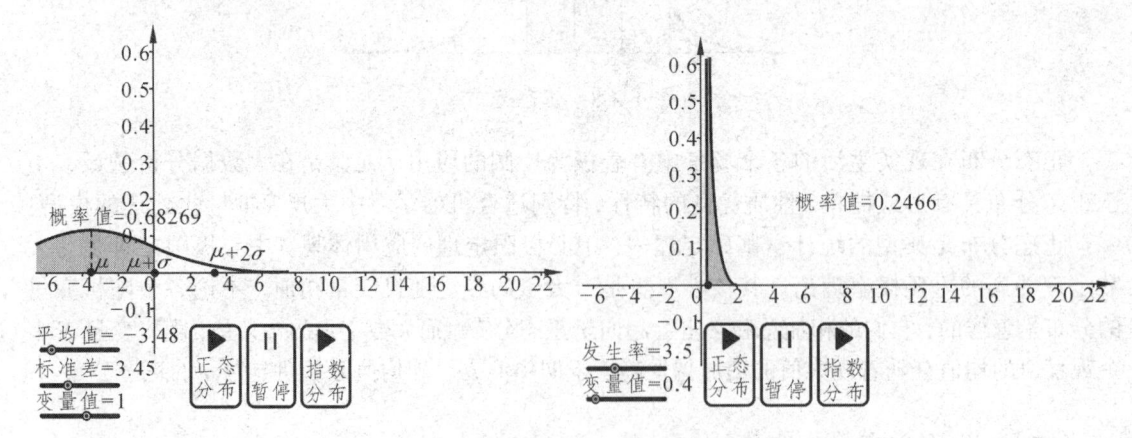

图 1-2-10 两种分布在 Geogebra 中的呈现

● 技能训练

(1)谈一谈常见的离散型随机变量分布的类型和特点。
(2)谈一谈常见的连续型随机变量分布的类型和特点。

本项目知识积累与技能训练

一、名词解释
1. 机器学习、深度学习
2. 监督学习、无监督学习
3. 训练集、验证集、测试集
4. 离散型随机变量、连续型随机变量
5. 正态分布、指数分布

二、选择题（多选题）
1. 为了评估有监督算法的区分度、稳定性、鲁棒性等模型效果，往往会将样本拆分为（   ）。
   A. 训练集　　　　　　　B. 测试集
   C. 验证集　　　　　　　D. 样本集
2. 大数据分析是指对规模巨大的数据进行分析。大数据可以概括为 5 V，分别是（   ）。
   A. Volume（数据量大）　　B. Velocity（速度快）　　C. Variety（类型多）
   D. Value（价值）　　　　E. Veracity（真实性）
3. 常见的离散型随机变量的分布有（   ）。
   A. 等概率分布　　　　　B. 伯努利分布
   C. 二项分布　　　　　　D. 几何分布
   E. 超几何分布　　　　　F. 泊松分布
4. 常见的连续型随机变量的分布有（   ）。
   A. 正态分布　　　　　　B. 指数分布

三、简答题
1. 机器学习与深度学习、监督学习与无监督学习各有什么意义？
2. 简述训练集、验证集和测试集的含义。
3. 大数据分析流程、方法和工具有哪些？
4. 简述常见的离散型随机变量的分布：等概率分布、伯努利分布、二项分布、几何分布、超几何分布、泊松分布。
5. 简述常见的连续型随机变量的分布：正态分布、指数分布。

四、操作题
1. 利用数学软件 Geogebra 画出离散型随机变量等概率分布、伯努利分布、超几何分布、泊松分布四种离散分布的动态演示图，并调整各分布的参数查看图形变化过程。
2. 利用数学软件 Geogebra 画出连续型随机变量正态分布和指数分布的动态演示图，并调整各分布的参数查看图形变化过程。
3. 概率分布基本参数操作及图形变化操作实践。
1）作业目的
旨在让学生了解离散型概率分布与连续型概率分布的图形表现，对各主要类型概率分布的关键参数进行调节,并观察变化;理解概率质量函数、概率密度函数的内涵及各种不同的计算区间所对应的函数关系。对几种主要分布,正态分布、指数分布、二项分布及泊松分布的性能及应用场景深度理解,从而为后续课程的学习打下基础。

2)作业准备

Geogebra 软件下载并安装。

(1)操作平台页面(见图 1-2-11)。

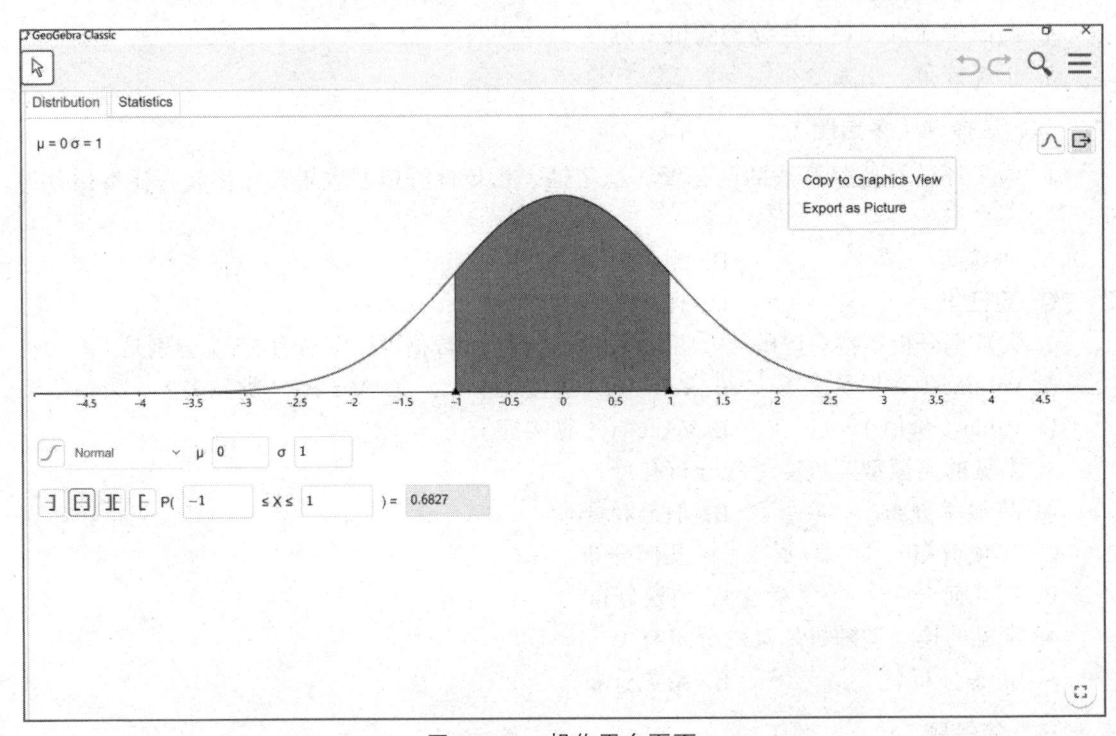

图 1-2-11　操作平台页面

(2)源文件包含的分布类型。

源文件包含的分布如下:

> 连续型概率分布:

　　Normal-正态分布

　　Student-T-分布

　　Chi-Squared-卡方分布

　　F-Distribution-F 分布

　　Exponential-指数分布

　　Cauchy-柯西分布

　　Weibull-韦伯分布

　　Gamma-伽马分布

　　Lognormal-对数正态分布

　　Logistic-逻辑回归

> 离散型概率分布：
> Binomial-二项分布
> Pascal-帕斯卡分布
> Poisson-泊松分布
> Hypergeometric-超几何分布

3）作业内容

作业包括四个分布类型的操作：

- Normal-正态分布
- Exponential-指数分布
- Binomial-二项分布
- Poisson-泊松分布

（1）Normal-正态分布作业要求。

① 设置 ∫ Normal ∨ μ 0 σ 1 中的参数 μ 和 σ 值，并完成表 1-2-3。

表 1-2-3 设置 μ 和 σ 值

μ 值	σ 值	截　图

② 设置 ∃ [∃ ∃[[P(−1 ≤ X ≤ 1)= 中的四个界别，并完成表 1-2-4。

表 1-2-4 设置界别

界别	实际值	概率值
$-\infty < x < ?$		
$? < x < ?$		
$? > x \cap x > ?$		
$? < x < +\infty$		

（2）Exponential-指数分布作业要求。

① 设置 ∫ Exponential ∨ λ 1 中的参数 λ 值，并完成表 1-2-5。

表 1-2-5 设置 λ 值

λ 值	截　图

② 设置 ∃ [∃ ∃[[P(−1 ≤ X ≤ 1)= 中的四个界别，并完成表 1-2-6。

表 1-2-6　设置界别

界别	实际值	概率值
$-\infty < x < ?$		
$? < x < ?$		
$? > x \cap x > ?$		
$? < x < +\infty$		

（3）Binomial-二项分布。

① 设置 Binomial　n 20　p 0.9 中的参数 n 和 p 值，并完成表1-2-7。

表 1-2-7　设置 n 和 p 值

n 值	p 值	截　图

② 设置 P(-1 ≤ X ≤ 1)= 中的四个界别，并完成表1-2-8。

表 1-2-8　设置界别

界别	实际值	概率值
$-\infty < x < ?$		
$? < x < ?$		
$? > x \cap x > ?$		
$? < x < +\infty$		

（4）Poisson-泊松分布。

① 设置 Poisson　μ 4 中的参数 μ 值，并完成表1-2-9。

表 1-2-9　设置 μ 值

μ 值	截　图

② 设置 P(-1 ≤ X ≤ 1)= 中的四个界别，并完成表1-2-10。

表 1-2-10　设置界别

界别	实际值	概率值
$-\infty < x < ?$		
$? < x < ?$		
$? > x \cap x > ?$		
$? < x < +\infty$		

项目二　大数据分析的算法

○ **知识目标**
（1）掌握信息熵、条件熵、信息增益及信息增益比的含义。
（2）掌握决策树算法 ID3、C4.5、CART 的优点。
（3）掌握正则项与稀疏解的概念。
（4）掌握朴素贝叶斯定理与公式。
（5）理解人工神经网络的含义。
（6）了解神经网络的正向及反向传播过程。
（7）掌握支持向量机、硬间隔支持向量机的含义。
（8）掌握马尔可夫链的应用。
（9）掌握非线性支持向量机的含义。

○ **能力目标**
（1）能够应用决策树 ID3、C4.5、CART 的算法。
（2）掌握正则项与稀疏解的概念。
（3）能够应用人工神经网络理论的算法。
（4）掌握朴素贝叶斯定理与公式。
（5）掌握硬间隔支持向量机的原理。
（6）掌握非线性支持向量机。
（7）能够应用马尔可夫链理论。

○ **素养目标**
（1）培养学生处理大数据的理论、方法意识。
（2）培养学生处理大数据的数学思维。
（3）拓宽学生对大数据技术的应用领域。

○ **德技并修**

大数据分析有助于找到问题的解决方案，如降低成本、节省时间并降低决策风险。大数据越来越多地和人工智能关联起来。所谓人工智能，就是利用数学统计方法，统计数据中的规律，然后利用这些统计规律进行自动化数据处理，使计算机表现出某种智能的特性，而各种数学统计方法，就是大数据算法。

大数据算法的开发和使用需要高水平的数学、统计学、计算机科学等多学科知识，需要掌握多种算法和技术，如机器学习、数据挖掘、自然语言处理等。同时，大数据算法也需要大量的数据，以便于模型的训练和验证。因此，大数据算法的开发和使用需要强大的计算资源和存储空间，以及高效的数据管理和处理系统。另外，大数据算法也面临着各种挑战，如数据偏差、数据泄露、算法偏见等问题。因此，在开发和使用大数据算法时，需要高度重视数据的质量和算法的透明度，以确保算法的准确性和公正性。

○ **项目说明**

本项目包括 9 个任务：决策树算法、聚类算法、朴素贝叶斯算法、K 近邻分类算法、关联规则、逻辑回归、人工神经网络、支持向量机、马尔可夫链及自然语言处理等，使学生掌握大数据分析的基本算法，包括分布式计算、并行计算和数据挖掘算法等。

任务一 决策树算法

一、信息、熵及信息增益的概念

(一) 信息及其度量

克劳德·艾尔伍德·香农，美国数学家、电子工程师和密码学家，被誉为信息论的创始人。他发表了划时代的论文——通信的数学原理，奠定了现代信息论的基础。不仅如此，香农还被认为是数字计算机理论和数字电路设计理论的创始人。香农对信息的描述是"信息是用来消除随机不确定性的东西"。

信息是消息中包含的有效内容，那么如何度量离散消息中所含的信息量？其度量的基本原则有三点：一是能度量任何消息，并与消息的种类无关；二是度量方法应该与消息的重要程度无关；三是消息中所含信息量和消息内容的不确定性有关。

如果用数学语言来表述，度量信息量的方法可表示如下：

设 $p(x)$ 为消息发生的概率，I 为消息中所含的信息量。则 $p(x)$ 和 I 之间应该有如下关系：

① I 是 $p(x)$ 的函数：$I = I[p(x)]$。

② $p(x)$ 大，则 I 小；$p(x)$ 小，则 I 大；$p(x)=1$，$I=0$；$p(x)=0$，$I=\infty$。

③ $I[p(x_1)p(x_2)\cdots] = I[p(x_1)] + I[p(x_2)] + \cdots$。

那么同时满足以上三个要求的函数关系是什么呢？香农给出的定义是，如果带分类的事物集合可以划分为多个类别当中，则某个类 x_i 的信息可以定义如下：

$$I(X=x_i) = -\log_a p(x_i)$$

那么，为什么一件事发生后所携带的信息量要表示成事件发生概率的对数？简单来讲，$p(x)$ 和 I 之间的性质②决定了信息量和概率之间一定是减函数的关系，性质③要求它们之间是对数关系，因为只有对数关系才能使此式成立：$\log_2[p(x_1)p(x_2)] = \log_2 p(x_1) + \log_2 p(x_2)$。

由以上论述可以感悟到大数据技术中数学建模的重要性，同样重要的还有数学的抽象思维。比如根据性质①②点，可知 $p(x)$ 和 I 应是负相关关系，根据性质③可基本联想到对数公式的加法运算。同学们可以试着用此模式建模一些社会问题，这才是机器学习真正的趣味所在。

对于 $I(X=x_i) = -\log_a p(x_i)$，$a$ 作为公式的底，其含义包括：

若 $a=2$，信息量的单位称为比特[bit]，可简记为 b；

若 $a=e$，信息量的单位称为奈特[nat]；

若 $a=10$，信息量的单位称为哈特莱[Hartley]。通常广泛使用的单位是比特。

(二) 信息熵

香农定义的信息熵的计算公式如下：

$$H(x) = -\sum p(x_i)\log[p(x_i)] \quad (i=1,2,\cdots,n)$$

其中，x 表示随机变量，随机变量的取值为 $(x_1,x_2,\cdots,x_n)$，$p(x_i)$ 表示 x_i 发生的概率，且有 $\sum p(x_i) = 1$，信息熵的单位为 bit。

从香农给出的数学公式可以看出，信息熵其实是一个随机变量信息量的数学期望。

当熵中的概率由数据估计（特别是最大似然估计）得到时，所对应的熵称为经验熵（empirical entropy）。所谓数据估计，是指通过训练数据计算得出的分类概率值，比如有 10 个数据，一共有两个类别，A 类和 B 类。其中，有 7 个数据属于 A 类，则该 A 类的概率即为 7/10。其中，有 3 个数据属于 B 类，则该 B 类的概率即为 3/10。

设训练数据集为 D，则训练数据集 D 的经验熵为 $H(D)$，$|D|$ 表示样本容量，即样本个数。设有 K 个类 C_k，$K = 1,2,3,\cdots,k$，$|C_k|$ 为属于类 C_k 的样本个数，则经验熵可以写为

$$H(D) = -\sum \frac{|C_k|}{|D|} \log_2 \frac{|C_k|}{|D|}$$

例如，假设有天气状态与是否打球关系的数据集，其数据集 D 如表 2-1-1 所示。

表 2-1-1 数据集 D

outlook	temperature	humidity	windy	play
sunny	hot	high	FALSE	no
sunny	hot	high	TRUE	no
overcast	hot	high	FALSE	yes
rainy	mild	high	FALSE	yes
rainy	cool	normal	FALSE	yes
rainy	cool	normal	TRUE	no
overcast	cool	normal	TRUE	yes
sunny	mild	high	FALSE	no
sunny	cool	normal	FALSE	yes
rainy	mild	normal	FALSE	yes
sunny	mild	normal	TRUE	yes
overcast	mild	high	TRUE	yes
overcast	hot	normal	FALSE	yes
rainy	mild	high	TRUE	no

本数据集共 14 条数据，最终分类结果分为两类，即打球（yes）和不打球（no）。根据数据统计可知，在 14 个数据中，9 个数据的结果为打球，5 个数据的结果为不打球。所以数据集 D 的经验熵 $H(D)$ 为

$$H(D) = -\frac{9}{14}\log_2 \frac{9}{14} - \frac{5}{14}\log_2 \frac{5}{14} = 0.940\,3$$

经过计算可知，数据集 D 的经验熵 H(D) 的值为 0.940 3。

（三）条件熵、信息增益及信息增益比

条件熵 H(Y|X)表示在已知随机变量 X 的条件下随机变量 Y 的不确定性。随机变量 X 给定条件下随机变量 Y 的条件熵（conditional entropy）H(Y|X)，定义 X 给定条件下 Y 的条件概率分布的熵对 X 的数学期望为

$$H(Y|X) = \sum_{i=1}^{n} p_i H(Y|X=x_i)$$

其中，$p_i = P(X=x_i)$。

当熵和条件熵中的概率由数据估计（特别是极大似然估计）得到时，所对应的分别为经验熵和经验条件熵，此时如果有 0 概率，令 $0\log_2 0 = 0$。

以上述数据集 D 为例，目标变量 Y = {play}，特征变量 X = {outlook,temperature,humidity,windy}，则 $X_{outlook}$ 的条件熵 $H(Y_{play}|X_{outlook})$ 的计算步骤如下：

由于 outlook 特征变量在数据集中又分为三类，分别为 sunny、overcast、rainy，需要分别计算。根据条件熵定义，则计算公式为

$$H(Y_{play}|X_{outlook}) = p_{sunny}H(Y_{play}|X_{sunny}) + p_{overcast}H(Y_{play}|X_{overcast}) + p_{rainy}H(Y_{play}|X_{rainy})$$

首先计算 $H(Y_{play}|X_{sunny})$，则数据子集 $D_{outlook=sunny}$ 如表 2-1-2 所示。

表 2-1-2　数据子集 $D_{outlook=sunny}$

outlook	temperature	humidity	windy	play
sunny	hot	high	FALSE	no
sunny	hot	high	TRUE	no
sunny	mild	high	FALSE	no
sunny	cool	normal	FALSE	yes
sunny	mild	normal	TRUE	yes

$$H(Y_{play}|X_{sunny}) = -\frac{2}{5}\log_2\frac{2}{5} - \frac{3}{5}\log_2\frac{3}{5} = 0.971$$。

数据子集 $D_{outlook=overcast}$ 如表 2-1-3 所示。

表 2-1-3　数据子集 $D_{outlook=overcast}$

outlook	temperature	humidity	windy	play
overcast	hot	high	FALSE	yes
overcast	cool	normal	TRUE	yes
overcast	mild	high	TRUE	yes
overcast	hot	normal	FALSE	yes

$H(Y_{\text{play}} | X_{\text{overcast}}) = -\frac{4}{4}\log_2\frac{4}{4} = 0$，条件熵为 0，代表无随机性，确定性很强，均为打球（yes）。

数据子集 $D_{\text{outlook=rainy}}$ 如表 2-1-4 所示。

表 2-1-4 数据子集 $D_{\text{outlook=rainy}}$

outlook	temperature	humidity	windy	play
rainy	mild	high	FALSE	yes
rainy	cool	normal	FALSE	yes
rainy	cool	normal	TRUE	no
rainy	mild	normal	FALSE	yes
rainy	mild	high	TRUE	no

$H(Y_{\text{play}} | X_{\text{rainy}}) = -\frac{2}{5}\log_2\frac{2}{5} - \frac{3}{5}\log_2\frac{3}{5} = 0.971$。

则 $H(Y_{\text{play}} | X_{\text{outlook}}) = \frac{5}{14}\times 0.971 + \frac{4}{14}\times 0 + \frac{5}{14}\times 0.971 = 0.6935$。

信息增益：信息增益是相对于特征而言的。所以，特征 X 对训练数据集 D 的信息增益 $g(D, X)$，定义为集合 D 的经验熵 $H(D)$ 与特征 X 给定条件下 D 的经验条件熵 $H(D|X)$ 之差，即

$$g(D, X) = H(D) - H(D|X)$$

根据以上计算，特征 outlook 对训练数据集 D 的信息增益为

$$g(D, X_{\text{outlook}}) = 0.9403 - 0.6935 = 0.2468$$

信息增益比：特征 X 对训练数据集 D 的信息增益比 $g_R(D, X)$ 定义为其信息增益 $g(D, X)$ 与训练数据集 D 的经验熵之比：

$$g_R(D, X) = \frac{g(D, X)}{H(D)}$$

二、决策树的构建

（一）ID3 算法

ID3 算法的核心是在决策树各个节点上对应信息增益准则选择特征，递归地构建决策树。具体方法如下：

第一步：从根节点（root node）开始，对节点计算所有可能的特征的信息增益，选择信息增益最大的特征作为节点的特征。

第二步：由该特征的不同取值建立子节点，再对子节点递归地调用以上方法，构建决策树；直到所有特征的信息增益均很小或没有特征可以选择为止。

第三步：最后得到一个决策树。

依然以打球数据集 D 为例,由以上计算可知:

$H(D) = 0.940\,3$,即数据集 D 的总信息熵为 $0.940\,3$。

$H(D|X_{outlook}) = 0.693\,5$,即在 outlook 确定的情况下,数据集 D 的信息熵已降低为 $0.693\,5$。则信息增益为 $g(D, X_{outlook}) = 0.246\,8$,同理,可计算其他特征分量的信息增益值为

$H(D|X_{temperature}) = 0.911\,1$, $g(D, X_{temperature}) = 0.029\,2$

$H(D|X_{humidity}) = 0.788\,45$, $g(D, X_{humidity}) = 0.151\,8$

$H(D|X_{windy}) = 0.892\,2$, $g(D, X_{humidity}) = 0.048\,1$

则根据以上计算,特征 outlook 的信息增益值最大,为 $0.246\,8$,按照决策树 ID3 算法的第一步,所以选择特征 outlook 为根节点,如图 2-1-1 所示。

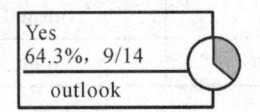

图 2-1-1 根节点

outlook 共有三个取值,分别为 overcast(阴天)、sunny(晴天)和 windy(刮风)。按照决策树 ID3 算法的第二步,进一步计算以上三个子特征条件下的信息增益。

在 overcast 取值条件下,数据集 D 的数据子集 $D_{outlook=overcast}$ 已在上节列示,其条件熵为 0,代表无随机性,确定性很强,信息增益也为 0,根据第二步所说明的判断条件,overcast 分枝即停止。

在 rainy 取值条件下,依据上节计算,数据集 D 的数据子集 $D_{outlook=rainy}$ 的信息熵为 $H(Y_{play}|X_{rainy}) = 0.971$。进一步计算其他特征值的信息增益,如表 2-1-5 所示。

表 2-1-5 rainy 取值条件下其他特征值的信息增益

节点特征取值	特征	特征取值	信息量	条件熵	信息增益
rainy	temperature	mild	0.918 296	0.950 978	0.019 973
		cool	1		
	humidity	high	1	0.950 978	0.019 973
		normal	0.918 296		
	windy	FALSE	0	0	0.970 951
		TRUE	0		

同样,在 sunny 取值条件下,依据上节计算,数据集 D 的数据子集 $D_{outlook=sunny}$ 的信息熵为 $H(Y_{play}|X_{sunny}) = 0.971$。进一步计算其他特征值的信息增益,如表 2-1-6 所示。

表 2-1-6 sunny 取值条件下其他特征值的信息增益

节点特征取值	特征	特征取值	信息量	条件熵	信息增益
sunny	temperature	hot	0	0.4	0.570 951
		mild	1		
		cool	0		

续表

节点特征取值	特征	特征取值	信息量	条件熵	信息增益
sunny	humidity	high	0	0	0.970 951
		normal	0		
	windy	FALSE	0.918 296	0.950 978	0.019 973
		TRUE	1		

依据以上计算，按照决策树 ID3 算法的第二步，可以从根节点分枝，如图 2-1-2 所示。

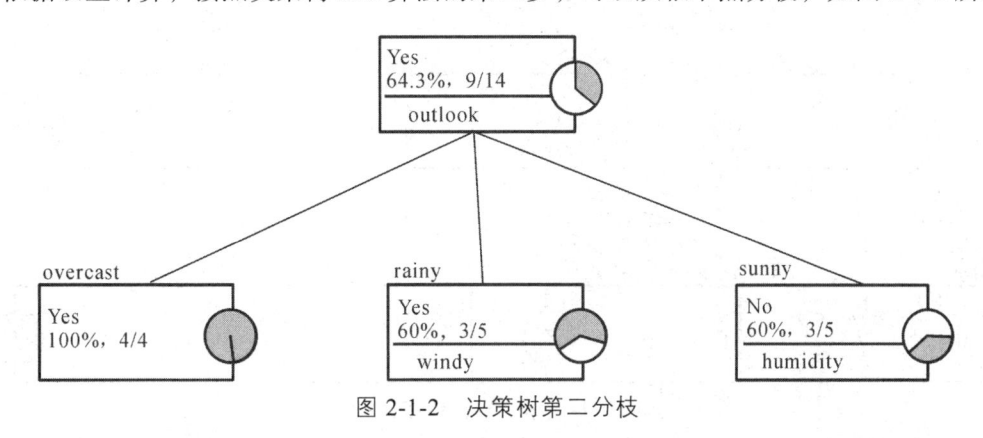

图 2-1-2 决策树第二分枝

由图 2-1-2 可以看出，在第二层分枝中，$H(Y_{play} | X_{outlook-overcast}) = 0$，分枝停止。而其余两个节点还需要继续分枝，则继续罗列子数据集 $D_{sunny\text{-}humidity}$ 及 $D_{rainy\text{-}windy}$，如表 2-1-7 和表 2-1-8 所示。

表 2-1-7 子数据集 $D_{sunny\text{-}humidity}$

outlook	humidity	play
sunny	high	no
sunny	high	no
sunny	high	no
sunny	normal	yes
sunny	normal	yes

表 2-1-8 子数据集 $D_{rainy\text{-}windy}$

outlook	windy	play
rainy	FALSE	yes
rainy	FALSE	yes
rainy	FALSE	yes
rainy	TRUE	no
rainy	TRUE	no

由以上两表可以快速计算出 $H(Y_{play} | X_{outlook(sunny)-humidity(high)}) = 0$、$H(Y_{play} | X_{outlook(sunny)-humidity(normal)}) = 0$，同时，$H(Y_{play} | X_{outlook(rainy)-windy(FALSE)}) = 0$、$H(Y_{play} | X_{outlook(rainy)-windy(TRUE)}) = 0$。由此第三层分枝也全部停止，可以画出天气与打球关系的全貌决策树，如图2-1-3所示。

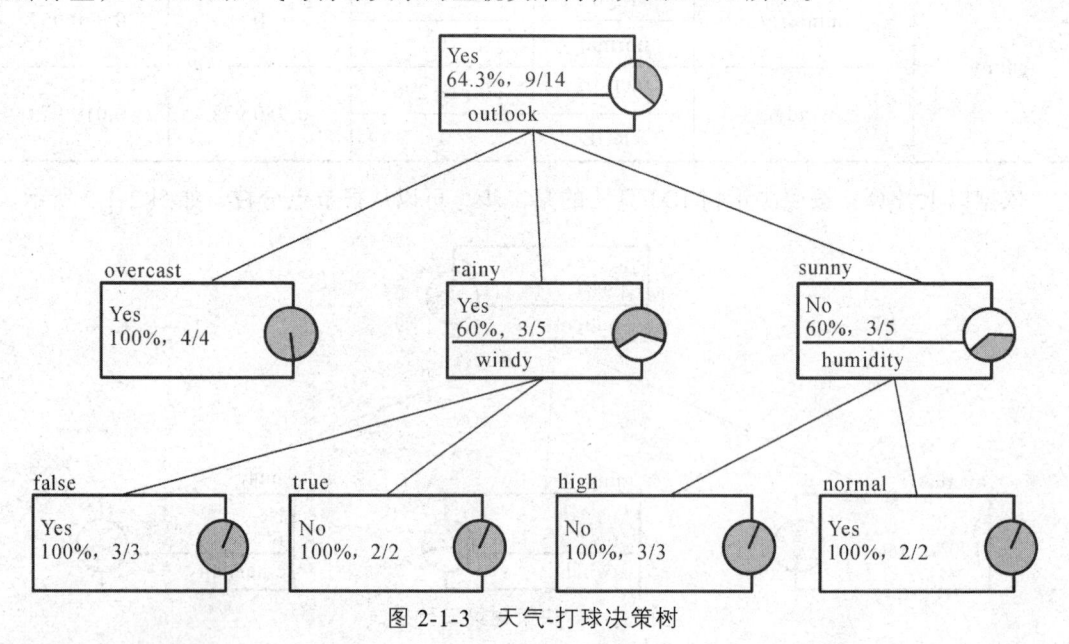

图 2-1-3　天气-打球决策树

根据以上决策树，可以形成对是否打球的基本判断逻辑：首先看天气状况，如果是阴天，则去打球；如果是雨天，则看是否刮风，如刮风，则不去打球，如不刮风，则去打球；如果是晴天，则看湿度状况，如果高，则不去打球，如果正常，则去打球。

（二）C4.5 算法

C4.5算法与ID3算法相似，但做了改进，将信息增益率作为选择特征的标准。

信息增益率=信息增益/属性熵。用公式表示为

$$\text{GainRatio}(D|A) = \frac{\text{infoGain}(D|A)}{\text{IV}(A)}$$

$$\text{IV}(A) = -\sum_{k=1}^{K} \frac{|D_k|}{|D|} \cdot \log_2 \frac{|D_k|}{|D|}$$

其中，$A = [a_1, a_2, \cdots, a_k]$，有$k$个值。若使用$A$来对样本集$D$进行划分，则会产生$k$个分枝节点，其中第$k$个节点包含$D$中所有属性$A$上取值为$a_k$的样本，记为$D_k$。通常，属性$A$的可能取值数越多（即$k$越大），则$\text{IV}(A)$的值通常会越大。

具体方法如下：

输入：训练数据集D，特征集A，阈值ε；

输出：决策树T。

（1）如果D中所有实例属于同一类C_k，或$A = \varnothing$，则设置T为单节点树，并将C_k作为该节点的类，返回T；

（2）按公式计算 A 中各特征对 D 的信息增益比，选择信息增益比最大的特征 A_g；

（3）如果 A_g 的信息增益比小于阈值 ε，则设置 T 为单节点树，并将 D 中实例数最大的类 C_k 作为该节点的类，返回 T；

（4）否则，对 A_g 的每一可能值 a_i，依 $A_g = a_i$ 将 D 分割为若干非空 D_i 子集，并将 D_i 中实例数最大的类作为标记，构建子节点，由节点及其子节点构成树 T，返回 T；

（5）对节点 i，以 D_i 为训练集，以 $A \to \{A_g\}$ 为特征集，递归地调用步骤（1）~（4），得到子树 T_i，返回 T_i。

同样以天气-打球数据集 D 为例，根据此前计算，数据集 D 的经验熵 $H(D) = 0.940\,286$。而各特征变量的属性熵为

$$IV(A_{\text{outlook}}) = -\frac{5}{14}\log_2\frac{5}{14} - \frac{4}{14}\log_2\frac{4}{14} - \frac{5}{14}\log_2\frac{5}{14} = 1.577\,4$$

$$IV(A_{\text{temperature}}) = -\frac{4}{14}\log_2\frac{4}{14} - \frac{6}{14}\log_2\frac{6}{14} - \frac{4}{14}\log_2\frac{4}{14} = 1.556\,7$$

$$IV(A_{\text{humidity}}) = -\frac{7}{14}\log_2\frac{7}{14} - \frac{7}{14}\log_2\frac{7}{14} = 1$$

$$IV(A_{\text{windy}}) = -\frac{8}{14}\log_2\frac{8}{14} - \frac{6}{14}\log_2\frac{6}{14} = 0.985\,23$$

各特征量的条件熵、信息增益和信息增益率如表 2-1-9 所示。

表 2-1-9 各特征量的条件熵、信息增益、属性熵和信息增益率

特征变量	特征取值	信息量	条件熵	信息增益	属性熵	信息增益率
outlook	sunny	0.970 951	0.693 536	0.246 749 82	1.577 4	0.156 4
	overcast	0				
	rainy	0.970 951				
temperature	hot	1	0.911 063	0.029 222 566	1.556 7	0.018 8
	mild	0.918 296				
	cool	0.811 278				
humidity	high	0.985 228	0.788 45	0.151 835 501	1	0.151 8
	normal	0.591 673				
windy	FALSE	0.811 278	0.892 159	0.048 112 703	0.985 2	0.048 9
	TRUE	1				

根据以上计算，依然是特征 outlook 的信息增益率最大，为 0.156 4，按照决策树 C4.5 算法的第（3）和第（4）步，依然选特征 outlook 为根节点，并由此可进一步计算 outlook 各特征值的信息增益率，如表 2-1-10 所示。

表 2-1-10　rainy、sunny 节点特征值的信息增益率

节点特征取值	特　征	特征取值	信息量	条件熵	信息增益	属性熵	信息增益率
rainy	temperature	mild	0.918 296	0.950 978	0.019 973	0.970 951	0.020 571
		cool	1				
	humidity	high	1	0.950 978	0.019 973	0.970 951	0.020 571
		normal	0.918 296				
	windy	FALSE	0	0	0.970 951	0.970 951	1
		TRUE	0				
sunny	temperature	hot	0	0.4	0.570 951	1.521 928	0.375 15
		mild	1				
		cool	0				
	humidity	high	0	0	0.970 951	0.970 951	1
		normal	0				
	windy	FALSE	0.918 296	0.950 978	0.019 973	0.970 951	0.020 571
		TRUE	1				

至此，第二层分枝已全部确定，按照 C4.5 的具体执行步骤，可以看出，还需要向下分枝第三层。请同学们自行计算并画出一幅完整的决策树图。

以上所有计算过程及步骤均在右侧的二维码中详细列明，请读者扫描下载。

信息增益的方法（ID3）已经可以选出划分属性，为什么还要有信息增益率算法（C4.5）。因为信息增益方法有缺陷，其主要缺陷为：如果各个特征变量的值的个数比较平均，比如都是 2~3 个值，缺陷就不明显；而如果各个特征变量的值的个数差异较大，会发现信息增益偏向值个数多的属性。所以为了纠正这个缺陷，C4.5 决策树提出了信息增益率。信息增益率分母越大值越小，所以信息增益率可以起到"惩罚"值个数多的属性的目的。但是如果算法全部使用信息增益率，又会出现偏向值个数少的属性这一缺陷，所以 C4.5 算法其实并没有直接使用信息增益率，而是先用信息增益选出一些高于平均水平的属性候选集，再从候选集中选出信息增益率最高的属性，这也算是一种折中方案。

C4.5 算法还可以将连续的属性进行离散化，离散化策略就是二分法，在此不再赘述，请感兴趣的同学自行查阅相关资料。

天气-打球决策树

（三）CART 算法

在决策树经典算法中，除了 ID3 和 C4.5 之外，还有一种 CART 算法。CART 决策树采用基尼系数选取最优划分属性。基尼系数的公式为

$$\text{Gini}(X) = \sum_{x \in X} p(x)[1-p(x)] = 1 - \sum_{x \in X} p(x)^2$$

可以看出，基尼系数反映了随机抽取两个样本，其类别不一致的概率。基尼系数反映的是分支内任意两个样本分类不一致的情况，所以基尼系数越小，分类越纯，所以可以选取基尼系数最小的属性作为最优划分属性。

（四）区别 ID3、C4.5、CART 算法

对于这三个非常著名的决策树算法，简单的区别是：ID3 使用信息增益作为选择特征的准则；C4.5 使用信息增益率作为选择特征的准则；CART 使用基尼系数作为选择特征的准则。

ID3：熵表示的是数据中包含的信息量大小。熵越小，数据的纯度越高，也就是说数据越趋于一致，这是希望划分之后每个子节点的样子。

信息增益=划分前熵–划分后熵。信息增益越大，则意味着使用属性 a 来进行划分所获得的"纯度提升"越大。也就是说，用属性 a 来划分训练集，得到的结果中纯度比较高。

ID3 仅仅适用于二分类问题，且也仅仅能够处理离散属性。

C4.5：克服了 ID3 仅能处理离散属性的问题，以及信息增益偏向选择取值较多特征的问题，通过使用信息增益率来选择特征。信息增益率=信息增益/属性熵，选择信息增益率最大的作为最优特征。

C4.5 处理连续特征是先将特征取值排序，以连续两个值中间值作为划分标准。尝试每一种划分，并计算修正后的信息增益，选择信息增益最大的分裂点作为该属性的分裂点。

CART：与 ID3、C4.5 不同之处在于 CART 生成的树必须是二叉树。也就是说，无论是回归还是分类问题，无论特征是离散的还是连续的，无论属性取值有多个还是两个，内部节点只能根据属性值进行二分。

CART 的全称是分类与回归树，CART 既可以用于分类问题，也可以用于回归问题。

回归树中，使用平方误差最小化准则来选择特征并进行划分。每一个叶子节点给出的预测值，是划分到该叶子节点的所有样本目标值的均值，这样只是在给定划分的情况下最小化了平方误差。

要确定最优化分，还需要遍历所有属性，以及其所有的取值来分别尝试划分并计算在此种划分情况下的最小平方误差，选取最小的作为此次划分的依据。由于回归树生成使用平方误差最小化准则，所以又叫作最小二乘回归树。

三、算法用例

以天气-打球数据集 D 为例，在 Orange 中用决策树算法构造的流程如图 2-1-4 所示。

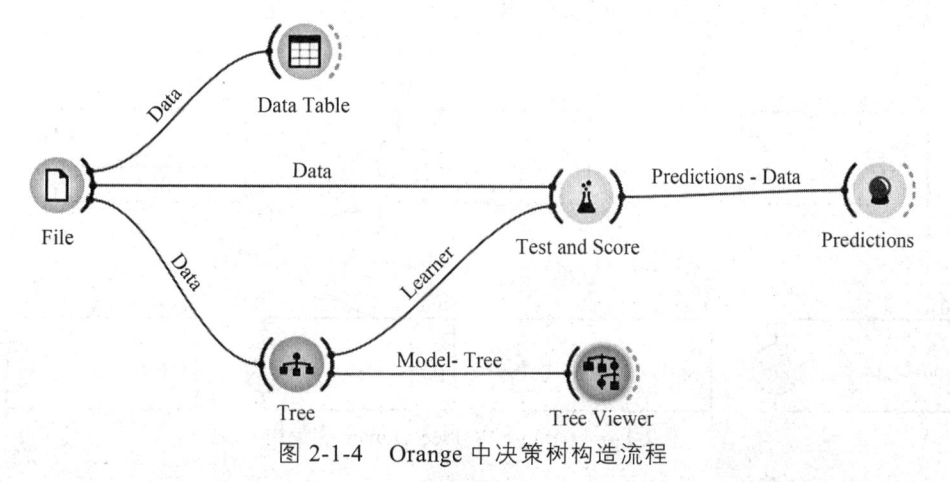

图 2-1-4　Orange 中决策树构造流程

打开 Tree 参数窗口，如图 2-1-5 所示。

图 2-1-5　Orange 中 Tree 参数窗口

Tree 参数窗口中有几个重要的指标：

Induce binary tree：创建一个二叉树；

Min. number of instances in leaves：每个节点最小实例限制；

Do not split subsets smaller than：子集实例小于 x 的时候不再进行拆分；

Limit the maximal tree depth to：树的最大深度不深于 x。

对于分类：

Stop when majority reaches [%]：当纯度大于 x 时不再进行拆分。

通过 Tree 模型插件后数据就分好类了，然后再使用 Tree viewer 可视化插件查看分类情况，如图 2-1-6 所示。可以看到，Tree viewer 很形象地展示了决策树，与手动计算结果一致，同时也表示出了每个特征分类值。

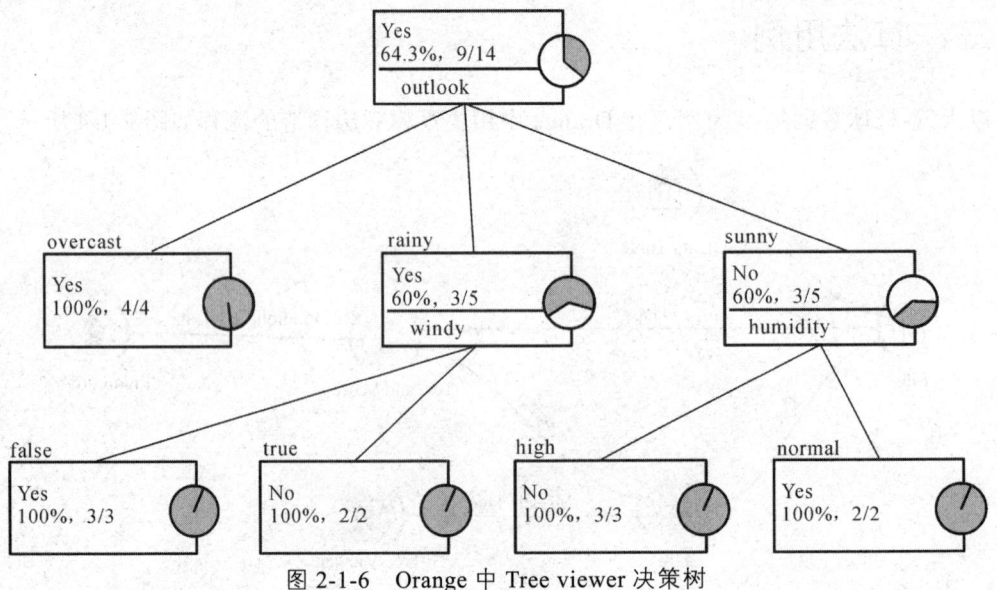

图 2-1-6　Orange 中 Tree viewer 决策树

● **技能训练**

（1）说一说信息熵、条件熵、信息增益及信息增益比的含义。

（2）谈一谈决策树算法 ID3、C4.5、CART 的优点。

（3）决策树大数据算法，主要是 ID3 算法操作实践。

① 作业目的：

a. 理解决策树算法原理，并掌握决策树算法框架；

b. 理解决策树学习算法的特征选择、树的生成和树的剪枝；

c. 能根据不同的数据类型，选择不同的决策树算法；

d. 针对特定应用场景及数据，能应用决策树算法解决实际问题。

② 作业准备：

Orange3 软件下载并安装。

Iris（鸢尾属植物）数据集下载采用 Orange3 平台自带数据库。

ID3 算法是最经典的决策树分类算法。ID3 算法基于信息熵来选择最佳的测试属性，它选择当前样本集中具有最大信息增益值的属性作为测试属性；样本集的划分则依据测试属性的取值进行，测试属性有多少个不同的取值就将样本集划分为多少个子样本集，同时决策树上相对于该样本集的节点长出新的叶子节点。ID3 算法根据信息论的理论，采用划分后样本集的不确定性作为衡量划分好坏的标准，用信息增益值度量不确定性：信息增益值越大，不确定性越小。因此，ID3 算法在每个非叶节点选择信息增益最大的属性作为测试属性，这样可以得到当前情况下最纯的划分，从而得到较小的决策树。

ID3 算法的具体流程如下：

a. 对当前样本集合，计算所有属性的信息增益；

b. 选择信息增益最大的属性作为测试属性，把测试属性取值相同的样本划为同一个子样本集；

c. 若子样本集的类别属性只含有单个属性，则分支为叶子节点，判断其属性值并标上相应的符号，然后返回调用处；否则对子样本集递归调用本算法。

数据集说明：Iris 数据集包含 150 个样本，对应数据集的每行数据。每行数据包含每个样本的四个特征和样本的类别信息，所以 Iris 数据集是一个 150 行 5 列的二维表。通俗地说，Iris 数据集是用来给花做分类的数据集，每个样本包含了 sepal_length（花萼长度）、sepal_width（花萼宽度）、petal_length（花瓣长度）、petal_width（花瓣宽度）四个特征（前 4 列），如图 2-1-7 所示。因此，需要建立一个分类器，分类器可以通过样本的四个特征来判断样本属于山鸢尾、变色鸢尾还是弗吉尼亚鸢尾（这三个名词都是花的品种）。

作业任务：区分 Iris Setosa（山鸢尾）及 Iris Versicolour（变色鸢尾）两个种类。

③ 作业内容。

a. Part1 人工数据实践。

Step1：库函数导入；

Step2：模型训练；

Step3：数据和模型可视化；

Step4：模型预测。

商务大数据分析导论

sepal_length	sepal_width	petal_length	petal_width	class
5.1	3.5	1.4	0.2	Iris-setosa
4.9	3	1.4	0.2	Iris-setosa
4.7	3.2	1.3	0.2	Iris-setosa
4.6	3.1	1.5	0.2	Iris-setosa
5	3.6	1.4	0.2	Iris-setosa
5.4	3.9	1.7	0.4	Iris-setosa
4.6	3.4	1.4	0.3	Iris-setosa
5	3.4	1.5	0.2	Iris-setosa
4.4	2.9	1.4	0.2	Iris-setosa
4.9	3.1	1.5	0.1	Iris-setosa
5.4	3.7	1.5	0.2	Iris-setosa
4.8	3.4	1.6	0.2	Iris-setosa
4.8	3	1.4	0.1	Iris-setosa
4.3	3	1.1	0.1	Iris-setosa
5.8	4	1.2	0.2	Iris-setosa
5.7	4.4	1.5	0.4	Iris-setosa
5.4	3.9	1.3	0.4	Iris-setosa
5.1	3.5	1.4	0.3	Iris-setosa
5.7	3.8	1.7	0.3	Iris-setosa

图 2-1-7 样本局部

b. Part2 基于 Iris 数据集的分类。

Step1：库函数导入；

Step2：数据读取/载入；

Step3：数据信息简单查看；

Step4：可视化描述；

Step5：在二分类上进行训练和预测；

Step6：在三分类（多分类）上进行训练和预测。

c. 决策树 Orange 图示。

按照图 2-1-8 生成模型评估数据。

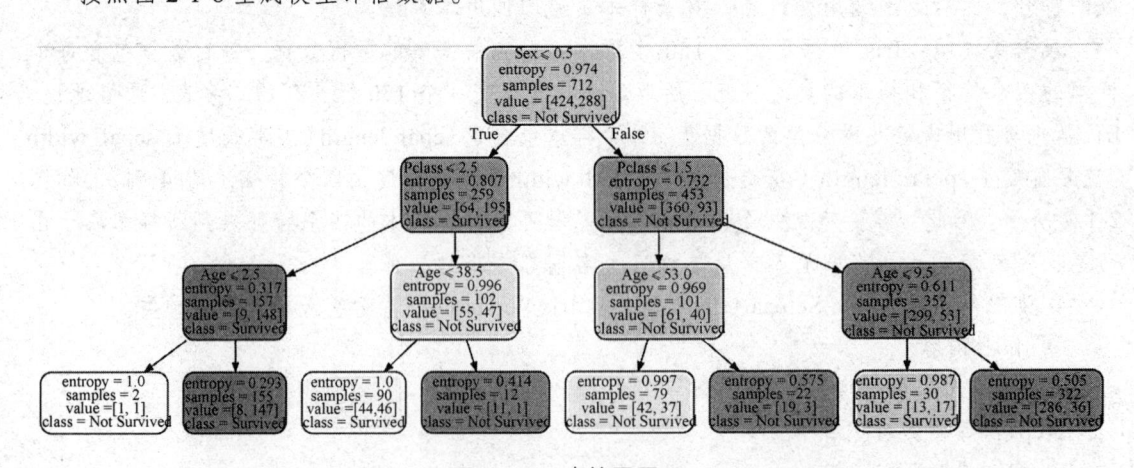

图 2-1-8 决策图图示

d. 撰写数据测试报告。

- 44 -

任务二 聚类算法

聚类算法是指将一堆没有标签的数据自动划分成几类的方法,因为事先并不知道如何划分及样本所属的类别,因此属于无监督学习方法,但该方法要保证同一类的数据有相似的特征,如图 2-2-1 所示。

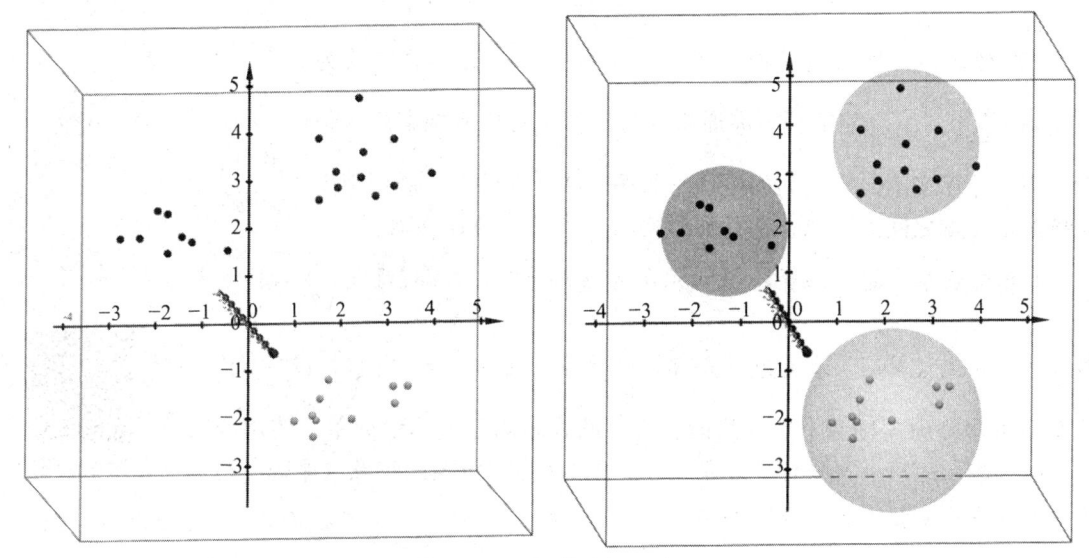

图 2-2-1 聚类分析示意

其基本理论是,根据样本之间的距离或者说是相似性(亲疏性),把越相似、差异越小的样本聚成一类(簇),最后形成多个簇,使同一个簇内部的样本相似度高,不同簇之间的差异性大。

一、K-means 算法

K-means 算法是最基础和最常用的聚类算法。其相关概念有:
K 值:希望得到的簇的个数。
质心:即簇的中心值,是每个簇的均值向量,向量各维取平均即可。
距离量度:常用欧几里得距离和余弦相似度,但在计算之前,先要将各维数据标准化。

(一)距离的计算

在聚类算法的距离计算中,不得不提到范数这一数学概念,如 $\|x\|$、$\|X\|$,其中 x、X 分别表示向量和矩阵。

为方便统一，一般将任意向量 x 的 l_p 范数定义为 $\|x\|_p = \sqrt[p]{\sum_i |x_i|^p}$。

由上式可知，l_0 范数的定义为 $\|x\|_0 = \sqrt[0]{\sum_i |x_i|^0}$，它表示向量 x 中的非 0 元素的个数。在诸多机器学习模型中，如压缩感知（compressive sensing），就是希望最小化向量的 l_0 范数。

同理，l_1 范数的定义为 $\|x\|_1 = \sum_i |x_i|$，从式中可以看出，l_1 范数等于向量中所有元素的绝对值之和。l_1 范数的优点是容易求解，借助现有凸优化算法（线性规划或是非线性规划），就能够找到想要的可行解。

l_1 范数应用于距离计算时，就是曼哈顿距离，其计算公式为 $D(x, y) = \sum_{i=1}^{k} |x_i - y_i|$。曼哈顿距离通常称为出租车距离或城市街区距离，用来计算实值向量之间的距离，如图 2-2-2 所示。曼哈顿距离是指两个向量之间的距离，在计算距离时不涉及对角线移动。

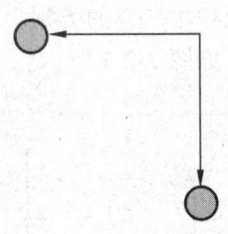

图 2-2-2 曼哈顿距离

l_2 范数表示向量（或矩阵）的元素平方和开根号，即 $\|x\|_2 = \sqrt{\sum_i |x_i|^2}$。$l_2$ 范数应用于距离计算时，就是欧式距离，其计算公式为 $D(x, y) = \sqrt{\sum_{i=1}^{n}(x_i - y_i)^2}$。欧式距离可解释为连接两个点的线段长度。欧式距离公式非常简单，使用勾股定理，由这些点的笛卡儿坐标计算距离。图 2-2-3 为二维及三维欧式距离。动态三维欧式距离可扫描右侧二维码查看。

欧式距离

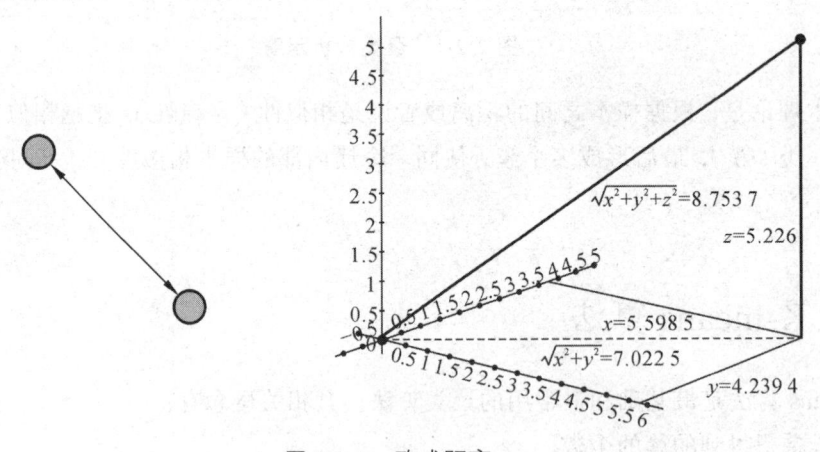

图 2-2-3 欧式距离

以上两种距离计算方法是聚类算法中最为常用的，此外还有一些距离计算法，适合于某种特定应用场景的计算。比如余弦相似度，其计算公式为 $D(x, y) = \cos(\theta) = \dfrac{x \cdot y}{\|x\| \|y\|}$。余弦相似度主要应用于文本分析。其他还包括闵氏距离（$d_{ij} = \sqrt[\lambda]{\sum_{k=1}^{n} |x_{ik} - x_{jk}|^\lambda}$），切比雪夫距离 [$D(x, y) = \max_i(|x_i - y_i|)$] 等。

（二）算法流程

（1）首先确定一个 K 值，即希望将数据集经过聚类得到 K 个集合。

（2）从数据集中随机选择 K 个数据点作为质心。

（3）对数据集中每一个点，计算其与每一个质心的距离（如欧式距离），离哪个质心近，就划分到那个质心所属的集合。

（4）把所有数据归好集合后，一共有 K 个集合。然后重新计算每个集合的质心，计算均值，即向量各维取平均。

（5）如果新计算出来的质心和原来的质心之间的距离小于某一个设置的阈值（表示重新计算的质心的位置变化不大，趋于稳定，或者说收敛），可以认为聚类已经达到期望的结果，算法终止。

（6）如果新质心和原质心距离变化很大，需要迭代步骤（3）~（5）。

（三）几个聚类算法的数学公式

（1）质心的计算。如果用数据表达式表示，假设簇划分为 $(C_1, C_2, \cdots, C_k)$，设 μ_i 是 C_i 的均值向量，也称为质心，表达式为

$$\mu_i = \frac{1}{|C_i|} \sum_{x \in C_i} x$$

（2）误差平方和（The Sum of Squares due to Error，SSE），是指簇内每一个点与其质心的距离平方和，体现的是质心位置的合适程度。其表达式为

$$SSE = \sum_{i=1}^{K} \sum_{p \in C_i} |p - m_i|^2$$

设想这样一个问题，如果分簇不合理，其簇内各点与其质心的距离平方和肯定大于合理分簇的距离平方和。如图 2-2-4 所示，设 m_1、m_2 为当 $K=2$ 时的质心，m_3 为当 $K=1$ 时的质心，显然分为两簇更符合样本形态。不难推断，K 值越大，SSE 越小，但也不是越小越好，因为如设每一点为一簇，则 SSE 为零，那么如此分簇将毫无意义。所以，误差平方和这一参数一般考察的是样本分为几簇更为合理，即 K 的取值问题。至于 SSE 与 K 值之间的映射关系，将在下一节结合用例详细说明。

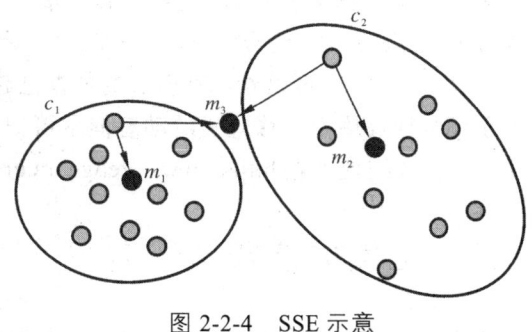

图 2-2-4　SSE 示意

（3）轮廓系数（silhouette coefficient），是结合了聚类的凝聚度（cohesion）和分离度（separation）的一个参数，用于评估聚类的效果。其表达式为，

$$S = \frac{(B - A)}{\max(A, B)}, \ S \in [-1, 1]$$

这里 A 是指样本 X_i 到同一簇内其他点不相似程度的平均值，B 是指样本 X_i 到其他簇的平均不相似程度的最小值，如图 2-2-5 所示。

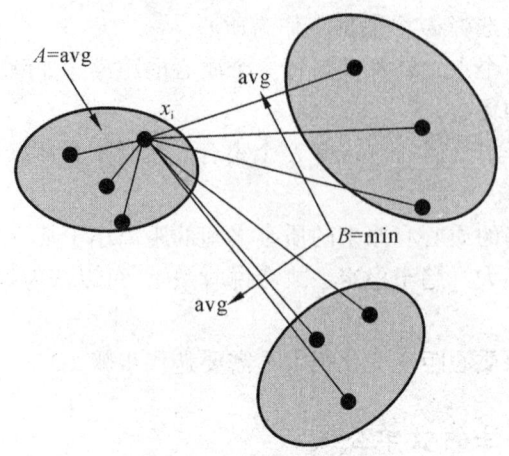

图 2-2-5 轮廓系数示意

轮廓系数的取值范围为[-1，1]，其值越大越好。其目的是使内部距离最小化，外部距离最大化。

二、感受质心的迁移过程

用例解析如下：

某商业科技研究所对高原夏菜的农药残留进行了检测，提取样本数据 134 份，主要指标为三唑酮、三唑醇、多效唑的残留量。因为所采集样本的品类、来源地均不同，研究人员拟对样本主要指标先进行聚类分析，期望在自然聚类中发现残留量与其他属性值之间的关系。

为了展现聚类算法的质心迁移过程，整个运算步骤在 Excel 表中进行迭代计算，可以清晰理解聚类算法的各个步骤，这里设 $K=3$，距离计算采用欧式距离。

经过四次迭代，可以看到其质心的数据已趋于稳定，变化量不大，聚类结束。以上示例数据及质心迁移过程的动态演示可扫描右方二维码查看，其 Geogebra 源文件可登录网址下载 https://www.geogebra.org/m/egbz8bfg，供读者研究学习。

聚类三色
四选带框

三、K 值的选择

K 值的选择在聚类算法中至关重要，因为其牵扯到算法模型的有效性。依然以上节中的数据为例，借助 Orange 分析软件，对几种主要的 K 值评判方法加以介绍。

（一）快速判断法

以样本内容及研究目的进行具体判断。例如，我们搜集了一些人的身高和体重，想借助身高和体重两个特征进行衣服尺码的划分，如厂家想生产三种类型的尺码（S、M、L），以此可以获得更好的收益，这时聚类数目会选择 $K=3$；如厂家想生产五种类型的尺码（XS、S、

M、L、XL），以此可以获得更好的收益，这时聚类数目会选择 K=5；所以此时聚类数目的选择是根据制造的衣服是否能较好地适应客户。

一种可供参考的快速方法是将样本量除以 2 再开平方出来的值作为 K 值，具体公式为

$$K \approx \sqrt{n/2}$$

（二）肘部法则（Elbow Method）

快速判断法是一种经验判断方法，那么有没有一种可以选择聚类数目的较为科学的方法呢？有一种方法叫作"肘部法则"，即分别计算在各种 K 值中聚类算法最终的损失函数，一般是指 SSE 值，绘制出随着 K 值变化损失函数变化的曲线，通过曲线的"拐点"来判断最佳的 K 值。

该方法适用于 K 值相对较小的情况，当选择的 K 值小于适配值时，K 每增加 1，聚类算法的损失函数，即 SSE 值就会大幅地减小；当选择的 K 值大于适配值时，K 每增加 1，SSE 值的变化就不会那么明显。这样，正确的 K 值就会在这个转折点，类似 elbow（手肘）的地方，如图 2-2-6 所示。

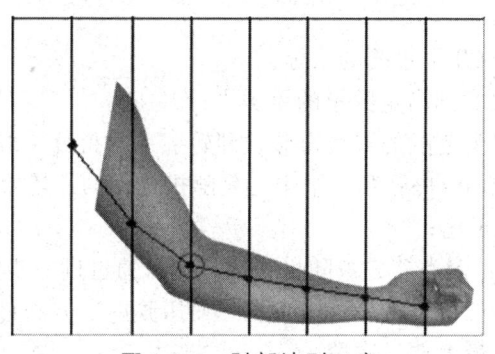

图 2-2-6 肘部法则示意

关于 SSE 的计算相当繁杂，尤其是大样本计算的时候，所以需要借助大数据分析软件 Orange 进行处理和量化，借助其强大的分析计算能力展现 SSE 在判别 K 值中的作用。

同样以商业科技研究所（简称商科所）对农药残留检测为例，将数据导入 Orange 中，其分析流程如图 2-2-7 所示。

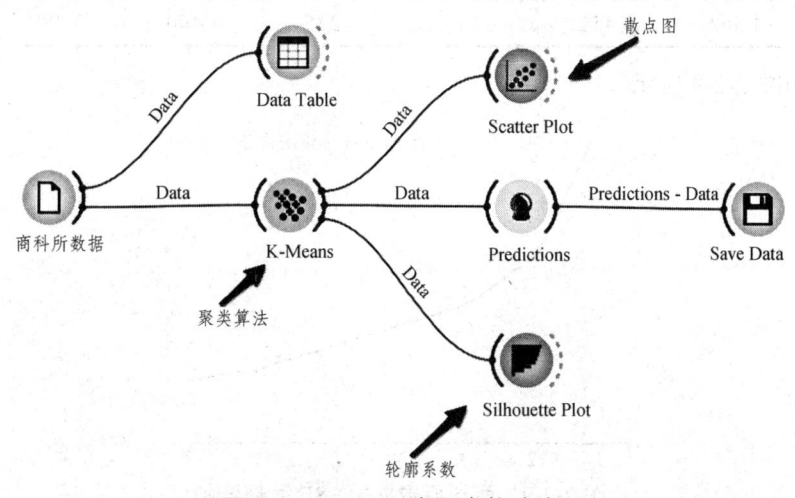

图 2-2-7 Orange 中聚类构造流程

打开 k-Means 参数窗口，如图 2-2-8 所示。

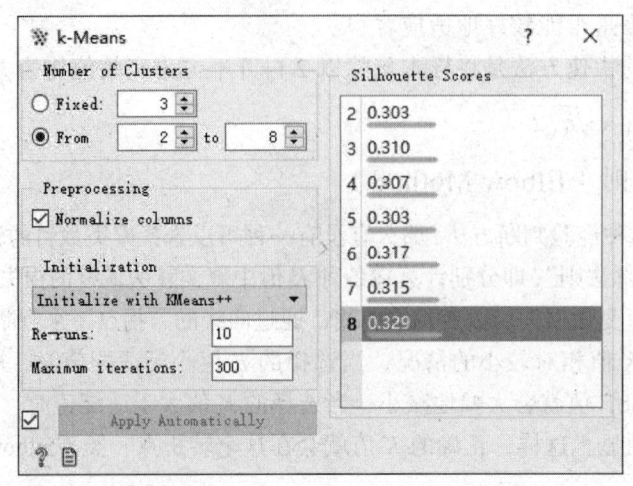

图 2-2-8　Orange 中 k-means 参数窗口

k-Means 参数窗口中有几个重要的指标：

Fixed：算法将数据聚类到指定数量的聚类中；

From to：显示所选聚类范围的聚类得分，即轮廓系数得分（Silhouette Scores）；

Initialization with k-Means++：第一个中心是随机选择的，随后从其余点中选择，其概率与距最近点的平方距离成正比；

Random Initialization：聚类首先被随机分配，然后通过进一步的迭代进行更新；

Re-runs：从随机初始位置运行算法多少次，使用簇内平方和最低的结果；

Maximum iterations：最大迭代次数。

接下来将 Orange 中 $K=2$ 到 $K=7$ 的聚类数据全部保存下来，并且对其 SSE 逐个进行计算，得到表 2-2-1 中数据。

表 2-2-1　商科所数据不同分组的 SSE

K 值	1	2	3	4	5	6	7
SSE	14 562	8 451	6 290	5 275	4 400	3 489	3 009

其曲线如图 2-2-9 所示。

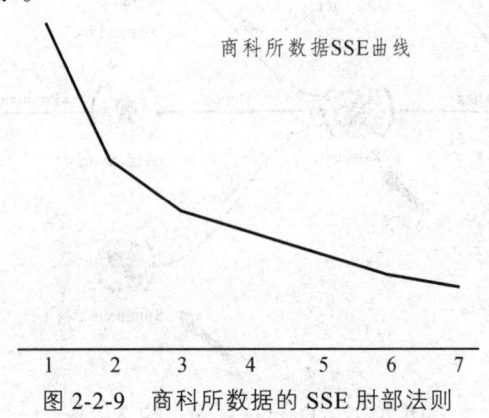

图 2-2-9　商科所数据的 SSE 肘部法则

由图 2-2-9 可以看出，商科所数据的最佳分簇 K 值可以选为 3，因为在 $K=3$ 时，SSE 曲线有一个较为明显的缓坡下降。

（三）轮廓系数法（Silhouette Coefficient）

轮廓系数的数值范围为[-1, 1]。对样本 i 来讲，$S(i)$ 接近于 1，则说明样本 i 聚类合理；$S(i)$ 接近于 -1，则说明样本 i 更应该分类到另外的簇；若 $S(i)$ 近似为 0，则说明样本 i 在两个簇的边界上。

以商科所数据为例，其 $K=2$ 到 7 的轮廓系数及三维分类可扫描右侧二维码查看。

通过计算各簇轮廓系数的均值，$K=3$，$K=6$，$K=7$ 时轮廓系数得分较高，但 $K=6$ 时，负值最多，$K=7$ 时，负值多于 $K=3$ 时的负值，且簇宽度大小不一。而 $K=3$ 时，负值最少，且所聚的簇宽度相差不大。综合研判，取 $K=3$ 最合理。

Scatterplot 3D

四、从等高线认识正则项

等高线静态图形如图 2-2-10 所示。其动态图可扫描右边的二维码查看，供读者研究学习。

等高线动态图

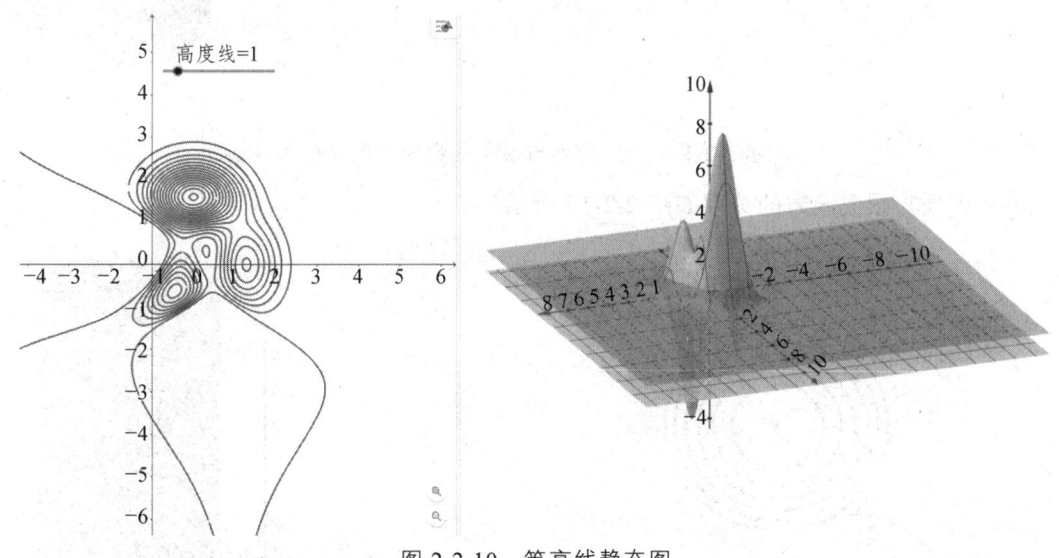

图 2-2-10　等高线静态图

（一）l_1 与 l_2 正则化

我们所说的正则化，就是在原来损失函数（loss function）的基础上，加上一些正则化项或者称为模型复杂度惩罚项。下面以最熟悉的线性回归为例进行说明。

优化目标：$\min \dfrac{1}{N}\sum_{i=1}^{N}(y_1-\omega^{\mathrm{T}}x_i)^2$

加上 l_1 正则项（lasso 回归）：$\min \dfrac{1}{N}\sum_{i=1}^{N}(y_1-\omega^T x_i)^2+c\|\omega\|_1$

加上 l_2 正则项（岭回归）：$\min \dfrac{1}{N}\sum_{i=1}^{N}(y_1-\omega^T x_i)^2+c\|\omega\|_2^2$

结构风险最小化：在经验风险最小化的基础上（也就是训练误差最小化），尽可能采用简单的模型，以此提高泛化预测精度。

这里假设二维样本，并设想要求解的参数项为 ω_1 和 ω_2，则 l_1 正则项与损失函数的关系如图 2-2-11 所示。

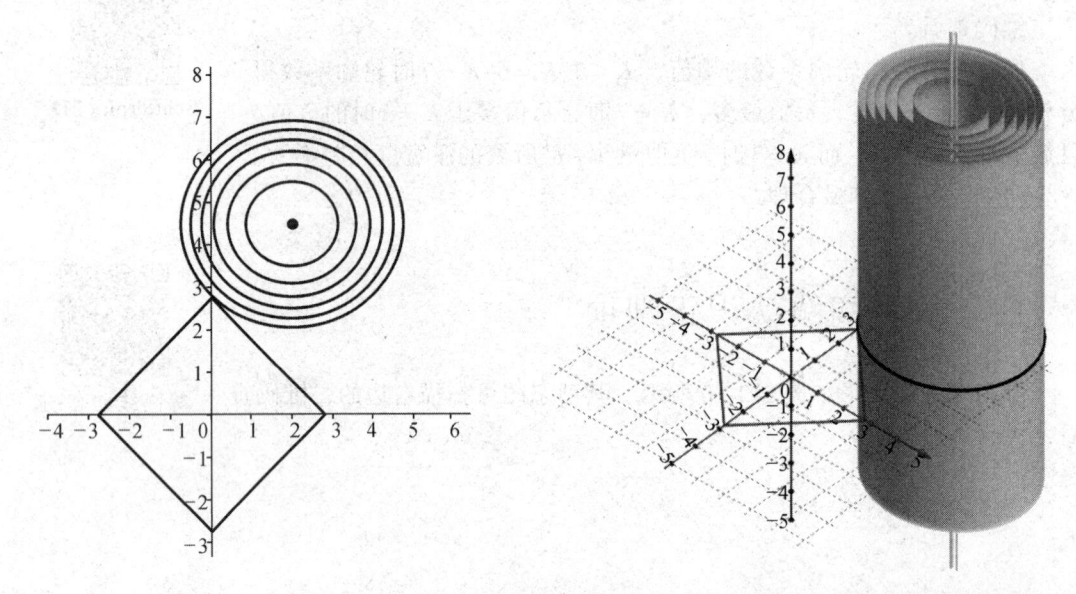

图 2-2-11　l_1 正则项与损失函数的关系示意

l_2 正则项与损失函数的关系如图 2-2-12 所示。

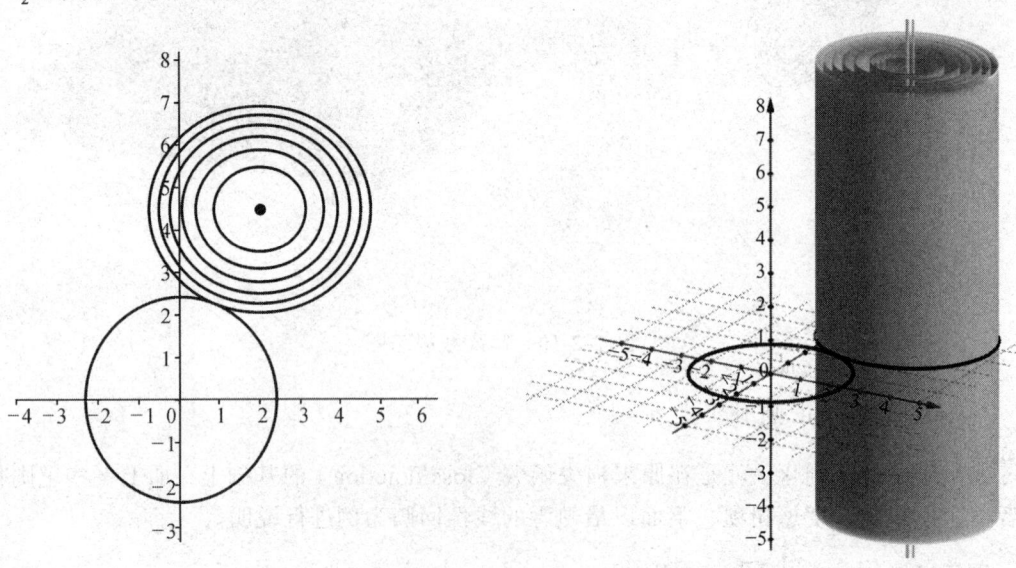

图 2-2-12　l_2 正则项与损失函数的关系示意

通过扫描右侧二维码，可以查看l_1及l_2正则项的动态演示。

根据图2-2-11和图2-2-12可以看出，如果不加l_1和l_2正则化时，对于线性回归这种目标函数凸函数的话，最终的结果就是最里边的小圆圈等高线上的点。

当加入l_1正则化时，可以先画出$|\omega_1|+|\omega_2|=C$，也就是正方菱形，那么现在的目标不仅使原曲线的值要小（越来越接近中心的圆圈），还要使得这个正方菱形越小越好（C越小越好）。

l_1及l_2正则项

在同一个等高线上，损失函数的值是一样的，总能找到这一等高线与l_1只在顶点相交的点，而这个点使得$|\omega_1|+|\omega_2|=C$小，从而使得$\frac{1}{N}\sum_{i=1}^{N}(y_i-\omega^\mathrm{T}x_i)^2+C\|\omega\|_1$最小。由此可以得到一个重要结论：对于很多原函数等高曲线，和某个正方菱形相交时极其容易相交在坐标轴，也就是最终解的某些维度极其容易是0，即最终解能到使得其中一个ω为0，这也就是我们所说的l_1更容易得到稀疏解（解向量中0比较多）的原因。

假设在一维情况下：

$$h(\omega)=f(\omega)+C|\omega|$$

式中，$h(\omega)$是目标函数，$f(\omega)$是损失函数，$C|\omega|$是l_1正则项，那么要使得0点成为最值可能的点，只需要让0点左右的导数异号，$h'_{左}(0)\cdot h'_{右}(0)=[f'(0)+C][f'(0)-C]$即可，也就是$C>|f'(0)|$的情况下，0点都是可能的最值点。

当加入l_2正则化时，正则化图形仅仅是从正方菱形变为圆形，同样还是求原曲线和圆形的切点作为最终解。当然与l_1范数比，l_2范数不容易交在坐标轴上，但是仍然比较靠近坐标轴。因此相比l_1范数，l_2范数能让解比较小（靠近0），且比较平滑（不等于0）。因此，在经验风险最小化的基础上（也就是训练误差最小化），尽可能采用简单的模型，以此提高泛化预测精度，加正则化项就是结构风险最小化的一种实现。

（二）正则项与稀疏解

在机器学习的诸多方法中，如果得到的数据集较小，那在训练过程中很可能遇到过拟合（over-fitting）问题，即训练出来的模型可能将数据中隐含的噪声和毫无关系的特征也表征出来。

为了避免类似的过拟合问题，一种解决方法是在机器学习模型的损失函数中加入正则项，比如用l_1范数表示的正则项，只要使得范数的数值尽可能变小，就能够让期望的解变成一个稀疏解（即解的很多元素为0）。

如果想解决的优化问题是损失函数$f(x)$最小化，那么，考虑由l_1范数构成的正则项后，优化目标就变成$\min f(x)+\|x\|_1$。我们希望的是找到一个比较合理的解，即向量x能够发现有用的特征（useful features）。使用l_1范数作为正则项，向量x会变得稀疏，非零元素就是有用的特征了。

根据l_1范数的定义，向量的l_1范数是所有元素的绝对值之和，以向量$[x,y]^\mathrm{T}$为例，其l_1范数为$|x|+|y|$。

单纯比较范数的大小，很难确定向量的稀疏程度。比如，选取两个向量，$x_1=[0.1,0.1]^\mathrm{T}$和$x_2=[1\,000,0]^\mathrm{T}$。$\|x_1\|_1=|0.1|+|0.1|=0.2$，$\|x_2\|_1=|1\,000|+|0|=1\,000$，显然，向量$x_1$相比$x_2$不是一

个稀疏向量，但其范数却远远小于 x_2。可见，仅看 l_1 范数的数值大小，很难比较向量的稀疏程度，因此，需要结合损失函数。

假设有一个待训练的机器学习模型：

$$Ax = b$$

其中，A 是一个训练数据构成的矩阵，b 是一个带有标签的向量，x 是我们希望求解的向量。

当训练样本很少且向量 x 长度很长时，这个模型的解就有很多。我们希望找到一个比较合理的解，即向量 x 能够发现有用的特征。使用 l_1 范数作为正则项，向量 x 会变得稀疏，非零元素就是有用的特征。

假设损失函数是一次函数，需要求解的特征向量分别为 ω_1 和 ω_2，简化后的损失函数（loss function）为

$$\min \frac{1}{N}\sum_{i=1}^{N}(\omega_1 x_i + \omega_2)$$

加上 l_1 正则项，则目标函数为

$$\min \frac{1}{N}\sum_{i=1}^{N}(\omega_1 x_i + \omega_2) + c(|\omega_1| + |\omega_2|)$$

假设以上一次函数 $y = \omega_1 x + \omega_2$ 经过点 $(10, 5)$，则

$$[10, 1] \times \begin{pmatrix} \omega_1 \\ \omega_2 \end{pmatrix} = 5$$

由于 $\omega_2 = 5 - 10\omega_1$，所以参数 ω_1、ω_2 的解有无数组（如图 2-2-13 中的直线上的点都是解）。

那么怎么通过 l_1 找到一个稀疏解呢？可以先画出 l_1 范数的图像，设 l_1 范数是一个常数 c，则 $c = |\omega_1| + |\omega_2|$，则其是由四条直线组成的正方菱形图案，分别为

$$\begin{cases} c = \omega_1 + \omega_2 \\ c = \omega_1 - \omega_2 \\ c = -\omega_1 - \omega_2 \\ c = \omega_2 - \omega_1 \end{cases}$$

其图形如图 2-2-14 所示。

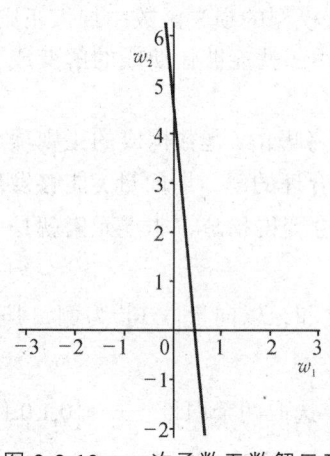

图 2-2-13　一次函数无数解示意　　　　图 2-2-14　l_1 范数示意

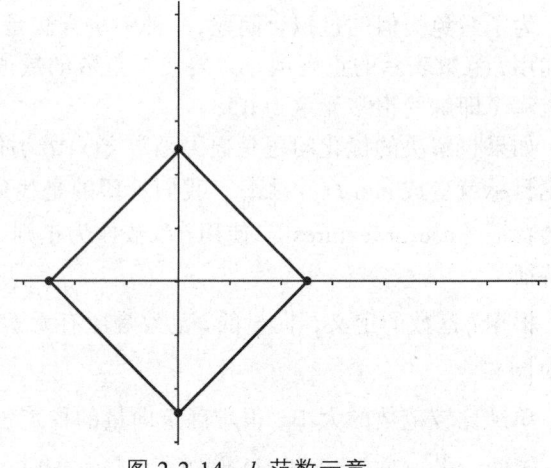

它的形状是一个正方菱形，不过在这些边上只有很少的点是稀疏的，即与坐标轴相交的 4 个顶点。

把正方菱形 l_1 范数与目标函数的直线放在同一个坐标系，于是，可以发现直线与横轴的交点恰好是满足稀疏性要求的解（见图 2-2-15）。同时，这个交点使得 l_1 范数取得最小值。

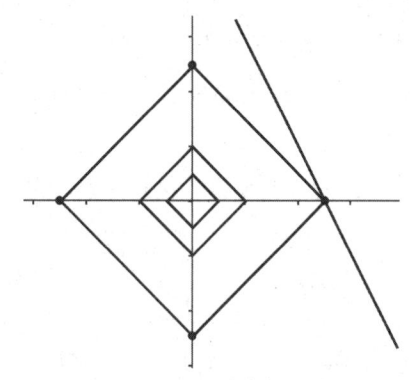

图 2-2-15　稀疏解示意

● **技能训练**

（1）K-means 算法。

（2）谈一谈感受质心的迁移过程。

（3）K 值的选择方法有哪些？

（4）如何认识正则项？

（5）聚类算法大数据算法操作实践。

① 作业目的。

聚类算法是机器学习的重要内容，学生上机实践的目的：一是理解质心的计算方式及迁移过程；二是理解轮廓系数的概念及手肘法则的基本要领；三是掌握在 Orange 平台进行聚类分析的方法及步骤。

② 作业准备。

Orange3 软件下载并安装。

学生学期成绩集，包括高中毕业成绩及在数据集下载地址：

https：//pan.baidu.com/disk/main#/index？category=all&path=%2F%E5%A4%A7%E6%95%B0%E6%8D%AE%E7%AE%97%E6%B3%95%E5%9F%BA%E7%A1%80-%E8%A7%A3%E6%9E%90%E4%B8%8E%E6%8E%A2%E7%B4%A2%2F6.K%E8%BF%91%E9%82%BB%2FK%E8%BF%91%E9%82%BB%E6%93%8D%E4%BD%9C%E5%AE%9E%E8%B7%B5。

数据集说明：Netflix 数据集包含了某大学 2022—2022 年三年学生的教学大数据，其中包括学生的类型信息（性别、毕业类别、科类三个信息）及成绩信息（高中毕业、大学-1、大学-2、大学-3）。

类别信息为目录型特征变量，呈现如下：

性别：男、女；

毕业类别：高中毕业、职业高中毕业、其他中等专业学校毕业。

科类：理工、文史、中职对口、五年一贯制转段。

③ 作业内容。

作业包括两部分：数据集的归一化处理和聚类分析。

将数据集按不同特征变量组合进行 K 近邻分析，并形成群组对照。

a. 归一化处理方法。

采用 Z-score 标准化处理方法，对序列 $x_1, x_2, \cdots, x_n$ 进行变换：

$$y_i = \frac{x_i - \bar{x}}{s}, \quad \bar{x} = \frac{1}{n}\sum_{i=1}^{n} x_i, \quad s = \sqrt{\frac{1}{n-1}\sum_{i=1}^{n}(x_i - \bar{x})^2}$$

则新序列 $y_1, y_2, \cdots, y_n$ 的均值为 0，而方差为 1，且无量纲。

按以上要求，将学生成绩按类型归一化。

b. 聚类分析。

学生需构建处理流程图，并保存轮廓系数表，将最优 K 聚类保存并生成图形，如图 2-2-16～图 2-2-18 所示。

c. 撰写数据测试报告。

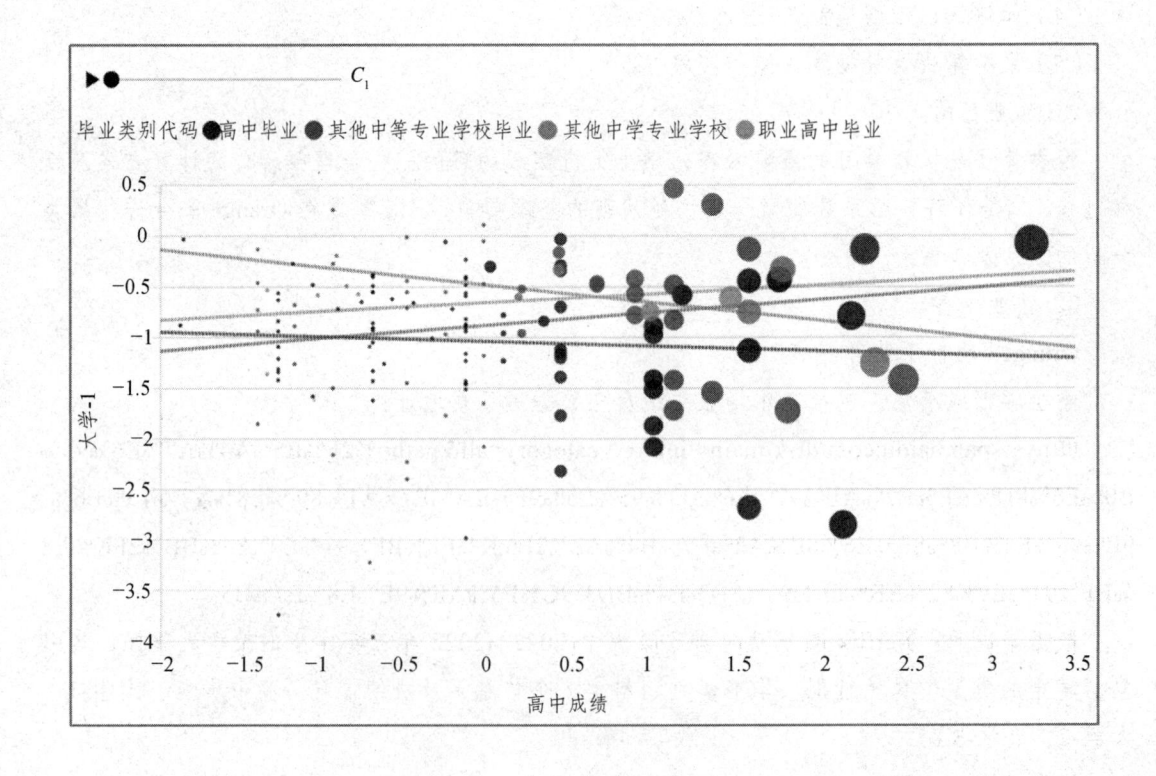

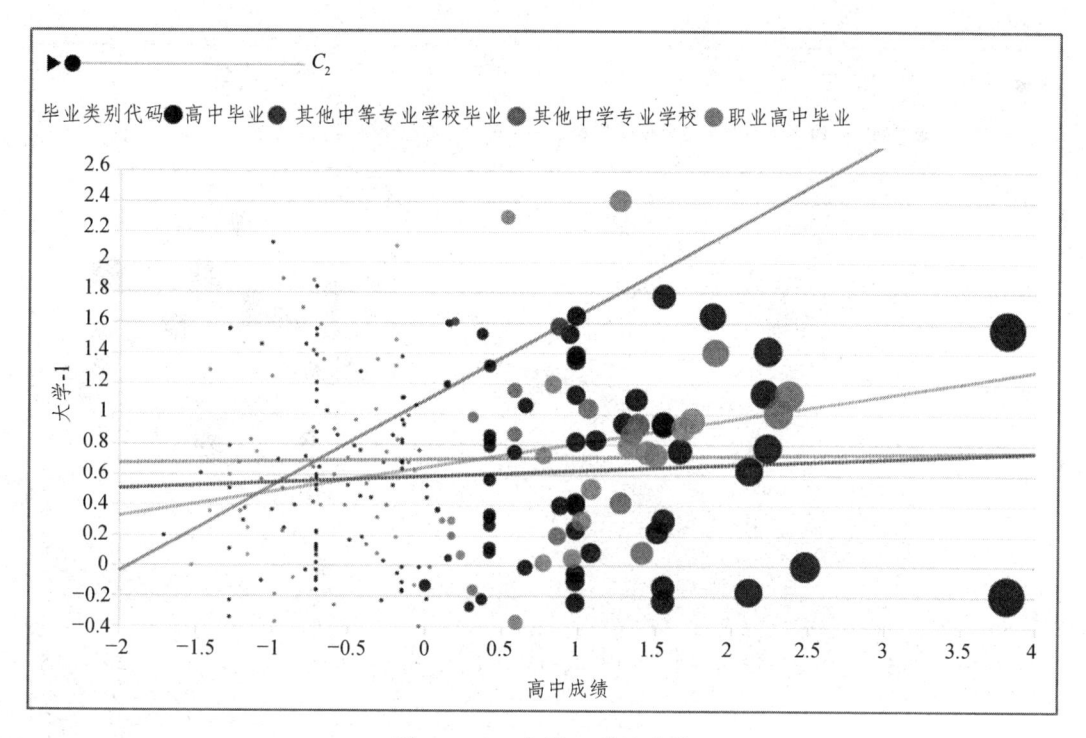

图 2-2-16　大学-1 成绩分类

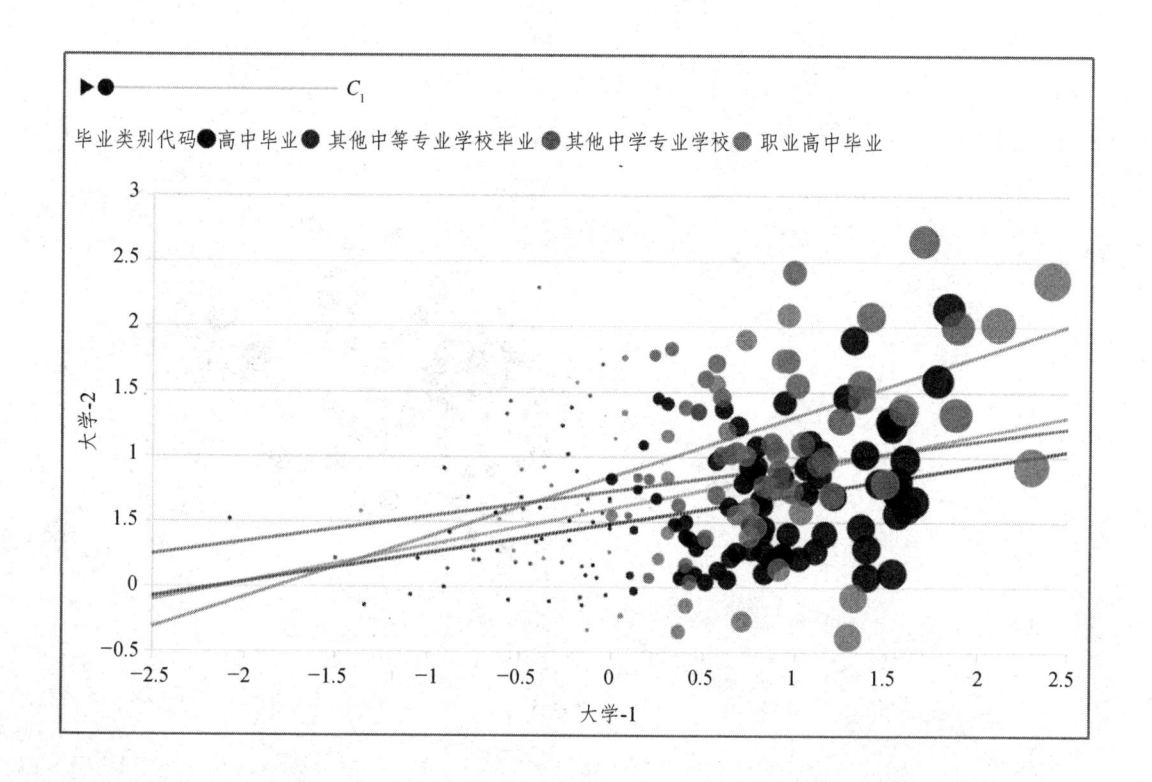

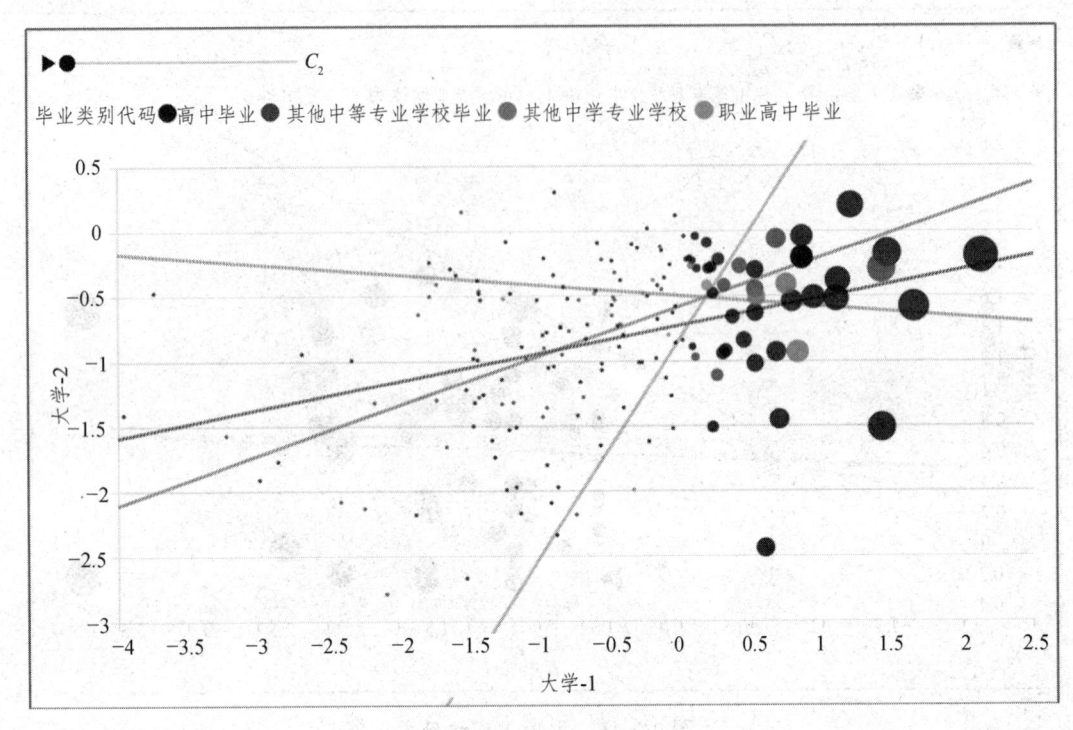

图 2-2-17 大学-2 成绩分类

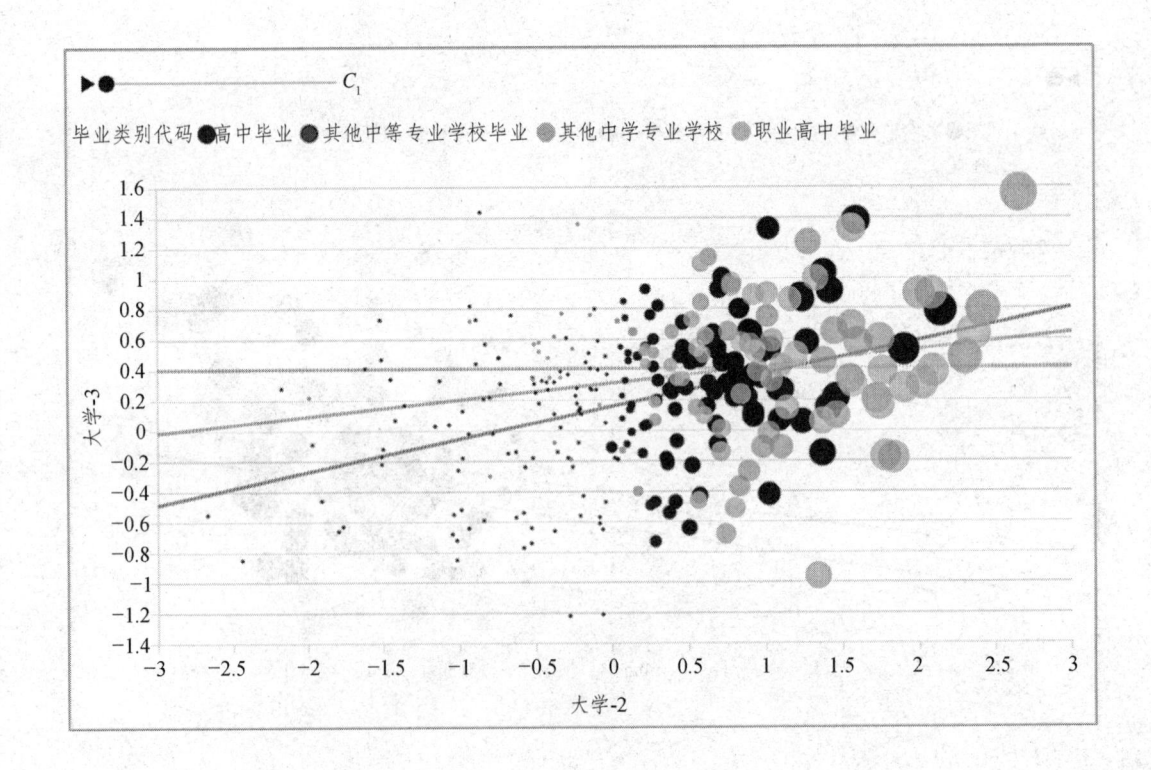

图 2-2-18 大学-3 成绩聚类

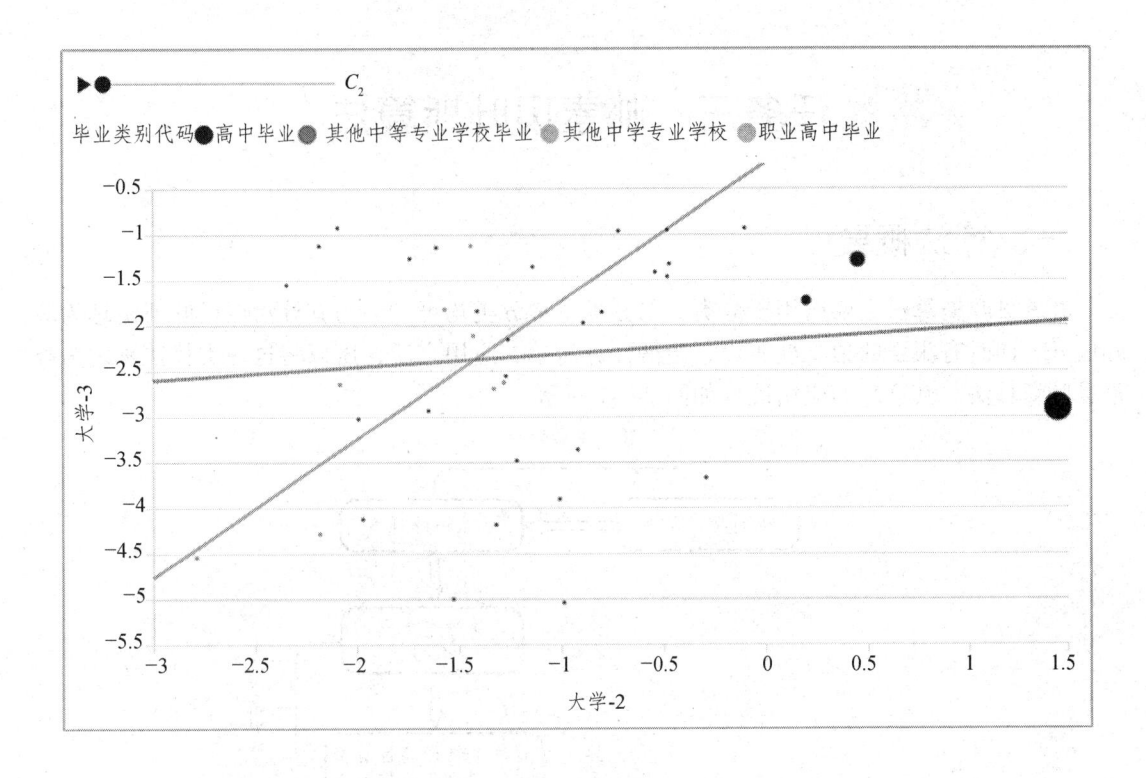

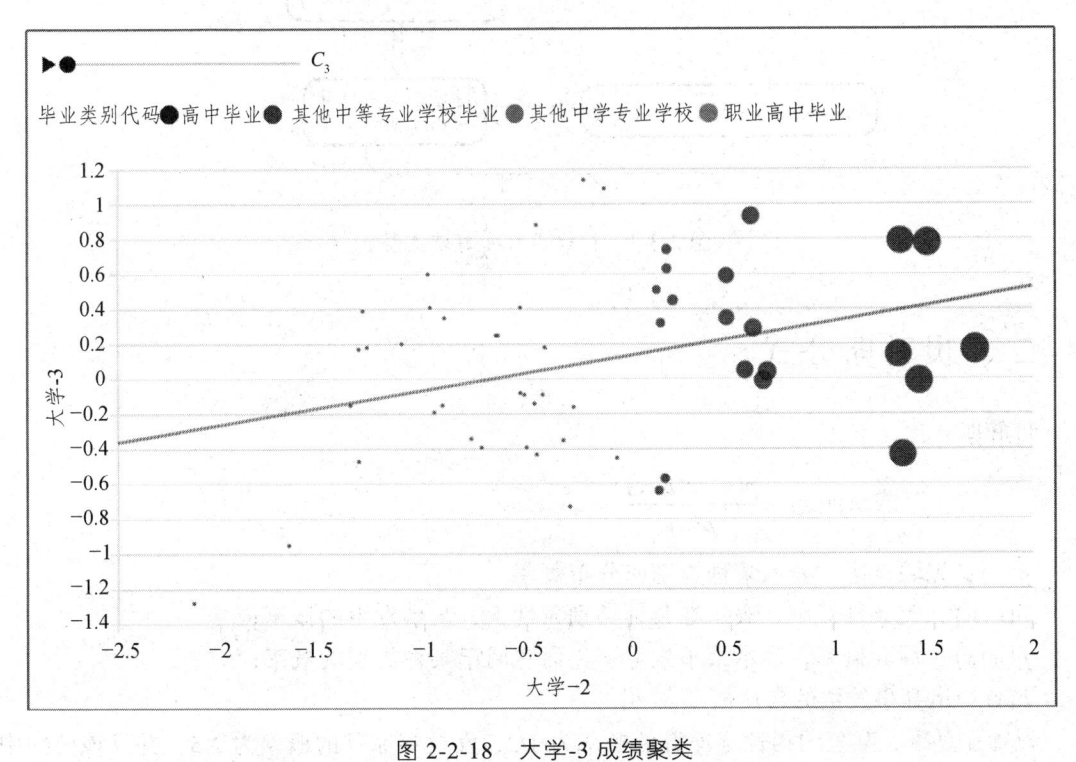

任务三　朴素贝叶斯算法

一、算法概要

朴素贝叶斯算法主要应用于分类,二分类及多分类均可。因为其算法以贝叶斯定理为基础展开,同时有很强的独立性假设,使得计算简单、应用广泛,所以将这一类算法称之为朴素贝叶斯算法。其算法的应用流程如图 2-3-1 所示。

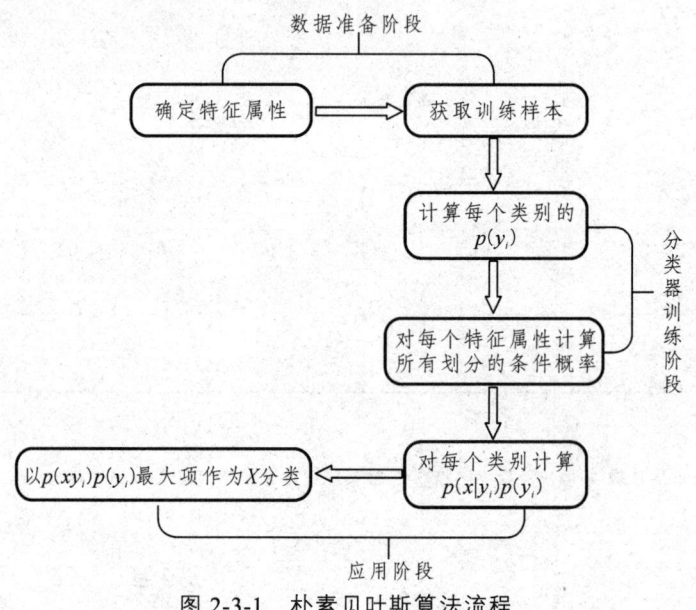

图 2-3-1　朴素贝叶斯算法流程

二、贝叶斯公式

贝叶斯公式:

$$p(w|x) = \frac{p(x|w)p(w)}{p(x)}$$

$p(w)$:先验概率,表示某种类别的分布概率;

$p(x|w)$:类条件概率,表示在某种类别条件下,某事发生的概率;

$p(w|x)$:后验概率,表示某事发生了,而它属于某种类别的概率;

$P(x)$:指某事发生的自然概率。

比如在夏季,某公园男性穿凉鞋的概率为 1/2,女性穿凉鞋的概率为 2/3,并且该公园中男女比例通常为 2:1。若你在公园中随机遇到一个穿凉鞋的人,请问他的性别为男性或女性的概率分别为多少?

设：w_1=男性，w_2=女性，x=穿凉鞋。
由已知可得：
先验概率：
$$p(w_1) = \frac{2}{3}, \quad p(w_2) = \frac{1}{3}$$

类条件概率：
$$p(x|w_1) = \frac{1}{2}, \quad p(x|w_2) = \frac{2}{3}$$

接下来的问题是如何求 $p(x)$，因为男性穿凉鞋和女性穿凉鞋是相互独立的，且是全结果分布，可以引入全概率公式，即 $p(x) = p(x|w_1)p(w_1) + p(x|w_2)p(w_2) = \frac{5}{9}$。

由贝叶斯公式得
$$p(w_1|x) = \frac{p(x|w_1)p(w_1)}{p(x)} = \frac{3}{5}, \quad p(w_2|x) = \frac{p(x|w_2)p(w_2)}{p(x)} = \frac{2}{5}$$

经典统计学需要大量样本实验得出总概率值，而贝叶斯提出了"先验概率"，使得统计学更人性化，更接近人判断事物的思维模式。

三、算法说明

朴素贝叶斯分类的正式定义如下：
（1）设 $x = \{a_1, a_2, \cdots, a_m\}$ 为一个待分类项，而每个 a 为 x 的一个特征属性。
（2）有类别集合 $C = \{y_1, y_2, \cdots, y_n\}$。
（3）计算 $p(y_1|x)$，$p(y_2|x)$，$\cdots$，$p(y_n|x)$。
（4）如果 $p(y_k|x) = \max\{p(y_1|x), p(y_2|x), \ldots, p(y_n|x)\}$，则 $x \in y_k$。
现在的问题是如何计算第三步的条件概率，其步骤如下：
（1）找到一个已知分类的待分类项集合，这个集合称之为训练样本集。
（2）统计得到在各类别下各个特征属性的条件概率估计。
（3）如果各个特征属性是条件独立的，则根据贝叶斯定理有如下推导：
$$p(y_i|x) = \frac{p(x|y_i)p(y_i)}{p(x)}$$

因为分母对于所有类别为常数，因此只要将分子最大化即可，又因为各特征属性是条件独立的，所以有：
$$p(x|y_i)p(y_i) = p(a_1|y_i)p(a_2|y_i)\ldots p(a_m|y_i) = p(y_i)\prod_{j=1}^{m} p(a_j|y_i)$$

四、案例推演

在某学校，对学生是否吃牛肉面进行了统计，并对统计当天的平均温差及天气特征进行记录，其目的是想了解学生的饮食偏好与温差和气象特征之间的关系。统计结果如表 2-3-1 所示。

表 2-3-1　学生是否吃牛肉面统计表

性　别	平均温差区间	天气特征	是否吃牛肉面
男	中区	晴	不吃
女	低区	多云	吃
男	中区	阴	不吃
男	高区	晴	吃
女	低区	小雪	吃
女	低区	小雪	不吃
男	中区	晴	吃
男	高区	阴	不吃
女	中区	小雪	吃
男	低区	阴	吃

现在需要判断一个男生在低温、小雪天气状况下是否吃牛肉面。也即需要比较 $p(吃|男生，低温，小雪)$ 与 $p(不吃|男生，低温，小雪)$ 的概率大小。

根据贝叶斯公式：

$$p(A|B) = \frac{p(B|A) \cdot p(A)}{p(B)}$$

则　　　　$p(吃|男生，低温，小雪) = \dfrac{p(男生，低温，小雪|吃) \cdot p(吃)}{p(男生，低温，小雪)}$

$p(不吃|男生，低温，小雪) = \dfrac{p(男生，低温，小雪|不吃) \cdot p(不吃)}{p(男生，低温，小雪)}$

以上两式分母相同，只需要比较分子即可。

这里需要说明的是，贝叶斯分类需要一个重要的前提或假设，就是各个特征值之间相互独立，这是由两个原因造成的：一是在现实应用场景中，由不同特征变量的不同属性所构成的向量维度是巨大的，在进行数据训练时会产生大量的算力耗损。比如表 2-3-1 中，性别变量的属性数量是 2（男、女），温区变量的属性数量是 3（低区、中区、高区），气象变量的属性数量是 4（阴、晴、多云、小雪），其所构成的向量维度就已经是 2×3×4=24，而在实际问题处理中则要高得多。二是在采样数据不足的情况下，由于数据的稀疏性，会得到统计数据为 0 的情况，而这显然是不合适的，会造成贝叶斯分类失败。

鉴于特征值独立性假设，则 $p(吃) = \dfrac{6}{10}$，$p(不吃) = \dfrac{4}{10}$，$p(男生,低温,小雪|吃) = p(男生|吃) \cdot$

$p(低温|吃) \cdot p(小雪|吃) = \dfrac{3}{6} \times \dfrac{3}{6} \times \dfrac{2}{6} = \dfrac{1}{12}$，另计算 $\dfrac{1}{12} \times \dfrac{6}{10} = \dfrac{1}{20} = 0.05$，以此类推，则 $p(男生,低温,小雪|不吃) =$

$p($男生$|$不吃$)\cdot p($低温$|$不吃$)\cdot p($小雪$|$不吃$)=\frac{3}{4}\times\frac{1}{4}\times\frac{1}{4}=\frac{3}{64}$，另计算 $\frac{3}{64}\times\frac{4}{10}=\frac{3}{160}=0.01875<0.05$，可以据此判断该生是否去吃牛肉面。

以上举例采用的是离散数据，在实际应用场景中，更多的是连续数据，如表 2-3-2 所示。

表 2-3-2　身高体重信息统计

性别	身高/m	体重/kg	脚掌/cm
男	1.83	81.6	30.5
男	1.8	86.2	28
男	1.7	77.1	30.5
男	1.8	74.8	25.4
女	1.52	45.4	15.2
女	1.68	68	20.3
女	1.65	59	17.8
女	1.75	68.4	22.9

现已知某人身高 1.8 m、体重 60 kg、脚掌 20 cm，请问该人是男是女？该举例中的特征变量（身高、体重、脚掌）均为连续变量，无法采用计数统计的方法来计算概率，而且由于样本太少，所以也无法分成区间计算。这时可以将特征变量归类为某种分布，如此例中可以假设男性和女性的身高、体重、脚掌都是正态分布，通过极大似然估计计算出分布参数的均值和方差，也就是得到正态分布的密度函数。有了密度函数，就可以把值代入，从而求得某一点的密度函数的值。

正态分布的极大似然估计的求解函数为

$$\begin{cases} \mu^*=\bar{x}=\frac{1}{n}\sum_{i=1}^{n}x_i \\ \sigma^{*2}=\frac{1}{n}\sum_{i=1}^{n}(x_i-\bar{x})^2 \end{cases}$$

则可求得各特征变量的极大似然估计参数，如表 2-3-3 所示。

表 2-3-3　各特征变量的极大似然估计参数

性别	身高/m μ^*	身高/m σ^{*2}	体重/kg μ^*	体重/kg σ^{*2}	脚掌/cm μ^*	脚掌/cm σ^{*2}
男	1.7825	0.00242	79.93	19.1069	28.6	4.455
女	1.65	0.00695	60.2	87.14	19.05	8.1925

按照贝叶斯分类器的计算步骤，目标计算值是比较如下两个概率值的大小：

$$p(男|身高=1.8, 体重=60, 脚掌=20)$$
$$=\frac{p(身高=1.8|男)\times p(体重=60|男)\times p(脚掌=20|男)\times p(男)}{p(身高=1.8, 体重=60, 脚掌=20)}$$

$$p(女 | 身高=1.8, 体重=60, 脚掌=20)$$
$$= \frac{p(身高=1.8|女) \times p(体重=60|女) \times p(脚掌=20|女) \times p(女)}{p(身高=1.8, 体重=60, 脚掌=20)}$$

以上两式分母相同,不再计算,而分子中的各项都可根据已有的参数值计算得出。

$$p(身高=1.8|男) = \frac{1}{\sqrt{2\pi\sigma^2}} e^{\frac{-(1.8-\mu)^2}{2\sigma^2}} = 7.6141,依此类推,可以计算出:$$

$$p(身高=1.8|男) \times p(体重=60|男) \times p(脚掌=20|男) \times p(男) = 5.0175 \times e^{-10}$$

$$p(身高=6|女) \times p(体重=130|女) \times p(脚掌=8|女) \times p(女) = 2.2672 \times e^{-3}$$

可以看到,女性的概率比男性要高出将近一千万倍,所以判断该人为女性。

五、Orange 用例

将校园点餐平台数据集作为 Orange 用例。本数据集的相关参数如下:

Data instances:5014。

Features:门店名称、订单号、楼号、房号、下单时间、年、月、日、时、午餐/晚餐、最高、最低、温差、均温、温区、气象、价格、价位(total:18 features)。

Target:荤/素、米/面。

Meta attributes:菜品。

本次 Orange 用例的目的是期望在温度、气象、价位、午餐/晚餐这四个特征变量的"加持"下,生成学生选择荤/素或米/面的分类器。

应用朴素贝叶斯算法是本用例的重点,但为了增强比较性,我们同时应用了随机森林和逻辑回归这两个算法作为贝叶斯算法的背景。因其"朴素",所以整个 Orange 算法流程图也相当"简约",如图 2-3-2 所示。

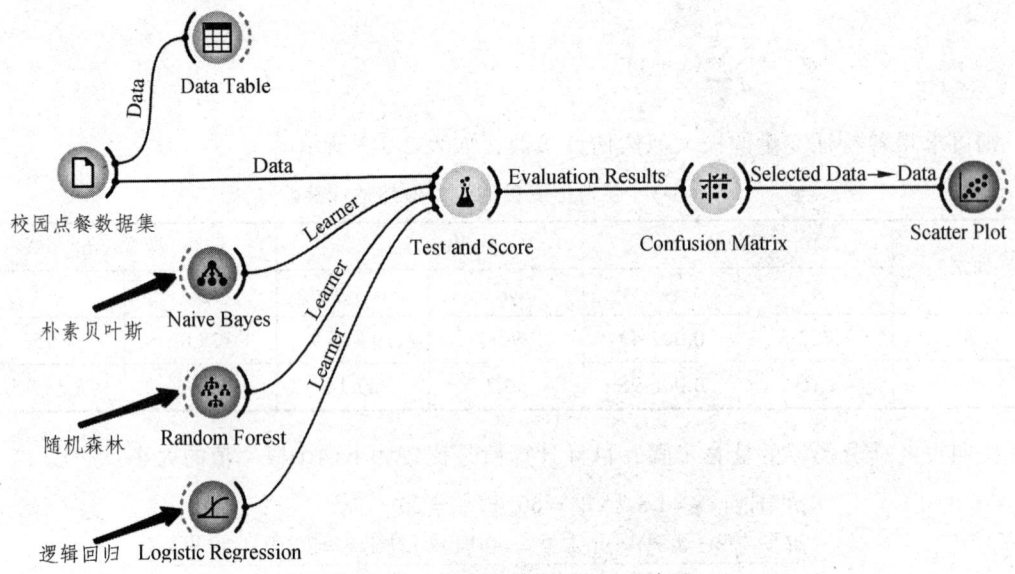

图 2-3-2 朴素贝叶斯 Orange 流程

打开 Test and Score 参数窗口，三种算法的评测指标如图 2-3-3 所示。

图 2-3-3　三种算法的评测指标

图 2-3-3 显示，三种算法对荤/素的分类准确度相当接近，都达到 80% 以上，虽然都不是非常理想的分类器，但作为学校根据天气条件及用餐时段大体判断荤/素比例，以便于做出相应的食材准备，这个决策信息还是可用的。

读者可以扫描右边的二维码下载数据源文件，供读者研究学习。下边给出此 Orange 用例的三个散点图，如图 2-3-4 所示。

校园点餐
数据集

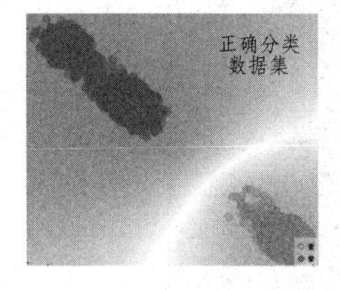

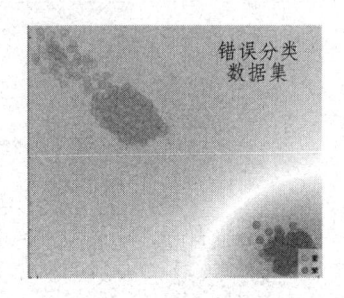

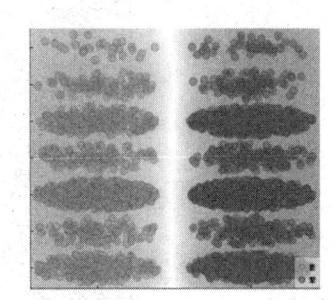

图 2-3-4　朴素贝叶斯算法的部分散点图

● 技能训练

（1）简述贝叶斯公式原理。
（2）熟悉 Orange 用例。
（3）朴素贝叶斯大数据算法操作实践。
① 作业目的。
a. 理解朴素贝叶斯算法原理；

b. 掌握朴素贝叶斯算法框架；
c. 掌握常见的高斯模型、多项式模型和伯努利模型；
d. 能根据不同的数据类型，选择不同的概率模型实现朴素贝叶斯算法；
e. 针对特定应用场景及数据，能应用朴素贝叶斯解决实际问题。
② 作业准备。
Orange3 软件下载并安装。
Iris 数据集下载采用 Orange3 平台自带数据库。

实现样本的分类，需要通过计算条件概率而得到，计算条件概率的方法称为贝叶斯准则，其计算方法为

$$P(B|A) = \frac{P(A|B)P(B)}{P(A)}$$

朴素贝叶斯分类器，其核心方法是通过使用条件概率来实现分类，应用贝叶斯准则可以得到

$$P(c_i|x,y) = \frac{p(x,y|c_i)p(c_i)}{p(x,y)}$$

数据集说明：Iris 数据集包含 150 个样本，对应数据集的每行数据。每行数据包含每个样本的四个特征和样本的类别信息，所以 Iris 数据集是一个 150 行 5 列的二维表。通俗地说，Iris 数据集是用来给花做分类的数据集，每个样本包含了 sepal_length（花萼长度）、sepal_width（花萼宽度）、petal_length（花瓣长度）、petal_width（花瓣宽度）四个特征（前 4 列），如图 2-1-7 所示。

③ 作业内容。
a. 实现高斯朴素贝叶斯算法；
b. 熟悉 Orange 可视化的朴素贝叶斯算法；
c. 针对 Iris 数据集，应用 Orange 可视化朴素贝叶斯算法进行类别预测；
d. 针对 Iris 数据集，利用各种参数对朴素贝叶斯算法进行类别预测。
Ⅰ. 取前两个特征值，如图 2-3-5 所示。

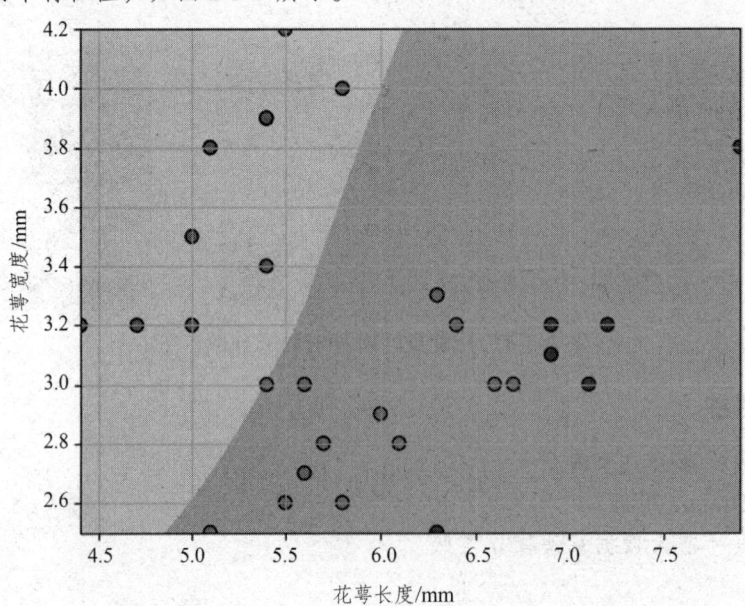

图 2-3-5 GaussianNB 对鸢尾花数据的分类结果

Ⅱ. 取后两个特征值，如图 2-3-6 所示。

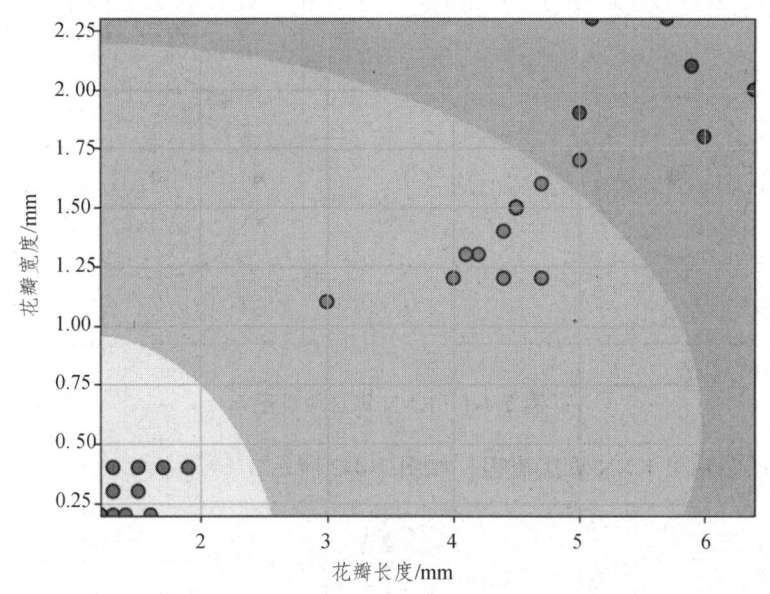

图 2-3-6　GaussianNB 对鸢尾花数据的分类结果

Ⅲ. 撰写数据测试报告。

任务四　K 近邻分类算法

K 近邻（K Nearest Neighbor）算法，简称为 KNN 算法，是一种基本的分类算法。其主要原理是：对于一个待分类的数据，将其和一组已经分类标注好的样本集合进行比较，得到距离最近的 K 个样本，K 个样本最多归属的类别，就是待分类数据的类别。

KNN 算法可用于各种分类场景，如新闻分类、商品分类、模式识别、多分类领域等，甚至可用于简单的文字识别。

一、算法概述

KNN 算法的原理就是当预测一个新值 x 属于哪个类别时，根据它距离最近的 K 个点的类别属性的占比大小来进行简单分类。从这个意义上讲，K 值的选取是本算法的关键，不同的 K 值会带来类别属性占比大小的变化，从而影响 x 的分类判别。以图 2-4-1 所示的图形进行说明。

图 2-4-1 中圆点和叉点分别代表两个类，菱形点是被分类点，如果取 $K=3$，则其近邻共 3 个点，2 叉点 1 圆点，所以被归类为叉类；如果取 $K=5$，则其近邻共 5 个点，3 圆点 2 叉点，则其又被归类为圆类。

图 2-4-1　KNN 算法原理图示

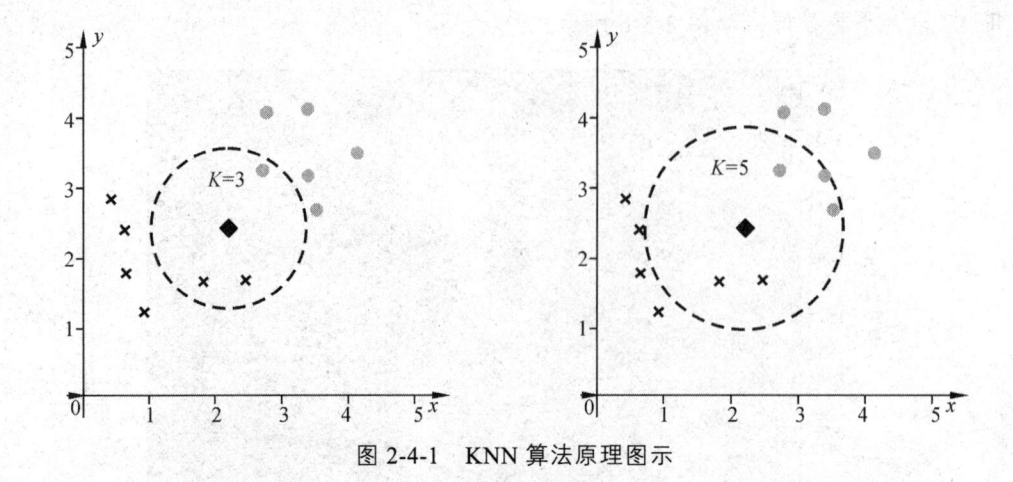

由此，可以归纳出 KNN 算法流程，如图 2-4-2 所示。

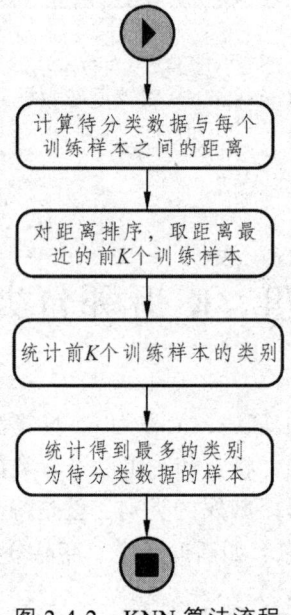

图 2-4-2　KNN 算法流程

二、算法要点

（一）距离计算

在 KNN 中，要度量空间中点的距离的话，有很多种度量方式，如常见的曼哈顿距离计算、欧式距离计算等。关于距离计算，我们在聚类算法中已有详细介绍。不过通常 KNN 算法中使用的是欧式距离，即

$$d(x,y) = \sqrt{(x_1-y_1)^2 + (x_2-y_2)^2 + \cdots + (x_n-y_n)^2} = \sqrt{\sum_{i=1}^{n}(x_i-y_i)^2}$$

在文本数据的机器学习中,更常用的距离计算方法是余弦相似度,其计算公式如下:

$$\cos(\theta) = \frac{\sum_{k=1}^{n} x_{ik} x_{jk}}{\sqrt{\sum_{k=1}^{n} x_{ik}^2} \sqrt{\sum_{k=1}^{n} x_{jk}^2}}$$

余弦相似度的值越接近 1,表示其越相似;越接近 0,表示其差异越大。使用余弦相似度可以消除数据的某些冗余信息,某些情况下更贴近数据的本质。

(二)K 值的选择

在 KNN 算法中,计算过程及原理解析都不复杂,但 K 值的选择至关重要。那么,在实际场景应用中,如何选择 K 值呢?一般来讲,是利用算法工具,如 Orange,进行不同 K 值的测算,通过错误率的对比,找到一个错误率最低的 K 值,K 一般选取 1~20。比如汽车分类案例中,其错误率的曲线如图 2-4-3 所示。

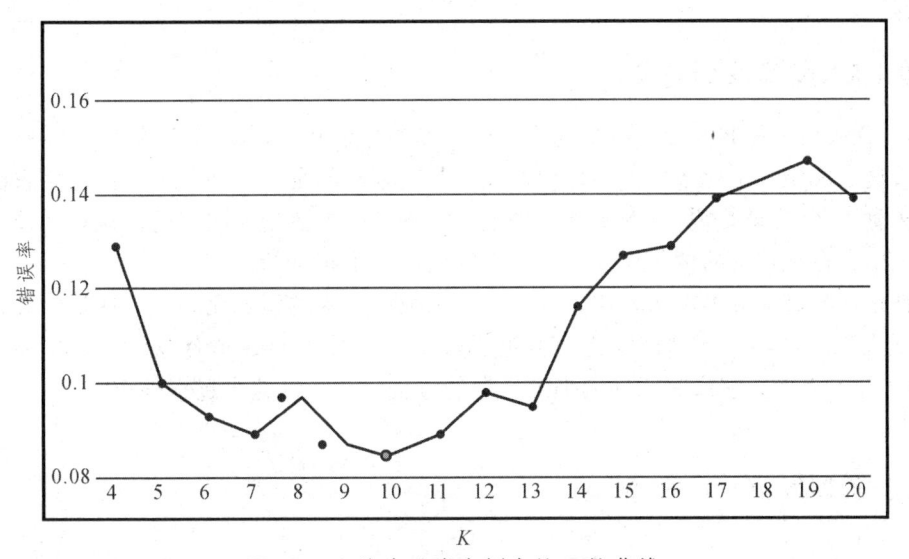

图 2-4-3 汽车分类案例中的 K 值曲线

由图 2-4-3 可知,当 $K=10$ 时,错误率达到最低点,表示分类的准确率最高。对于整个图形的走势分布,也易于理解。当增大 K 的时候,一般错误率会先降低,因为有周围更多的样本可以借鉴,分类效果会变好。当超过临界点(如图中的 $K=10$)时,错误率又会上升,因为太多的样本会混淆 KNN 的判断。考虑一个极限情况,当 $K=N$ 时,即把所有的样本均纳入判断范围,则 KNN 将失去意义。

(三)特征工程及 One-hot 编码

KNN 的应用场景是分类,一般来讲,应用于 KNN 的数据集大多数都是离散型、目录型数据结构。特征工程及 one-hot 编码都是将类别变量转换为机器学习算法易于利用的一种形式工具。尤其是 one-hot 编码,对类别进行"二进制化"操作,然后将其作为模型训练的特征，可以快速形成算法程序可识别运算的数据结构。在汽车分类用例中，其源数据与 one-hot 编码转换后的数据格式如表 2-4-1 和表 2-4-2 所示。

表 2-4-1　源数据部分数据

buying	maint	doors	persons	lug-boot	safety
vhigh	vhigh	2	2	small	low
vhigh	vhigh	3	more	small	low

表 2-4-2　One-hot 编码部分数据

buying-vhigh	buying-high	buying-med	buying-low	maint-vhigh	maint-high	maint-med	maint-low	doors-2	doors-3	doors-4	doors-5more
1	0	0	0	1	0	0	0	1	0	0	0
1	0	0	0	1	0	0	0	0	1	0	0

persons-2	persons-4	persons-more	lug_boot-small	lug_boot-med	lug_boot-big	safety-low	safety-med	safety-high
1	0	0	1	0	0	1	0	0
0	0	1	1	0	0	1	0	0

（四）KNN 算法的特点

KNN 算法是一种非参的、惰性的算法。非参的意思并不是说 KNN 算法不需要参数，而是意味着这个模型不会对数据做出任何假设，与之相对的是线性回归（我们总会假设线性回归是一条直线）。也就是说，KNN 建立的模型结构是根据数据来决定的，这也比较符合现实的情况，毕竟在现实中的情况往往与理论上的假设是不相符的。

惰性是指与其他分类算法相比，没有损失函数和训练过程。比如，同样是分类算法，逻辑回归或人工神经网络等都需要先对数据进行大量训练，最后才会得到一个算法模型。而 KNN 算法却不需要，它没有明确的训练数据的过程，或者说这个过程很快。

三、KNN 的交叉验证

由于 KNN 算法本身具有动态调整的特点，需要不断调整测试集和训练集的比例才有较为良好的模型表现，所以交叉验证在 KNN 算法的应用过程中显得尤为重要。一般来讲，按比例的数据采样或多折交叉验证需要多次应用，相互印证。

在机器学习里，通常不能将全部数据用于训练模型，否则将没有数据集对该模型进行验证，从而难以评估模型的预测效果。为了解决这一问题，通常将数据集进行不同方法的分割，人为将整个数据集分为训练集（training set）和测试集（test set）两部分。我们将这种数据集分割组合进行算法模型评估的方法叫作交叉验证。在实际应用中，有如下几种常用方法：

（一）The Validation Set Approach（验证集方法）

该方法是把整个数据集分成两部分，一部分用于训练，另一部分用于验证，分割时以比例进行调节。

同样以汽车分类为例，以不同的比例分割数据集，其错误率是不同的，如图 2-4-4 所示。

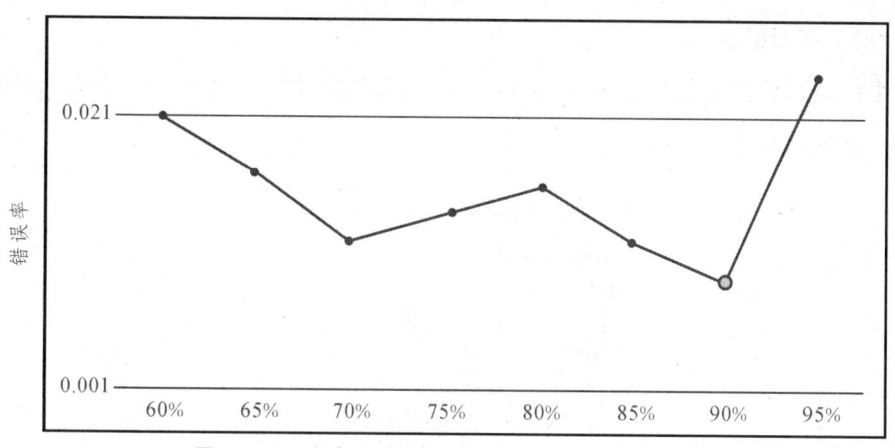

图 2-4-4　汽车分类案例不同比例分割的错误率

可以看到，在不同的划分方法下，错误率的变动是很大的。所以如果训练集和测试集的划分方法不够好，很有可能无法选择到最好的模型与参数。

（二）Cross-Validation（交叉验证法）

1. LOOCV

LOOCV 方法即 leave-one-out cross-validation，或称为留一法。像 test set approach 一样，LOOCV 方法也包含将数据集分为训练集和测试集这一步骤。但是不同的是，现在只用一个数据作为测试集，其他数据都作为训练集，并将此步骤重复 n 次（n 为数据集的数据数量）。

假设现在有 n 个数据组成的数据集，那么 LOOCV 方法就是每次取出一个数据作为测试集的唯一元素，而其他 $n-1$ 个数据都作为训练集用于训练模型和调参。结果就是最终训练了 n 个模型，每次都能得到一个 MSE（均方误差）。而计算最终 test MSE 则就是将这 n 个 MSE 取平均。

$$CV_{(n)} = \frac{1}{n}\sum_{i=1}^{n} MSE_i = \frac{1}{n}\sum_{i=1}^{n}(y_{true}^i - \hat{y}_{test}^i)^2 \text{（适用于回归问题）}$$

$$CV_{(n)} = \frac{1}{n}\sum_{i=1}^{n} Err_i \text{（适用于分类问题，Err 是指分类错误的数量）}$$

2. K-fold Cross Validation（K 折交叉验证）

K 折交叉验证与 LOOCV 的不同之处在于，每次测试集将不再只包含一个数据，而是多个，具体数目将根据 K 的选取决定。比如，如果 $K=5$，那么利用五折交叉验证的步骤就是：

（1）将所有数据集分成 5 份。

（2）不重复地每次取其中一份做测试集，用其他 4 份做训练集训练模型，之后计算该模型在测试集上的 MSE_i。

（3）将 5 次的 MSE_i 取平均得到最后的 MSE。

以 Orange 平台为例，有两个模块是被经常用于交叉验证的，说明如下：

1）数据采样器模块

数据采样器模块的名称为 Data Sampler，图标形式是 [图标]，在这个模块中，采样类型被分为 4 种，其窗口如图 2-4-5 所示。

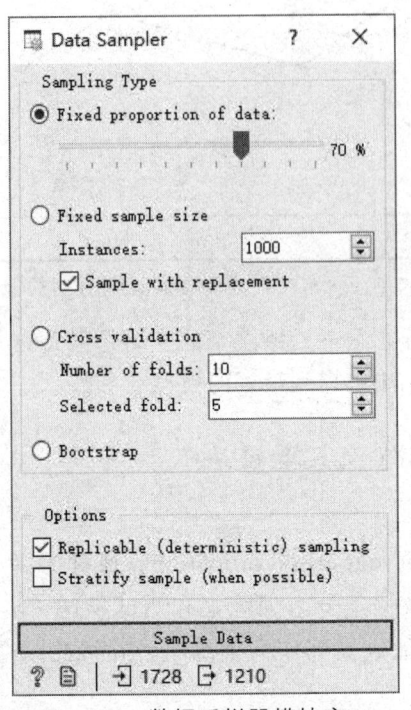

图 2-4-5　数据采样器模块窗口

➢ Fixed proportion of data：这是一种按固定比例将数据进行分割的方法，其数量可以按照比例条进行调节，一般按 6∶4 或 7∶3 的比例进行分割。

➢ Fixed sample size：这是按照固定数量将数据集进行分割的方法，勾选 Sample with replacement 表示有放回的采样方式。

➢ Cross validation：交叉验证，是常用的一种采样方式，是将数据集平均分为几折，然后取其中的一折作为测试集的验证方法。调节参数 Number of folds 表示分为几折，即几份；Selected fold 表示取那一份为测试集。

➢ Bootstrap：是通过样本来估计总体的采样方法。

可选项 Replicable（deterministic）sampling 是可复制（确定性）采样，Stratify sample 是根据数据属性不同而采取的分层采样。

2）测试模块

测试模块的名称是 Test and Score，其模块图形是 [图标]。在这一模块中，也有采用的参数调节选项，如图 2-4-6 所示。

➢ Cross validation：交叉验证。

➢ Random sampling：随机采样。其中，Repeat train/test 表示重复训练及测试的次数，Training set size 表示随机抽取的训练测试集的比例。

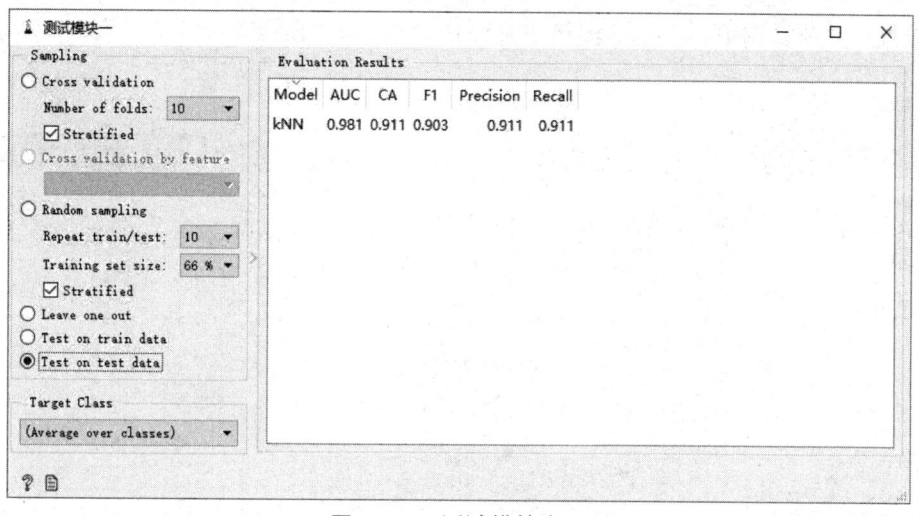

图 2-4-6 测试模块窗口

- Leave one out：表示留一法。
- Test on train data：用训练数据测试。
- Test on test data：用测试数据测试，如数据已经被采样。

四、模型评估指标

大数据分析技术领域不仅包含数据和算法，还有测试和验证等重要环节，其主要职能是对算法产生的模型（或称为学习器），就其预测的准确性、使用数据的测试集进行验证，用以评判学习器的性能。性能不好的学习器，要考虑调整参数，或者更改算法；而性能良好的学习器，其良好程度如何、是否达到满意程度等都需要相关指标精确表达。下面以 KNN 算法为例，就 Orange 平台所采用的测试验证模块的主要使用方法及指标含义详细说明。

（一）模　块

1. 混淆矩阵模块

混淆矩阵模块的名称是 Confusion Matrix，其模块图标是 ，其矩阵的表达如表 2-4-3 所示。

表 2-4-3　Confusion Matrix 矩阵表

项目		预测值	
		正例（P'）	负例（N'）
实际值	正例（P）	实际正例，预测也为正例（TP）	实际正例，预测为负例（FN）
	负例（N）	实际负例，预测为正例（FP）	实际负例，预测也为负例（TN）

如在汽车推荐算例中，产生的混淆矩阵模块如图 2-4-7 所示。

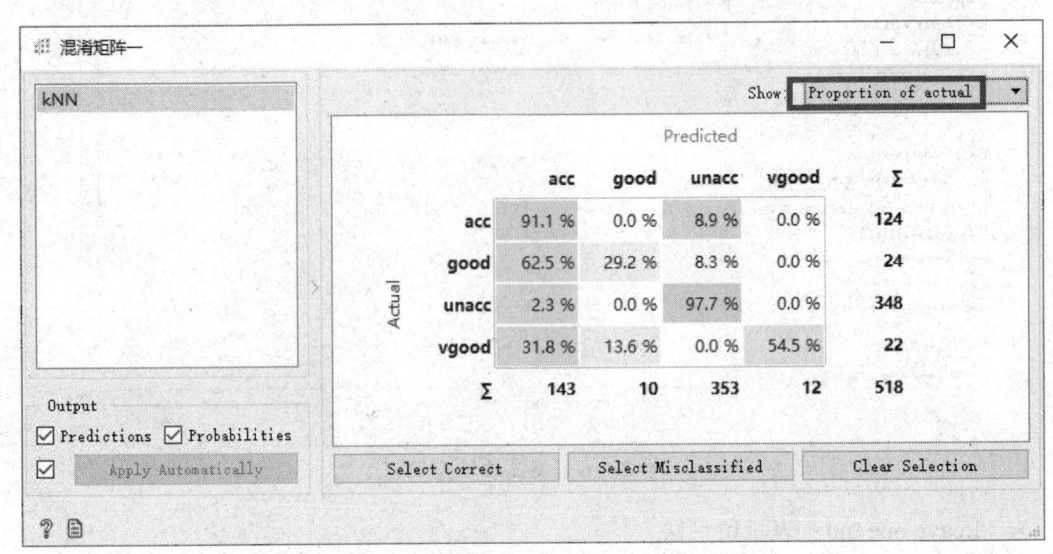

图 2-4-7　汽车数据案例的 KNN 混淆矩阵模块

图 2-4-7 显示了四个目标属性的分类情况，测试集数据共 518 个，其中沿对角线四个数据是各类的预测正确率。可以看出，unacc 类的正确率最高，达 97.7%，只有 2.3% 被预测为 acc。而 good 类的正确率最低，只有 29.2%，而 62.5% 被预测为 acc，8.3% 被预测为 unacc。可见，该算法在此场景的应用有待商榷，还需要其他算法的应用对比。

按预测样本数量来表达，即可参见图 2-4-8。

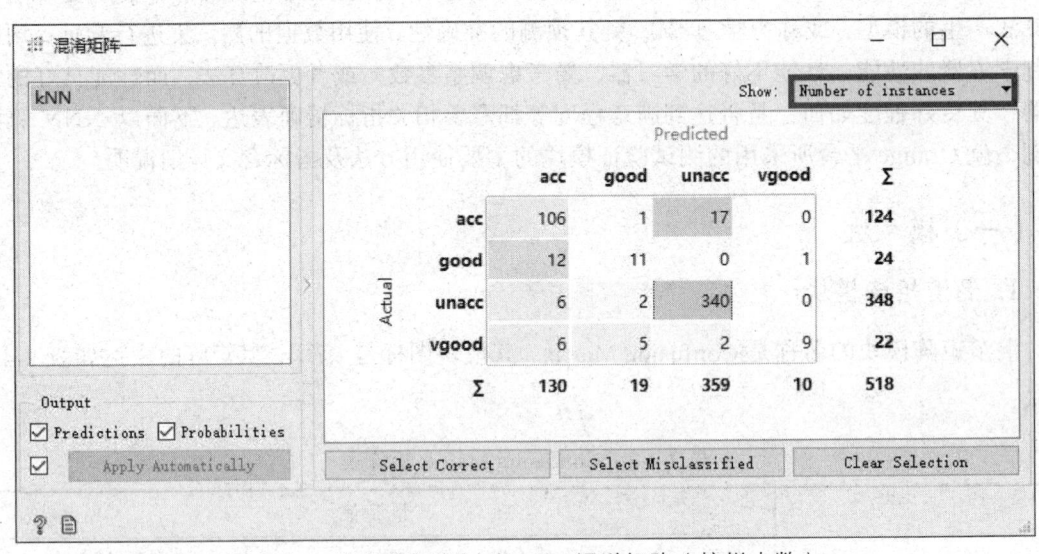

图 2-4-8　汽车数据案例的 KNN 混淆矩阵（按样本数）

2. 测试模块

测试模块的名称是 Test and Score，其模块图形是 。仍然以汽车推荐算例为例，其界面如图 2-4-9 所示。

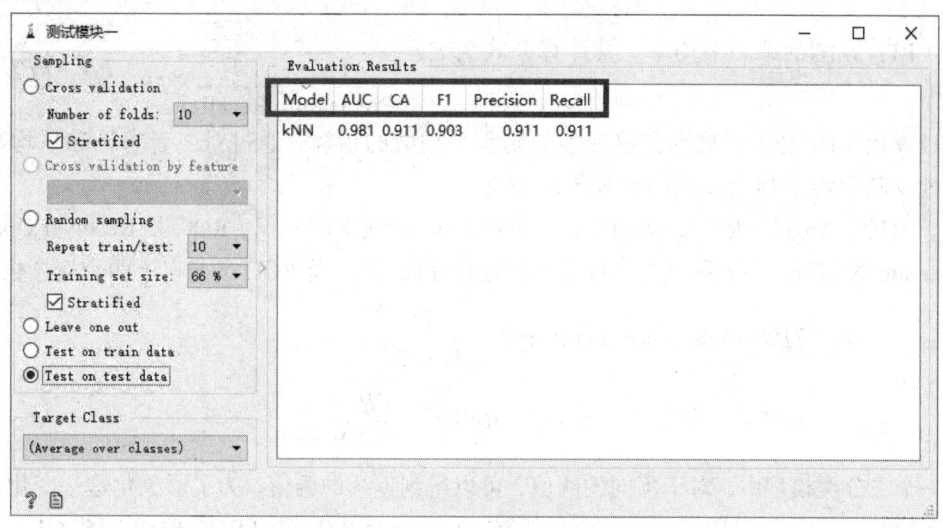

图 2-4-9　汽车数据案例测试模块

（二）指　标

从图 2-4-9 中可以看出，对测试集验证的主要指标有：AUC、CA、F1、Precision 和 Recall。在介绍这几个指标的含义及应用之前，需要介绍以下两个公式。

$FP_{\text{rate}} = \dfrac{FP}{N}$，指模型对负例预测的错误率，值越小越好。

$TP_{\text{rate}} = \dfrac{TP}{P}$，指模型对正例预测的正确率，值越大越好。

（1）CA：Computer Accuracy 的简称，指模型的计算精度。其计算公式为 $CA = \dfrac{TP + TN}{P + N}$，是指所有预测准确的样本量除以测试集的样本总量。

（2）Precision：称之为精确度。其计算公式为 $\text{Precision} = \dfrac{TP}{TP + FP}$，是指在所有预测为正例的样本中，被预测准确的样本占比多少。实际上，精确率是针对预测结果而言的，它表示的是预测为正的样本中有多少是真正的正样本。

对于二分类模型来说，可以直接调用以上公式进行计算；对于多分类模型来说，要用 Macro Average 规则来进行计算，即将多分类模型分解为多个二分类模型，分别依据以上公式计算各个精确度，然后取平均值即可。

比如上例是个四分类模型，则 acc 类的 $\text{Precision} = \dfrac{106}{130} = 81.54\%$，good 类的 $\text{Precision} = \dfrac{11}{19} = 87.89\%$，unacc 类的 $\text{Precision} = \dfrac{340}{359} = 94.71\%$，vgood 类的 $\text{Precision} = \dfrac{9}{10} = 90\%$。则总的 $\text{Precision} = \dfrac{81.54\% + 87.89\% + 94.71\% + 90\%}{4} = 88.54\%$。

（3）recall：称之为召回率。其计算公式为 $\text{Recall} = \dfrac{TP}{P}$，是指正确预测出的正例数占样本中总正例数的比例。实际上，召回率是针对原来的样本而言的，它表示的是样本中的正例有多少被预测正确了。

（4）F1：预测的调和平均率。其计算公式为 $F_1 = \dfrac{2}{\dfrac{1}{\text{Precision}} + \dfrac{1}{\text{Recall}}} = \dfrac{TP}{TP + \dfrac{FN + FP}{2}}$，从公式中可以看出，F1 是求精准率和召回率的调和平均数的指标。通过对二者求调和平均数，能够更好地反映学习器预测效能的实际平均情况。

（5）AUC：Area Under Curve 的简称，表示 ROC 曲线下的面积。ROC 是 Receiver Operating Characteristic 的缩写，一般称之为"接受者操作特性曲线"。而 ROC 又与以下两个概念相关：

$$TPR = 灵敏度（Sensitivity）= \dfrac{TP}{TP + FN}$$

$$FPR = 1 - 特异度（Specificity）= \dfrac{FP}{FP + TN}$$

在一个二分类模型中，对于不同的阈值，可以得到连续的两值。为了形象化这一变化，在此引入 ROC，ROC 曲线可以用于评价一个分类器。在 Orange 中本例的 ROC 曲线如图 2-4-10 所示。

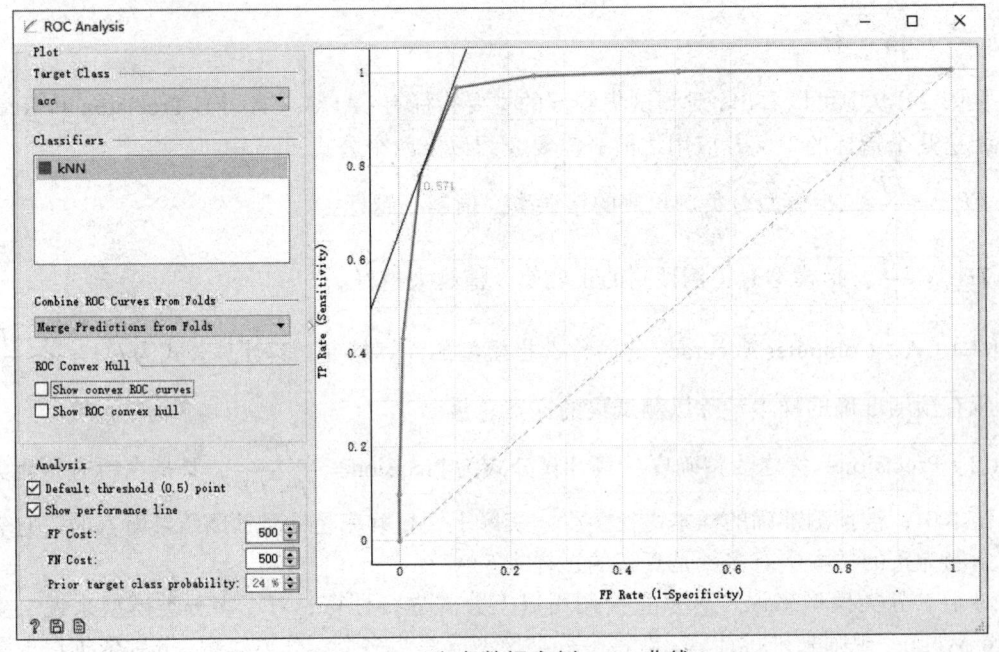

图 2-4-10　汽车数据案例 ROC 曲线

曲线由两个变量 1 - Specificity 和 Sensitivity 绘制，1 - Specificity=*FPR*，即假正类率。Sensitivity 即是真正类率。*TPR*（True positive rate）反映了正类覆盖程度。这个组合以 1 - Specificity 对 Sensitivity，即是以代价（costs）对收益（benefits）。

而 AUC 表示 ROC 中曲线下的面积，用于判断模型的优劣。如图 2-4-10 所示，连接对角线的面积刚好是 0.5，对角线的含义也就是随机判断预测结果，正负样本覆盖应该都是 50%。另外，ROC 曲线越陡越好，所以理想值是 1，即正方形。AUC 的值一般介于 0.5 和 1 之间。AUC 评判标准可参考如下：

- 0.5 ~ 0.7：效果较低。
- 0.7 ~ 0.85：效果一般。

- 0.85~0.95：效果很好。
- 0.95~1：效果非常好。

五、算法用例

数据来自 http://archive.ics.uci.edu/ml/index.php 中对各类汽车特征的描述。共有数据记录 1 728 条，无空数据。属性变量共 6 个，其类型目录如表 2-4-4 所示。

表 2-4-4　汽车数据的属性表

buying（购买价）	v-high	high	med	low
maint（维保支出）	v-high	high	med	low
doors（车门）	2	3	4	5-more
persons（载人）	2	4	more	
lug_boot（后备厢）	small	med	big	
safety（安全性）	low	med	high	

目标变量为人们的接受程度，其类型目录分别为 unacc（不接受）、acc（接受）、good（容易接受）、vgood（非常接受）。

采用 KNN 算法目的是找到各种车型的分类特征，以便提供给车企对某种新产品在设计、定价、外观等方面的市场接受程度。

全部数据的采样、算法及验证都在 Orange 平台展开。其流程如图 2-4-11 所示。

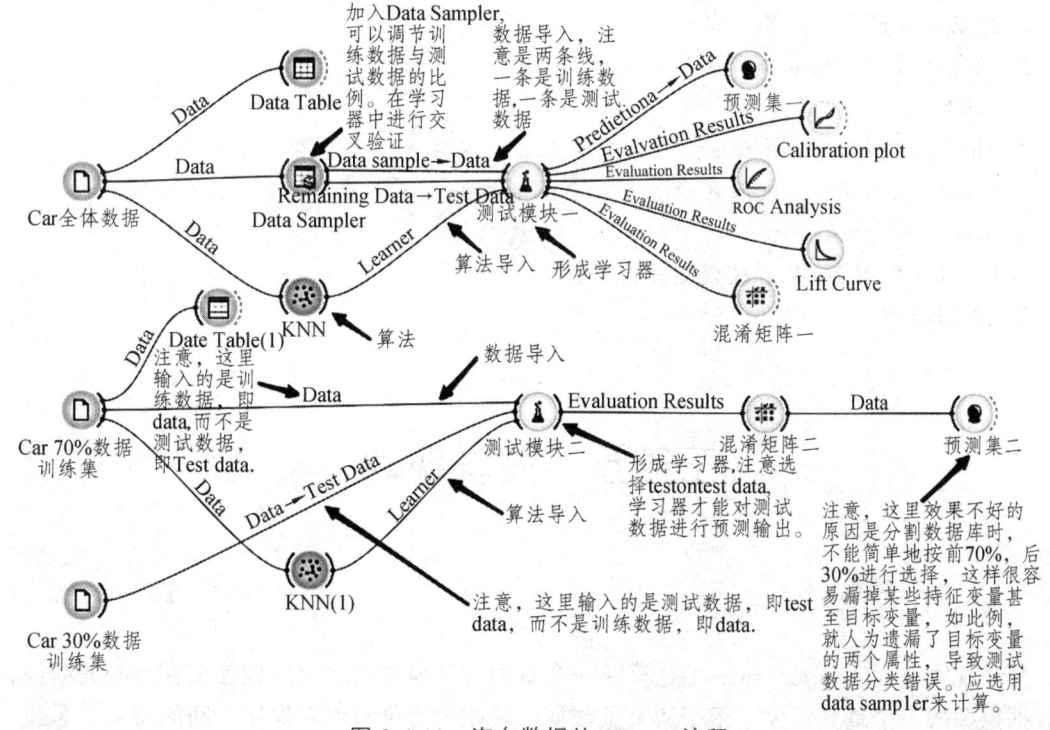

图 2-4-11　汽车数据的 Orange 流程

数据按照 7∶3 进行数据采样,选取错误率最低的 $K=10$ 作为 KNN 参数,其准确率达到 98.1%,取得满意的模型表现。

● 技能训练

(1)熟悉 K 近邻(K Nearest Neighbor)算法。

(2)简述 KNN 算法的特点。

(3)K 近邻大数据算法,主要是 KNN(K Nearest Neighbors)操作实践。

① 作业目的。

a. 理解距离 K 个训练样本最近的距离是如何计算的。

b. 掌握 K 的正确取值方法。

② 作业准备。

Orange3 软件下载并安装。

通过计算对象间距来作为各个对象之间的非相似性指标,距离一般使用欧式距离或曼哈顿距离。其计算方法为

欧式距离:$d(x,y) = \sqrt{\sum_{k=1}^{n}(x_k - y_k)^2}$

曼哈顿距离:$d(x,y) = \sqrt{\sum_{k=1}^{n}|x_k - y_k|}$

③ 作业内容。

a. 计算已知类别数据集中的点与当前点之间的距离。

b. 按照距离递增次序排列。

c. 选取与当前点距离最小的 K 个点。

d. 确定前 K 个点所在类别出现的频率。

Ⅰ. KNN 的交叉验证。

按 The Validation Set Approach 方法取 K 值,并将各 K 值错误率写入报告。

按 Cross-Validation 方法取 K 值,并将各 K 值错误率写入报告。

Ⅱ. KNN 模型评估指标。

按图 2-4-7 和图 2-4-8 生成模型评估数据。

Ⅲ. 撰写数据测试报告。

任务五 关联规则

一、算法概述

关联规则(association rules)是反映一个事物与其他事物之间的相互依存性和关联性,是数据挖掘的一个重要技术,用于从大量数据中挖掘出有价值的数据项之间的相关关系。

人们在日常生活中,常常被关联规则所"推荐"。比如你在某音乐网站听到一首歌,网站会自动为你推荐同风格的歌曲。甚至在各种短视频网站,你在某种类型的短视频停留时间越长,你就会越频繁地"刷"到同一类型的视频。

关联规则通过发现顾客放入其购物篮中的不同商品之间的联系,分析顾客的购买习惯。通过了解哪些商品频繁地被顾客同时购买,这种关联的发现可以帮助零售商制定营销策略。其他的应用还包括价目表设计、商品促销、商品的排放和基于购买模式的顾客划分。可从数据库中关联分析出形如"由于某些事件的发生而引起另外一些事件的发生"之类的规则。

关联规则常见的是购物篮分析,由购物篮我们可以以最直观的方式引导出一些最基本的概念。表 2-5-1 是五名顾客在超市购物的清单汇总。

表 2-5-1 五名顾客的购物清单

事项(Transaction)	项集(Itemset)
1	{面包,牛奶}
2	{面包,尿布,啤酒,鸡蛋}
3	{牛奶,尿布,啤酒,可乐}
4	{面包,牛奶,尿布,啤酒}
5	{面包,牛奶,尿布,可乐}

依据表 2-5-1,有如下几个概念需要说明:

项目:英文表示为 Item(I),是指某个单个的事务,如表中的商品面包、牛奶、啤酒等。

事项:英文表示为 Transaction(T),是指某一条记录,是所有项目的非空子集,如表中每条记录都是一次交易事项。

项集:英文表示为 Itemset,是指某几个项目的集合,通常用{}进行标注,如{牛奶,尿布,啤酒}。

关联规则:英文表示为 Association rule,通常表示为{X}→{Y},{X}叫前件,{Y}叫后件。

二、Apriori 算法

(一)相关概念

关联规则最常用的是 Apriori 算法,同时也是发现频繁项集的一种方法。所谓频繁项集,是指由独立事件组成的项目交集频繁发生且达到预期值的集合,其严谨的表述方法还需要如下几个概念的引入:

支持度:几个关联的项目组成的项集在总事项中出现的次数占总事项数量的比例。

$$\text{support}(X \to Y) = P(XY) = \frac{\text{number}(XY)}{\text{num}(\text{allsamples})}$$

以表 2-5-1 为例,设有规则{牛奶,尿布}→{啤酒},项集{牛奶,尿布,啤酒}在第 2、3 事项中出现过,出现次数为 2,而总事项数为 5,则该规则的支持度为 $\frac{2}{5}$。

置信度：一个项集出现后，另一个项集出现的概率，或者说前件与后件的条件概率。

$$\text{confidence}(X \to Y) = P(Y|X) = \frac{P(XY)}{P(X)}$$

仍以规则{牛奶，尿布}→{啤酒}为例，其置信度是指在{牛奶，尿布}出现的情况下，{啤酒}出现的概率，遍历整个事项集，{牛奶，尿布}这一项集共出现3次，分别在3、4、5事项，但既有{牛奶，尿布}，又有{啤酒}的事项只有2次，分别在3、4事项，所以该规则的支持度为$\frac{2}{3}$。

提升度：项集X的出现对项集Y的出现概率提升的程度。

$$\text{lift}(X \to Y) = \frac{\text{confidence}(X \to Y)}{\text{support}(Y)}$$

$\text{lift}(X \to Y) > 1$：代表有提升。
$\text{lift}(X \to Y) = 1$：代表没有提升也没有下降。
$\text{lift}(X \to Y) < 1$：代表有下降。

仍以规则{牛奶，尿布}→{啤酒}为例，其置信度为$\frac{2}{3}$，{啤酒}这一项集的支持度为$\frac{3}{5}$，则其提升度为$\frac{2}{3} \div \frac{3}{5} = \frac{10}{9} > 1$，说明{牛奶，尿布}这一项集对{啤酒}出现次数是有提升作用的。

频繁项集：支持度大于或等于某个阈值的项集。例如，阈值设为50%时，因为{牛奶，尿布}的支持度是60%，所以它是频繁项集。

项集的超集：包含某个项集的元素且元素个数更多的项集。比如{牛奶，尿布}这个项集，它的超集可以是{牛奶，尿布，啤酒}，也可以是{牛奶，尿布，啤酒，可乐}。

项集的子集：与超集相反，子集是指包含某个项集的一部分，且元素个数更少的项集。比如{牛奶，尿布，啤酒，可乐}这个项集，它的子集可以是{牛奶，尿布，啤酒}，也可以是{牛奶，尿布}或{牛奶}。

（二）算法原理

有很多人经过以上介绍，直观的感觉是通过遍历法就可以解决问题。事实上，当项目足够多的时候，会产生组合爆炸，即两个两个组合，三个三个组合，四个四个组合等都要遍历一遍，对于数据库的压力是非常大的。一般包含d项的数据集中提取可能的规则总数有$R = 3^d - 2^{(d+1)} + 1$个。比如表2-5-1的项集中$d=6$，则会产生$R=602$条规则。对于成百上千个项目，其规则是天文数字，甚至是计算机无法完成的，这时候就需要采用Apriori算法。

Apriori算法的核心思想：
（1）频繁项的非空子集肯定频繁。
（2）如果一个项不频繁，那么它的超项肯定不频繁。

如图2-5-1所示，AB是非频繁项，则ABC、ABD、ABE、ABCD、ABCE、ABDE、ABCDE均为非频繁项。在数据库扫描寻找频繁项集的时候，就可以排除扫描非频繁项，从而减轻数据库的负担。

关联分析的目标：

发现频繁项集——发现满足最小支持度的所有项集；
发现关联规则——从频繁项集中提取所有高置信度的规则。

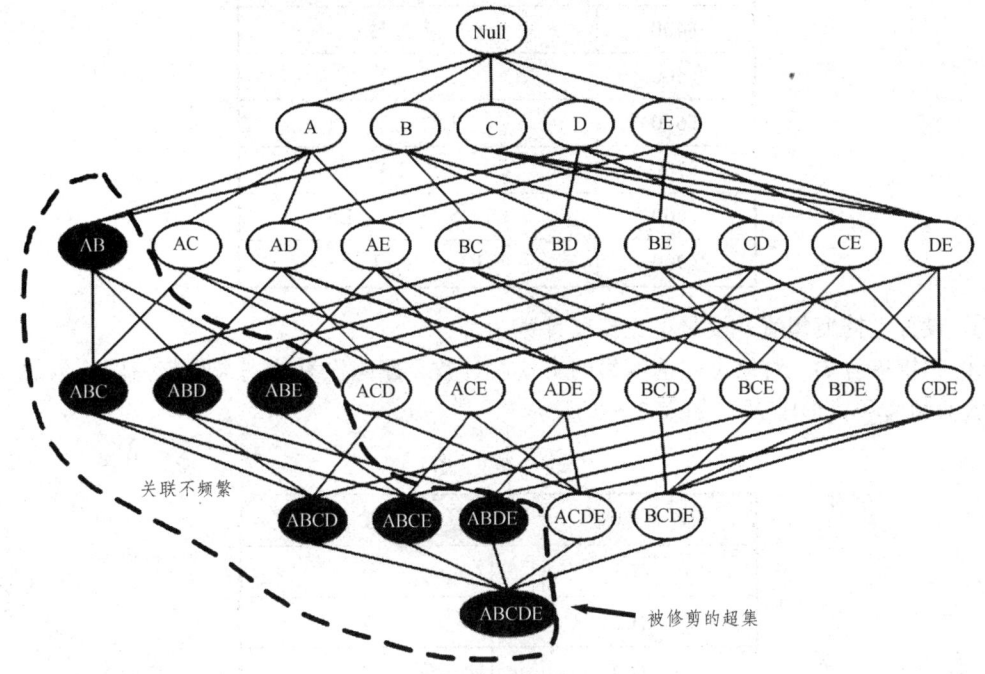

图 2-5-1 Apriori 算法核心示意

（三）算法流程

输入：数据集合 D，支持度阈值 a。

输出：最大的频繁 K 项集。

（1）扫描整个数据集，得到所有出现过的数据，作为候选频繁 1 项集。$K=1$，频繁 0 项集为空集。

（2）挖掘频繁 K 项集。

① 扫描数据计算候选频繁 K 项集的支持度。

② 去除候选频繁 K 项集中支持度低于阈值的数据集，得到频繁 K 项集。如果得到的频繁 K 项集为空，则直接返回频繁 $K-1$ 项集的集合作为算法结果，算法结束。如果得到的频繁 K 项集只有一项，则直接返回频繁 K 项集的集合作为算法结果，算法结束。

③ 基于频繁 K 项集，连接生成候选频繁 $K+1$ 项集。

（3）令 $K=K+1$，转入步骤（2）。

以表 2-5-2 中的数据为例。

表 2-5-2 数据集合

事项	项集
T100	L1，L2，L5
T200	L2，L4
T300	L2，L3

续表

事 项	项 集
T400	L1，L2，L4
T500	L1，L3
T600	L2，L3
T700	L1，L3
T800	L1，L2，L3，L5
T900	L1，L2，L3

① 设置支持度阈值，设最小支持度计数为2。

② 扫描集合 D，对每个候选项集的支持度计数，删除没有达到最小支持度计数的项集，即修剪非频繁项，形成 K_1，如表 2-5-3 所示。

表 2-5-3 K_1

项 集	支持度计数
{L1}	6
{L2}	7
{L3}	6
{L4}	2
{L5}	2

③ 由 K_1 产生候选集 C_2（见表 2-5-4），并再次扫描 D，计算候选项集的支持度计数，修剪非频繁项，形成 K_2，如表 2-5-5 所示。

表 2-5-4 C_2

项 集	支持度计数
{L1, L2}	4
{L1, L3}	4
{L1, L4}	1
{L1, L5}	2
{L2, L3}	4
{L2, L4}	2
{L2, L5}	2
{L3, L4}	0
{L3, L5}	1
{L4, L5}	0

表 2-5-5 K_2

项　集	支持度计数
{L1, L2}	4
{L1, L3}	4
{L1, L5}	2
{L2, L3}	4
{L2, L4}	2
{L2, L5}	2

④ 与步骤③相同，由 K_2 产生候选集 C_3（见表 2-5-6）。值得注意的是，在 C_2 中已经产生非频繁项集，为{L1, L4}、{L3, L4}、{L3, L5}、{L4, L5}，所以在产生 C_3 时，要注意修剪这些支项，形成 K_3，如表 2-5-7 所示，这也正是 Apriori 算法有价值的地方。

表 2-5-6 C_3

项　集	支持度计数
{Ll, L2, J3}	2
{L1, I2, I5}	2

表 2-5-7 K_3

项　集	支持度计数
{Ll, L2, L3}	2
{L1, L2, L5}	2

按照迭代方法，由 K_3 还可以产生新的项集{L1，L2，L3，L5}，但{L3，L5}早就判定为非频繁集，所以{L1，L2，L3，L5}也是非频繁项。至此，迭代结束，找到的频繁项集为{L1，L2，L3}和{L1，L2，L5}。

频繁项已经找出，接下来就该由频繁项来导出关联规则。需要说明的是，遴选频繁项的指标是支持度，而导出关联规则的指标是置信度。

仍以上例来说明，频繁项集 l = {L1，L2，L3}能产生的非空子集为{L1，L2}、{L1，L3}、{L2，L3}、{L1}、{L2}和{L3}，则其关联规则及置信度如表 2-5-8 所示。

表 2-5-8 关联规则及置信度

关联规则	置信度
{L1，L2}→{L5}	confidence=2/4=50%
{L1，L5}→{L2}	confidence=2/2=100%
{L2，L5}→{L1}	confidence=2/2=100%
{L1}→{L2，L5}	confidence=2/6=33%
{L2}→{L1，L5}	confidence=2/7=29%
{L5}→{L1，L2}	confidence=2/2=100%

如果最小置信度阈值为 70%，则只有 2、3 和最后一个规则可以输出。

三、Orange 与 Apriori 算例

在 Orange 中针对关联规则提供了两个算法。因为关联规则是一种无监督学习算法，所以 Orange 在诸多无监督学习模型后专门开列了关联规则算法模型供应用。

示例数据集收列了某学校食堂各灶学生点餐外卖的数据，以一单为一个项集，共 709 条数据，如表 2-5-9 所示。

表 2-5-9　学校食堂点餐外卖数据

单号	点　餐
1	麻辣豆腐，木耳粉条，蒜苗肉丝
2	宫保鸡丁，红烧肉
3	红烧鸡块，炒拉条
4	重庆辣子鸡，青椒火腿
5	土豆丝，卤肉，麻辣粉条
6	孜然土豆片，麻辣豆腐，青椒肉丝，鸡丁炒米饭
7	孜然土豆片，酸菜粉条
8	回锅肉炒饭，孜然肉炒饭
9	重庆辣子鸡，红烧肉，红烧排骨
10	麻辣豆腐，酸菜粉条，辣子肉片
11	青椒火腿，西红柿炒鸡蛋
12	青椒肉丝，回锅肉炒饭，酸菜卤肉
⋮	……
709	红烧肉，红烧鸡块

需要说明的是，Orange 在进行关联规则算法计算时，需要的是后缀名为 .basket 或 .bsk 文件格式，这两个文件其实都是文本文件。

首先需要进行数据清理，将不是菜名的数据清除，同时要注意在各个菜名之间加入英文半角逗号（,）分隔，且每单的最后要保证是以回车符结束的。然后将所有项集复制，粘贴入一个文本文件，并将文本文件改为英文名，同时将 .txt 后缀名改为 .bsk。至此，所有的文件准备工作基本结束。

打开 Orange 平台，先将文件载入，如图 2-5-2 所示。

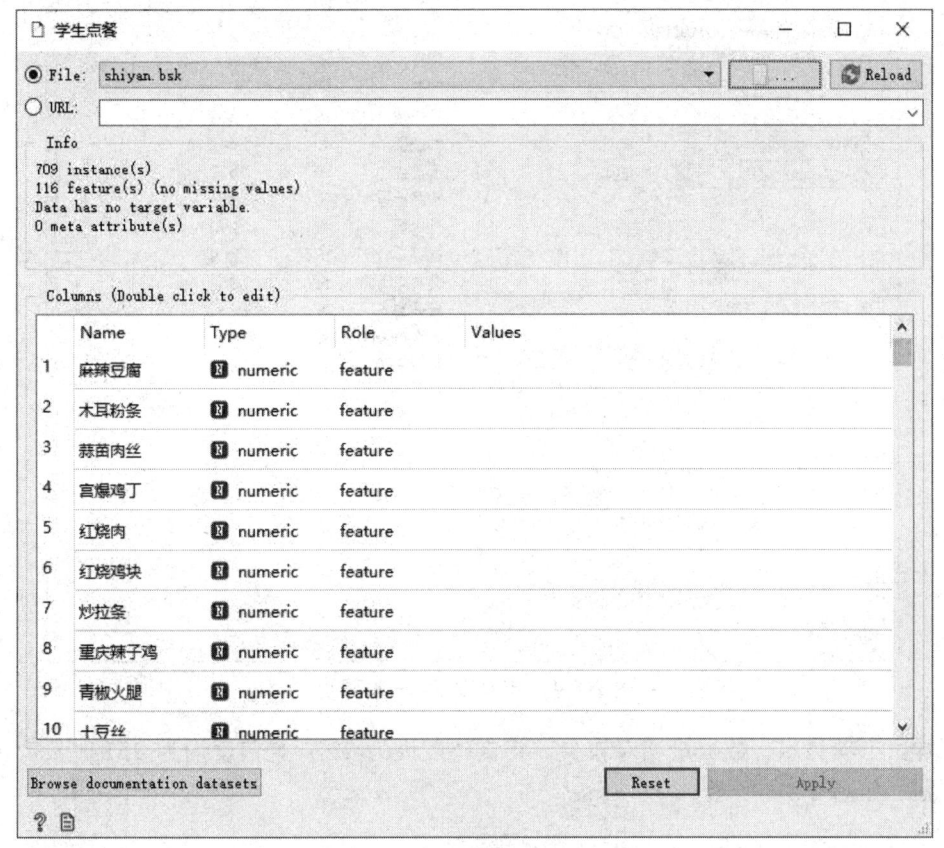

图 2-5-2 学生点餐数据的载入窗口

然后将频繁集及关联规则算法模型连入数据库，其工作流如图 2-5-3 所示。

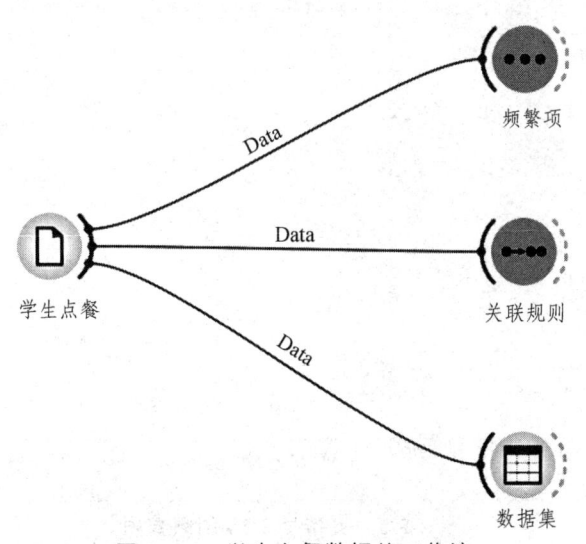

图 2-5-3 学生点餐数据的工作流

由于菜品比较多，学生的选择空间大，所以将支持度设为 5%，则产生的频繁集有 10 项，如图 2-5-4 所示。

- 85 -

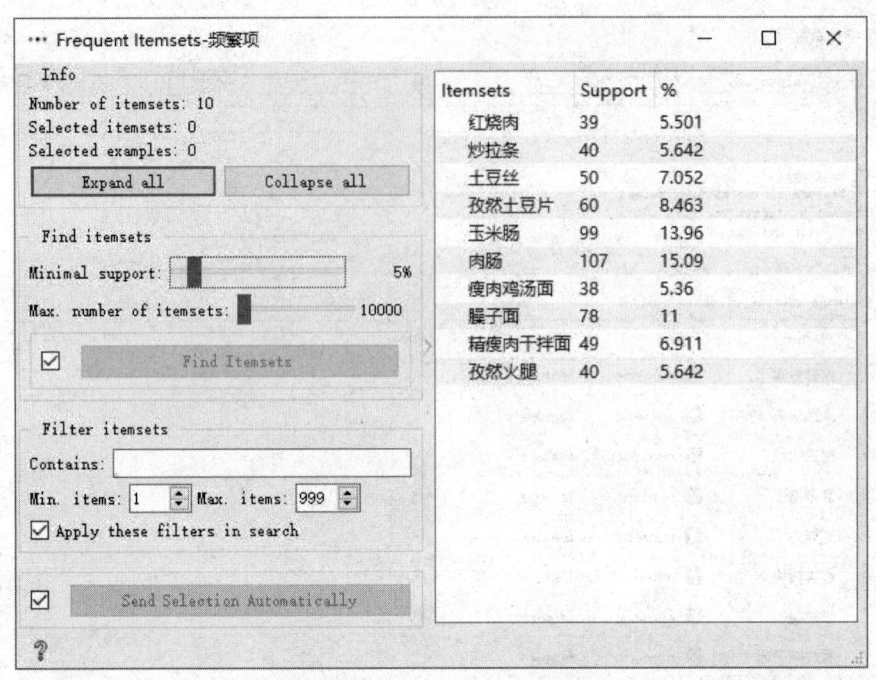

图 2-5-4 支持度 5%的频繁项

同样由于项目多，数据量相对较少，将支持度设为 2%，置信度设为 25%时，产生 3 条关联规则，如图 2-5-5 所示。

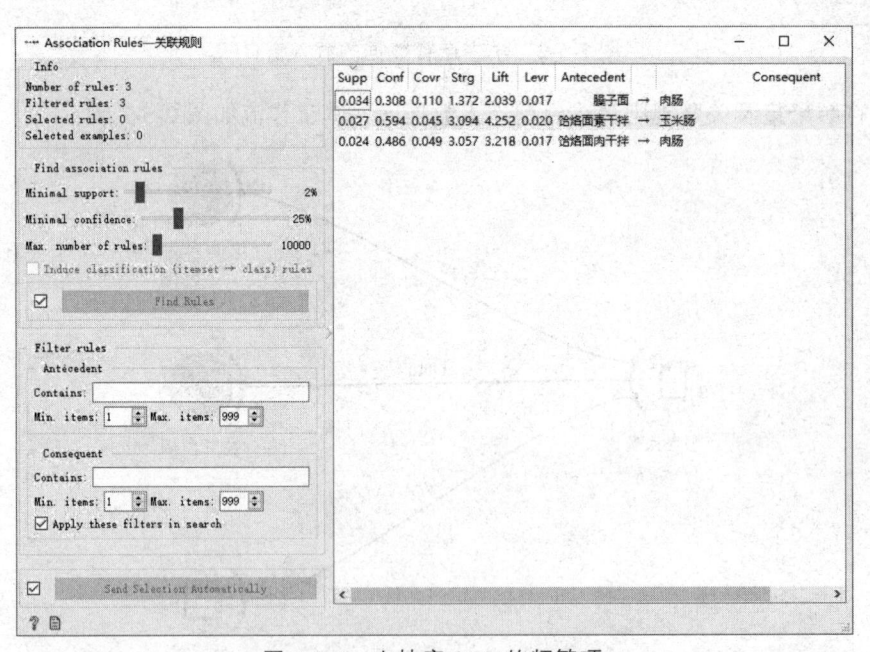

图 2-5-5 支持度 2.5%的频繁项

由这 3 条关联规则可以看出一个有意思的常识性饮食搭配，即面食和各种肉肠是较为紧密的搭配关系，都是在吃面的时候选择再买一根肉肠。由此可以提示商家，在外卖 App 的商品配图时，可考虑将面食与肉肠同框，这样可提高商品的售卖量。

● 技能训练

（1）熟悉关联规则（association rules）的概念。
（2）了解 Apriori 算法。
（3）关联规则大数据算法操作实践。
① 作业目的。
视频平台会根据用户浏览的视频向用户推荐相关视频，这背后的算法是怎样获得的，需要用到怎样的数据集？本次作业的目的就是以 Netflix 数据集为训练对象，以关联规则为训练算法，通过数据处理，来窥探一下用户喜好的推荐秘籍。
② 作业准备。
Orange3 软件下载并安装。
数据集说明：Netflix 数据集给出了 480 189 个用户和 17 770 部电影评级信息。
该数据集包含电影信息、training set（训练集）、probe set（探测集）和 qualifying set（评估集）。qualifying set（评估集）又被分为 quiz（测验集）和 test（测试集）。其中，training set 的评分数量为 100 480 507。probe set 是 training set 的子集，包含 1 408 395 个评分。
a. 电影信息。
电影信息采用图 2-5-6 所示的信息。

Movie ID	Year of Release	标 题
1	2003	Dinosaur Planet
2	2004	Isle of Man TT 2004 Review
3	1997	Character
4	1994	Paula Abdul's Get Up & Dance
5	2004	The Rise and Fall of ECW
6	1997	Sick
7	1992	8 Man
8	2004	What the #$*! Do We Know!?
9	1991	Class of Nuke Em High 2
10	2001	Fighter

图 2-5-6　电影信息

- Movie ID 与实际的 Netflix 影片 ID 或 IMDB 影片 ID 不对应。
- Year of Release 的范围可以从 1890 年到 2005 年，可能对应于相应 DVD 的发行，不一定是它的剧场版本。
- 标题是 Netflix 电影标题，可能与其他网站上使用的标题不对应，标题是英文的。

b. training set（训练集）。
"training_set.tar"是包含 17 770 个文件的目录，文件中的每个后续行对应客户的评级及其日期，格式如下：
电影 ID：客户 ID，等级，日期。
- Movie ID 的顺序范围为 1 到 17 770。

- Customer ID 的范围为 1 到 2 649 429，有 480 189 位用户。
- 评级为 1 到 5 星级（整数）。
- 日期的格式为 YYYY-MM-DD。

c. probe set（探测集）。

探测集包含指示电影 ID 的行，后跟冒号，然后是客户 ID。格式如下：

Movie ID1：

Customer ID11

Customer ID12

…

Movie ID2：

Customer ID21

Customer ID22

d. qulifying_data（测试集）。

Netflix 数据的测试集包含在文本文件中"qualifying.txt"。它由指示电影 ID 的行，后跟冒号，然后是客户 ID 和评级日期，格式如下：

Movie ID1：

Customer ID11，Date11

Customer ID12，Date12

…

Movie ID2：

Customer ID21，Date21

Customer ID22，Date22

③ 作业内容。

作业包括两个部分：将电影评论集改造为电影项集；将电影项集进行关联规则分析，以 Orange 为计算平台。

a. 电影项集的生成。

首先根据电影集将电影名以有效词进行分割，并与 training_data 数据集中的评分项进行合并，形成电影项集。以第一个电影为例，如表 2-5-10 所示。

表 2-5-10　电影项集

序号	Hidden Layers	备注
1	{Planet，3，4}	电影名中含"Planet"的电影共有 4 个客户评分 3 分
2	{Planet，4，10}	电影名中含"Planet"的电影共有 10 个客户评分 4 分
3	{Planet，4，25}	电影名中含"Planet"的电影共有 25 个客户评分 5 分
…		

b. 将上述电影项集进行 Orange 关联分析。

关联分析的目的是找出什么类型的电影评分项高或低。需要说明的是，在进行关联规则算法计算时，需要后缀名为.basket 或.bsk 的文件格式，这两个文件其实都是文本文件。

首先进行数据清理，注意在各个项之间加入英文半角逗号（,）分隔，且每单的最后要保证是以回车符结束。然后将所有项集复制，粘贴到一个文本文件，并且将文本文件改为英文名，同时将.txt 后缀名改为.bsk。至此，所有文件准备工作基本结束。

打开 Orange 平台，先将文件载入。然后将频繁集及关联规则算法模型连入数据库，画出其工作流图，并写入报告集。

c. 撰写数据测试报告。

任务六　逻辑回归

逻辑回归也称作 logistic 回归分析，是一种广义的线性回归分析模型，属于机器学习中的监督学习。其推导过程与计算方式类似于回归的过程，但实际上主要是用来解决二分类问题，当然也可以解决多分类问题。通过给定 n 组数据（训练集）来训练模型，并在训练结束后对给定的一组或多组数据（测试集）进行分类。

本任务着重介绍 Logistic 分布及逻辑回归的求解模型。图 2-6-1 是本任务的知识点导图，方便读者在学习过程中梳理思路。

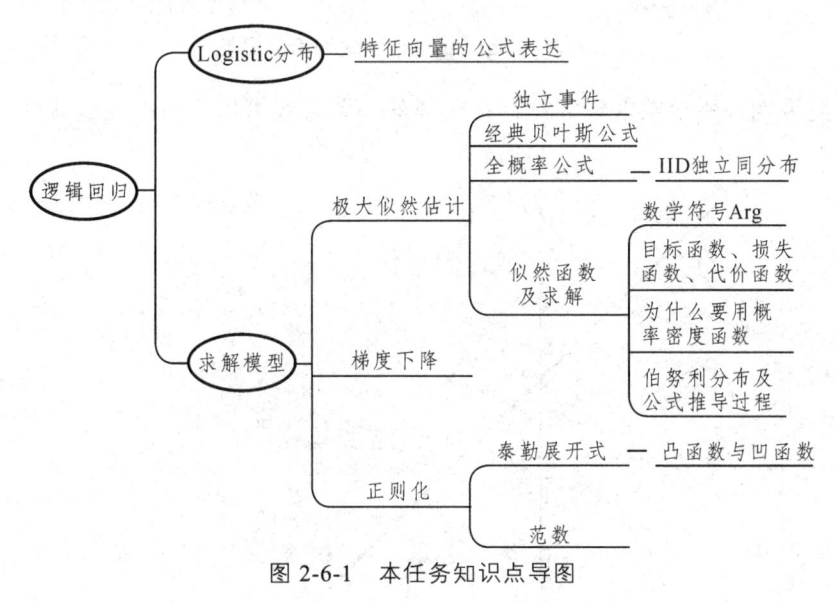

图 2-6-1　本任务知识点导图

一、Logistic 分布

（一）分布形态及相关概念

Logistic 分布是一种连续型的概率分布，其分布函数（或质量函数）和密度函数分别为

分布函数：　$F(x) = P(X \leq x) = \dfrac{1}{1+e^{-(x-\mu)/\gamma}}$

密度函数：$f(x) = F'(X \leqslant x) = \dfrac{e^{-(x-\mu)/\gamma}}{\gamma(1+e^{-(x-\mu)/\lambda})^2}$

其中，μ 为位置参数；$\lambda > 0$ 为形状参数。图 2-6-2 为 Logistic 分布函数和密度函数图像。

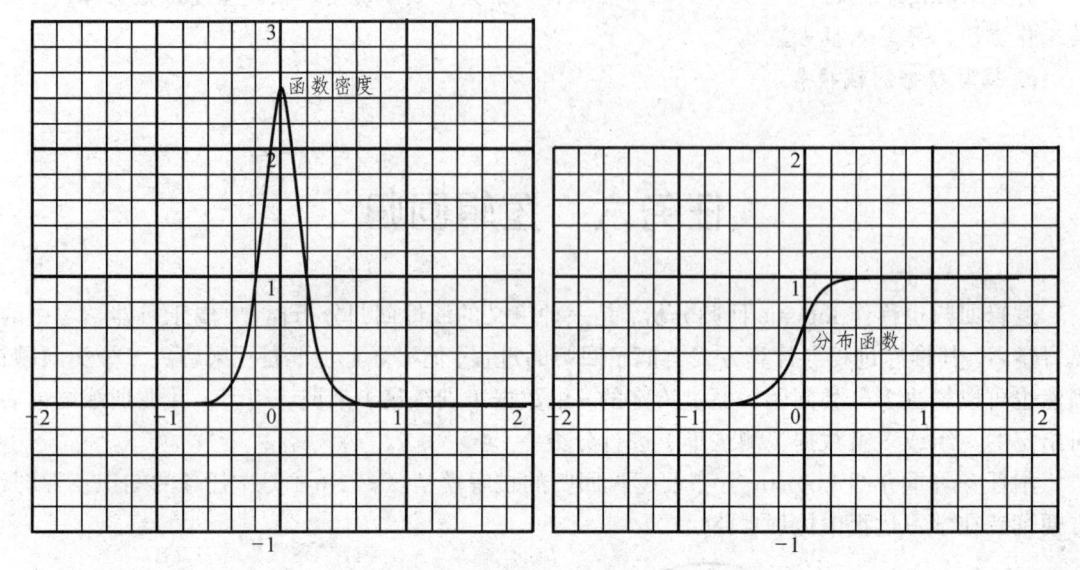

图 2-6-2　Logistic 分布函数和密度函数

以二分类为例，所给数据集假设存在这样的一条直线可以将数据完成线性可分，如图 2-6-3 所示。

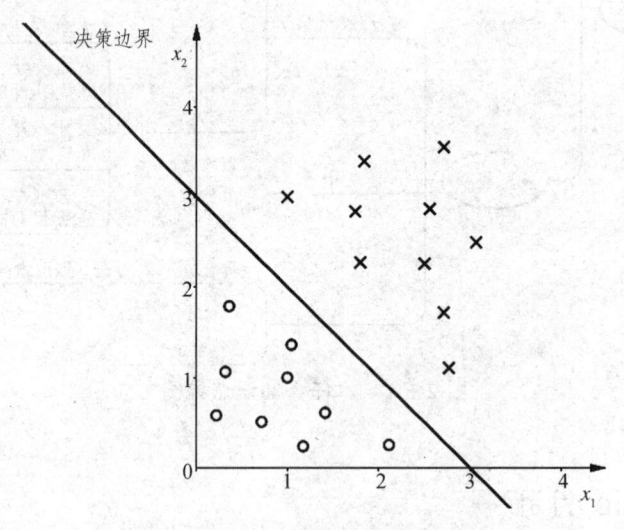

图 2-6-3　二分类逻辑回归示意

设分界线方程为 $h_\theta(x) = g(\theta_0 + \theta_1 x_1 + \theta_2 x_2)$，这里 x_1、x_2 应是指诸多特征变量中对目标变量敏感性强、预判方向指向性良好的两个特征变量。

决策边界可以表示为 $\omega_0 + \omega_1 x_1 + \omega_2 x_2 = 0$，假设某个样本点 $h_\omega(x) = \omega_0 + \omega_1 x_1 + \omega_2 x_2 > 0$，那么可以判断它的类别为 1，这个过程其实是一个感知机。

【思考一】如何找到分类概率 $P(Y=1)$ 与输入变量 x 之间的函数关系，然后通过比较概率值来判定分类。

考虑二分类问题，给定数据集：

$$D = (x_1, y_1), (x_2, y_2), (x_3, y_3), x_i \subseteq R^n, y_i \in 0, 1, i = 1, 2, \cdots, N$$

说明：这里 $x_i(i=1,2,\cdots,N)$ 指的是 $h_\theta(x_i), i=1,2,\cdots,N$，即两个特征向量在二维平面上的点位；$y_i$ 指概率值，即某一个点位所对应的概率值，取值为 0 或 1。

考虑到 $\omega^T x + b$ 取值是连续的，因此它不能拟合离散变量。可以考虑用它来拟合条件概率 $p(Y=1|x)$，因为概率的取值也是连续的。

但是对于 $\omega \neq 0$（若等于零向量，则没有什么求解的价值），$\omega^T x + b$ 取值为 R，不符合概率取值为 0 到 1，因此考虑采用广义线性模型。

最理想的是单位阶越函数：

$$P(Y=1|x) = \begin{cases} 0, & Z<0 \\ 0.5, & Z=0 \\ 1, & Z>0 \end{cases} \quad Z = \omega^T + b$$

但是这个阶跃函数不可微，对数几率函数是一个常用的替代函数：

$$y = \frac{1}{1 + e^{-(\omega^T x + b)}}$$

经变换后可得

$$\ln \frac{y}{1-y} = \omega^T x + b$$

将 y 视为 x 为正例的概率，则 $1-y$ 为 x 为其反例的概率。两者的比值称为几率（odds），指该事件发生与不发生的概率比值，若事件发生的概率为 P，则对数几率：

$$\ln(\text{odds}) = \ln \frac{y}{1-y}$$

将 y 视为类后验概率估计，重写公式有：

$$\omega^T x + b = \frac{p(Y=1|x)}{1 - p(Y=1|x)}$$

$$p(Y=1|x) = \frac{1}{1 + e^{-(\omega^T x + b)}}$$

也就是说，输出 $Y=1$ 的对数几率是由输入 x 的线性函数表示的模型，这就是逻辑回归模型。当 $\omega^T x + b$ 的值越接近正无穷，$p(Y=1|x)$ 概率值也就越接近 1。因此逻辑回归的思路是，先拟合决策边界（不局限于线性，还可以是多项式），再建立这个边界与分类的概率联系，从而得到二分类情况下的概率。

【思考二】使用对数几率的意义是什么？通过上述推导可以看到 Logistic 回归实际上是

使用线性回归模型的预测值逼近分类任务真实标记的对数几率，其优点有：

① 直接对分类的概率建模，无须实现假设数据分布，从而避免了假设分布不准确带来的问题；

② 不仅可预测出类别，还能得到该预测的概率，这对一些利用概率辅助决策的任务很有用；

③ 对数几率函数是任意阶可导的凸函数，有许多数值优化算法都可以求出最优解。

【延伸思考一】为什么要引入 $p(Y=1|x) = \dfrac{1}{1+e^{-x}}$ 函数？

因为 $f(x)=e^x$ 有优良的 0、1 分界特性，如图 2-6-4 所示。

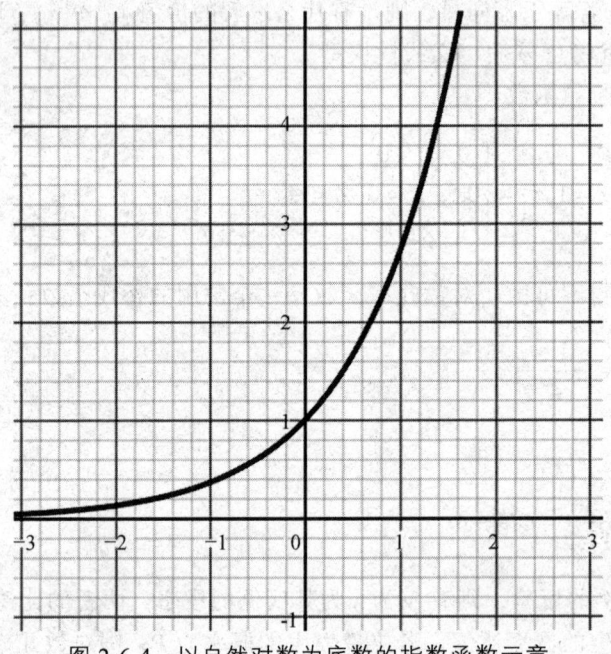

图 2-6-4 以自然对数为底数的指数函数示意

在 $p(Y=1|x) = \dfrac{1}{1+e^{-x}} \Rightarrow \dfrac{1}{1+\dfrac{1}{e^x}}$ 函数中，当 $x \to +\infty$，$e^x \to +\infty$ 时，则 $p(Y=1|x) \to 1$；当 $x \to -\infty$，$e^x \to 0$ 时，则 $p(Y=1|x) \to 0$。在此特征下，以决策边界为分界的两类数据可以妥帖地与分类概率建立联系，如数据点与决策边界越近，其正确归并入某一类别的概率值越接近于 0.5，即模糊性越强，类似于我们平常所说的"一半一半"；数据点与决策边界越远，其分类概率值越接近于 0 或 1，表明其类别属性明显。其数据点与分类概率点的对应关系见动态图，扫描右边的二维码，即可观看到此两个点的映射关系。

数据点与概率点的对应关系

为更清晰展示逻辑回归函数与样本点的分类关系，设有两个特征变量的样本点，其逻辑回归函数为 $p(Z=1|x,y) = \dfrac{1}{1+e^{-(\omega_1 x + \omega_2 y + b)}}$，这里 x,y 代表样本的两个特征变量，之所以这样设置，是考虑到这样的逻辑回归函数可以在三维空间中展现出来，并能将样本的分类情况加以

清晰界定，如图 2-6-5 所示，呈现在不同参数（ω_1, ω_2, b）下，样本点的分类情况，其动态演示图请扫描右边的二维码，图中蓝色点代表正量点，红色点代表负量点。

二特征变量逻辑回归分类演示

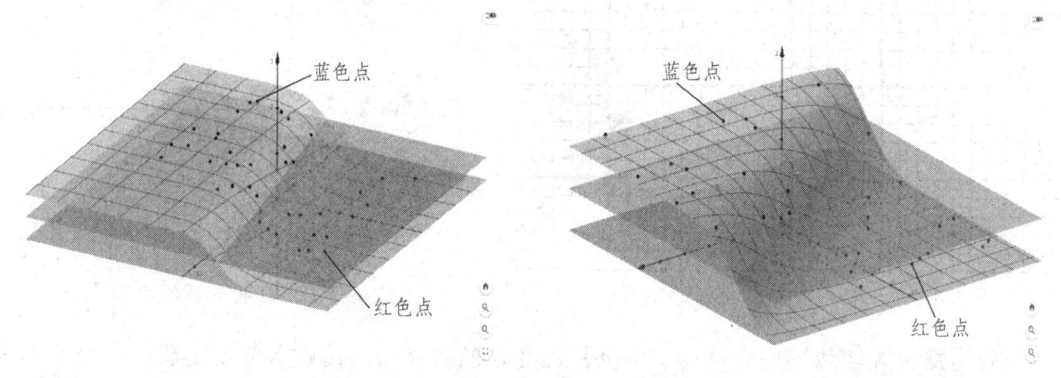

图 2-6-5 逻辑回归函数的三维展现

【延伸思考二】决策分界线与各数据点之间的距离关系。

以上问题的数学描述为（以二维平面点为例）：设决策分界线函数为 $y_0 = ax_0 + b_0$，在决策分界线之外有一点 $p(X,Y)$，设经过 p 点且与决策分界线平行的线函数为 $y_1 = ax_1 + b_1$，求 $y_1 - ax_1 - b_0$ 的值。

解：已知 $\begin{cases} y_0 - ax_0 - b_0 = 0 & （1）\\ y_1 - ax_1 - b_1 = 0 & （2）\end{cases}$

（2）式减（1）式得

$$y_1 - y_0 - ax_1 + ax_0 - b_1 + b_0 = 0$$

则

$$y_1 - ax_1 - b_0 = y_0 - ax_0 + b_1 - 2b_0$$
$$= b_0 + b_1 - 2b_0$$
$$= b_1 - b_0$$

由此可得，在二维平面点中，$\omega x^T + b$ 的值应等于数据点平行线的截距与决策分界线的截距之差。

【延伸思考三】特征向量的公式表达。

在逻辑回归中，为方便初学者快速理解，一般都将决策边界表示为二元函数，如 $\omega_1 x_1 + \omega_2 x_2 + b = 0$，在平面坐标中它表现为一条直线（见图 2-6-6）。需要说明的是，在此公式中，x_1，x_2 均为特征变量，其对目标变量的依附是靠 $\omega_1 x_1 + \omega_2 x_2 + b > 0$ 或 $\omega_1 x_1 + \omega_2 x_2 + b < 0$ 判定的。同理，如果一个样本给出的特征变量有三个，则决策边界函数为三元函数，一般可表示为 $\omega_1 x_1 + \omega_2 x_2 + \omega_3 x_3 + b = 0$，在立体坐标中它表现为一个平面（见图 2-6-7）。其动态三维表达请扫描右侧二维码。

三特征向量的坐标表示

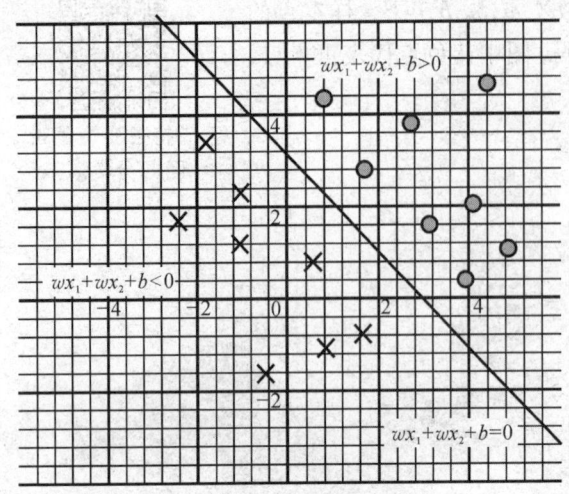

图 2-6-6　二特征变量的坐标表达　　　　　图 2-6-7　三特征变量的坐标表达

依此类推,在逻辑回归算法中,n 个特征变量的决策边界函数为 n 元函数,一般表示为 $\omega^T x_i + b = 0$。

举个例子,某学校对食堂网上订餐的数据进行了整理,其变量字段的列表如表 2-6-1 所示。

表 2-6-1　食堂订餐数据的变量字段

字段名	数据类型	变量类型	值
门店	Categorical	Feature	4-4 灶,4-5 灶,5-6 灶,5-7 灶
订单号	Numeric	Skip	
楼号	Categorical	Skip	柳青,松鸣,柏盛,榆繁,槐香
房号	Numeric	Skip	
下单时间	Datetime	Skip	
午餐/晚餐	Categorical	Feature	午餐,晚餐
温差	Numeric	Feature	
均温	Numeric	Feature	
气象	Categorical	Feature	多云,小雪,晴,浮尘,阴,阵雪,雨夹雪
价格	Numeric	Feature	
荤/素	Categorical	Target	素,荤
米/面	Categorical	Skip	米,面

此数据集的应用目的之一是将订餐信息与天气信息合集,并由此判断在天气预报的指示下,未来一段时期内食堂米/面或荤/素的订餐量。据此可以定义门店、午晚餐、温差、均温、气象、价格等字段为特征变量,米/面或荤/素为目标变量。通过 Orange 3 软件,选取决策树和逻辑回归为对照算法模型。

如果仅选取气象和价格两个特征向量，即由 $\omega_1 x_1 + \omega_2 x_2 + b = 0$ 为决策边界，其中 x_1 代表气象特征变量，x_2 代表价格这一特征变量，则模型的评估参数如图 2-6-8 所示。

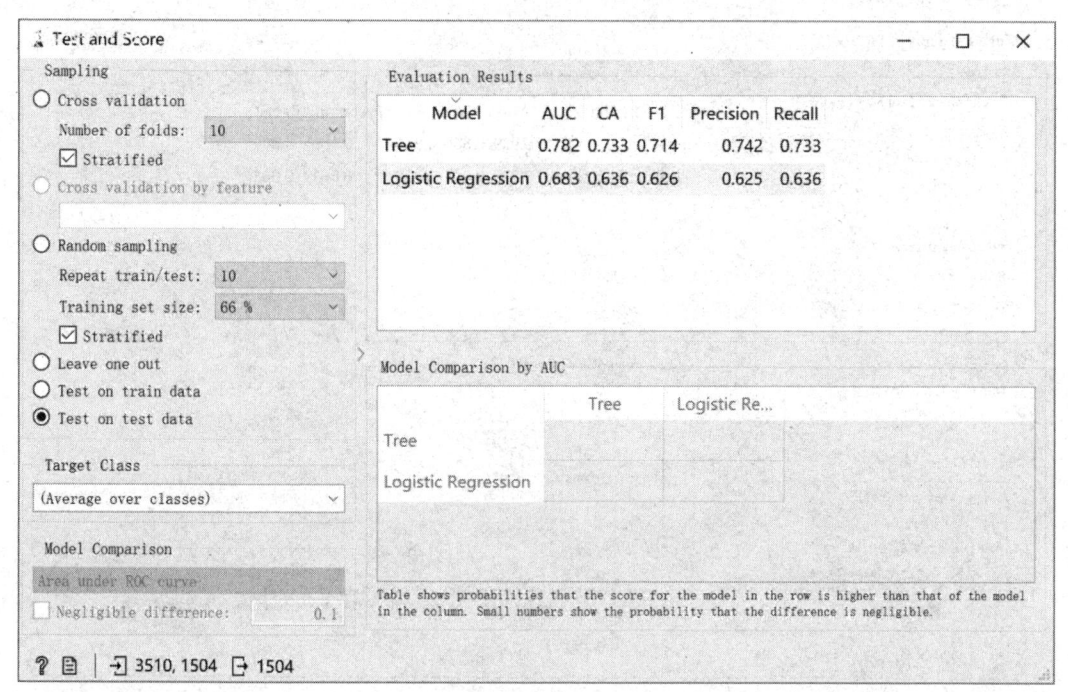

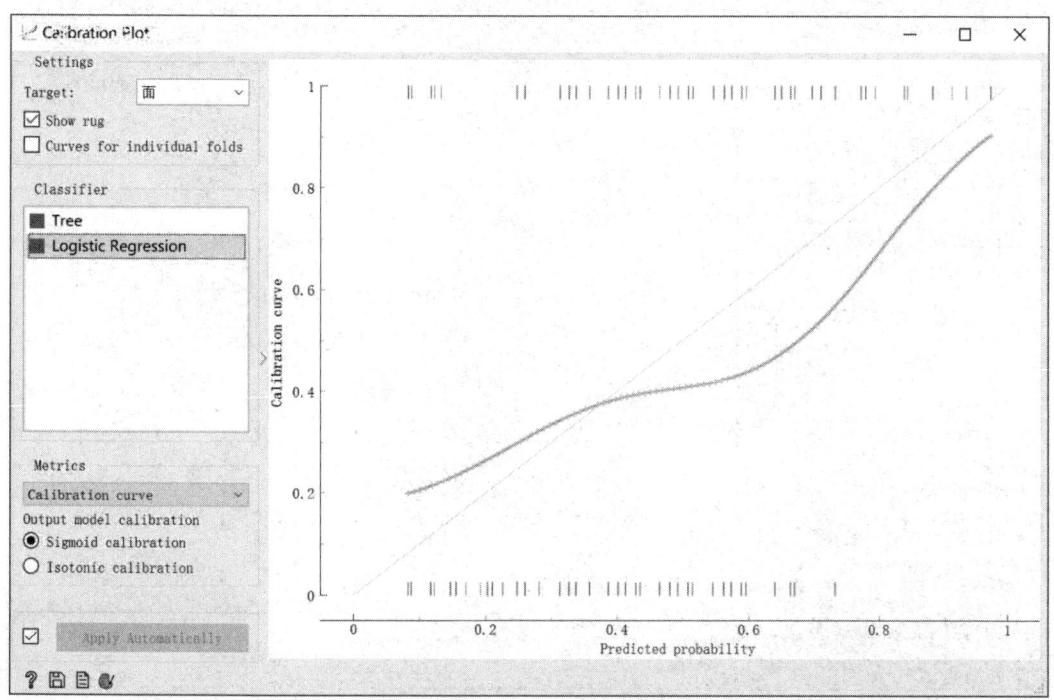

图 2-6-8　两特征向量的逻辑回归性状指标

从图 2-6-8 中可以看出，两特征向量的预测准确度不高，Sigmoid 曲线的形态也不好，对目标变量分类预测的实际价值不大。

商务大数据分析导论

此时再加入一个特征变量门店，即由 $\omega_1 x_1 + \omega_2 x_2 + \omega_3 x_3 + b = 0$ 为决策边界，x_3 代表门店这一特征变量，则模型的评估参数如图 2-6-9 所示。

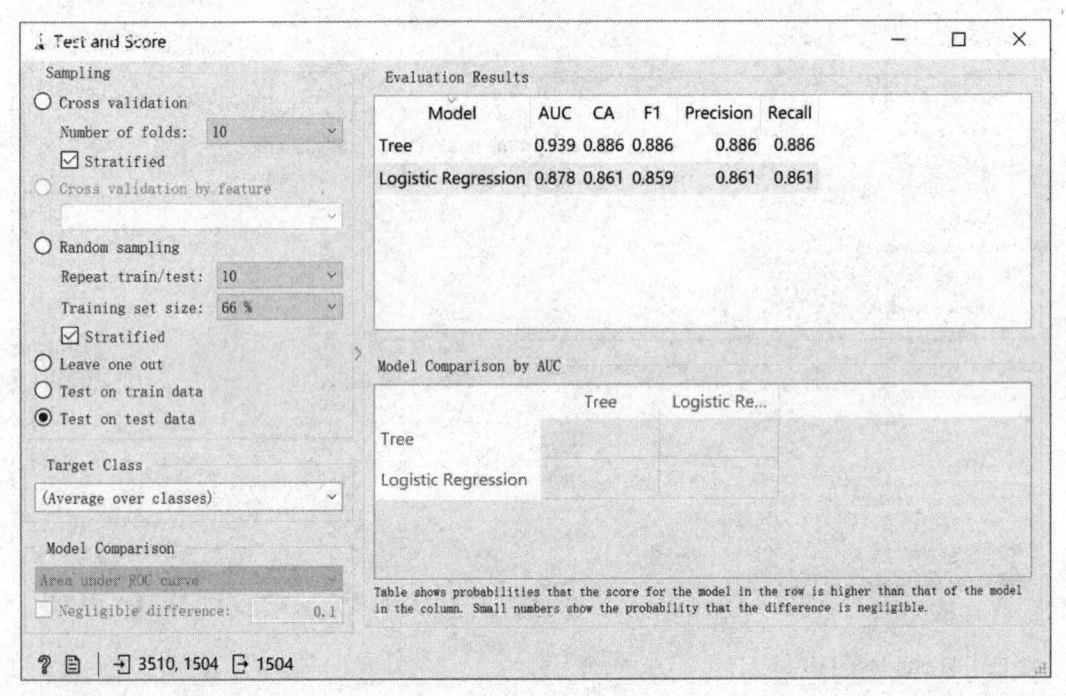

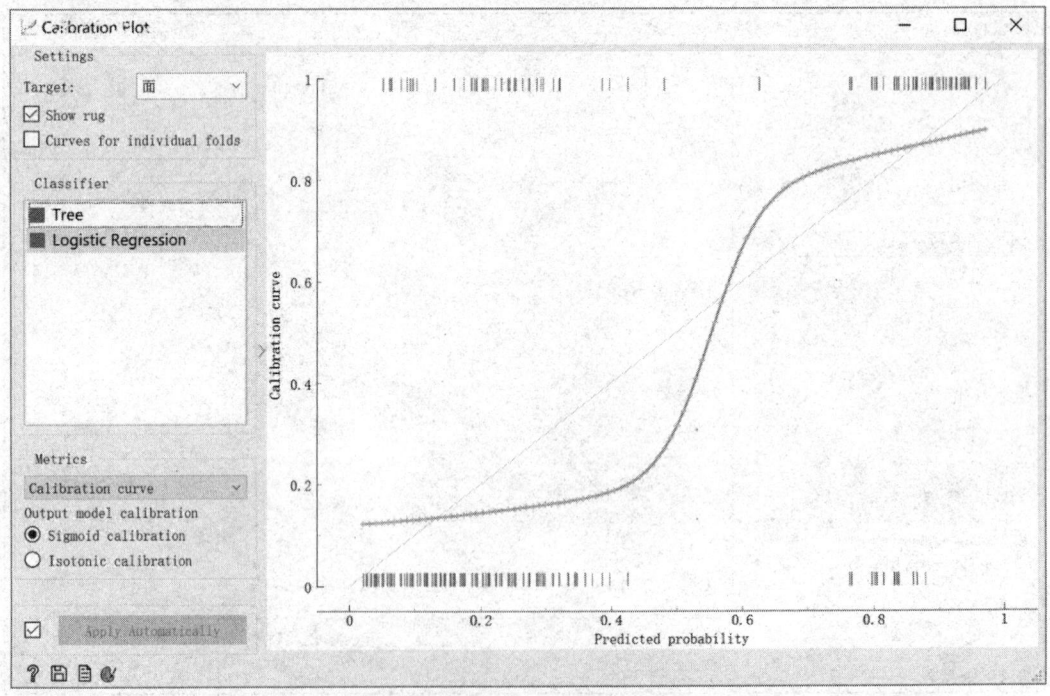

图 2-6-9　三特征向量的逻辑回归性状指标

从图 2-6-9 中可以看出，预测的准确性明显提高，Sigmoid 曲线形态也趋于良好，是有实际应用价值的分类预测方案。

（二）应用场景及优劣

优点：逻辑回归训练速度很快，可用于工业级别的数据，也可以在使用其他准确率更高的算法时先用逻辑回归计算出基线，再查看当前的数据在算法上的表现，以判断是否还要继续进行数据清洗和特征工程。逻辑回归可用于概率预测，也可用于分类；对数据中小噪声的鲁棒性也很好。

缺点：对数据特征间的独立性要求较高；不适用于 features 和 label 为非线性关系的数据中；当特征空间很大、特征有缺失时，逻辑回归的性能不是很好。

【知识点】什么是 features 和 label？

一般来讲，label 是分类，是想要预测的东西，而 feature 是特征。如果训练出 feature 和 label 的关系，则可以通过 feature 得出 label。

二、求解模型参数

逻辑回归模型的数学形式已经确定，即 $p(Y=1|x) = \dfrac{1}{1+e^{-(\omega^T x + b)}}$，接下来就是如何求解模型中的参数，即公式中的 ω 值和 b 值。在统计学中，常常使用极大似然估计法来求解，即找到一组参数，使得在这组参数下，数据的似然度（概率）最大。

极大似然估计法是对独立样本（各样本均是独立事件）开展的参数估计方法，所以应首先对概率中的独立事件作出严谨的说明。

定义：对于事件 E 和事件 F，如果满足公式：$P(EF) = P(E)P(F)$，那么称它们是独立的。若两个事件 E 和 F 不独立，则称它们是相依的，或者相互不独立。

如果从条件概率的角度来理解，即 $P(E|F) = \dfrac{P(EF)}{P(F)}$，$P(F) > 0$，可导出：$P(E|F) = P(E)$（可理解为在 F 事件发生的条件下 E 事件发生的概率与 E 事件自然发生的概率是一致的，即 E 事件的发生与 F 事件无关），公式的抽象性难以进一步理解独立事件的本质属性，可以用维恩图形象地剖析独立事件的内涵。条件概率的维恩图如图 2-6-10 所示。

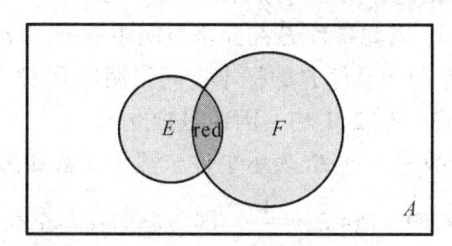

图 2-6-10　条件概率的维恩图

两个独立事件 $P(E|F) = P(E)$，如果用面积占比来表示，$P(E|F) = \dfrac{P(EF)}{P(F)} = \dfrac{S_{red}}{S_F}$，而 $P(E) = \dfrac{S_E}{S_A}$，即 $\dfrac{S_{red}}{S_F} = \dfrac{S_E}{S_A}$，这也就说明了事件 F 的样本空间对事件 E 样本空间的切割后这部

分（即形成维恩图中红色部分空间，即中间交叉部分）在 F 中的比例和事件 E 在原来总体样本空间 A 中的比例是一致的，实际上这种"同比例切割"的特性，是确定 F 与 E 是否独立的一个标志，如果 F 事件样本空间同比例切割 E 事件空间，那么 E 和 F 就是独立的。这样的描述和传统意义上的描述"F 事件的发生并不影响 E 发生的概率，那么 E 和 F 就是独立的"好像是不相一致的，但事实上用"同比例切割"有时候更容易判断两个事件是否是独立的。相反的，不能同比例切割的话，那可以判断 E 和 F 是不独立的。

如果再做进一步思考，观察另一幅维恩图，如图 2-6-11 所示。

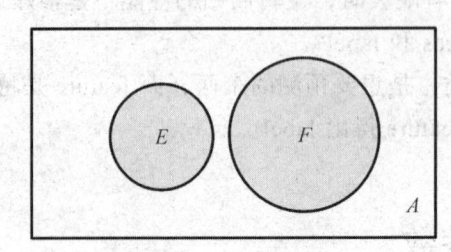

图 2-6-11 维恩图

图中 E 和 F 没有相交，按照"同比例切割"的观点，E 事件和 F 事件是"不独立"的。这个图告诉我们，两个不相交的事件，反而是"相互不独立"的。除了一种情况，事件 E 不可能出现，也就是 $P(E)=0$。

这给我们一种新的认识：世界上两个没有任何交集的人，却相互不独立。造成这种错觉的原因是，讨论问题的角度不一样，相交讨论的是两个事件的集合，而"独立性"与否讨论的是比例（也就是概率）的问题。另外，概率论中的"独立"都是特别针对概率值的影响，而人的独立性讨论的是人格特征。概率论中只是借用了"独立"这个词，概念上被赋予了严格的数学意义。

引例 1：从一副洗好的 52 张扑克牌里随机抽取一张牌，令 E 表示事件"抽取的牌为一张 A"，令 F 表示事件"抽取的牌为一张黑桃"，那么 E 和 F 就是独立的。

因为 $P(EF)=1/52$，而 $P(E)=4/52$，$P(F)=13/52$，符合 $P(EF)=P(E)P(F)$ 对独立事件的判断定义。

这个例子也可以用"同比例分割"的方法来判断。原始样本空间大小为 52，事件 E 空间大小有 4（因为有 4 张牌 A），因此事件 E 在原来空间中的分割比例是 4/52。相交事件 EF 样本空间（既是牌 A 又是黑桃）1，事件 F 的样本空间很明显是 13（因为有 13 张黑桃），因此，EF 在 F 中的分割比例为 1/13。4/52=1/13，因此是独立的。

引例 2：掷两枚均匀的骰子，令 E_1 表示事件"骰子点数和为 6"，令 F 表示事件"第一枚骰子点数为 4"，那么 $P(E_1F)=P(4,2)=\dfrac{1}{36}$。因为总的样本空间组合是 36 个，而"骰子点数和为 6"并且"第一枚骰子点数为 4"的组合只有 1 个。

而
$$P(E_1)P(F)=\dfrac{5}{36}\times\dfrac{1}{6}=\dfrac{5}{216}$$

因此，E_1 和 F 不独立。也可以用"同比例分割"法来判断，E_1F 相交事件在 F 中分割的比例为 1/6，而 E_1 事件在原来空间的比例是 5/36。

(一) 极大似然估计

首先引入经典贝叶斯公式：

$$p(w|x) = \frac{p(x|w)p(w)}{p(x)}$$

【知识点引入】全概率公式。

设随机试验 E 共有 n 种可能的结果 $A_1, A_2, \cdots, A_n$，这些结果两两不可能同时出现，即两两相互独立，那么，任一随机事件 B 的概率满足：

$$p(B) = p(B|A_1)p(A_1) + p(B|A_2)p(A_2) + \cdots + p(B|A_n)p(A_n)$$

以上解题过程看起来非常明晰，但在解决实际问题时并不简单，因为先验概率 $p(w_i)$ 和类条件概率（各类的总体分布）$p(x|w_i)$ 都是未知的。我们能获得的数据可能只有有限数目的样本数据，根据仅有的样本数据进行分类时，一种可行的办法是需要先对先验概率和类条件概率进行估计，然后再套用贝叶斯分类器。

先验概率的估计较简单：① 每个样本所属的自然状态都是已知的（有监督学习）；② 依靠经验进行判断，比如德尔菲法，也称专家调查法；③ 用训练样本中各类出现的频率估计，比如公园里的男女比例。

类条件概率的估计就非常困难了，原因包括：① 概率密度函数包含了一个随机变量的全部信息；② 概率密度函数可以是满足下面条件的任何函数 $p(x) \geqslant 0, \int p(x)\mathrm{d}x = 1$；③ 在很多情况下，已有的训练样本数总是太少；④ 当用于表示特征的向量 x 的维数较大时，就会产生严重的计算复杂度问题（算法的执行时间、系统资源开销等）。总之要直接估计类条件概率的密度函数很难。

解决的办法就是，把估计完全未知的概率密度转化为估计参数。这里就将概率密度估计问题转化为参数估计问题，极大似然估计就是一种参数估计方法。概率密度函数的选取很重要，模型正确，在样本区域无穷时，会得到较准确的估计值，如果模型是错误的，那么参数估计是毫无意义的。

参数估计的重要前提是：训练样本的分布能代表样本的真实分布。每个样本集中的样本都是所谓独立同分布的随机变量，即满足独立同分布条件（IID 条件），且有充分的训练样本。

【知识点引入】IID 即独立同分布（Independent and Identically Distributed）。

在概率统计理论中，IID 指随机过程中，任何时刻的取值都为随机变量，如果这些随机变量服从同一分布，并且互相独立，那么这些随机变量是独立同分布。如果随机变量 x_1 和 x_2 独立，是指 x_1 的取值不影响 x_2 的取值，x_2 的取值也不影响 x_1 的取值且随机变量 x_1 和 x_2 服从同一分布，这意味着 x_1 和 x_2 具有相同的分布形状和相同的分布参数，对离散随机变量具有相同的分布律，对连续随机变量具有相同的概率密度函数，有着相同的分布函数，相同的期望、方差。如试验条件保持不变，一系列的抛硬币的正反面结果是独立同分布。

极大似然估计原理：极大似然估计提供了一种给定观察数据来评估模型参数的方法，即"模型已定，参数未知"。通过若干次试验，观察其结果，利用试验结果得到某个参数值能够使样本出现的概率为最大，则称为极大似然估计。

由于样本集中的样本都是独立同分布,可以只考虑一类样本集 D,来估计参数向量 θ,已知的样本集为 $D = \{x_1, x_2, \cdots, x_N\}$。

似然函数(likelihood function):联合概率密度函数 $p(D|\theta)$ 称为相对于 $\{x_1, x_2, \cdots x_N\}$ 的 θ 的似然函数。

$$l(\theta) = P(D|\theta) = P(x_1, x_2, \cdots, x_N | \theta) = \prod_{i=1}^{N} p(x_i | \theta)$$

这里可以将样本集 D 看作在以 θ 为参数的某种概率函数模型的不同取值,或者在同一条件下试验 N 次,第一次取得 x_1 值,第二次取得 x_2 值,直至第 N 次取得 x_N 值的概率。

最大似然估计(Maximum Likelihood Estimation,MLE)求解:如果 $\hat{\theta}$ 是参数空间中能使似然函数 $l(\theta)$ 最大的 θ 值,则 $\hat{\theta}$ 应该是"最可能"的参数值,那么 $\hat{\theta}$ 就是 θ 的极大似然估计量。它是样本集的函数,记作:$\hat{\theta} = d(x_1, x_2, \cdots, x_N) = d(D)$,则 $\hat{\theta}(x_1, x_2, \cdots, x_N)$ 称为极大似然估计值。

$$\hat{\theta} = \arg\max_{\theta} l(\theta) = \arg\max_{\theta} \prod_{i=1}^{N} p(x_i | \theta)$$

【知识点引入】数学符号 arg 的全称为 argument of the maximum/minimum。
$\arg\max f(x)$:当 $f(x)$ 取最大值时,x 的取值。
$\arg\min f(x)$:当 $f(x)$ 取最小值时,x 的取值。
实际上为了便于分析,定义了对数似然函数:

$$H(\theta) = \ln l(\theta)$$

$$\hat{\theta} = \arg\max_{\theta} H(\theta) = \arg\max_{\theta} \ln l(\theta) = \arg\max_{\theta} \prod_{i=1}^{N} \ln p(x_i | \theta)$$

第一种情况:未知参数只有一个(θ 为标量)。
在似然函数满足连续、可微的正则条件下,极大似然估计量是下面微分方程的解:

$$\frac{dl(\theta)}{d\theta} = 0 \text{ 或者等价于 } \frac{dH(\theta)}{d\theta} = \frac{d\ln l(\theta)}{d\theta} = 0$$

第二种情况:未知参数有多个(θ 为向量)。
则 θ 可表示为具有 s 个分量的未知向量:

$$\theta = [\theta_1, \theta_2, \cdots, \theta_s]^T$$

记梯度算子:

$$\nabla_{\theta} = \left[\frac{\partial}{\partial \theta_1}, \frac{\partial}{\partial \theta_2}, \cdots, \frac{\partial}{\partial \theta_s}\right]^T$$

若似然函数满足连续可导的条件,则最大似然估计量就是如下方程的解。

$$\nabla_\theta H(\theta) = \nabla_\theta \ln l(\theta) = \sum_{i=1}^{N} \nabla_\theta \ln p(x_i | \theta) = 0$$

方程的解只是一个估计值,只有在样本数趋于无限多的时候,它才会接近于真实值。

引例一:设样本服从正态分布 $N(\mu, \sigma^2)$,则似然函数为

$$L(\mu, \sigma^2) = \prod_{i=1}^{N} \frac{1}{\sqrt{2\pi}\sigma} e^{-\frac{(x_i-\mu)^2}{2\sigma^2}} = (2\pi\sigma^2)^{\frac{n}{2}} e^{\frac{1}{2\sigma^2}\sum_{i=1}^{n}(x_i-\mu)^2}$$

它的对数:

$$\ln l(\mu, \sigma^2) = -\frac{n}{2}\ln(2\pi) - \frac{n}{2}\ln(\sigma^2) - \frac{1}{2\sigma^2}\sum_{i=1}^{n}(x_i - \mu)^2$$

求导,得方程组(这里将 σ^2 作为一个整体变量对待):

$$\begin{cases} \dfrac{\partial \ln L(\mu, \sigma^2)}{\partial \mu} = \dfrac{1}{\sigma^2}\sum_{i=1}^{n}(x_i - \mu) = 0 \\ \dfrac{\partial \ln L(\mu, \sigma^2)}{\partial \sigma^2} = -\dfrac{n}{2\sigma^2} + \dfrac{1}{2\sigma^4}\sum_{i=1}^{n}(x_i - \mu)^2 = 0 \end{cases}$$

联合解得

$$\begin{cases} \mu^* = \bar{x} = \dfrac{1}{n}\sum_{i=1}^{n} x_i \\ \sigma^{*2} = \dfrac{1}{n}\sum_{i=1}^{n}(x_i - \bar{x})^2 \end{cases}$$

似然函数有唯一解 (μ^*, σ^{*2}),而且它一定是最大值点,因为 $|\mu| \to \infty$ 或 $\sigma^2 \to \infty$ 或 0 时,非负函数 $L(\mu, \sigma^2) \to 0$,是连续函数。由此 μ 和 σ^2 的极大似然估计值是 (μ^*, σ^{*2})。

下面我们以模型的方式动态演示正态分布的极大似然估计,模型首先设定一个正态分布函数并呈现其图像,然后给出不同样本总量下正态分布模拟数,并按照上述公式求解其极大似然估计值 μ^* 和 σ^{*2},然后描绘极大似然估计值为参数的正态分布图像,可以清晰呈现其与设定的正态分布曲线的贴合变化,并能给出具体的参数差额量。模型展现的一般趋势是,随着样本量的不断增加,其差额不断缩减,与原正态分布曲线的贴合度更高。图 2-6-12 展示的是四副不同样本总量的两条曲线的静态对比图。

引例二:设样本服从均匀分布 $[a, b]$,则 x 的概率密度函数为

$$f(x) = \begin{cases} \dfrac{1}{b-a}, & a \leqslant x \leqslant b \\ 0, & \text{其他} \end{cases}$$

对于样本 $D = \{x_1, x_2, \cdots, x_n\}$, $L(a, b) = \begin{cases} \dfrac{1}{(b-a)^n}, & a \leqslant x_i \leqslant b, i = 1, 2, \cdots, n \\ 0, & \text{其他} \end{cases}$

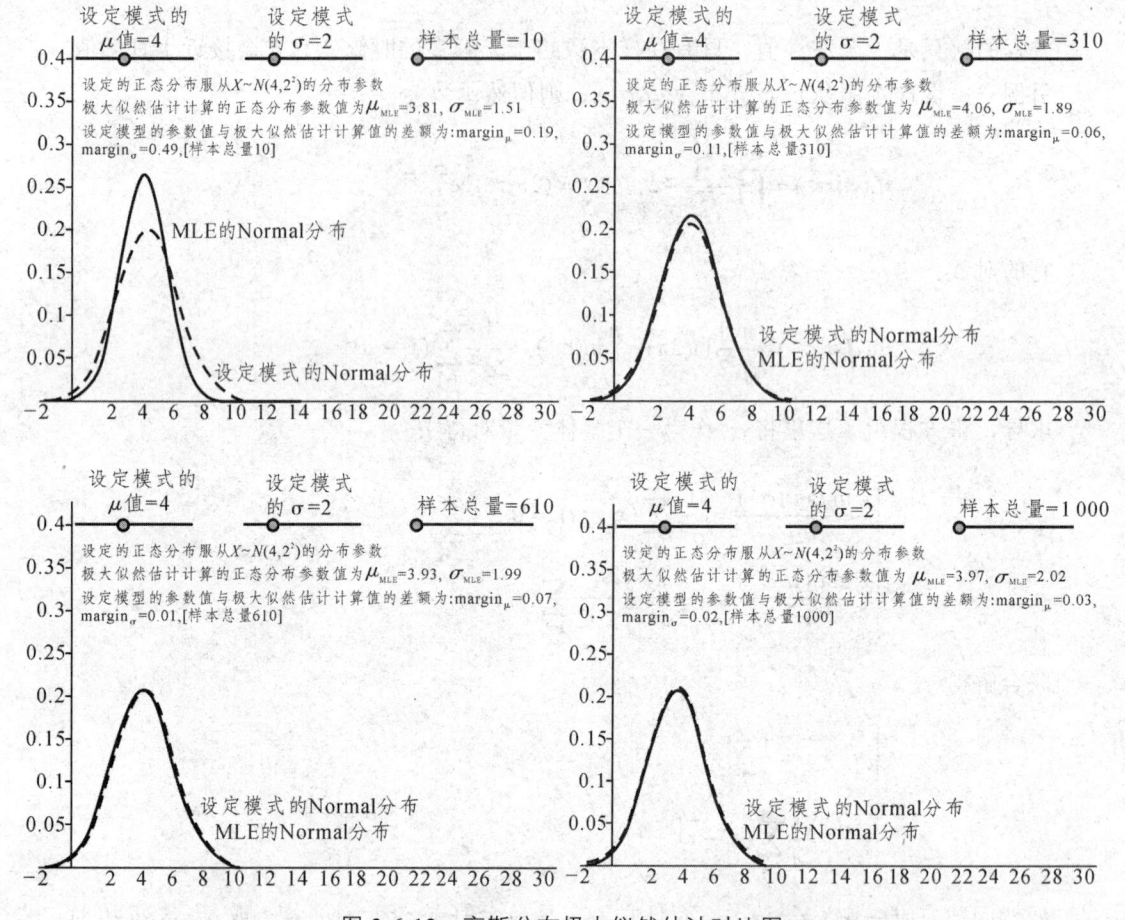

图 2-6-12　高斯分布极大似然估计对比图

很显然，$L(a,b)$ 作为 a 和 b 的二元函数是不连续的，这时不能用导数来求解，而必须从极大似然估计的定义出发求 $L(a,b)$ 的最大值，为使 $L(a,b)$ 达到最大，$b-a$ 应该尽可能地小，但 b 又不能小于 $\text{Max}(x_1,x_2,\cdots,x_n)$，否则 $L(a,b)=0$。类似地 a 不能大过 $\text{Min}(x_1,x_2,\cdots,x_n)$，因此，$a$ 和 b 的极大似然估计：

$$a^* = \text{Min}(x_1,x_2,\cdots,x_n)$$
$$b^* = \text{Max}(x_1,x_2,\cdots,x_n)$$

引例三：伯努利分布的极大似然函数公式推导。首先要说明的是，伯努利分布是一个离散型随机变量分布。如将随机变量 $X=1$ 表示抛硬币正面朝上，设正面朝上的概率为 p，那么随机变量 X 的概率密度函数（Probability Density Function，PDF）为

$$p(x)=\begin{cases} p, & x=1 \\ 1-p, & x=0 \end{cases}$$

需要说明的是，我们一般用大写字母 P 或 F 来表示概率质量函数，而用小写字母 p 或者 f 来表示概率密度函数。

如逻辑分布（连续型随机变量分布）：

分布函数：$F(x) = P(X \leqslant x) = \dfrac{1}{1+\mathrm{e}^{-(x-\mu)/\gamma}}$

密度函数：$f(x) = F'(X \leqslant x) = \dfrac{\mathrm{e}^{-(x-\mu)/\gamma}}{\gamma(1+\mathrm{e}^{-(x-\mu)/\lambda})^2}$

再如正态分布（也叫高斯分布，连续型随机变量分布）：

分布函数：$F(x) = \dfrac{1}{\sqrt{2\pi}\sigma}\displaystyle\int_{-\infty}^{x}\mathrm{e}^{-\frac{(x-\mu)^2}{2\sigma^2}}\mathrm{d}x,\ -\infty<x<+\infty$

密度函数：$f(x) = \dfrac{1}{\sqrt{2\pi}\sigma}\mathrm{e}^{-\frac{(x-\mu)^2}{2\sigma^2}},\ -\infty<x<+\infty$

以上公式表达是一个二阶式，不利于算法推演，所以伯努利分布的概率密度函数也可写成 $p(x)=p^x(1-p)^{1-x}$。当然，根据伯努利分布的计算方式，完全可以将其表达式写成 $p(x)=px+(1-p)(1-x)$，但这样的表达方式完全不能保证与二项分布特性的统一，也无法揭示与二项分布的本质关联，所以，一般都将伯努利分布的概率密度函数表达为 $p(x)=p^x(1-p)^{1-x}$。

从本质来讲，极大似然估计的过程是：通过若干次试验，观察结果并记录，利用试验的结果来推测某个参数，使得样本出现的概率（这里体现为似然函数）为最大，则称为极大似然估计。简单来讲，即"模型已定，参数未知"，接下来就需要求解伯努利分布的极大似然估计值。需要注意的是，伯努利极大似然估计函数的求解参数是 p 值。

这里假设进行了 n 次伯努利试验，得到的样本集为

$$D = \{x_1, x_2, \cdots, x_n\}$$

例如，$n=10$，$D_{n=10}=\{0,1,0,1,1,1,0,1,0,0\}$，由于每次试验是独立的，也就是说这些样本是独立同分布的，那么这些样本在同参数的伯努利试验中按序出现的概率就是这些样本单独出现的概率的乘积，这就是伯努利分布的似然函数（Likelihood Function）。

$$L(p\,|\,x_1,x_2,\ldots,x_n) = \prod_{i=1}^{n}p(x_i\,|\,p) = \prod_{i=1}^{n}p^{x_i}(1-p)^{1-x_i}$$

为便于求偏导计算极值，一般列出对数似然函数：

$$L = \ln\prod_{i=1}^{n}p(x_i\,|\,p) = \sum_{i=1}^{n}\ln p(x_i\,|\,p) = \sum_{i=1}^{n}[x_i\ln p + (1-x_i)\ln(1-p)]$$

根据极限求导理论，要想使这一函数取最大值，就需要求出导函数等于 0 时的 p 值，即函数取最大值时的参数值。

$$\hat{p} = \arg\max_p L(p\mid X) = \arg\max_p \sum_{i=1}^n [x_i \ln p + (1-x_i)\ln(1-p)]$$

$$\frac{\partial L}{\partial p} = \sum_{i=1}^n \left(\frac{x_i}{p} + \frac{1-x_i}{p-1}\right) = \sum_{i=1}^n \frac{p-x_i}{p(p-1)} = 0$$

由上式可得

$$\sum_{i=1}^n (p-x_i) = 0 \Rightarrow p = \frac{1}{n}\sum_{i=1}^n x_i$$

上式 p 的精度与样本总量的大小密切相关，显然，一般来说，样本总量越大，p 值越接近设定的模型参数值。为形象地表示这一趋势性，以模型的方式动态演示。模型中，先设定一个伯努利分布，然后用不同数量的伯努利随机数计算最大似然估计的参数 p_{MLE} 值，其差额 $\text{margin}_p = \mid p - p_{\text{MLE}} \mid$。可以明显看出，随着样本总量的增加，其差额的一般趋势是逐渐缩减的，如图 2-6-13 所示。

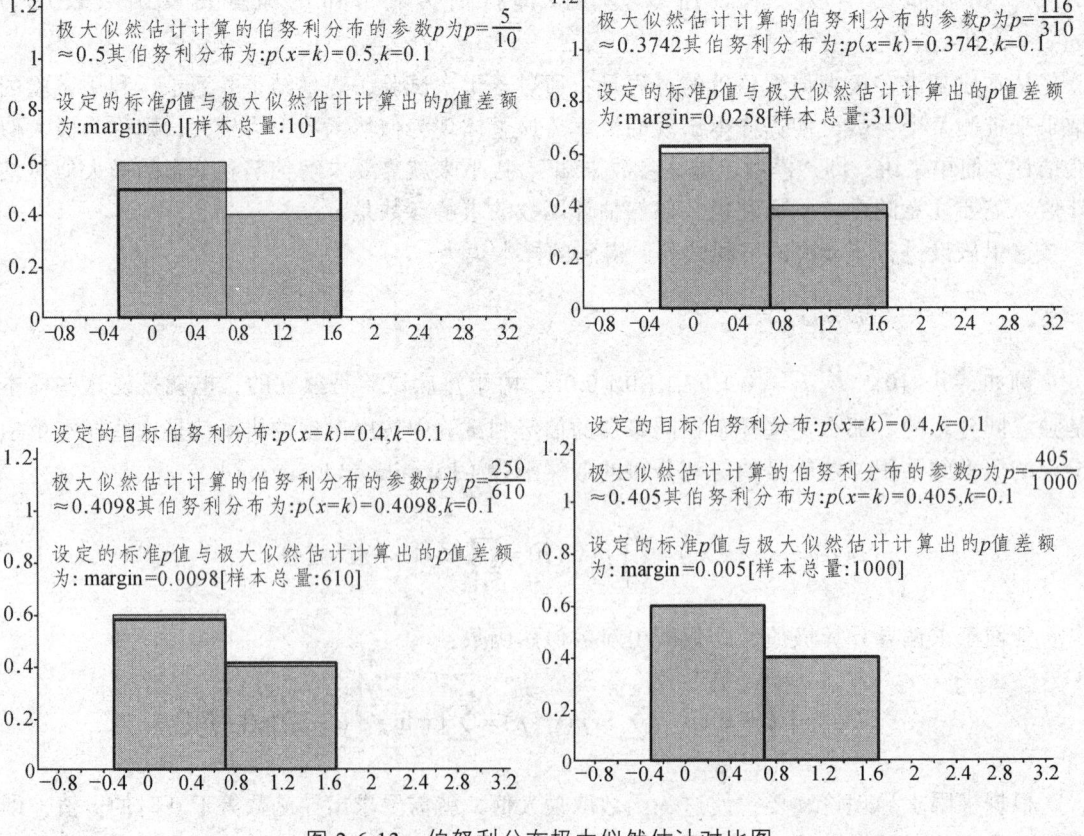

图 2-6-13　伯努利分布极大似然估计对比图

为动态演示以上变化状态，请扫描右边的二维码。

总结，求最大似然估计量 $\hat{\theta}$ 的一般步骤：
（1）写出似然函数；
（2）对似然函数取对数，并整理；
（3）求导数；
（4）解似然方程。

最大似然估计的特点：
① 比其他估计方法更加简单；
② 收敛性：无偏或者渐近无偏，当样本数目增加时，收敛性质会更好；
③ 如果假设的类条件概率模型正确，则通常能获得较好的结果。但如果假设模型出现偏差，将导致非常差的估计结果。

再次回到对逻辑回归函数的极大似然估计的求解问题，其数学模型公式为 $P(Y=1|x) = \dfrac{1}{1+e^{-(\omega^T x + b)}}$，因为逻辑回归从本质上来讲是解决二分类问题的数学模型，其分类要么是 0，要么是 1，与伯努利分布极大似然估计的求解思路有一致性。因此，设：

$$P(Y=1|x) = p(x)$$

$$P(Y=0|x) = 1 - p(x)$$

则其似然函数为（请借鉴伯努利分布的极大似然估计函数的求解过程）

$$\begin{aligned}L(\omega^T, b) &= \sum [y_i \ln p(x_i) + (1-y_i)\ln(1-p(x_i))] \\ &= \sum [y_i \ln p(x_i) + \ln(1-p(x_i)) - y_i \ln[1-p(x_i)]] \\ &= \sum \left[y_i \ln \dfrac{p(x_i)}{1-p(x_i)} + \ln(1-p(x_i)) \right]\end{aligned}$$

将 $p(x_i) = \dfrac{1}{1+e^{-(\omega^T x_i + b)}}$，即 $p(x_i) = \dfrac{e^{(\omega^T x_i + b)}}{1+e^{(\omega^T x_i + b)}}$ 代入上式，可得

$$L(\omega^T, b) = \sum_{i=1}^{n} [y_i(\omega^T x_i + b) - \ln(1+e^{(\omega^T x_i + b)})]$$

（二）梯度下降

一般来说，关于求解函数的最优解（极大值和极小值），在数学中一般会对函数求导，然后让导数等于 0，获得方程，最后通过解方程直接得到结果。但是在机器学习中，函数常常是多维高阶的，得到导数为 0 的方程后很难直接求解（有些时候甚至不能求解），逻辑回归的最大似然估计函数就属于无法求解的情况，所以就需要通过其他方法来获得函数的极值，而梯度下降就是其中一种方法。

关于梯度下降，先从一个简单的二次函数来举例，比如 $y = x^2$ 函数，y 的一阶导数为 $y' = 2x$，令 $y' = 2x = 0$，即可求得该函数的最小极值点为 $(0, 0)$。

这里不采用导数求解法，用梯度下降的方法来模拟其求解的迭代过程。先给出梯度下降的一般公式：

设有函数 $J(\omega_i)$，对 ω_i^j 求偏导，得 $g_i^j = \dfrac{\partial J(\omega_i)}{\partial \omega_i^j}$，将 g_i^j 作为 ω_j 的下降方向，其下降幅度为 $\omega_i^{k+1} = \omega_i^k - \alpha g_i$，其中 k 为迭代次数，α 为步长值，每次更新参数后，可以通过比较 $\|J(\omega^{k+1}) - J(\omega^k)\|$ 小于阈值或者到达最大迭代次数来停止迭代。

对于简单二次函数，将初始值选为 $x = -8$，步长值 $\alpha = 0.1$，以迭代 16 次为停止标志。需要说明的是，这里只是作为简单案例来演示梯度下降的数学原理，在实际运算中，即使迭代值要小得多，但迭代次数也会达到几百上千次，因此必须要按照算法编程，用计算机运算来实现。

表 2-6-2 为每次迭代的计算结果，同时以图示的方式显示。

表 2-6-2　二次函数梯度下降表

函数 $y = x^2$，初始值 (−8,64)，步长值 $\alpha=0.1$									
迭代次数	$k=1$	$k=2$	$k=3$	$k=4$	$k=5$	$k=6$	$k=7$	$k=8$
x	−6.4	−5.12	−4.096	−3.276 8	−2.621 44	−2.097 15	−1.677 72	−1.342 18
y	40.96	26.214 4	16.777 2	10.737 4	6.871 9	4.398	2.814 7	1.801 4
梯度降幅	23.04	14.745 6	9.437 2	6.039 8	3.865 5	2.473 9	1.583 3	1.013 3
迭代次数	$k=9$	$k=10$	$k=11$	$k=12$	$k=13$	$k=14$	$k=15$	$k=16$
x	−1.073 74	−0.858 99	−0.687 19	−0.549 76	−0.439 8	−0.351 84	−0.281 47	−0.225 18
y	1.152 9	0.737 9	0.472 2	0.302 2	0.193 4	0.123 8	0.079 2	0.050 7
梯度降幅	0.648 5	0.415	0.265 7	0.17	0.108 8	0.069 6	0.044 6	0.028 5

以上案例中，将步长设置为 0.1，看上去是逐步收敛的，但是不同的 α 值的收敛程度是不一样的，如果将 α 值设置过大，甚至会造成不收敛。仍以该二次函数举例，不同的 α 值其 y 值的梯度降幅呈现不同的形态，如图 2-6-14 所示。

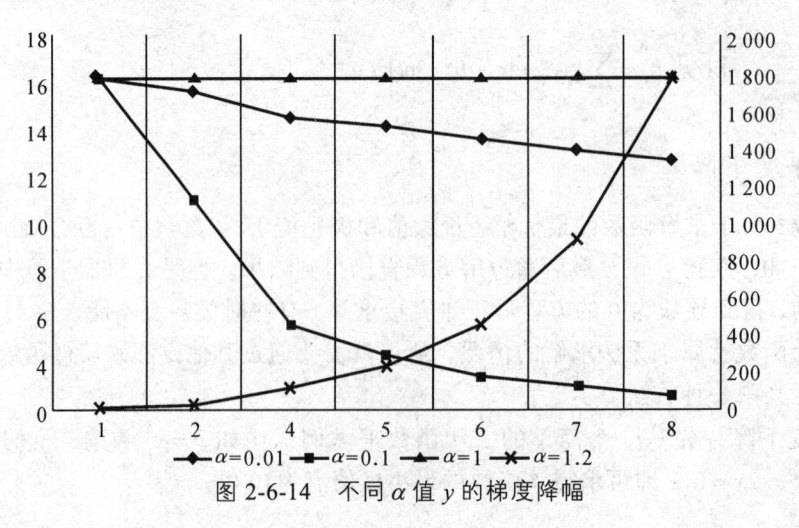

图 2-6-14　不同 α 值 y 的梯度降幅

由图 2-6-14 可见，选择相对正确的值对极大似然估计函数的收敛相当重要。梯度下降的学习率不能太大，理论上学习率越小越好。

关于梯度下降的学习率，这里有必要做进一步的说明。如图 2-6-15 所示，一个简单的二次函数，如果学习率选择不当，就会造成梯度下降无法达到效果的情况。图 2-6-15（a）学习率为 0.1，是正常梯度下降的效果，图 2-6-15（b）学习率为 0.9，其梯度下降就产生震荡效应，梯度下降就无法得到满意效果。在实际应用中，梯度下降的学习率一般取千分之一精度，才有可能取得满意的迭代效应。为动态展示梯度下降不同学习率的变化状态，请扫描右边二维码通过调整参数理解学习率的变化状态。

二次函数梯度下降演示

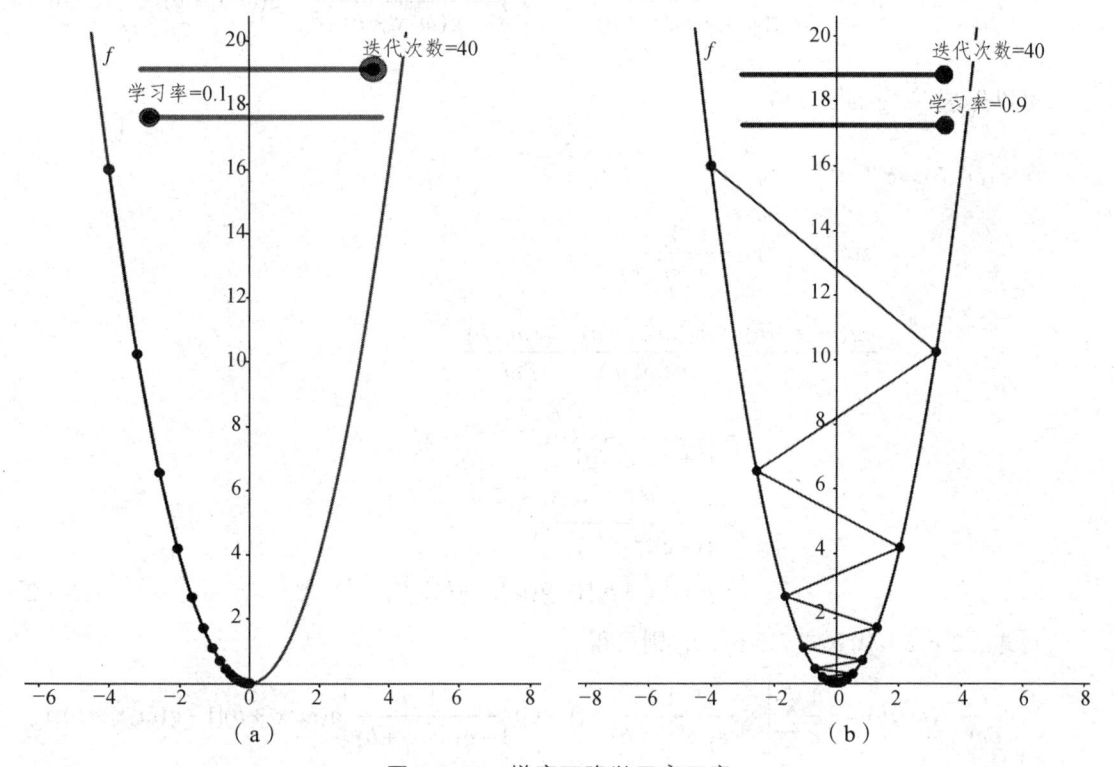

图 2-6-15 梯度下降学习率示意

三、极大似然估计求解

当似然函数为最大值时，得到的 ω 和 b 即可认为是模型的参数。求似然函数的最大值，如梯度上升，可以对似然函数稍作处理，使之变为梯度下降，然后使用梯度下降的思想来求解此问题，变换的表达式如下：

$$J(\omega^{\mathrm{T}}, b) = -\frac{1}{N} L(\omega^{\mathrm{T}}, b)$$

由于在原似然函数的前面乘了一个负值，由原来的梯度上升变为梯度下降，其好处在于快速收敛，便于训练数据的取得。

因为要使用当前的 ω 和 b 值通过更新得到新的 ω 和 b 值,所以需要知道 ω 和 b 更新的方向,即当前 ω 和 b 是加上一个数还是减去一个数离最终结果近,所以得到 $J(\omega,b)$ 后对其求导便可得到更新方向。对 ω^T 参数来讲,求偏导过程如下:

设:$h_{(\omega,b)}(x_i) = g(\omega^T x_i + b) = \dfrac{1}{1+e^{-(\omega^T x_i + b)}}$

$$\frac{\partial}{\partial \omega_j}J(\omega^T,b) = -\frac{1}{n}\sum_{i=1}^{n}\left[y_i \frac{1}{h_{(\omega^T,b)}(x_i)}\frac{\partial}{\partial \omega_j}h_{(\omega^T,b)}(x_i) - (1-y_i)\frac{1}{1-h_{(\omega^T,b)}(x_i)}\frac{\partial}{\partial \omega_j}h_{(\omega^T,b)}(x_i)\right]$$

$$\frac{\partial}{\partial \omega_j}J(\omega^T,b) = -\frac{1}{n}\sum_{i=1}^{n}\left[y_i \frac{1}{g(\omega^T x_i + b)} - (1-y_i)\frac{1}{1-g(\omega^T x_i + b)}\right]\frac{\partial}{\partial \omega_j}g(\omega^T x_i + b) \quad (2\text{-}6\text{-}1)$$

可以先求 $\dfrac{\partial}{\partial \omega_j}g(\omega^T x_i + b)$。

设 $f(\omega^T,b) = e^{-(\omega^T x_i + b)}$,则

$$g(\omega^T x_i + b) = \frac{1}{1+f(\omega^T,b)}$$

$$\begin{aligned}
\frac{\partial g(\omega^T x_i + b)}{\partial \omega_j} &= \frac{\partial g(\omega^T x_i + b)}{\partial f(\omega^T,b)} \cdot \frac{\partial f(\omega^T,b)}{\partial \omega_j} \\
&= \frac{-1}{[1+f(\omega^T,b)]^2} \cdot e^{-(\omega^T x_i + b)} \cdot -x_i^j \\
&= \frac{e^{-(\omega^T x_i + b)}}{(1+e^{-(\omega^T x_i + b)})^2} \cdot x_i^j \\
&= g(\omega^T x_i + b)[1-g(\omega^T x_i + b)]x_i^j \quad (2\text{-}6\text{-}2)
\end{aligned}$$

将式(2-6-2)代入式(2-6-1),则可得

$$\begin{aligned}
\frac{\partial}{\partial \omega_j}J(\omega^T,b) &= -\frac{1}{n}\sum_{i=1}^{n}\left[y_i \frac{1}{g(\omega^T x_i + b)} - (1-y_i)\frac{1}{1-g(\omega^T x_i + b)}\right]g(\omega^T x_i + b)[1-g(\omega^T x_i + b)]x_i^j \\
&= -\frac{1}{n}\sum_{i=1}^{n}\{y_i[1-g(\omega^T x_i + b)] - (1-y_i)g(\omega^T x_i + b)\}x_i^j \\
&= -\frac{1}{n}\sum_{i=1}^{n}[y_i - g(\omega^T x_i + b)]x_i^j = \frac{1}{n}\sum_{i=1}^{n}[h_{(\omega,b)}(x_i) - y_i]x_i^j
\end{aligned}$$

同理,对于 b 参数,其求偏导的过程为

$$\begin{aligned}
\frac{\partial g(\omega^T x_i + b)}{\partial b} &= \frac{\partial g(\omega^T x_i + b)}{\partial f(\omega^T,b)} \cdot \frac{\partial f(\omega^T,b)}{\partial b} \\
&= \frac{e^{-(\omega^T x_i + b)}}{(1+e^{-(\omega^T x_i + b)})^2} = g(\omega^T x_i + b)[1-g(\omega^T x_i + b)]
\end{aligned}$$

则

$$\frac{\partial}{\partial b}J(\omega^T,b) = \frac{1}{n}\sum_{i=1}^{n}(h_{\omega,b}(x_i) - y_i)$$

项目二 大数据分析的算法

二特征变量逻辑回归极大似然估计梯度下降举例演示：

设有事物 z 具备两个特征向量 x 和 y，其逻辑回归方程为 $z = \dfrac{1}{1+\mathrm{e}^{-(w_1 x + w_2 y + b)}}$，为简化计算，预设 $w_1 = 5$，$w_2 = 0$，$b = 5$，随机选取一组数据，根据 z 值以 0.5 为界分为 A、B 两类。然后选取 10 组数据作为样本进行梯度下降计算。计算过程的编程文件可以扫描右边二维码下载验算，也可作为简单梯度下降的计算工具使用。

二特征向量逻辑回归梯度下降计算

根据计算，以学习率 $a = 0.1$ 为例，分别呈现初始参数（$w_1 = -5, b = -5$）以及迭代次数在 30、60、100、135 等处的参数值，并绘制梯度下降图，如图 2-6-15 所示。由图可以看出，参数值按正确方向下降，并逐步逼近理想参数点（$w_1 = 5, b = 5$）。同时，通过图示也呈现出梯度下降不可避免的问题：一是梯度衰减，即收敛程度越来越小，逼近步幅逐渐缩短，造成大量算力耗损也很难达到理想值；二是此梯度方程有明显的梯度平原区，即图形的陡度消失，造成损失函数无差值或极小，使得梯度迭代无法继续进行。除以上两个问题之外，梯度下降法还经常存在局部最小值问题，这些问题在目前的理论界还没有很好的解决办法，在此不再赘述。为动态展示梯度下降过程（见图 2-6-16），请扫描右边二维码查看。

二变量逻辑回归梯度下降演示

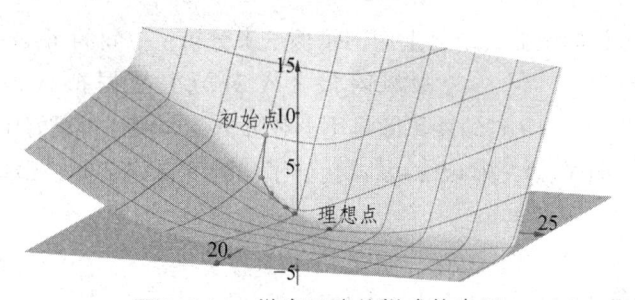

图 2-6-16 梯度下降的样式静态图

【知识点引入】目标函数、损失函数、代价函数。

三种拟合示意如图 2-6-17 所示。

（a）有效拟合 $f_2(x) = \theta_0 + \theta_1 x + \theta_2 x^2$

（b）欠拟合 $f_1(x) = \theta_0 + \theta_1 x$

（c）过拟合 $f_3(x) = \theta_0 + \theta_1 x + \theta_2 x^2 + \theta_3 x^3 + \theta_4 x^4$

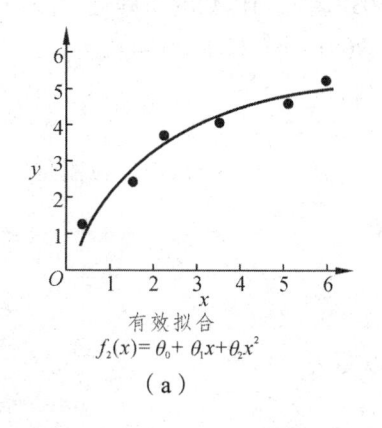

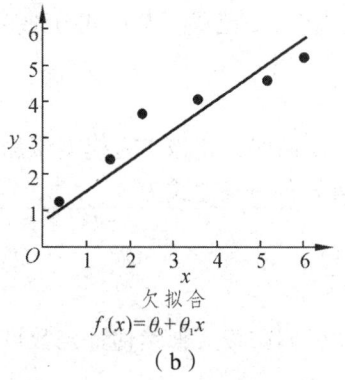

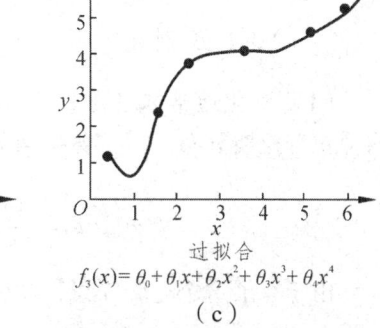

图 2-6-17 三种拟合图示意

上面三个图的函数为 $f_1(x) = \theta_0 + \theta_1 x$，$f_2(x) = \theta_0 + \theta_1 x + \theta_2 x^2$，$f_3(x) = \theta_0 + \theta_1 x + \theta_2 x^2 + \theta_3 x^3 + \theta_4 x^4$。给定 x，三个函数都会输出一个 $f(x)$，这个输出的 $f(x)$ 与真实值 y 是有偏差的。为了表示拟合得好坏，需要用一个函数度量拟合的程度：$L[Y, f(X)] = [Y - f(X)]^2$，这个函数就称之为损失函数（loss function），或者称之为代价函数（cost function）。

接下来还要引入一个概念，叫作风险函数（risk function）。风险函数是损失函数的期望，这是由于我们输入输出的 (X, Y) 遵循一个联合分布，但是这个联合分布是未知的，所以无法计算。但是因为有历史数据，即训练集，$f(X)$ 关于训练集的平均损失称作经验风险（empirical risk），即 $\frac{1}{N}\sum_{i=1}^{N} L[y_i, f(x_i)]$，所以我们的目标就是最小化 $\frac{1}{N}\sum_{i=1}^{N} L[y_i, f(x_i)]$，称之为经验风险最小化。

但是如果仅仅求解经验风险最小化，还无法很好地解决现实中的数据运算问题。比如图 2-6-17 所示的三个函数，很显然图 2-6-17（c）的数据拟合得最好，但是函数呈现最复杂，已经达到了四次方，因为它过度学习历史数据，导致它在真正预测时效果会很不好，这种情况称为过拟合（over-fitting）。这就引出了另一个概念，不仅要让经验风险最小化，还要让结构风险最小化。这时我们定义一个函数 $J(f)$，这个函数专门用来度量模型的复杂度，在机器学习中也叫正则化（regularization），常用的有 L_1、L_2 范数。

至此，最终的优化函数为：$\min \frac{1}{N}\sum_{i=1}^{N} L[y_i, f(x_i)] + \lambda J(f)$，即最优化经验风险和结构风险，而这个函数就被称为目标函数。结合上面图示例子来分析：中间的 $f_1(x) = \theta_0 + \theta_1 x$ 结构风险最小（模型结构最简单），但是经验风险最大（对历史数据拟合得最差）；最右面的 $f_3(x) = \theta_0 + \theta_1 x + \theta_2 x^2 + \theta_3 x^3 + \theta_4 x^4$ 经验风险最小（对历史数据拟合得最好），但是结构风险最大（模型结构最复杂），而 $f_2(x) = \theta_0 + \theta_1 x + \theta_2 x^2$ 达到了二者的良好平衡，最适合用来预测未知数据集。

四、逻辑回归函数的正则化

正则化是一个通用的算法和思想，所有会产生过拟合现象的算法都可以使用正则化来避免过拟合。逻辑回归函数也同样存在这个问题，下面简单介绍逻辑回归函数的正则化方法。

正则化一般会采用 L1 范式或者 L2 范式，其形式分别为 $\Phi(\omega) = \|x\|_1$ 和 $\Phi(\omega) = \|x\|_2$。

（一）L1 正则化

L1 正则化通常称之为 LASSO 回归，相当于为模型添加了这样一个先验知识：ω 服从零均值拉普拉斯分布。而拉普拉斯分布的表达式为

$$f(\omega \mid \mu, b) = \frac{1}{2b} e^{\left(-\frac{|\omega - \mu|}{b}\right)}$$

由于有了这个先验知识，逻辑回归极大似然估计函数可以写为

$$L(\omega) = P(y \mid \omega, x) P(\omega) = \prod_{i=1}^{N} p(x_i)^{y_i} [1 - p(x_i)]^{1-y_i} \prod_{j=1}^{d} \frac{1}{2b} e^{\left(-\frac{|\omega_j|}{b}\right)}$$

对等式两边取 ln，再取负，可得目标函数为

$$-\ln L(\omega) = -\sum_i \{y_i \ln p(x_i) + (1-y_i)\ln[1-p(x_i)]\} + \frac{1}{2b^2}\sum_j |\omega_j|$$

上式等价于原始损失函数的后面加上了 L1 正则，因此 L1 正则的本质其实是为模型增加了"模型参数服从零均值拉普拉斯分布"这一先验知识。

（二）L2 正则化

L2 正则化通常称之为 Ridge 回归，或岭回归，相当于为模型添加了这样一个先验知识：ω 服从零均值正态分布。

正态分布的表达式为

$$f(\omega|\mu,\sigma) = \frac{1}{\sqrt{2\pi}\sigma}e^{-\frac{(\omega-\mu)^2}{2\sigma^2}}$$

由于引入了先验知识，所以似然函数可以写为

$$L(\omega) = P(y|\omega,x)P(\omega)$$

$$= \prod_{i=1}^{N} p(x_i)^{y_i}[1-p(x_i)]^{1-y_i} \prod_{j=1}^{d} \frac{1}{\sqrt{2\pi}\sigma}e^{-\frac{\omega_j^2}{2\sigma^2}}$$

$$= \prod_{i=1}^{N} p(x_i)^{y_i}[1-p(x_i)]^{1-y_i} \frac{1}{\sqrt{2\pi}\sigma}e^{-\frac{\omega^T\omega}{2\sigma^2}}$$

对等式两边取 ln，再取负，可得目标函数为

$$-\ln L(\omega) = -\sum_i \{y_i \ln p(x_i) + (1-y_i)\ln[1-p(x_i)]\} + \frac{1}{2\sigma^2}\omega^T\omega$$

等价于原始的损失函数后面加上了 L2 正则，因此 L2 正则的本质其实是为模型增加了"模型参数服从零均值正态分布"这一先验知识。

五、Orange 算例

该数据集来自 UCI 机器学习库，它与葡萄牙银行机构的直接营销活动（电话）有关。分类目标是预测客户是否将购买定期存款。数据下载网址：http://archive.ics.uci.edu/ml/index.php，属于开源的机器学习数据库网站。

一般来讲，下载数据采用的是 txt 文件，而 txt 是一种纯文本文档，里面不会有任何字体格式，直观性较差，同时也不便于 Orange 平台操作，需要进行转换并预处理。

为便于比较，Orange 中将数据集（共 411 88 条记录）拆分为两个子集，一个为训练集（39 999 条记录），一个为测试集（1 189 条记录），其在 Orange 中的流程如图 2-6-18 所示。

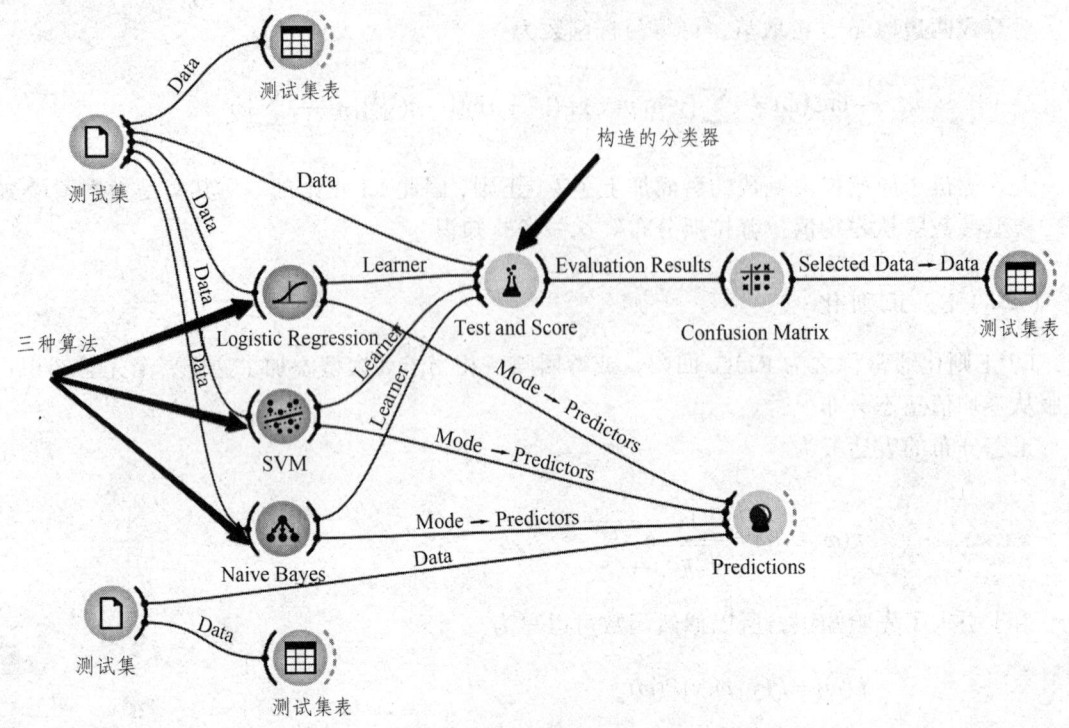

图 2-6-18　银行业务数据逻辑回归 Orange 算法流程

三种算法的评估参数如图 2-6-19 所示。

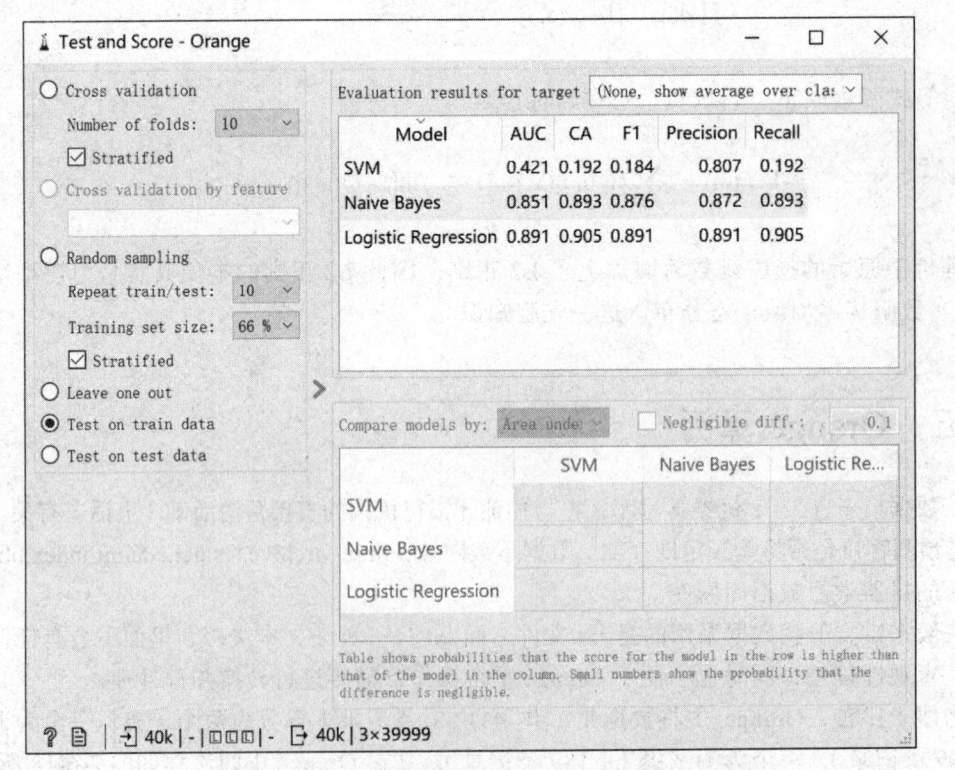

图 2-6-19　银行业务数据逻辑回归 Orange 算法评测指标

● 技能训练

（1）什么是逻辑回归（logistic）？
（2）简述逻辑回归的应用场景及优劣。
（3）逻辑回归（Logistic Regression）大数据算法操作实践。
① 作业目的。

旨在让学生了解逻辑回归作为一种广义的线性回归分析模型的含义，理解机器学习中的监督学习的内涵；引导学生解决实际问题时的参数设置及多方案的对比，尤其是解决二分类问题（实际上也可解决多分类问题）；启发学生如何看待逻辑回归的推导过程与计算方式类似于回归的过程，但实际上主要是用来解决二分类问题的思考；体会各算法其中的异同点，从而加深对 Orange 平台中逻辑回归对分类功能的实现。

② 作业准备。

Orange3 软件下载并安装。

源数据已转换为 Excel 文件，文件名为 banking-orange.xlsx。

下面将属性说明列示如下：

---

age （numeric） 年龄
job：type of job（categorical: "admin", "blue-collar", "entrepreneur", "housemaid", "management", "retired", "self-employed", "services", "student", "technician", "unemployed", "unknown"）工作类型
marital：marital status （categorical: "divorced", "married", "single", "unknown"） 婚姻状况
education （categorical: "basic.4y", "basic.6y", "basic.9y", "high.school", "illiterate", "professional.course", "university.degree", "unknown"）教育状况
default: has credit in default?（categorical: "no", "yes", "unknown"）是否有信用卡
housing: has housing loan?（categorical: "no", "yes", "unknown"）是否有房贷
loan: has personal loan?（categorical: "no", "yes", "unknown"）是否有个人贷款
contact: contact communication type （categorical: "cellular", "telephone"）联系方式：手机，座机
month: last contact month of year （categorical: "jan", "feb", "mar", …, "nov", "dec"）最后一次联系的月份：目录类型
day_of_week: last contact day of the week （categorical: "mon", "tue", "wed", "thu", "fri"）最后一次联系的周记天：目录类型
duration: last contact duration, in seconds （numeric）.-电话时长（秒，数字型）
-Important note: this attribute highly affects the output target （e.g., if duration=0 then y='no'）. The duration is not known before a call is performed, also, after the end of the call, y is obviously known. Thus, this input should only be included for benchmark purposes and should be discarded if the intention is to have a realistic predictive model.
campaign: number of contacts performed during this campaign and for this client （numeric, includes last contact）本次活动的联系次数
pdays: number of days that passed by after the client was last contacted from a previous campaign （numeric； 999 means client was not previously contacted）从上次活动最后一次联系到本次活动的天数（数字型，999 意味着上次活动没联系）

previous: number of contacts performed before this campaign and for this client（numeric）在本次活动之前的联系次数

poutcome: outcome of the previous marketing campaign（categorical: "failure", "nonexistent", "success"）上次市场促销活动的成效（目录类型：失败，无下文，成功）

emp.var.rate: employment variation rate—（numeric）就业变动率

cons.price.idx: consumer price index—（numeric） 消费价格指数

cons.conf.idx: consumer confidence index—（numeric） 消费信心指数

euribor3m: euribor 3 month rate—（numeric）3月同业拆借利率

nr.employed: number of employees—（numeric）员工数量

a. 数据源分析。

该数据集来自 UCI 机器学习库，它与葡萄牙银行机构的直接营销活动（电话）有关。分类目标是预测客户是否将购买定期存款。

b. 作用分析。

由于逻辑回归模型预测 $P(Y=1)$ 是 X 的函数（X 是单变量函数），所以从众多的变量中选择对 $P(Y=1 \text{ or } 0)$ 敏感性强的具备优良性状的变量是正确应用逻辑回归模型的第一步。

该方法一般在 Python 编程环境中实现。

可视化——了解各特征变量与 Y（目标变量）之间的关系，通过各条形图方式做基本判断，各类图示可见 banking-orange.xlsx，如工作状况与 Y 之间的关系，如图 2-6-20 所示。

计数项：工作计数	定期存款		
工作	0	1	总计
admin	9 070	1 352	10 422
blue-collar	8 616	638	9 254
entrepreneur	1 332	124	1 456
housemaid	954	106	1 060
management	2 596	328	2 924
retired	1 286	434	1 720
self-employed	1 272	149	1 421
services	3 646	323	3 969
student	600	275	875
technician	6 013	730	6 743
unemployed	870	144	1 014
unknown	293	37	330
总计	36 548	4 640	41 188

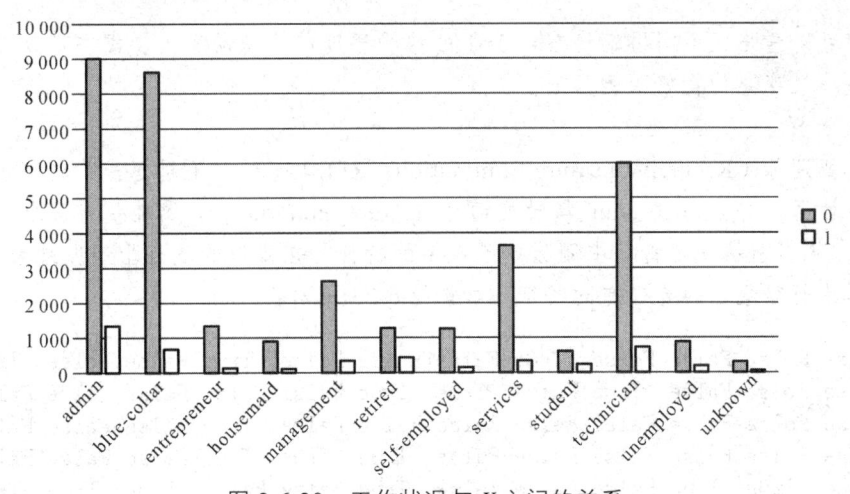

图 2-6-20 工作状况与 Y 之间的关系

其中，Y=1 在各职业类别中所占的比例如图 2-6-21 所示。

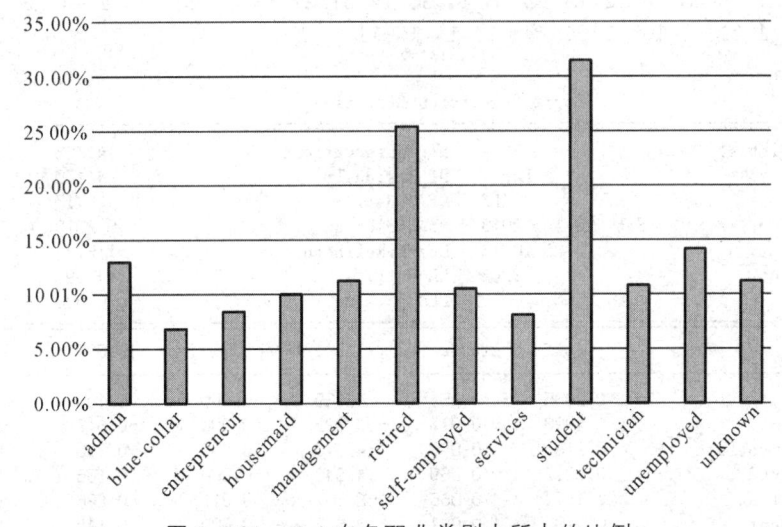

图 2-6-21 Y=1 在各职业类别中所占的比例

从图中可以看出，不同工作状态对 Y=1 的接受程度起伏变动大，由此可以基本判断职称可以是结果变量的良好预测因子。

Y=1 在各婚姻类别中所占的比例如图 2-6-22 所示。

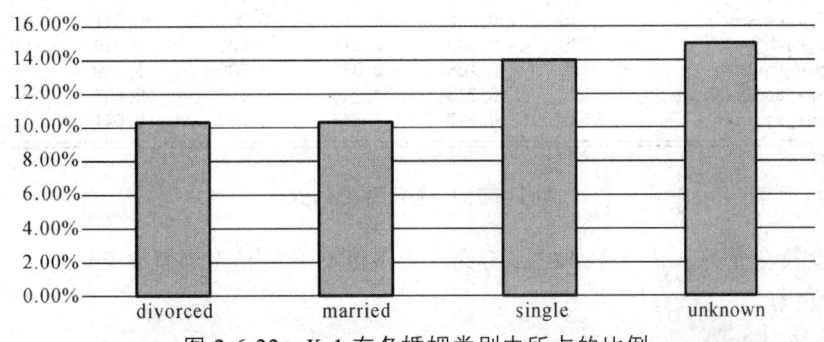

图 2-6-22 Y=1 在各婚姻类别中所占的比例

从图中可以看出，不同婚姻状态对 Y=1 的接受程度起伏变动不大，或许可以基本判断婚姻状况不是结果变量的良好预测因子。

c. 特征选择。

递归特征消除（Recursive Feature Elimination，RFE）基于以下思想：首先，在初始特征集上训练估计器，并且通过 coef_属性或通过 feature_importances_属性获得每个特征的重要性。然后，从当前的一组特征中删除最不重要的特征。在修剪的集合上递归地重复该过程，直到最终到达所需数量的要选择的特征，如图 2-6-23 所示。

```
[False False False False  True False False False  True False False  True
 False False False  True False  True  True False False False False False
 False False False False False False False False  True False False False
 False False False False False False  True  True False False False False
  True  True  True False False False  True False False  True  True  True
  True]
[35 33 13 41  1 16 20 22  1 30 23  1  5 40 42  1 11  1  1 32 27 39  2  3
  4 43  7  8 38  9 12 19  1 18 44 36 14 37 21 17 15 26  1  1  1 28 24 25
  1  1  1 31  6 10  1 34 29  1  1  1]
```

```
                          Logit Regression Results
==============================================================================
Dep. Variable:                      y   No. Observations:                41188
Model:                          Logit   Df Residuals:                    41170
Method:                           MLE   Df Model:                           17
Date:                Sat, 25 Aug 2018   Pseudo R-squ.:                  0.2019
Time:                        23:10:16   Log-Likelihood:                -11572.
converged:                       True   LL-Null:                       -14499.
                                        LLR p-value:                     0.000
=======================================================================================
                           coef    std err          z      P>|z|      [0.025      0.975]
---------------------------------------------------------------------------------------
previous                 0.2085      0.051      4.089      0.000       0.109       0.308
euribor3m               -0.4928      0.013    -39.392      0.000      -0.517      -0.468
job_blue-collar         -0.2181      0.050     -4.376      0.000      -0.316      -0.120
job_retired              0.3212      0.069      4.642      0.000       0.186       0.457
job_services            -0.1677      0.066     -2.531      0.011      -0.298      -0.038
job_student              0.3105      0.087      3.572      0.000       0.140       0.481
default_no               0.2735      0.056      4.867      0.000       0.163       0.384
contact_telephone       -0.2115      0.048     -4.427      0.000      -0.305      -0.118
month_apr               -0.5077      0.061     -8.348      0.000      -0.627      -0.389
month_aug               -0.2741      0.056     -4.907      0.000      -0.384      -0.165
month_mar                0.5842      0.097      6.051      0.000       0.395       0.773
month_may               -1.1248      0.049    -23.073      0.000      -1.220      -1.029
month_nov               -0.4279      0.064     -6.666      0.000      -0.554      -0.302
day_of_week_mon         -0.2508      0.046     -5.479      0.000      -0.341      -0.161
day_of_week_wed          0.1035      0.045      2.311      0.021       0.016       0.191
poutcome_failure        -0.9777      0.108     -9.065      0.000      -1.189      -0.766
poutcome_nonexistent    -0.3329      0.078     -4.246      0.000      -0.487      -0.179
poutcome_success         0.8741      0.119      7.343      0.000       0.641       1.107
=======================================================================================
"""\
```

图 2-6-23　递归特征消除

图中大多数变量的 p 值小于 0.05，因此，大多数变量对模型都很重要。

③ 作业内容。

作业包括三个部分：

- 数据整理及转换；
- Orange 平台上机操作；
- 撰写分析报告。

a. 数据整理与转换。
- 在 Excel 中打开 txt 文件。

要求：创建训练集及测试集两个 Excel 数据集，文件名自定。
- 预处理数据。

要求：加标题表头，通过筛选批量删除含有"？"字符的记录。

b. Orange 平台上机操作。

总要求是对三种算法，即逻辑回归、支持向量机和朴素贝叶斯分别建立学习器，并比较各学习器的优劣。工作流完整，逻辑清晰并报告产出合理。关键内容如下：
- 三种算法的学习器；
- 训练集及测试集部署合理；
- 调整惩罚项及参数设置，调优学习器；
- 数据集在线端配属正确，不报错；
- 调用可视化模块，对支持向量进行展示。

c. 撰写数据分析报告。

任务七 人工神经网络

人工神经网络（Artificial Neural Network，ANN），简称神经网络（Neural Network，NN），是一种模仿生物神经网络的结构和功能的数学模型或计算模型。神经网络由大量的人工神经元连接进行计算。大多数情况下人工神经网络能在外界信息的基础上改变内部结构，是一种自适应系统。现代神经网络是一种非线性统计性数据建模工具，常用来对输入和输出间复杂的关系进行建模，或用来探索数据的模式。

神经网络是一种运算模型，由大量的节点（或称"神经元"）和之间相互的连接构成。每个节点代表一种特定的输出函数，称为激励函数、激活函数（activation function）。每两个节点间的连接都代表一个对于通过该连接信号的加权值，称之为权重，这相当于人工神经网络的记忆。网络的输出则依据网络的连接方式、权重值和激励函数的不同而不同。而网络自身通常都是对自然界某种算法或者函数的逼近，也可能是对一种逻辑策略的表达。

它的构筑理念是受到生物（人或其他动物）神经网络功能的运作启发而产生的。人工神经网络通常是通过一个基于数学统计学类型的学习方法得以优化，所以人工神经网络也是数学统计学方法的一种实际应用，通过统计学的标准数学方法能够得到大量的可以用函数来表达的局部结构空间，另一方面在人工智能学的人工感知领域，通过数学统计学的应用可以来做人工感知方面的决定问题（也就是说通过统计学的方法，人工神经网络能够类似人一样具有简单的决定能力和简单的判断能力），这种方法比起正式的逻辑学推理演算更具有优势。

一、神经网络的正向及反向传播过程

以一个实例逐渐展开人工神经网络的计算过程为例，图 2-7-1 是一个简单的神经网络拓扑图，第一层是输入层，包含两个神经元 i_1 和 i_2，截距项为 b_1；第二层为隐含层，包含两个神经元 h_1 和 h_2，截距项为 b_2；第三层为输出层，包含两个输出项 o_1 和 o_2，每条线上的数字表示神经元之间传递的权重值，记为 w_i；激活函数默认 Sigmoid 函数。

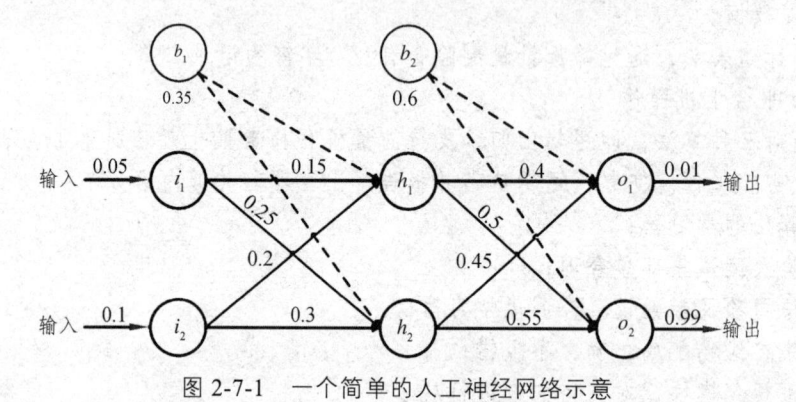

图 2-7-1 一个简单的人工神经网络示意

各层的初始数据如下：

输入层：$i_1=0.05$，$i_2=0.1$，$b_1=0.35$；

隐含层：$w_1=0.15$，$w_2=0.2$，$w_3=0.25$，$w_4=0.3$，$b_2=0.6$；

输出层：$o_1=0.01$，$o_2=0.99$，$w_5=0.4$，$w_6=0.45$，$w_7=0.5$，$w_8=0.55$；

目标：使输入数据 i_1 和 i_2（即 0.05 和 0.1）通过神经网络传导后，其输出尽可能接近输出 o_1 和 o_2（即 0.01 和 0.99）。

（一）前向传播

1. 输入层→隐含层

隐含层的计算过程如图 2-7-2 所示（以 h_1 为例）。

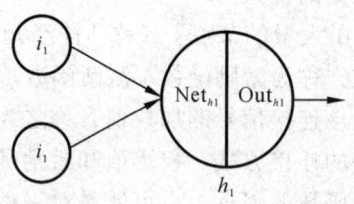

图 2-7-2 隐含层的计算过程

首先计算输入层各神经元对隐含层该神经元（以 h_1 为例）的输入数据 Net_{h1}，然后计算经过激活函数（以 Sigmoid 函数为例）加工后的数据 Out_{h1}。

计算神经元 h_1 的输入加权和 Net_{h1}：

$$\text{Net}_{h1} = w_1 \cdot i_1 + w_2 \cdot i_2 + b_1 \cdot 1 = 0.15 \times 0.05 + 0.2 \times 0.1 + 0.35 \times 1 = 0.3775$$

计算神经元 h_1 的输出数据 Out_{h1}：

$$\text{Out}_{h1} = \frac{1}{1+e^{-\text{Net}_{h1}}} = \frac{1}{1+e^{-0.3775}} = 0.593\,269\,992$$

按此方法，可以计算出神经元 h_2 的输出数据 $\text{Out}_{h2} = 0.596\,884\,378$。

2. 隐含层→输出层

输出层的计算过程如图 2-7-3 所示（以 o_1 为例）。

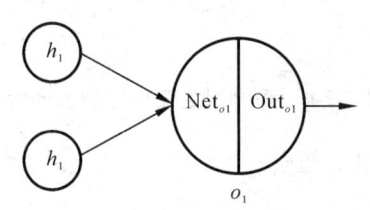

图 2-7-3　输出层的计算过程

$$\text{Net}_{o1} = w_5 \cdot \text{Out}_{h1} + w_6 \cdot \text{Out}_{h2} + b_2 \cdot 1$$

$$\text{Net}_{o1} = 0.4 \times 0.593\,269\,992 + 0.45 \times 0.596\,884\,378 + 0.6 \times 1 = 1.105\,905\,967$$

$$\text{Out}_{o1} = \frac{1}{1+e^{-net_{o1}}} = \frac{1}{1+e^{-1.105905967}} = 0.751\,365\,07$$

同理，$\text{Out}_{o2} = 0.772\,928\,465$。

至此，一个人工神经网络的前项传播过程就结束了。我们得到的输出值为[0.751 365 07, 0.772 928 465]，与我们的期望值[0.01, 0.99]相差还很远，现在要做的是对误差进行反向传播，更新权值，直至得到符合要求的输出。

（二）反向传播

1. 计算总误差（Square error）

$$E_{\text{total}} = \sum \frac{1}{2}(\text{target} - \text{output})^2$$

因为有两个输出，所以要分别计算 o_1 和 o_2 的误差，总误差为两者之和。

$$E_{o1} = \frac{1}{2}(\text{target}_{o1} - \text{output}_{o1})^2 = \frac{1}{2} \times (0.01 - 0.751\,365\,07)^2 = 0.274\,811\,083$$

$$E_{o2} = 0.023\,560\,026$$

$$E_{\text{total}} = E_{o1} + E_{o2} = 0.274\,811\,083 + 0.023\,560\,026 = 0.298\,371\,109$$

2. 隐含层→输出层的权值更新

以权重参数 w_5 为例，如果我们想知道 w_5 对整体误差产生了多少影响，可以用整体误差对 w_5 求偏导。就本例来讲，不再展现复杂的目标函数公式（包括正则化），仅就推导过程中的当下函数应用展示迭代过程，公式如下：

$$\frac{\partial E_{\text{total}}}{\partial w_5} = \frac{\partial E_{\text{total}}}{\partial \text{out}_{o1}} \cdot \frac{\partial \text{out}_{o1}}{\partial \text{net}_{o1}} \cdot \frac{\partial \text{net}_{o1}}{\partial w_5}$$

为了更清楚地说明这一链式公式,以图 2-7-4 直观演示隐含层到输出层误差是如何进行反向传播的。

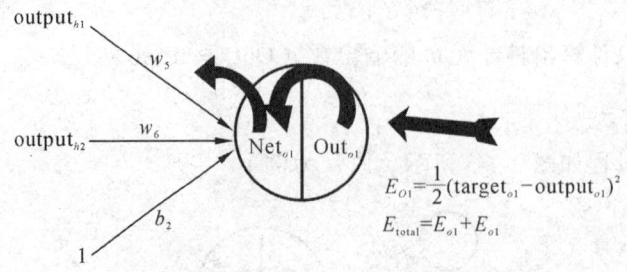

图 2-7-4 隐含层到输出层的反向传播

现在逐一计算三项偏导的推导过程:

① 计算 $\dfrac{\partial E_{\text{total}}}{\partial \text{out}_{o1}}$。

$$E_{\text{total}} = \frac{1}{2}(\text{target}_{o1} - \text{output}_{o1})^2 + \frac{1}{2}(\text{target}_{o2} - \text{output}_{o2})^2$$

$$\frac{\partial E_{\text{total}}}{\partial \text{out}_{o1}} = 2 \times \frac{1}{2}(\text{target}_{o1} - \text{out}_{o1})^{2-1} \times (-1) + 0$$

$$\frac{\partial E_{\text{total}}}{\partial \text{out}_{o1}} = -(\text{target}_{o1} - \text{out}_{o1}) = -(0.01 - 0.751\,365\,07) = 0.741\,365\,07$$

② 计算 $\dfrac{\partial \text{out}_{o1}}{\partial \text{net}_{o1}}$。

$$\text{out}_{o1} = \frac{1}{1 + e^{-\text{net}_{o1}}}$$

容易推导,Sigmoid 函数的导数形式为 $f(x)[1-f(x)]$。

$$\frac{\partial \text{out}_{o1}}{\partial \text{net}_{o1}} = \text{out}_{o1}(1 - \text{out}_{o1}) = 0.751\,365\,07 \times (1 - 0.751\,365\,07) = 0.186\,815\,602$$

③ 计算 $\dfrac{\partial \text{net}_{o1}}{\partial w_5}$。

$$\text{net}_{o1} = w_5 \cdot \text{out}_{h1} + w_5 \cdot \text{out}_{h2} + b_2 \cdot 1$$

$$\frac{\partial \text{net}_{o1}}{\partial w_5} = 1 \cdot \text{out}_{h1} \cdot w_5^{(1-1)} + 0 + 0 = \text{out}_{h1} = 0.593\,269\,992$$

④ 三式相乘:

$$\frac{\partial E_{\text{total}}}{\partial w_5} = \frac{\partial E_{\text{total}}}{\partial \text{out}_{o1}} \cdot \frac{\partial \text{out}_{o1}}{\partial \text{net}_{o1}} \cdot \frac{\partial \text{net}_{o1}}{\partial w_5}$$

$$\frac{\partial E_{\text{total}}}{\partial w_5} = 0.741\,365\,07 \times 0.186\,815\,602 \times 0.593\,269\,992 = 0.082\,167\,041$$

下面归纳这一层反向传播的通用公式：

$$\frac{\partial E_{\text{total}}}{\partial w_5} = -(\text{target}_{o1} - \text{out}_{o1}) \cdot \text{out}_{o1}(1 - \text{out}_{o1}) \cdot \text{out}_{h1}$$

用 δ_{o1} 表示 o_1 输出层的误差，即

$$\delta_{o1} = \frac{\partial E_{\text{total}}}{\partial \text{out}_{o1}} \cdot \frac{\partial \text{out}_{o1}}{\partial \text{net}_{o1}} = \frac{\partial E_{\text{total}}}{\partial \text{net}_{o1}}$$

$$\delta_{o1} = -(\text{target}_{o1} - \text{out}_{o1}) \cdot \text{out}_{o1}(1 - \text{out}_{o1})$$

因此，整体误差 E_{total} 对 w_5 的偏导公式可以写成：

$$\frac{\partial E_{\text{total}}}{\partial w_5} = \delta_{o1} \text{out}_{h1}$$

根据梯度下降法，w_5 的更新值为

$$w_5^+ = w_5 - \eta \cdot \frac{\partial E_{\text{total}}}{\partial w_5} = 0.4 - 0.5 \times 0.082\ 167\ 041 = 0.358\ 916\ 48$$

其中，η 为学习速率，在本次计算中暂取 0.5。

按通用公式，可计算出输出层其他三个参数的值为

$$w_6^+ = 0.408\ 666\ 186$$
$$w_7^+ = 0.511\ 301\ 270$$
$$w_8^+ = 0.561\ 370\ 121$$

3. 输入层→隐含层（如果是多个隐含层，则为隐含层→隐含层）的权值更新

其权值更新的方法与输出层的计算思路基本一致，但需要注意的是，在输出层计算总误差对 w_5 的偏导时，是从 $\text{out}_{o1} \to \text{net}_{o1} \to w_5$ 进行推导的，但是在隐含层之间（或输入层与隐含层）的权值更新时，以 w_1 为例，是 $\text{out}_{h1} \to \text{net}_{h1} \to w_1$，而 out_{h1} 会接受 E_{o1} 和 E_{o2} 两个地方传来的误差，所以其误差要逐一向前传导，如图 2-7-5 所示。

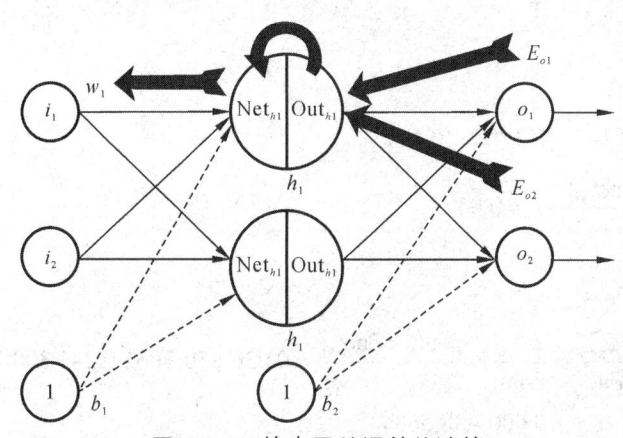

图 2-7-5 输出层总误差的计算

$$\frac{\partial E_{\text{total}}}{\partial w_1} = \frac{\partial E_{\text{total}}}{\partial \text{out}_{h1}} \cdot \frac{\partial \text{out}_{h1}}{\partial \text{net}_{h1}} \cdot \frac{\partial \text{net}_{h1}}{\partial w_1}.$$

$$\frac{\partial E_{\text{total}}}{\partial \text{out}_{h1}} = \frac{\partial E_{o1}}{\partial \text{out}_{h1}} + \frac{\partial E_{o2}}{\partial \text{out}_{h1}}$$

① 计算 $\dfrac{\partial E_{\text{total}}}{\partial \text{out}_{h1}} = \dfrac{\partial E_{o1}}{\partial \text{out}_{h1}} + \dfrac{\partial E_{o2}}{\partial \text{out}_{h1}}$。

$$\frac{\partial E_{o1}}{\partial \text{out}_{h1}} = \frac{\partial E_{o1}}{\partial \text{net}_{o1}} \cdot \frac{\partial \text{net}_{o1}}{\partial \text{out}_{h1}}$$

$$\frac{\partial E_{o1}}{\partial \text{net}_{o1}} = \frac{\partial E_{o1}}{\partial \text{out}_{o1}} \cdot \frac{\partial \text{out}_{o1}}{\partial \text{net}_{o1}} = 0.741\,365\,07 \times 0.186\,815\,602 = 0.138\,498\,562$$

$$\text{net}_{o1} = w_5 \cdot \text{out}_{h1} + w_6 \cdot \text{out}_{h2} + b_2 \cdot 1$$

$$\frac{\partial \text{net}_{o1}}{\partial \text{out}_{h1}} = w_5 = 0.4$$

$$\frac{\partial E_{o1}}{\partial \text{out}_{h1}} = \frac{\partial E_{o1}}{\partial \text{net}_{o1}} \cdot \frac{\partial \text{net}_{o1}}{\partial \text{out}_{h1}} = 0.138\,498\,562 \times 0.4 = 0.055\,399\,425$$

$$\frac{\partial E_{o2}}{\partial \text{out}_{h1}} = -0.019\,049\,119$$

则有 $\dfrac{\partial E_{\text{total}}}{\partial \text{out}_{h1}} = \dfrac{\partial E_{o1}}{\partial \text{out}_{h1}} + \dfrac{\partial E_{o2}}{\partial \text{out}_{h1}} = 0.055\,399\,425 + (-0.019\,049\,119) = 0.036\,350\,306$

② 计算 $\dfrac{\partial \text{out}_{h1}}{\partial \text{net}_{h1}}$。

$$\text{out}_{h1} = \frac{1}{1 + e^{-\text{net}_{h1}}}$$

$$\frac{\partial \text{out}_{h1}}{\partial \text{net}_{h1}} = \text{out}_{h1}(1 - \text{out}_{h1}) = 0.593\,269\,99 \times (1 - 0.593\,269\,99) = 0.241\,300\,709$$

③ 计算 $\dfrac{\partial \text{net}_{h1}}{\partial w_1}$。

$$\text{net}_{h1} = w_1 \cdot i_1 + w_2 \cdot i_2 + b_1 \cdot 1$$

$$\frac{\partial \text{net}_{h1}}{\partial w_1} = i_1 = 0.05$$

④ 将三者相乘：

$$\frac{\partial E_{\text{total}}}{\partial w_1} = \frac{\partial E_{\text{total}}}{\partial \text{out}_{h1}} \cdot \frac{\partial \text{out}_{h1}}{\partial \text{net}_{h1}} \cdot \frac{\partial \text{net}_{h1}}{\partial w_1} = 0.036\,350\,306 \times 0.241\,300\,709 \times 0.05$$
$$= 0.000\,438\,568$$

下面归纳这一层反向传播的通用公式。为了简化公式，用 δ_{h1} 表示隐含层 h_1 的误差：

$$\frac{\partial E_{\text{total}}}{\partial w_1} = \left(\sum_o \frac{\partial E_{\text{total}}}{\partial \text{out}_o} \cdot \frac{\partial \text{out}_o}{\partial \text{net}_o} \cdot \frac{\partial \text{net}_o}{\partial \text{out}_{h1}}\right) \cdot \frac{\partial \text{out}_{h1}}{\partial \text{net}_{h1}} \cdot \frac{\partial \text{net}_{h1}}{\partial w_1}$$

$$\frac{\partial E_{\text{total}}}{\partial w_1} = \left(\sum_o \delta_o \cdot w_{ho}\right) \cdot \text{out}_{h1}(1-\text{out}_{h1}) \cdot i_1$$

$$\frac{\partial E_{\text{total}}}{\partial w_1} = \delta_{h1} i_1$$

最后，更新 w_1 的权值：

$$w_1^+ = w_1 - \eta \cdot \frac{\partial E_{\text{total}}}{\partial w_1} = 0.15 - 0.5 \times 0.000\,438\,568 = 0.149\,780\,716$$

按通用公式，可计算出输出层其他三个参数的值为

$$w_2^+ = 0.199\,561\,43$$

$$w_3^+ = 0.249\,751\,14$$

$$w_4^+ = 0.299\,502\,29$$

至此，误差反向传播就完成了，然后把更新的权值加入模型机中再次计算，如此不停迭代，直到达到我们要求的迭代阈值或误差值。在此例中，第一次迭代之后，总误差 E_{total} 由 0.298 371 109 下降至 0.291 027 924。迭代 10 000 次后，总误差为 0.000 035 085，输出为 [0.015 912 196, 0.984 065 734]，原输入为[0.01, 0.99]，证明效果是不错的。

需要说明的是：

第一，此例是只有一个隐含层的神经网络，并且各层的神经元数量都为 2，在实际应用中，特征层的提取有时是相当复杂的，比如对图像的识别，对音频或视频的识别等，需要不止一个隐含层才有可能获得满意的模型，其正向传播或反向传播的计算量相当大，对计算机的算力要求也是相当高，采用的激活函数及目标函数也不尽相同，但基本模式及核心原理是一致的。

第二，此例所呈现的输入层神经元 i_1 和 i_2，映射到大数据集，即表示训练数据的特征变量，样本数据有几个特征变量，就有几个输入层的神经元。

第三，在正向传播计算中，对于多个样本值，不用每输入一个样本就去变换参数，而是输入一批样本（叫作一个 Batch 或 Mini-Batch），需要求得这些样本的梯度平均值后，根据这个平均值改变参数，也就是说，每个样本只进行前向传播和反向传播一次，然后计算梯度平均值，再进行下一轮计算。

第四，神经网络既可以用于回归分析，也可以作为分类工具加以使用。一般来讲，如果做回归分析，其输出层以一个神经元为主，即只需要输出我们所关心的相关值即可。如果做分类分析（人工神经网络的骨干应用层面），以二分类为例，分类如图 2-7-6 所示，设 $f(x,y) = z = \omega_1 x + \omega_2 y + b$，则记 $\omega_1 x + \omega_2 y + b - z > 0$ 为 A 类，$\omega_1 x + \omega_2 y + b - z < 0$ 为 B 类。

图 2-7-6 人工神经网络的回归分析

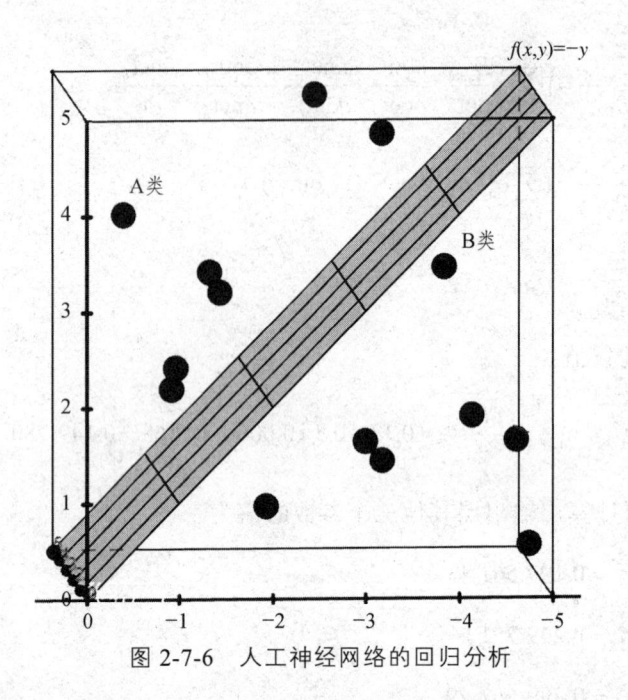

可以将输出层设为一个神经元,将 A 类训练为 1,将 B 类训练为 0。也可设为两个神经元,将 A 类训练为[1, 0],B 类训练为[0, 1]。如有九分类,在 Matlab 中,多维输出层可以表达为

[1, 0, 0, 0, 0, 0, 0, 0, 0]→1, [0, 1, 0, 0, 0, 0, 0, 0, 0]→2, [0, 0, 1, 0, 0, 0, 0, 0, 0]→3, [0, 0, 0, 1, 0, 0, 0, 0, 0]→4, [0, 0, 0, 0, 1, 0, 0, 0, 0]→5, [0, 0, 0, 0, 0, 1, 0, 0, 0]→6, [0, 0, 0, 0, 0, 0, 1, 0, 0]→7, [0, 0, 0, 0, 0, 0, 0, 1, 0]→8, [0, 0, 0, 0, 0, 0, 0, 0, 1]→9。

二、人工神经网络的模拟计算

为便于理解人工神经网络的训练过程,通过使用 VBA 编程在 Excel 中进行了人工神经网络的模拟计算。目前,该程序仅包含一个隐藏层,但各层的神经元个数及训练样本数量可以按实际场景无限制设定,各层参数及迭代数量也可自行设定。计算过程中,不仅可以实时显现迭代的中间数据,也可借助 Excel 的强大制图功能动态展示数据的迭代趋势,适合入门级学生学习。下载该程序可扫描右边二维码。

用该程序模拟训练数据过程如下:

单纯两类数据试验,随机选取 10 组数据(见表 2-7-1)为训练数据,以 $y=\frac{1}{2}x$ 为分类界限,设定 $y-\frac{1}{2}x>0$ 标记为 1 类[红色,图 2-7-7(a)分界线上方],$y-\frac{1}{2}x<0$ 标记为 0 类[蓝色,图 2-7-7(a)分界线下方]。通过该程序的 10 000 次迭代,总平均误差为 0.000 472 799。计算过程中,隐藏层的输出动态图[见图 2-7-7(b)]及输出层的动态图[见图 2-7-7(c)]也可展现。然后以 100 个随机数据作为验证值[见图 2-7-7(d)],准确率达到 96.32%。

表 2-7-1　随机 10 组数据表

x_1	x_2	x_1	x_2	x_1	x_2	x_1	x_2
0.514 395	0.749 022	0.250 019	0.848 362	0.775 923	0.774 468	0.534 23	0.539 873
0.677 974	0.079 436	0.664 778	0.203 007	0.117 792	0.815 992	0.833 517	0.016 146
0.452 547	0.144 118	0.532 657	0.471 841				

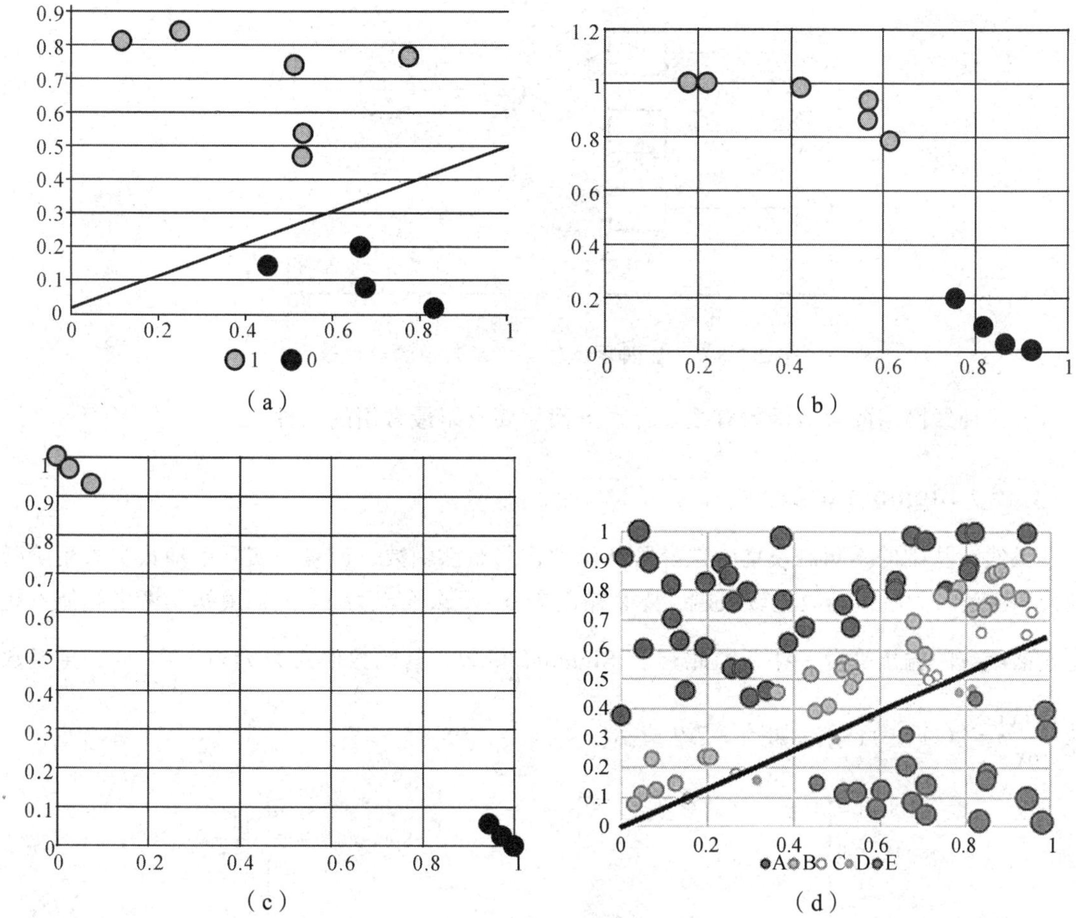

图 2-7-7　单纯两类分类图示

三、激活函数

激活函数的存在与人工神经网络的模拟态是相关的。在人工神经网络中，一个神经元的运算过程称之为感知器。感知器是模仿生物神经元而设计的一种简单数学模型，它主要由两部分组成，前半部分是一个线性模型，而后半部分是一个激活函数。在感知器中，设计激活函数的初衷是为了模仿生物神经元（生物神经元存在激活和非激活两种状态，当神经元处于激活状态时会发出电脉冲）。从数学角度去考虑的话，在感知器的后半部分加上一个激活函数，可以增加感知器模型的"拟合能力",使得模型有更强的表达作用。

在基本的感知器模型中,激活函数是一个阶跃函数,这个函数的特性是,在输入为零的时候会发生跳转,形状像一个台阶。在图 2-7-8 所示的感知器模型中,当阶跃函数的输入小于等于零时,输出为零,而在其他情况输出为 1。

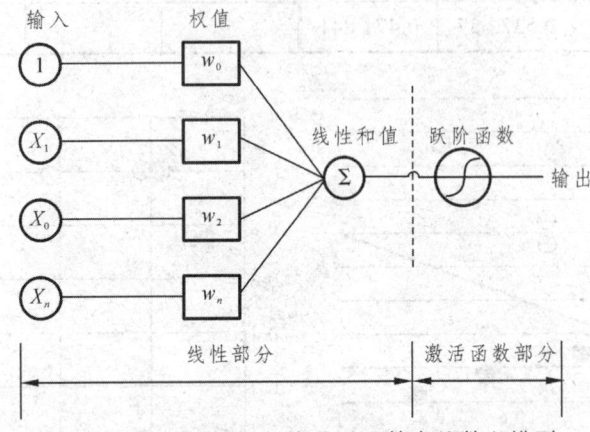

图 2-7-8 人工神经网络激活函数中的数学模型

人工神经网络的激活函数有很多种,下面简要介绍最常用的三种。

(一)Sigmoid 函数

虽然在基础的感知器模型中选择阶跃函数作为激活函数,但是在实际中却很少采用阶跃函数,这是因为阶跃函数比较极端,要么输出为 0,要么输出为 1。人们最初的考虑是能不能让激活函数的输出平滑一些,因此有了 Sigmoid 函数,其函数形式为 $f(x) = \dfrac{1}{1+e^{-x}}$,导函数是 $\dfrac{df(x)}{dx} = f(x)[1-f(x)]$,如图 2-7-9 所示。

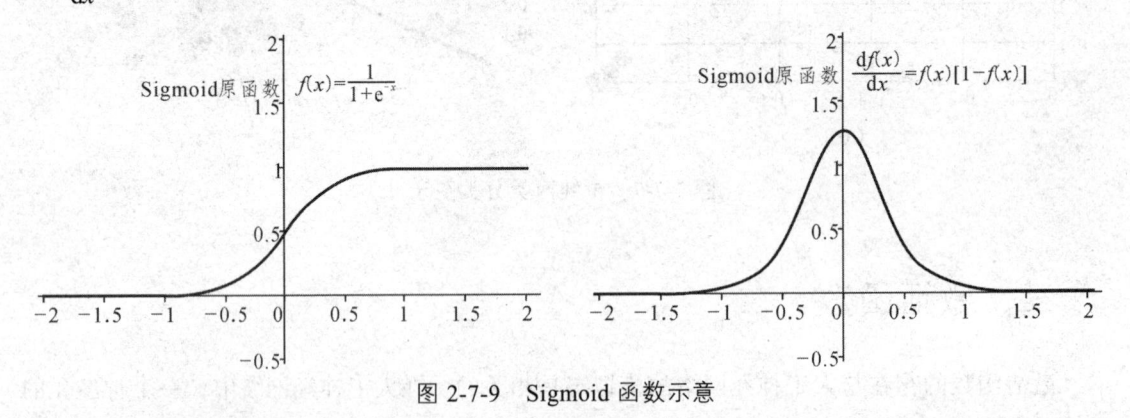

图 2-7-9 Sigmoid 函数示意

在逻辑回归算法中,Sigmoid 函数起到了主要作用,就是因为该函数的值域在 0 和 1 之间,同时具有非常好的对称性。

（二）ReLU 函数

ReLU 函数是目前最常用的激活函数。其主要优点是与 Sigmoid 函数相比，很少有梯度消失问题，而且计算过程简单。其函数形式为 $f(x)=\begin{pmatrix}x, & x\geqslant 0\\ 0, & x<0\end{pmatrix}$，导函数是 $\dfrac{\mathrm{d}f(x)}{\mathrm{d}x}=\begin{pmatrix}1, & x\geqslant 0\\ 0, & x<0\end{pmatrix}$，如图 2-7-10 所示。

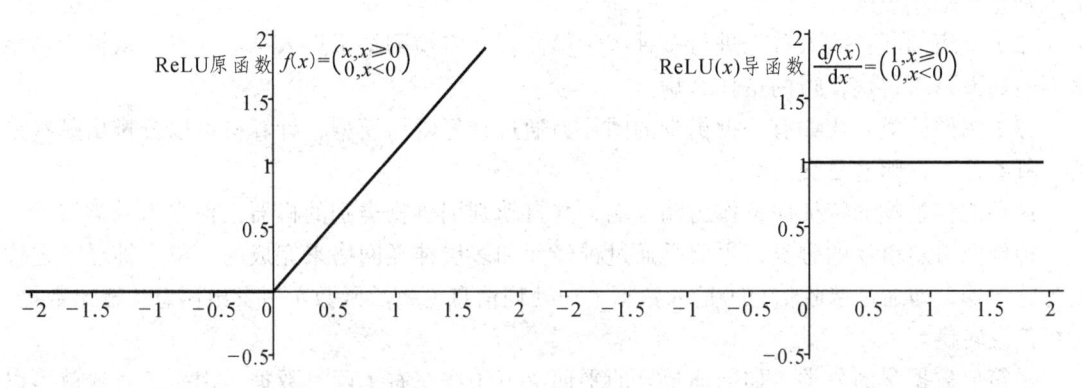

图 2-7-10　ReLU 函数示意

（三）Tanh 函数

Tanh 为双曲正切曲线，相比 Sigmoid 函数，实际应用中一般更倾向于用 Tanh 函数。其优点为函数的输出以（0，0）为中点，双边对称。同时，收敛速度相对于 Sigmoid 函数更快。其函数形式为 $f(x)=\dfrac{\mathrm{e}^{x}-\mathrm{e}^{-x}}{\mathrm{e}^{x}+\mathrm{e}^{-x}}$，其导函数为 $\dfrac{\mathrm{d}f(x)}{\mathrm{d}x}=1-[f(x)]^{2}$，如图 2-7-11 所示。

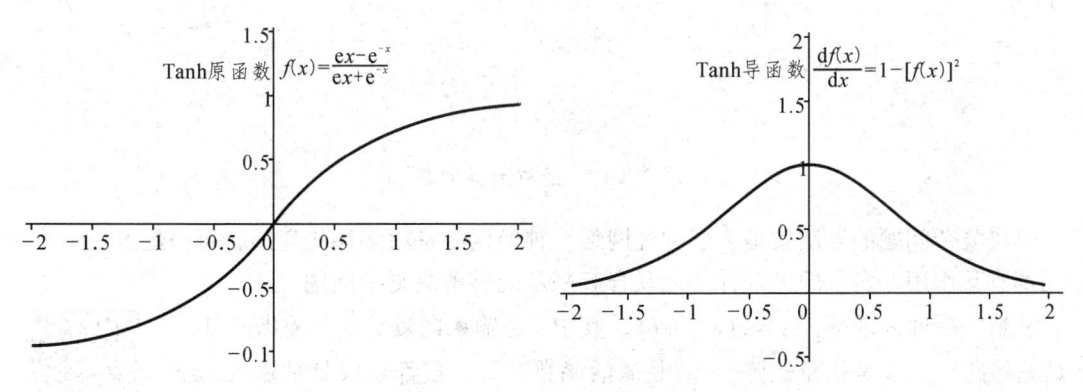

图 2-7-11　Tanh 函数示意

以上三种激活函数，都是人工神经网络中的基本组件。需要说明的是，在应用中激活函数时还有很多种变种，但是一般来说这些变种的效果并不是特别明显，所以在进行实际训练时主要采用以上三种激活函数。为形象说明三种激活函数的形态，可以扫描右侧二维码下载应用动态查看。

三种激活
函数的形态

四、神经网络的应用

（一）分　类

神经网络最重要的用途是分类，如以下应用场景：

（1）垃圾邮件识别：有一封电子邮件，把出现在里面的所有词汇提取出来，通过神经网络识别是否是垃圾邮件。

（2）疾病判断：病人首先进行多种医学检测，并将检测结果送入神经网络，从输入结果来判断病人是否得病，得的是什么病。

（3）图像分类：比如有一批街景的图片，通过神经网络模型，计算机可以分辨出哪些是树，哪些是人，哪些是交通灯。

这种能将事物的特征向量作为输入端，并自动判别事物类别的机器，称之为分类器。

神经网络对事物的分类，主要是通过神经元和多层神经网络来完成的。单个神经元也称之为感知器，即通过接收信息（输入数据）→处理信息（激活函数）→发出信息（输出数据）进行信息转换。

对简单数据集的分类，如前面提到的平面上下（或左右）两类数据，用一条直线就可以进行分类，用两个神经元和一层神经网络即可轻松解决问题。但在现实场景中，要解决的问题远比平面两类数据复杂得多，如图 2-7-12 所表示的 A、B 两类，就无法用一根直线将两个类别区分开来。

图 2-7-12　三种分类形态

解决复杂问题的方法就是多层神经网络。神经网络是由多层构建的，每一层及每一个神经元都有其作用，多层的多个神经元联合起来就能够解决复杂问题。

从数学层面来理解，$\vec{y}=a(w\cdot\vec{x}+b)$，其中 $\vec{x}$ 是输入向量，$\vec{y}$ 是输出向量，$\vec{b}$ 是偏移向量，w 是权重矩阵，$a()$ 是激活函数，每一层都仅仅是把输入 $\vec{x}$ 经过简单操作得到 $\vec{y}$。通过对输入空间（输入向量的集合）的操作，完成输入空间→输出空间的变换。总的来说，每个神经元能够执行的空间转换包括五种操作：① 升维/降维；② 放大/缩小；③ 旋转；④ 平移；⑤ "弯曲"。这五种操作，①②③的操作由 $w\cdot\vec{x}$ 实现，④的操作由 $+\vec{b}$ 实现，⑤的操作由 $a()$ 实现。通过扫描右侧二维码可以查看螺旋线的空间变形，也可从图 2-7-13 所示的红蓝两线在不同空间的分割对比体会神经元的作用。

螺旋线空间
变形

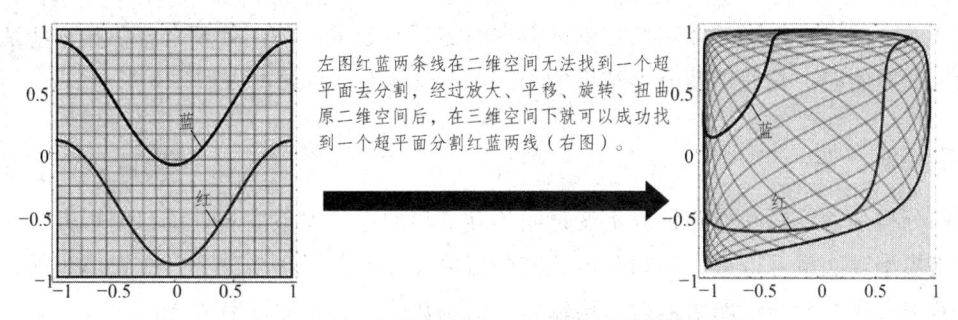

图 2-7-13　红蓝两线在不同空间的分割对比

因此，在低维度空间无法解决的问题，可以通过各种操作手段使之进入高维度空间，即增加隐含层数和神经元个数，经过如此复杂的空间变换后，许多复杂问题就可以找到解决办法。以下是两个非常好的可视化神经网络空间变换互动模型，通过随意变换参数，可以快速了解人工神经网络的工作原理及各层各神经元的工作状态并参与迭代过程。

（1）ConvnetJs demo：二分类神经网络训练模型，可以增删隐藏层及神经元个数，呈现各神经元的空间扭曲及变形状态（见图 2-7-14）。可通过扫描下方二维码进行手机端操作。

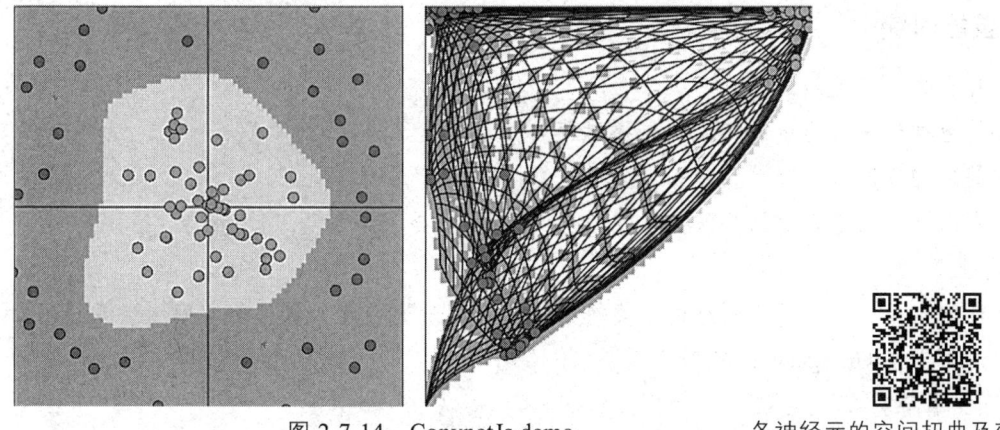

图 2-7-14　ConvnetJs demo　　　　　各神经元的空间扭曲及变形状态

（2）Google Tensorflow-Playground：二分类神经网络训练模型，可以简单并直观地增删隐藏层及神经元个数，并且可选择激活函数及正则化类型（见图 2-7-15）。可通过扫描下方二维码进行手机端操作。

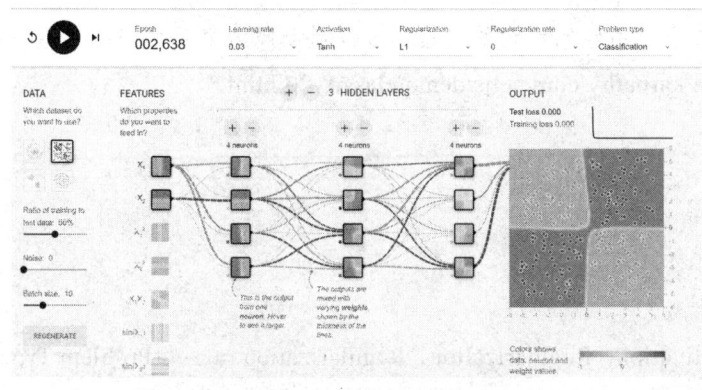

图 2-7-15　Google Tensorflow-Playgroud　　　　　神经网络的应用

- 129 -

需要说明的是，人工神经网络在训练数据时需要对数据做前期处理，或称数据清洗，主要是输入数据的归一化处理及分类结果的 One-hot 编码等，在此不再赘述。

（二）回　归

回归分析是确定两种或两种以上变量间相互依赖的定量关系的一种统计分析方法。人工神经网络模型算法也可以进行回归分析，其分析原理及计算过程与分类分析大体相同，区别是需要对损失函数和神经网络最后一层输出激活函数修改，主要注意以下两点：

（1）损失函数最常用均方误差：

$$\mathrm{MSE}(y, y') = \frac{\sum_{i=1}^{n}(y_i - y_i')^2}{n}$$

（2）最后一层往往不采用激活函数，直接用 $w^\mathrm{T}x+b$ 得到最后结果，因为激活函数会将线性加权的结果映射到固定范围。

● 技能训练

（1）什么是人工神经网络？
（2）简述神经网络的正向及反向传播过程。
（3）简述神经网络的应用。
（4）人工神经网络大数据算法操作实践。

① 作业目的。

旨在让学生了解人工神经网络的分类机制，借助图形变换感知算法的空间变换及核函数的应用。对学生在 Orange 中的应用不做要求。

② 作业准备。

Orange3 软件下载并安装。

演示网站地址：

①Google Tensorflow-Playground：二分类神经网络训练模型。网址为 http://playground.tensorflow.org。

② ConvnetJs demo：二分类神经网络训练模型，可以增删隐藏层及神经元个数。网址为 https://cs.stanford.edu/people/karpathy/convnetjs/demo/classify2d.html。

③ 作业内容。

作业包括两个部分：

- Google Tensorflow 参数操作；
- ConvnetJs 参数操作。

a. Google TensorFlow 参数。

设置 Learning rate，Activation，Regularization，Regularization rate 及 Problem Type 参数，如图 2-7-16 所示。

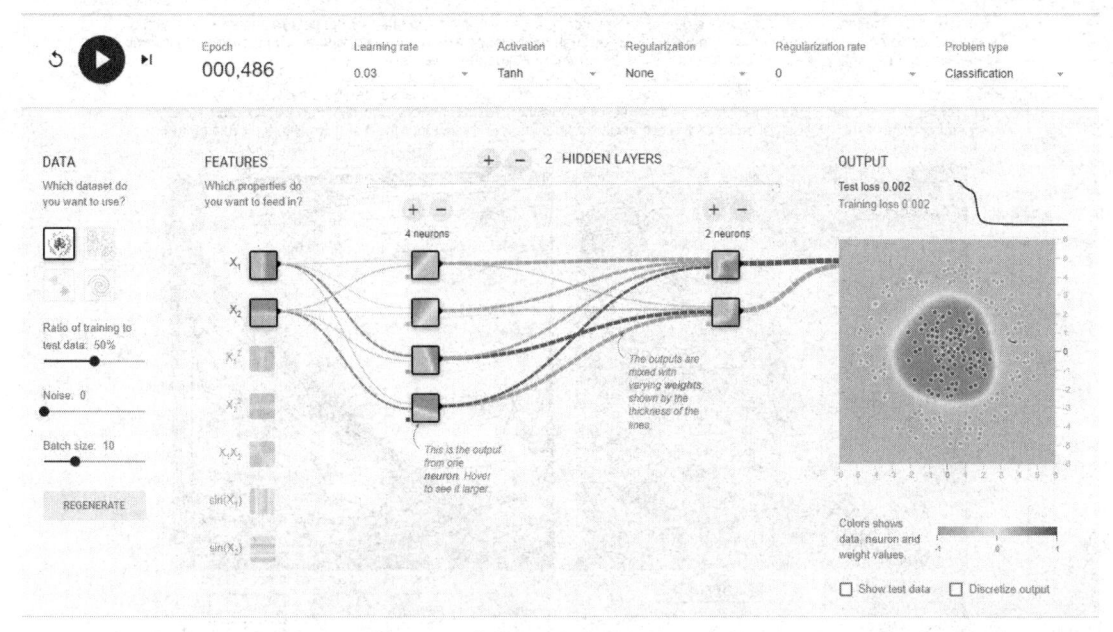

图 2-7-16　Google TensorFlow 参数

按要求完成填报，如表 2-7-2 所示。

表 2-7-2　参数填报

Data	Hidden Layers	Learning rate	Activation	Regularization	Regularization rate	Problem Type	Output
circle	2	0.03	Tanh	None	0	Classfication	

b. ConvnetJs 参数操作。

设置数据选项，包含 simple data，circle data，spiral data，random data。

设置核心函数，包含 fc（6）、tanh（6）、fc（2）、tanh（2）等。

设置分类点控制：添加红点（Click）、添加绿点（SHIFT+Click）、去除点（CTRL+Click），如图 2-7-17 所示。

商务大数据分析导论

Feel free to change this, the text area above gets eval()'d when you hit the button and the network gets reloaded. Every 10th of a second, all points are fed to the network multiple times through the trainer class to train the network. The resulting predictions of the network are then "painted" under the data points to show you the generalization.

On the right we visualize the transformed representation of all grid points in the original space and the data, for a given layer and only for 2 neurons at a time. The number in the bracket shows the total number of neurons at that level of representation. If the number is more than 2, you will only see the two visualized but you can cycle through all of them with the cycle button.

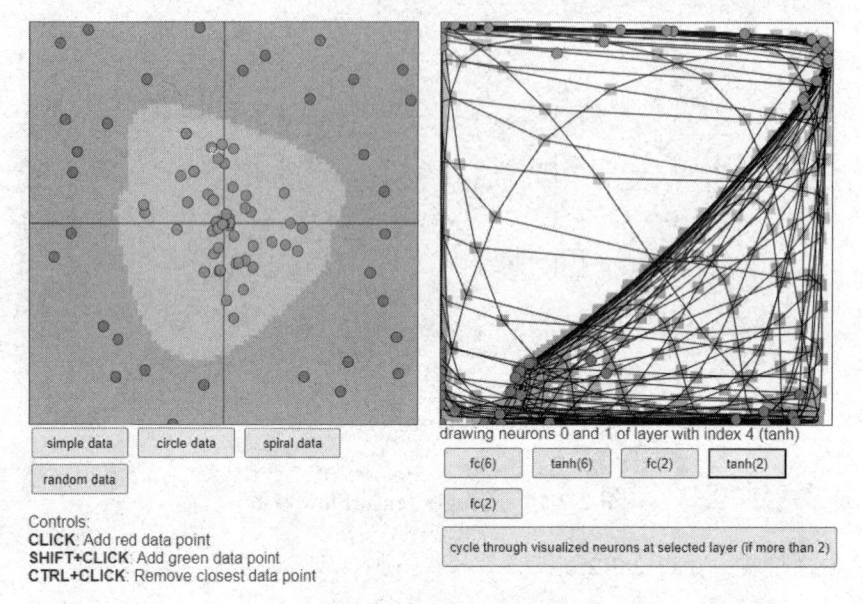

图 2-7-17　ConvnetJs 参数

按要求完成填报，如表 2-7-3 所示。

表 2-7-3　参数填报

Data	Kennel Function	Control point	Selected layer	Drawing neurons
circle	Tach（5）		2	

c. 撰写数据测试报告。

任务八 支持向量机

支持向量机（Support Vector Machine，SVM）是一种用来解决二分类问题的机器学习算法，它通过在样本空间中找到一个划分超平面，将不同类别的样本分开，同时使得两个点集到此平面的最小距离最大，两个点集中的边缘点到此平面的距离最大。如图 2-8-1 所示，图中有方形和圆形两类样本，支持向量机的目标就是找到一条直线，将圆形和方形分开，同时所有圆形和方形到这条直线的距离加起来的值最大。

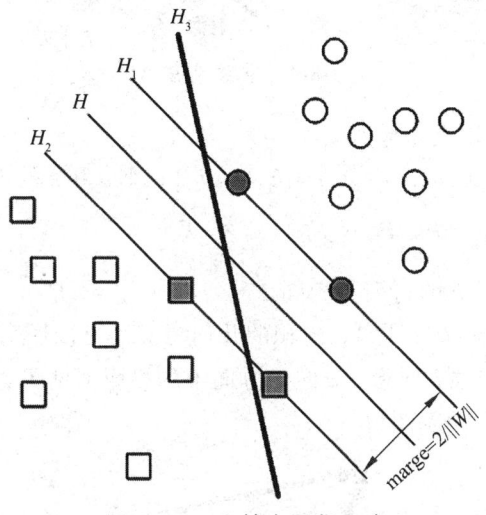

图 2-8-1 支持向量机示意

上面讨论的情况是一种理想中的状况，两个类别的样本之间存在着清晰的划分超平面，但在实际工作中处理的任务并不一定都是这种清晰线性可分的，对于这种清晰线性可分的任务，我们构造一个线性分类器，称之为硬间隔支持向量机（见图 2-8-2）；当训练数据近似线性可分时，也可以构造一个线性的分类器，即软间隔支持向量机（见图 2-8-3）；当训练数据线性不可分时，可以通过使用核函数及软间隔最大化构造分类器，称之为非线性支持向量机（见图 2-8-4）。

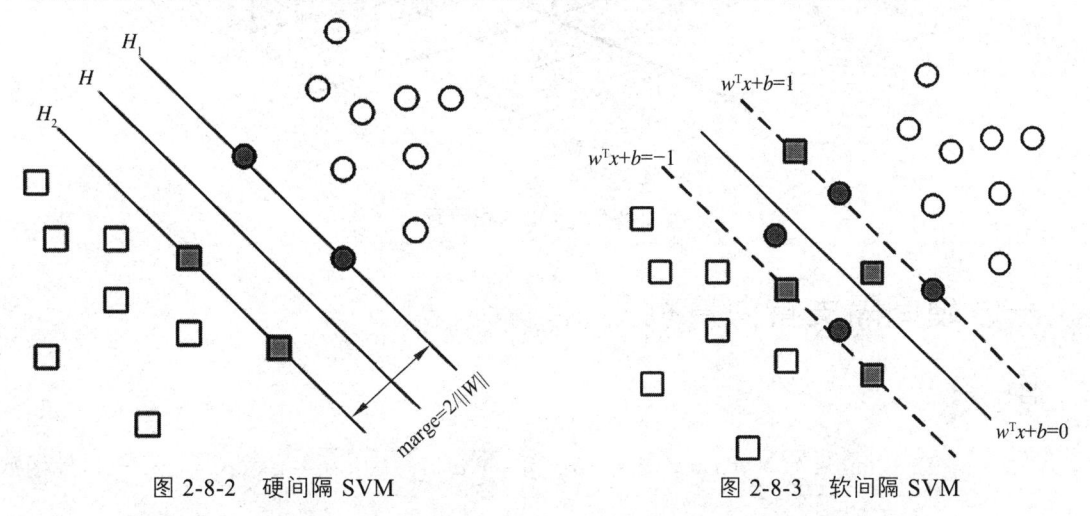

图 2-8-2 硬间隔 SVM

图 2-8-3 软间隔 SVM

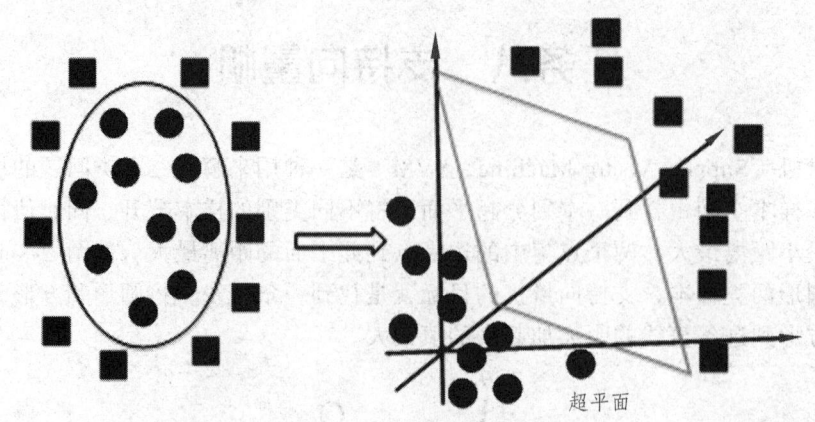

图 2-8-4　非线性 SVM

【知识准备】向量的内积及几何意义。

对于向量 a 和 b：$a=[a_1,a_2,...a_n]$，$b=[b_1,b_2,...b_n]$，则 a 和 b 的内积公式为

$$a \cdot b = a_1b_1 + a_2b_2 + \cdots + a_nb_n$$

要求一维向量 a 和向量 b 的行列数相同。

可以证明：$a \cdot b = |a||b|\cos\theta$，所以，内积的几何意义是可以用来表征或计算两个向量之间的夹角，以及在 b 向量、a 向量方向上的投影（见图 2-8-5）。读者也可扫描右侧二维码，查看动态图形。

向量内积

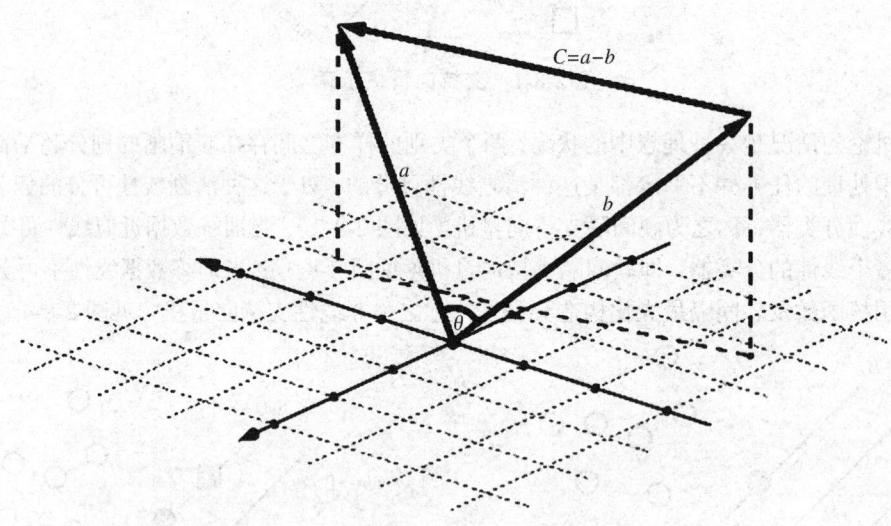

图 2-8-5　向量内积示意

一、硬间隔支持向量机

目标函数：

$$\min \frac{1}{2}\sum_{i=1}^{n}\sum_{j=1}^{n}a_ia_jy_iy_j[\phi(x_i) \cdot \phi(x_j)] - \sum_{i=1}^{n}a_i$$

……目标函数

约束条件：

$$\sum_{i=1}^{n} a_i y_i = 0 \qquad \cdots\cdots 约束条件1$$

$$a_i \geqslant 0 \qquad \cdots\cdots 约束条件2$$

在以上极限求解公式中，$\phi(x_i) \cdot \phi(x_j)$ 为两个向量的内积。向量内积（inner product），又称数量积（scalar product）、点积（dot product）。它是一种矢量运算，但其结果为某一数值，并非向量。简单来讲，设向量 $A = (a_1 \ a_2 \ \cdots \ a_n)$，$B = (b_1 \ b_2 \ \cdots \ b_n)$，则向量 A 和 B 的内积表示为

$$A \cdot B = a_1 \times b_1 + a_2 \times b_2 + \cdots + a_n \times b_n$$

在约束条件中，支持向量点的 $a > 0$，而非支持向量点 $a = 0$。

【实例讲解（二维点）】

假设有三个点，正例点为 $x_1(3,3)$，$x_2(4,3)$，负例点为 $x_3(1,1)$，假设这三个点是可能的支持向量，我们希望通过线性规划的求解方式找到正例点与负例点之间的超平面。而要找到超平面，首先要定位支持向量点，支持向量点是分类的临界点，也是正确定义超平面的关键点。

根据以上三个点的特性可知，$y_1 = y_2 = 1$，$y_3 = -1$，由此可定义求解公式为

$$\min \frac{1}{2} \sum_{i=1}^{3} \sum_{j=1}^{3} a_i a_j y_i y_j [\phi(x_i) \cdot \phi(x_j)] - \sum_{i=1}^{3} a_i \qquad \cdots\cdots 目标函数$$

约束条件：

$$a_1 + a_2 - a_3 = 0 \qquad \cdots\cdots 约束条件1$$

$$a_1, a_2, a_3 \geqslant 0 \qquad \cdots\cdots 约束条件2$$

将所有数据代入极限求解公式，可得目标函数为

$$\min \frac{1}{2}(18a_1^2 + 25a_2^2 + 2a_3^2 + 42a_1 a_2 - 12a_1 a_3 - 14a_2 a_3) - a_1 - a_2 - a_3 \qquad (2\text{-}8\text{-}1)$$

因为约束条件为 $a_1 + a_2 = a_3$，代入化简可得 $4a_1^2 + \frac{13}{2}a_2^2 + 10a_1 a_2 - 2a_1 - 2a_2$，分别对 a_1 和 a_2 求偏导，让偏导等于 0，可得出解为：$a_1 = 1.5$，$a_2 = -1$。

由于 $a_2 = -1 < 0$，不满足约束条件 2，可以由此基本得出判断，a_2 可能不是支持向量点，因为支持向量点一定要满足约束条件 1、2，即至少要满足大于等于 0 的条件。

基于以上基本判断，可以假设支持向量点为 x_1 和 x_3，在这个假设前提下，$a_2 = 0$（x_2 为非支持向量点）。根据式（2-8-1），目标函数及约束条件为

目标函数：

$$\min \frac{1}{2}(18a_1^2 + 2a_3^2 - 12a_1 a_3) - a_1 - a_3 \qquad (2\text{-}8\text{-}2)$$

约束条件：

$$a_1 = a_3, \quad a_1, a_3 \geqslant 0, \quad a_2 = 0$$

由于 $a_1 = a_3$，代入式（2-8-2）化简可得：$4a_1^2 - 2a_1$，同样对 a_1 求导，令其等于 0，则极值点的 a_1=0.25，可得 a_2=0，a_3=0.25。可以看出，这一组 a 值符合约束条件，验证了此前所设定的 x_1 和 x_3 为支持向量点的假设是正确的。

至此，支持向量点为 x_1、x_3，所对应的 a 值为[0.25，0.25]。接下来，需要求解这个超平面的 w 值和 b 值。

根据超平面 w 值求解算式：$w = \sum_{i=1}^{n} a_i y_i \phi(x_n)$，代入数值，$w = \frac{1}{4} \times 1 \times (3,3) + \frac{1}{4} \times (-1) \times (1,1) = (0.5, 0.5)$。

根据超平面 b 值求解算式：$b = y_i - w^T \phi(x_i)$，这里代入 x_1 的值，$b = 1 - \begin{pmatrix} 0.5 \\ 0.5 \end{pmatrix} \cdot (3\ \ 3) = 1 - 3 = -2$。

所求解的超平面方程为 $0.5x_1 + 0.5x_2 - 2 = 0$，如图 2-8-6 所示。

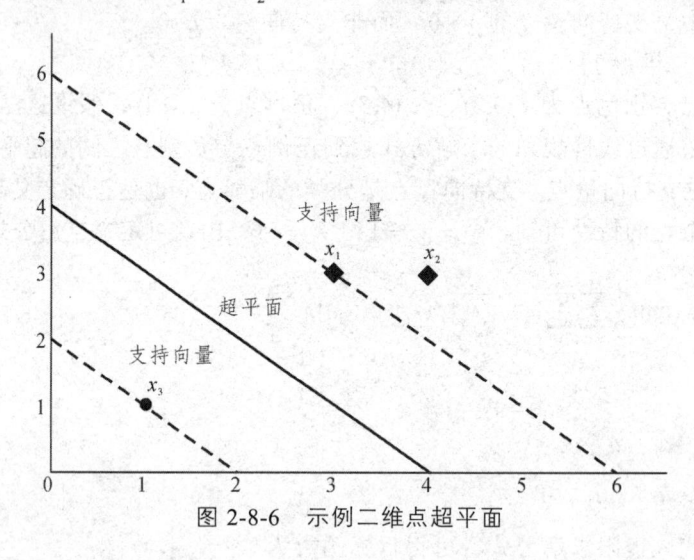

图 2-8-6　示例二维点超平面

二、非线性支持向量机

在以上二维点的实例讲解中，我们假设训练样本是线性可分的，即存在一个划分超平面能将训练样本正确分类。然而在现实任务中，原始样本空间内，也许并不存在一个能正确划分两类样本的超平面。如图 2-8-7 所示，椭圆内的点代表"+"数据，椭圆外的点代表"-"数据，而这两类数据都无法用一条直线进行分割，如图 2-8-7 所示的两条直线都是失败的划分。

对于原空间中的非线性可分问题，可将样本从原始空间映射到一个更高维的特征空间，使得

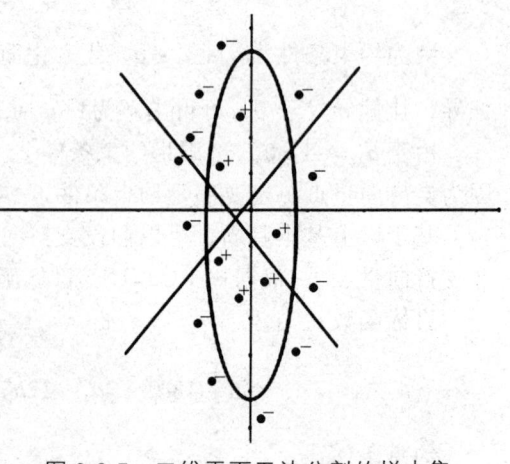

图 2-8-7　二维平面无法分割的样本集

样本在这个特征空间内线性可分。如图 2-8-8 所示，可以将以上数据集的二维数据映射到一个合适的三维空间，就能找到一个合适的划分超平面。幸运的是，如果原始空间是有限维，即属性数有限，那么一定存在一个高维特征空间使样本可分。扫描右侧二维码，即可观看映射到三维空间后的各点分布。

椭圆数据三维旋转

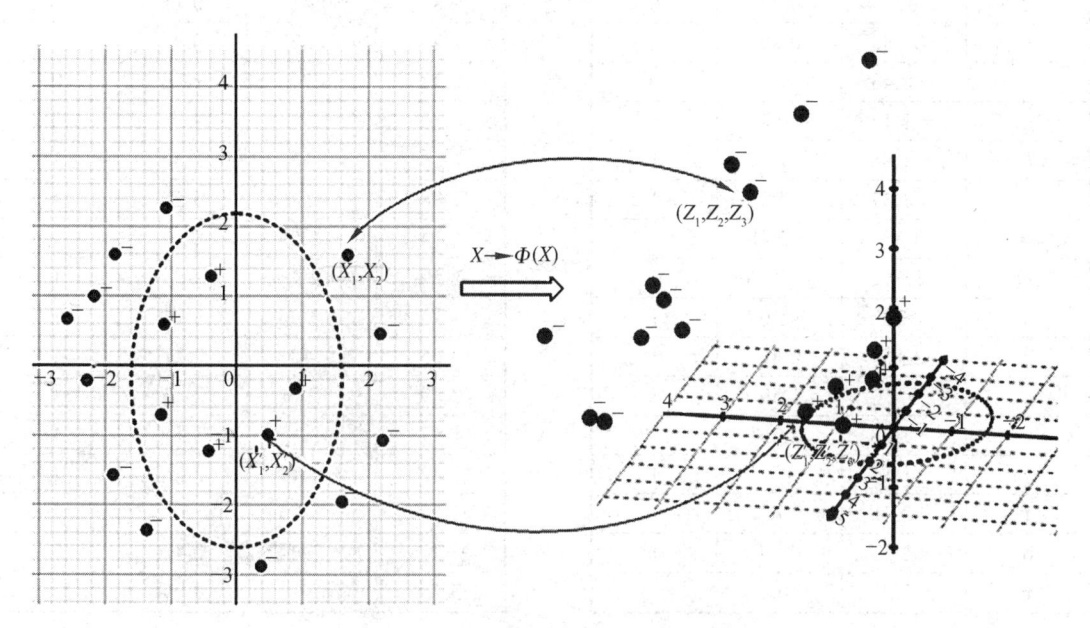

图 2-8-8 椭圆数据二维迁三维示意图

在图 2-8-8 中，二维平面中的所有数据点被经过函数变换后映射到三维空间。可以直观地看到，映射后的数据在三维空间形成了一个明显的分隔带。扫描右侧二维码，即可观看到二维数据经过核函数转换后迁移到三维空间的过程。

二维迁移三维核函数

那么如何将低维空间数据映射到高维空间，这里我们要用到核函数（Kernel Function）。核函数是对低维的属性值进行某种计算，实现在低维下计算出高维映射后的内积结果的一种函数。简单来讲，核函数就是关于低维特征值与高维特征值之间的内积函数。

设升维函数为 $\phi: R^2 \to R^3$，$(x_1, x_2) \to (z_1, z_2, z_3) = (x_1^2, \sqrt{2}x_1x_2, x_2^2)$，则

$$<\phi(x_1,x_2),\phi(x_1',x_2')> = <(z_1,z_2,z_3),(z_1',z_2',z_3')> = <(x_1^2,\sqrt{2}x_1x_2,x_2^2),(x_1'^2,\sqrt{2}x_1'x_2',x_2'^2)>$$
$$= x_1^2 x_1'^2 + 2x_1x_2x_1'x_2' + x_2^2 x_2'^2 = (x_1x_1' + x_2x_2')^2 = (<x,x'>)^2 := K(x,x')$$

这里，$K = (x, x')$ 即为核函数。

将以上二维平面上的数据点列示如下，其中设"+"数据点为类别"0"，"-"数据点为类别"1"。升维函数 ϕ 为 $(x_1, x_2) \to (z_1, z_2, z_3) = (x_1^2, \sqrt{2}x_1x_2, x_2^2)$。升维后数据点的映射表如表 2-8-1 所示。

商务大数据分析导论

表 2-8-1 升维后的数据点映射表

样本点	X点	Y点	类别	升维X点	升维Y点	升维Z点	类别
a	-1.11	0.59	0	1.23	-0.93	0.35	0
b	-0.39	1.28	0	0.15	-0.71	1.64	0
c	0.31	1.24	0	0.1	0.54	1.54	0
d	0.9	0.33	0	0.81	0.42	0.11	0
e	0.48	0.99	0	0.23	0.67	0.98	0
f	-0.43	-1.22	0	0.18	0.74	1.49	0
g	-1.15	-0.71	0	1.32	1.15	0.5	0
k	-1.88	-1.57	1	3.53	4.17	2.46	1
l	-1.37	-2.36	1	1.88	4.57	5.57	1
m	0.38	-2.88	1	0.14	-1.55	8.29	1
n	1.61	-1.96	1	2.59	-4.46	3.84	1
o	2.22	-1.07	1	4.93	-3.36	1.14	1
p	2.18	0.46	1	4.75	1.42	0.21	1
q	1.7	1.59	1	2.89	3.82	2.53	1
r	-1.08	2.26	1	1.17	-3.45	5.11	1
s	-1.85	1.6	1	3.42	-4.19	2.56	1
t	-2.16	1	1	4.67	-3.05	1	1
u	-2.57	0.67	1	6.6	-2.44	0.45	1
v	-2.27	-0.22	1	5.15	0.71	0.05	1

数据升维之后，由图 2-8-8 可以清晰看出，两类数据在三维空间中形成明显的分隔带。现在的任务是找出支持向量，借助 Orange 工具预测结果，如图 2-8-9 所示。

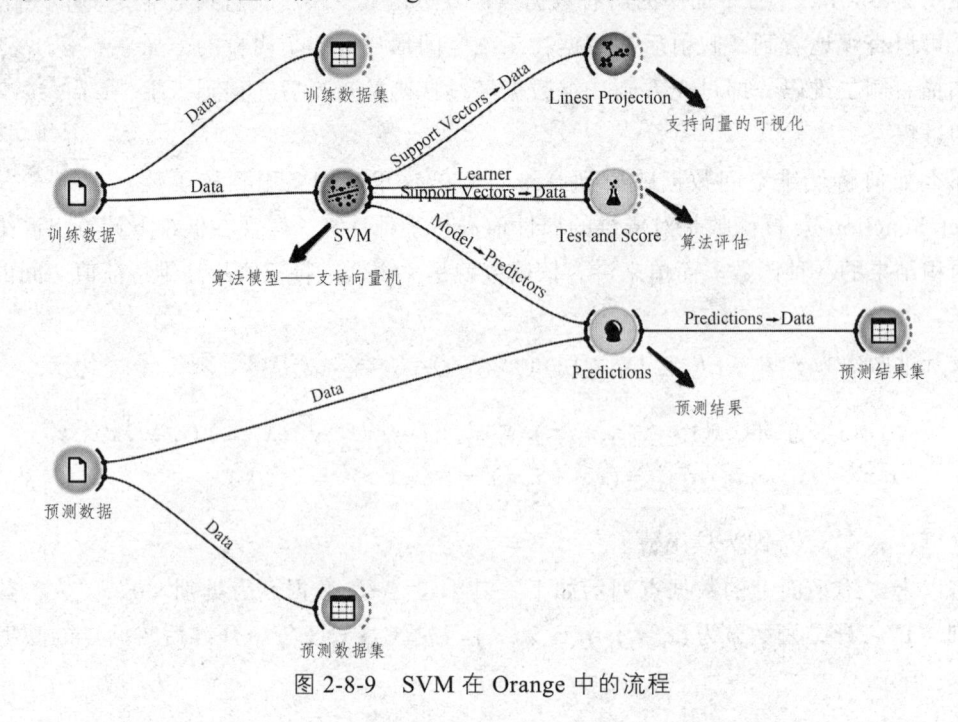

图 2-8-9 SVM 在 Orange 中的流程

通过可视化工具可以看出，该数据集的支持向量有 5 个数据点，如图 2-8-10 和表 2-8-2 所示。

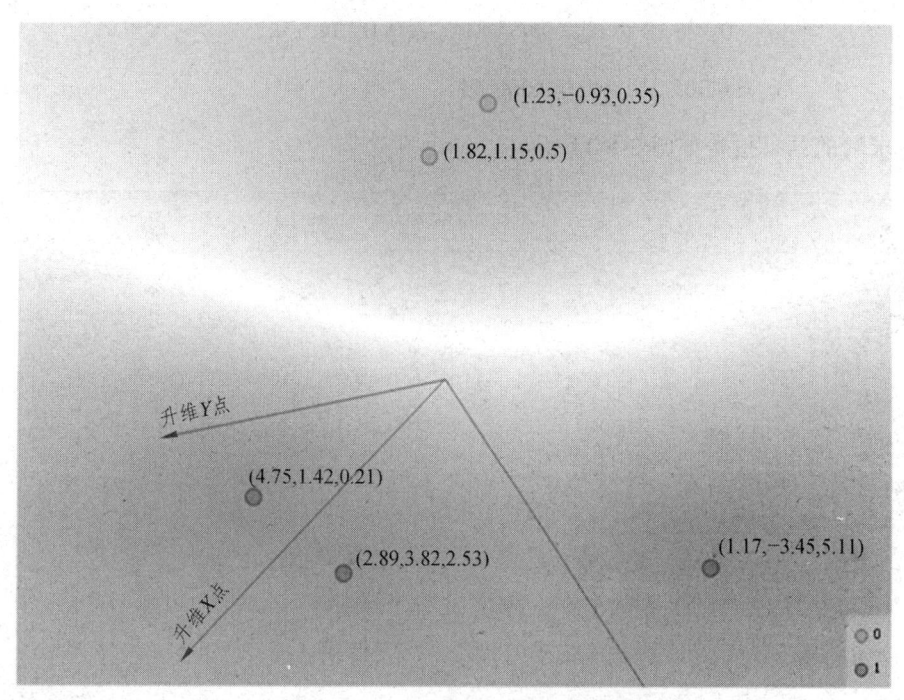

图 2-8-10 椭圆数据的支持向量点

表 2-8-2 椭圆数据的支持向量点坐标值

样本点	X点	Y点	升维X点	升维Y点	升维Z点	类别	a 值序号	Y 值及序号
q	1.7	1.59	2.89	3.82	2.53	1	a_1	$y_1 = 1$
r	−1.08	2.26	1.17	−3.45	5.11	1	a_2	$y_2 = 1$
p	2.18	0.46	4.75	1.42	0.21	1	a_3	$y_3 = 1$
g	−1.15	−0.71	1.32	1.15	0.50	0	a_4	$y_4 = -1$
a	−1.11	0.59	1.23	−0.93	0.35	0	a_5	$y_5 = -1$

在确定了支持向量之后，就需要按照超平面的函数方程，按步骤求解出 w 值和 b 值，将以上支持向量的数据代入目标函数及约束条件，可得：

$$\min \frac{1}{2}(29.36a_1^2 + 39.36a_2^2 + 24.64a_3^2 + 3.34a_4^2 + 2.5a_{45}^{2\,2}) +$$
$$3.09a_1a_2 + 19.69a_1a_3 - 9.51a_1a_4 - 0.9a_1a_5 + 1.73a_2a_3 - 0.13a_2a_4 -$$
$$6.41a_2a_5 - 8.03a_3a_4 - 4.62a_3a_5 + 0.74a_4a_5 - a_1 - a_2 - a_3 - a_4 - a_5$$

$$\text{st. } a_1 + a_2 + a_3 - a_4 - a_5 = 0$$

$$a_1, a_2, a_3, a_4, a_5 \geqslant 0$$

由于以上算式已经超出了手动求解的范围，可以引入求解线性规划问题的专业软件 Lingo 18.0 进行求解。输入算式，解得

$$a_1 = 0.106\ 18, \quad a_2 = 0.064\ 81, \quad a_3 = 0.134\ 57,$$
$$a_4 = 0.305\ 21, \quad a_5 = 0.000\ 34$$

软件求解的结果报告如图 2-8-11 所示。

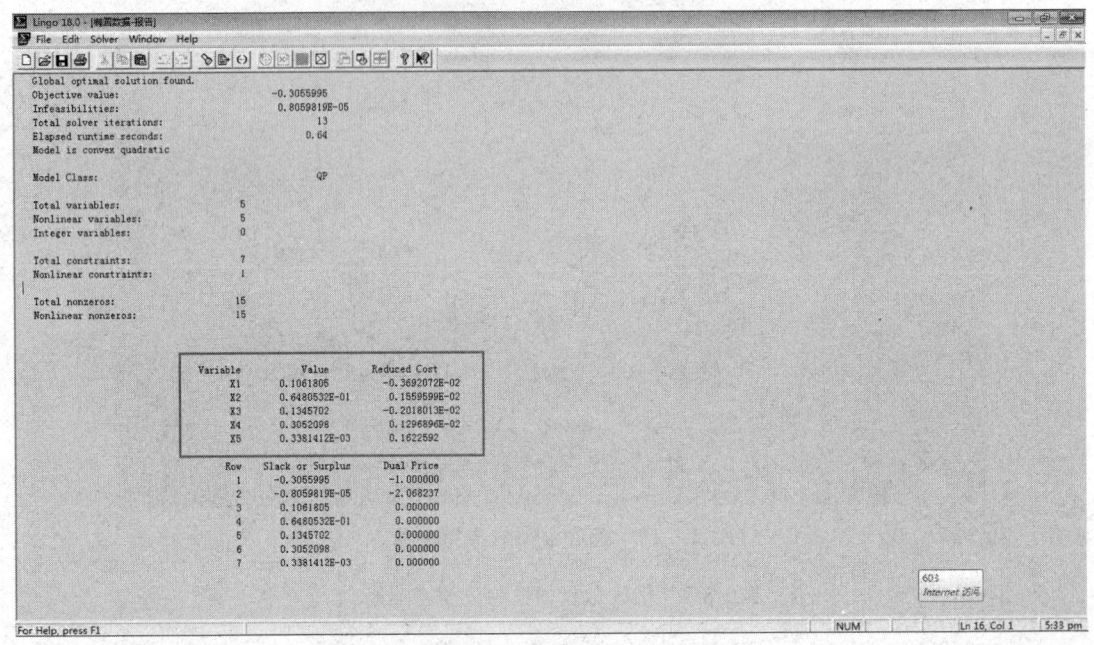

图 2-8-11 支持向量点线性规划求解窗口

根据超平面 w 值求解公式，$w = \sum_{i=1}^{n} a_i y_i \phi(x_n)$，代入数值计算：

$$w = 0.106\ 18 \times 1 \times \begin{pmatrix} 2.89 \\ 3.82 \\ 2.53 \end{pmatrix} + 0.061\ 81 \times 1 \times \begin{pmatrix} 1.17 \\ -3.45 \\ 5.11 \end{pmatrix} + 0.134\ 57 \times 1 \times \begin{pmatrix} 4.75 \\ 1.42 \\ 0.21 \end{pmatrix} +$$

$$0.305\ 21 \times (-1) \times \begin{pmatrix} 1.32 \\ 1.15 \\ 0.5 \end{pmatrix} + 0.000\ 34 \times (-1) \times \begin{pmatrix} 1.23 \\ -0.93 \\ 0.35 \end{pmatrix} = \begin{pmatrix} 0.62 \\ 0.02 \\ 0.48 \end{pmatrix}$$

根据超平面 b 值求解算式：$b = y_i - w^T \phi(x_i)$，这里代入 x_1 的值，$b = 1 - \begin{pmatrix} 0.62 \\ 0.02 \\ 0.48 \end{pmatrix} \times (2.89 \quad 3.82 \quad 2.53) =$ -2.072。

至此，求得此数据集的分类超平面方程为 $0.62x + 0.02y + 0.48z - 2.072 = 0$，超平面图示如图 2-8-12 所示。

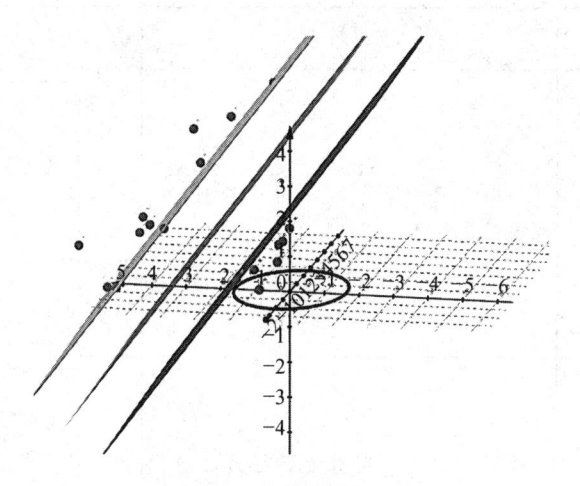

图 2-8-12 超平面示意

扫描右侧二维码,即可观看到超平面的动态演示图。

从这个算例中可以显示支持向量机的一个重要性质:训练完成后,大部分的训练样本都不需保留,最终模型仅与支持向量有关。

椭圆数据超平面分割

三、SVM 中的核函数

在用 SVM 处理问题时,如果数据线性不可分,希望通过将输入空间内线性不可分的数据映射到一个高维的特征空间内,使数据在特征空间内是线性可分的,这个映射记作 $\varphi(x)$,之后优化问题中就会有内积 $\varphi_i \cdot \varphi_j$,这个内积的计算维度会非常大,因此引入了核函数(Kernel)。

表 2-8-3 列出了 SVM 中常用的 4 种核函数及其应用场景,它们是:Linear(线性)、Polynomial(多项式)、RBF(高斯核函数,也叫径向基核函数)和 Sigmoid 函数。

表 2-8-3 SVM 中常用的 4 种核函数

核函数	应用场景	应用图例
Linear Kernel	线性可分而特征数量多时,Linear Kernel 可以是 RBF Kernel 的特殊情况	

续表

核函数	应用场景	应用图例
Polynomial Kernel	一般用于图像处理，参数比 RBF 多，取值范围是（0，inf）	
Gaussian Radial Basis Function（RBF）	通用，线性不可分而特征维数少样本数量正常时，在没有先验知识时使用，取值为[0，1]	
Sigmoid Kernel	生成神经网络，在某些参数下和 RBF 很像，可能在某些参数下是无效的	

各核函数的公式如下。

线性核函数（Linear Kernel）是线性可分 SVM 常用函数，公式为 $K(x,y) = x \cdot y$。

多项式核函数（Polynomial Kernel）是线性不可分 SVM 常用的核函数之一，公式为 $K(x,y) = (g\, x \cdot y + c)^d$。

高斯核函数（Gaussian Kernel），也称为径向基核函数（Radial Basis Function，RBF），是非线性分类 SVM 最主流的核函数，公式为 $K(x,y) = \exp(-g\|x-y\|^2)$。

Sigmoid 核函数（Sigmoid Kernel）也是线性不可分 SVM 常用的核函数之一，公式为 $K(x,y) = \tanh(g\, x \cdot y + c)$。

四、Orange 中的 SVM 应用

Orange 主要从 LIBSVM 包中嵌入了 SVM 来实现。对于回归任务，SVM 使用 ε 这一不敏感损失在高维特征空间中执行线性回归。其估计精度取决于 c、ε 和核参数的良好设置。

Orange 的主要参数调节界面如图 2-8-13 所示。

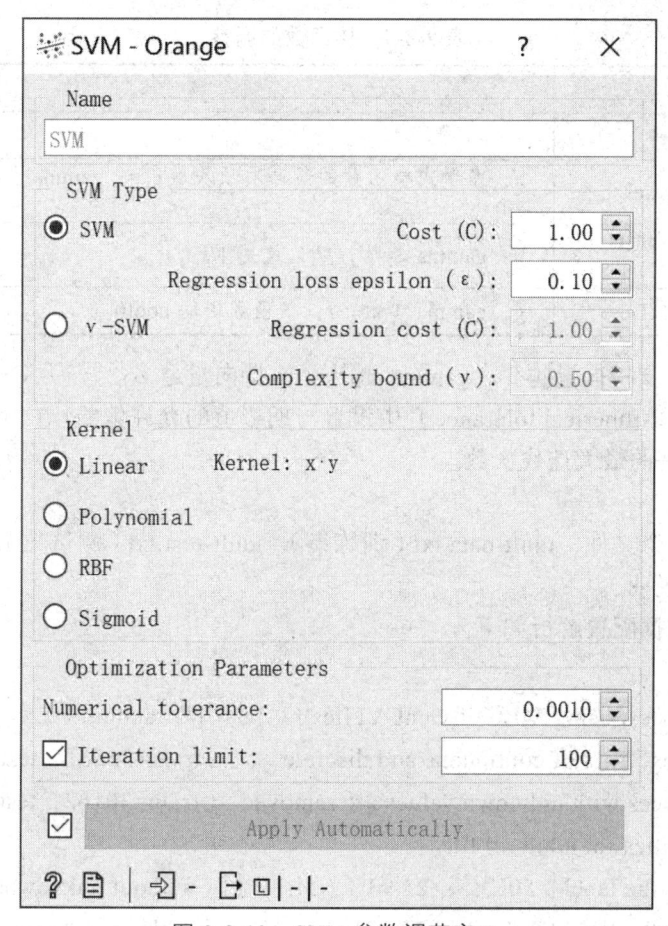

图 2-8-13　SVM 参数调节窗口

（一）SVM 类型

SVM 和 V-SVM 都是基于误差函数的不同最小化。

SVM：c——惩罚系数，适用于分类和回归任务。c 值大，容易过拟合；c 值小，容易欠拟合。

ε——ε-SVR 模型的参数，适用于回归任务，定义与真实值的距离，在该距离内没有惩罚与预测值相关联。

V-SVM：c——回归惩罚系数，仅适用于回归任务。

V：V-SVR 模型的参数，适用于分类和回归任务，训练误差分数的上限，支持向量分数的下限。

SVM 回归算法称为支持向量回归或 SVR。支持向量回归是一种监督学习算法，用于预测离散值。支持向量回归使用与 SVM 相同的原理。SVR 背后的基本思想是找到最佳拟合线。在 SVR 中，最佳拟合线是点数最多的超平面。

（二）核函数的调参

核函数的调参如表 2-8-4 所示。

表 2-8-4　核函数的调参

核函数	调　参
Linear Kernel	
Polynomial Kernel	d：多项式核函数的最高次项次数；g：gamma 参数；r：核函数中的 coef0
Gaussian Radial Basis Function（RBF）	g：gamma 参数，默认值是 $1/k$
Sigmoid Kernel	g：gamma 参数；r：核函数中的 coef0

gamma 越大，支持向量越少，gamma 越小，支持向量越多。

在"数值公差（Numerical tolerance）"中设置与期望值的允许偏差。在"迭代极限（Iteration limit）"中设置允许的最大迭代次数。

【实例解析】

源数据包含三个文件，adult-data.txt（训练集）、adult-test.txt（测试集）、adult-attribute.txt（数据来源及属性说明）。

数据属性及数据配置解析如下。

数据配置：

Split into train-test using MLC++ GenCVFiles （2/3, 1/3 random）.
48842 instances, mix of continuous and discrete （train=32561, test=16281）
45222 if instances with unknown values are removed （train=30162, test=15060）
Class probabilities for adult.all file
Probability for the label '>50K' : 23.93% / 24.78% （without unknowns）
Probability for the label '<=50K' : 76.07% / 75.22% （without unknowns）

特征属性（共 15 个）：

age：continuous.

workclass：Private, Self-emp-not-inc, Self-emp-inc, Federal-gov, Local-gov, State-gov, Without-pay, Never-worked.

fnlwgt：continuous.

education：Bachelors, Some-college, 11th, HS-grad, Prof-school, Assoc-acdm, Assoc-voc, 9th, 7th-8th, 12th, Masters, 1st-4th, 10th, Doctorate, 5th-6th, Preschool.

education-num：continuous.

marital-status：Married-civ-spouse, Divorced, Never-married, Separated, Widowed, Married-spouse-absent, Married-AF-spouse.

occupation：Tech-support, Craft-repair, Other-service, Sales, Exec-managerial, Prof-specialty, Handlers-cleaners, Machine-op-inspct, Adm-clerical, Farming-fishing, Transport-moving, Priv-house-serv, Protective-serv, Armed-Forces.

relationship：Wife, Own-child, Husband, Not-in-family, Other-relative, Unmarried.

race：White, Asian-Pac-Islander, Amer-Indian-Eskimo, Other, Black.

sex：Female, Male.

capital-gain：continuous.

capital-loss：continuous.

hours-per-week：continuous.

native-country：United-States，Cambodia，England，Puerto-Rico，Canada，Germany，Outlying-US（Guam-USVI-etc），India，Japan，Greece，South-Africa，China，Cuba，Iran，Honduras，Philippines，Italy，Poland，Jamaica，Vietnam，Mexico，Portugal，Ireland，France，Dominican-Republic，Laos，Ecuador，Haiti，Columbia，Hungary，Guatemala，Nicaragua，Scotland，Thailand，Yugoslavia，El-Salvador，Trinadad&Tobago，Peru，Holand-Netherlands.

Orange 平台上机操作关键步骤如图 2-8-14 所示。

① 设置四个核函数的学习器；
② 训练集及测试集部署合理；
③ 调整惩罚项及参数设置，调优学习器；
④ 数据集在线端配属正确，不报错；
⑤ 调用可视化模块，对支持向量进行展示。

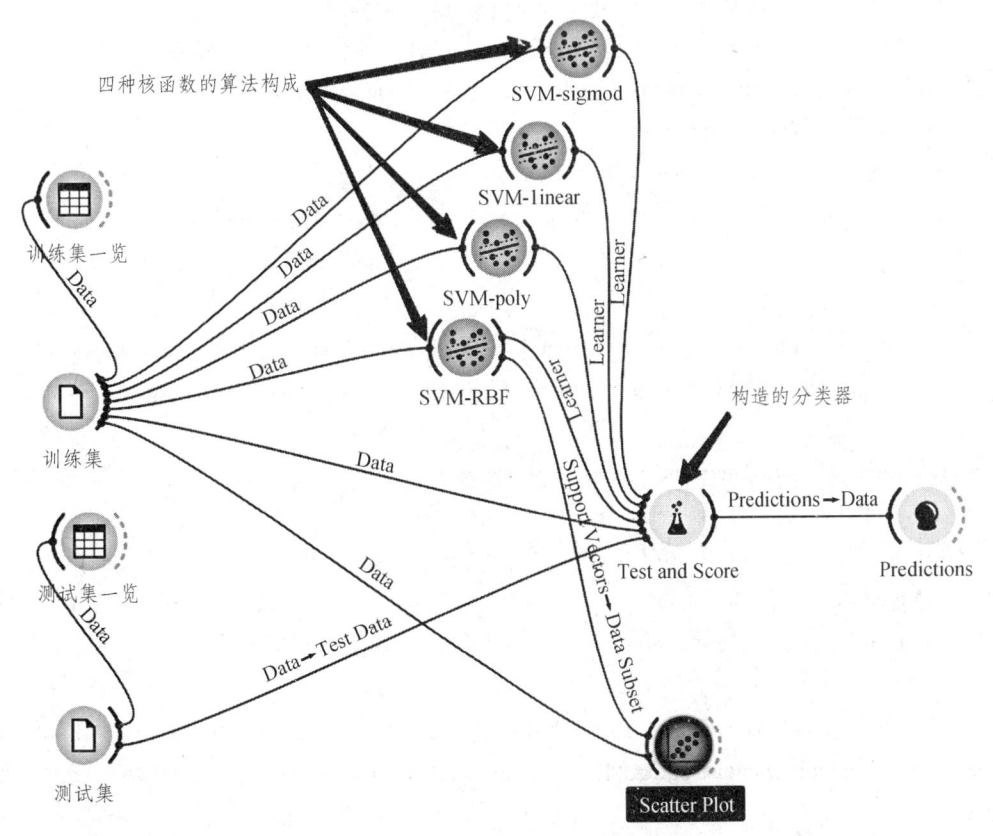

图 2-8-14 SVM 在 Orange 平台流程

● 技能训练

（1）什么是支持向量机？
（2）简述硬间隔支持向量机。

（3）简述非线性支持向量机。

（4）支持向量机（SVM）大数据算法操作实践。

① 作业目的。

旨在让学生了解硬间隔支持向量机、软间隔支持向量机及非线性支持向量机的算法含义及应用场景，了解四类不同核函数，即 Linear Kernel、Polynomial Kernel、Gaussian Kernel 和 Sigmoid Kernel 对学习机（Learner）性状的影响，体会其中的异同点，从而加深对 Orange 平台中各种支持向量机对分类功能的实现。

② 作业准备。

Orange3 软件下载并安装。

源数据包含三个文件，adult-data.txt（训练集）、adult-test.txt（测试集）、adult-attribute.txt（数据来源及属性说明）。

```
| This data was extracted from the census bureau database found at
| http://www.census.gov/ftp/pub/DES/www/welcome.html
| Split into train-test using MLC++ GenCVFiles （2/3, 1/3 random）.
| 48842 instances, mix of continuous and discrete    （train=32561, test=16281）
| 45222 if instances with unknown values are removed （train=30162, test=15060）
| Duplicate or conflicting instances : 6
| Class probabilities for adult.all file
| Probability for the label '>50K'  : 23.93% / 24.78%  （without unknowns）
| Probability for the label '<=50K' : 76.07% / 75.22%  （without unknowns）
|
| Extraction was done by Barry Becker from the 1994 Census database.  A set of reasonably clean records was extracted using the following conditions: （（AAGE>16）&&（AGI>100）&&（AFNLWGT>1）&&（HRSWK>0））.
|| Prediction task is to determine whether a person makes over 50K a year.
|
|    C4.5       : 84.46+-0.30
|    Naive-Bayes: 83.88+-0.30
|    NBTree     : 85.90+-0.28
|
|| Following algorithms were later run with the following error rates, all after removal of unknowns and using the original train/test split. All these numbers are straight runs using MLC++ with default values.
|
|    Algorithm               Error
| -- ----------------        -----
| 1  C4.5                    15.54
```

| 2 C4.5-auto   14.46
| 3 C4.5 rules   14.94
| 4 Voted ID3（0.6）   15.64
| 5 Voted ID3（0.8）   16.47
| 6 T2   16.84
| 7 1R   19.54
| 8 NBTree   14.10
| 9 CN2   16.00
| 10 HOODG   14.82
| 11 FSS Naive Bayes   14.05
| 12 IDTM（Decision table） 14.46
| 13 Naive-Bayes   16.12
| 14 Nearest-neighbor（1） 21.42
| 15 Nearest-neighbor（3） 20.35
| 16 OC1   15.04

| Description of fnlwgt（final weight）:| The weights on the CPS files are controlled to independent estimates of the| civilian noninstitutional population of the US. These are prepared monthly| for us by Population Division here at the Census Bureau. We use 3 sets of| controls.

| These are:
| 1. A single cell estimate of the population 16+ for each state.
| 2. Controls for Hispanic Origin by age and sex.
| 3. Controls by Race，age and sex.

age: continuous.

workclass: Private，Self-emp-not-inc，Self-emp-inc，Federal-gov，Local-gov，State-gov，Without-pay，Never-worked.

fnlwgt: continuous.

education: Bachelors，Some-college，11th，HS-grad，Prof-school，Assoc-acdm，Assoc-voc，9th，7th-8th，12th，Masters，1st-4th，10th，Doctorate，5th-6th，Preschool.

education-num: continuous.

marital-status: Married-civ-spouse，Divorced，Never-married，Separated，Widowed，Married-spouse-absent，Married-AF-spouse.

occupation: Tech-support，Craft-repair，Other-service，Sales，Exec-managerial，Prof-specialty，Handlers-cleaners，Machine-op-inspct，Adm-clerical，Farming-fishing，Transport-moving，Priv-house-serv，Protective-serv，Armed-Forces.

relationship: Wife，Own-child，Husband，Not-in-family，Other-relative，Unmarried.

race: White，Asian-Pac-Islander，Amer-Indian-Eskimo，Other，Black.

> sex: Female, Male.
>
> capital-gain: continuous.
>
> capital-loss: continuous.
>
> hours-per-week: continuous.
>
> native-country: United-States, Cambodia, England, Puerto-Rico, Canada, Germany, Outlying-US (Guam-USVI-etc), India, Japan, Greece, South-Africa, China, Cuba, Iran, Honduras, Philippines, Italy, Poland, Jamaica, Vietnam, Mexico, Portugal, Ireland, France, Dominican-Republic, Laos, Ecuador, Haiti, Columbia, Hungary, Guatemala, Nicaragua, Scotland, Thailand, Yugoslavia, El-Salvador, Trinadad&Tobago, Peru, Holand-Netherlands.

a. 数据源分析。

首先分析数据源的数据出处, http://archive.ics.uci.edu/, 属于开源的机器学习数据库网站。

b. 数据属性及数据配置解析。

数据配置:

Split into train-test using MLC++ GenCVFiles (2/3, 1/3 random).

48842 instances, mix of continuous and discrete (train=32561, test=16281)

45222 if instances with unknown values are removed (train=30162, test=15060)

Class probabilities for adult.all file

Probability for the label '>50K' : 23.93% / 24.78% (without unknowns)

Probability for the label '<=50K' : 76.07% / 75.22% (without unknowns)

特征属性（共15个）:

age: continuous.

workclass: Private, Self-emp-not-inc, Self-emp-inc, Federal-gov, Local-gov, State-gov, Without-pay, Never-worked.

fnlwgt: continuous.

education: Bachelors, Some-college, 11th, HS-grad, Prof-school, Assoc-acdm, Assoc-voc, 9th, 7th-8th, 12th, Masters, 1st-4th, 10th, Doctorate, 5th-6th, Preschool.

education-num: continuous.

marital-status: Married-civ-spouse, Divorced, Never-married, Separated, Widowed, Married-spouse-absent, Married-AF-spouse.

occupation: Tech-support, Craft-repair, Other-service, Sales, Exec-managerial, Prof-specialty, Handlers-cleaners, Machine-op-inspct, Adm-clerical, Farming-fishing, Transport-moving, Priv-house-serv, Protective-serv, Armed-Forces.

relationship: Wife, Own-child, Husband, Not-in-family, Other-relative, Unmarried.

race: White, Asian-Pac-Islander, Amer-Indian-Eskimo, Other, Black.

sex: Female, Male.

capital-gain: continuous.

capital-loss：continuous.

hours-per-week：continuous.

native-country：United-States，Cambodia，England，Puerto-Rico，Canada，Germany，Outlying-US（Guam-USVI-etc），India，Japan，Greece，South-Africa，China，Cuba，Iran，Honduras，Philippines，Italy，Poland，Jamaica，Vietnam，Mexico，Portugal，Ireland，France，Dominican-Republic，Laos，Ecuador，Haiti，Columbia，Hungary，Guatemala，Nicaragua，Scotland，Thailand，Yugoslavia，El-Salvador，Trinadad&Tobago，Peru，Holand-Netherlands.

③ 作业内容。

作业包括三个部分：

- 数据整理及转换；
- Orange 平台上机操作；
- 撰写分析报告。

a. 数据整理与转换。

一般来讲，下载数据采用的是 txt 文件，而 txt 是一种纯文本文档，里面不会有任何字体格式，直观性较差，同时也不便于 Orange 平台操作，因此需要进行转换并预处理。

- 在 Excel 中打开 txt 文件。

要求：创建训练集及测试集两个 Excel 数据集，文件名自定。

- 预处理数据。

要求：加标题表头，通过筛选批量删除含有"？"字符的记录。

b. Orange 平台上机操作。

总要求是对四个核函数分别建立学习器，并比较各学习器的优劣。工作流完整，逻辑清晰，产出合理。关键内容如下：

➢ 设置四个核函数的学习器；
➢ 训练集及测试集部署合理；
➢ 调整惩罚项及参数设置，调优学习器；
➢ 数据集在线端配属正确，不报错；
➢ 调用可视化模块，对支持向量进行展示。

c. 撰写数据分析报告。

任务九　马尔可夫链及自然语言处理

1856 年出生的马尔可夫是俄国著名数学家，他研究并提出一个用数学方法就能解释自然变化的一般规律模型，后人将其命名为马尔可夫链（Markov Chain）。作为概率论的一个重要分支，随机过程撑起了概率论的半壁江山，如今，它广泛使用在诸如天气预报、统计物理、天体物理、运筹决策、经济数学、安全科学、人口理论、可靠性及计算机科学等领域。

自然中存在的随机过程非常广泛，利用随机过程的理论建模，总会涉及马尔可夫链，比如我们熟知的液体中颗粒所做的布朗运动，商业活动中需要研究每天的销售情况，在数字通信中的语音信号、视频信号，以及自然语言处理等。它可以将无规则的运动用数学描述出来，对现实生产生活有着巨大的指导意义。

【知识准备】

概率的乘法公式：

定义：设 A、B 是两个事件，且 $p(A)>0$，则称 $p(B|A)=\dfrac{p(AB)}{p(A)}$ 为事件 A 发生的条件下事件 B 的条件概率。

【概念辨析】

我们所熟知的条件概率是 $p(B|A)=\dfrac{p(A|B)p(B)}{p(A)}$，所以 $p(A|B)p(B)=p(AB)$，它们的关系可以用图 2-9-1 来说明。

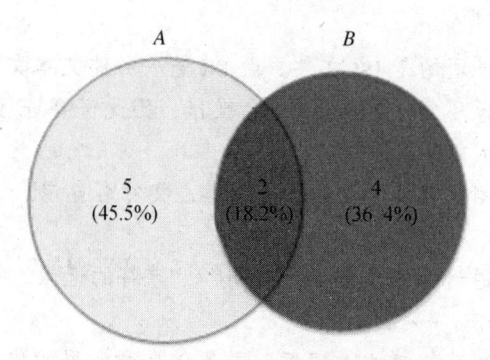

图 2-9-1 A、B 间的关系

当 A、B 相关联时，或者说存在交集时，$p(A|B)p(B)=p(AB)$。以图 2-9-1 为例，$p(AB)=\dfrac{2}{5+2+4}=\dfrac{2}{11}$，而按照 $p(AB)=p(A|B)p(B)=\dfrac{2}{7}\times\dfrac{7}{11}=\dfrac{2}{11}$，即 $p(A|B)=\dfrac{2}{7}$。

其实，$p(AB)=p(A|B)p(B)$ 就是概率的乘法公式，即一件事情发生的概率等于造成这件事发生的接连发生的事件概率的乘积。其基本思路为：如果要让 A、B 同时发生，那么就让其中一个先发生，不妨设 A 先发生，A 发生以后 B 再发生，则 A、B 就会同时发生。概率论对联合概率，即 $p(AB)$ 的简要定义如下：

$p(w_1 w_2 \cdots w_n)$ 表示 $w_1, w_2, \cdots, w_n$ 同时发生的概率。以 $p(AB)$ 为例，表示的是 A、B 同时发生的概率。

当 A、B 相互独立时，也就是交集为空时，$p(AB)=p(A)p(B)$。

当 A、B 相关联时，或者说存在交集时，$p(AB)=p(A|B)p(B)$。

如果是 n 个事件，则乘法公式为

$$p(w_1 w_2 \cdots w_n)=p(w_1)p(w_2|w_1)p(w_3|w_1 w_2)\cdots p(w_n|w_1 w_2 \cdots w_{n-1})$$

全概率公式的基本概念是，若事件 $A_1, A_2, \cdots, A_n$ 满足下列两个条件：

（1）$\forall i \neq j, A_i A_j = \varnothing$（$\forall$是"对所有的""对任意一个"，即任意一个$i, j$不相等，且事件无交集）；

（2）$A_1 \cup A_2 \cup \cdots A_n = \Omega$。

则称$A_1, A_2, \cdots, A_n$为完备事件组。

全概率公式为

$$P(B) = \sum_{i=1}^{n} P(A_i) P(B \mid A_i)$$

关于完备事件组，举例如下：死亡事件={病死、老死、意外、其他}，这是一个完备事件组，包含了死亡事件的所有可能，且各类型之间界限分明；而天气状态={多云、大风、有雨、晴天、阴天、其他}就不是一个全概率事件，因为大风天气也可以有雨，各类型之间范围有交叉。

如图 2-9-2 所示，一个事件的全事件完备组为$\{A_1, A_2, A_3, A_4\}$，而B是与所有A事件相关联的事件，则$P(B) = P(A_1)P(B \mid A_1) + P(A_2)P(B \mid A_2) + P(A_3)P(B \mid A_3) + P(A_4)P(B \mid A_4)$。

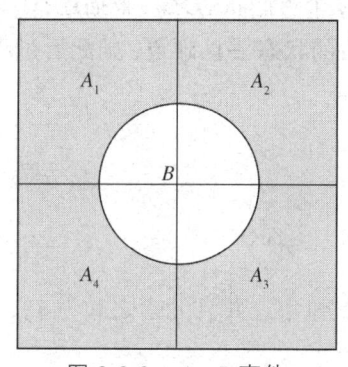

图 2-9-2 A、B事件

一、马尔可夫链

随机过程描述的是一个量随时间可能的变化。在这个过程里，每一个时刻变化的方向都是不确定的，随机过程就是由这一系列不确定的随机变量组成的。每一个时刻系统的状态都由一个随机变量表述，整个过程则构成一个随机过程的实现。

知道了什么是随机过程后，可以试想一个最简单的随机过程，这个过程由N步组成，每一步都有两个选择（0，1），那么可能的路径就有 2 的N次方个，这个随机过程就要由2^N这个指数级别个数的概率来描述，而这个指数级别太大，在现实中计算难度较大，所以需要使用马尔可夫过程（Markov Processes）：随机过程的每一步的结果与且仅与上一步有关，与其他无关。

马尔可夫性：在时刻T_0所处状态为已知的条件下，过程在时刻$T > T_0$所处状态的条件分布过程与时刻T_0之前所处的状态无关的特性称为马尔可夫性或无后效性。具有马尔可夫性的随机过程称为马尔可夫过程。

马尔可夫链：时间和状态都是离散的马尔可夫过程。

状态空间中经过一个状态到另一个状态的转换随机过程，该过程要求具备无记忆的性质：下一状态的概率分布只能由当前状态决定，在时间序列中它前面的事件均与之无关，如图 2-9-3 所示。

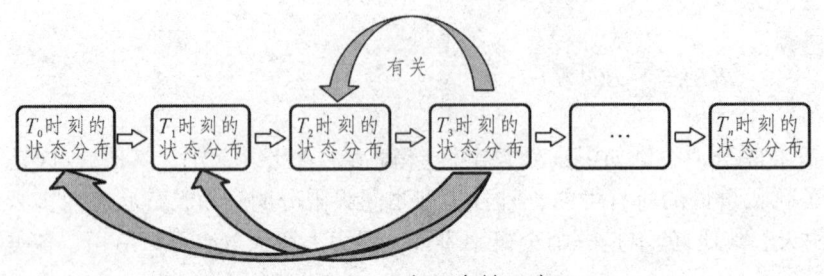

图 2-9-3 马尔可夫链示意

马尔可夫链是一个随机系统，它必须满足两个条件：
① 系统任意时刻可以用有限个可能状态之一来描述；
② 系统无后效性，即某阶段的状态一旦确定，则此后过程的演变不再受此前各种状态及决策的影响。

马尔可夫链的数学表达如下。

状态向量：

$$X^{(n)} = (x_1^{(n)}\ x_2^{(n)}\ \cdots\ x_k^{(n)})$$

- 概率向量的每个元素都是概率，并且元素之和为 1；
- 系统的可能状态数有 k 个；
- 向量中各个元素分别表示第 n 次观测第 i 个状态的概率；
- x^0 被称为初始状态。

转移概率矩阵：

$$P = \begin{pmatrix} p_{11} & p_{12} & \cdots & p_{1k} \\ p_{21} & p_{22} & \cdots & p_{2k} \\ \vdots & \vdots & \cdots & \vdots \\ p_{k1} & p_{k1} & \cdots & p_{kk} \end{pmatrix}$$

- $p_{ij}(i,j=1,2,\ldots,k)$ 表示这次观测前状态为 i，现在观测是状态为 j 的概率；
- P 矩阵元素非负；
- 每一行的元素之和都为 1。

根据无后效性，可以得出：$X^{(n+1)} = X^{(n)}P$。

从而，$X^{(n+1)} = X^{(0)}P^n$。

由于某一时刻状态转移的情况只依赖前一个状态，那么只要求出系统中任意两个状态之间的转移概率，这个马尔可夫链的模型就确定了。

二、马尔可夫链的应用

(一) 随机漫步

马尔可夫链的一个典型例子是随机漫步,其每一步的状态是在图形中的点,每一步可以移动到任何一个相邻的点,且移动到每一个点的概率都是相同的,如图 2-9-4 所示。随机漫步程序的 VBA 语言程序及动态演示可扫描右侧二维码查看。

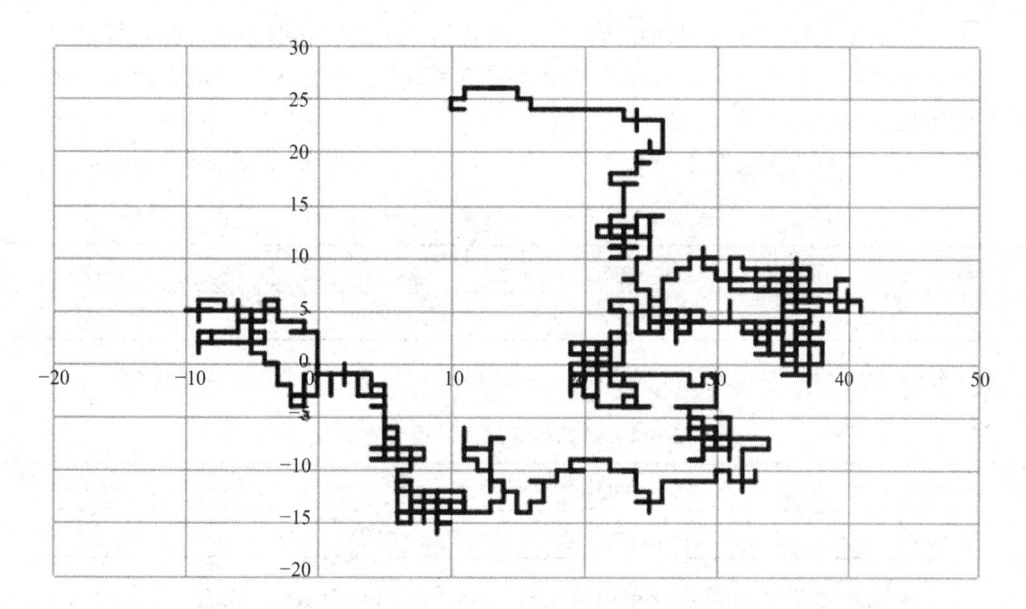

图 2-9-4 随机漫步示意

(二) 病情预测

艾滋病毒感染者病情发展有这样几个阶段(状态):
① 无临床症状(HIV asymptomatic);
② 有临床病状(HIV symptomatic);
③ 获得性免疫缺陷综合征(AIDS);
④ 死亡(death)。

其转移矩阵如表 2-9-1 所示。

表 2-9-1 艾滋病毒感染者病情转移矩阵

病情发展	asymptomatic	symptomatic	AIDS	death
asymptomatic	0.9	0.07	0.02	0.01
symptomatic	0	0.93	0.05	0.02
AIDS	0	0	0.85	0.15
death	0	0	0	1

某地区艾滋病感染者一年后由一个状态转移到另一个状态的概率如表 2-9-1 所示。如果目前该地区感染者处于各状态的比例如表 2-9-2 所示。那么三年后，该地区感染者处于各状态的比例如何？

表2-9-2　艾滋病毒感染者处于各状态的比例

asymptomatic	symptomatic	AIDS	death
0.85	0.1	0.05	0

表 2-9-1 就是确定的转移概率矩阵 p，它是时间齐次性的，也就是转移概率矩阵 p 保持不变，第一年到第二年的转移概率矩阵与第二年到第三年的转移概率矩阵是一样的。

有了这个转移概率矩阵 p，再加上已知的初期状态分布矩阵 S，就可以计算该地区第 N 年的艾滋病状态分布。

第一年该地区的艾滋病状态分布矩阵 $s_1 = s_0 \cdot p$（矩阵相乘），如表 2-9-3 所示。

表 2-9-3　第一年艾滋病状态分布比例

asymptomatic	symptomatic	AIDS	death
0.77	0.15	0.06	0.02

第二年该地区的艾滋病状态分布矩阵 $s_2 = s_1 \cdot p$（只和 s_1 有关），如表 2-9-4 所示。

表 2-9-4　第二年艾滋病状态分布比例

asymptomatic	symptomatic	AIDS	death
0.69	0.20	0.08	0.04

第三年该地区的艾滋病状态分布矩阵 $s_3 = s_2 \cdot p$（只和 s_2 有关），如表 2-9-5 所示。

表 2-9-5　第三年艾滋病状态分布比例

asymptomatic	symptomatic	AIDS	death
0.62	0.23	0.09	0.06

如果仅仅计算某个感染者的概率，显然病情发展与该患者获得的治疗有着密切关系，但如果研究某个地区的艾滋病患者，那么在无外界因素干预，如国家加大艾滋病治疗投入或艾滋病特效药研发成功等，马尔可夫链模型是个不错的预测模型。

（三）语音识别及自然语言处理

让机器"听懂"人类的语言，需要用到两个马尔可夫模型：

（1）声学模型：利用 HMM 建模（隐马尔可夫模型）。HMM 是指这一马尔可夫模型的内部状态外界不可见，外界只能看到各个时刻的输出值。对于语音识别系统，输出值通常就是从各个帧计算而得的声学特征。

（2）语言模型：N-Gram 算法，简单有效，所以应用也最广泛。它基于独立输入假设：第 n 个词的出现只与前面 $n-1$ 个词相关，而与其他任何词都不相关。整句的概率就是各个词出现概率的乘积。这些概率可以通过直接从语料中统计 n 个词同时出现的次数得到。

简单来说，人们利用马尔可夫模型，来计算事件的状态转移概率矩阵，除了语音识别，只要随机过程具有马尔可夫性，都少不了应用马尔可夫链。

三、N-Gram 算法

N-Gram 是一种基于统计语言模型的算法。它的基本思想是将文本里面的内容按照字节进行大小为 N 的滑动窗口操作，形成了长度为 N 的字节片段序列。

每一个字节片段称为 gram，对所有 gram 的出现频度进行统计，并且按照事先设定好的阈值进行过滤，形成关键 gram 列表，也就是这个文本的向量特征空间，列表中的每一种 gram 就是一个特征向量维度。常用的是二元的 Bi-Gram 和三元的 Tri-Gram。

（一）Bi-Gram 词串生成过程

如果有一个由 m 个词组成的序列（或者说一个句子），希望算得概率 $p(w_1,w_2,\cdots,w_m)$，根据链式规则，可得

$$p(w_1,w_2,\cdots,w_m) = p(w_1) \cdot p(w_2|w_1) \cdot p(w_3|w_1,w_1) \cdots p(w_m|w_1,\cdots,w_{m-1})$$

这个概率显然并不好算，不妨利用马尔可夫链的假设，即当前这个词仅仅跟前面几个有限的词相关，因此也就不必追溯到最开始的那个词，这样便可以大幅缩减上述算式的长度，即

$$p(w_1,w_2,\cdots,w_m) = p(w_i|w_{i-n+1},\cdots,w_{i-1})$$

下面给出一元模型、二元模型、三元模型的定义：

当 $n=1$，一个一元模型（unigram model）即为

$$p(w_1,w_2,\cdots,w_m) = \prod_{i=1}^{m} p(w_i)$$

当 $n=2$，一个二元模型（bigram model）即为

$$p(w_1,w_2,\cdots,w_m) = \prod_{i=1}^{m} p(w_i|w_{i-1})$$

当 $n=3$，一个三元模型（trigram model）即为

$$p(w_1,w_2,\cdots,w_m) = \prod_{i=1}^{m} p(w_i|w_{i-2}w_{i-1})$$

接下来的步骤是在给定的训练语料中，利用贝叶斯定理，将上述条件概率值都统计计算出来即可。下面给出具体例子讲解，其概率计算公式如下。

对于 bigram model 而言：

$$p(w_i|w_{i-1}) = \frac{C(w_{i-1}w_i)}{C(w_{i-1})}$$

对于 N-gram model 而言：

$$p(w_i \mid w_{i-n-1},\cdots,w_{i-1}) = \frac{C(w_{i-n-1},\cdots,w_i)}{C(w_{i-n-1},\cdots,w_{i-1})}$$

计算过程为

$$p(w_i \mid w_{i-1}) = p(w_i, w_{i-1}) / p(w_{i-1})$$
$$= [\text{count}(w_i, w_{i-1}) / \text{count}(\text{Allword})] / (\text{count}(w_{i-1}) / \text{count}(\text{Allword})$$
$$= \text{count}(w_i, w_{i-1}) / \text{count}(w_{i-1})$$

例如，从网站付费下载几十首歌词，并且根据线上开放语料库建成一个简单的歌词语料库，表 2-9-6 给出的是基于 Bigram 模型进行计数的结果。

表 2-9-6 歌词语料库 Bigram 模型计数示例

语料库	当	一艘船	沉入	海底	/	一个	人	成	了	谜
当		2				5				
一艘船			2							
沉入				2						
海底					4					
/	18					1	2		5	
一个							10			
人					7			5		
成									6	
了					37					5
谜					5					

例如，第一行、第二列表示给定前一个词是"当"时，当前词为"一艘船"的情况一共出现了 2 次。据此，便可以算得相应的频率分布，如表 2-9-7 所示。

表 2-9-7 歌词语料库 Bigram 模型计数示例概率分布表

语料库	当	一艘船	沉入	海底	/	一个	人	成	了	谜
当	0	0.095 238	0	0	0	0.238 095	0	0	0	0
一艘船	0	0	1	0	0	0	0	0	0	0
沉入	0	0	0	0.2	0	0	0	0	0	0
海底	0	0	0	0	1	0	0	0	0	0
/	0.010 638	0	0	0	0.000 591	0.001 182	0.002 955	0	0	0
一个	0	0	0	0	0	0	0.370 37	0	0	0
人	0	0	0	0	0.104 478	0	0	0.074 627	0	0
成	0	0	0	0	0	0	0	0	0.75	0
了	0	0	0	0	0.303 279	0	0	0	0	0.040 984
谜	0	0	0	0	1	0	0	0	0	0

以表 2-9-7 中的 p（一艘船|当）=0.003 6 这个概率值讲解，从表 2-9-6 中得出"当"一共出现了 21 次，而其后出现"一艘船"的次数一共有 2 次，p（一艘船|当）=p（一艘船，当）/p（当）=count（当，一艘船）/count（当）=2/21 = 0.095 238。

据此，可以引出 N-gram 的应用，比如，搜索引擎（Google 或者 Baidu）、输入法猜想或者提示。当在搜索时，输入一个或几个词，搜索框通常会以下拉菜单的形式给出几个备选，这些备选其实是在猜想用户想要搜索的那个词串。

再者，当用输入法输入一个汉字的时候，输入法通常可以联系出一个完整的词，比如输入一个"刘"字，通常输入法会提示是否要输入的是"刘备"。通过上面的介绍，应该能够很敏锐地发觉，这其实是以 N-Gram 模型为基础来实现的。

按照以上思路，上述歌词库也可实现自动写词，只要不断加大歌词训练词库的量，就可以实现自动写歌词，下载及试用可扫描右侧的二维码。

自动谱曲软件也同此处理，下载及试用也可扫描右侧的二维码。

（二）Bi-Gram 评判语句的合理性

假设现在有一个语料库，我们统计了一些词出现的数量，如表 2-9-8 所示。

表 2-9-8 一些词出现的数量

I	want	to	eat	chinese	food	lunch	spend
2 533	927	2 417	746	158	1 093	341	278

下面这些概率值作为已知条件：

$p(i|<s>) = 0.25$，　$p(english | want) = 0.001\ 1$；

$p(food | english) = 0.5$，　$p(</s>| food) = 0.68$，　$p(want |<s>) = 0.25$；

表 2-9-9 给出的是基于 Bigram 模型进行计数的结果。

表 2-9-9 Bigram 模型计数结果表

语料库	I	want	to	eat	chinese	food	lunch	spend
I	5	827	0	9	0	0	0	2
want	2	0	608	1	6	6	5	1
to	2	0	4	686	2	0	6	211
eat	0	0	2	0	16	2	42	0
chinese	1	0	0	0	0	82	1	0
food	15	0	15	0	1	4	0	0
lunch	2	0	0	0	0	1	0	0
spend	1	0	1	0	0	0	0	0

相应的频率分布表如表 2-9-10 所示。

表 2-9-10　Bigram 模型计数概率表

语料库	I	want	to	eat	chinese	food	lunch	spend
I	0.002	0.33	0	0.003 6	0	0	0	0.000 79
want	0.002 2	0	0.66	0.001 1	0.006 5	0.006 5	0.005 4	0.001 1
to	0.000 83	0	0.001 7	0.28	0.000 83	0	0.002 5	0.087
eat	0	0	0.002 7	0	0.021	0.002 7	0.056	0
chinese	0.006 3	0	0	0	0	0.52	0.006 3	0
food	0.014	0	0.014	0	0.000 92	0.003 7	0	0
lunch	0.005 9	0	0	0	0	0.002 9	0	0
spend	0.003 6	0	0.003 6	0	0	0	0	0

下面通过基于这个语料库来判断 S_1= "<s> i want english food</s>" 与 S_2 = "<s> want i english food</s>" 哪个句子更合理。

首先判断 $p(S_1)$。

$$p(S_1) = p(i|<s>)p(want|i)p(english|want)p(food|english)p(</s>|food)$$
$$= 0.25 \times 0.33 \times 0.001\ 1 \times 0.5 \times 0.68 = 0.000\ 031$$

这里，$p(i|<s>)$ 中的<s>是句头的意思，指如果是句头，I 出现的概率；$p(</s>|food)$ 中的</s>是句尾的意思，指如果是 food，句尾出现的概率。

再来求 $p(S_2)$。

$$p(S_2) = p(want|<s>)p(i|want)p(english|want)p(food|english)p(</s>|food)$$
$$= 0.25 \times 0.002\ 2 \times 0.001\ 1 \times 0.5 \times 0.68 = 0.000\ 000\ 020\ 57$$

通过比较可以明显发现 0.000 000 020 57<0.000 031，也就是说 S_1= "i want english food</s>" 更合理。

四、Orange 中的自然语言处理

Orange3.0 中对自然语言的处理有专门的模块，称之为 "Text" 模块，主要是对自然语言进行 token（词粒）分割，注意不是词义分割。如果是处理中文，还需要预先用中文语言处理系统进行预处理（如结巴系统等）。

（一）Orange 预处理窗口

Orange3.0 中对文本的预处理主要由图 2-9-5 所示的页面完成。

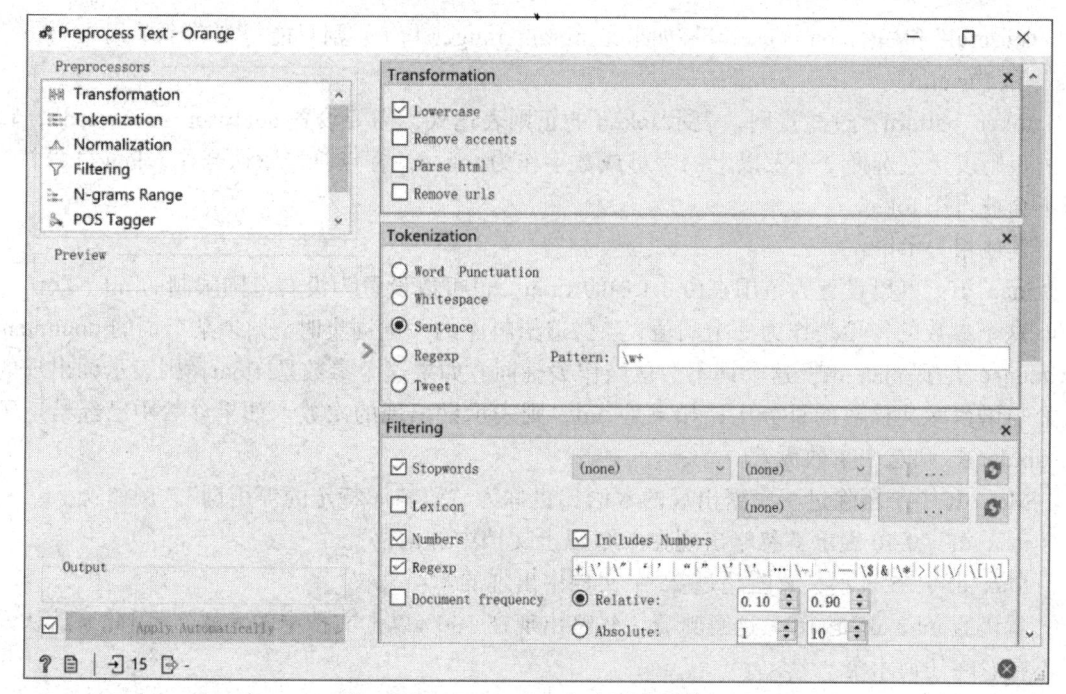

图 2-9-5　Orange3.0 文本预处理窗口

Transformation（转换）：
Lowercase：将所有字符变成小写。
Remove accents：去除音调符号，例如法语中éè等字母上的音调符号。
Parse html：解析 html。
Remove urls：去除 urls。
Tokenization（标记化又称词汇分析）：
Word Punctuation：根据词语和标点符号进行 token。
Whitespace：根据空格进行 token。
Sentence：根据句子进行 token。
Regexp：根据正则化字符串进行 token。
Tweet：根据推特进行 token。
注：NLP 中 token 为通过 Tokenization 操作后把文本切分成一个字符串序列，其元素一般称为 token，在此称之为"词粒"。
Filtering（过滤）：
Stopwords：设置停用词，设为 english 将使用内置的英语停用词，设为一个 list 可自定义停用词，设为 None 不使用停用词，设为 None 且 max_df $\in$ [0.7, 1.0]将自动根据当前的语料库建立停用词表。
Lexicon：设置词汇。
N-grams Range：词组切分的长度范围。n-gram-range（min，max）是指将 text 分成 min，min+1，min+2，…，max 个不同的词组。
比如"Python is useful"中 ngram_range（1, 3）之后可得到"Python""is""useful""Python

is""is useful"和"Python is useful"。如果是 ngram_range（1，1），则只能得到单个单词"Python""is"和"useful"。

token_pattern：过滤规则，表示 token 的正则表达式，需要设置 analyzer =="word"，默认的正则表达式选择 2 个及以上的字母或数字作为 token，标点符号默认当作 token 分隔符，而不会被当作 token。

其他相关术语：

max_df：可以设置为范围在[0.0 1.0]的 float，也可以设置为没有范围限制的 int，默认为 1.0。这个参数的作用是作为一个阈值，当构造语料库的关键词集时，如果某个词的 document frequence 大于 max_df，这个词不会被当作关键词。如果这个参数是 float，则表示词出现的次数与语料库文档数的百分比；如果是 int，则表示词出现的次数。如果参数中已经给定了 vocabulary，则这个参数无效。

Max_df 用于删除过于频繁出现的术语，也称为"语料库特定的停用词"。例如：

max_df = 0.50 表示"忽略出现在 50%以上文档中的术语"。

Max_df = 25 表示"忽略超过 25 个文档中出现的术语"。

默认的 max_df 是 1.0，这意味着"忽略出现在 100%以上文档中的术语"。因此，默认设置不会忽略任何术语。

Min_df：类似于 max_df，不同之处在于如果某个词的 document frequence 小于 min_df，则这个词不会被当作关键词。

Min_df 用于删除不经常出现的术语。例如：

min_df = 0.01 表示"忽略出现在少于 1%的文档中的术语"。

Min_df = 5 表示"忽略少于 5 个文档中出现的术语"。

Max_features：默认为 None，可设为 int，对所有关键词的 term frequency 进行降序排序，只取前 max_features 个作为关键词集。

（二）N-Gram 对文本分类的计算

目前，N-Gram 最为有用的就是自然语言的自动分类功能。

基于 N-Gram 的自动分类方法有两大类：一类是人工干预的分类（Classification），又称分类；另一类是无人工干预的分类（Clustering），又称聚类。

N-Gram 距离定义为

$$|G_N(s)+G_N(t)|-2\times|G_N(s)\cap G_N(t)|$$

$G_N(s)$是字符串 s 的 N-Gram 集合，N 值一般取 2 或者 3，假设以 N=2 为例对字符串 Gorbachev 和 Gorbechyov 进行分段：

Go,or,rb,ba,ac,ch,he,ev

Go,or,rb,be,ec,ch,hy,yo,ov

从以上分词可以得出，$G_N(s)=8$，$G_N(t)=9$，$|G_N(s)\cap G_N(t)|=4$。所以这两个字符串的 N-Gram 距离为 8+9－2×4=9。

● 技能训练

（1）什么是马尔可夫链？
（2）简述语音识别及自然语言处理方法。
（3）自然语言处理大数据算法操作实践。
① 作业目的。

旨在让学生理解马尔可夫模型（Markov Model）的基本原理，了解其在语音识别、词性自动标注、音字转换、概率文法、序列分类等各个自然语言处理等领域的广泛应用，体会其经过长期发展，尤其是在语音识别中的成功应用，如何使它成为一种通用的统计工具，以及到目前为止，它一直被认为是实现快速精确的语音识别系统的最成功的方法之一的主要原因。

② 作业准备。

Orange3 软件下载并安装。

分词训练下载包含两个文件，自动谱曲及自动造句功能，是目前流行的 ChatGPT 的底层算法原理模拟。

a. 马尔可夫模型练习。

下面是马尔可夫模型在天气预测方面的简单例子。如果第一天是雨天，第二天还是雨天的概率是 0.8，是晴天的概率是 0.2；如果第一天是晴天，第二天还是晴天的概率是 0.6，是雨天的概率是 0.4。问：如果第一天下雨了，第二天仍然是雨天的概率是多少？第十天是晴天的概率是多少？

首先构建转移概率矩阵，由于每一天的状态只是晴天或者是下雨两种情况，所以矩阵是 2×2 的，如表 2-9-11 所示。

表 2-9-11 天气状态概率矩阵

雨天	晴天	天气
0.8	0.4	雨天
0.2	0.6	晴天

构造转移概率矩阵：

$$A = \begin{bmatrix} 0.8 & 0.4 \\ 0.2 & 0.6 \end{bmatrix}$$

假设初始状态第一天是雨天，记为

$$P_0 = \begin{bmatrix} 1 \\ 0 \end{bmatrix}$$

则第一天是雨天，第二天仍然是雨天（记为 P_1）的概率为

$$P_1 = A \times P_0 = \begin{bmatrix} 0.8 & 0.2 \end{bmatrix}$$

则第十天（记为 P_9）是晴天的概率：

$$P_9 = A \times P_8 = \cdots = A^9 \times P_0 = 0.333\,2$$

b. 自然语言进行 token（词粒）分割。

打开自然语言处理（Natural Language Process，NLP）随机输入一段文字，并进行词条分割，如图 2-9-6 所示。

图 2-9-6　词条分割

③ 作业内容。

作业包括两个部分：
- Orange 中的自然语言处理；
- 撰写分析报告。

a. 文本语料。

从网上收集 4 段"老虎"的资料和 3 段"猴子"的资料，保存成 .txt 格式。一般来讲，下载数据采用的是 txt 文件，而 txt 是一种纯文本文档，里面不会有任何字体格式，直观性较差，同时也不便于 Orange 平台操作，需要进行转换并预处理。

b. 增加文本分析模块。

使用 Orange3 处理文本数据，还需安装文本分析模块，进入菜单栏【Option】→【Add-ones】，选中"Orange3-Text"，点击 OK，进行安装，安装好之后重新进入 Orange3 即可。

c. 载入文本。

在 Orange3 中，载入文本数据主要使用"Corpus"和"Import Document"，其中，Corpus 组件能够载入后缀为 tab，csv，xlsx 等许多格式的语料（试着尝试网站预存的一些 .tab 的语料，可以用文本编辑器进入查看其格式），而"Import Document"能够作用于文件，根据文件名字自动为文本添加类。

d. 预处理语料。

导入文本语料之后，要对语料进行预处理。预处理，一般包括去停用词，分词，去掉一些商标、网址等信息。

这里需要用到"Preprocess Text"组件，将其拖入右侧画板，并且和"Import Documents"连接，进入其中，设置具体的预处理选项。

e. 文本转化为向量。

在 Orange3 中，文本转化成向量的组件为"Bag of words"（词袋模型），将其拖入画板，连接"Preprocess Text"，在"Bag of words"中，可以选择词袋模型的统计依据，比如"Count"词频、"Idf"逆文档词频等。

f. 文本相似性矩阵和文本聚类。

将左侧的"Distances"和"Distance Matrix"拖到右侧画板中，连接"Bag of Words"-"Distances"，"Distances"-"Distance Matrix"，不用调整"Distances"的内容，直接查看"Distance Matrix"即可。

g. 撰写数据分析报告。

本项目知识积累与技能训练

一、名词解释

1. 信息熵、条件熵、信息增益、信息增益比
2. 决策树 ID3、决策树 C4.5、决策树 CART
3. 聚类算法
4. 正则项与稀疏解
5. 朴素贝叶斯
6. K 近邻算法
7. 关联规则
8. 逻辑回归（logistic）
9. 人工神经网络
10. 支持向量机
11. 硬间隔支持向量机
12. 马尔可夫链
13. 随机漫步

二、选择题（多选题）

1. K 值的选择方法有（　　）。
   A. 快速判断法　　　B. 肘部法则　　　C. 轮廓系数法
2. KNN 算法可用于各种分类的场景有（　　）。
   A. 新闻分类　　　B. 商品分类　　　C. 模式识别
   D. 多分类领域　　E. 简单的文字识别

3. 关联规则最常用的是 Apriori 算法，同时也是发现频繁项集的一种方法，其严谨的表述方法包括以下哪几个概念？（　　）

A. 支持度　　　　　B. 置信度　　　　　C. 提升度

D. 频繁项集　　　　E. 项集的超集

4. 神经网络包括（　　）。

A. 正向传播　　　　B. 反向传播

三、简答题

1. 比较决策树算法 ID3、C4.5、CART 的优点。
2. 如何从等高线认识正则项？
3. 如何理解正则项与稀疏解？
4. 简述朴素贝叶斯定理与公式。
5. 简述 KNN 算法的特点。
6. 逻辑回归应用场景及优劣有哪些？
7. 简述人工神经网络的含义。
8. 简述神经网络的正向及反向传播过程。
9. 神经网络的应用领域有哪些？
10. 什么是支持向量机？什么是硬间隔支持向量机？
11. 简述非线性支持向量机。
12. 马尔可夫链的应用有哪些领域？

项目三　数据采集与整理

○ **知识目标**

（1）了解数据挖掘及其技术的演进过程。
（2）了解数据挖掘的目的。
（3）了解数据挖掘的常见方法及基本步骤。
（4）了解 Python、八爪鱼、Power BI 等数据采集工具。
（5）了解数据整理的步骤及应用实例。

○ **能力目标**

（1）能够了解数据挖掘的目的及其技术的演进过程。
（2）掌握数据挖掘的常见方法及基本步骤。
（3）能够利用 Python、八爪鱼、Power BI 等工具进行数据采集。

○ **素养目标**

（1）培养学生数据挖掘的思维和素养。
（2）培养学生利用采集工具进行应用实践的能力。
（3）培养学生进行简单数据整理的能力。

○ **德技并修**

数据采集的能力是指对科学数据进行收集、处理和分析的能力。但是，随着大数据时代的到来，数据已不再是简单的来源、目的或结果，而是上升为社会的一种基础设施和工具，相应地对学生所应具备的数据能力也有了更高的要求。因此，"数据采集"的能力从广义上讲，除了包括对数据的采集、组织、处理和分析的能力外，还应包括数据的应用意识、数据感知能力及数据伦理素养。

○ **项目说明**

本项目包括 5 个任务：数据挖掘及其方法、Python 数据采集实例、八爪鱼数据采集实例、Power BI 数据采集实例、数据整理实例。这些是学生进行数据采集与整理所具备的知识技能和数据思维，也是帮助学生建立数据分析的初步框架，为后续数据分析和数据挖掘做好相应的准备工作。

任务一　数据挖掘及其方法

一、数据挖掘

（一）数据挖掘的定义

数据挖掘（data mining）是指通过大量数据集进行分类的自动化过程，以通过数据分析来识别趋势和模式，建立关系来解决业务问题。换句话说，数据挖掘是从大量的、不完全的、有噪声的、模糊的、随机的数据中提取隐含在其中的、人们事先不知道的、但又是潜在有用的信息和知识的过程。

（二）与数据分析的区别

数据分析和数据挖掘都是从数据库中发现知识，所以我们都称数据分析和数据挖掘为数据库中的知识发现。严格来讲，数据挖掘才是真正意义上的数据库中的知识发现（Knowledge Discovery in Database，KDD）。数据分析是从数据库中通过统计、计算、抽样等相关方法，获取基于数据表象的知识，数据分析是从数据库里面得到一些表象性的信息。数据挖掘是从数据库中通过机器学习或者是通过数学算法等相关方法获取深层次的知识（如属性之间的规律性，或者是预测）的技术。

（三）数据挖掘的利弊

数据挖掘可以应用于任何类型的信息存储库及瞬态数据（如数据流），如数据库、数据仓库、数据集、事务数据库、空间数据库（如地图等）、工程设计数据（如建筑设计等）、多媒体数据（文本、图像、视频、音频）、网络、数据流、时间序列数据库等。也正因如此，数据挖掘存在以下特点：

（1）数据集大且不完整。数据挖掘所需要的数据集是很大的，只有数据集越大，得到的规律才能越贴近于正确的实际规律，结果也才越准确。除此以外，数据往往都是不完整的。

（2）数据的不准确性。数据挖掘存在不准确性，主要是由噪声数据造成的。比如在商业中用户可能提供假数据；在工厂环境中，正常的数据往往会受到电磁或者辐射干扰，而出现超出正常值的情况。这些不正常的绝对不可能出现的数据，就叫作噪声，它们会导致数据挖掘存在不准确性。

（3）数据的模糊性和随机性。数据挖掘是模糊的和随机的。这里的模糊可以和不准确性相关联。由于数据不准确导致只能在大体上对数据进行一个整体的观察，或者由于涉及隐私信息无法获知到具体的一些内容，此时如果想要做相关分析操作，就只能在大体上做一些分析，无法精确进行判断。而数据的随机性有两个解释：一个是获取的数据随机，我们无法得知用户填写的到底是什么内容；二是分析结果随机，数据交给机器进行判断和学习，那么一切操作都属于是黑箱操作。由此可以看出，数据挖掘这个强大的工具是利弊共存的，在合适的时机使用，方能事半功倍。

二、数据挖掘技术的演进

（一）更便捷的开发模型

在过去很多年，首要原则模型（first-principle models）是科学工程领域最为经典的模型。比如要想知道某辆车从启动到速度稳定行驶的距离，那么需要先统计从启动到稳定耗费的时间、稳定后的速度、加速度等参数；然后运用牛顿第二定律（或者其他物理学公式）建立模型，最后根据该车多次实验的结果列出方程组，从而计算出模型的各个参数。通过该过程，你就相当于学习到了一个知识——某辆车从启动到速度稳定行驶的具体模型。此后，只要在该模型中输入汽车的启动参数便可自动计算出该汽车达到稳定速度前行驶的距离。然而，在数据挖掘的思想中，知识的学习是不需要通过具体问题的专业知识建模。如果之前已经记录下了100辆型号性能相似的汽车从启动到速度稳定行驶的距离，那么就能够对这100个数据求均值，从而得到结果。显然，这一过程是直接面向数据的，或者说是直接从数据开发模型的。

（二）计算机技术的发展

数据挖掘理论涉及的面很广，它实际上起源于多个学科。如建模部分主要起源于统计学和机器学习。统计学方法以模型为驱动，常常建立一个能够产生数据的模型。而机器学习则以算法为驱动，让计算机通过执行算法来发现知识。随着互联网工具的发展，分享和协作的成本大大降低。我们每天用手机聊天、购物、刷短视频、看新闻等日常的不经意动作给互联网行业提供了体量庞大的数据。这些数据通常被收集、存放在大型数据存储库中，没有强有力的工具，理解它们已经远远超出了我们的能力。而数据挖掘技术的出现解决了这一问题。它可以从海量的数据中提取出有价值的信息，进而作为决策的重要依据。

（三）预　　测

数据挖掘的真正价值在于能够以数据中的模式和关系的形式挖掘隐藏的宝石，这可以用来做出对企业有重大影响的预测。例如，如果一家公司确定的营销活动导致在该国某些地区的某种产品的型号的销售额非常高，而在其他地区则不然，那么可以在将来重新调整该广告活动以获得最大的回报。该技术的好处可能因业务类型和目标而异。例如，零售业的销售和营销经理可能用不同的方式挖掘客户信息以提高转化率，这种提高转化率的方式迥异于航空公司或金融服务业。不管是什么行业，过去应用于销售模式和客户行为的数据挖掘都可用于创建预测未来销售和行为的模型。数据挖掘也有助于取消可能损害企业的活动。例如，可以使用数据挖掘来提高产品的安全性，或检测保险和金融服务交易中的欺诈活动。

三、数据挖掘的目的

数据挖掘的两大基本目的是预测和描述数据,其中前者的计算机建模及实现过程通常被称为监督学习(supervised learning),后者则通常被称为无监督学习(supervised learning)。

(一)预测数据

预测性挖掘任务对当前数据进行推断,以做出预测。预测主要包括:分类——将样本划分到几个预定义类之一;回归——将样本映射到一个真实值预测变量上。也就是说,给了一定的目标属性,去预测目标的另外特定属性。如果该属性是离散的,通常称之为"分类",而如果目标属性是一个连续的值,则称之为"回归"。

(二)描述数据

描述性挖掘任务是描述数据库中数据的一般性质。描述主要包括:聚类——将样本划分为不同类(无预定义类);关联规则发现——发现数据集中不同特征的相关性。这是指找出数据间潜在的关联模式。比方说两个数据存在强关联的关系,像大数据分析发现的一个特点:买尿布的男性通常也会买点啤酒,那么商家根据这个行为可以将这两种商品打包出售来提高业绩。另外一个非常重要的方法就是聚类分析,这也是在日常数据挖掘中应用较为频繁的一种分析,旨在发现紧密相关的观测值组群,可以在没有标签的情况下将所有数据分为合适的几类来进行分析或者降维。其他的描述任务还有异常检测,其过程类似于聚类的反过程,聚类将相似的数据聚合在一起,而异常检测是将离群太远的点给剔除出来。

四、常用的数据挖掘方法

(一)神经网络方法

神经网络由于本身良好的鲁棒性、自组织自适应性、并行处理、分布存储和高度容错等特性非常适合解决数据挖掘的问题,因此近年来越来越受到关注。

(二)遗传算法

遗传算法是一种基于生物自然选择与遗传机理的随机搜索算法,是一种仿生全局优化方法。遗传算法具有隐含并行、易于和其他模型结合等性质,使得它在数据挖掘中被加以应用。

(三)决策树方法

决策树是一种常用于预测模型的算法,它通过将大量数据有目的地分类,从中找到一些有价值的、潜在的信息。它的主要优点是描述简单,分类速度快,特别适合大规模的数据处理。

（四）粗集方法

粗集理论是一种研究不精确、不确定知识的数学工具。粗集方法有几个优点：不需要给出额外信息；简化输入信息的表达空间；算法简单，易于操作。粗集处理的对象是类似二维关系表的信息表。

（五）覆盖正例排斥反例方法

它是利用覆盖所有正例、排斥所有反例的思想来寻找规则。首先在正例集合中任选一个种子，到反例集合中逐个比较。与字段取值构成的选择子相容则舍去，相反则保留。按此思想循环所有正例种子，将得到正例的规则（选择子的合取式）。

（六）统计分析方法

在数据库字段项之间存在两种关系：函数关系和相关关系，对它们的分析可采用统计学方法，即利用统计学原理对数据库中的信息进行分析，可进行常用统计、回归分析、相关分析、差异分析等。

（七）模糊集方法

即利用模糊集合理论对实际问题进行模糊评判、模糊决策、模糊模式识别和模糊聚类分析。系统的复杂性越高，模糊性越强。一般模糊集合理论是用隶属度来刻画模糊事物的亦此亦彼性的。

五、数据挖掘的基本步骤

从形式上来说，数据挖掘的开发流程是迭代式的。一般通过如下几个阶段对数据进行迭代式处理：

（一）解读需求

绝大多数数据挖掘工程都是针对具体领域的，因此数据挖掘不应该沉浸在自己的算法模型世界里，而应该多和具体领域的专家交流合作，以正确解读出项目需求，且这种合作应当贯穿整个项目生命周期。

（二）搜集数据

在大型公司，数据搜集大都是从其他业务系统数据库中提取。很多时候我们是对数据进行抽样，在这种情况下必须理解数据的抽样过程是如何影响取样分布，以确保评估模型环节中用于训练（train）和检验（test）模型的数据来自同一个分布。

（三）预处理数据

预处理数据可主要分为数据准备和数据归约两部分。其中前者包含了缺失值处理、异常值处理、归一化、平整化、时间序列加权等；而后者主要包含维度归约、值归约和案例归约。

（四）评估模型

确切来说，这一步就是在不同的模型之间做出选择，找到最优模型。很多人认为这一步是数据挖掘的全部，但显然这是以偏概全的，甚至绝大多数情况下这一步耗费的时间和精力在整个流程里是最少的。

（五）解释模型

数据挖掘模型在大多数情况下是用来辅助决策的，人们显然不会根据"黑箱模型"来制定决策。如何针对具体业务情景对模型做出合理解释也是一项非常重要的任务。

任务二 Python 数据采集实例

互联网作为信息和数据的载体，可以通过它获取到潜在客户的信息。数据可以为产品研发提供科学支撑，引导我们做出正确的决策，也可以为我们提供有效的销售线索，找到潜在的客户信息。而面对如此庞大的数据量，是否有方法可以在尽量减少人工操作的基础上，把网络上的数据批量自动化地进行处理，保留成整洁有序的表格，以便更高效地为我们提供数据支撑做决策？

想象这样一个场景：公司开发新产品，需要在投入研发之前了解同类产品的市场价格，以便于更好地控制新品的生产成本，让产品在市场上有价格优势。通过关键词搜索出了市场的同类产品，这时如果将列表展现出来的产品标题、价格、起订量等信息通过手动的方式粘贴下来，保存到表格里面，那这将会是一项非常庞大的工程。因为数据统计需要有大量的样本做支撑，才能使数据的准确性提高。而这时如果有一类软件帮你完成这种重复性工作，提高你的工作效率，是不是会方便很多。这就是爬虫的作用之一。

一、Python（爬虫）

爬虫可以形象地理解为在网络上爬行的一只蜘蛛，将互联网比作一张大网，而爬虫便是在这张网上爬来爬去的蜘蛛，如果它遇到资源，那么它就会抓取下来。比如它在抓取一个网页，在这个网中他发现了一条道路，其实就是指向网页的超链接，那么它就可以爬到另一张网上来获取数据。爬虫可以抓取的某个网站或者某个应用的内容，提取有用的价值，也可以模拟用户在浏览器或者 App 应用上进行操作，实现自动化的程序。通过下面的实例学习，能够掌握网页的一般结构，使用 requests 库抓取网站数据，使用 Beautiful Soup 解析网页，清洗整理数据。

二、从网页获取数据

以某网站首页（http://www.cntour.cn）为例，抓取首页首条信息（标题和链接），数据以明文的形式出现在源码中。在网站首页，按快捷键【Ctrl+U】打开源码页面，如图 3-2-1 所示。

图 3-2-1　源码页面

（一）认识网页结构

网页一般由三部分组成，分别是 HTML（超文本标记语言）、CSS（层叠样式表）和 JScript（活动脚本语言）。

1. HTML

HTML 是整个网页的结构，相当于整个网站的框架。带"＜""＞"符号都属于 HTML 的标签，并且标签都是成对出现的。常见的 HTML 标签如下：

<html>...</html>	标记中间的元素是网页
<body>..</body>	表示用户可见的内容
<div>..</div>	表示框架
<p>..</p>	表示段落
<li>..</li>	表示列表
<img>..</img>	表示图片
<h1>..</h1>	表示标题
<a href="">..</a>	表示超链接

开始创建第一个 Web，打开记事本，输入：

```html
<html>
  <head>
    <title>商务数据分析与数字化创业实践</title>
  </head>
<body>
  <div>
    <p> 商务数据分析与数字化创业实践</p>
  </div>
  <div>
    <ul>
    <li><a href="http:// ">数据挖掘</a></li>
    <li>数据清洗</li>
    </ul>
  </div>
</body>
```

输入代码后，保存记事本，然后修改文件名和后缀名为"Web.html"。运行该文件后的效果如图 3-2-2 所示。

图 3-2-2 运行效果

这段代码用到了网页制作的 HTML 语言，可自行修改代码中的文字，观察其变化。

2. CSS

CSS 表示样式，图 3-2-1 中第 11 行<link type="text/css">表示下面引用一个 CSS，在 CSS 中定义了外观。

3. JScript

JScript 表示功能。交互的内容和各种特效都在 JScript 中，JScript 描述了网站中的各种功能。

如果用人体来比喻，HTML 语言建立了人的骨架，并且定义了人的嘴巴、眼睛、耳朵等要长在哪里。CSS 是人的外观细节，如嘴巴长什么样子，眼睛是双眼皮还是单眼皮，是大眼睛还是小眼睛，皮肤是黑色的还是白色的等。Jscript 则表示人的技能。

（二）网页的反爬虫机制

大部分的网站都有一个 robots.txt 文档，当然也有部分网站没有设定 robots.txt。对于没有设定 robots.txt 的网站，可以通过网络爬虫获取没有口令加密的数据，该网站所有页面数据都可以爬取。如果网站有 robots.txt 文档，就要判断是否有禁止访客获取的数据。

以某网站为例，在浏览器中访问如图 3-2-3 所示。返回代码的意思是禁止爬取任何数据。

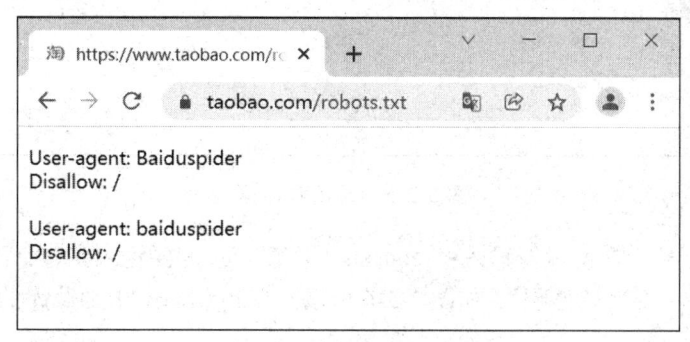

图 3-2-3 禁止爬取任何数据

三、使用 requests 库请求网站

（一）安装 requests 库

首先在 PyCharm 中安装 requests 库，为此打开 PyCharm，单击"文件"菜单，选择"新项目设置"命令，如图 3-2-4 所示。

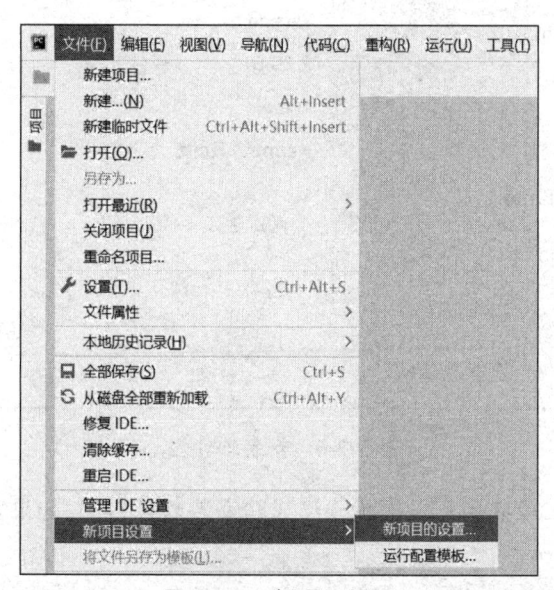

图 3-2-4 新项目设置

选择"新项目的设置",在弹出的"设置"窗口选择"Python 解释器"选项,确认 Python 解释器与安装的 Python 版本一致,如图 3-2-5 所示。

图 3-2-5　设置对话框

点击标签栏加号,在搜索框输入:requests(注意:一定要输入完整,不然容易出错),然后单击左下角的"安装软件包",如图 3-2-6 所示。在 PyCharm 中加载库的操作步骤如本例步骤。

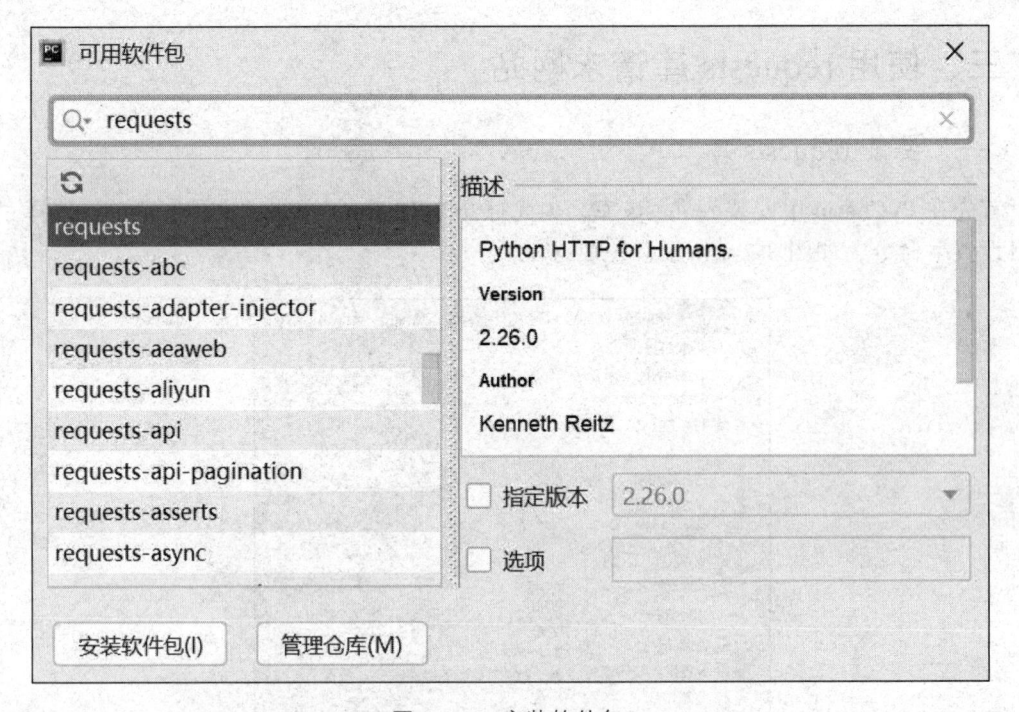

图 3-2-6　安装软件包

安装完成后,如图 3-2-7 所示,提示"已成功安装软件包",如果安装不成功也会显示提示信息。

图 3-2-7 已成功安装软件包

（二）爬虫的基本原理

网页请求的过程分为两个环节：

（1）request（请求）：每一个展示在用户面前的网页都必须经过这一步，也就是向服务器发送访问请求。

（2）response（响应）：服务器在接收到用户的请求后，会验证请求的有效性，然后向用户（客户端）发送响应的内容，客户端接收服务器响应的内容，将内容展示出来，这就是我们所熟悉的网页请求。

网页请求的方式也分为两种：

① GET：最常见的方式，一般用于获取或者查询资源信息，这也是大多数网站使用的方式，响应速度快。

② POST：相比 GET 方式，多了以表单形式上传参数的功能，因此除查询信息外，还可以修改信息。

因此，爬取数据前要先确定向谁发送请求，用什么方式发送。

（三）使用 GET 方式抓取数据

复制任意一条首页首条新闻的标题，在源码页面按【Ctrl+F】组合键调出搜索框，将标题粘贴在搜索框中，按【Enter】键。标题可以在源码中搜索到，请求对象是 www.cntour.cn，请求方式是 GET（所有在源码中的数据请求方式都是 GET），如图 3-2-8 所示。

图 3-2-8　使用 GET 方式抓取数据

确定好请求对象和方式后，在 PyCharm 中输入以下代码：

```
import requests                    # 导入 requests 包
url = 'http://www.cntour.cn/'
strhtml = requests.get（url）       #  Get 方式获取网页数据
print（strhtml.text）
```

加载库使用的语句是 import+库的名字。在上述过程中，加载 requests 库的语句如下：

- **import requests**

用 GET 方式获取数据需要调用 requests 库中的 get 方法，使用方法是在 requests 后输入英文点号，如下所示：

- **requests.get**

将获取到的数据存到 strhtml 变量中，代码如下：

- **strhtml = request.get（url）**

这个时候 strhtml 是一个 URL 对象，它代表整个网页，但此时只需要网页中的源码，下面的语句表示网页源码：

- **strhtml.text**

运行结果如图 3-2-9 所示。

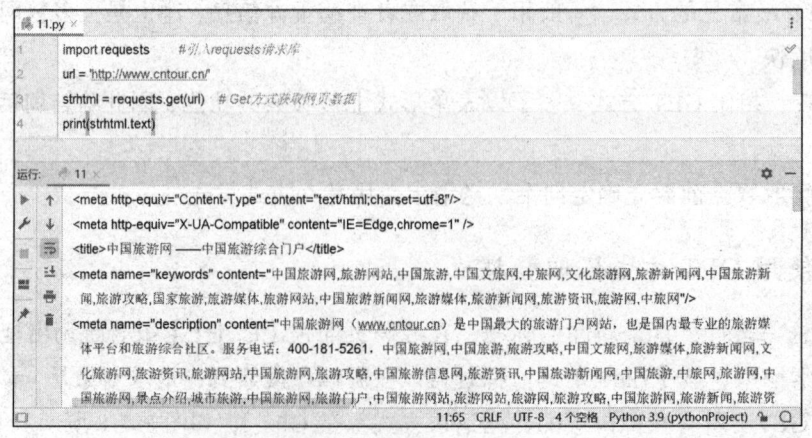

图 3-2-9　运行结果

（四）使用 POST 方式抓取数据

首先输入有道翻译的网址：http://fanyi.youdao.com/，进入有道翻译页面。
按快捷键 F12，进入开发者模式，单击"网络"，此时内容为空，如图 3-2-10 所示。

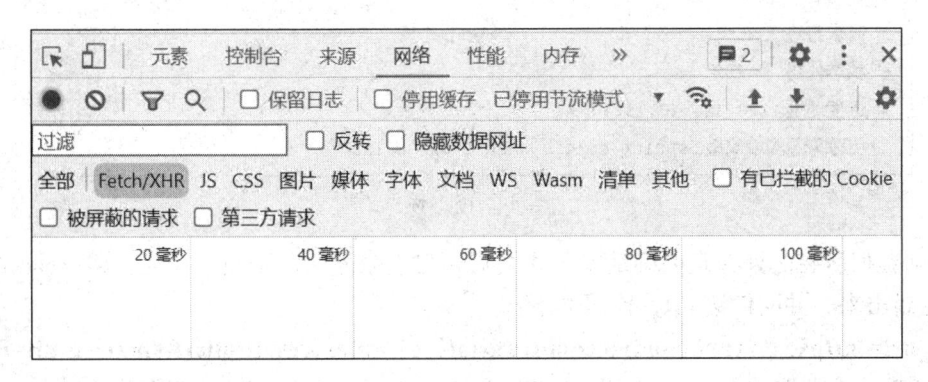

图 3-2-10　网络

在有道翻译中输入"我爱中国"，单击"翻译"按钮，如图 3-2-11 所示。

图 3-2-11　翻译"我爱中国"

在开发者模式中，依次单击"网络"按钮和"XHR"标签，找到翻译数据后预览，如图 3-2-12 所示。

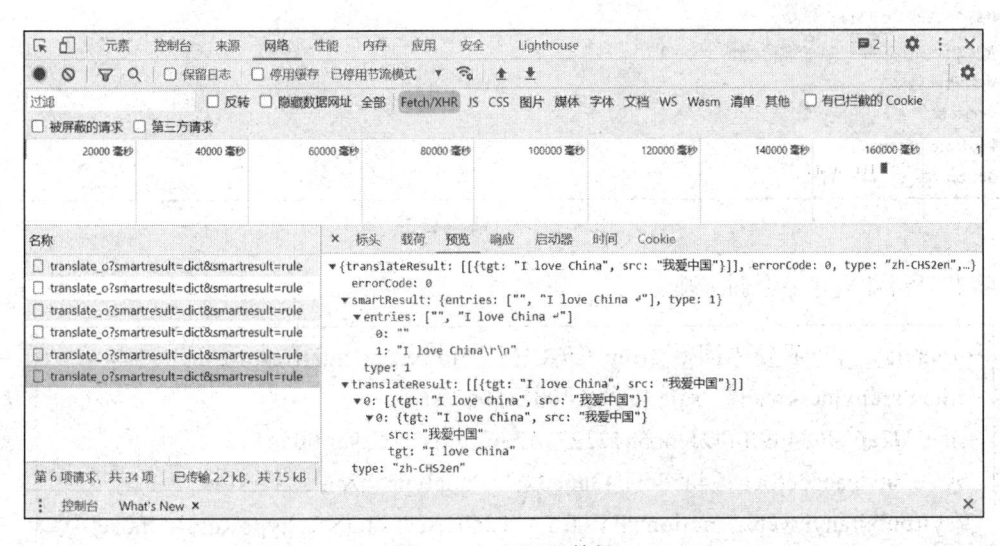

图 3-2-12　翻译数据

单击"标头"，发现请求数据的方法为 POST，如图 3-2-13 所示。

```
× 标头  载荷  预览  响应  启动器  时间  Cookie

▼常规
  请求网址: https://fanyi.youdao.com/translate_o?smartresult=dict&smartresul
  t=rule
  请求方法: POST
  状态代码: ● 200 OK
  远程地址: 220.181.76.251:443
  引荐来源网址政策: strict-origin-when-cross-origin
```

图 3-2-13 标头

找到数据所在之处并且明确请求方式之后，接下来开始写爬虫。首先，将 headers 中的 URL 复制出来，并赋值给 url，代码如下：

- url='https：//fanyi.youdao.com/translate_o？smartresult=dict&smartresult=rule'

POST 请求获取数据的方式不同于 GET，POST 请求数据必须构建请求头才可以。form data 中的请求参数如图 3-2-14 所示。

```
× 标头  载荷  预览  响应  启动器  时间  Cookie

▶查询字符串参数 (2)
▼表单数据    查看来源    查看网址编码格式的数据
  i: 我爱中国
  from: AUTO
  to: AUTO
  smartresult: dict
  client: fanyideskweb
  salt: 16392810392432
  sign: 4f790a73e04f6a527db8d7bd8da52436
  lts: 1639281039243
  bv: e70edeacd2efbca394a58b9e43a6ed2a
  doctype: json
  version: 2.1
  keyfrom: fanyi.web
  action: FY_BY_REALTlME
```

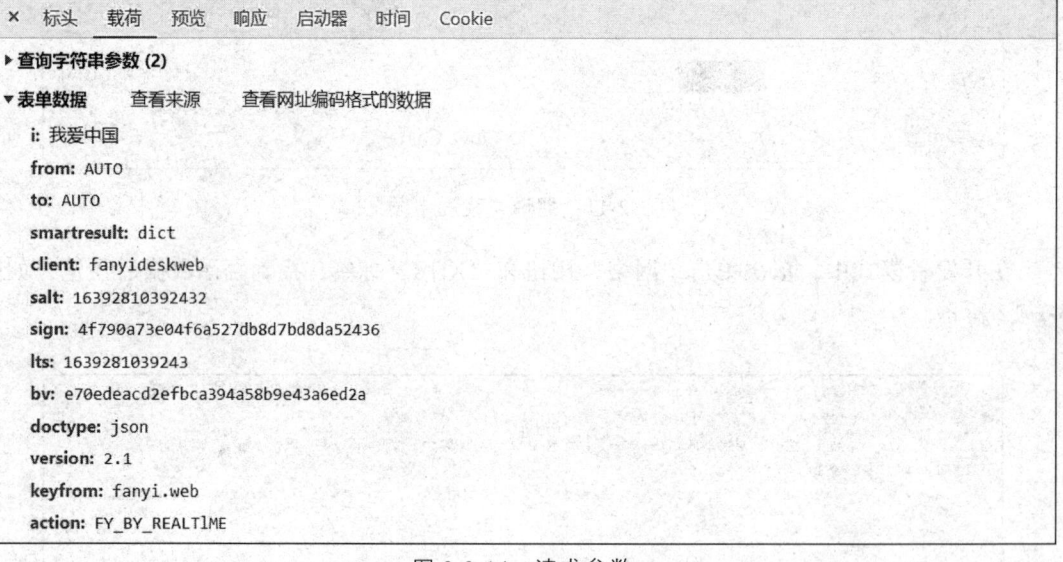

图 3-2-14 请求参数

将其复制并构建一个新字典：

> From data={'i':'我爱中国', 'from':'zh-CHS', 'to':'en', 'smartresult':'dict',
> 'client':'fanyideskweb', 'salt':'16391400545957',
> 'sign':'d2a624084d9f0fb2fe6c6b72222714236', 'lts':'1639140054595',
> 'bv':'e70edeacd2efbca394a58b9e43a6ed2a', 'doctype':'json', 'version':'2.1',
> 'keyfrom':'fanyi.web', 'action':'FY_BY_CLICKBUTTION', 'typoResult':'false' }

接下来使用 requests.post 方法请求表单数据，代码如下：

```
import requests              #导入 requests 包
response = requests.post（url，data=payload）
```

将字符串格式的数据转换成 json 格式数据，并根据数据结构提取数据，同时将翻译结果打印出来，代码如下：

```
import json
content = json.loads（response.text）
print（content['translateResult'][0][0]['tgt']）
```

使用 requests.post 方法抓取有道翻译结果的完整代码如下：

```
1.  import requests              #导入 requests 包
2.  import json
3.  def get_translate_date（word=None）:
    url = 'http://fanyi.youdao.com/translate_o?smartresult=dict&smartresult=rule'
    From_data={'i':word，'from':'zh-CHS'，'to':'en'，'smartresult':'dict'，
    'client':'fanyideskweb'，'salt':'15477056211258'，
    'sign':'b3589f32c38bc9e3876a570b8a992604'，'ts':'1547705621125'，
    'bv':'b33a2f3f9d09bde064c9275bcb33d94e'，'doctype':'json'，'version':'2.1'，
    'keyfrom':'fanyi.web'，'action':'FY_BY_REALTIME'，'typoResult':'false'}
    #请求表单数据
4.  response = requests.post（url，data=From_data）
    #将 Json 格式字符串转字典
5.  content = json.loads（response.text）
6.  print（content）
    #打印翻译后的数据
    #print（content['translateResult'][0][0]['tgt']）
7.  if __name__=='__main__':
8.  get_translate_date（'我爱中国'）
```

四、使用 Beautiful Soup 解析网页

通过 requests 库已经可以抓到网页源码，接下来要从源码中找到并提取数据。Beautiful Soup 库在 python 中的主要功能是从网页中抓取数据。Beautiful Soup 目前已经被移植到 bs4 库中，也就是说在导入 Beautiful Soup 时需要先安装 bs4 库。

安装 bs4 库的方式如图 3-2-15 所示。

图 3-2-15　安装 bs4 库

安装好 bs4 库以后，还需安装 lxml 库。如果不安装 lxml 库，就会使用 Python 默认的解析器。尽管 Beautiful Soup 既支持 Python 标准库中的 HTML 解析器，又支持一些第三方解析器，但是 lxml 库具有功能更加强大、速度更快的特点，因此推荐安装 lxml 库。

安装 Python 第三方库后，输入下面的代码，即可开启 Beautiful Soup 之旅。

```
1.  import requests              #导入 requests 包
2.  from bs4 import          BeautifulSoup
3.  url='http://www.cntour.cn/'
4.  strhtml=requests.get（url）
5.  soup=BeautifulSoup（strhtml.text，'lxml'）
6.  data =
    soup.select
    （'#main>div>div.mtop.firstMod.clearfix>div.centerBox>ul.newsList>li>a'）
7.  print（data）
```

代码运行结果如图 3-2-16 所示。

图 3-2-16　代码运行结果

Beautiful Soup 库能够轻松解析网页信息，它被集成在 bs4 库中，需要时可以从 bs4 库中调用。其表达语句如下：

- **from bs4 import BeautifulSoup**

首先，HTML 文档将被转换成 Unicode 编码格式，然后 Beautiful Soup 选择最合适的解析器来解析这段文档，此处指定 lxml 解析器进行解析。解析后便将复杂的 HTML 文档转换成树形结构，并且每个节点都是 Python 对象。这里将解析后的文档存储到新建的变量 soup 中，代码如下：

- **soup=BeautifulSoup（strhtml.text，'lxml'）**

接下来用 select（选择器）定位数据，定位数据时需要使用浏览器的开发者模式，使用鼠标右键，在快捷菜单中选择"检查"命令，如图 3-2-17 所示。

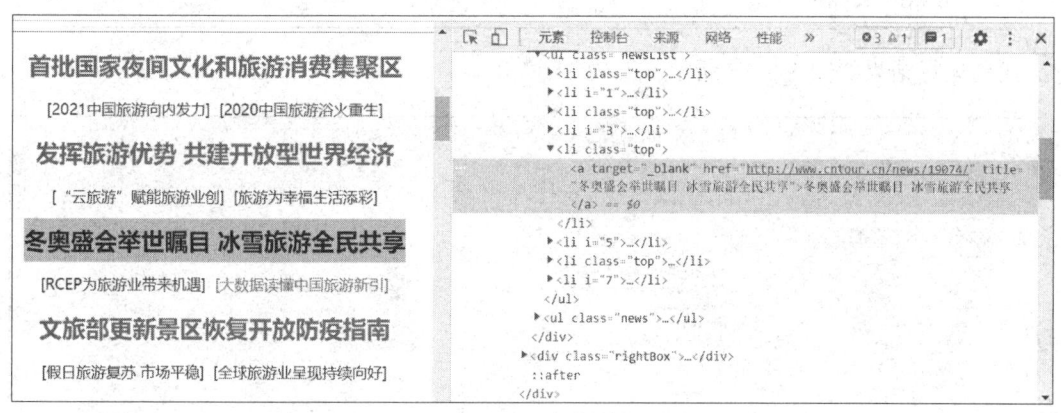

图 3-2-17 定位数据

随后在浏览器右侧会弹出开发者界面，右侧高亮的代码对应着左侧高亮的数据文本。右击右侧高亮数据，在弹出的快捷菜单中选择"复制"→"复制 selector"，便可以自动复制路径。代码如下：

- **#main > div > div.mtop.firstMod.clearfix > div.centerBox > ul.newsList > li：nth-child（5） > a**

由于这条路径是选中的任意头条标题的路径，而我们需要获取所有的头条新闻，因此将"li：nth-child（5）"中冒号（包含冒号）后面的部分删掉，代码如下：

- #main > div > div.mtop.firstMod.clearfix > div.centerBox > ul.newsList > li> a

使用 soup.select 引用这个路径，代码如下：

- **data=soup.select（ '#main>div > div.mtop.firstMod.clearfix > div.centerBox > ul.newsList > li> a'）**

五、清洗和组织数据

至此，获得了一段目标的 HTML 代码，但还没有把数据提取出来，接下来在 PyCharm 中输入以下代码：

```
1.  import requests          #导入 requests 包
2.  from bs4 import BeautifulSoup
3.  url='http://www.cntour.cn/'
4.  strhtml=requests.get（url）
5.  soup=BeautifulSoup（strhtml.text，'lxml'）
    data = soup.select（'#main > div > div.mtop.firstMod.clearfix > div.centerBox
    > ul.newsList > li> a'）for item in data:
6.  result={
    'title':item.get_text（），
    'link':item.get（'href'）
    }
7.  print（result）
```

代码运行结果如图 3-2-18 所示。

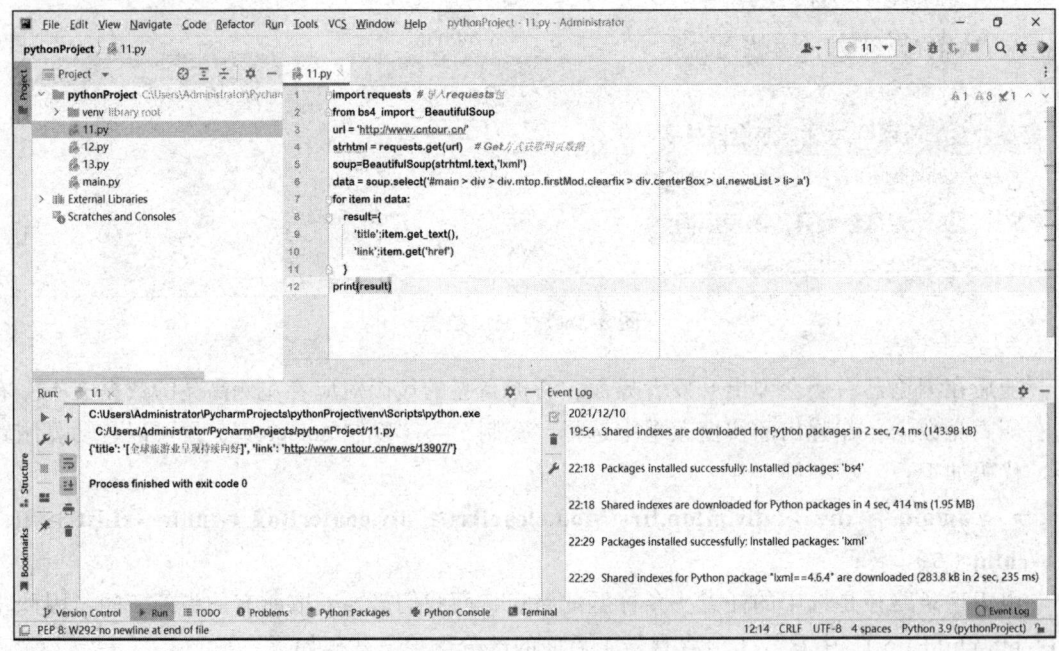

图 3-2-18　代码运行结果

首先明确要提取的数据是标题和链接，标题在 < a > 标签中，提取标签的正文用 get_text()方法。链接在 < a > 标签的 href 属性中，提取标签中的 href 属性用 get()方法，在括号中指定要提取的属性数据，即 get（'href'）。

从图 3-2-18 中可以发现，文章的链接中有一个数字 ID。下面用正则表达式提取这个 ID。需要使用的正则符号如下：

- \d 匹配数字
- + 匹配前一个字符 1 次或多次

在 Python 中调用正则表达式时使用 re 库，这个库不用安装，可以直接调用。在 PyCharm 中输入以下代码：

```
1.  import requests
2.  import re
3.  from bs4 import BeautifulSoup
4.  url = 'http://www.cntour.cn/'
5.  strhtml = requests.get（url）        # Get 方式获取网页数据
6.  soup=BeautifulSoup（strhtml.text，'lxml'）
7.  data = soup.select（'#main > div > div.mtop.firstMod.clearfix > div.centerBox > ul.newsList > li> a'）
8.  for item in data:
9.  result = {
    "title": item.get_text（），
    "link": item.get（'href'），
    'ID': re.findall（'\d+'，item.get（'href'））
    }
10. print（result）
```

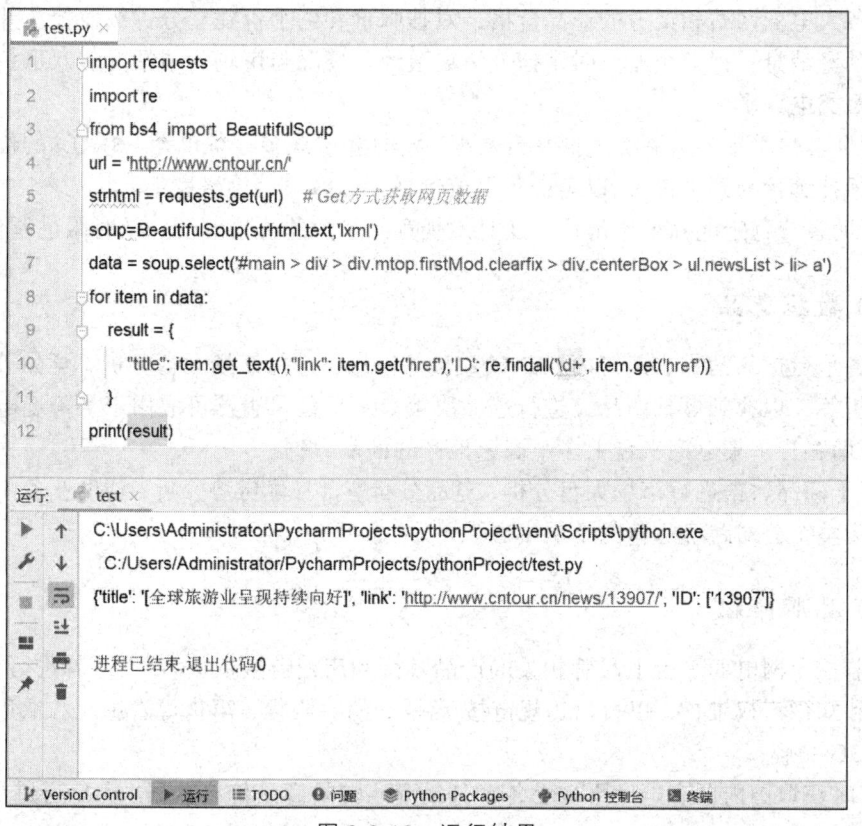

运行结果如图 3-2-19 所示。

图 3-2-19 运行结果

这里使用 re 库的 findall 方法，第一个参数表示正则表达式，第二个参数表示要提取的文本。

任务三　八爪鱼数据采集实例

相对而言，对于初学者来说，Python 数据采集工具的使用还稍有难度。当前，业内已开发出一些可以满足网页数据采集的较为成熟的工具，使用起来和浏览网页一样简单，既可以满足数据采集的需要，也可以作为进阶学习的基础。下面主要介绍一款网页数据采集工具——八爪鱼采集器。该工具内置了大量免费采集模板，能轻松采集到业务开发想要的数据，并免费导出为 Excel、数据库等类型的数据。

一、八爪鱼采集器应用案例

（一）价格监控

采集各大电商网站和渠道的商品价格，对挂牌价和到手价建立分钟级监控，并根据设置实时推送预警消息，帮助企业及时掌握分销渠道经营情况与市场竞争情况。八爪鱼采集器可应用于某酒类电商平台：

- 帮助客户采集各大酒类电商平台数据，定时获取众多存货单元（SKU）的价格与销售数据（包括挂牌价与到手价），以监控各渠道价格，保障渠道价格稳定。
- 帮助客户稳定电商渠道价格，及时发现竞品平台的价格调动，及时跟进调价策略。

（二）数据选品

采集各平台产品销量、销售额、SKU 数量等信息，进行市场大盘分析、竞品分析、自身优劣势分析等，以找到爆款商品，进行选品决策。八爪鱼采集器可应用于某跨境电商平台：

- 帮助客户采集电商平台上多个国家地区的商品数据。
- 基于商品数据进行市场大盘分析、竞品分析、自身优劣势分析，帮助业务团队更好地选品，成为整个公司跨境运营的情报中心。

（三）品牌维权

采集监控全网电商平台上品牌相关的产品链接和店铺链接数据，帮助品牌进行控价打假、渠道管理和知识产权维护，以打击违规链接/店铺，消除假货、窜货等隐患。八爪鱼采集器可应用于某 3C 品牌：

- 实时获取国内所有电商平台上各个分销商店铺的商品价格数据。支持通过添加 SKU，灵活拓展数据源。SKU 一般 10 min 更新一次，自动采集更新后的数据。
- 通过智能算法，识别各种促销策略，精准对比挂牌价和到手价，对超出正常范围的价格进行预警与取证并及时做出调整策略，避免渠道乱价。

（四）体验管理

采集电商平台的商品评价、在线聊天等数据，从中洞察消费者的行为和喜好，提炼问题和机会，进而帮助产品、市场和服务部门优化客户体验，提升客户满意度。八爪鱼采集器可应用于某智能家电品牌：

- 针对扫地机、吸尘器、擦窗机、空气净化器等多条产品线建立多套分析模型，接入所有电商平台本品及竞品用户评论数据实时对比分析。各业务部门根据分析结果，制定策略加以改善。
- 建立产品、服务、市场等方面的指标体系，根据指标进行评论反馈深度分析，帮助产品研发、企划、推广、运营等部门以客户评价为导向，为各部门决策提供数据支持。

二、客户端界面介绍

安装八爪鱼采集器后，进入八爪鱼客户端，如图 3-3-1 所示。

图 3-3-1　八爪鱼客户端

（一）八爪鱼常用数据采集方法

智能识别：只需输入网址，自动智能识别网页数据。支持自动识别列表型网页数据、滚动和翻页。

（1）在首页输入框中，输入目标网址，点击【开始采集】。八爪鱼自动打开网页并开始智能识别。打开网页后，默认开启智能识别，如图 3-3-2 所示。识别过程中，随时可【取消识别】或【不再智能识别】，取消或关闭本次智能识别；可点击【自动识别网页】再次启动；也可在全局设置中，再次默认开启【智能识别】。

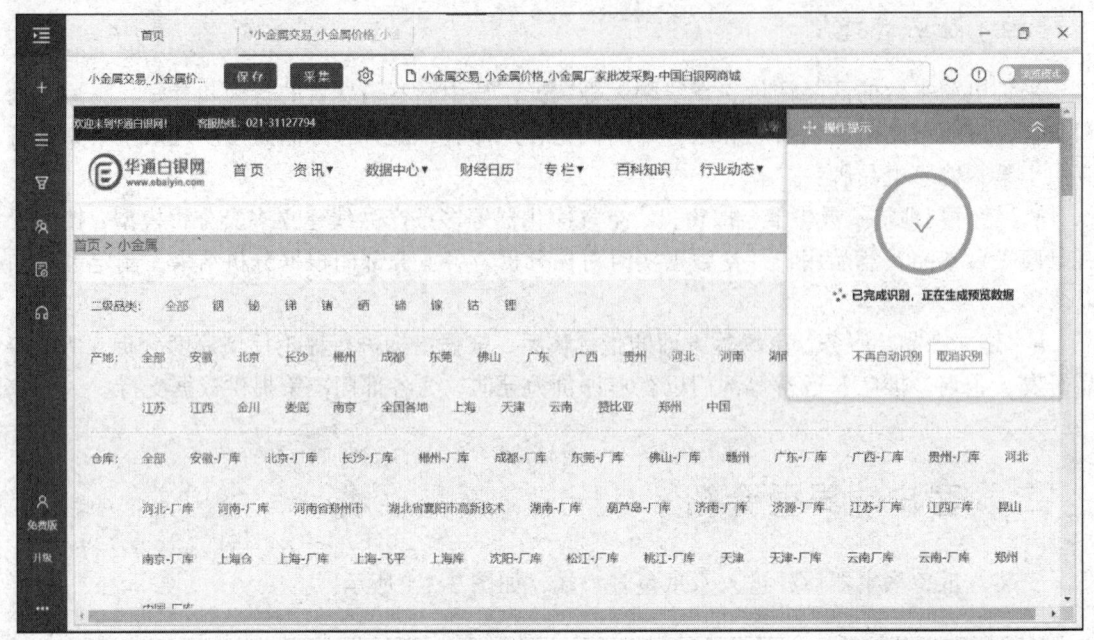

图 3-3-2　自动识别

（2）智能识别成功，一个网页可能有多组数据，八爪鱼会将所有数据识别出来，然后智能推荐最常用的那组。如果推荐的不是想要的，可自行【切换识别结果】。

（3）同时，可自动识别出网页的滚动和翻页。此示例网址，无须滚动，只需翻页，故只识别并勾选【翻页采集】。

（4）自动识别完成后，点击【生成采集设置】，可自动生成相应的采集流程，如图 3-3-3 所示，方便用户编辑修改。

图 3-3-3　生成采集设置

- 186 -

（5）点击【采集】，选择【启动本地采集】，八爪鱼就会开始全自动采集数据，如图3-3-4所示。

图 3-3-4　采集数据

（6）采集完成后，以所需的方式导出数据即可。

需要注意的是，目前自动识别，仅支持识别列表型网页、滚动和翻页。如果不是列表型网页，或者有更高级的采集需求，请自行配置采集任务。

（二）配置采集流程

采集流程（或叫采集任务、采集规则）是从特定网页上抓取数据的指令。每个网站的页面布局是不同的，因此采集流程不能通用。一般情况下，一个网站需要配置一个采集流程，如图3-3-5所示。

图 3-3-5　采集流程

例如，其网页上有很多字段：文本（标题、价格等）、图片（商品图片）、链接（详情的超链接）。

将网页上非结构化的文本、图片、超链接等字段采集下来，保存为 Excel 等结构化的数据。

（1）创建一个新任务。

点击左侧【+】新建，选择【自定义任务】，创建新任务，默认任务名称，如图 3-3-6 所示。

图 3-3-6　创建新任务

手动输入网址，点击保存设置，如图 3-3-7 所示。

图 3-3-7　手动输入网址

（2）选择要采集的数据。

观察网页上有很多字段：文本（标题、价格等）、图片（商品图片）、链接（详情的超链接）。鼠标移动到想要的字段上，点击将其选中。选中后，会用绿色框框起来。同时，左上角会弹出一个操作提示框。选中的字段不同，操作提示框中的指令也不同。

如果选中的是文本，选择【采集该元素的文本】。

如果选中的是图片，选择【采集该图片地址】。

如果选中的是链接，选择【采集该链接的文本】或【采集该链接地址】。

这是因为面对不同的数据形式，采集方式是不一样的。请注意根据采集需求，选择指令。完成采集项目后在采集流程视图中点击应用。

（3）编辑字段。

在当前页面数据预览中，可查看到我们提取的所有字段，可以对这些字段进行修改、删除字段名称，移动字段顺序等操作。

数据预览中默认是【横向字段布局】，方便查看所采集到的数据。也可以切换到【纵向字段布局】，方便进行字段的修改，如批量删除、复制字段，导入、导出字段配置，格式化，修改字段 XPath。

（4）获取数据并导出。

根据已经配置好的采集任务，让任务自动运行。点击【保存并采集】，选择【启动本地采集】，启动后开始全自动采集数据。【本地采集】是使用自己的计算机进行采集，【云采集】是使用八爪鱼提供的云服务器采集。

采集完成后，根据需要的类型导出数据。支持导出为数据的类型为 Excel、CSV、HTML，这里导出为 Excel。

（三）使用模板采集数据

采集模板是由八爪鱼官方提供的、做好的采集模板，目前已有 200 多个采集模板，涵盖大部分网站的采集场景。使用模板采集数据时，只需输入几个参数（网址、关键词、页数等），就能快速获取到目标网站数据。类似使用 PPT 模板，只需修改关键信息就能直接使用，无须自己从头配置。

在客户端首页【输入框】中，输入目标网站名称，自动寻找相关的采集模板。将鼠标移到需要的模板上并单击，进入模板详情页面。注意，请确保输入的网站名称正确，否则可能无法查找到相关模板。

该模板采集数据要配置参数，在输入网址中，需要将要采集商品页的网址填入其中，点击保存并启动。

通过【采集模板】创建并保存的任务，会放在【我的任务】中。在【我的任务】界面，可以对任务进行多种操作并查看任务采集到的历史数据。

任务四 Power BI 数据采集实例

Power BI 几乎可以从任何来源、任何结构、任何形式上获取数据，如 Excel、SQL Server、Access 等，还支持 SAP、Oracle、MySQL、DB2 等几乎能见到的所有类型的数据格式，不仅能从本地获取数据，还能从网页抓取数据。下面利用 Power BI 从网页抓取 Top250 图书数据为例，学习使用 Power BI 采集数据的步骤和方法。

打开网页 https://book.douban.com/top250，发现每页只显示 25 本书，Top250 分为 10 个页面。观察页码规律，发现网页从 start=0 到 start=225，熟悉这个规律可以帮助我们采集全部 10 页数据。

一、提取第一页数据

打开 Power BI，点击"获取数据"，弹出"Web"窗口，在 Web 的地址 URL 中输入网址 https://book.douban.com/top250，点击确定，如图 3-4-1 所示。

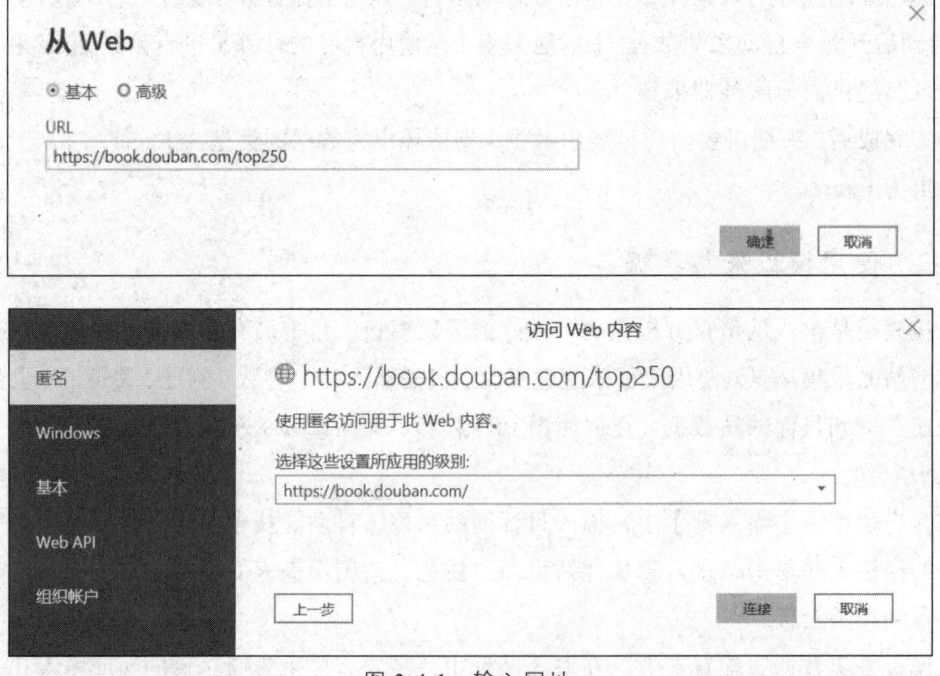

图 3-4-1 输入网址

在弹出的导航器中并不能看到图书的列表数据。下面需要"使用示例添加表"，如图 3-4-2 所示。

图 3-4-2 使用示例添加表

"使用示例添加表"这个功能的含义：只要输入前面几个数据，系统会自动识别所要提取的数据类别，并自动将网页中的剩余同类数据填充进来；但如果输入的数据没有规律，或者不是该网页中存在的数据，系统将无法识别。

单击左下角的"使用示例添加表"，在弹出的窗口中，上方是网页预览，把需要提取的数据的前两个输入下方的窗口中，例如输入前两本图书的名字，系统会自动将该页中的同类数据填充完成，如图 3-4-3 所示。

图 3-4-3 "使用示例添加表"对话框

这样就把第 1 页中的 25 本图书名称提取出来了。

然后单击右上角"+"新增一列，依此类推，按照上述方式提取作者、出版社、出版时间、价格、评分、链接等相关信息。因为第一列图书名称已经确定，后面的列只要输入第一单元格，每本图书的同类数据会完成自动填充。由于网页数据并不都是结构化数据，有些数据是混杂在一起的，比如列 2 数据中就有作者、出版社、定价等信息，如图 3-4-4 所示。

列1	列2	列3
红楼梦	[清] 曹雪芹 著 / 人民文学出版社 / 1996-12 / 59.70元	
活着	余华 / 作家出版社 / 2012-8-1 / 20.00元	
百年孤独 Cien años	[哥伦比亚] 加西亚·马尔克斯 / 范晔 / 南海出版公司 / 2011-6 / 3	
1984 Nineteen E	[英] 乔治·奥威尔 / 刘绍铭 / 北京十月文艺出版社 / 2010-4-1 / 2	
飘 Gone with the	[美国] 玛格丽特·米切尔 / 李美华 / 译林出版社 / 2000-9 / 40.00	
三体全集：地球往事三部曲	刘慈欣 / 重庆出版社 / 2012-1-1 / 168.00元	
三国演义（全二册）	[明] 罗贯中 / 人民文学出版社 / 1998-05 / 39.50元	
白夜行	[日] 东野圭吾 / 刘姿君 / 南海出版公司 / 2008-9 / 29.80元	
小王子 Le Petit Pr	[法] 圣埃克苏佩里 / 马振骋 / 人民文学出版社 / 2003-8 / 22.00	
福尔摩斯探案全集（上中下）	[英] 阿·柯南道尔 / 丁钟华 等 / 群众出版社 / 1981-8 / 53.00元/6	
房思琪的初恋乐园	林奕含 / 北京联合出版公司 / 2018-2 / 45.00元	
动物农场 Animal Far	[英] 乔治·奥威尔 / 荣如德 / 上海译文出版社 / 2007-3 / 10.00元	
撒哈拉的故事	三毛 / 哈尔滨出版社 / 2003-8 / 15.80元	
天龙八部	金庸 / 生活·读书·新知三联书店 / 1994-5 / 96.00元	
安徒生童话故事集	（丹麦）安徒生 / 叶君健 / 人民文学出版社 / 1997-08 / 25.00元	

图 3-4-4 提取数据列表

在该网页中可见的数据都可以通过上述方式来提取，而不可见、但确实存在的信息如何提取呢？其实可以通过同样的方式来提取，只需在索引中找到第一本书的网址进行填充，系统就会自动将其他图书的详情页网址填充完整。

数据提取完之后，导航器会创建一个新表。接下来需要对表进行整理。在 Power BI 选项卡点击"转换数据"，进入 Power Query 对数据进行清洗，整理后的数据表如图 3-4-5 所示。

书名	作者	出版社	出版时间	评分	详情页链接
红楼梦	[清] 曹雪芹 著	人民文学出版社	1996年12月1日	9.6	https://book.douban.com/subject/1007305/
活着	余华	作家出版社	2012年8月1日	9.4	https://book.douban.com/subject/4913064/
百年孤独	[哥伦比亚] 加西亚·马尔克斯/范晔	南海出版公司	2011年6月1日	9.3	https://book.douban.com/subject/6082808/
1984	[英] 乔治·奥威尔/刘绍铭	北京十月文艺出版社	2010年4月1日	9.4	https://book.douban.com/subject/4820710/
飘	[美国] 玛格丽特·米切尔/李美华	译林出版社	2000年9月1日	9.3	https://book.douban.com/subject/1068920/
三体全集	刘慈欣	重庆出版社	2012年1月1日	9.4	https://book.douban.com/subject/6518605/
三国演义（全二册）	[明] 罗贯中	人民文学出版社	1998年5月1日	9.3	https://book.douban.com/subject/1019568/
白夜行	[日] 东野圭吾/刘姿君	南海出版公司	2008年9月1日	9.1	https://book.douban.com/subject/3259440/
小王子	[法] 圣埃克苏佩里/马振骋	人民文学出版社	2003年8月1日	9.0	https://book.douban.com/subject/1084336/
福尔摩斯探案全集（上中下）	[英] 阿·柯南道尔/丁钟华 等	群众出版社	1981年8月1日	9.3	https://book.douban.com/subject/1040211/
房思琪的初恋乐园	林奕含	北京联合出版公司	2018年2月1日	9.2	https://book.douban.com/subject/27614904/
动物农场	[英] 乔治·奥威尔/荣如德	上海译文出版社	2007年3月1日	9.3	https://book.douban.com/subject/2035179/
撒哈拉的故事	三毛	哈尔滨出版社	2003年8月1日	9.2	https://book.douban.com/subject/1060068/
天龙八部	金庸	生活·读书·新知三联书店	1994年5月1日	9.1	https://book.douban.com/subject/1255625/
安徒生童话故事集	（丹麦）安徒生/叶君健	人民文学出版社	1997年8月1日	9.2	https://book.douban.com/subject/1046209/
平凡的世界（全三部）	路遥	人民文学出版社	2005年1月1日	9	https://book.douban.com/subject/1200840/

图 3-4-5 整理后的数据

二、创建批量获取数据的自定义函数

以上步骤只是完成了第一页 25 本书的数据采集，我们需要全部 250 本书的数据采集，需要使用 Power Query 的 M 函数来实现。将已经整理好的 25 条数据命名该查询为"Top 25 基本信息"，现在右键单击该查询名，选择"创建函数"，如图 3-4-6 所示。

图 3-4-6　创建函数

在弹出的窗口中会提示"未找到参数"，单击"创建"按钮，并输入函数名，将这个函数命名为"book info"。然后在编辑栏中手动更改代码，将前两行代码更改如下：

```
=（x as text）=> let
网址="https://book.douban.com/top250?start="&x,
源=Web.Browser Contents（网址），
```

此代码的意思是将网址分为两个部分，比如第 1 页的网址：https://book.douban.com/top250?start=0 中的"https：//book douban.com/top250? start"作为常量文本保持不变，而最后一个数字，设置为参数 x，二者组合到一起作为一个完整的网址，然后只需要将不同的数字赋给 x，就可以提取相应页面的数据。其中，（x as text）表示该自定义函数的参数为 x，参数类型为 text 创建好的自定义函数，此时在窗口出现了一个输入参数的框，表示该自定义函数就创建完成，如图 3-4-7 所示。

图 3-4-7　自定义函数

输入参数值 25，单击"调用"，输出结果为网页中第 2 页的图书信息，如图 3-4-8 所示。

图 3-4-8　第 2 页图书信息

这样就得到了第 2 页 25 条图书信息，并且工具第 1 页数据格式自动完成了整理过程，因为这个自定义函数包含了第 1 页数据清洗的所有步骤。同理，可以利用这个自定义函数一次性提取全部网页的图书数据。

三、创建参数列表

通过网址分析，发现这 10 个页面网址最后一个数字为 0、25、50…225，构建了一个差值为 25 的等差数列，以此规律来自定义函数的参数。在 Power Query 中，单击"新建源"选择"空查询"选项，如图 3-4-9 所示。

图 3-4-9　空查询

在编辑栏输入：=List.Numbers（0，10，25），即可得到一个参数列表。其中，List.Numbers 是一个 M 函数，用于生成一个数列，第一个参数是初始值，第二个参数为生成数据的行数，第三个参数为数据步长（如果忽略，默认为 1）。注意，参数设置与要采集的网页页数要一致。List.Numbers（0，10，25）意思是从 0 开始，后续的数字步长 25，生成 10 行，如图 3-4-10 所示。

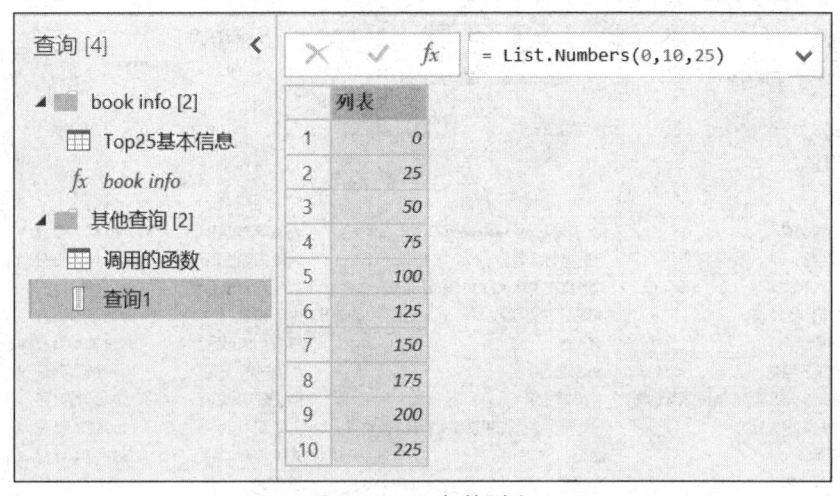

图 3-4-10　参数列表

单击左上角的"转换到表"，即可将这一列表转换为 Power Query 中的一个表。注意将这列的数字格式设置为文本类型，否则后续使用会出错。

四、批量提取多个网页数据

在上面生成的参数列表中，单击"调用自定义函数"，在弹出的窗口中，选择已经建立好的自定义函数，参数选择上一步建好的表，如图 3-4-11 所示。

图 3-4-11　调用自定义函数

- 195 -

点击"确定"后，在当前表中新增一个单元格都是"Table"的列，点击该列标签右侧向左向右的箭头，展开新生成的自定义列，即可得到全部 10 页 Top 250 的图书数据，完成了数据批量获取，关闭并应用，数据自动更新到 Power BI 中。最终数据采集结果如图 3-4-12 所示。

图 3-4-12　数据采集结果

任务五　数据整理实例

在数据分析中，我们会遇到各种各样的数据，在分析前，要投入大量的时间和精力把数据整理成自己想要的样子。因为数据量很大，甚至超过了 TB、EB 级别，这就造成数据分析处理难度呈指数级增加。此时，仅仅想通过观察就很难定位到问题所在了。

一、数据质量准则

在这里，我们归类成了"完全合一"4 项准则，按照以上原则，能解决数据清洗中遇到的大部分问题，使得数据标准、干净、连续，为后续数据统计、数据挖掘做好准备。

（1）完整性：单条数据是否存在空值，统计的字段是否完善。

（2）全面性：观察某一列的全部数值。比如在 Excel 表中，选中一列，可以看到该列的平均值、最大值、最小值。我们可以通过常识来判断该列是否有问题，如数据定义、单位标识、数值本身。

（3）合法性：数据的类型、内容、大小的合法性，比如数据中存在非 ASCII 字符等，性别存在未知，年龄超过了 150 岁等。

（4）唯一性：数据是否存在重复记录，因为数据通常来自不同的渠道汇总，重复的情况是常见的。行数据、列数据都需要是唯一的，比如一个人的信息不能重复记录多次，且一个人的体重也不能在列指标中重复记录多次。

二、清洗数据的基本要求

（一）完整性

主要问题：缺失值。针对缺失值的处理，基本的操作是删除或者填充等。

删除：删除数据缺失的记录；其优点在于简单易行，但缺点是删除缺失记录丢弃了隐藏在缺失值中的信息。删除缺失值，适用于缺失样本较少、总样本量足够大、被删除的样本量在总样本中占比极小的情况。填充：可使用均值、众数、特殊值、机器学习算法（KNN、聚类……）等。至于是删除缺失值，还是填充缺失值，用哪种方法填充，要根据实际应用场景确定。

（二）全面性

在有的数据中，计量尺度存在差异。比如有的单位是千克（kg），有的单位是磅（bs）。这里使用千克作为统一的度量单位，将磅转化为千克。

（三）合理性

比如，人的年龄超过 150 岁，并不合理。有很多一般性指标都会存在上限的问题，数据要符合正常逻辑，因此，要进行删除或者填充处理。

（四）唯一性

数据重复会干扰分析结果，数据清洗要确定没有重复计数的情况。

因此，没有高质量的数据，就没有高质量的数据分析、数据挖掘，而数据清洗是高质量数据的一道保障，在数据分析工作中养成数据审核的习惯尤为重要。

三、从 Excel 到 Python 数据整理实例

本实例是通过采集工具从电商中搜索关键词"运动鞋"采集的实时数据集，如图 3-5-1 所示。

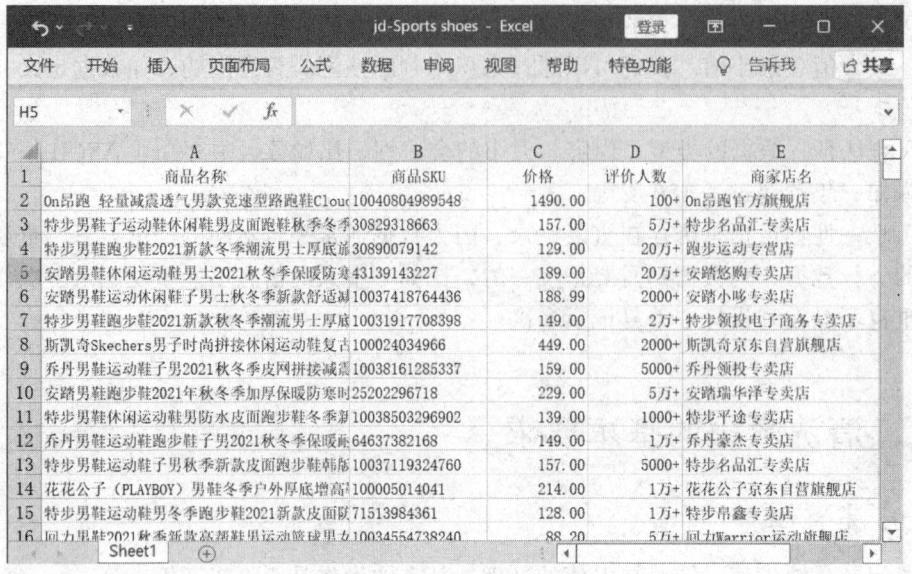

图 3-5-1 "运动鞋"数据集

（一）缺失数据处理

采集的数据集由于某些原因可能有缺失，一般有两种处理方式：一是删除，即把含有缺失值的数据删除；另一种是填充，即把缺失的那部分数据根据上下文用某个值代替。具体步骤分别用 Excel 和 Python 进行演示，便于大家比较学习。

1. Excel 实现

在 Excel 中查找数据集空单元格的快捷方式是【Ctrl+G】，在弹出的对话框中选择"空值"（见图 3-5-2），确定就会把所有空值选中。具体步骤如下：

（1）使用快捷方式【Ctrl+A】选中表格中要查找空值的单元格区域；
（2）使用快捷方式【Ctrl+G】，选择"空值"项后确定；

图 3-5-2 选择"空值"

（3）最后通过定位条件把空值筛选出来；
（4）空值筛选出来以后可以采取删除或填充处理。

2. Python 实现

在 Python 中直接调用 info()方法就会返回每一列的缺失情况。

（1）导入图 3-5-1 所示的数据，结果如图 3-5-3 所示。

图 3-5-3　导入数据

（2）调用 info()检查数据的缺失情况，结果如图 3-5-4 所示。

图 3-5-4　检查数据缺失情况

Python 中缺失值一般用 null 表示，从用 info()查找缺失值结果来看，"标签"列有 1 835 个非 null 值，而其他列都是 2 010 个非 null 值，说明这一列有 175 个 null 值。

（3）使用 dropna()函数删除空值操作。

函数形式：dropna（axis=0，how='any'，thresh=None，subset=None，inplace=False）

参数设置：

axis：轴。0 或'index'，表示按行删除；1 或'columns'，表示按列删除。

how：筛选方式。'any'，表示该行/列只要有一个以上的空值，就删除该行/列；'all'，表示该行/列全部都为空值，就删除该行/列。

thresh：非空元素最低数量，int 型，默认为 None。如果该行/列中，非空元素数量小于这个值，就删除该行/列。

subset：子集，列表，元素为行或者列的索引。如果 axis=0 或者'index'，subset 中元素为列的索引；如果 axis=1 或者'column'，subset 中元素为行的索引。由 subset 限制的子区域，是判断是否删除该行/列的条件判断区域。

inplace：是否原地替换，布尔值，默认为 False。如果为 True，则在原 DataFrame 上进行操作，返回值为 None。

删除空值后的结果如图 3-5-5 所示。

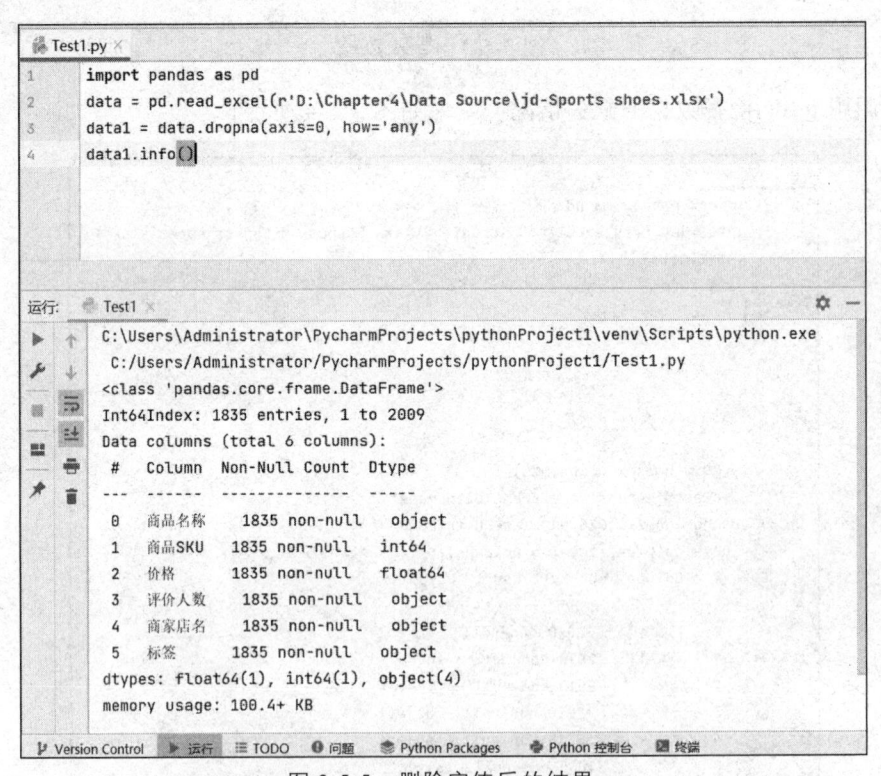

图 3-5-5　删除空值后的结果

（4）使用 fillna()函数对数据表的所有缺失值进行填充操作。

函数形式：fillna（value=None，method=None，axis=None，inplace=False，limit=None，downcast=None）

参数说明：

value：用于填充的空值的值。

method：{'backfill', 'bfill', 'pad', 'fill', None}, default None, 定义填充空值的方法。pad/ffill 表示用前面行/列的值，填充当前行/列的空值；backfill / bfill 表示用后面行/列的值，填充当前行/列的空值。

axis：轴。0 或 'index'，表示按行删除；1 或 'columns'，表示按列删除。

inplace：是否原地替换，布尔值，默认为 False。如果为 True，则在原 DataFrame 上进行操作，返回值为 None。

limit：int, default None。如果 method 被指定，对于连续的空值，这段连续区域，最多填充前 limit 个空值（如果存在多段连续区域，每段最多填充前 limit 个空值）。如果 method 未被指定，在该 axis 下，最多填充前 limit 个空值（不论空值连续区间是否间断）。

downcast：dict, default is None，字典中的项为无，为类型向下转换规则。或者为字符串 "infer"，此时会在合适的等价类型之间进行向下转换，比如 float64 to int64 if possible。完成填充后数据行为 2010 行，如图 3-5-6 所示。

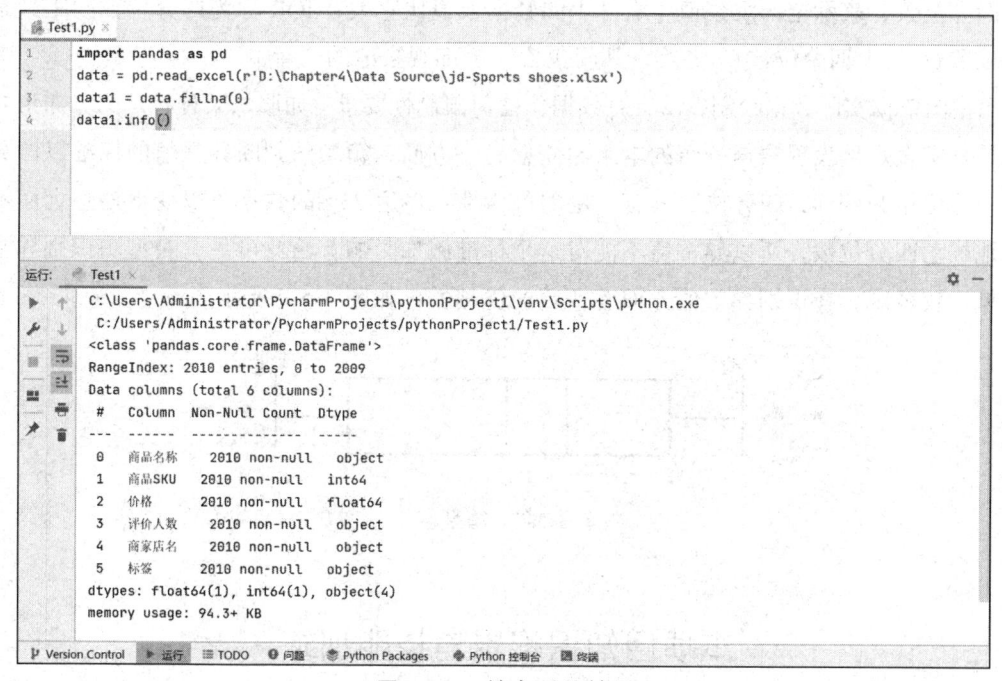

图 3-5-6　填充后的结果

（二）异常数据处理

异常值是指样本中的个别值，其数值明显偏离其余观测值。异常值也称为离群点，异常值的分析也称为离群点分析。在异常值处理之前需要对异常值进行识别，一般多采用单变量散点图或是箱线图来达到目的，利用图形来判断数值是否为正常值范围。异常值处理的常用方法有：删除含有异常值的记录、视为缺失值、平均值修正。

1. 简单统计量分析

可以先对变量做一个描述性统计,进而查看哪些数据是不合理的。最常用的统计量是最大值和最小值,用来判断这个变量的取值是否超出了合理的范围。如客户年龄的最大值为199岁,则该变量的取值存在异常。

2. 3σ 原则

如果数据服从正态分布,在 3σ 原则下,异常值被定义为一组测定值中与平均值的偏差超过 3 倍标准差的值。在正态分布的假设下,距离平均值 3σ 之外的值出现的概率为 $P(|x-\mu|>3\sigma) \leq 0.003$,属于极个别的小概率事件。如果数据不服从正态分布,也可以用远离平均值的多少倍标准差来描述。

3. 箱型图分析

箱型图提供了识别异常值的一个标准:异常值通常被定义为小于 $Q_L-1.5\text{IQR}$ 或大于 $Q_U-1.5\text{IQR}$ 的值。Q_L 称为下四分位数,表示全部观察值中有 1/4 的数据取值比它小;Q_U 称为上四分位数,表示全部观察值中有 1/4 的数据取值比它大;IQR 称为四分位数间距,是上四分位数 Q_U 与下四分位数 Q_L 之差,其间包含了全部观察值的一半。

箱型图依据实际数据绘制,没有对数据作任何限制性要求(如服从某种特定的分布形式),它只是真实直观地表现数据分布的本来面貌;另一方面,箱型图判断异常值的标准以四分位数和四分位距为基础,四分位数具有一定的鲁棒性:多达 25%的数据可以变得任意远而不会很大地扰动四分位数,所以异常值不能对这个标准施加影响。由此可见,箱型图识别异常值的结果比较客观,在识别异常值方面有一定的优越性,如图 3-5-7 所示。

图 3-5-7 箱型图

本项目知识积累与技能训练

● 知识积累

(1)数据挖掘及其技术的演进过程;

(2)数据挖掘的目的;

(3)数据挖掘的常见方法;

(4)数据挖掘的基本步骤。

● 技能训练

（1）Python 数据采集工具；
（2）八爪鱼数据采集工具；
（3）Power BI 数据采集工具；
（4）数据整理的步骤及应用实例。

项目四　构建数据模型

○ **知识目标**

（1）了解网站分析与推荐的重要性。

（2）了解常见的电商数据分析指标体系：电商总体运营指标、网站流量指标、销售率指标、客户价值指标、商品指标、市场营销活动指标、风险控制指标、市场竞争指标。

（3）了解网站分析方法与过程：数据抽取、数据探索分析。

○ **能力目标**

（1）了解商务数据分析的重要性。

（2）能够区分常见的电商数据分析的各类指标。

（3）能够利用网站分析方法进行简单的数据模型构建。

○ **素养目标**

（1）培养学生数据分析的思维和意识。

（2）培养学生通过分析各类指标体系，构建数据组织与管理的素养。

（3）培养学生进行简单的数据模型构建的应用能力。

○ **德技并修**

随着互联网和信息技术的快速发展，电子商务、网上服务与交易等网络业务越来越普及，大量的信息聚集起来，形成海量信息。如何从这些数据量较大、价值密度较低的数据中找到适合进行数据分析的指标体系，是企业实现数据电商精细化运营的重要前提。因此，构建一个合适的数据模型有利于从数据的分析与识别、数据的处理与理解、数据的组织与管理等方面，培养学生的数据素养和思维意识。

○ **项目说明**

本项目包括2个任务：网站分析与推荐、分析方法与过程。整个项目以实际案例的方式向学生简单展示了数据模型建立的整个过程，使学生逐步形成严谨的态度，并利用数据去识别问题、分析问题、解决问题。

任务一　网站分析与推荐

一、网站分析与推荐的重要性

随着互联网和信息技术的快速发展，电子商务、网上服务与交易等网络业务越来越普及，大量的信息聚集起来，形成海量信息。用户想要从海量信息中快速准确地寻找到自己感兴趣的信息已经变得越来越困难，在电子商务领域这点显得更加突出。因此，信息过载的问题已经成为互联网技术中的一个重要难题。为了解决这个问题，搜索引擎诞生了，例如 Google、百度等。搜索引擎在一定程度上缓解了信息过载问题，用户通过输入关键词，搜索引擎就会返回给用户与输入的关键词相关的信息。但是搜索引擎无法解决用户的很多其他需求，例如用户想找到准确描述自己需求的关键词时，搜索引擎就无能为力了。

与搜索引擎不同，推荐系统并不需要用户提供明确的需求，而是通过分析用户的历史行为，从而主动向用户推荐能够满足他们兴趣和需求的信息。因此，对于用户而言，推荐系统和搜索引擎是两个互补的工具。搜索引擎满足有明确目标用户的需求，而推荐系统能够帮助用户发现其感兴趣的内容。因此，在电子商务领域中推荐技术可以起到以下作用：① 帮助用户发现其感兴趣的物品，节省用户时间、提升用户体验；② 提高用户对电子商务网站的忠诚度，如果推荐系统能够准确地发现用户的兴趣点，并将合适的资源推荐给用户，用户就会对该电子商务网站产生依赖，从而建立稳定的企业忠实顾客群。

本例主要的研究对象是北京某在线教育，它是一家电子商务类网站，致力于为用户提供丰富的职业教育培训服务，并为学习者提供卓有成效的互联网整合营销解决方案。随着其网站访问量增大，数据信息量也在大幅增长。用户在面对大量信息时无法及时从中获得自己需要的信息，对信息的使用效率越来越低。这种浏览大量无关信息的过程，使用户需要花费大量的时间才能找到自己需要的信息，从而使得用户不断流失，给企业造成巨大的损失。为了能够更好地满足用户需求，依据其网站海量的数据，研究用户的兴趣偏好，分析用户的需求和行为，发现用户的兴趣点，从而引导用户发现自己的信息需求，将长尾网页准确地推荐给所需用户，帮助用户发现他们感兴趣但很难发现的网页信息。为用户提供个性化的服务，并且建立网站与用户之间的密切关系，让用户对推荐系统产生依赖，从而建立稳定的企业忠实顾客群，实现客户链式反应增值，提高消费者的满意度。通过提高服务效率帮助消费者节约交易成本等，制定有针对性的营销战略方针，促进企业长期稳定高速发展。

目前网站上已经存在部分推荐，当访问具体的知识页面时，可以在页面的右边以及下面发现一些热点推荐和基于内容的关键字推荐。

当用户访问网站页面时，系统会记录用户访问网站的日志，其访问的数据记录如表 4-1-1 所示。其中记录了用户 IP（已做数据脱敏处理）、用户访问的时间、访问内容等多项属性记录，并针对其中的各个属性进行说明。

表 4-1-1 访问记录属性表

属性名称	属性说明	属性名称	属性说明
real IP	真实 IP	full URLId	网址类型
real Areacode	地区编号	host name	源地址名
user Agent	浏览器代理	page Title	网页标题
user OS	用户浏览器类型	page Title Category Id	标题类型 ID
user ID	用户 ID	page Title Category Name	标题类型名称
client ID	客户端 ID	page Title Kw	标题类型关键字
times tamp	时间戳	full Referrer	入口源
times tamp format	标准化时间	full Referrer URL	入口网址
page Path	路径	Organic Keyword	搜索关键字
ymd	年月日	source	搜索源
full URL	网址		

依据所提供的原始数据，试着分析如下目标。

（1）按地域研究用户访问时间、访问内容和访问次数等分析主题，深入了解用户对访问网站的行为和目的及关心的内容。

（2）借助大量的用户访问记录，发现用户的访问行为习惯，对不同需求的用户进行相关的服务页面的推荐。

二、电商数据分析指标体系

电子商务信息系统最核心的能力是大数据能力，包括大数据处理、数据分析和数据挖掘能力。无论是电商平台，还是在电商平台上销售产品的卖家，都需要掌握大数据分析的能力。越成熟的电商平台，越需要以通过大数据能力驱动电子商务运营的精细化，更好地提升运营效果，提升业绩。构建系统的电子商务数据分析指标体系是数据电商精细化运营的重要前提，下面将重点介绍电商数据分析指标体系。

电商数据分析指标体系分为八大类指标，包括电商总体运营指标、网站流量指标、销售转化率指标、客户价值指标、商品指标、市场营销活动指标、风险控制指标和市场竞争指标。不同类别指标对应电商运营的不同环节，如网站流量指标对应的是网站运营环节，销售转化率、客户价值和营销活动指标对应的是电商销售环节。

（一）电商总体运营指标

电商总体运营指标主要面向的人群是电商运营的高层，通过总体运营指标评估电商运营的整体效果。电商总体运营指标包括四方面的指标。

1. 流量类指标

独立访客数（UV），指访问电商网站的不重复用户数。对于 PC 网站，统计系统会在每个访问网站的用户浏览器上"种"一个 cookie 来标记这个用户，这样每当被标记 cookie 的用户访问网站时，统计系统都会识别到此用户。在一定统计周期内（如一天）统计系统会利用消重技术，对同一 cookie 在一天内多次访问网站的用户仅记录为一个用户。而在移动终端区分独立用户的方式则是按独立设备计算独立用户。

页面访问数（PV），即页面浏览量，指用户每一次对电商网站或者移动电商应用中的每个网页访问均被记录一次，用户对同一页面的多次访问，访问量累计。

人均页面访问数，即页面访问数（PV）/独立访客数（UV），该指标反映的是网站的访问黏性。

2. 订单产生效率指标

总订单数量，即访客完成网上下单的订单数之和。

访问到下单转化率，即电商网站下单的次数与访问该网站的次数之比。

3. 总体销售业绩指标

网站成交额（GMV），即电商成交金额，只要用户下单，生成订单号，无论这个订单最终是否成交，便可以计算在 GMV 里面，包含付款和未付款的部分。

销售金额，指货品出售的金额总额，一般只指实际成交金额。

客单价，即订单金额与订单数量的比值。

4. 整体指标

销售毛利，是销售收入与成本的差值。销售毛利中只扣除了商品原始成本，不扣除没有计入成本的期间费用（管理费用、财务费用、营业费用）。

毛利率，是衡量电商企业盈利能力的指标，是销售毛利与销售收入的比值。

（二）网站流量指标

1. 流量规模类指标

常用的流量规模类指标包括独立访客数和页面访问数，相应的指标定义已在电商总体运营指标中描述，在此不再赘述。

2. 流量成本类指标

单位访客获取成本，指在流量推广中，广告活动产生的投放费用与广告活动带来的独立访客数的比值。单位访客成本最好与平均每个访客带来的收入以及这些访客带来的转化率进行关联分析。若单位访客成本上升，但访客转化率和单位访客收入不变或下降，则很可能流量推广出现问题，尤其要关注渠道推广的作弊问题。

3. 流量质量类指标

跳出率（bounce rate）也被称为蹦失率，为浏览单页即退出的次数/该页访问次数。跳出率只能衡量该页作为着陆页面（landing page）的访问。如果花钱做推广，着落页的跳出率高，很可能是因为推广渠道选择出现失误，推广渠道目标人群和被推广网站的目标人群不够匹配，导致大部分访客来了访问一次就离开。

页面访问时长，指单个页面被访问的时间。并不是页面访问时长越长越好，要视情况而定。对于电商网站，页面访问时间要结合转化率来看，如果页面访问时间长，但转化率低，则页面体验出现问题的可能性很大。

人均页面浏览量，指在统计周期内，平均每个访客所浏览的页面量。人均页面浏览量反映的是网站的黏性。

4. 会员类指标

注册会员数，指一定统计周期内的注册会员数量。

活跃会员数，指在一定时期内有消费或登录行为的会员总数。

活跃会员率，即活跃会员占注册会员总数的比重。

会员复购率，指在统计周期内产生两次及两次以上购买的会员占购买会员的总数。

会员平均购买次数，指在统计周期内每个会员平均购买的次数，即订单总数/购买用户总数。会员复购率高的电商网站平均购买次数也高。

会员回购率，指上一期末活跃会员在下一期时间内有购买行为的会员比例。

会员留存率，会员在某段时间内开始访问你的网站，经过一段时间后，仍然会继续访问你的网站就被认作是留存，这部分会员占当时新增会员的比例就是新会员留存率。这种留存的计算方法是按照活跃来计算的，另外一种计算留存的方法是按消费来计算的，即某段的新增消费用户在往后一段时间周期（时间周期可以是日、周、月、季度和半年度）还继续消费的会员比例。留存率一般看新会员留存率，当然也可以看活跃会员留存。留存率反映的是电商留住会员的能力。

（三）销售转化率指标

销售转化率，其本质上是一个漏斗模型，如从网站首页到最终购买各个阶段的转化率的监控和分析是网站运营健康度很重要的分析方向。

1. 购物车类指标

基础类指标，包括一定统计周期内加入购物车次数、加入购物车买家数及加入购物车商品数。

转化类指标，主要是购物车支付转化率，即一定周期内加入购物车商品支付买家数与加入购物车购买家数的比值。

2. 下单类指标

基础类指标，包括一定统计周期内的下单笔数、下单金额及下单买家数。

转化类指标，主要是浏览下单转化率，即下单买家数与网站访客数（UV）的比值。

3. 支付类指标

基础统计类指标，包括一定统计周期内支付金额、支付买家数和支付商品数。

转化类指标，包括浏览-支付买家转化率（支付买家数/网站访客数 UV）、下单-支付金额转化率（支付金额/下单金额）、下单-支付买家数转化率（支付买家数/下单买家数）和下单-支付时长（下单时间到支付时间的差值）。

（四）客户价值指标

1. 客户指标

客户指标包括一定统计周期内的累计购买客户数和客单价。

客单价，是指每一个客户平均购买商品的金额，即平均交易金额，也即成交金额与成交用户数的比值，可以理解为一张小票上的成交金额。

客单件，是指每一个客户平均购买商品的数量，可以理解为一张小票上的成交件数。

2. 新客户指标

新客户指标包括一定统计周期内的新客户数量、新客户获取成本和新客户客单价。其中，新客户客单价是指第一次在店铺中产生消费行为的客户所产生交易额与新客户数量的比值。影响新客户客单价的因素除了与推广渠道的质量有关外，还与电商店铺活动以及关联销售有关。

3. 老客户指标

老客户指标包括消费频率、最近一次购买时间、消费金额和重复购买率。

消费频率是指客户在一定期间内所购买的次数。

最近一次购买时间表示客户最近一次购买的时间离现在有多远。

客户消费金额指客户在最近一段时间内购买的金额。

（RFM 模型）消费频率越高，最近一次购买时间离现在越近，消费金额越高的客户越有价值。

重复购买率则指消费者对该品牌产品或者服务的重复购买次数，重复购买率越多，则反映出消费者对品牌的忠诚度就越高，反之则越低。

重复购买率可以按两种口径来统计：第一种，从客户数角度，重复购买率指在一定周期内下单次数在两次及两次以上的人数与总下单人数之比，如在一个月内，有 100 个客户成交，其中有 20 个是购买两次及以上，则重复购买率为 20%；第二种，按交易计算，即重复购买交易次数与总交易次数的比值，如某月内，一共产生了 100 笔交易，其中有 20 个人有了二次购买，这 20 个人中的 10 个人又有了三次购买，则重复购买次数为 30 次，重复购买率为 30%。

（五）商品指标

1. 产品总数指标

产品总数指标包括 SKU、SPU 和在线 SPU。

SKU（Stock Keeping Unit）是指物理上不可分割的最小存货单位。一款商品有多少色，则有多个 SKU。例如一件衣服，有红色、白色、蓝色，则 SKU 编码也不相同，如相同则会出现混淆，发错货。

SPU 即 Standard Product Unit（标准化产品单元）。SPU 是商品信息聚合的最小单位，是一组可复用、易检索的标准化信息的集合，该集合描述了一个产品的特性。通俗地讲，属性值、特性相同的商品就可以称为一个 SPU。

在线 SPU 则是在线商品的 SPU 数。

2. 产品优势性指标

产品优势性指标主要是独家产品的收入占比，即独家销售的产品收入占总销售收入的比例。

3. 品牌存量指标

品牌存量指标包括品牌数和在线品牌数指标。品牌数指商品的品牌总数量。在线品牌数则指在线商品的品牌总数量。

4. 上　架

上架包括上架商品 SKU 数、上架商品 SPU 数、上架在线 SPU 数、上架商品数和上架在线商品数。

5. 首　发

首发包括首次上架商品数和首次上架在线商品数。

（六）市场营销活动指标

1. 市场营销活动指标

市场营销活动指标包括新增访问人数、新增注册人数、总访问次数、订单数量、活动下单转化率以及投资回报率（ROI）。其中，下单转化率是指活动期间，某活动所带来的下单的次数与访问该活动的次数之比。投资回报率（ROI）是指某一活动期间，产生的交易金额与活动投放成本金额的比值。

2. 广告投放指标

广告投放指标包括新增访问人数、新增注册人数、总访问次数、订单数量、UV 订单转化率、广告投资回报率。其中，下单转化率是指某广告所带来的下单的次数与访问该活动的次数之比。投资回报率（ROI）是指某广告产生的交易金额与广告投放成本金额的比值。

（七）风险控制指标

1. 买家评价指标

买家评价指标包括买家评价数、买家评价卖家数、买家评价上传图片数、买家评价率、买家好评率以及买家差评率。

其中，买家评价率是指某段时间参与评价的买家与该时间段买家数量的比值，是反映用户对评价的参与度，电商网站目前都在积极引导用户评价，以作为其他买家购物时的参考。

买家好评率指某段时间内好评的买家数量与该时间段买家数量的比值。同样，买家差评率指某段时间内差评的买家数量与该时间段买家数量的比值。尤其是买家差评率，是非常值得关注的指标，需要监控起来，一旦发现买家差评率在加速上升，一定要提高警惕，分析引起差评率上升的原因，及时改进。

2. 买家投诉类指标

买家投诉类指标包括发起投诉（或申诉）、撤销投诉（或申诉）、投诉率（买家投诉人数占买家数量的比例）等。投诉量和投诉率都需要及时监控，以发现问题，及时优化。

（八）市场竞争指标

1. 市场份额相关指标

市场份额相关指标包括市场占有率、市场扩大率和用户份额。

市场占有率指电商网站交易额占同期所有同类型电商网站整体交易额的比重。

市场扩大率指购物网站占有率较上一个统计周期增长的百分比。

用户份额指购物网站独立访问用户数占同期所有 B2C 购物网站合计独立访问用户数的比例。

2. 网站排名

网站排名包括交易额排名和流量排名。

交易额排名指电商网站交易额在所有同类电商网站中的排名。

流量排名指电商网站独立访客数量在所有同类电商网站中的排名。

任务二　分析方法与过程

本案例的目标是对用户进行推荐，即以一定的方式将用户与物品（本书指网页）之间建立联系。为了更好地帮助用户从海量的数据中快速发现感兴趣的网页，在目前相对单一的推荐系统上进行补充，采用协同过滤算法进行推荐。

由于用户访问网站的数据记录很多，如果对数据不进行分类处理，对所有记录直接采用推荐系统进行推荐，这样会存在以下问题：① 数据量太大意味着物品数与用户数很多，在模型构建用户与物品的稀疏矩阵时，出现设备内存空间不够的情况，并且模型计算需要消耗大量的时间。② 用户区别很大，不同的用户关注的信息不一样，因此，即使能够得到推荐结果，其推荐效果也不会太好。为了避免出现上述问题，需要进行分类处理与分析。正常情况下，需要对用户的兴趣爱好以及需求进行分类。因为在用户访问记录中，没有记录用户访问网页时间的长短，因此不容易判断用户的兴趣爱好。因此，本任务根据用户浏览的网页信息进行分类处理，主要采用以下方法处理：以用户浏览网页的类型进行分类，然后对每个类型中的内容进行推荐。

采用上述分析方法与思路，结合本例的原始数据以及分析目标，可获得整个分析的流程图，其分析过程主要包含以下内容。

（1）从系统中获取用户访问网站的原始记录。

（2）对数据进行多维度分析，包括用户访问内容、流失用户分析以及用户分类等分析。

（3）对数据进行预处理，包含数据去重、数据变换和数据分类等处理过程。

（4）以用户访问 html 后缀的网页为关键条件，对数据进行处理。

（5）对比多种推荐算法进行推荐，通过模型评价，得到比较好的智能推荐模型。通过模型对样本数据进行预测，获得推荐结果。

一、数据抽取

因为本例是以协同过滤算法为主导，其他的推荐算法为辅。而协同过滤算法的特性就是通过历史数据找出相似的用户或者网页。因此，在数据抽取的过程中，尽可能选择大量的数据，这样就能降低推荐结果的随机性，提高推荐结果的准确性，能更好地发掘长尾网页中用户感兴趣的网页。

以用户的访问时间为条件，选取 3 个月内（2020-02-01 至 2020-04-29）用户的访问数据作为原始数据集。每个地区的用户访问习惯以及兴趣爱好存在差异性，本例抽取广州地区的用户访问数据进行分析，其数据量总计有 837 450 条记录，其中包括用户号、访问时间、来源网站、访问页面、页面标题、来源网页、标签、网页类别和关键词等属性。

虽然 837 450 条记录对当今科学的"大数据"的概念而言，并不是特别大的数据量，但是这个数据量对配置比较低的计算机（尤其是便携式计算机）还是颇有压力的。

本任务的处理过程是：建立数据库→导入数据→搭建 Python 的数据库操作环境→对数据进行分析→建立模型。其中，用到的开源数据库为 MariaDB 10.0.17（可下载自行安装，是 MySQL 的一个分支）。安装数据库后导入本任务的数据原始文件 71aw.sql，就成功地配置好了数据库平台。

而在 Python 中，Pandas 库本身可以利用 read_sql()函数来读取数据库，但是它依赖于 SQLAlchemy 库，而 SQLAlchemy 又依赖于 PyMySQL，所以需要先安装 SQLAlchemy 再安装 SQLAlchemy，这样就可以用 Pandas 对数据库中的数据进行快速而便捷地分析了。

安装完成后，可以通过 Python 连接到数据库。为了方便处理数据，我们利用了 Pandas。但要注意，Pandas 在读取数据（不管是之前的 csv、Excel 或者现在的 sql），都是将全部数据读入内存中，在数据量较大时是难以实现的。因此，Pandas 提供了 chunksize #数，可以让我们分块读取大数据文件。

代码清单 1：Python 访问数据库。

```
import pandas as pd
from sqlalchemy import create_engine
engine = create_engine（'mysql+pymysql：//root：123456@127.0.0.1：3306/test？char se t=utf8'）
sql = pd.read sql（* all gzdata', engine, chunksize = 10000）
```

用 create_engine 建立连接，连接地址的意思依次为数据库格式（mysql）+程序名（pymysql）+账号密码@地址端口/数据库名（test），最后指定编码为 utf8；

all_gzdata 是表名，engine 是连接数据的引擎，chunksize 指定每次读取 1 万条记录。这时候 sql 是一个容器，未真正读取数据。

二、数据探索分析

对原始数据中的网页类型、点击次数和网页排名等各个维度进行分布分析，获得其内在的规律，并通过验证数据，解释其出现结果的可能原因。

（一）网页类型分析

首先，针对原始数据中用户点击的网页类型进行统计。网页类型是指"网址类型"中的前 3 位数字（它本身有 6/7 位数字）。此处处理的要义在于"分块进行"，必要时可以使用多线程甚至分布式计算。所以，代码清单 2 所给出的例子，已经展示了处理大数据的要义所在。后面的各项统计均按照类似的方法进行，不再赘述。

代码清单 2：Python 访问数据库并进行分块统计。

```
counts = [ i [ * fullURLId* ] . value_counts () for i in sql] #逐块统计
counts = pd.concat（counts）.groupby（level=0）.sum() #合并统计结果，把相同的统计项合并（即按 index 分组并求和）
counts = counts. reset_index () #重新设置 index，将原来的 index 作为 counts 的一列
counts . columns = [ * index', * num* ] #重新设置列名，主要是第二列，默认为 0
counts [ * type * ] = counts [' index * ]. str. Extract [（\d{ 3 }）]# 提取前三个数字作为类别 id
counts_ — counts [ 1 type ' , ' num * ] . groupby （1 type * ）. sum () #按类别合并
count s_. sort （'num', ascending = False） #降序排列
```

结果见表 4-2-1，从中发现点击与咨询相关（网页类型为 101，http://www.****.com/ask/）的记录占了 49.16%，其次是其他的类型（网页类型为 199）占比 24%左右，然后是知识相关（网页类型为 107，http://www.****.com/info/）占比 22%左右。

表 4-2-1 网页类型统计

记录数	百分比/%	网页类型
411 665	49.157	101
201 426	24.052 3	199
182 900	21.840 1	107
18 430	2.200 7	301
17 357	2.072 6	102
3 957	0.472 5	106
1 715	0.204 8	103

因此，可以得到用户点击的页面类型的排行榜为咨询相关、知识相关、其他方面的网页、法规（类型为301）、律师相关（类型为102）。可以初步得出相对于长篇的知识，用户更加偏向于查看咨询或者进行咨询。进一步对咨询类别内部进行统计分析，其结果见表4-2-2。其中，浏览咨询内容页（101003）记录最多，其次是咨询列表页（101002）和咨询首页（101001）。结合上述初步结论，可以得出用户都喜欢通过浏览问题的方式找到自己需要的信息，而不是以提问的方式或者查看长篇知识的方式得到所需信息。

表 4-2-2　咨询类别内部统计

记录数	百分比/%	101 开头类型
396 612	96.343 4	101003
7 776	1.888 9	101002
5 603	1.361 1	101001
1 674	0.406 7	其他

统计分析知识类型内部的点击情况，因知识类型中只有一种类型（107001），所以利用网址对其进行分类，获得知识内容页（http://www.****.com/info/*/数字.html，其中数字部分可能带有下划线_）、知识首页（http://www.****.com/infb/*/）和知识列表页（http://www.****.com/info/*.html，是除了知识内容页外的 html 页面）的分布情况，其结果见表4-2-3。

表 4-2-3　知识类型内部统计

记录数	百分比/%	107 类型
164 243	89.80	知识内容页
17 843	9.75	知识首页
814	0.45	知识列表页

分析其他（199）页面的情况，其中网址中带有"？"的占了32%左右，其他咨询相关与法规专题占比达到43%，地区和律师占比26%左右。在网页的分类中，有律师、地区、咨询相关的网页分类，为何这些还会存在其他类别中？进行数据查看后，发现大部分是以下面网址的形式存在。

- [ ] http://www.****.com/guangzhou/p21awfirm 地区律师事务所。
- [ ] http://www.****.com/guangzhou 地区网址。
- [ ] http://www.****.com/ask/ask.php。
- [ ] http://www.****.com/ask/midques_1 0549897.html 中间类型网页。
- [ ] http://www.****.com/ask/exp/4317.html 咨询经验。
- [ ] http://www.****.com/ask/online/13 8.html 在线咨询页。

带有标记的3类网址本应该有相应的分类，但是由于分类规则的匹配问题，没有相应的匹配。带有 lawfirm 关键字对应的是律师事务所，带有 ask/exp、ask/online 关键字对应的是咨询经验和在线咨询页。所以，在处理数据过程中将其进行清楚分类，便于后续数据分析。

综上分析 3 种情况，可以发现大部分用户浏览的网页的情况为：咨询内容页、知识内容页、法规专题页、咨询经验（在线咨询页）。因此，在后续的分析中，选取其中占比最多的两类（咨询内容页和知识内容页）进行模型分析。

上述在其他类别中，发现网址中存在带"？"的情况，对其进行统计，一共有 65 492 条记录，占所有记录的 7.8%，统计分析此情况，其结果见表 4-2-4；可以从表中得出网址中带有"？"的情况不仅仅出现在其他类别中，同时也会出现在咨询内容页和知识内容页中。但其他类型中（1999001）占了 98.8%，因此需要进一步分析其类型内部的规律。

表 4-2-4 带问号字符网址类型统计表

总数	网页 ID	百分比/%
64 718	1999001	98.818 2
356	301001	0.543 6
346	107001	0.528 3
47	101003	0.071 8
25	102002	0.038 2

统计分析结果见表 4-2-5，在 1999001 类型中，标题为快车-律师助手的这类信息占比 77%，通过对业务了解，这是律师的一个登录页面。标题为咨询发布成功页面，是自动跳转的页面。其他剩下的带有"？"的页面记录，占其记录的 15%左右，占所有记录的 1%左右。其他类型中的大部分为"http://www.****.com/ask/question_9152354.html?&from=androidqq"，这种类型的网页是被分享过的，可以对其进行处理，截取"？"前面的网址，还原其类型。因为快搜和免费发布咨询网址中，类型很混杂，不能直接采用"？"进行截取，无法还原其原来类型，且整个数据集中占比很小，因此在处理数据环节可以对这部分数据进行删除。网址中不包含主网址、不包含关键字的网址有 101 条记录。

表 4-2-5 其他类型统计表

1999001 总数	网页标题	百分比/%
49 894	快车-律师助手	77.094 5
6 166	免费发布咨询	9.527 5
5 220	咨询发布成功	9.065 8
1 943	快搜	3.002 3
1 495	其他类型	2.310 2

在查看数据的过程中，发现存在这样一部分用户，他们没有单击具体的网页（以.html 后缀结尾），他们单击的大部分是目录网页，这样的用户可以称为"瞎逛"，总计有 7 668 条记录。分析其中的网页类型，统计结果见表 4-2-6。可以从中看出，小部分是与知识、咨询相关，大部分是与地区、教育和事务所相关的。这部分用户有可能是找律师服务的，或者是"瞎逛"的。

表 4-2-6 "瞎逛"用户点击行为分析

总 数	网页 ID	总 数	网页 ID
3 689	199	846	107
1 764	102	241	101
1 079	106	49	301

从上述网址类型分布分析中，可以发现一些与分析目标无关数据的规则：① 咨询发布成功页面；② 中间类型网页（带有 midques_关键字）；③ 网址中带有"？"类型，无法还原其本身类型的快搜页面与发布咨询网页；④ 重复数据（同一时间同一用户访问相同网页）；⑤ 其他类别的数据（主网址不包含关键字）；⑥ 无点击.html 页面行为的用户记录；⑦ 律师的行为记录（通过快车-律师助手判断）。记录这些规则，有利于在数据清洗阶段对数据进行清洗操作。

上述过程就是对网址类型进行统计得到的分析结果，针对网页的点击次数也可进行下述分析。

（二）点击次数分析

统计分析原始数据用户浏览网页次数（以"真实 IP"区分）的情况，其结果见表 4-2-7，可以从表中发现浏览一次的用户占所有用户总量的 58%左右，大部分用户浏览的次数在 2~7次，用户浏览的平均次数是 3 次。

表 4-2-7 用户点击次数统计表

点击次数	用户数	用户百分比/%	记录百分比/%
1	132 119	57.41	15.78
2	44 175	19.19	10.55
3	17 573	7.64	6.30
4	10 156	4.41	4.85
5	5 952	2.59	3.55
6	4 132	1.80	2.96
7	2 632	1.14	2.20
7 次以上	13 410	5.82	53.81

从表 4-2-7 中可以看出大约 80%的用户（不超过 3 次）只提供了大约 30%的浏览量（几乎满足二八定律）。在数据中，点击次数最大值为 42 790 次，对其进行分析，发现是律师的浏览信息（通过律师助手进行判断）。表 4-2-8 是对浏览次数达到 7 次以上的情况进行的分析，可以从中看出大部分用户浏览 8~100 次。

表 4-2-8　用户浏览 7 次以上情况

点击次数	用户数
8～100	12 952
101～1 000	439
1 000 以上	19

　　针对浏览次数为一次的用户进行分析，其结果如表 4-2-9 所示。其中，问题咨询页占比 78%，知识页占比 15%，而且这些记录基本上全是通过搜索引擎进入的。由此可以猜测两种可能：① 用户为流失用户，在问题咨询与知识页面上没有找到相关的需要；② 用户找到其需要的信息，因此直接退出。综合这些情况，可以将这些点击一次的用户行为定义为网页的跳出率。为了降低网页的跳出率，需要对这些网页进行针对用户的个性化推荐，帮助用户发现其感兴趣或者需要的网页。

表 4-2-9　浏览一次的用户行为分析

网页类型 ID	个　数	百分比/%
101003	102 560	77.63
107001	19 443	14.72
1999001	9 381	7.10
301001	515	0.39
其他	202	0.15

　　针对点击一次的用户浏览的网页进行统计分析，其结果见表 4-2-10。可以看出排名靠前的都是知识与咨询页面，因此可以猜测大量用户的关注都在知识或咨询方面。

表 4-2-10　点击一次用户浏览网页统计

网　址	点击数
http://www.****.com/info/shuifa/slb/2012111978933.html	1 013
http://www.****.com/infb/hunyin/lhlawlhxy/20110707137693.html	501
http://www.****.com/ask/question_925675.html	423
http://www.****.com/ask/exp/13655.html	301
http://www.****.com/ask/exp/8495.html	241
http://www.****.com/ask/exp/13445.html	199
http://www.****.com/ask/exp/17357.html	171

（三）网页排名

　　由分析目标可知，个性化推荐主要针对以 html 为后缀的网页（与物品的概念类似）。从原始数据中统计以 html 为后缀的网页的点击率，其点击率排名的结果见表 4-2-11。从表中可以看出，点击次数排名前 20 名中，"法规专题"占了大部分，其次是"知识"，然后是"咨询"。

但是，从前面分析的结果中可知，原始数据中与咨询主题相关的记录占了大部分。在其 html 后缀的网页排名中，"专题与知识"占了大部分。通过对业务了解，专题是属于知识大类里的一个小类。在统计以 html 为后缀的网页点击排名时，出现这种现象的原因见表 4-2-12。其中，知识页面相对咨询的页面要少很多，当大量用户在浏览咨询页面时，呈现一种比较分散的浏览次数，即其各个页面点击率不高，但是其总的浏览量高于知识。所以造成网页排名中咨询方面的排名比较低。

表 4-2-11 点击率排名表

网 址	点击数
http://www.****.com/faguizt/9.html	4 562
http://www.MR.com/info/shuifa/slb/2012111978933.html	4 495
http://www.****.com/faguizt/1 1.html	3 976
http://www.****.com/info/hunyin/lhlawlhxy/20l 10707137693_2.html	3 305
http://www.****.com/ faguizt/43.html	3 251
http://www.****.com/fagu izt/ 15.html	2 718
http://www.****.com/faguizt/117.html	2 670
http://www.****.com/faguizt/41.html	2 455
http://www.****.com/infb/shuifa/slb/2012111978933_2.html	2 161
http://www.****.com/faguizt/131 .html	1 561
http://www.****.com/ask/browse_a 1401 .html	1 305
http://www.****.com/faguizt/2 l.html	1 210
http://www.****.com/ask/exp/13655.html	1 060
http://www.****.com/faguizt/39.html	1 059
http://www.****.com/faguizt/79.html	916
http://www.****.com/ask/question_925675.html	879
http://www.****.com/faguizt/7. htm 1	845
http://www.****.com/ask/exp/8495 .html	726

表 4-2-12 类型点击数

html 网页类型	总点击次数	用户数	平均点击率
知识类（包含专题和知识）	231 702	65 483	3.54
咨询类	437 132	185 478	2.37

从原始 html 的点击率排行榜中可以发现如下情况，排行榜中存在这样两种类似的网址"http://www.****.com/infb/hunyin/lhlawlhxy/201107071376932.html"和"http://www.****.com/info/hunyin/lhlawlhxy/20110707137693.html"。通过访问其网址，发现两者属于同一网页，但由于系统在记录用户的访问网址的信息时会将其记录在数据中。因此，在用户访问网址的数据中存在这些翻页的情况，针对这些翻页的网页进行统计，结果见表 4-2-13。

表 4-2-13 翻页的网页统计结果

网 页	次 数	比例/%
http://www.****.com/info/hetong/ldht/201311152872128.html	197	0.468
http://www.****.com/info/hetong/ldht/201311152872128_2.html	421	
http://www.****.com/info/hetong/ldht/201311152872128_3.html	293	0.696
http://www.****.com/infb/hetong/ldht/201311152872128_4.html	180	0.614
http://www.****.com/info/hunyin/hunyinfagui/20110813143541.html	299	
http://www.****.com/info/hunyin/hunyinfagui/20110813143541_2.html	234	0.783
http://www.****.com/info/huny in/hunyinfagui/20110813143541_3.html	175	0.748

通过了解业务，同一网页中登录次数最多都是从外部搜索引擎直接搜索到的网页。对其中的浏览翻页的情况进行分析，平均 60%~80%的人会选择看下一页，基本每一页都会丢失 20%~40%的点击率。同时，对知识类型网页进行检查，发现页面上并无全页显示功能，但是知识页面中大部分都存在翻页的情况。这样就造成了大量的用户基本选择浏览 2~5 页后，很少会选择浏览完全部的内容。因此，用户就会直接放弃此次搜索，从而增加网站的跳出率，降低了客户的满意度，不利于企业的长期稳定发展。

（四）数据预处理

本案例在原始数据探索分析的基础上，呈现与分析目标无关或模型需要处理的数据，针对此类数据进行处理。其中涉及的数据处理方式有：数据清洗、数据集成和数据变换。通过这几类处理方式，将原始数据处理成模型需要的输入数据，其数据处理流程图如图 4-2-1 所示。

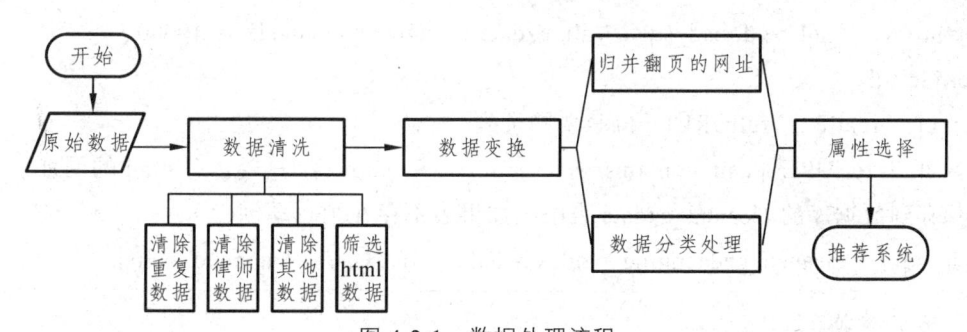

图 4-2-1 数据处理流程

1. 数据清洗

从探索分析的过程中发现与分析目标无关的数据，归纳总结其数据满足如下规则：中间页面的网址、咨询发布成功页面、律师登录助手的页面等。将其整理成删除数据的规则，其清洗的结果见表 4-2-14。从表中可以发现，律师用户信息占了所有记录的 22%左右。其他类型的数据，占比很小，大概 5%。

表 4-2-14 规则清洗表

删除数据规则	删除数据记录	原始数据记录	百分比/%
中间类型网页（带 midques 关键字）	2 036	837 450	0.24
（快车-律师助手）律师的浏览信息	185 437	837 450	22.14
咨询发布成功	4 819	837 450	0.58
主网址不包含关键字	92	837 450	0.01
快搜与免费发布咨询的记录	9 982	837 450	1.19
其他类别带有"？"的记录	571	837 450	0.07
无.html 点击行为的用户记录	7 668	837 450	0.92
重复记录	25 598	837 450	3.06

经过上述数据清洗后的记录中仍然存在大量的目录网页（可理解为用户浏览信息的路径），在进入推荐系统时，这些信息的作用不大，反而会影响推荐的结果，因此需要进一步筛选以 html 为后缀的网页。根据分析目标以及探索结果可知，咨询与知识是其主要业务来源，故需筛选咨询与知识相关的记录，将此部分数据作为模型分析需要的数据。

针对数据进行清洗操作，Python 实现的代码清单（部分）如下：

代码清单 3：Python 访问 MariaDB（MySQL）数据库进行清洗操作。

```
import pandas as pd
from sqlalchemy import create_engine
engine = create_engine（'mysql+pymysql：/ /root：123456@ 127.0.0.1：3306/test？charset=utif 8'） sql = pd.read_sql（* all_gzdata', engine, chunksize = 10000）
for i in sql：
d = i [ [ ' reallP', ' fullURL1 ] ] #只要网址列
d = d[d [' fullURL' ] . str. contains （ * \ .html' ） ] . copy ( ) #只要含有.html 的网址
#保存到数据库的 cleaned_gzdata 表中（如果表不存在则自动创建）
d.to_sql（* cleaned_gzdaengine, index = False, if_exists = * append'）
```

2. 数据变换

由于在用户访问知识的过程中，存在翻页的情况，不同的网址属于同一类型的网页，见表 4-2-15。数据处理过程中需要对这类网址进行处理，最简单的处理方法是将翻页的网址删掉。但是，用户访问页面是通过搜索引擎进入网站的，所以其入口网页不一定是其原始类别的首页，采用删除的方法会损失大量的有用数据，在进入推荐系统时，会影响推荐结果。因此，针对网页需要还原其原始类别，处理方式为首先识别翻页的网址，然后对翻页的网址进行还原，最后针对每个用户访问的页面进行去重操作，其操作结果见表 4-2-16。

表 4-2-15　用户翻页网址表

用户 ID	时间	访问网页
978851598	2015-02-11 15:24:25	http://www.****.com/info/jiaotong/jtlawdljtaqf/201410103308246.html
978851598	2015-02-11 15:25:46	http://www.****.com/mfo/jiaotong/jtlawdljtaqf7201410103308246_2.html
978851598	2015-02-11 15:25:52	http://www.****.com/info/jiaotong/jtlawdljtaqf7201410103308246_4.html
978851598	2015-02-11 15:26:00	http://www.****.com/infb? 5iaotong/jtiawdljtaqf7201410103308246_5.html
978851598	2015-02-11 15:26:10	http://www.****.com/info/j iaotong/jtlawdljtaqf7201410103308246_6.html

表 4-2-16　数据变换后的用户翻页表

用户 ID	时间	访问网页
978851598	2015-02-11 15:24:25	http://www.****.com/info/j iaotong/j tlawdlj taqf7201410103308246.html

有关用户翻页的数据处理代码清单如下：
代码清单 4：Python 访问 MariaDB（MySQL）数据库进行数据变换。

```
import pandas as pd
from sqlalchemy import create_engine
engine = create_engine（'mysql+pymysql:/ /root:1234560127.0.0.1:3306/test? charset=utf8 *）
sql = pd.read_sql（*cleaned_gzdata', engine, chunksize = 10000）
for i in sql：#逐块变换并去重
    d = i. copy ()
    d[ *fullURL' ] = d[ 'fullURL' ] .str. replace（*_\d{0, 2} .html*, 1 .html1） # 将下划线后面部 分去掉，规范为标准网址
    d = d. drop_duplicates () #删除重复记录
    d.to_sql（'changed_gzdata *, engine, index = False, if_exists = * append'） #保存 代码
详见：demo/code/ sql data change.py
```

由于在探索阶段发现有部分网页的所属类别是错误的，需对其数据进行网址分类，且分析目标是分析咨询类别与知识类别，因此需对这些网址进行手动分类，其分类的规则和结果见表 4-2-17。其中对网址中包含"ask""askzt"关键字的记录人为归类至咨询类别，对网址中包含"zhishi""faguizt"关键字的网址归类为知识类别。

表 4-2-17　网页类别规则

类　型	总记录数	百分比	说　明
咨询类	384 092	66.6%	网址中包含"ask""askzt"关键字
知识类	188 421	32.7%	网址中包含"zhishi""faguizt"关键字

因为目标是需要为用户提供个性化的推荐，在处理数据的过程中需要进一步对数据进行分类，其分类方法如图 4-2-2 所示，图中知识部分是由很多小的类别组成。由于所提供的原始数据中知识类别无法进行内部分类，故从业务上进行分析，可以采用其网址的构成对其进行分类。对表 4-2-18 中的用户访问记录进行分类，其分类的结果见表 4-2-19。

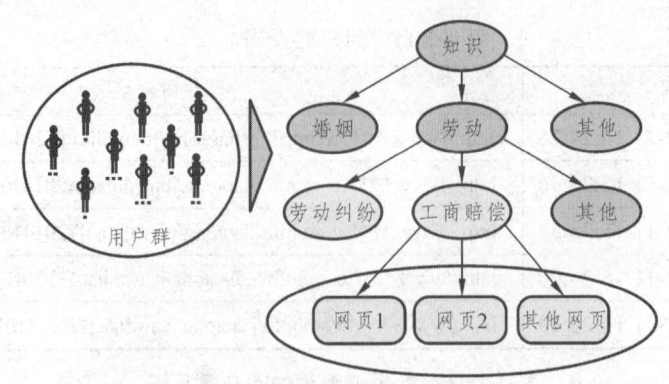

图 4-2-2 网页分类图

表 4-2-18 网页分类表

用户	网址
863142519	http://www.****.com/info/minshi/fagui/2012111982349.html
863142519	http://www.****.com/info/shuifa/yys/201403042882164_2.html
863142519	http://www.****.com/info/jiaotong/jtnews/201301231121426.html

表 4-2-19 网页分类结果表

用户	类别 1	类别 2	类别 3
863142519	zhishi	minshi	fagui
863142519	zhishi	shuifa	yys
863142519	zhishi	jiaotong	jtnews

网址分类的数据处理代码清单如下：

代码清单 5：Python 访问 MariaDB（MySQL）数据库进行网址分类。

```
import pandas as pd
from sqlalchemy import create_engine
engine = create_engine（'mysql+pymysql：//root：1234560127.0.0.1：3306/test？charset=utf8 *）    sql = pd.read_sql（* changed_gzdata *，engine，chunksize = 10000）
for i in sql：#逐块变换并去重
d = i.copy()
d[' type_1'] = d[' fullURL'] #复制一列
d[ Ttype_l1 ] [d[ 'fullURL*] . str. contains（'（ask）|（askz 7t），）]='zixun ' # 将含有 ask、ask7t 关键字的网址的类别归为咨询（后面的规则就不详细列出，实际问题自己添加即可）
d. to_sql（' splited_gzdata '，engine，index = False，if_exists = ' append*）#保存代码详见：demo/code/ sql_data_split.py
```

统计分析每一类中的记录，以知识类别为例进行统计分析，见表 4-2-20。可见其网页的点击率基本满足二八定律，即 80%的网页只占了浏览量的 20%左右。通过这个规则，按点击行为进行分类，20%的网页是热点网页，其他 80%的页面属于点击次数少的。因此在进行推荐过程中，需要将其分开进行推荐，以达到最优的推荐效果。

表 4-2-20　知识点击次数统计表

点击次数	网页个数（3 314）	网页百分比/%	记录数（16 849）	记录百分比/%
1	1 884	56.85	1 884	11.18
2	618	18.65	1 236	7.34
3	247	7.45	741	4.4
4	151	4.56	604	3.58
5～4 679	414	12.49	12 384	73.5

3. 属性规约

由于推荐系统模型的输入数据需要，需对处理后的数据进行属性规约，提取模型需要的属性。本案例中模型需要的数据属性为用户和用户访问的网页。因此删除其他属性，只选择用户与用户访问的网页，其输入数据集见表 4-2-21。

表 4-2-21　模型输入数据集

用　户	网　页
2018622772	http://www.****.com/info/hunyin/hunyinfagui/201312112874686.html
1032300855	http://www.****.com/infb/hunyin/lihuntiaojian/201408273306990.html
1032300856	http://www. **** .com/info/gongsi/gzczgqgz/2010090150526.html
3029700497	http://www.****.com/infb/xingshisusongfa/xingshipanjueshu/20110427115148.html
197J856960	http://www.****.com/info/hunyin/lhlawlhxy/20110707137693.html
1875780750	http://www.****.com/info/xingshisusongfa/xingshipanjueshu/20110706119307.html
1032299799	http://www.****.com/info/xingshisusongfa/xingshipanjueshu/20110503115363.html
1033227430	http://www. **** .com/info/hunyin/yizhu/20120924165440.html
1928928104	http://www.****.com/info/hunyin/hunyinfagui/201110l2157587.html
2937714434	http://www. **** .com/infb/j iaotong/j taqchangshi/2012121812096 l.html
3029700498	http://www. **** .com/in fb/fangdichan/tudizt/zhaij idi/20111019165581 .html
1033227430	http://www.****.com/info/hunyin/yizhudingli/2010102668080.html
1032299831	http://www.****.com/infb/yimin/England/yymtj/20100119259.html
3029700501	http://www. ****.com/info/hunyin/lihuntiaojian/2011010894137.html
3029700365	http://www.****.com/info/fangdichan/tudizt/zhaijidi/201405152978392.html
1033227430	http://www.****.com/info/hunyin/yizhu/20120924165440.html
3029700372	http://www.****.com/info/fangdichan/tudizt/zhaijidi/201405152978392_2.html
1033227430	http://www. **** .com/info/huny in/y izhu/20120924165439.html
1875780622	http://www.****.com/info/hunyin/wuxiaohunyin/20141219331153&html

4. 模型构建

在实际应用中，构造推荐系统时，并不是采用单一的推荐方法进行推荐。为了实现较好的推荐效果，大部分都结合多种推荐方法将推荐结果进行组合，最后得出推荐结果。在组合推荐结果时，可以采用串行或者并行的方法。本例所展示的是并行的组合方法，如图 4-2-3 所示。

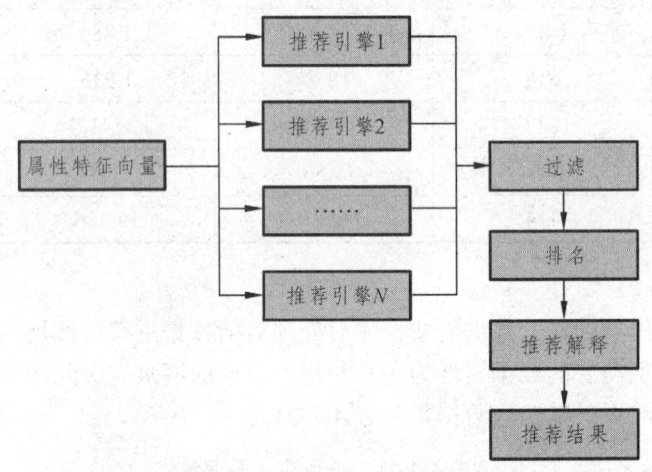

图 4-2-3 推荐系统流程

针对此项目的实际情况，其分析目标的特点为：长尾网页丰富、用户个性化需求强烈、推荐结果的实时变化；结合原始数据的特点：网页数明显小于用户数。本例采用基于物品的协同过滤推荐系统对用户进行个性化推荐，以其推荐结果作为推荐系统结果的重要部分。因其利用用户的历史行为为用户进行推荐，可以令用户容易信服其推荐结果。

基于用户和基于物品的协同过滤算法的区别在于：基于用户的协同过滤回答的是"将物品 A 推荐给哪个用户？"（假设答案是用户 B），基于物品的协同过滤回答的是"将哪个物品推荐给用户 B？"（在前面的假设下，答案是 A）。也就是说，两者的问法并不一样，但是最终的推荐结果是相同的。基于用户的协同过滤是用在用户少、物品多的场景，反之，基于物品的协同过滤就是用在用户多、物品少的场景。总的来说，都是为了减少计算量。而在数学上，两者的区别是在输入的用户-物品评分矩阵中，要不要进行转置，换句话说，只要对用户-物品评分矩阵进行转置，就可以将基于用户和基于物品的协同过滤相互转换。

基于物品的协同过滤系统的一般处理过程：分析用户与物品的数据集，通过用户对项目的浏览与否（喜好）找到相似的物品，然后根据用户的历史喜好，推荐相似的项目给目标用户。图 4-2-4 是基于物品的协同过滤推荐系统图。从图中可知用户 A 喜欢物品 A 和物品 C，用户 B 喜欢物品 A、物品 B 和物品 C，用户 C 喜欢物品 A。从这些用户的历史喜好可以分析出物品 A 和物品 C 是比较类似的，喜欢物品 A 的人都喜欢物品 C，基于这个数据可以推断用户 C 很有可能也喜欢物品 C，所以系统会将物品 C 推荐给用户 C。

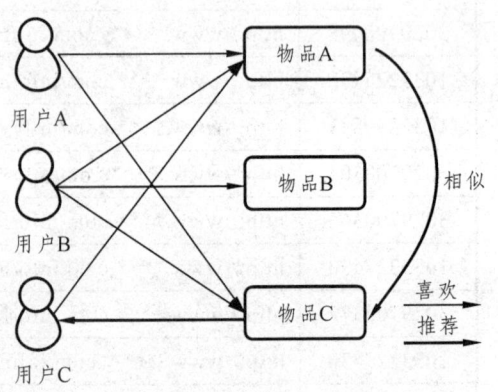

图 4-2-4 基于物品的协同过滤推荐系统图

根据上述处理过程可知，基于物品的协同过滤算法主要分为两步。
（1）计算物品之间的相似度。
（2）根据物品的相似度和用户的历史行为给用户生成推荐列表。

其中，关于物品相似度计算的方法有：① 夹角余弦；② 杰卡德（Jaccard）相似系数；③ 相关系数等。将用户对某一个物品的喜好或者评分作为一个向量，例如所有用户对物品 1 的评分或者喜好程度表示为 $A_1=(x_{11},x_{21},x_{31},\cdots,x_{n1})$，所有用户对物品 M 的评分或者喜好程度表示为 $A_M=(x_{1m},x_{2m},x_{3m},\cdots,x_{nm})$，其中 m 为物品，n 为用户数。可以采用上述几种方法计算两个物品之间的相似度。由于用户的行为是二元选择（0-1 型），因此本例在计算物品的相似度过程中采用杰卡德相似系数法。

在协同过滤系统分析的过程中，用户行为存在很多种，例如浏览网页与否、是否购买、评论、评分、点赞等行为。如果要采用统一的方式表示所有行为是很困难的，因此，只能针对具体的分析目标进行具体表示。在本例中，原始数据只记录了用户访问网站的浏览行为，因此用户的行为是浏览网页与否，并没有进行类似电子商务网站上的购买、评分和评论等用户行为。

完成各个物品之间的相似度的计算后，即可构成一个物品之间的相似度矩阵，类似于表 4-2-22。通过采用相似度矩阵，推荐算法会给用户推荐与其物品最相似的 K 个物品。采用公式 $P=S/M\cdot R$，度量了推荐算法中用户对所有物品的感兴趣程度。其中，R 代表用户对物品的兴趣，S/M 代表所有物品之间的相似度，P 为用户对物品感兴趣的程度。因为用户的行为是二元选择（是与否），所以在用户对物品的兴趣 R 矩阵中只存在 0 和 1。

表 4-2-22 相似度矩阵

物　品	A	B	C	D
A	1	0.763	0.251	0
B	0.763	1	0.134	0.529
C	0.251	0.134	1	0.033
D	0	0.529	0.033	1

由于推荐系统是根据物品的相似度以及用户的历史行为对用户的兴趣度进行预测并推荐，因此在评价模型的时候需要用到一些评测指标。为了得到评测指标，一般是将数据集分成两部分：大部分数据作为模型训练集，小部分数据作为测试集。通过训练集得到的模型，在测试集上进行预测，然后统计出相应的评测指标，通过各个评测指标的值可以知道预测效果的好与坏。

本例采用随机打乱数据的方法完成模型的评测，具体方法为：首先用随机函数打乱原始数据的顺序（用 random 库的 shuffle()函数可以轻松做到），然后将用户行为数据集按照均匀分布随机分成 M 份（本例取 $M=10$），挑选一份作为测试集，将剩下的份作为训练集。然后在训练集上建立模型，并在测试集上对用户行为进行预测，统计出相应的评测指标。为了保证评测指标并不是过拟合的结果，需要进行多次重复，由于开始时的随机函数打乱顺序保证了测试的随机性，因此，仅需要少数几次试验，就可以得出比较稳定可靠的评测结果，最后将试验测出的评测指标的平均值作为最终的评测指标。

5. 基于物品的协同过滤

基于协同过滤推荐算法包括两部分：基于用户的协同过滤推荐和基于物品的协同过滤推荐。本例结合实际情况，选择基于物品的协同过滤算法进行推荐，其模型构建的流程如图 4-2-5 所示。

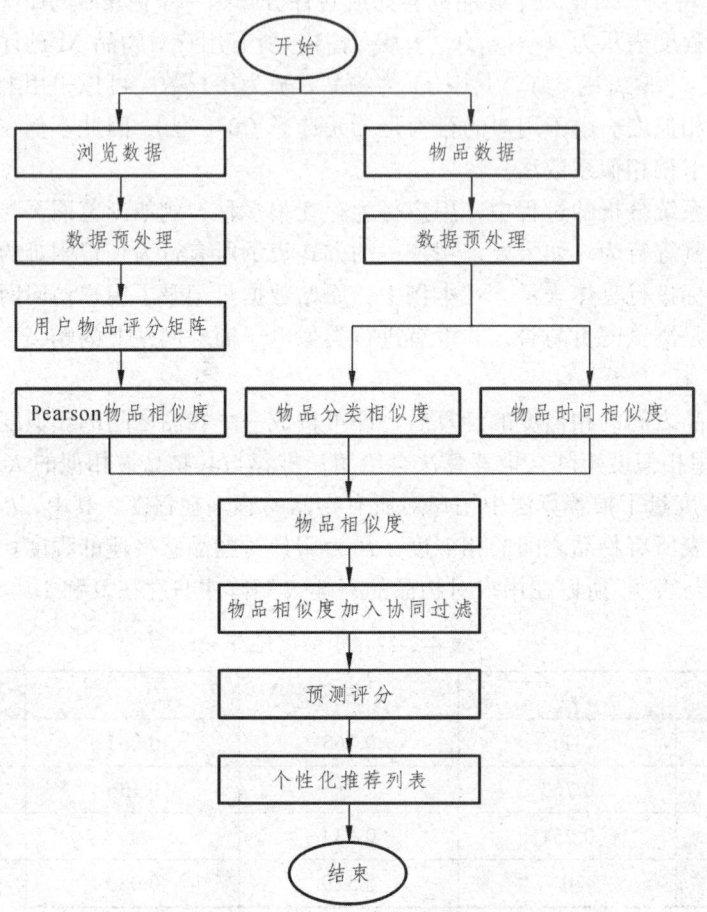

图 4-2-5　基于物品协同过滤建模流程

其中，训练集与测试集是通过交叉验证的方法划分后的数据集。通过协同过滤算法的原理可知，在建立推荐系统时，建模的数据量越大，越能消除数据中的随机性，得到的推荐结果对比数据量小要好。但是数据量越大，模型建立以及模型计算耗时就越久。因此，本例选择数据处理后的婚姻与咨询的数据，其数据分布情况见表 4-2-23。在实际应用中，应当以大量的数据进行模型构建，得到的推荐结果相对会好些。

表 4-2-23　模型数据统计表

数据类型	训练数据总数	物品个数	访问平均次数	测试数据总数
知识类型	16 499	4 428	4	1 800
咨询类型	8 000	4 017	2	893

在实际数据中，物品数目过多，建立的用户物品矩阵与物品相似度矩阵是一个很庞大的

矩阵。因此，在用户物品矩阵的基础上采用杰卡德相似系数的方法，计算出物品相似度矩阵。通过物品相似矩阵与测试集的用户行为，计算用户的兴趣度，获得推荐结果，进而计算出各种评价指标。

为了对比个性化推荐算法与非个性化推荐算法的好坏，本例选择了两种非个性化算法和一种个性化算法进行建模，并对其进行模型评价与分析。两种非个性化算法为：Random 算法和 Popular 算法。其中，Random 算法是每次都随机挑选用户没有产生过行为的物品并推荐给他。Popular 算法是按照物品的流行度，为用户推荐他没有产生过行为的物品中最热门的物品。个性化算法为基于物品的协同过滤算法。利用 3 种算法，采用相同的交叉验证的方法，对数据进行建模分析，获得各个算法的评价指标。

6. 模型评价

如何去评价一个推荐系统的优劣？一般可以从如下几个方面整体进行考虑：用户、物品提供者、提供推荐系统网站。好的推荐系统能够满足用户的需求，推荐其感兴趣的物品。同时在推荐的物品中，不能全部是热门的物品，也需要用户反馈意见帮助完善其推荐系统。因此，好的推荐系统不仅能预测用户的行为，而且能帮助用户发现可能会感兴趣，但却不易被发现的物品。同时，推荐系统还应该帮助商家将长尾中的好商品发掘出来，推荐给可能对它们感兴趣的用户。在实际应用中，评测推荐系统对三方影响是必不可少的。评测指标主要来源于 3 种评测推荐效果的试验方法，即离线测试、用户调查和在线测试。

离线测试是通过从实际系统中提取数据集，然后采用各种推荐算法对其进行测试，获得各个算法的评测指标。这种试验方法的好处是不需要真实用户参与。离线测试的指标和实际商业指标存在差距，比如预测准确率和用户满意度之间就存在很大差别，高预测准确率不等于高用户满意度。所以，当推荐系统投入实际应用之前，需要利用测试的推荐系统进行用户调查。

用户调查利用测试的推荐系统调查真实用户，观察并记录他们的行为，并让他们回答一些相关的问题。通过分析用户的行为和他们反馈的意见，判断测试推荐系统的好坏。

顾名思义，在线测试就是直接将系统投入实际应用中，通过不同的评测指标比较不同的推荐算法的结果，如点击率、跳出率等。

由于本例中的模型是采用离线的数据集构建的，因此在模型评价阶段采用离线测试的方法获取评价指标。

在某些电子商务的网站中，存在对物品进行打分的功能。在此种数据情况下，如果要预测用户对某个物品的评分，就需要用预测准确度的数据表现方式，其中测评的指标有均方根误差（RMSE）、平均绝对误差（MAE）。

在电子商务网站中，用户只有二元选择，如喜欢与不喜欢、浏览与否等。针对这种类型的数据预测，就要用到分类准确度。其评测指标有准确率（P，precesion），它表示用户对一个被推荐产品感兴趣的可能性。召回率（R，recall）表示一个用户喜欢的产品被推荐的概率。F_1 指标表示综合考虑准确率与召回率因素，更好地评价算法的优劣。

由于本例用户的行为是二元选择，因此在对模型进行评价的指标为分类准确度指标。针对婚姻知识类与咨询类的数据进行模型构造，通过 3 种推荐算法，以及不同 K 值（推荐 K 取值为 3、5、10、15、20、30）的情况下所得出的准确率与召回率的评价指标。婚姻知识类的评价指标如图 4-2-6 所示。从图中可看出，Popular 算法是随着推荐个数 K 的增加，其召回率 R 将变大，准确率 P 将变小。基于物品的协同过滤算法的不同，随着推荐个数 K 的增加，其召回率 R 变大，准确率 P 也会上升。当达到某一临界点时，其准确率 P 随着 K 的增大而变小。在此数据下，随机推荐的结果最差，但是随着 K 值的增加，其 F_1 值也在增加，而 Popular 算法的推荐效果随着 K 值的增加会越来越差，其 F_1 值一直在下降，相对协同过滤算法，在 $K = 5$ 时，其 F_1 值最大，然后会随着 K 值增加而下降。比较不同算法之间的差异，从表中可以看出，随机推荐的效果最差。当 K 取值 3 和 5 时，Popular 算法优于协同过滤算法。但是当 K 值增加时，其推荐效果就不如协同过滤算法。

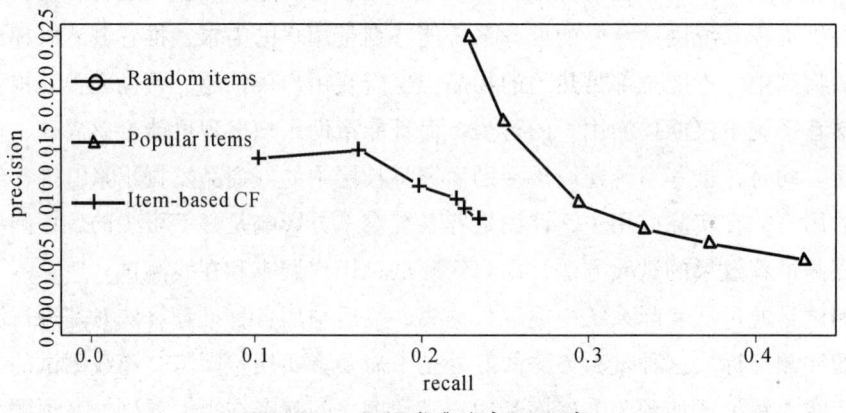

图 4-2-6 知识类准确率-召回率

对于咨询类的数据，3 种算法得出的准确率与召回率的结果如图 4-2-7 所示。可以看出 Popular 算法、随机算法的准确率和召回率都很低。但是协同过滤算法推荐的结果比其他算法推荐要好得多。产生这种结果主要是因为数据问题：① 咨询类的数据量不够；② 业务上分析咨询的页面会很多，很少存在大量访问的页面。在此数据下，Popular 算法与随机推荐算法的结果要差，其 F_1 值基本上是 0。在协同过滤算法中，当 $K = 5$ 时，其 F_1 值最大，然后会随着 K 值增加而下降。针对这种情况，协同过滤算法优于其他两种算法。

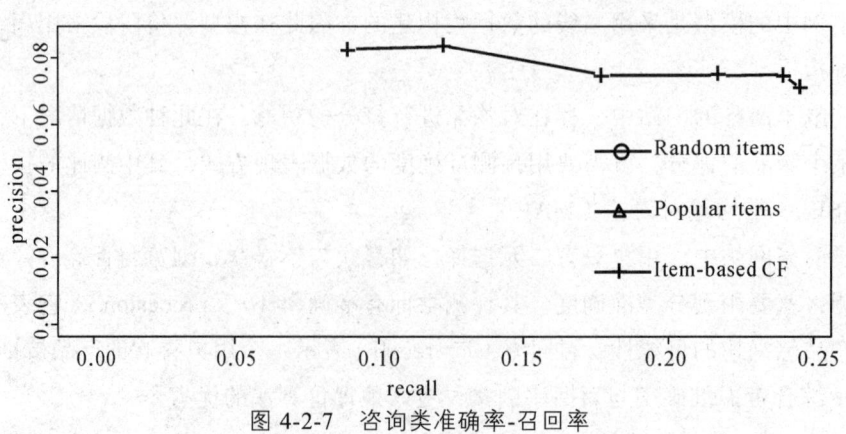

图 4-2-7 咨询类准确率-召回率

三、结果分析

通过基于项目的协同过滤算法，针对每个用户进行推荐，推荐相似度排名前 5 的项目，其婚姻知识类推荐结果见表 4-2-24，其咨询类的推荐结果见表 4-2-25。

表 4-2-24 知识类推荐结果

用户	访问网址	推荐网址
116010	http://www.****.com/info/hunyin/lhlawlhxy/20110707137693.html	http://www.****.com/info/hunyin/lihunshouxu/201312042874014.html http://www.****.com/info/hunyin/lhlawlhxy/201403182883138.html http://www.****.com/info/hunyin/hunyinfagui/201411053308986.html http://www.****.com/infb/hunyin/jihuashengyu/2012021516389L.html http://www.****.com/info/hunyin/hynews/201407073018800.html
11175899	http://www.****.com/info/hunyin/lhlawlhss/2010120781273.html http://www.****.com/info/hunyin/lhlawlhzx/20120821165124.html	http://www. ****.com/info/hunyin/fuyangyiwu/201404222884700.html http://www.****.com/info/hunyin/hunyinfagui/201410153308460.html
11175899	http://www.****.com/info/hunyin/lhlawlhzx/201311292873596.html http://www.****.com/info/hunyin/lhlawlhzx/201408253306854.html	http://www.****.com/infb/hunyin/hunyinjiufen/pohuaijunhunzui/20130719167114.html http://www.****.com/info/hunyin/jiehuncaili/2011011297291.html http://www.****.com/info/hunyin/lhlawlhxy/2011010492149.html
418673	http://www.****.com/info/hunyin/lihunfangchan/20110310125984.html	null

表 4-2-25 咨询类推荐结果

用户	访问网址	推荐网址
3951071	http://www.****.com/ask/question_10244513.html http://www.****.com/ask/question_10244238.html	[1] http://www.****.com/ask/question_10243783.html [2] http://www.****.com/ask/question_10244541.html [3] http://www.****.com/ask/question_10223080.html [4] http://www.****.com/ask/question_10223488.html [5] http://www.****.com/ask/question_10246475.html
21777264	http://www.****.com/ask/question.0383635.html http://www.****.com/ask/question_10383635.html	http://www.****.com/ask/question_10162051.html
22027534	http://www.****.com/ask/question10290587.html	null

从上述推荐结果表格可知，根据用户访问的相关网址，对用户进行推荐。但是其推荐结果存在 null 的情况，产生这种情况是由于在目前的数据集中，出现访问此网址的只有单独一个用户，因此在协同过滤算法中计算它与其他物品的相似度为 0，所以出现无法推荐的情况。一般出现这种情况，在实际中可以考虑其他的非个性化的推荐方法进行推荐，例如基于关键字、基于相似行为的用户等。

由于本例采用的是最基本的协同过滤算法进行建模，因此得出的模型结果也是一个初步的效果，实际应用过程中要结合业务进行分析，对模型进一步改造。一般情况下，最热门物品往往具有较高的"相似性"。例如，热门的网址，访问各类网页的大部分人都会进行访问，在计算物品相似度的过程中，就可以知道各类网页都和某些热门的网址有关。因此，处理热门网址的方法有：① 在计算相似度的过程中，可以加强对热门网址的惩罚，降低其权重，比如对相似度平均化或者对数化等方法。② 将推荐结果中的热门网址过滤掉，推荐其他的网址，将热门网址以热门排行榜的形式进行推荐。

在协同过滤推荐过程中，两个物品相似是因为它们共同出现在很多用户的兴趣列表中，也可以说是每个用户的兴趣列表都对物品的相似度产生贡献。但是，并不是每个用户的贡献度都相同。通常不活跃的用户要么是新用户，要么是只来过网站一两次的老用户。在实际分析中，一般认为新用户倾向于浏览热门物品，首先他们对网站还不熟悉，只能点击首页的热门物品，而老用户会逐渐开始浏览冷门的物品。因此可以说，活跃用户对物品相似度的贡献应该小于不活跃的用户。所以，在改进相似度的过程中，取用户活跃度对数的倒数作为分析目标。

然而，在实际应用中，为了尽量提高推荐的准确率，还会将基于物品的相似度矩阵按最大值归一化，其好处不仅仅在于增加推荐的准确度，还可以提高推荐的覆盖率和多样性。由于本例的推荐是针对某一类数据进行，因此不存在类间的多样性，所以本任务不进行讨论。

当然，除了个性化推荐列表，还有另一个重要的推荐应用就是相关推荐列表。有过网购经历的用户都知道，当你在电子商务平台上购买一个商品时，它会在商品信息下面展示相关的商品。一种是包含购买了这个商品的用户也经常购买的其他商品，另一种是包含浏览过这个商品的用户经常购买的其他商品。这两种相关推荐列表的区别为：使用了不同用户行为计算物品的相似性。

本项目知识积累与技能训练

● 知识积累

（1）网站分析与推荐的重要性；
（2）电商数据分析指标体系；
（3）网站分析方法与过程。

● 技能训练

（1）数据模型的构建；
（2）数据抽取；
（3）数据探索分析。

项目五　认识客户价值

○ **知识目标**

（1）了解信息时代用户的重要性。
（2）了解 RFM 的分析方法与过程。
（3）了解决策树模型的构建流程。

○ **能力目标**

（1）能够明确大数据信息时代用户的价值。
（2）掌握 RFM 和决策树模型。
（3）能够利用模型进行简单的实践应用。

○ **素养目标**

（1）培养学生的数据化思维和感知力。
（2）培养学生利用 RFM 和决策树模型进行构建的实践能力。

○ **德技并修**

随着大数据、云计算、数字人文等数字技术的产生与发展，数字时代已然到来。数据作为一种信息资源，已经成为个人、企业和社会关注的重要战略资源。数据作为大家争抢的新焦点，将逐渐成为最有价值的资产，不同程度地渗透到每个行业领域和部门。现在，通过大数据的力量，借助大数据技术、工具和模型，帮助企业进行个性化推荐，实现用户的精准营销，真正享受到数据背后价值带来的福利。

○ **项目说明**

本项目包括 2 个任务：RFM 模型与应用、决策树分析实例，描述了信息时代用户的重要性，并借用 RFM 和决策树模型展示了数据分析的全过程。这些是大数据技术解决现实问题的一个重要措施，是学生基于要解决的问题，去理解准备数据，进而去分析数据的一个初步探索。

任务一 RFM 模型与应用

信息时代的来临使得企业营销焦点从产品中心转变为客户中心，客户关系管理成为企业的核心问题。客户关系管理的关键问题是客户分类，通过客户分类，区分无价值客户、高价值客户，企业针对不同价值的客户制定优化的个性化服务方案，采取不同营销策略，将有限的营销资源集中于高价值客户，实现企业利润的最大化目标。准确的客户分类结果是企业优化营销资源分配的重要依据，客户分类越来越成为客户关系管理中亟待解决的关键问题之一。

面对激烈的市场竞争，各个航空公司都推出了更优惠的营销方式来吸引更多的客户，国内某航空公司面临着旅客流失、竞争力下降和航空资源未充分利用等经营危机。通过建立合理的客户价值评估模型，对客户进行分群，分析比较不同客户群的客户价值，并制定相应的营销策略，对不同的客户群提供个性化的客户服务是必须和有效的。目前，该航空公司已积累了大量的会员档案信息和其乘坐航班记录，经加工后得到表 5-1-1 所示的部分数据信息。

根据这些数据来实现以下目标。
（1）借助航空公司客户数据，对客户进行分类。
（2）对不同的客户类别进行特征分析，比较不同类客户的客户价值。
（3）对不同价值的客户类别提供个性化服务，制定相应的营销策略。

表 5-1-1 航空信息属性表

项 目	属性名称	属性说明
客户基本信息	MEMBER_NO	会员卡号
	FFP DATE	入会时间
	FIRST FLIGHT DATE	第一次飞行日期
	GENDER	性别
	FFP TIER	会员卡级别
	WORK CITY	工作地城市
	WORK PROVINCE	工作地所在省份
	WORK_COUNTRY	工作地所在国家
	AGE	年龄
乘机信息	FLIGHT_COUNT	观测窗口内的飞行次数
	LOAD TIME	观测窗口的结束时间
	LAST TO END	最后一次乘机时间至观测窗口结束时长
	AVG DISCOUNT	平均折扣率

续表

项 目	属性名称	属性说明
乘机信息	SUM YR	观测窗口的票价收入
	SEG KM SUM	观测窗口的总飞行里程
	LAST FLIGHT DATE	末次飞行日期
	AVGJNTERVAL	平均乘机时间间隔
	MAX_INTERVAL	最大乘机间隔
积分信息	EXCHANGE COUNT	积分兑换次数
	EP SUM	总精英积分
	PROMOPTIVE SUM	促销积分
	PARTNER SUM	合作伙伴积分
	POINTS_SUM	总累计积分
	POINT NOTFLIGHT	非乘机的积分变动次数
	BP SUM	总基本积分

一、分析方法与过程

本案例的目标是客户价值识别，即通过航空公司客户数据识别不同价值的客户。识别客户价值应用最广泛的模型是通过 3 个指标，即最近消费时间间隔（Recency）、消费频率（Frequency）和消费金额（Monetary）来进行客户细分，识别出高价值的客户，简称 RFM 模型。

在 RFM 模型中，消费金额表示在一段时间内，客户购买该企业产品金额的总和。由于航空票价受到运输距离、舱位等级等多种因素影响，同样消费金额的不同旅客对航空公司的价值是不同的。例如，一位购买长航线、低等级舱位票的旅客与一位购买短航线、高等级舱位票的旅客相比，后者对航空公司而言价值可能更高。因此，这个指标并不适用于航空公司的客户价值分析。我们选择客户在一定时间内累积的飞行里程 M 和客户在一定时间内乘坐舱位所对应的折扣系数的平均值 C 两个指标代替消费金额。此外，考虑航空公司会员入会时间的长短在一定程度上能够影响客户价值，所以在模型中增加客户关系长度 L，作为区分客户的另一指标。

本案例将客户关系长度 L、消费时间间隔 R、消费频率 F、飞行里程 M 和折扣系数的平均值 C 五个指标作为航空公司识别客户价值指标（见表 5-1-2），记为 LRFMC 模型。

表 5-1-2 LRFMC 指标含义

LRFMC 模型指标	含 义
L	会员入会时间距观测窗口结束的月数
R	客户最近一次乘坐公司飞机距观测窗口结束的月数
F	客户在观测窗口内乘坐公司飞机的次数
M	客户在观测窗口内累计的飞行里程
C	客户在观测窗口内乘坐舱位所对应的折扣系数的平均值

商务大数据分析导论

　　针对航空公司的 LRFMC 模型，如果采用传统的 RFM 模型分析属性分箱方法，如图 5-1-1 所示（它是依据属性的平均值进行划分，其中大于平均值的表示为 f，小于平均值的表示为 1），虽然也能够识别出最有价值的客户，但是细分的客户群太多，提高了针对性营销的成本。因此，本案例采用聚类的方法识别客户价值。

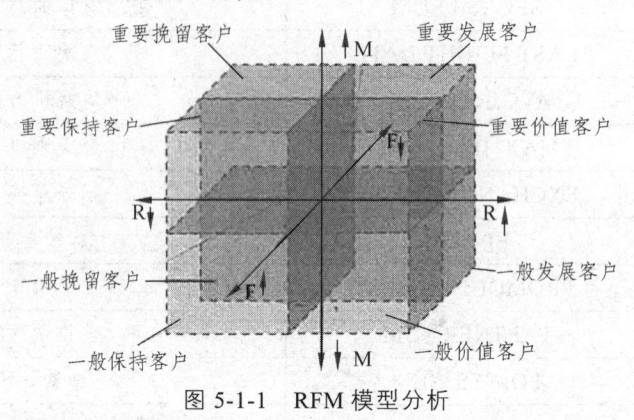

图 5-1-1　RFM 模型分析

　　通过对航空公司客户价值的 LRFMC 模型的五个指标进行 K-Means 聚类，识别出最有价值客户。本案例航空客户价值分析的总体流程如图 5-1-2 所示。

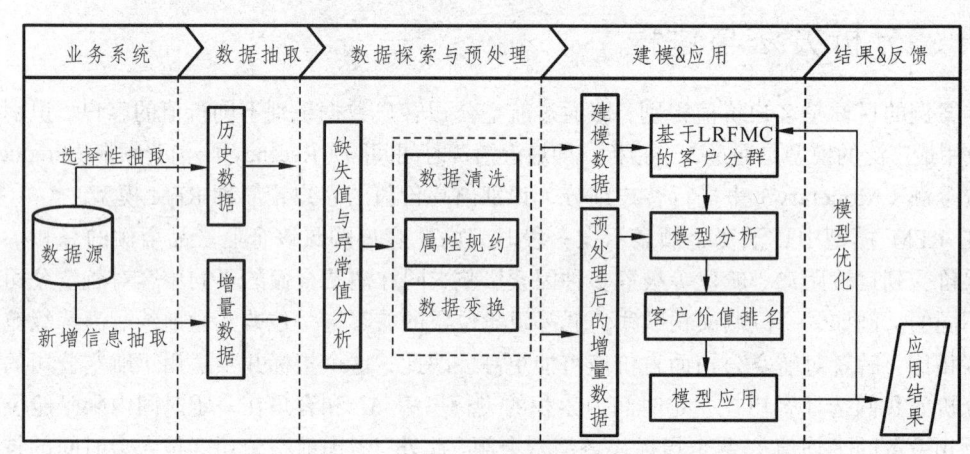

图 5-1-2　航空客运数据挖掘建模总体流程

航空客运信息挖掘主要包括以下步骤。
（1）从航空公司的数据源中进行选择性抽取与新增数据抽取分别形成历史数据和增量数据。
（2）对步骤（1）中形成的两个数据集进行数据探索分析与预处理，包括数据缺失值与异常值的探索分析，数据的属性规约、清洗和变换。
（3）利用步骤（2）中形成的已完成数据预处理的建模数据，基于旅客价值 LRFMC 模型进行客户分群，对各个客户群进行特征分析，识别出有价值的客户。
（4）针对模型结果得到不同价值的客户，采用不同的营销手段，提供定制化的服务。

（一）数据抽取

　　以 2022-03-31 为结束时间，选取宽度为两年的时间段作为分析观测窗口，抽取观测窗口内有乘机记录的所有客户的详细数据形成历史数据。对于后续新增的客户详细信息，以后续新增数据中最新的时间点作为结束时间，采用上述同样的方法进行抽取，形成增量数据。

从航空公司系统内的客户基本信息、乘机信息以及积分信息等详细数据中，根据末次飞行日期（LAST_FLIGHT_DATE），抽取 2020-04-01 至 2022-03-31 内所有乘客的详细数据，总共有 62 988 条记录。其中包含了会员卡号、入会时间、性别、年龄、会员卡级别、工作地城市、工作地所在省份、工作地所在国家、观测窗口结束时间、观测窗口乘机积分、飞行里程、飞行次数、飞行时间、乘机时间间隔和平均折扣率等 44 个属性。

（二）数据探索分析

本案例的探索分析是对数据进行缺失值分析与异常值分析，分析出数据的规律以及异常值。通过对数据观察发现，原始数据中存在票价为空值、票价最小值为 0、折扣率最小值为 0、总飞行里程大于 0 的记录。票价为空值的数据可能是客户不存在乘机记录造成，其他数据可能是客户乘坐 0 折机票或者积分兑换产生的。

（三）数据预处理

本案例主要采用数据清洗、属性规约与数据变换的预处理方法。

1. 数据清洗

通过数据探索分析，发现数据中存在缺失值，如票价最小值为 0、折扣率最小值为 0、总飞行里程大于 0 的记录。由于原始数据量大，这类数据所占比例较小，对问题影响不大，因此对其进行丢弃处理。具体处理方法如下：

（1）丢弃票价为空的记录。

（2）丢弃票价为 0、平均折扣率为 0、总飞行里程大于 0 的记录。

（3）使用 Pandas 对满足清洗条件的数据进行丢弃。

2. 属性规约

原始数据中属性太多，根据航空公司客户价值 LRFMC 模型，选择与 LRFMC 指标相关的 6 个属性：FFP_DATE、LOAD_TIME、FLIGHT_COUNT、AVG_DISCOUNT、SEG_K.M SUM、LAST_T0_END。删除与其不相关、弱相关或冗余的属性，如会员卡号、性别、工作地城市、工作地所在省份、工作地所在国家和年龄等属性。经过属性选择后的数据集见表 5-1-3。

表 5-1-3　属性选择后的数据集

LOAD_TIME	FFP_DATE	LAST_T0_END	FLIGHT_COUNT	SEG_KM_SUM	AVG_DISCOUNT
2022/3/31	2021/3/16	23	14	126 850	1.02
2022/3/31	2020/6/26	6	65	184 730	0.76
2022/3/31	2017/12/8	2	33	60 387	1.27
2022/3/31	2017/12/10	123	6	62 259	1.02
2022/3/31	2019/8/25	14	22	54 730	1.36
2022/3/31	2020/9/26	23	26	50 024	1.29

续表

LOAD_TIME	FFP_DATE	LAST_TO_END	FLIGHT_COUNT	SEG_KM_SUM	AVG_DISCOUNT
2022/3/31	2018/12/27	77	5	61 160	0.94
2022/3/31	2017/10/21	67	4	48 928	1.05
2022/3/31	2018/4/15	11	25	43 499	1.33
2022/3/31	2015/1/26	22	36	68 760	0.88
2022/3/31	2014/12/26	4	49	64 070	0.91
2022/3/31	2019/8/15	22	51	79 538	0.74
2022/3/31	2017/8/27	2	62	91 011	0.67
2022/3/31	2021/3/18	9	12	69 857	0.79
2022/3/31	2021/3/12	2	65	75 026	0.69
2022/3/31	2015/2/1	13	28	50 884	0.86
2022/3/31	2012/12/18	56	6	73 392	0.66
2022/3/31	2016/8/15	23	15	36 132	1.07
2022/3/31	2019/8/9	48	6	55 242	0.79
2022/3/31	2019/11/23	36	7	44 175	0.89

3. 数据变换

数据变换是将数据转换成"适当的"格式,以适应挖掘任务及算法的需要。本案例主要采用的数据变换方式为属性构造和数据标准化。

由于原始数据中并没有直接给出 LRFMC 五个指标,需要通过原始数据提取这五个指标,具体的计算方式如下。

(1) L = LOAD_TIME - FFP_DATE

会员入会时间距观测窗口结束的月数=观测窗口的结束时间 – 入会时间(单位:月)

(2) R = LAST_TO_END

客户最近一次乘坐公司飞机距观测窗口结束的月数=最后一次乘机时间至观察窗口末端时长(单位:月)

(3) F = FLIGHT_COUNT

客户在观测窗口内乘坐公司飞机的次数=观测窗口的飞行次数(单位:次)

(4) M = SEG_KM_SUM

客户在观测时间内在公司累计的飞行里程=观测窗口的总飞行里程(单位:千米)

(5) C = AVG_DISCOUNT

客户在观测时间内乘坐舱位所对应的折扣系数的平均值=平均折扣率(单位:无)

5 个指标的数据提取后,对每个指标数据分布情况进行分析,其数据的取值范围见表 5-1-4。从表中可以发现,5 个指标的取值范围数据差异较大,为了消除数量级数据带来的影响,需要对数据进行标准化处理。

表 5-1-4　LRFMC 指标取值范围

属性名称	L	R	F	M	C
最小值	12.23	0.03	2	368	0.4
最大值	114.63	24.37	213	580 717	1.5

标准差标准化处理后，形成 ZL、ZR、ZF、ZM、ZC 5 个属性的数据，如表 5-1-5 所示。

表 5-1-5　标准化处理后的数据集

ZL	ZR	ZF	ZM	ZC
1.690	0.140	−0.636	0.069	−0.337
1.690	−0.322	0.852	0.844	−0.554
1.682	−0.488	−0.211	0.159	−1.095
1.534	−0.785	0.002	0.273	−1.149
0.890	−0.427	−0.636	−0.685	1.232
−0.233	−0.691	−0.636	−0.604	−0.391
−0.497	1.996	−0.707	−0.662	−1.311
−0.869	−0.268	−0.281	−0.262	3.396
−1.075	0.025	−0.423	−0.521	0.150
1.907	−0.884	2.979	2.130	0.366
0.478	−0.565	0.852	−0.068	−0.662
0.469	−0.939	0.073	0.104	−0.013
0.469	−0.185	−0.140	−0.220	−0.932
0.453	1.517	0.073	−0.301	3.288
0.369	0.747	−0.636	−0.626	−0.283
0.312	−0.896	0.498	0.954	−0.500
−0.026	−0.681	0.073	0.325	0.366
−0.051	2.723	−0.636	−0.749	0.799
−0.092	2.879	−0.707	−0.734	−0.662
−0.150	−0.521	1.278	1.392	1.124

二、模型构建

客户价值分析模型主要由两个部分构成：第一部分根据航空公司客户 5 个指标的数据，对客户进行聚类分群；第二部分结合业务对每个客户群进行特征分析，分析其客户价值，并对每个客户群进行排名。

（一）客户聚类

采用 K-Means 聚类算法对客户数据进行客户分群，聚成 5 类（需要结合业务的理解与分析来确定客户的类别数量）。K-Means 聚类算法位于 Scikit-Learn 库下的聚类子库（sklearn），代码清单如下，输入数据集为 input file，聚类类别数为 $k = 5$。

```
# K-Means 聚类算法
import pandas as pd
from sklearn.cluster import KMeans          #导入均值聚类算法
inputfile = '../tmp/zscoreddata.xls'        #待聚类的数据文件
k = 5                                       #需要进行的聚类类别数
#读取数据并进行聚类分析
data = pd.read_excel（inputfile）           #读取数据
#调用 k-means 算法，进行聚类分析
kmodel = KMeans（n_clusters = k, n_jobs = 4）
kmodel.fit（data）                          #训练模型
kmodel.cluster_centers_                     #查看聚类中心
kmodel.labels_                              #查看各样本对应的类别
```

对数据进行聚类分群的结果如表 5-1-6 所示。

表 5-1-6 客户聚类结果

聚类类别	聚类个数	聚类中心				
^	^	ZL	ZR	ZF	ZM	ZC
客户群 1	5 337	0.483	−0.799	2.483	2.424	0.308
客户群 2	15 735	1.160	−0.377	−0.087	−0.095	−0.158
客户群 3	12 130	−0.314	1.686	−0.574	−0.537	−0.171
客户群 4	24 644	−0.701	−0.415	−0.161	−0.165	−0.255
客户群 5	4 198	0.057	−0.006	−0.227	−0.230	2.191

（二）客户价值分析

针对聚类结果进行特征分析，如图 5-1-3 所示。其中，客户群 1 在 F、M 属性上最大，在 R 属性上最小；客户群 2 在 L 属性上最大；客户群 3 在 R 属性上最大，在 F、M 属性上最小；客户群 4 在 L、C 属性上最小；客户群 5 在 C 属性上最大。结合业务分析，通过比较各个指标在群间的大小对某一个群的特征进行评价分析。例如，客户群 1 在 F、M 属性最大，在 R 指标最小，因此可以说 F、M、R 在客户群 1 是优势特征。依此类推，F、M、R 在客户群 3 上是劣势特征。从而总结出每个群的优势和弱势特征，具体结果如表 5-1-7 所示。

图 5-1-3 客户群特征分析图

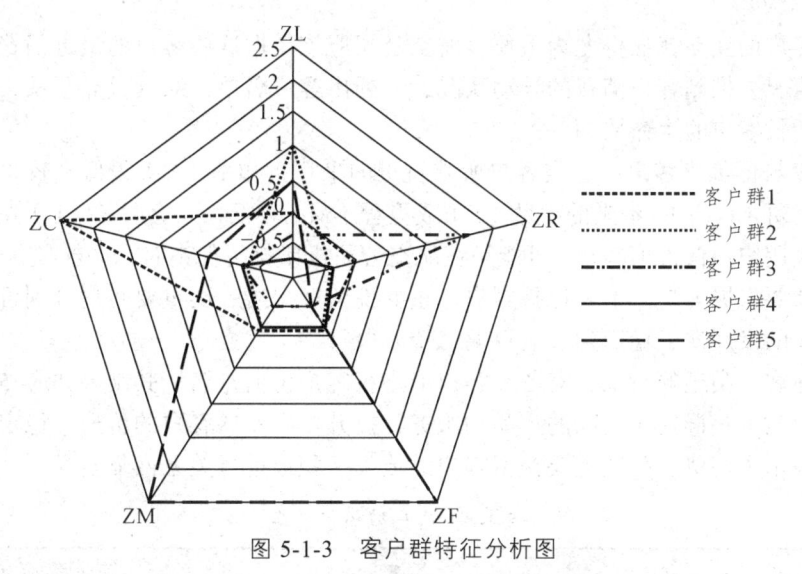

表 5-1-7 客户群特征描述表

群类别	优势特征			弱势特征		
客户群 1	F	M	R			
客户群 2	L	F	M			
客户群 3				F	M	R
客户群 4				L		C
客户群 5		C			F	M

由上述特征分析图表说明每个客户群都有显著不同的表现特征，基于该特征描述，本案例定义五个等级的客户类别：重要保持客户、重要发展客户、重要挽留客户、一般客户、低价值客户。他们之间的区别如图 5-1-1 所示，其中每种客户类别的特征如下：

（1）重要保持客户：这类客户的平均折扣率（C）较高（一般所乘航班的舱位等级较高），最近乘坐过本公司航班（R 低），乘坐的次数（F）或里程（M）较高。他们是航空公司的高价值客户，是最为理想的客户类型，对航空公司的贡献最大，所占比例却较小。航空公司应该优先将资源投放到他们身上，对他们进行差异化管理和一对一营销，提高这类客户的忠诚度与满意度，尽可能延长这类客户的高水平消费。

（2）重要发展客户：这类客户的平均折扣率（C）较高，最近乘坐过本公司航班（R 低），但乘坐次数（F）或乘坐里程（M）较低。这类客户入会时长（L）短，他们是航空公司的潜在价值客户。虽然这类客户的当前价值并不是很高，但却有很大的发展潜力。航空公司要努力促使这类客户增加在本公司的乘机消费和合作伙伴处的消费，也就是增加客户的钱包份额。通过客户价值的提升，加强这类客户的满意度，提高他们转向竞争对手的转移成本，使他们逐渐成为公司的忠诚客户。

（3）重要挽留客户：这类客户过去所乘航班的平均折扣率（C）、乘坐次数（F）或者里程（M）较高，但是较长时间已经没有乘坐本公司的航班（R 高）或是乘坐频率变小。他们的客户价值变化不确定性很高。由于这些客户衰退的原因各不相同，所以掌握客户的最新信息、维持与客户的互动就显得尤为重要。航空公司应该根据这些客户的最近消费时间、消费次数的变化情况，推测客户消费的异动状况，并列出客户名单，对其重点联系，采取一定的营销手段，延长客户的生命周期。

（4）一般与低价值客户：这类客户所乘航班的平均折扣率（C）很低，较长时间没有乘坐过本公司航班（R高），乘坐的次数（F）或里程（M）较低，入会时长（L）短。他们是航空公司的一般用户与低价值客户，可能是在航空公司机票打折促销时，才会乘坐本公司航班。

其中，重要发展客户、重要保持客户、重要挽留客户这三类重要客户分别可以归入客户生命周期管理的发展期、稳定期、衰退期三个阶段。

根据每种客户类型的特征，对各类客户群进行客户价值排名，其结果如表 5-1-8 所示。针对不同类型的客户群提供不同的产品和服务，提升重要发展客户的价值、稳定和延长重要保持客户的高水平消费、防范重要挽留客户的流失并积极进行关系恢复。

表 5-1-8　客户群价值排名

客户群	排名	排名含义
客户群 1	1	重要保持客户
客户群 5	2	重要发展客户
客户群 2	3	重要挽留用户
客户群 4	4	一般客户
客户群 3	5	低价值客户

本模型采用历史数据进行建模，随着时间的变化，分析数据的观测窗口也在变换。因此，对于新增客户详细信息，考虑业务的实际情况，该模型建议每月运行一次，对其新增客户信息通过聚类中心进行判断，同时对本次新增客户的特征进行分析。如果增量数据的实际情况与判断结果差异大，需要业务部门重点关注，查看变化大的原因以及确认模型的稳定性。如果模型稳定性变化大，需要重新训练模型进行调整。目前，模型进行重新训练的时间没有统一标准，大部分情况都是根据经验来决定。根据经验建议：每隔半年训练一次模型比较合适。

三、模型应用

根据对各个客户群进行特征分析，采取下面的一些营销手段和策略，为航空公司的价值客户群管理提供参考。

（一）会员的升级与保级

航空公司的会员可以分为白金卡会员、金卡会员、银卡会员、普通卡会员，其中非普通卡会员可以统称为航空公司的精英会员。虽然各个航空公司都有自己的特点和规定，但会员制的管理方法是大同小异的。成为精英会员一般都是要求在一定时间内（如一年）积累一定的飞行里程或航段，达到这种要求后就会在有效期内（通常为两年）成为精英会员，并享受相应的高级别服务。有效期快结束时，根据相关评价方法确定客户是否有资格继续作为精英会员，然后对该客户进行相应地升级或降级。

然而，由于许多客户并没有意识到或根本不了解会员升级或保级的时间与要求（相关的文件说明往往复杂且不易理解），经常在评价期过后才发现自己其实只差一点就可以实现升级或保级，却错过了机会，使之前的里程积累白白损失。同时，这种认知还可能导致客户的不满，干脆放弃在本公司的消费。

因此，航空公司可以在对会员升级或保级进行评价的时间点之前，对那些接近但尚未达到要求的较高消费客户进行适当提醒甚至采取一些促销活动，刺激他们通过消费达到相应标准。这样既可以获得收益，同时也提高了客户的满意度，增加了公司的精英会员。

（二）首次兑换

航空公司常旅客计划中最能够吸引客户的内容就是客户可以通过消费积累的里程来兑换免票或免费升舱等。各个航空公司都有一个首次兑换标准，也就是当客户的里程或航段积累到一定程度时才可以实现第一次兑换，这个标准会高于正常的里程兑换标准。但是很多公司的里程积累随着时间会进行一定程度地削减，例如有的公司会在年末对该年积累的里程进行折半处理。这样会导致许多不了解情况的会员白白损失自己好不容易积累的里程，甚至总是难以实现首次兑换。同样，这也会引起客户的不满或流失。可以采取的措施是从数据库中提取出接近但尚未达到首次兑换标准的会员，对他们进行提醒或促销，使他们通过消费达到标准。一旦实现了首次兑换，客户在本公司进行再次消费兑换就比在其他公司进行兑换要容易许多，这在一定程度上等于提高了转移的成本。另外，在一些特殊的时间点（如里程折半的时间点）之前可以给客户一些提醒，这样可以增加客户的满意度。

（三）交叉销售

通过发行联名卡等与非航空类企业的合作，使客户在其他企业的消费过程中获得本公司的积分，增强与公司的联系，提高他们的忠诚度。例如，可以查看重要客户在非航空类合作伙伴处的里程积累情况，找出他们习惯的里程积累方式（是否经常在合作伙伴处消费、更喜欢消费哪些类型合作伙伴的产品），对他们进行相应促销。

客户识别期和发展期为客户关系打下基石，但是这两个时期带来的客户关系是短暂的、不稳定的。企业要获取长期的利润，必须具有稳定的、高质量的客户。保持客户对企业是至关重要的，不仅因为争取一个新客户的成本远远高于维持老客户的成本，更重要的是客户流失会造成公司收益的直接损失。因此，在这一时期，航空公司应该努力维系客户关系，使之处于较高的水准，最大化生命周期内公司与客户的互动价值，并使这样的高水平尽可能延长。对于这一阶段的客户，主要应该通过提供优质的服务产品和提高服务水平来提高客户的满意度。通过对旅客数据库的数据挖掘、进行客户细分，可以获得重要保持客户的名单。这类客户一般所乘航班的平均折扣率（C）较高；最近乘坐过本公司航班（R 低）、乘坐的频率（F）或里程（M）也较高。他们是航空公司的价值客户，是最理想的客户类型，对航空公司的贡献最大，所占比例却比较小。航空公司应该优先将资源投放到他们身上，对他们进行差异化管理和一对一营销，提高这类客户的忠诚度与满意度，尽可能延长这类客户的高水平消费。

【拓展思考】

本任务主要针对客户价值进行分析，对客户流失并没有提出具体的分析。由于在航空客户关系管理中客户流失的问题未被重视，故对航空公司造成了巨大的损害。客户流失对利润增长造成的负面影响非常大，仅次于公司规模、市场占有率和单位成本等因素的影响。客户与航空公司之间的关系越长久，给航空公司带来的利润就会越高。所以流失一个客户，比获得一个新客户对公司的损失更大。因为要获得新客户，需要在销售、市场、广告和人员工资上花费很多，并且大多数新客户产生的利润不如那些流失的老客户多。

因此，在国内航空市场竞争日益激烈的背景下，航空公司在客户流失方面应该引起足够的重视。如何改善流失问题，继而提高客户满意度、忠诚度是航空公司维护自身市场并面对激烈竞争的一件大事，客户流失分析将成为帮助航空公司开展持续改进活动的指南。

客户流失分析可以针对目前老客户进行分类预测。针对航空公司客户信息数据，可以进行老客户以及客户类型的定义（其中将飞行次数大于 6 次的客户定义为老客户，已流失客户定义为第二年飞行次数与第一年飞行次数比例小于 50%的客户；准流失客户定义为第二年飞行次数与第一年飞行次数比例在［50%，90%）内的客户；未流失客户定义为第二年飞行次数与第一年飞行次数比例大于 90%的客户）。同时，需要选取客户信息中的关键属性，如会员卡级别、客户类型（流失、准流失、未流失）、平均乘机时间间隔、平均折扣率、积分兑换次数、非乘机积分总和、单位里程票价和单位里程积分等。随机选取数据的 80%作为分类的训练样本，剩余的 20%作为测试样本。构建客户的流失模型，运用模型预测未来客户的类别归属（未流失、准流失或已流失）。

任务二　决策树分析实例

目前，某拼图游戏运营情况良好，已经是公司稳定的收益来源。这款游戏虽然没有什么和收益相关的大问题，但还是存在几处令人担心的地方。其中，用户开始游戏后不久就离开的情况，在这款游戏中要比其他应用严重得多。由于这款游戏在传统媒体上投放了大量的广告，并且比其他应用的用户规模都要大，因此不仅是核心用户群，轻度用户群的人数也比其他应用多，这有可能是导致这一问题的原因之一。尽管如此，既然我们好不容易让用户开始了游戏，那么就希望他们能够成为游戏的长期用户，这也是游戏策划和运营部门所希望的。因此，需要灵活运用数据分析，制定出合理的运营策略来尽量留住用户。当前面临的现状是"开始游戏后不久便离开的用户较多"，而我们的预期是"开始游戏后不久便离开的用户很少"，如图 5-2-1 所示。

与其探究用户离开的原因，不如寻找用户继续访问的理由。在本例中，希望通过灵活运用数据分析来给用户提供更好的服务。该游戏和其他应用相比，服

图 5-2-1　现状与预期

务的规模较大，并且在传统媒体上投放了广告，因此轻度用户群的数量估计也很多。跟核心用户相比，轻度用户对游戏不太上心，所以通常这些用户继续游戏的可能性也不太高。因此，即使我们调查分析了用户离开的主要原因，仍有可能得不到什么有用的信息。于是，与其去探究用户离开的原因，不如从那些长期访问游戏的用户的行为入手，去寻找用户继续访问游戏的理由。继续访问游戏的用户应该是由于某些原因在游戏的过程中体会到了游戏的"乐趣"，所以需要通过数据分析的方式来找出这些原因，进而探讨能够将这种"乐趣"更好地传递给用户的策划方案。

一、分解"乐趣"的要素

下面我们来考察一下为什么那些游戏的长期用户能够体会到游戏的"乐趣"。由于每个人对"乐趣"的看法可能都不一样，因此光说"乐趣"还不行，需要对该游戏的"乐趣"进行定义，并根据这个定义来做进一步考量。因此，首先从分解这种"乐趣"的构成要素入手。

该游戏的用户在初期能够进行的行为大体分为 3 种：
（1）战斗：对战其他用户；
（2）协作：和其他用户协作共同打败敌方首领；
（3）发送消息：向其他用户发送消息。

我们将上面的行为称为"社交行为"，游戏用户的这些行为会相互影响。在社交游戏当中，这些社交行为要素有很多，它们让用户切实感觉到其他用户的存在，并促使用户继续访问游戏。

如上所述，我们将"乐趣"这类模糊的说法分解成具体的行为和功能，从而使得针对具体分析和策略的讨论成为可能。

二、量化"社交行为"

通过初步观察数据，我们发现流失的用户大都是在开始游戏后的 1 周内就不再来访了，因此可以设立假设：用户是否会长期来访游戏取决于用户在开始游戏后的 1 周内的行为。接着就要思考如何用数值来量化上述社交行为。首先应当想到的就是这些社交行为在用户开始游戏后的 1 周内发生了多少次。通过这些数值的大小，就可以得知用户从该游戏中寻求的"乐趣"。

（1）战斗次数很多的情况：喜欢在游戏中对战其他用户；
（2）协作次数很多的情况：喜欢在游戏中通过和其他用户协作击败敌方首领；
（3）发送消息次数很多的情况：喜欢和游戏中的其他用户交流。

当我们明确了大多数用户的需求后，就可以制定针对性更强的游戏运营策略，从而促使更多的用户长期来访问游戏。

接着需要考虑各个社交行为是在用户开始游戏几天后首次发生的，根据这些数值就可以得知各个社交行为的下述情况。

（1）用户从第 1 天起就发生这种社交行为。
（2）用户在开始游戏几天后再发生这种社交行为。

例如，对战其他用户和与其他用户协作共同打败敌方首领的社交行为一开始就有会比较好，而从开始游戏第 1 天起就给其他用户发送消息就不太好。

整理上述内容，如表 5-2-1 所示。

表 5-2-1　社交行为

社交行为	几天后发生	发生几次	用户心理
战斗	A	B	想在游戏中与他人对战
协作	C	D	想在游戏中和他人协作
发送消息	E	F	想和同伴交流

根据表 5-2-1 中的内容，分析得出具有什么样行为的用户更容易长期访问游戏。具体处理流程如下：

A. 开始游戏后 1 周内用户的稳定来访率比较低（事实）；

B. 根据初次访问游戏时用户行为的不同，其稳定来访率也不一样（战斗？协作？发送消息？）×（次数？时间段？）（假设）；

C. 分析的结果是 OO 的行为模式比较容易促使用户稳定来访游戏（假设）；

D. 为了使得用户养成 OO 的行为模式，需要实施 XX（解决方案）。

根据上述处理流程，在本例中，如果我们可以通过数据分析找出"战斗""协作"和"发送消息"这些社交行为和"稳定来访"之间的关系，那么之前不确定的问题就会自然明确了。在分析对象中，社交行为是很容易被量化的，而"稳定来访"却很难量化。因此，首先需要考虑如何量化"稳定来访"。

我们考虑了多种量化"稳定来访"的方法。例如，在社交游戏中，"N 日持续率"就是一种常用的指标。

N 日持续率 = 初次来访游戏 N 天后再次来访的用户数/初次来访游戏的用户数

这个指标适用于宏观倾向的把握，而在本例中，我们需要的并非整体的倾向，而是希望发掘和社交行为之间的关系，因此需要将每个用户稳定来访的情况进行量化。很显然，N 日持续率无法计算每个用户的情况，因此这个指标不适用于本例。于是，本例中考虑使用"登录密度"，通过这个指标可以计算每个用户的情况。

N 日登录密度 = N 日内用户到访的天数/N

从上述定义可以得知，N 日登录密度的取值范围在 0 到 1 之间，越接近 1 表示该用户越可能是稳定来访的用户。在分析中，我们将用户开始游戏后 1 周内（第 0 天至第 6 天）的行为作为自变量，而作为因变量的登录密度则由下一周（第 7 天至第 13 天）的数据得到。

三、找出决策树分析中影响最大的分裂属性

在完成了对"稳定来访"的量化后，我们来讨论一下分析方法。像本例这样考察多个属

性的影响时，通常的处理方法是对每一个属性进行交叉列表统计。但是调查多个属性组合所产生的影响，也就是找出下面一些模式。

（1）从不主动对战其他用户，但协助他人超过30次的用户会稳定来访；

（2）第3天之后发送了5条以上的消息，并在第7天协助他人2次以上的用户群会稳定来访。

如果像这样将各种社交行为的次数和发生天数进行组合，那么需要进行大量的交叉列表统计，这个计算量是无法承受的。在这种情况下，一种便利的分析方法是使用决策树。

决策树分析在商业数据分析中是一种使用广泛且便利的分析方法，其中一种用法是找出影响最大的分裂属性。该分裂属性在交叉列表统计中需要将所有的组合都测试一遍才有可能找到。所以下面将使用决策树分析，如图5-2-2所示。

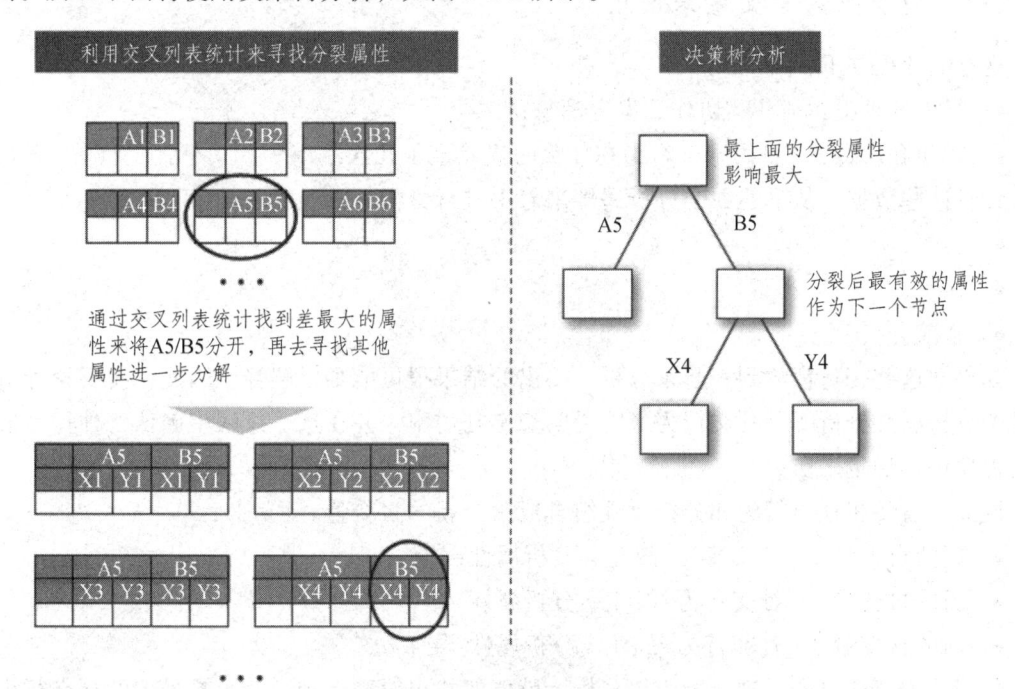

图 5-2-2 决策树分析与交叉列表比较

四、考量实数、比率和主成分

目前，我们考量的数量是各种社交行为发生的次数以及这些行为发生在多少天后。也就是说，需探寻下面这些模式。

- A 天后和其他用户对战了 B 次；
- C 天后和他人协作了 D 次；
- E 天后发送了 F 次消息。

然而，我们讨论的社交行为模式仅限于上面这样单纯的实数吗？例如，即使实际次数有差异，如果从开始使用的1周内各种行为发生的时间点相近，不也可以将其视为一类行为模式吗？

因此，根据每天的访问次数占 7 日内的访问总次数的比率，来讨论行为模式。根据该比率，可以得知用户 7 日内的下述情况。
- 在前半段时间内有较多行为的用户的稳定到访率是否较高；
- 在后半段时间内有较多行为的用户的稳定到访率是否较高；
- 7 天内都有行为的用户的稳定到访率是否较高。

最后，还可以考虑使用主成分分析来计算得到基于主成分的模式。当各种社交行为相互影响，或者没有什么行为的用户较多的情况下，使用独立的主成分能得到更好的分离。

下面就用上述 3 种分析属性来对社交行为和用户的稳定来访关系进行分析。

（一）将类作为自变量来使用

现有的数据如下：
- 行为的种类：战斗、协作、发送消息；
- 时间和次数：7 日内某个行为在什么时候发生了几次。

针对这些数据，从下述 3 个分析属性来着手进行分析：
- 实数；
- 比率；
- 主成分。

如果把这些变量都放到一起来分析，得出的结果很可能难以解释。因此，需要先弄清楚用哪个分析属性分析哪种社交行为最能说明稳定到访率，并在这一过程中确认哪种行为模式容易促使用户稳定来访。

因此，需要将社交行为和分析属性组合成一个新的自变量。
- 新的自变量 1：社交行为=战斗、分析属性=实数；
- 新的自变量 2：社交行为=战斗、分析属性=比率；
- 新的自变量 3：社交行为=战斗、分析属性=主成分。

使用这个新的自变量进行决策树分析，就能够找出对稳定到访率影响最大的社交行为和分析属性的组合。组合成一个新变量的方法有很多，在本例中，将有类似行为的用户归到一起会比较好，因此可以使用聚类的方法。这里使用介绍过的 K-Means 方法（见图 5-2-3）。

①通过各种行为×分析属性进行聚类

用户ID	Action	分析属性	第0天	第1天	…	第6天
300	batttle	实数			…	

用户ID	类的种类	类
300	battle_实数	1

用户ID	Action	分析属性	第0天	第1天	…	第6天
300	batttle	比率			…	

用户ID	类的种类	类
300	battle_比率	2

用户ID	Action	分析属性	PC1	PC2	…	PC7
300	batttle	主成分			…	

用户ID	类的种类	类
300	battle_主成分	3

②将类作为自变量

用户ID	类的种类	类
300	battle_实数	1

用户ID	类的种类	类
300	battle_比率	2

用户ID	battle_实数	battle_比率	battle_主成分
300	1	2	3

用户ID	类的种类	类
300	battle_主成分	3

③进行决策树分析，并调查最有效的类的种类中每个类的倾向

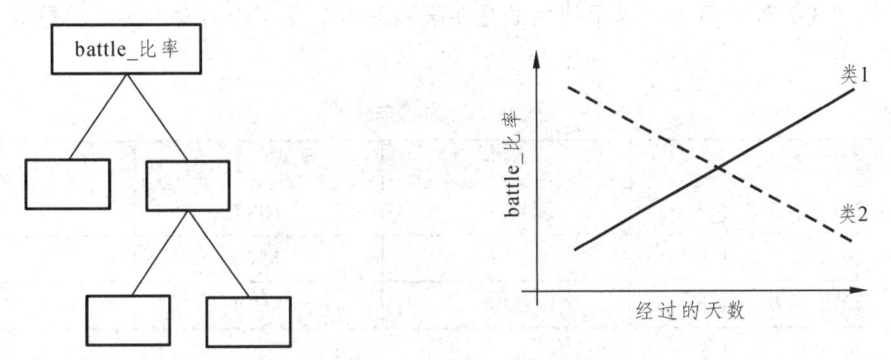

图 5-2-3　聚类方法

在本例的数据生成过程中，使用了介绍的主成分分析和 K-means 等分析方法。在商业数据分析领域，为了使用某种数据分析方法，通常可以使用别的方法来进行数据加工。需要特别提到的是主成分分析，当自变量之间不是相互独立时，它能够将自变量变换成独立的成分。或者在自变量太多的情况下，为了降维也可以使用该方法。总之，主成分分析是一种经常使用的辅助性的分析方法。

（二）数据收集

下面来讨论进行决策树分析所需要的数据。首先，为了调查用户开始游戏后第 1 周和第 2 周的到访情况，需要使用下述新用户（Install）数据和 DAU 数据，如表 5-2-2 和表 5-2-3 所示。

表 5-2-2　Install 数据

	开始使用日期	用户 ID	开始使用时间	性别	年龄段	设备
1	2020 年 5 月 4 日	1	1367599368	女性	40～49 岁	iOS
2	2020 年 5 月 14 日	2	1368514618	男性	20～29 岁	Android
3	2020 年 5 月 14 日	3	1368518894	女性	20～29 岁	Android
4	2020 年 5 月 14 日	4	1368520967	女性	40～49 岁	Android
5	2020 年 5 月 14 日	5	1368523275	女性	20～29 岁	Android
6	2020 年 5 月 14 日	6	1368527040	女性	10～19 岁	iOS
…	…	…	…	…	…	…

表 5-2-3　DAU 数据

	到访日期	应用名	用户 ID
1	2013 年 6 月 1 日	××××	1701
2	2013 年 6 月 1 日	××××	1720
3	2013 年 6 月 1 日	××××	1087
4	2013 年 6 月 1 日	××××	1756
5	2013 年 6 月 1 日	××××	1218
6	2013 年 6 月 1 日	××××	1748
…	…	…	…

然后需要处理 3 类社交行为，这里使用的是在某一天各个社交行为发生次数的数据（见表 5-2-4～表 5-2-6）。

表 5-2-4　战斗（行为日志）

	到访日期	社交行为	用户 ID	次数
1	2013 年 6 月 1 日	战斗	1087	1
2	2013 年 6 月 1 日	战斗	1570	1
3	2013 年 6 月 1 日	战斗	1570	1
4	2013 年 6 月 1 日	战斗	1257	1
5	2013 年 6 月 1 日	战斗	1257	1
6	2013 年 6 月 1 日	战斗	1257	1
…	…	…	…	…

表 5-2-5　发送消息（行为日志）

	到访日期	社交行为	用户 ID	次数
1	2013 年 6 月 1 日	发送消息	8	8
2	2013 年 6 月 1 日	发送消息	13	10
3	2013 年 6 月 1 日	发送消息	28	2
4	2013 年 6 月 1 日	发送消息	44	2
5	2013 年 6 月 1 日	发送消息	49	2
6	2013 年 6 月 1 日	发送消息	133	10
…	…	…	…	…

表 5-2-6　协作（行为日志）

	到访日期	社交行为	用户 ID	次数
1	2013 年 6 月 1 日	协作	6	3
2	2013 年 6 月 1 日	协作	8	13

续表

到访日期	社交行为	用户 ID	次数
3	2013 年 6 月 1 日	协作	10	3
4	2013 年 6 月 1 日	协作	13	51
5	2013 年 6 月 1 日	协作	28	6
6	2013 年 6 月 1 日	协作	44	27
…	…	…	…	…

（三）数据建模

计算登录密度，如图 5-2-4 所示。

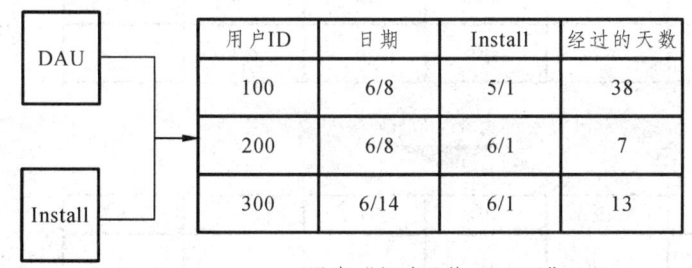

用户ID	日期	Install	经过的天数
100	6/8	5/1	38
200	6/8	6/1	7
300	6/14	6/1	13

限定"经过天数=7~13天"

用户ID	日期	Install	经过的天数
200	6/8	6/1	7

计算出登录密度

用户ID	登录密度
200	0.286

※2÷7≈0.286

图 5-2-4　计算登录密度

（1）将 DAU 和首次访问时间数据合并；
（2）取得用户首次访问后第 7 ~ 13 天的数据；
（3）计算出每个用户的登录密度；
（4）每个分析对象用户与其登录密度合并，如表 5-2-7 所示。

表 5-2-7　用户及登录密度

	用户 ID	到访日期	首次访问时间	性别	年龄段	设备	登录密度
1	1693	2013 年 6 月 1 日	1370012721	女性	20 ~ 29 岁	Android	0
2	1694	2013 年 6 月 1 日	1370013166	女性	20 ~ 29 岁	Android	0
3	1695	2013 年 6 月 1 日	1370013609	男性	40 ~ 49 岁	Android	0
4	1696	2013 年 6 月 1 日	1370014074	男性	20 ~ 29 岁	Android	0
5	1697	2013 年 6 月 1 日	1370014654	女性	30 ~ 39 岁	iOS	0
6	1698	2013 年 6 月 1 日	1370015187	女性	20 ~ 29 岁	Android	0
…	…	…	…	…	…	…	…

然后，生成用户首次访问后 7 天内的各个社交行为的数据，如图 5-2-5 所示。

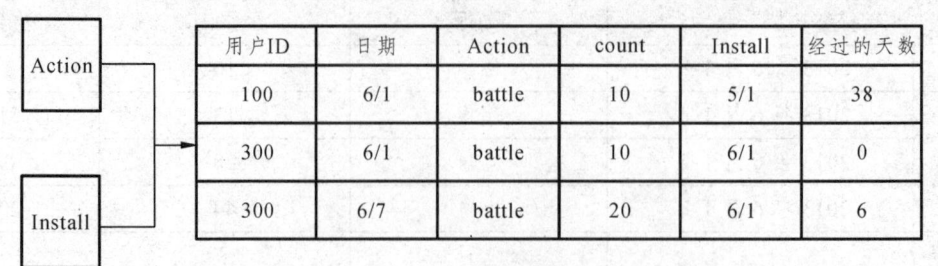

用户ID	日期	Action	count	Install	经过的天数
100	6/1	battle	10	5/1	38
300	6/1	battle	10	6/1	0
300	6/7	battle	20	6/1	6

限定"经过天数=0~6天"

用户ID	日期	Action	count	Install	经过的天数
300	6/1	battle	10	6/1	0
300	6/7	battle	20	6/1	6

将"经过的天数"的数据整理成列

用户ID	Action	第0日	第1日	…	第6日
300	battle	10	0	…	20

图 5-2-5　社交行为数据

（1）将各个社交行为的数据和用户首次访问时间的数据合并；
（2）将时间限定在用户首次访问后的第 0～6 天；
（3）将第 N 天的数据整理到同一列并按天排列，如表 5-2-8～表 5-2-10 所示。

表 5-2-8　实数数据

用户 ID	第0天	第1天	第2天	第3天	第4天	第5天	第6天
1257	0	0	0	0	0	0	8
1269	0	0	0	0	0	0	4
1295	0	0	0	0	0	0	7
…	…	…	…	…	…	…	…

表 5-2-9　比率数据

用户 ID	第0天	第1天	第2天	第3天	第4天	第5天	第6天
1257	0	0	0	0	0	0	1
1269	0	0	0	0	0	0	1
1295	0	0	0	0	0	0	1
…	…	…	…	…	…	…	…

表 5-2-10 主成分（PCA）数据

用户 ID	PC1	PC2	PC3	PC4	PC5	PC6	PC7
1257	−0.433 57	−1.660 66	0.195 05	0.233 70	1.691 51	1.043 51	0.215 24
1269	0.091 18	−1.215 3	0.105 27	0.028 30	0.583 37	0.471 24	0.078 61
1295	−0.302 38	−1.549 32	0.172 60	0.182 35	1.414 48	0.900 44	0.181 08
…	…	…	…	…	…	…	…

至此，我们已经生成了各个社交行为和分析属性的数据，接着就需要使用这份数据进行聚类分析。在进行聚类分析时，需要知道类的个数。在商业应用中，虽说类的个数取决于聚类目的，但一般情况下设 3~6 个类即可。

（1）通过 3~6 个类对各种行为分析属性进行聚类，如图 5-2-6 所示。

图 5-2-6 对各种行为分析属性进行聚类

（2）将"行为名称、类的个数、分析属性"作为自变量，如图 5-2-7 所示。

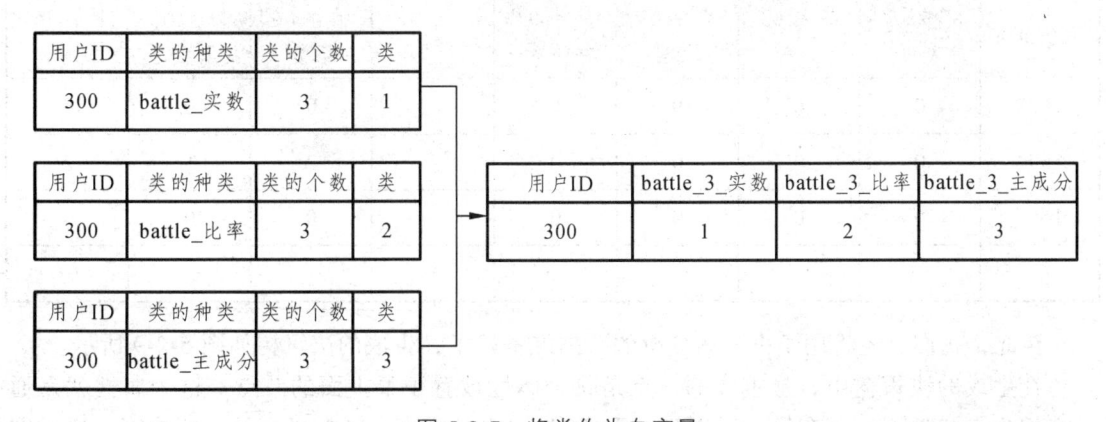

图 5-2-7 将类作为自变量

最后，将带有登录密度的分析对象用户数据和各个社交行为的类数据合并，如图 5-2-8 和表 5-2-11 所示。

表 5-2-11　各社会行为数据

用户 ID	战斗 03 实数	战斗 03 比率	战斗 03 主成分	…	战斗 06 实数	战斗 06 比率	战斗 06 主成分
1257	1	1	1		6	6	4
1269	1	1	1		6	6	3
1295	1	1	1		6	6	4
…							

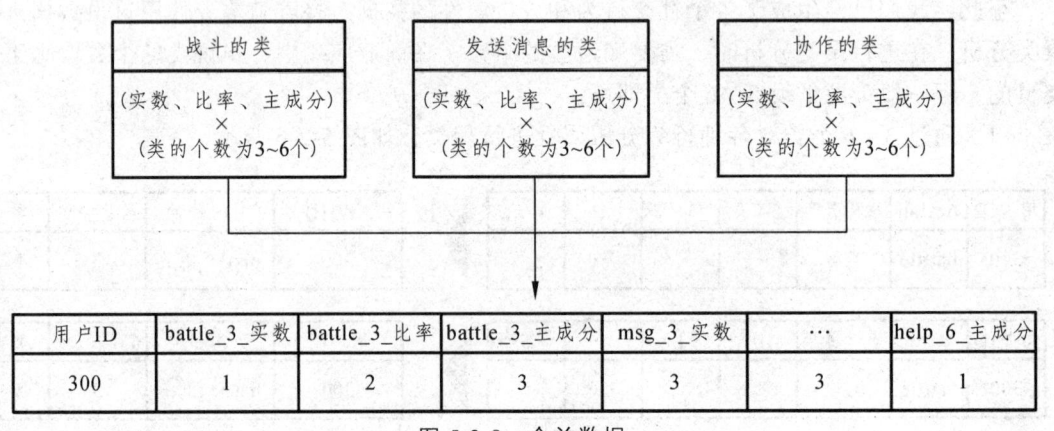

```
┌─────────────────┐    ┌─────────────────┐    ┌─────────────────┐
│   战斗的类       │    │  发送消息的类    │    │   协作的类       │
│ (实数、比率、主成分)│    │(实数、比率、主成分)│    │(实数、比率、主成分)│
│       ×          │    │       ×          │    │       ×          │
│(类的个数为3~6个) │    │(类的个数为3~6个) │    │(类的个数为3~6个) │
└─────────────────┘    └─────────────────┘    └─────────────────┘
```

用户 ID	battle_3_实数	battle_3_比率	battle_3_主成分	msg_3_实数	…	help_6_主成分
300	1	2	3	3	3	1

图 5-2-8　合并数据

① 合并战斗的类；
② 合并协作的类；
③ 合并发送消息的类，如表 5-2-12。

表 5-2-12　合并类

用户 ID	登录密度	战斗 03 实数	战斗 03 比率	战斗 03 主成分	…	协作 06 实数	协作 06 比率	协作 06 主成分
1693	0	0	0	0		0	0	0
1694	0	0	0	0		2	1	2
1695	0	0	0	0		0	0	0
…								

至此，我们已经将用于决策树分析的数据准备好了，生成的决策树如图 5-2-9 所示。

在生成的决策树中，最重要的一点是哪个属性被置于最上面的节点。这个属性就是通过交叉列表统计测试所有组合后得到的那个对"登录密度"影响最大的说明要素。通过图 5-2-9 可以看出，"类的个数为 4 时的协作主成分类"对登录密度的影响最大，其次是"类的个数为 6 时的协作比率类"，最右边的类在第 2 周的登录密度在 0.7～1，这是一个高登录密度的状态。

图 5-2-9　决策树

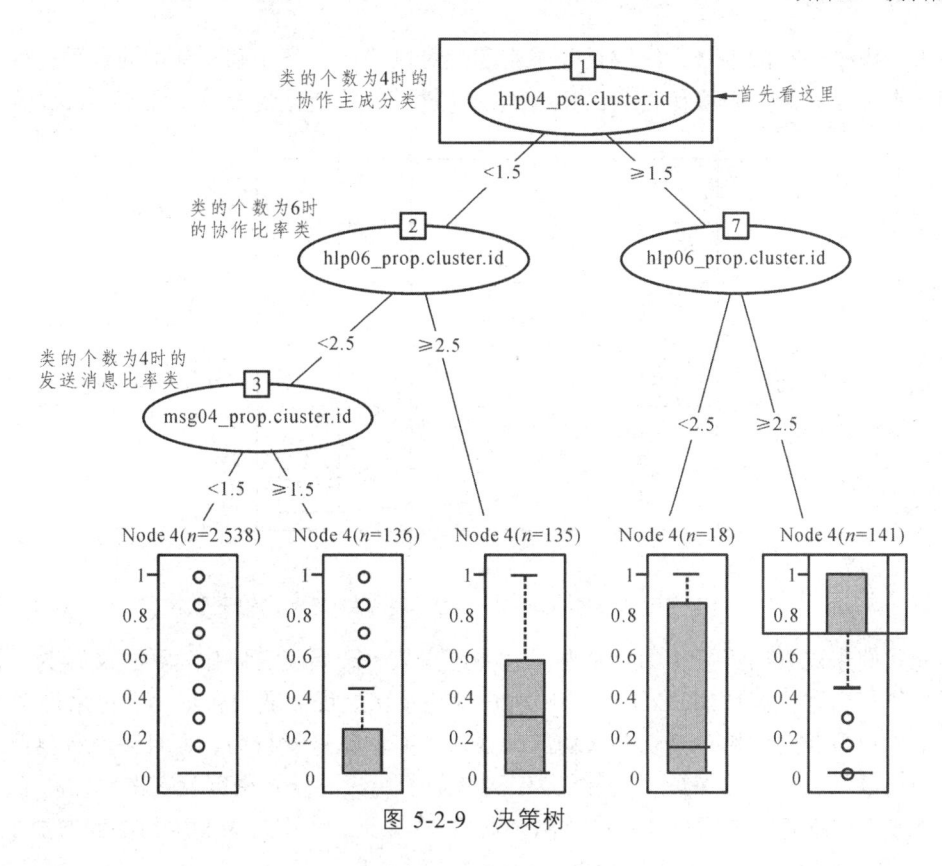

（四）研究每个协作主成分类的倾向

下面来研究类的个数为 4 时的协作主成分类的特征。首先，画出每个类的平均登录密度，如图 5-2-10 所示。

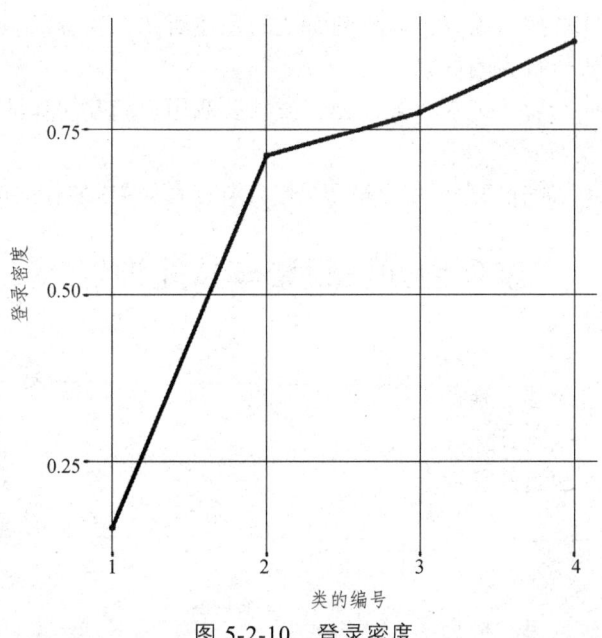

图 5-2-10　登录密度

图中，横轴是类的编号，纵轴是登录密度。可以看出，类1和其他类的登录密度差别很大。接着来观察各个类中协作行为的比率随着经过天数的变化情况，如图5-2-11所示。

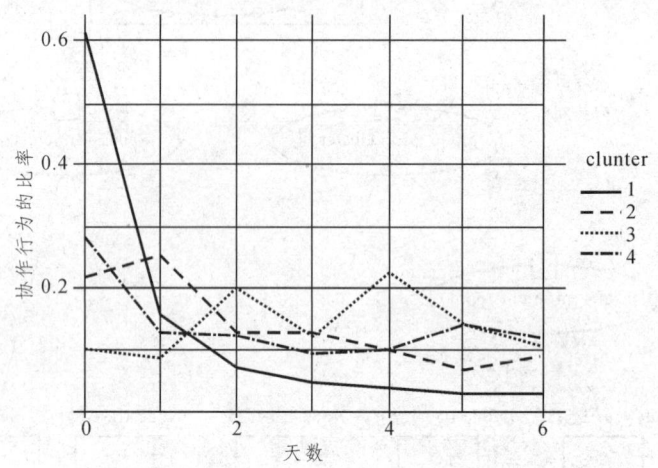

图 5-2-11　各个类中协作行为的比率随着经过天数的变化情况

首先我们来观察属于类1的用户群。这些用户从一开始就有协作这种社交行为，但是在这之后协作行为并没有增加，2周后这些用户的登录密度反而变得很低。反过来观察类3或者类4的用户群，这些用户也在初次访问游戏时就有协作这种行为，而且并没有就此结束，在后半周里以及之后仍然保持了这种行为，到2周后用户的登录密度就变得比较高了。另外，通过仔细观察，我们发现用户在初次访问游戏后3~4天，协作行为发生的次数增加了。由此可知，"协作"行为逐渐增多的用户更容易稳定访问游戏。

通过对社交行为的行为日志进行决策树分析，并与游戏策划人进行讨论，得到下述结论：

（1）对开始游戏后第2周的"登录密度"影响最大的社交行为是"协作"行为；

（2）在开始游戏后"协作"的社交行为慢慢增加的用户在这之后会稳定地访问游戏；

（3）初次参与游戏的用户尚且体验不到游戏的乐趣所在，这种状态下用户并不能充分体验到和朋友之间发生协作行为的好处；

（4）在用户开始使用后的第3天起，为了鼓励游戏用户相互协作的社交行为，调高打败敌方首领的难度；

（5）第3天以后，为了促使游戏用户相互协作，把向他人寻求协作的按钮放置得更加醒目。

本项目知识积累与技能训练

● 知识积累

（1）信息时代用户的重要性；

（2）RFM的分析方法与过程；

（3）决策树模型的构建流程。

● 技能训练

（1）RFM模型的应用；

（2）决策树模型的应用。

项目六　数据可视化

○ **知识目标**

（1）了解数据可视化的目的。
（2）了解探索型数据可视化：假设检验、开放性探索。
（3）了解有效图表的选择流程。
（4）了解常见的可视化图表。

○ **能力目标**

（1）能够明确数据可视化的重要性。
（2）能够熟悉数据可视化的基础知识。
（3）能够利用工具去完成数据可视化，并进行数据处理。

○ **素养目标**

（1）培养学生对数据可视化技术的敏锐性。
（2）培养学生较强的分析问题和解决问题的能力。
（3）培养学生对可视化工具的动手操作能力。

○ **德技并修**

数据可视化是展示数据的基本特征和隐含规律，以帮助人们更加清晰地认识和理解数据，具有很强的理论性和实践性。数据可视化以"技能培养为主、理论够用为度"的原则，培养学生可视化工具的使用和可视化理论的理解，从而增强学生的实际操作能力，加深学生理解数据可视化工具之间的相通性，逐步形成解决实际应用问题的能力。

○ **项目说明**

本项目包括2个任务：数据可视化的重要性、常用可视化图表示例。这些是学生利用大数据技术和工具，揭示事物内部客观规律以及数据间内在联系的初步探索，可有效呈现数据中的重要特征，帮助学生更加清晰地认识和理解数据。

任务一　数据可视化的重要性

数据可视化的目的就是更加直观地展现数据，例如让花费数小时甚至更久才能归纳的数据量，转化成一眼就能读懂的指标；通过加减乘除、各类公式权衡计算得到两组数据的差异，通过图形的颜色、长短即能形成对比等。数据可视化就是一个沟通复杂信息的强大武器，通过可视化信息，能够更好地抓取和保存有效信息，增加对信息的印象。

可视化的首要任务是准确地展示和传达数据所包含的信息。在此前提下，针对特定的用户对象，根据用户的预期和需求，提供有效辅助手段方便用户理解数据，从而完成有效的可视化。数据可视化从可视化图表类型来说，可以分为比较类、分布类、流程类、占比类、区间类、关联类、趋势类、时间类、地图类等。所以，针对用户的预期和需求，明确目标的这一过程就是选择合适的可视化图表类型。在这一步骤中我们不仅需要明确考虑"用户想要知道什么"，同时还要考虑"如果用户知道了这个信息，会用它来做什么"。所以选择使用什么功能的图表将有助于管理者进行决策。

一、数据可视化的目的

人类大脑对视觉信息的处理优于对文本的处理，因此，用眼睛看到的数据能够更清晰有效地传达信息。那么使用图表、图形和设计元素把数据进行可视化，可以帮用户理解数据模式、趋势、统计规律和数据相关性，而这些"信息背后的信息"在其他呈现方式下可能难以被发现。

依据需要传达的性质和目的，可以将数据可视化划分为陈述型和探索型。前者一般是在正式场合向他人传达信息，例如，你想利用手中的大量数据，报告每季度的销售情况；后者是当我们想知道为什么最近销售表现不佳，于是，探索是因为季节性波动或者是推广力度不够。

实际上，以探索为目标的可视化又可分为两种情形：第一类是利用数据用图表来证实假设；第二类是如果对销售业绩下滑的原因毫无头绪，提不出任何假设，就需要仔细分析数据，寻找其中的规律、趋势和异常。

二、探索型数据可视化

探索型数据可视化分为两类：一是假设检验，二是从数据中寻找规律、趋势和异常。前者的目标很明确，后者则相对发散。数据体量越大、复杂度越高、未知因素越多，探索工作的开放性就越高。

（一）假设检验

在这类数据可视化探索中，我们设想的情况是否属实？如何用不同方式传达这一信息？在进行求证时，数据范围相对可控，所使用图表类型较为常规；当然，若想以新颖方式呈现信息，也可尝试较少见的图表。求证型图表一般不用于正式场合，因此需要找到正式展示所需的图表，或快速尝试不同的模板，找到最好的数据视觉化方案。

（二）开放性探索

更多时候，针对数据的开放性探索是数据科学家和商业智能分析师需要研究的领域，而新出现的工具如 Power BI 等工具可以让所有人都参与进来。由于缺少明确目标，开放探索型图表包含的数据范围较广，个别情况下可能会容纳多组数据，或建立自动更新数据的动态系统，也可用于统计建模。

三、选择有效的图表

图表制作的一般流程如图 6-1-1 所示。

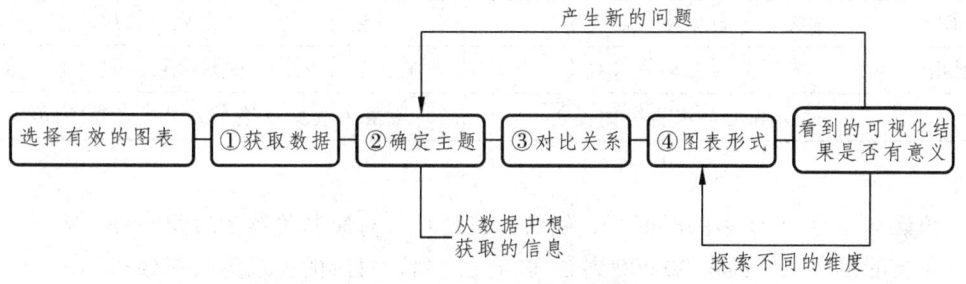

图 6-1-1　图表制作流程

首先获取数据，确定数据展现的主题，也就是你想利用图表从数据中获得哪些信息，然后根据数据之间的对比关系选择图表类型。这个过程还可能通过图表分析出新的问题，或者尝试从多个维度分析数据。

（一）确定表达主题

同一组数据用不同的角度看，有不同的主题，如表 6-1-1 所示。

表 6-1-1　产品销售额

月份	A	B	C	总计
1	88	26	7	121
2	94	28	8	130
3	103	30	8	141
4	114	35	7	156
5	122	38	13	173

如果你的注意力放在 1~5 月的销售发展趋势以及售价是怎么样随时间而变化的。那么图表主题应该是"销售额自 1 月份开始稳步上升"。如果想把重点集中在某一点上，比如说集中在 5 月份的数据上，你可能会记录产品 A、B 和 C 的销售量排列名次。那么此时的图表主题应该是"5 月份，产品 A 的销售额大幅超过 B 和 C"。从另一个角度同样看 5 月份的数据，还可能将侧重点放在每个产品占销售额的百分比上。那么此时的图表主题应该是"5 月份，产品 A 占公司产品总销售额的比例位居首位"。

选择合适图表的关键是确定想要表达的具体主题。而选择正确的图表形式，完全取决于主题是否清晰明确。图表仅仅是表明数据的组织形式，它最终是要强调一个主题，这一主题其实就可以作为图表的标题。

（二）确定对比关系

对比关系如表 6-1-2 所示。

表 6-1-2　对比关系

相对关系	定　义	示　例
时间趋势	业务指标随着时间的推移而变化	销售额在 5 年内的增长情况
频率分布	同一指标的不同维度分析	某公司人员的年龄段分布
相关性	某两个指标之间的关系	销售额与广告投放之间的关系
排名对比	对不同的对象进行排名	某区域在 8 月份的销售额远超其他区域
占比	个体在整体中占有的比例	某业务收入在整个公司中占据了 50%

例如：

- "预计在今后 10 年多的时间里，销售额将增长"对应的关系为时间趋势；
- "雇员的最高工资额在 30 000 到 35 000 元之间"对应的关系为频率分布；
- "汽油并不是牌子越响、价格越高，其性能就越好"对应的关系为相关性；
- "9 月份里，6 个区域的营业额大致相同"对应的关系为排名对比；
- "销售部经理在他的领域内只花费了他 15%的时间"对应的关系为占比；
- "奖金的多少与工龄长短无关"对应的关系为相关性；
- "去年，人员更替主要发生在 30~35 岁的年龄段"对应的关系为频率分布；
- "C 区域的产品生产力排名垫底"对应的关系为排名对比；
- "我们公司的平均收入份额正在下降"对应的关系为时间趋势；
- "制造业占有资金的最大份额"对应的关系为占比。

任务二　常用可视化图表示例

在日常工作中接触最多的是陈述型数据可视化，主要涉及常用图表，一般可在展示中直接使用。这些简单图表包括线状图、柱状图、饼状图和散点图等。这里的可视化需要做到"简洁"，一幅图表应该用有限几个变量，清晰传达一个信息。下面介绍一些常见数据可视化图，本任务所有展示可视化图表使用 R 软件绘制。

一、描述变量分类的可视化图形

在很多情形下，我们对一组数字的大小感兴趣。例如，我们可能想要可视化不同品牌汽车的总销量，或者居住在不同城市的总人数，或者参加不同运动的奥运选手的年龄。在所有这些情形下，都有一组类别（例如，汽车、城市或运动的品牌）和每个类别的值。此示例中的标准可视化是条形图，它有多种变体，包括简单条形以及分组和堆叠条形。条形图进一步演化的替代图形是点图和热图。

（一）条形图/柱形图

为了更好地理解条形图的意义，我们使用一组数据来描述。示例数据来源于国家统计局发布的 2021 年国民经济和社会发展统计公报中全国居民人均消费支出数据，如表 6-2-1 所示。

表 6-2-1　2021 年城镇居民消费支出

Index	Value
国民总收入/亿元	1 133 239.8
国内生产总值/亿元	1 143 669.7
第一产业增加值/亿元	83 085.5
第二产业增加值/亿元	450 904.5
第三产业增加值/亿元	609 679.7
人均国内生产总值/元	80 976

这种数据通常用条形图来可视化。我们绘制一个从零开始一直延伸到数值最大的条形图（见图 6-2-1 ~ 图 6-2-9）。这种可视化图称为柱形图或条形图。柱形图或条形图是最基础，也是最简单的可视化图形，一般用于分类数据频数大小的统计。

在 R 软件中，函数 ggplot2 是最常用的绘图工具库。相关的参数功能描述如下：

- 初始化一个 ggplot 对象，不指定作图内容（内容由 geom_xx 来指定）。
- 几何对象 geom_xx：表示图形中我们实际看到的图形元素，如点、线等。如绘图时 +geom_bar()表示图形中加条形图；+geom_poin()表示生成点；+geom_abline()表示图形中加线条。
- 函数 theme()允许自定义图表外观。ggplot2 中控制 3 种主要类型的组件。
  Axis：控制标题、标签、线条和刻度；
  背景：控制背景颜色及主要和次要网格线；
  图例：控制位置、文本、符号等。
- 标度（scale）：表示将数据映射到图形空间，比如用颜色、形状来表示不同的数据，通过自定义标度，可以更精确地控制图形的外观。如 scale 中，xlab()控制 x 轴标签；ylab()控制 y 轴标签；ggtitle()控制图形标题。
- 坐标系（coord）：描述了数据如何映射到图形所在的平面，最常用的是直角坐标系。

但坐标系也可以进行转化，以满足不同的需求，如对数坐标、极坐标和地图投影。如 coord_flip() 能对坐标轴翻转。

- 图层（layer）：每个图层上都有各种图形元素，最后叠加到一块，形成最终图形的效果。正因为图层，ggplot2 允许用户一步步地构建图形，也方便用户对图层进行修改、增加统计量或改动数据。
- 分面（facet）：就是控制分组绘图的方法和排列方式。通过坐标系和分面，我们可以控制图形元素的位置。

```r
# 本例需加载的 R 软件包
library(ggplot2)
library(dplyr)
library(forcats)
library(patchwork)
library(hrbrthemes)
# 导入或输入示例数据
data <- read.csv("2021 GDP.csv")
# 默认柱形图
pp1=
data %>%
  mutate(index = fct_reorder(index, Value)) %>% # 设置顺序
  ggplot( aes(x=index, y=Value)) +
  geom_bar(stat="identity") +
  theme_bw()
pp1
```

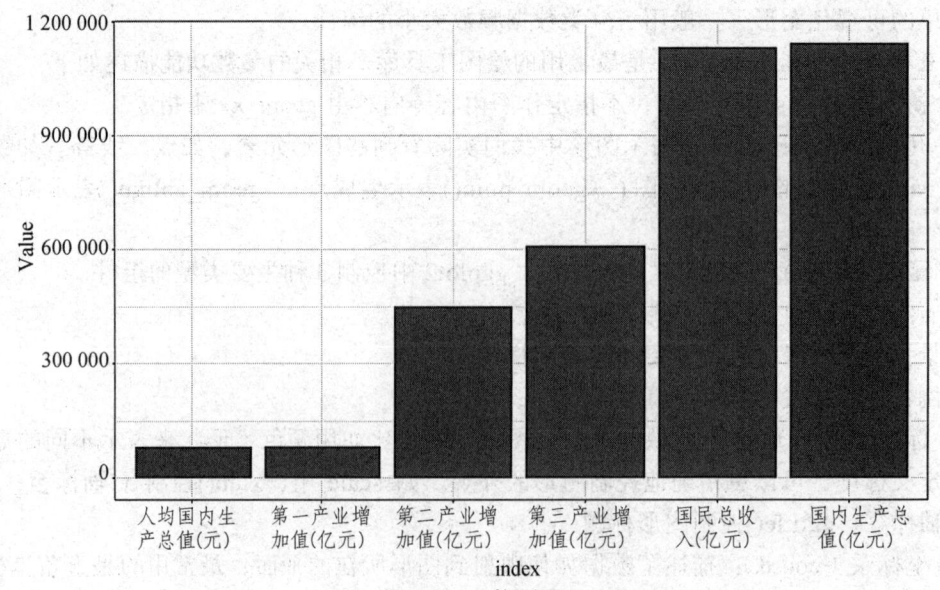

图 6-2-1　柱形图

默认条形图
```
pp2=
data %>%
    mutate(index = fct_reorder(index, Value)) %>%
    ggplot( aes(x=index, y=Value)) +
    geom_bar(stat="identity") +
    theme_bw()+
    coord_flip() # 水平条形图
pp2
```

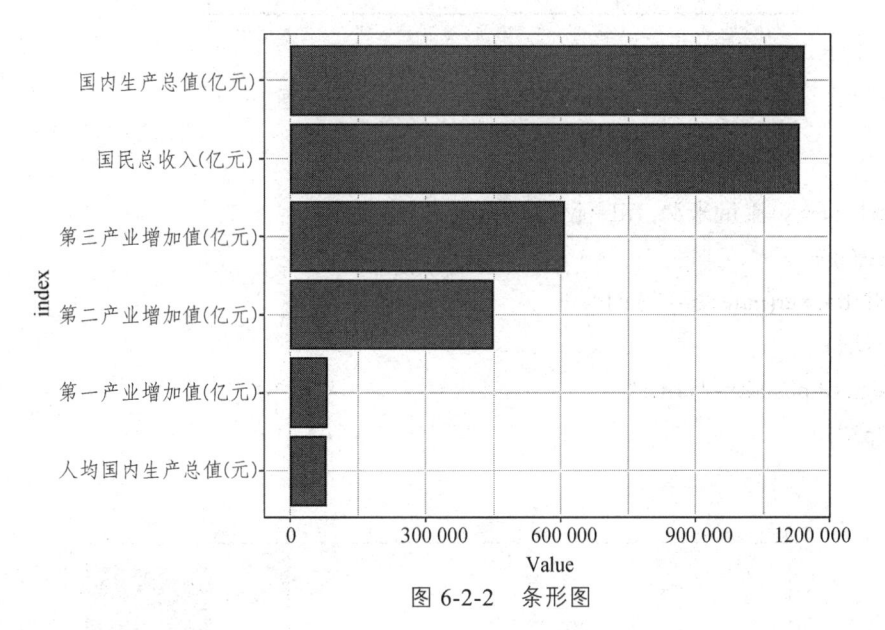

图 6-2-2　条形图

导入或输入示例数据
```
data1 <- read.csv("流量来源.csv")
```
默认显示图例
```
p1=
    ggplot(data1, aes(x = 流量来源, fill = 流量来源)) +
    geom_bar()+
    ggtitle("p1")+ # 图形标题
    theme_bw()
p1
```

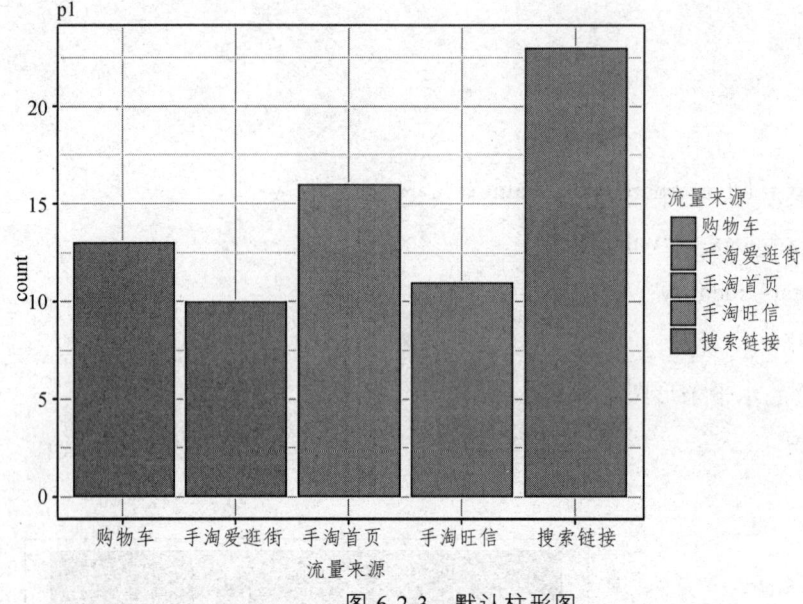

图 6-2-3　默认柱形图

p3=
ggplot(data1, aes(x=流量来源, fill=流量来源)) +
　geom_bar( ) +
　scale_fill_brewer(palette = "Set1") +
　theme_bw()+
　theme(legend.position="none")+
　ggtitle("p3")
p3

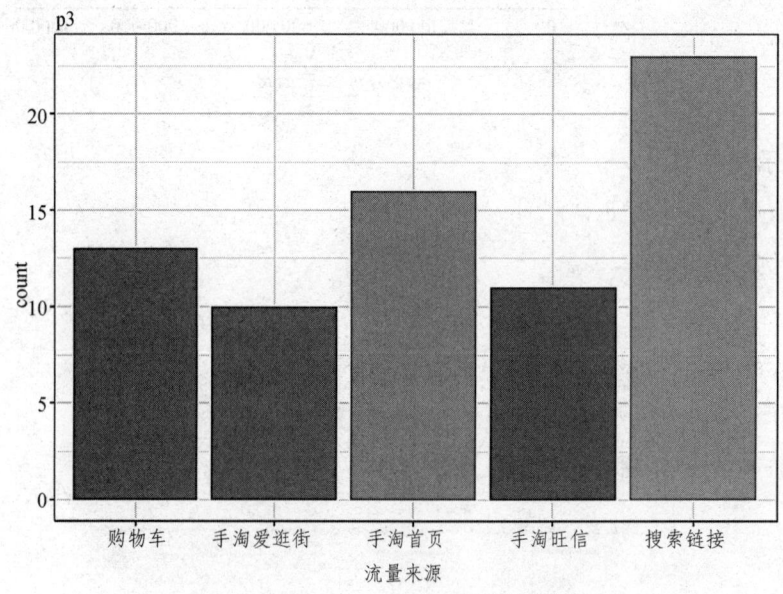

图 6-2-4　不显示图例的柱形图

p4=

ggplot(data1, aes(x=流量来源, fill=流量来源)) +

  geom_bar() +

  scale_fill_grey(start = 0.25, end = 0.75) +

  theme_bw()+

  theme(legend.position="none")+

  ggtitle("p4")

p4

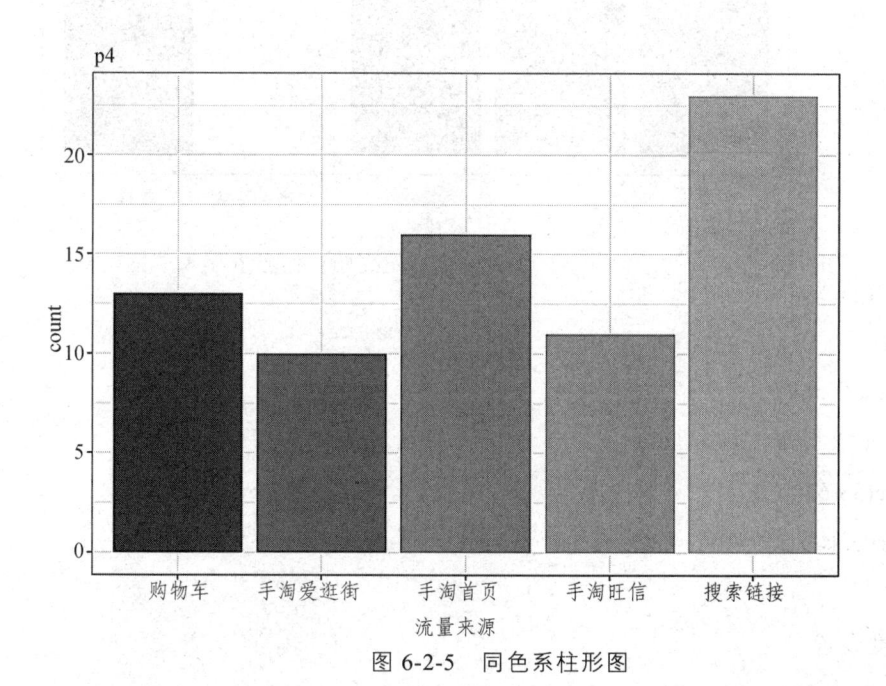

图 6-2-5　同色系柱形图

p5=

ggplot(data1, aes(x=流量来源, fill=流量来源)) +

  geom_bar( ) +

  scale_fill_manual(values = c("#FF0000", "#008000", "#0000FF","#FFFF00","#800080"))

    theme_bw()+

  theme(legend.position="none")+

  ggtitle("p5")

p5

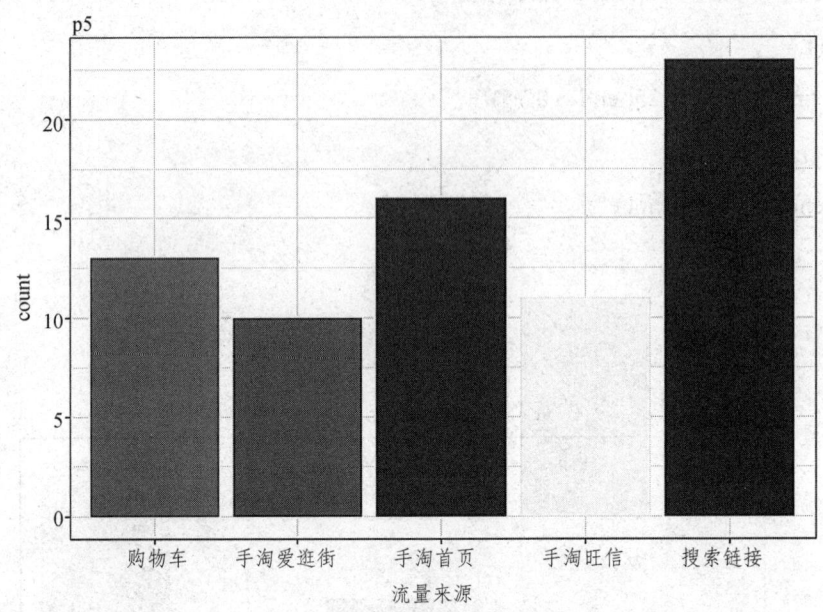

图 6-2-6　自定义颜色柱形图

```
# 数据输入
data <- data.frame(
    group=c("A ","B ","C ","D "),
    value=c(33,62,56,67),
    number=c(100,500,459,342)
)
#条形宽度设置
data$right <- cumsum(data$number) + 30*c(0:(nrow(data)-1))
data$left <- data$right - data$number
# 绘图
ggplot(data, aes(ymin = 0)) +
    geom_rect(aes(xmin = left, xmax = right, ymax = value, colour = group, fill = group)) +
    xlab("number") +
    ylab("value") +
    theme_bw()+
    theme(legend.position="none")
```

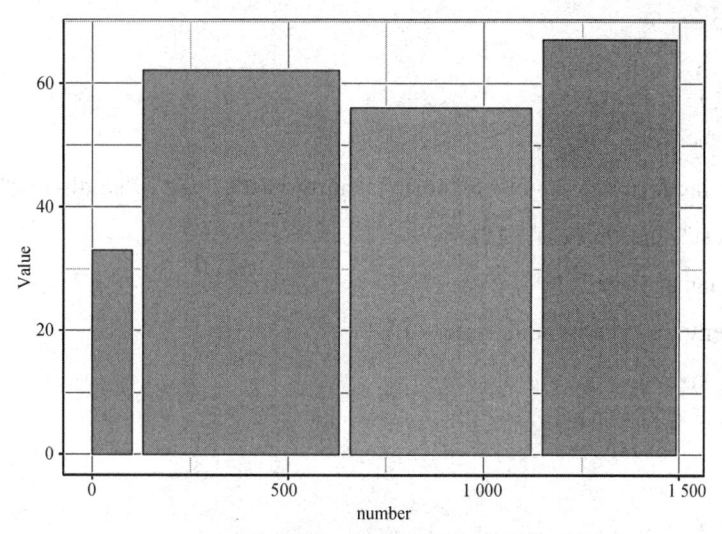

图 6-2-7　不同条形宽度的柱形图

```
gg1=
data2 %>%
  arrange(val) %>%      # 按 val 排序
  mutate(name=factor(name, levels=name)) %>%
  ggplot(aes(x=name, y=val)) +
    geom_segment( aes(xend=name, yend=0)) +
    geom_point( size=4, color="orange") +
    coord_flip() +
    theme_bw() +
    xlab("")
gg1
```

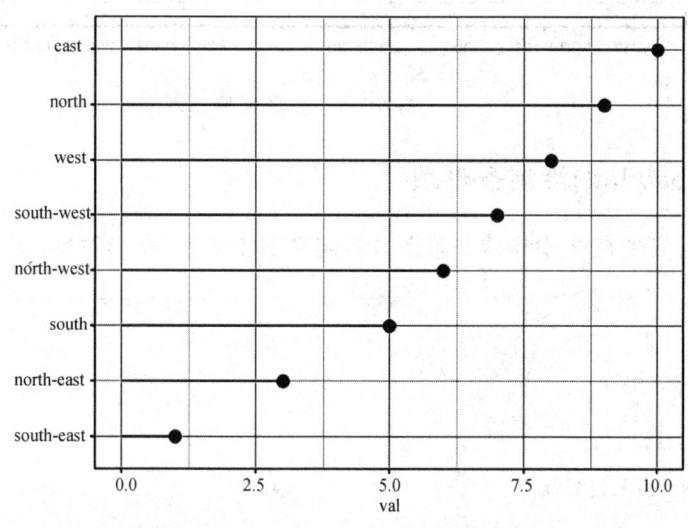

图 6-2-8　水平棒棒糖图

- 265 -

```
gg2=
data2 %>%
  arrange(name) %>%
  mutate(name = factor(name, levels=c("north", "north-east", "east", "south-east", "south",
"south-west", "west", "north-west"))) %>%
  ggplot( aes(x=name, y=val)) +
    geom_segment( aes(xend=name, yend=0)) +
    geom_point( size=4, color="orange") +
    theme_bw() +
    xlab("")
gg2
```

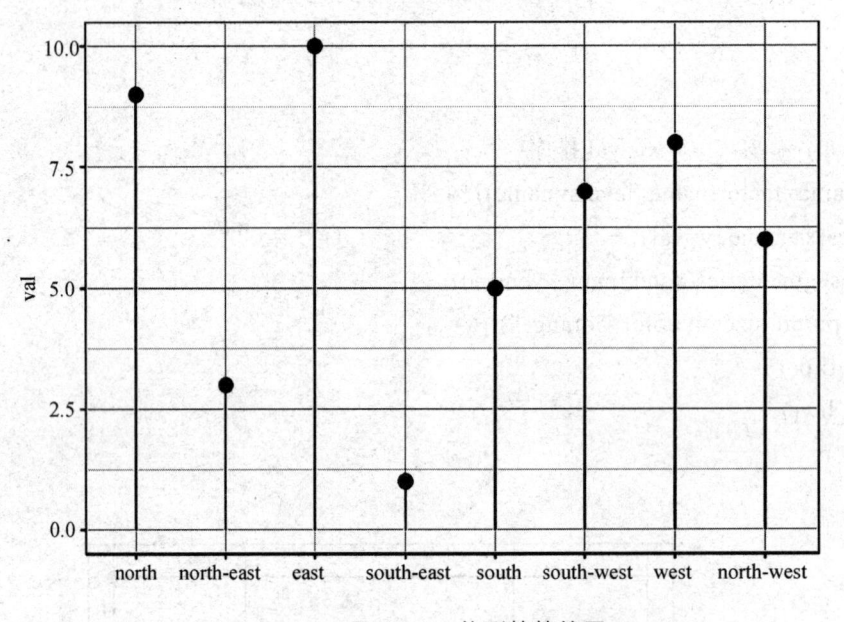

图 6-2-9　柱形棒棒糖图

（二）使用 barplot() 绘制条形图

barplot 函数可实现在 R 中构建条形图及自定义图表颜色、条形宽度、方向，如图 6-2-10 ~ 图 6-2-17 所示。

```
# 输入数据
data1 <- data.frame(
    name=letters[1:5],
    value=sample(seq(4,15),5)
    )
```

同色条形图

barplot(height=data1$value, names=data1$name, col=rgb(0.2,0.4,0.6,0.6))

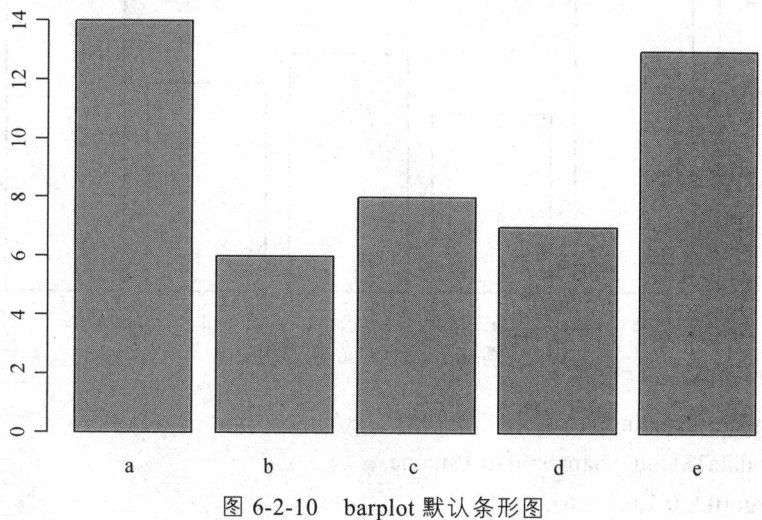

图 6-2-10　barplot 默认条形图

条形颜色不同

library(RColorBrewer)

coul <- brewer.pal(5, "Set2") #Set2 是函数自动的颜色库

barplot(height=data1$value, names=data1$name, col=coul)

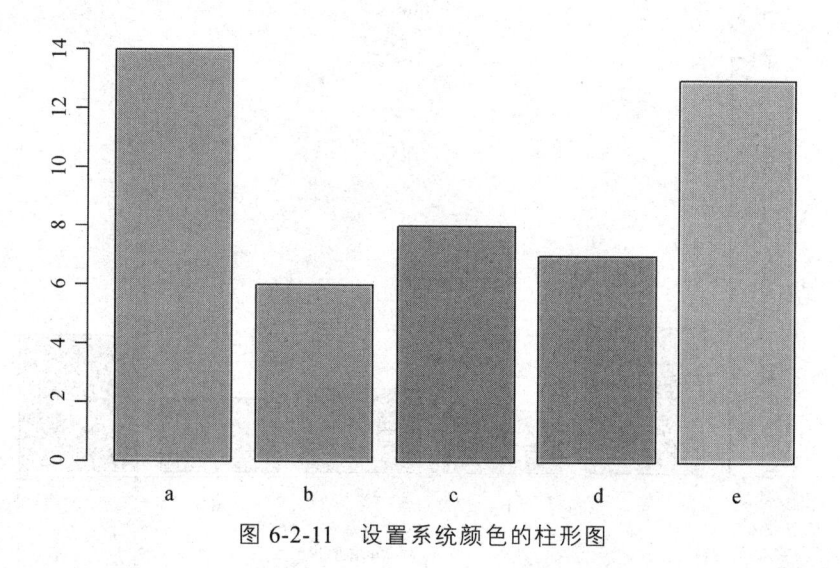

图 6-2-11　设置系统颜色的柱形图

空心条形图

barplot(height=data1$value, names=data1$name, border="#69b3a2", col="white")

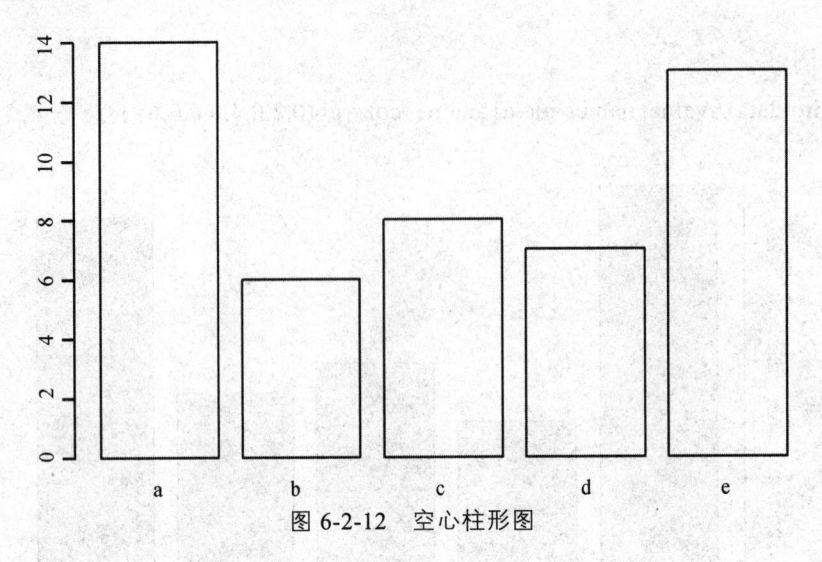

图 6-2-12 空心柱形图

```
# 使用 xlab、ylab 和 main 进行自定义 y 轴值
barplot(height=data1$value, names=data1$name,
        col=rgb(0.8,0.1,0.1,0.6),
        xlab="categories",
        ylab="values",
        main="My title",
        ylim=c(0,40)
)
```

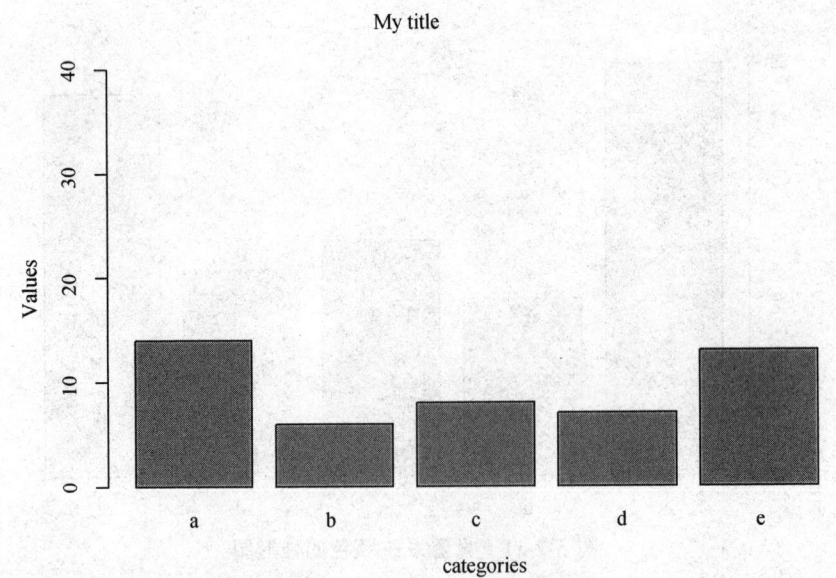

图 6-2-13 自定义 y 值的柱形图

```
#水平条形图
barplot(height=data1$value, names=data1$name,
        col="#69b3a2",
```

- 268 -

horiz=T, las=1
)

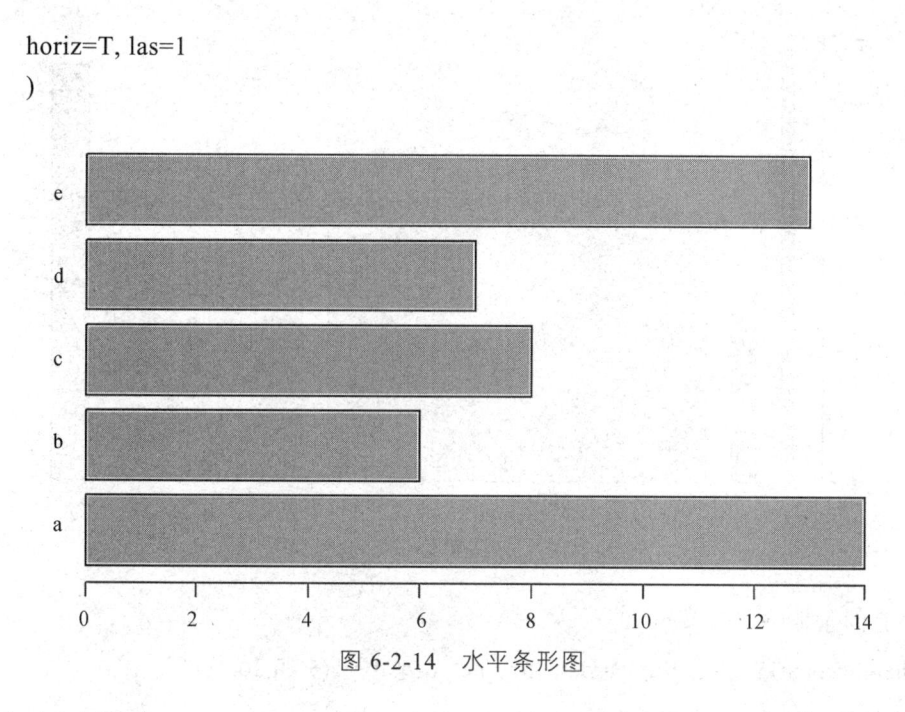

图 6-2-14 水平条形图

空间位置不同的条形
barplot(height=data1$value, names=data1$name, col=rgb(0.2,0.4,0.6,0.6),
space=c(0.1,0.2,3,1.5,0.3))

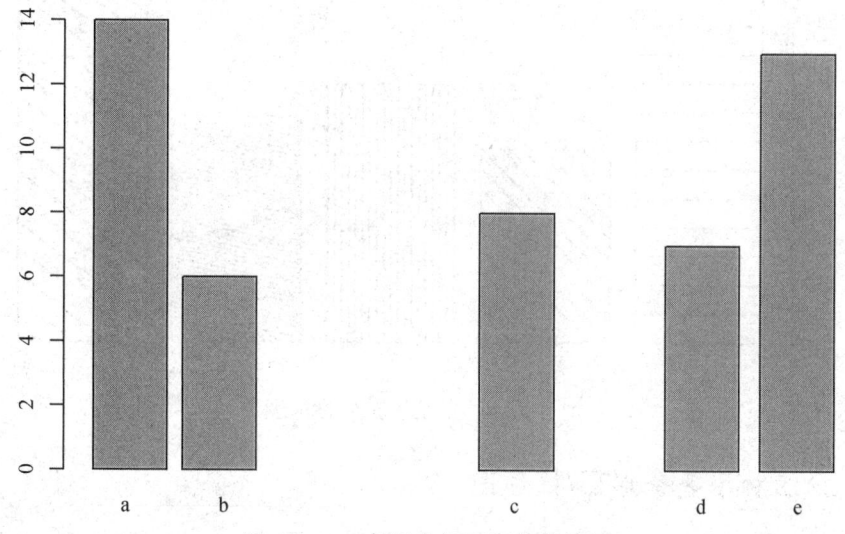

图 6-2-15 条形空间不同的柱形图

条形宽度不同的条形图
barplot(height=data1$value, names=data1$name, col=rgb(0.2,0.4,0.6,0.6),
width=c(0.1,0.2,3,1.5,0.3))

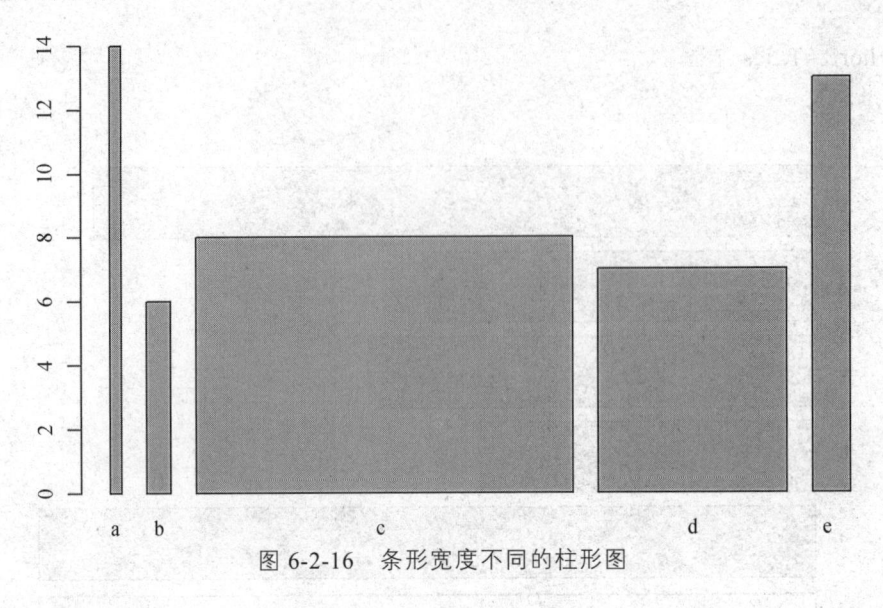

图 6-2-16 条形宽度不同的柱形图

条纹填充的条形图
barplot(height=data1$value, names=data1$name , density=c(5,10,20,30,7) ,
angle=c(0,45,90,11,36) , col="brown"   )

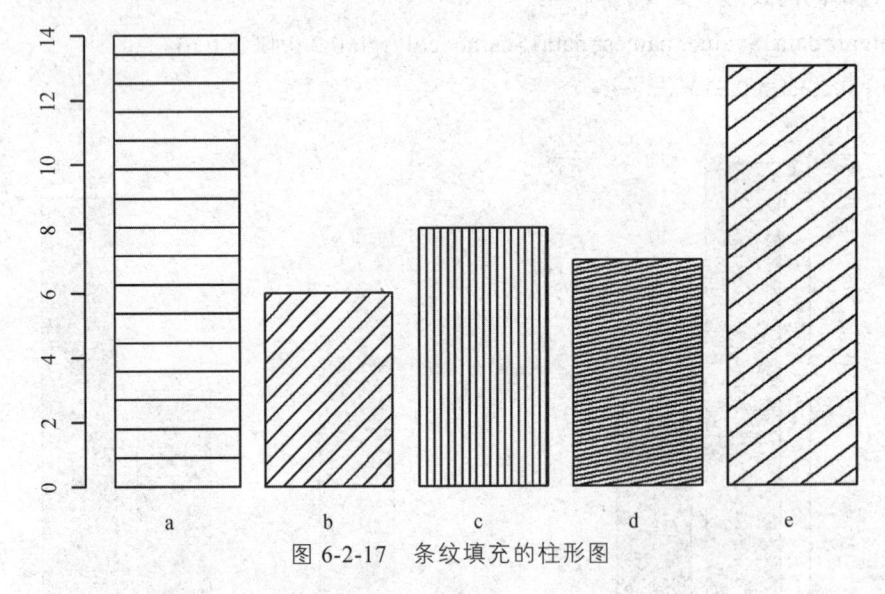

图 6-2-17 条纹填充的柱形图

（三）分组和堆叠条形图/柱形图

前面所有示例都使用条形图展示了一个分类变量的变化。然而，我们经常同时对两个及多个分类变量感兴趣，因此，在单变量分组的基础上，学习多变量分组条形图，能够在不同维度上展示数据。具体方法是在 x 轴的每个位置绘制一组条形，由一个分类变量确定，然后根据另一个分类变量在每个组内绘制条形。

以下示例主要展示了分组数据可视化方法。

```r
library(ggplot2)
# 输入一个模拟数据
specie <- c(rep("sorgho" , 3) , rep("poacee" , 3) , rep("banana" , 3) , rep("triticum" , 3) )
condition <- rep(c("normal" , "stress" , "Nitrogen") , 4)
value <- abs(rnorm(12 , 0 , 15))
data <- data.frame(specie,condition,value)
```

模拟输入的数据集必须有 3 个列，包括数值（value）以及组（spec）和子组（condition）2 个分类变量，如图 6-2-18 所示。

```r
# 绘图
ggplot(data, aes(fill=condition, y=value, x=specie)) +
    geom_bar(position="dodge", stat="identity")+
    theme_bw()
```

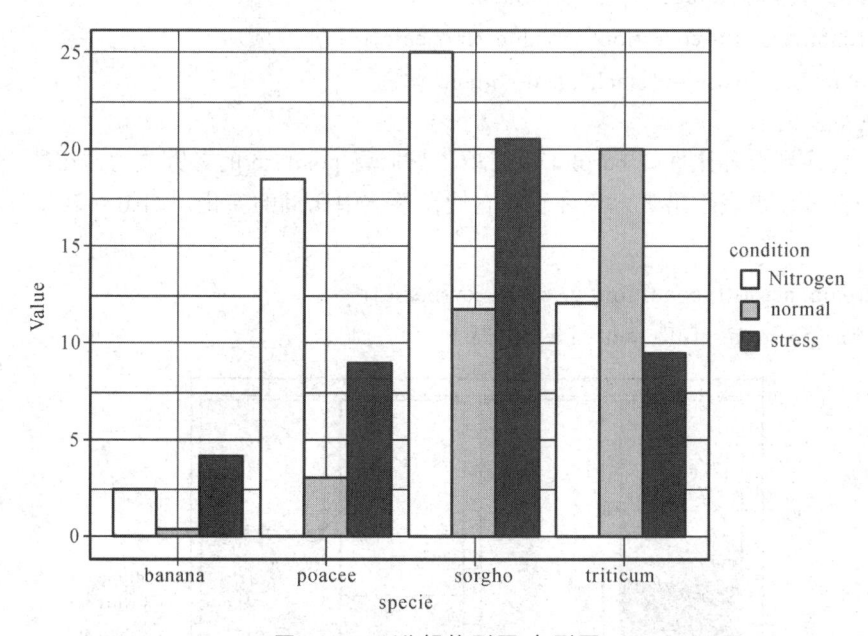

图 6-2-18　分组柱形图/条形图

- aes()参数设置中，fill 是子组（condition），x 是组（spec），y 是值（value）。
- 在 geom_bar()参数中，position="dodge"必须设置，以使条形图彼此相邻。

堆叠的柱形图或条形图与上面的分组条形图、柱形图非常相似。子组只是显示在彼此的顶部，而不是旁边，如图 6-2-19 所示。绘制这个图，唯一需要改变的是将 position 参数修改为"stack"。

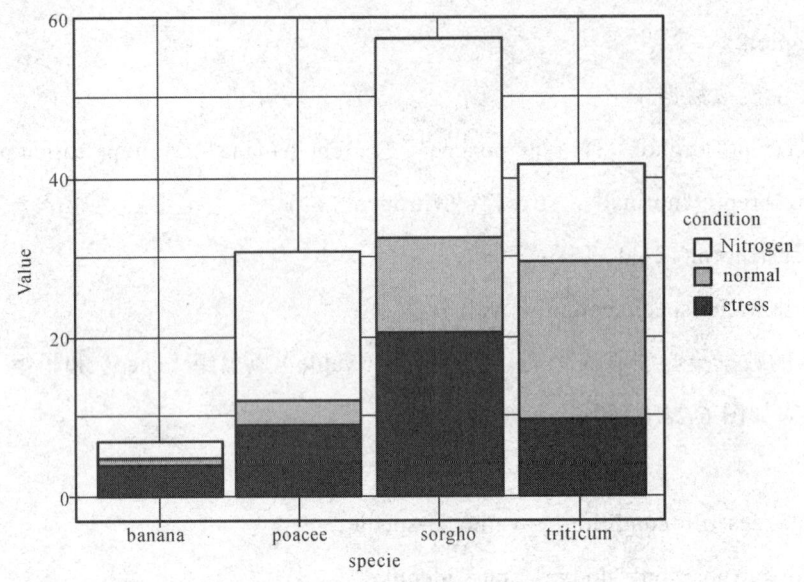

图 6-2-19 堆叠柱形图/条形图

```
# position 中参数"dodge" 切换为 "stack"
ggplot(data, aes(fill=condition, y=value, x=specie)) +
    geom_bar(position="stack", stat="identity")+
    theme_bw()
```

同样，切换到百分比堆叠 barplot 也简单，只需将 position 的参数改为 "fill"。现在，每个子群体的百分比被表示出来，允许研究它们在整体中比例的变化，如图 6-2-20 所示。

```
# 绘图
ggplot(data, aes(fill=condition, y=value, x=specie)) +
    geom_bar(position="fill", stat="identity")
```

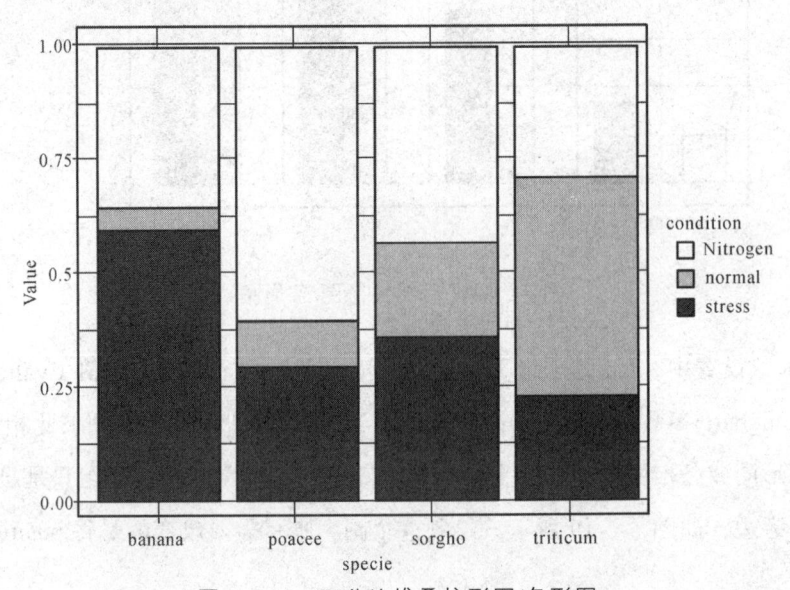

图 6-2-20 百分比堆叠柱形图/条形图

通常情况下，还需要对图做一些必要的修改，以使图表看起来更好和个性化，如图 6-2-21 所示。例如：

- 添加标题 title；
- 自定义图表格式 theme；
- 自定义图形颜色；
- 自定义轴。

\# library

library(ggplot2)

library(viridis)

library(hrbrthemes)

library(gcookbook)

\# 绘图

ggplot(data, aes(fill=condition, y=value, x=specie)) +

  geom_bar(position="stack", stat="identity") +

  scale_fill_viridis(discrete = T) +

  ggtitle("Studying 4 species") +

  theme_ipsum(base_family = "") +

  xlab("")

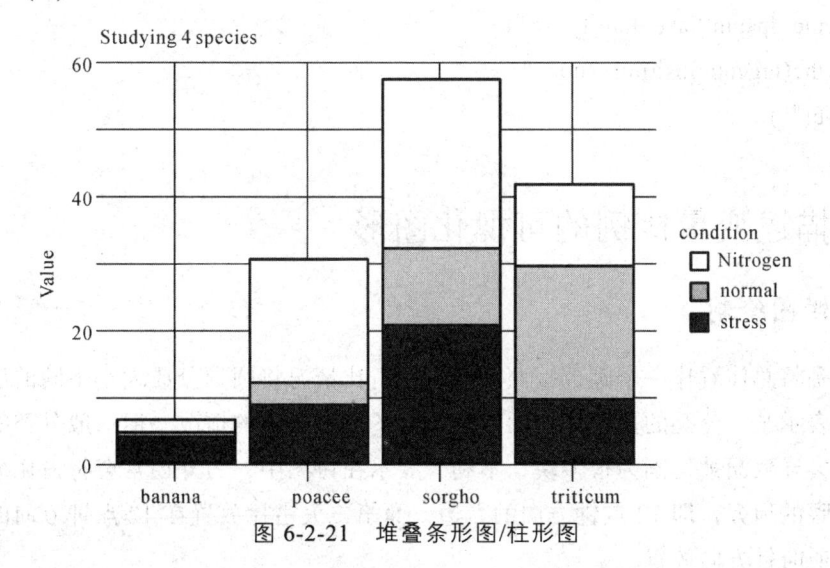

图 6-2-21 堆叠条形图/柱形图

此外，使用 facet_wrap()功能，可以多图显示分组数据比较的意义，如图 6-2-22 所示。

\# 绘图

ggplot(data, aes(fill=condition, y=value, x=condition)) +

  geom_bar(position="dodge", stat="identity") +

图 6-2-22　分组显示的条形图/柱形图

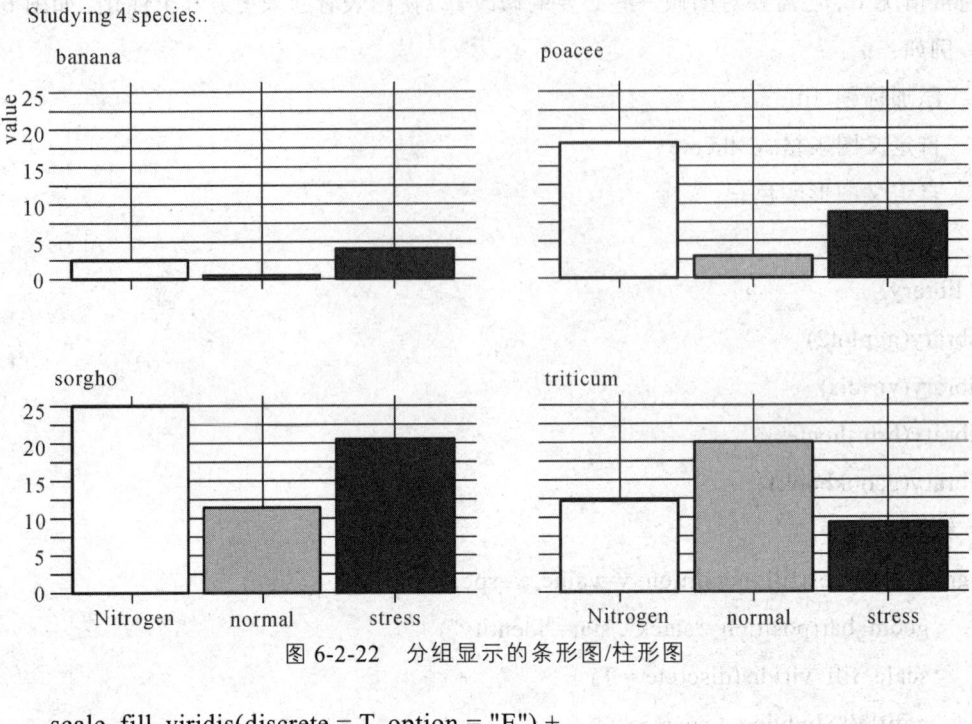

```
scale_fill_viridis(discrete = T, option = "E") +
ggtitle("Studying 4 species..") +
facet_wrap(~specie) +
theme_ipsum(base_family = "") +
theme(legend.position="none") +
xlab("")
```

二、描述变量比例的可视化图形

（一）饼图绘制

饼图，是将总体看作一个圆，按照各分类的占比情况将圆划分成大小不同的扇形，以弧度的大小来表示某一分类的占比。饼图可以快速了解各分类的情况，但一般分类的数量不能太多，否则会导致圆被切割为很多块，不利于展示在饼图中，另外通常会将占比最大的分类放置在最显眼的地方，即 12 点钟方向的右边，而第二大占比放置在 12 点钟方向的左边。其余分类依据逆时针方向放置。

在 R 中，使用将正数作为向量输入的 pie() 函数创建饼图。

示例：pie(x, labels = names(x), edges = 200, radius = 0.8, clockwise = FALSE, init.angle = if(clockwise) 90 else 0, density = NULL, angle =, col = NULL, border = NULL, lty = NULL, main = NULL, …)绘制的饼图如图 6-2-23 和图 6-2-24 所示。

参数设置说明：
- x: 数值向量，表示每个扇形的面积。
- labels: 字符型向量，表示各扇形面积标签。
- radius: 饼图的半径。
- main: 饼图的标题。
- clockwise: 是一个逻辑值，用来指示饼图各个切片是否按顺时针做出分割。
- angle: 设置底纹的斜率。
- density: 底纹的密度，默认值为 NULL。
- col: 表示每个扇形的颜色，相当于调色板。

```
# library
library(ggplot2)
library(dplyr)
library(forcats)
library(patchwork)
library(hrbrthemes)
library(echarts4r)
library(ggforce)
# 建立扇形面积大小向量，数据来源：国家统计局 2021 年居民消费支出数据
a <- c(2115,2599,3156,1423,5641,1419,7178,569)
# 建立扇形标签名称向量 y
b <- c("医疗保健","教育文化娱乐","交通通信","生活用品服务","居住","衣着","食品烟酒","其他")
# 扇形颜色设置
c <- c('#E5D2DD', '#53A85F', '#F1BB72', '#D6E7A3', '#57C3F3', '#476D87', '#E59CC4', '#BD956A')
#将扇形面积四舍五入保存为一位小数
d <- paste(round(100*a/sum(a), 1), "%")
pie(a,
    labels=d, # 扇形标签，labels =b,或者
    main ="2021年居民消费支出结构"，  # 图片标题
    radius=0.8 , #  饼图大小设置
    clockwise = T,
    border="white",# 饼图外沿颜色设置
    col=c
```

)
legend("topright",b,cex=0.6,fill=c)
pie(a,labels=b,radius=0.8,density=30,angle=c(20,10,90,50,80,30,10,0),main ="2021 年居民消费支出结构")   # 参数 angle 控制饼图条纹显示

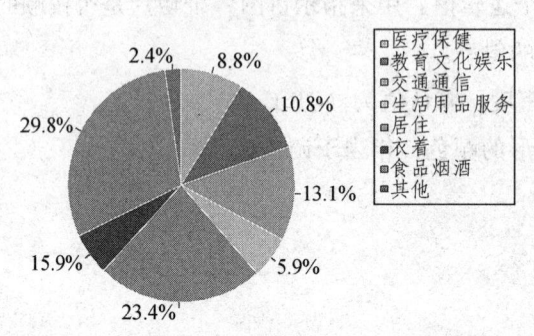

图 6-2-23　2021 年居民消费支出结构饼图

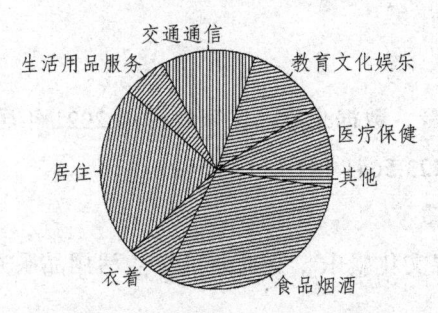

图 6-2-24　条纹格式显示的饼图

# 使用 ggplot2 绘制饼图, 数据为 R 软件自带的演示数据, 绘制的饼图如图 6-2-25 所示。
library(mltools)
ddstab <- read.csv("D:/Chapter/Data/diamonds.csv")
p1=ggplot(data = ddstab, mapping = aes(
　　x = 1,　　y=freq, fill = x))+
　　geom_col() +
　　coord_polar(theta = "y") +
　　labs(fill = "Cut")+
　　theme_bw()+
　　labs(title = "p1")
d <- read.csv("D:/Chapter/Data/diamonds.csv") %>%

```r
    mutate(
        end_angle = cumpct * 2*pi, # 每块的结束角度
        start_angle = lag(end_angle, default = 0), # 每块的开始角度
        mid_angle = 0.5*(start_angle + end_angle), # 每块的中间角度，用于频数数值
        hjust = ifelse(mid_angle>pi, 1, 0),
        vjust = ifelse(mid_angle<pi/2 | mid_angle>3*pi/2, 0, 1)
    )
p <- ggplot(data = d)
p2=p + geom_arc_bar(mapping = aes(
    x0 = 0, y0 = 0, r0 = 0, r = 1.0,
    start = start_angle,
    end = end_angle,
    fill = x )) +
    geom_text(aes(
        x = 1.1*sin(mid_angle), # 扇形标签位置
        y = 1.1*cos(mid_angle),
        label = x,
        hjust = hjust, vjust = vjust),
        size =4) +
    geom_text(
    aes(
        x = 0.6*sin(mid_angle), # 扇形面积值位置
        y = 0.6*cos(mid_angle),
        label = freq
        ),
        color = "white",
        size =3) +
    coord_fixed() +
    scale_x_continuous(expand = c(0.1, 0.4), breaks = NULL, name=NULL) +
    scale_y_continuous(breaks = NULL, name=NULL) +
        guides(fill = FALSE)+    # file=Null 显示图例，fill=FALSE 不显示图例
        theme_bw()+ # 背景默认设置为透明
        labs(title = "p2")
plot_grid(p1, p2)
```

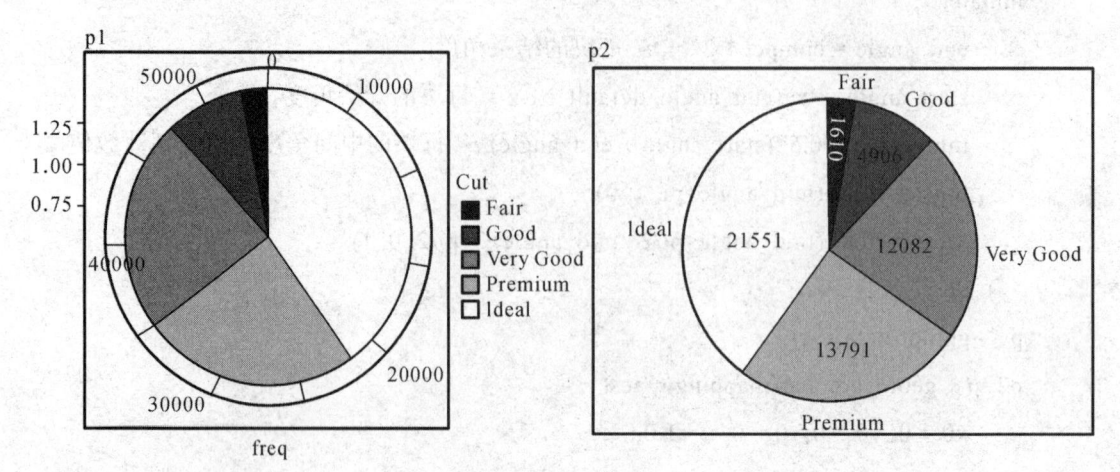

图 6-2-25 饼图

（二）环形图

ggplot2 包允许构建环形图（见图 6-2-26），步骤如下：

- 输入数据为一个数值变量的组；
- 绝对数值必须转换成比例；
- 圆环上的分组是堆叠的一个接一个的显示环；
- geom_rect()将每一组绘制为一个矩形；
- coord_polar()用于从堆的矩形切换到环；
- xlim()在中间添加了一个空圆圈。

```
# library(ggplot2)
# 创建测试数据
data <- data.frame(
    category=c("A", "B", "C"),
    count=c(10, 60, 30)
)
# 计算百分比
data$fraction = data$count / sum(data$count)
# 计算累计百分比
data$ymax = cumsum(data$fraction)
# 计算环形
data$ymin = c(0, head(data$ymax, n=-1))
# 绘图
```

```
ggplot(data, aes(ymax=ymax, ymin=ymin, xmax=4, xmin=3, fill=category)) +
  geom_rect() +
  coord_polar(theta="y") + # 堆积条形图
  xlim(c(2, 4))+ # 中心添加一个空圆
  theme_bw()
```

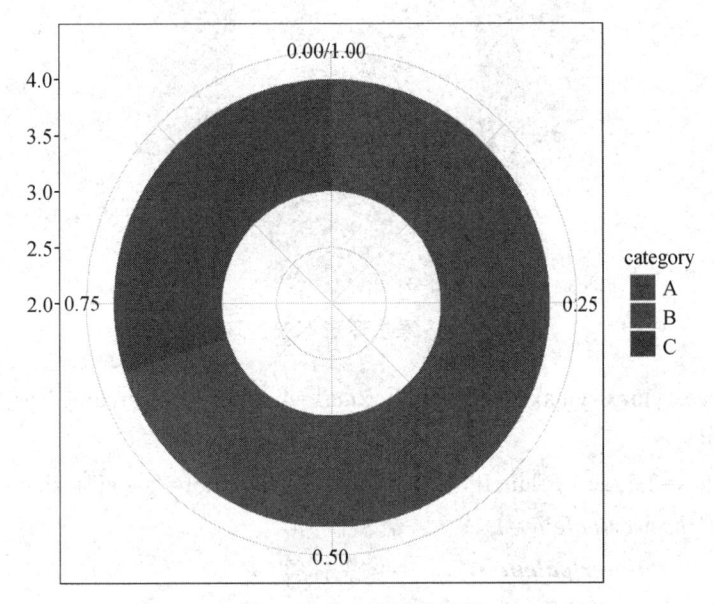

图 6-2-26 环形图绘制

修改相关参数可设置环形图的风格，如图 6-2-27 和图 6-2-28 所示。

- 使用 theme_void()可去掉不必要的背景、轴、标签等；
- 使用其他的调色板，不使用图例，并添加标签到环上的组。

```
# 计算标签位置上的值
data$labelPosition <- (data$ymax + data$ymin) / 2
# 标签位置
data$label <- paste0(data$category, "\n value: ", data$count)
# 绘图
ggplot(data, aes(ymax=ymax, ymin=ymin, xmax=4, xmin=3, fill=category)) +
  geom_rect() +
  geom_label( x=3.5, aes(y=labelPosition, label=label), size=4) +
  scale_fill_brewer(palette=9) +
  coord_polar(theta="y") +
  xlim(c(2, 4)) +
  theme_void() +
  theme(legend.position = "none")
```

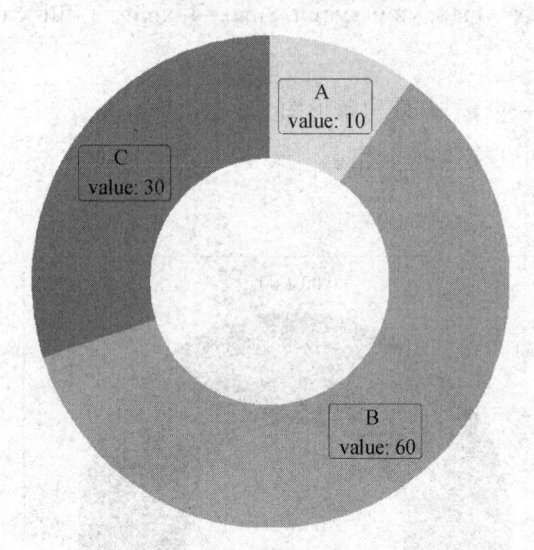

图 6-2-27 添加环形标签的环形图

```
ggplot(data, aes(ymax=ymax, ymin=ymin, xmax=4, xmin=3, fill=category)) +
  geom_rect() +
  geom_text( x=2.5, aes(y=labelPosition, label=label, color="ggsci"), size=4) +
  # scale_fill_brewer(palette=1) +      #设置环形
  # scale_color_brewer(palette=1) +     #设置标签
  coord_polar(theta="y") +
  xlim(c(1.5, 4)) +
  theme_void() +
  theme(legend.position = "none")
```

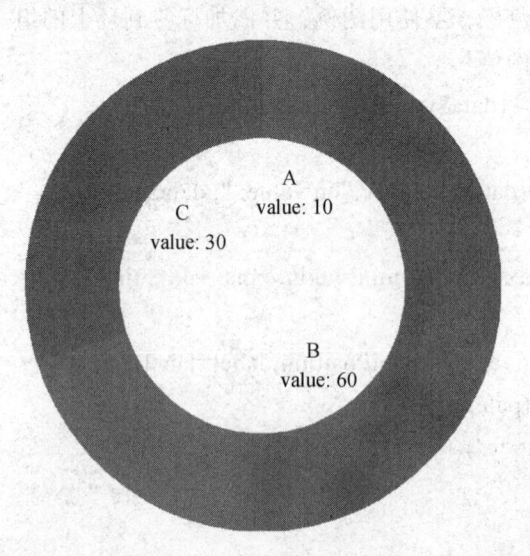

图 6-2-28 环形颜色和标签位置重新设置的环形图

三、描述变量相关的可视化图形

许多数据集包含多个变量，我们除了关心每一个变量的类型、取值集合、分布情况，可能还对这些变量的关系、分组情况等感兴趣。例如，存在一个不同动物的定量测量数据集，如动物的身高、体重、长度和每日能量需求。为表现两个变量之间的关系，最常用的是散点图。如果我们想同时显示两个以上的变量，可以选择气泡图、散点图矩阵或相关图，可以在散点图中用符号大小、符号颜色、符号形状表示更多维数。最后，对于高维的数据集，经常需要利用降维方法，如主成分分析（PCA）对数据降维，对降维数据作图。

（一）散点图

R 软件自带的 Iris 数据集中包含了三种鸢尾花的 150 个样品的测量数据，每种各 50 个样本，每个样本测量了花瓣和花萼的长、宽。下面画出 50 个花卉样本的花瓣长、宽的散点图（见图 6-2-29～图 6-2-32），可以看出，二者有明显的线性相关关系。

使用 ggplot2 绘制散点图的步骤如下：

- 提供样本数据框；
- 确定在 x 和 y 轴上显示哪个变量；
- 添加一个 geom_point()函数显示点。

```
#本节使用的绘图库
library(ggplot2)
library(hrbrthemes)
library(patchwork)
library(tidyverse)
library(cowplot)
library(dplyr)
# 本节使用的演示数据是软件自带的数据集 iris
# 叶片大小与生长之间的关系描述
# ggplot2 默认散点图
ggplot(iris, aes(Sepal.Length, Sepal.Width, color = Species)) +
    geom_point()+
    theme_bw()
```

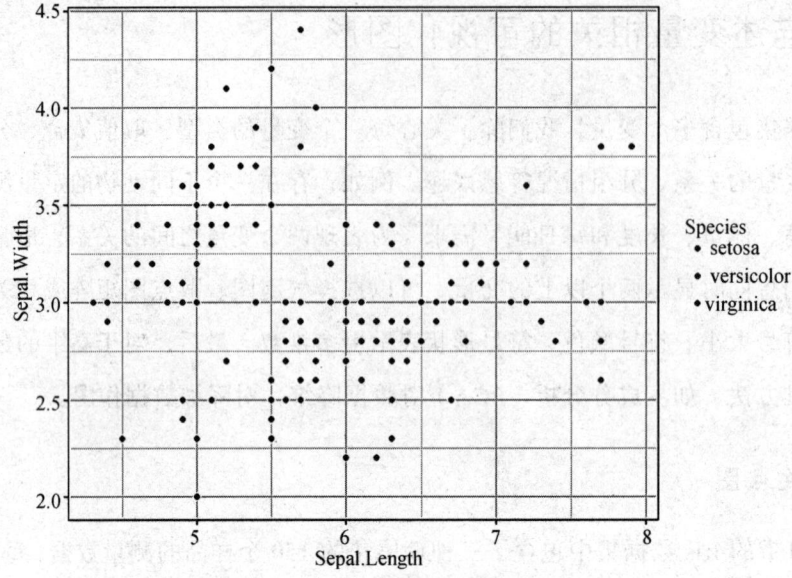

图 6-2-29 默认散点图

```
# 经典的 cowplot 主题
ggplot ( iris , aes ( Sepal.Length , Sepal.Width , color = Species )) +
    geom_point () +
    theme_cowplot (15 )
```

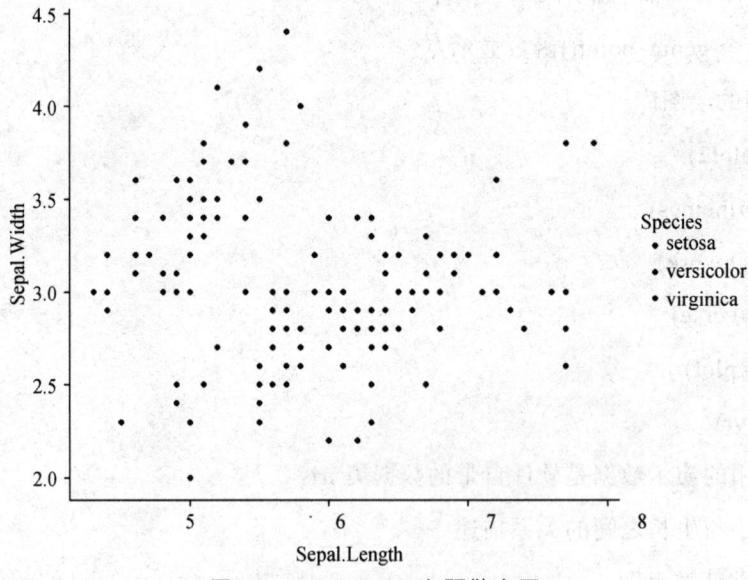

图 6-2-30 cowplot 主题散点图

```
# 最小网格主题
ggplot ( iris , aes ( Sepal.Length , Sepal.Width , color = Species )) +
    geom_point () +
    theme_minimal_grid ( 12 )
```

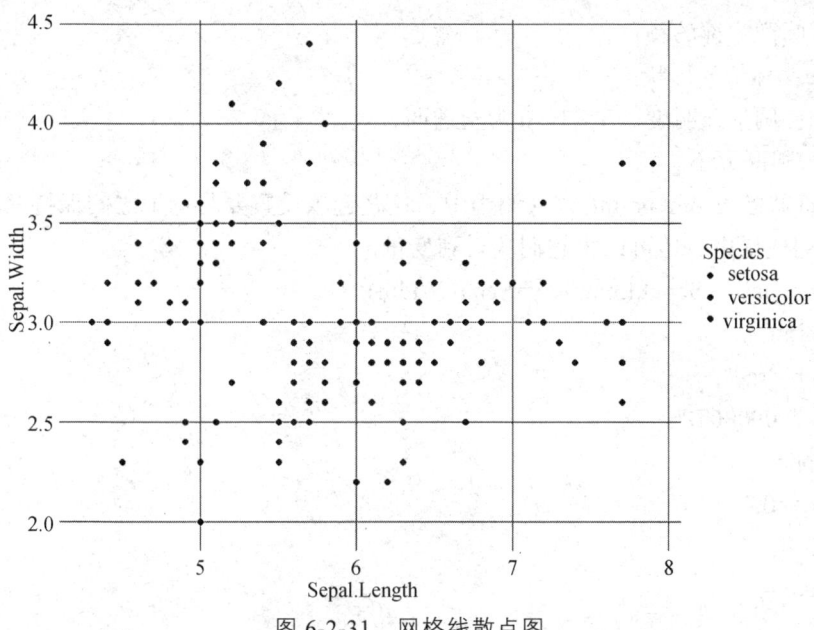

图 6-2-31　网格线散点图

使用颜色区分不同物种与生长之间的关系
ggplot(iris, aes(x=Sepal.Length, y=Sepal.Width, color=Species)) +
　　geom_point(size=6) +
　　theme_ipsum(base_family = "")

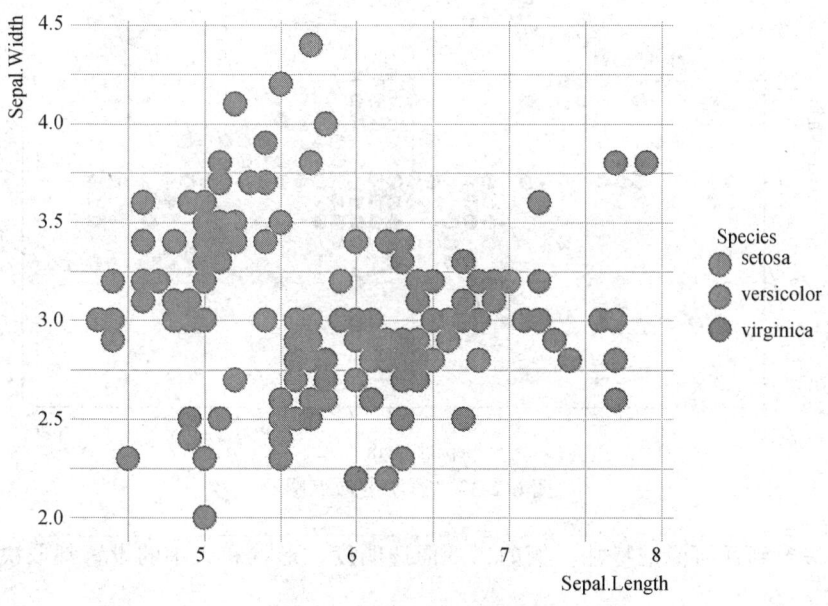

图 6-2-32　不同颜色设置类别的散点图

使用 geom_point() 自定义参数设置散点图（见图 6-2-33 ~ 图 6-2-35）：
- color：描边颜色，圆形轮廓；
- stroke：笔画宽度；

- fill：圆圈内部的颜色；
- shape：标记的形状；
- alpha：圆形透明度，[0-1]，0 为全透明；
- size：圆圈大小。

注意：如果将 geom_point()放入调用中，这些选项设置要与标记之间保持一致。如果将它们放在 aes()代码中，还可以将它们映射到变量。

```
ggplot(iris, aes(x=Sepal.Length, y=Sepal.Width)) +
geom_point(
    color="red",
    fill="#0000CD",
    shape=20,
    alpha=0.5,
    size=4,
    stroke = 2
    )+
theme_bw()
```

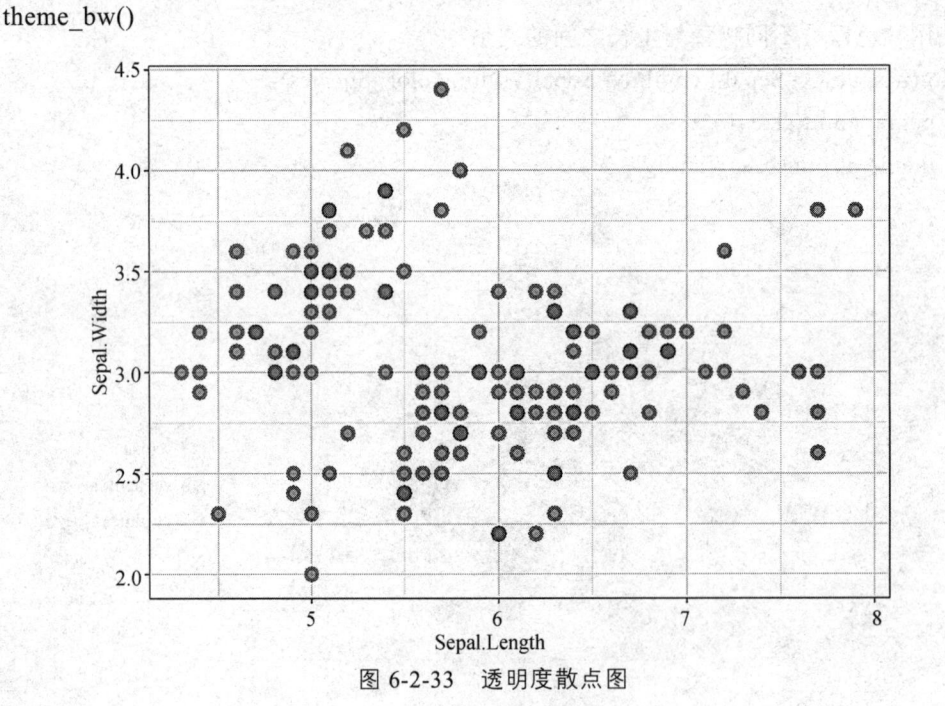

图 6-2-33　透明度散点图

将变量映射到任何标记特性。例如，下面透明度、形状和大小的设置都取决于 Species 的值。

```
# 设置透明度
  ggplot(iris, aes(x=Sepal.Length, y=Sepal.Width, alpha=Species))+
       geom_point(size=4, color="#008B8B") +
       theme_ipsum(base_family = "")
```

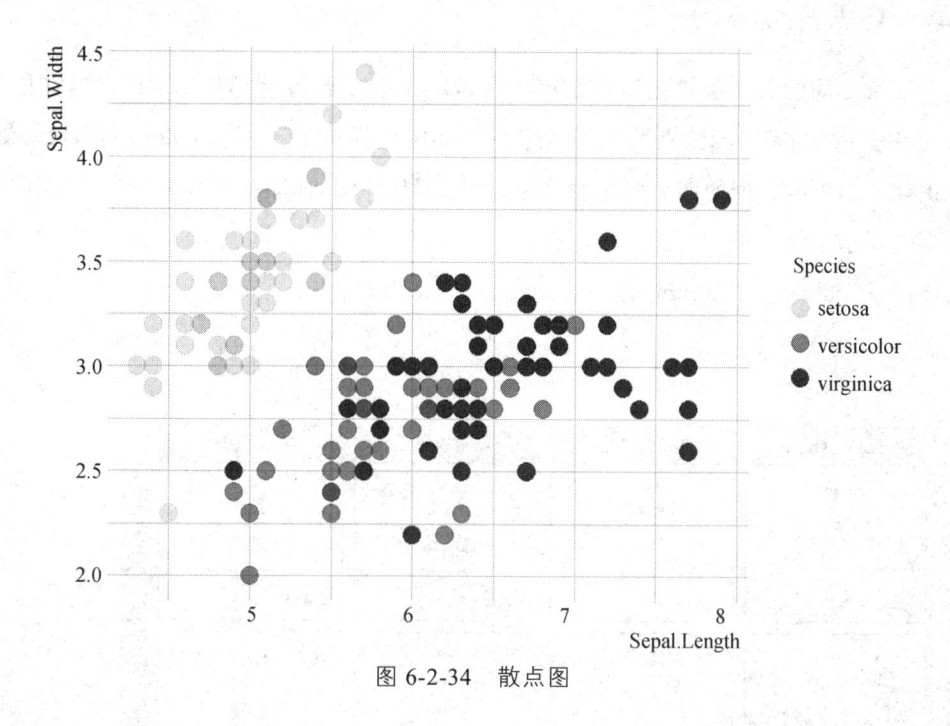

项目六　数据可视化

图 6-2-34　散点图

设置形状或大小

ggplot(iris, aes(x=Sepal.Length, y=Sepal.Width, shape=Species)) +
　　geom_point(size=4,color="#008B8B") +
　　theme_ipsum(base_family = "")

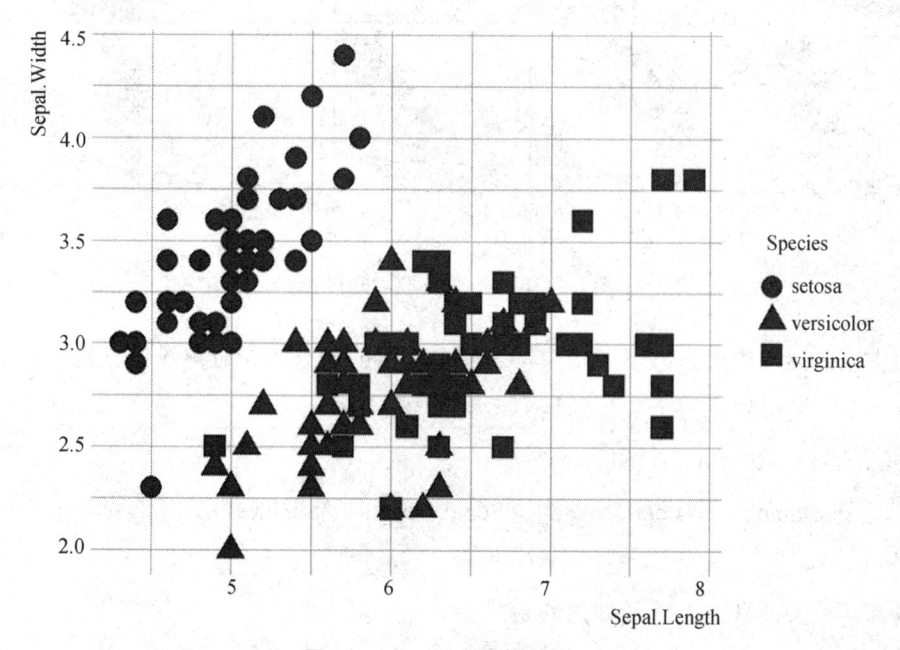

图 6-2-35　不同形状散点图

- 285 -

（二）散点图矩阵

多个变量之间的关系经常用散点图矩阵表示。ggplot2 包没有提供专门的散点图矩阵，基础 R 图形中提供了 pairs 函数做散点图矩阵，GGally 包提供了一个 ggscatmat() 函数做散点图矩阵。例如，对 Iris 数据的四个测量值变量做散点图矩阵，如图 6-2-36 所示。

多变量散点矩阵图

ggscatmat(data = iris, columns = 1:4, color = "Species")+

  theme_bw()

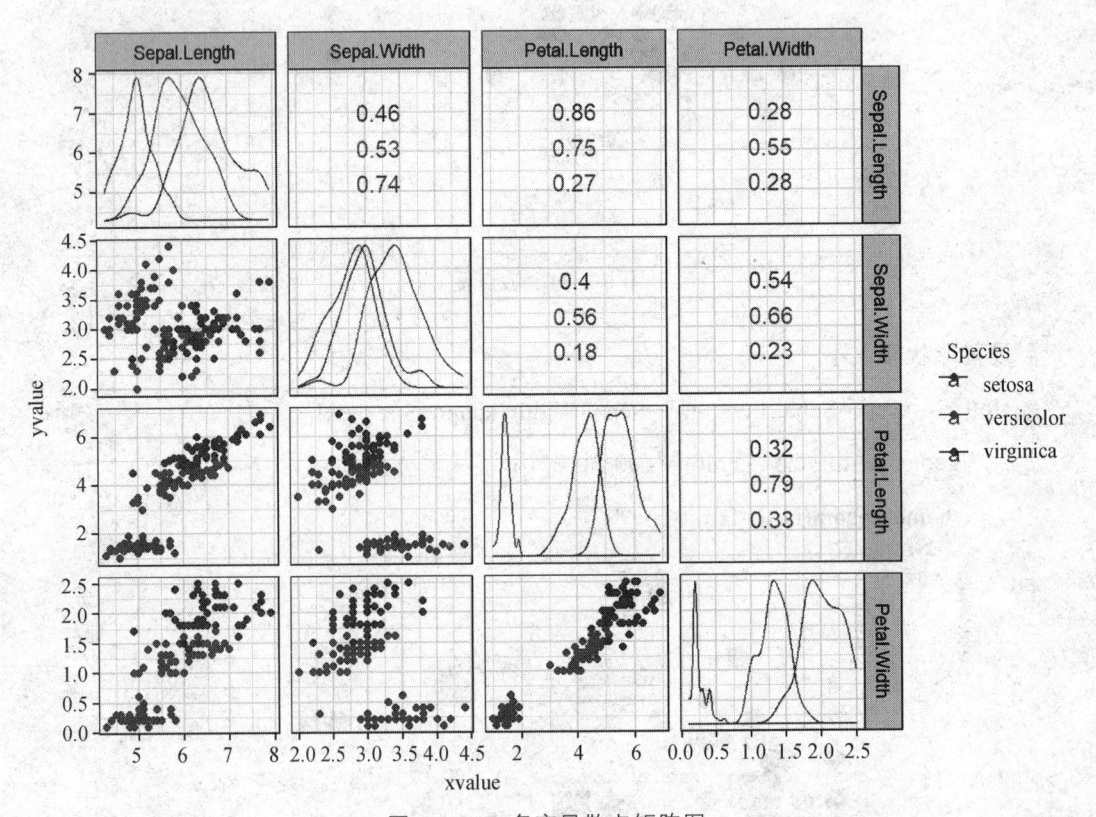

图 6-2-36 多变量散点矩阵图

排列成矩阵的各个切片的下三角位置是两个变量的散点图，对角线位置是单个变量的核密度估计，上三角位置是两个变量的相关系数。

ggpairs(data = iris, color = "Species",

       columns = c("Petal.Length", "Sepal.Length", "Species"))+

  theme_bw()

变量两两相关的散点矩阵图如图 6-2-37 所示。

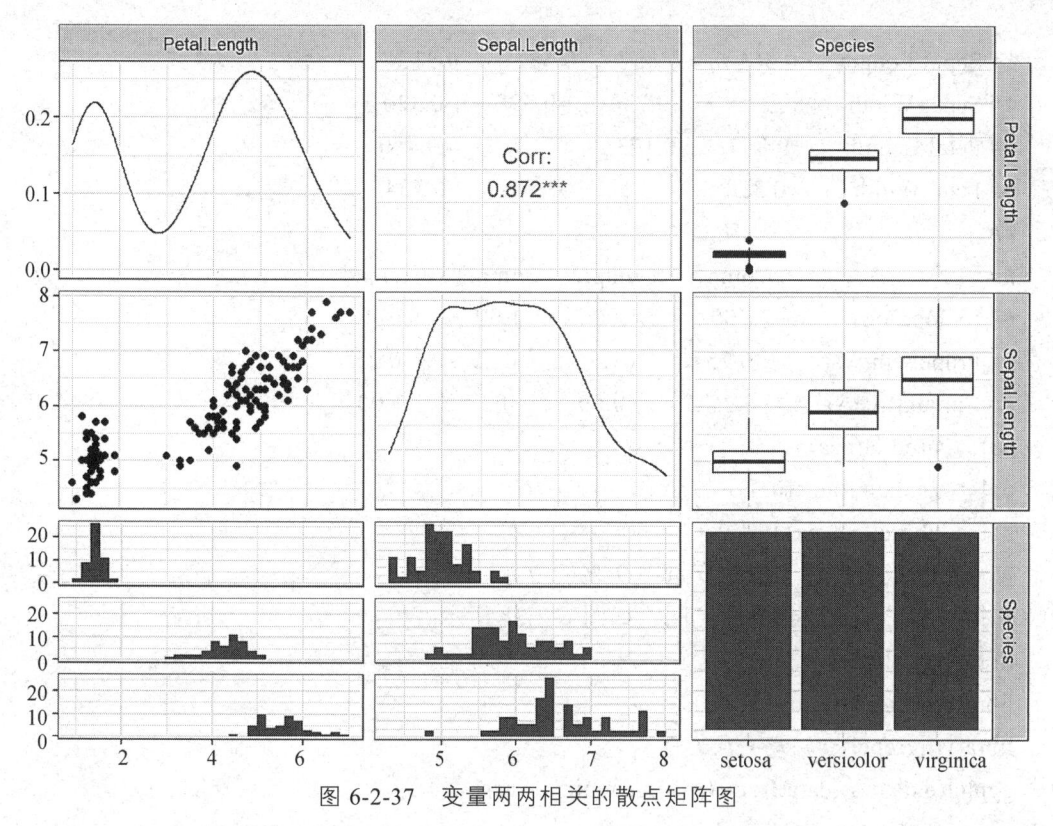

图 6-2-37 变量两两相关的散点矩阵图

（三）数据降维

当数据中有过多变量时，即使是散点图矩阵也会因信息量过大难以认读。因此，要将数据降低维度，通常将数据降维到若干个新变量，最常用的方法是主成分分析（PCA）。PCA 通过数据中原始变量的线性组合引入了一组新变量（称为主成分，PC），且使方差和均标准化值为零。主成分分析利用变量的协方差阵或者相关阵的特征值分解对原始变量进行线性组合，产生若干个新变量。当原始变量为相同单位且可比时，可以基于协方差阵，否则应该基于相关阵。例如，对 Iris 数据集的 4 个测量值作主成分分析，示例如下：

pca1 <- princomp(iris[,1:4], cor=FALSE)
summary(pca1)
Importance of components:
Comp.1   Comp.2   Comp.3   Comp.4
Standard deviation   2.0494032   0.49097143 0.27872586   0.153870700
Proportion of Variance 0.9246187   0.05306648 0.01710261   0.005212184
Cumulative Proportion   0.9246187   0.97768521 0.99478782   1.000000000
load1 <- loadings(pca1)
print(load1)
##
Loadings:
Comp.1   Comp.2   Comp.3   Comp.4

```
## Sepal.Length    0.361      0.657     0.582     0.315
## Sepal.Width                0.730    -0.598    -0.320
## Petal.Length    0.857     -0.173              -0.480
## Petal.Width     0.358               -0.546     0.754
##
##                 Comp.1     Comp.2    Comp.3    Comp.4
## SS loadings     1.00       1.00      1.00      1.00
## Proportion Var  0.25       0.25      0.25      0.25
## Cumulative Var  0.25       0.50      0.75      1.00
```

ps1 <- predict(pca1)

ps1 <- as.data.frame(ps1)

ps1 <- cbind(iris, ps1)

前两个主成分解释了原始变量中98%的方差。

作第一和第二主成分的散点图，如图6-2-38所示。

library(ggplot2)

library(corrgram)

library(ggrepel)

ggplot(data = as.data.frame(ps1), mapping = aes(

  x = Comp.1, y = Comp.2, color = Species))+

  geom_point(size = 2.0, alpha = 0.4)+

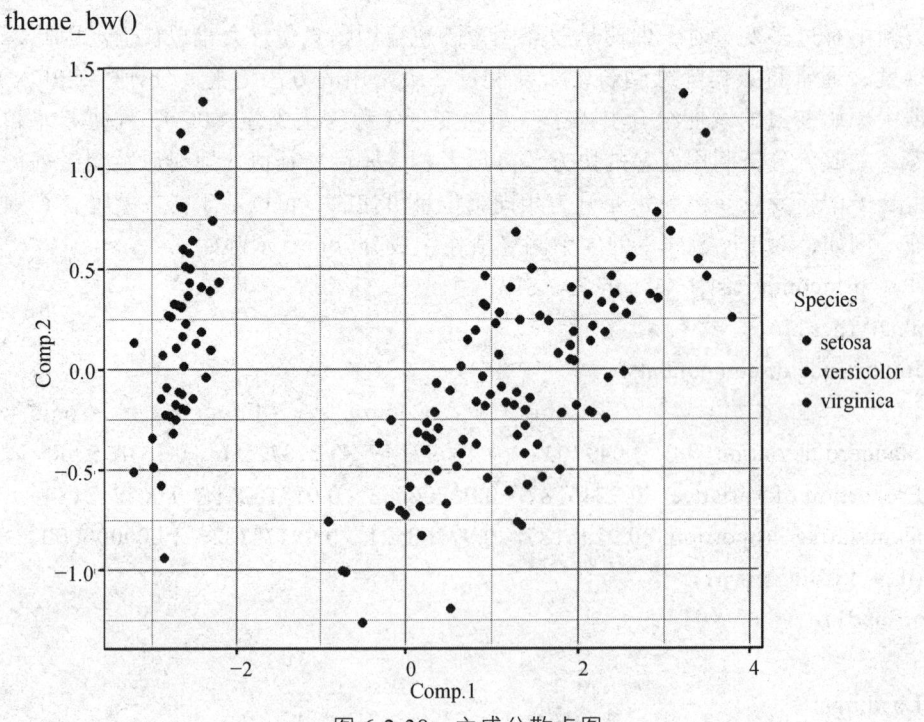

  theme_bw()

图 6-2-38　主成分散点图

项目六 数据可视化

主成分分析取前两个主成分在各原始变量上的载荷做矢量图（见图 6-2-39），用来表示各个原始变量与主成分的关系：

```
d <- as.data.frame(load1[,1:2])
d$vlabel <- rownames(d)
p <- ggplot(data = d, mapping = aes(
   x = Comp.1, y = Comp.2, label = vlabel))
p + geom_segment(mapping = aes(
   xend = Comp.1, yend = Comp.2),
   x = 0, y = 0,
   arrow = arrow(angle = 15)) +
   geom_text_repel()+
   theme_bw()
```

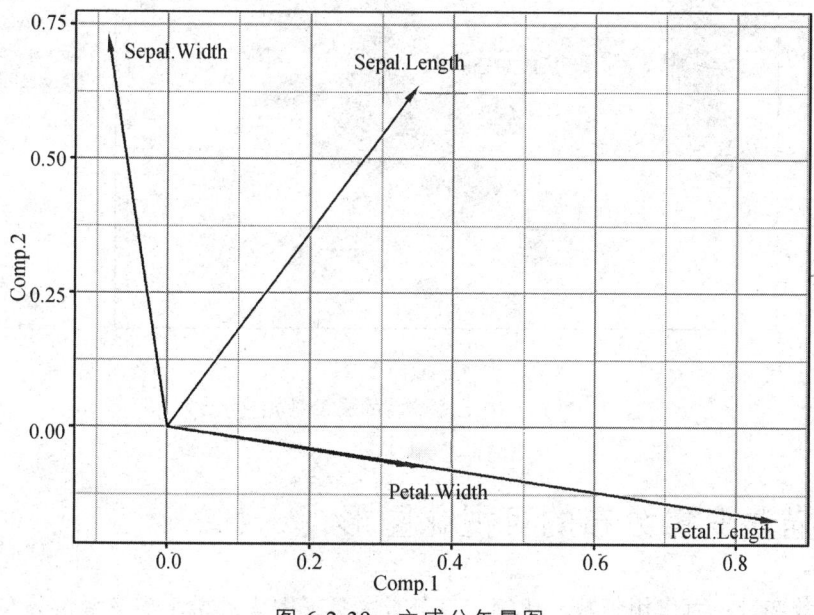

图 6-2-39 主成分矢量图

可以将降维的散点图与变量的载荷图画在同一坐标系内，如图 6-2-40 所示。

```
d <- as.data.frame(load1[,1:2])
d$vlabel <- rownames(d)
ggplot() +
   geom_point(data = ps1, mapping = aes(
   x = Comp.1, y = Comp.2, color = Species),
   size =6.0, alpha = 0.6) +
   geom_segment(data = d, mapping = aes(
   xend = Comp.1, yend = Comp.2),
```

```
x = 0, y = 0,
arrow = arrow(angle = 20)) +
geom_text_repel(data = d, mapping = aes(
x = Comp.1, y = Comp.2, label = vlabel),
alpha = 0.6)+
theme_bw()
```

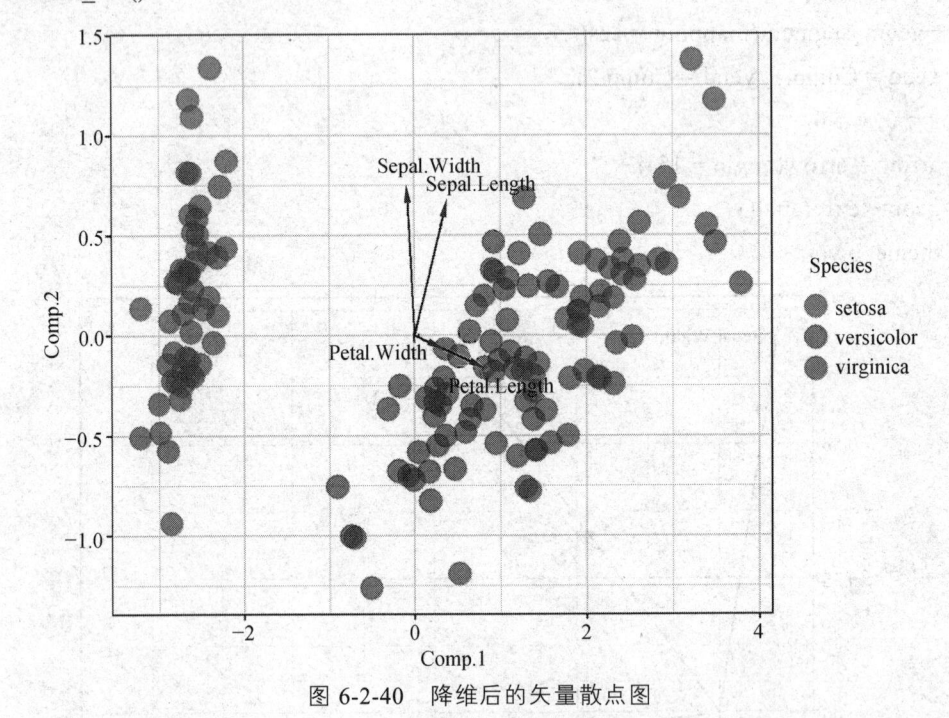

图 6-2-40　降维后的矢量散点图

四、描述变量分布的可视化图形

对于离散变量，可以用频数、比例、百分数的条形图表现单个离散变量分布，可以用热力图表现两个离散变量的分布。对于连续型变量，可以用直方图、密度估计图表现单个变量分布，可以对多个变量同时做密度估计图，可以用正态 QQ 图、盒形图、经验分布函数图等。

（一）单变量可视化分布

案例数据集为泰坦尼克号乘客的数据集。泰坦尼克号上大约有 1 300 名乘客（不包括船员），数据集提供了其中 756 人的年龄。我们想知道泰坦尼克号上有多少不同年龄阶段的乘客，即有多少儿童、年轻人、中年人、老年人等。

乘客不同年龄分组的相对比例称为乘客的年龄分布。将所有乘客根据年龄分到相应的组中，然后计算每个组的乘客数量与总体占比即可求得乘客数量与年龄分布。

本案例演示所需工具包在"_common.R"文件中，直接加载即可。

```
# run setup script
source("_common.R")
age_hist <- cbind(age_hist, age = (1:15) * 5 - 2.5)
h1 <- ggplot(age_hist, aes(x = age, y = count)) +
  geom_col(width = 4.7, fill = "#56B4E9")   +
  scale_y_continuous(expand = c(0, 0), breaks = 25 * (0:5)) +
  scale_x_continuous( name = "Age",limits = c(0, 75), expand = c(0, 0)) +
  coord_cartesian(clip = "off") +
  theme_dviz_hgrid() +
  theme(
    axis.line.x = element_blank(),
    plot.margin = margin(3, 7, 3, 1.5)
  )
h1
```

输出的乘客年龄分组结果如表 6-2-2 所示。

表 6-2-2　乘客年龄分组

Age range	Count	Age range	Count	Age range	Count
0～5	36	31～35	76	61～65	16
6～10	19	36～40	74	66～70	3
11～15	18	41～45	54	71～75	3
16～20	99	46～50	50		
21～25	139	51～55	26		
26～30	121	56～60	22		

通过绘制填充的矩形来可视化表中数据（见图 6-2-41），其高度对应计数，宽度对应年龄组的宽度，我们把条形图称之为直方图。注意，直方图的宽度表示组距大小，高度表示分组频数大小。为了使可视化成为有效的直方图，所有的条形规定为相同的宽度。

```
age_hist <- cbind(age_hist, age = (1:15) * 5 - 2.5)
h1 <- ggplot(age_hist, aes(x = age, y = count)) +
  geom_col(width = 4.7, fill = "#56B4E9")   +
  scale_y_continuous(expand = c(0, 0), breaks = 25 * (0:5)) +
  scale_x_continuous( name = "Age",limits = c(0, 75), expand = c(0, 0)) +
  coord_cartesian(clip = "off") +
  theme_dviz_hgrid() +
  theme(
    axis.line.x = element_blank(),
    plot.margin = margin(3, 7, 3, 1.5)
  )
h1
```

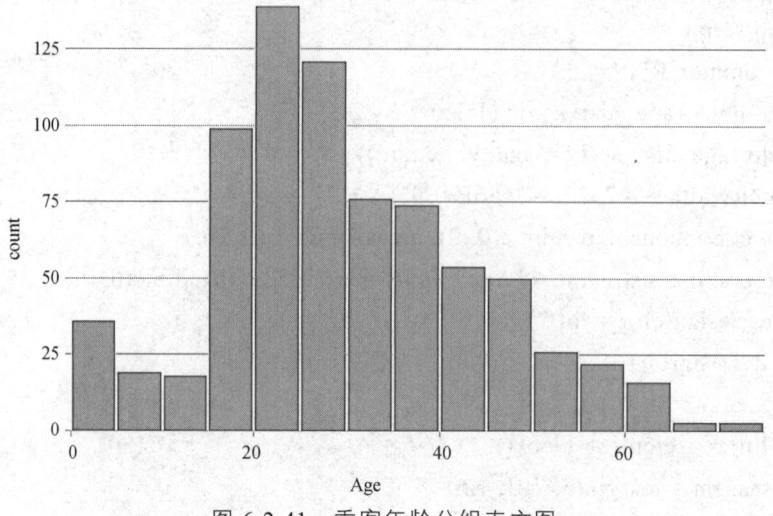

图 6-2-41 乘客年龄分组直方图

直方图是通过对数据分组后绘制而成的，因此，视觉外观取决于组距大小。大多数系统生成的直方图可视化程序都会选择一个默认的柱形宽度，但是柱形宽度可能不是最合适的宽度。因此，掌握不同柱形宽度绘图技巧至关重要。

为了绘制的直方图能准确地反映数据的基本特征，就要考虑分组大小。一般来说，分组条形宽度过小，直方图就会变得过于尖峰和拥挤，数据分布趋势和特征可能会被掩盖。另一方面，过大的分组会导致条形宽度过大，导致数据分布的差异特征被掩盖，数据中较小的特征值可能会消失。

泰坦尼克号乘客的年龄分布如图 6-2-42 所示，可以看到，1 年的组距使条形宽度太小，15 年的条形宽度太大，而 3~5 年的组宽就较为可行。

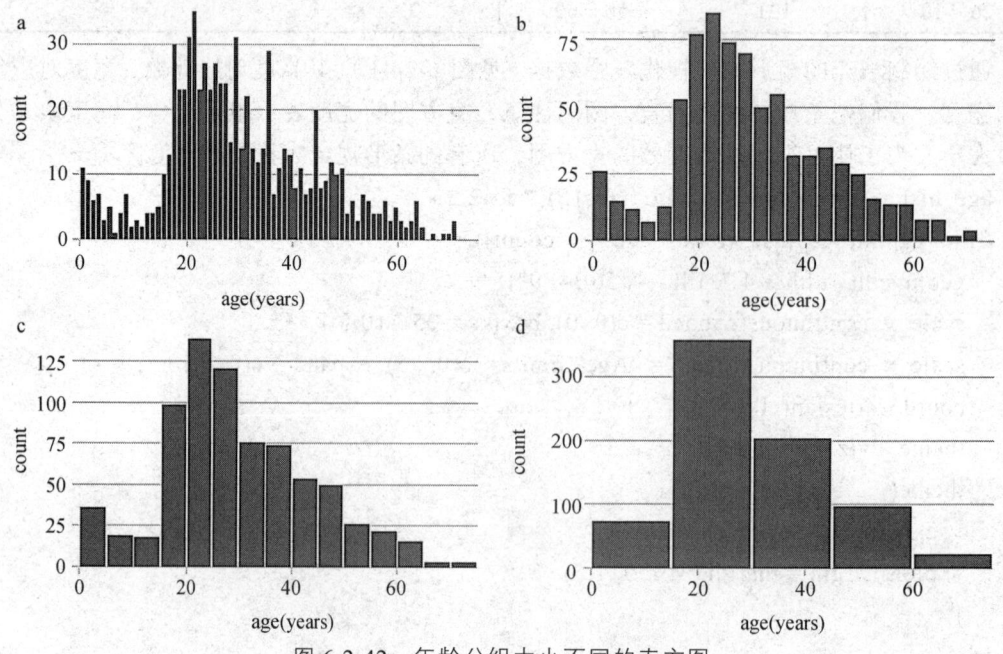

图 6-2-42 年龄分组大小不同的直方图

```r
age_hist_1 <- data.frame(age = (1:75) - 0.5,
    count = hist(titanic$age, breaks = (0:75) + .01,
    plot = FALSE)$counts
    )
age_hist_3 <- data.frame(age = (1:25) * 3 - 1.5,
    count = hist(titanic$age, breaks = (0:25) * 3 + .01,
    plot = FALSE)$counts
    )
age_hist_15 <- data.frame(age = (1:5) * 15 - 7.5,
    count = hist(titanic$age, breaks = (0:5) * 15 + .01,
    plot = FALSE)$counts
    )
h2 <- ggplot(age_hist_1, aes(x = age, y = count)) +
    geom_col(width = .85, fill = "#56B4E9")   +
    scale_y_continuous(expand = c(0, 0), breaks = 10 * (0:5)) +
    scale_x_continuous(name = "age (years)", limits = c(0, 75),
        expand = c(0, 0)) +
    coord_cartesian(clip = "off") +
    theme_dviz_hgrid(12) +
    theme(axis.line.x = element_blank(),
        plot.margin = margin(3, 1.5, 3, 1.5)
    )
h3 <- ggplot(age_hist_3, aes(x = age, y = count)) +
    geom_col(width = 2.75, fill = "#56B4E9")   +
    scale_y_continuous(expand = c(0, 0), breaks = 25 * (0:5)) +
    scale_x_continuous(name = "age (years)", limits = c(0, 75),
        expand = c(0, 0)) +
    coord_cartesian(clip = "off") +
    theme_dviz_hgrid(12) +
    theme(axis.line.x = element_blank(),
        plot.margin = margin(3, 1.5, 3, 1.5)
    )
h4 <- ggplot(age_hist_15, aes(x = age, y = count)) +
    geom_col(width = 14.5, fill = "#56B4E9")   +
    scale_y_continuous(expand = c(0, 0), breaks = 100 * (0:4)) +
    scale_x_continuous(name = "age (years)", limits = c(0, 75),
        expand = c(0, 0)) +
```

```
        coord_cartesian(clip = "off") +
        theme_dviz_hgrid(12) +
        theme(axis.line.x = element_blank(),
              plot.margin = margin(3, 1.5, 3, 1.5)
        )
plot_grid(h2, NULL, h3,NULL, NULL, NULL,
    h1 + theme_dviz_hgrid(12) +
    theme(axis.line.x = element_blank(),
          plot.margin = margin(3, 1.5, 3, 1.5)), NULL, h4,
          align = 'hv',
          labels = c("a", "", "b", "", "", "", "c", "", "d"),
          rel_widths = c(1, .04, 1),
          rel_heights = c(1, .04, 1)
    )
```

随着计算机可视化能力的不断提高，直方图逐渐被一类密度图所代替。密度图一般使用连续曲线来可视化数据的概率分布，这与统计概率的定义是一致的。因为概率密度函数通常用一条钟形曲线来描述，而这条曲线需要数据进行估计，最常用的估计方法是核密度估计。在核密度估计中，每个数据点的位置绘制一条宽度很小的连续曲线（由一个叫作带宽的参数控制），然后将所有这些曲线拼合起来得到最终的密度估计。使用最广泛的高斯核密度（即高斯钟形曲线）如图 6-2-43 所示。

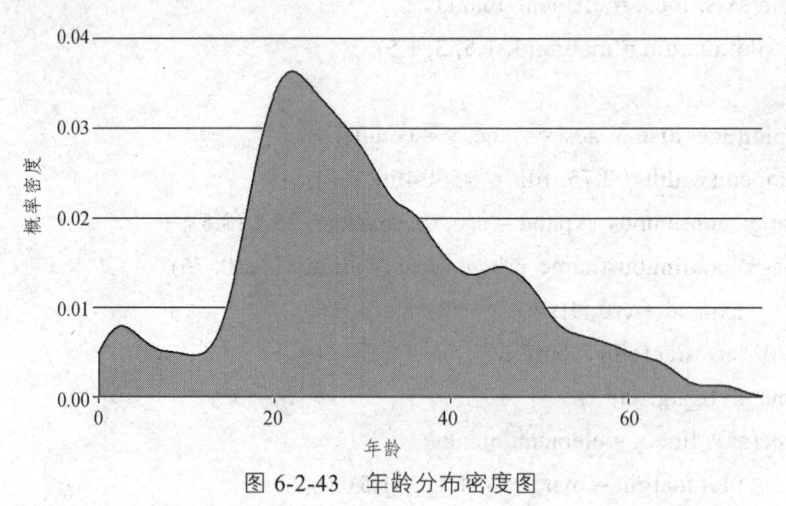

图 6-2-43　年龄分布密度图

```
ggplot(titanic, aes(x = age)) +
    geom_density_line(fill = "#56B4E9", color = darken("#56B4E9", 0.5),
                      bw = 2, kernel = "gaussian") +
    scale_y_continuous(limits = c(0, 0.046), expand = c(0, 0),
                       name = "概率密度") +
    scale_x_continuous(name = "年龄", limits = c(0, 75), expand = c(0, 0)) +
```

```
coord_cartesian(clip = "off") +
theme_dviz_hgrid() +
theme(
    axis.line.x = element_blank(),
    plot.margin = margin(3, 7, 3, 1.5)
)
```

与直方图类似，密度图的具体外观取决于条形宽度的选择。条形宽度参数的行为类似于直方图中的条形宽度。如果条形宽度太小，那么密度函数曲线可能变得过于尖峰和拥挤，数据中的主要趋势可能会被模糊化。另一方面，如果条形宽度太大，那么数据分布中的较小特征可能消失。此外，条形宽度的选择也会影响密度曲线的形状，如图 6-2-44 所示。例如，高斯曲线将倾向于产生看起来像高斯密度函数概率的估计，具有平滑的尾部特征。相比之下，矩形可以在密度曲线下生成。一般来说，数据集中的数据点越多，内核的选择就越不重要。因此，密度图对于大型数据集来说是较为可靠且有强大表现力的可视化图形，对于连续型随机变量来说，数据量越大，绘制的图形结果越准确，而对于只有几个点的数据来说，就可能产生较大误差。

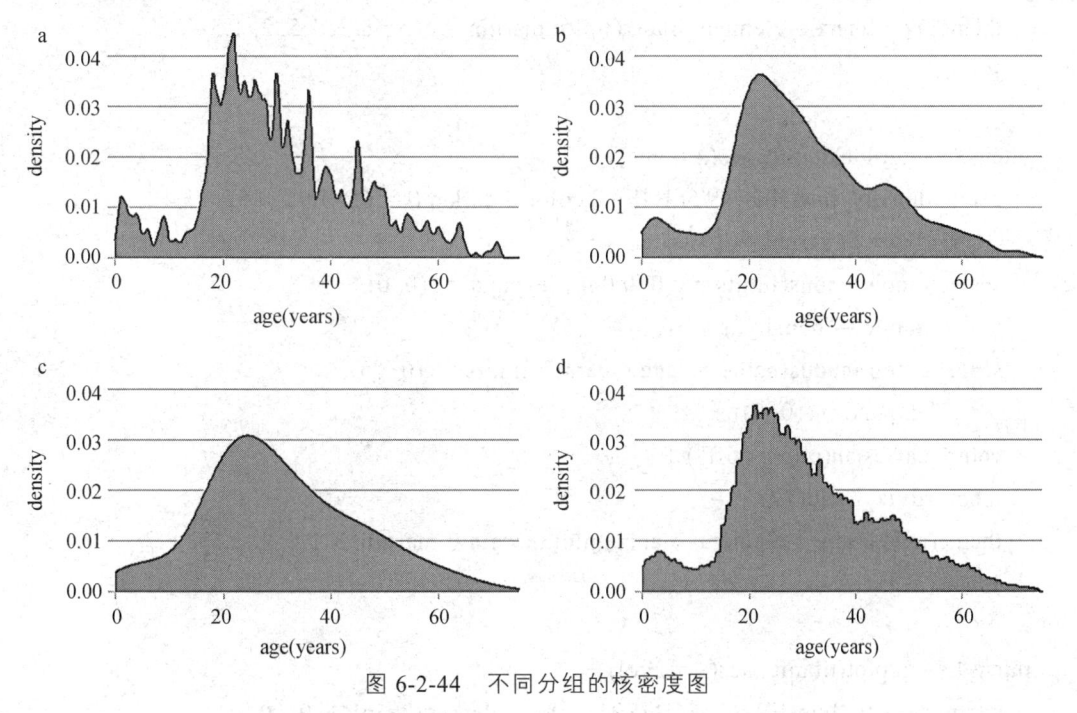

图 6-2-44　不同分组的核密度图

```
pdens1 <- ggplot(titanic, aes(x = age)) +
    geom_density_line(fill = "#56B4E9",
            color = darken("#56B4E9", 0.5), bw = .5, kernel = "gaussian") +
    scale_y_continuous(limits = c(0, 0.046), expand = c(0, 0),
            name = "density") +
    scale_x_continuous(name = "age (years)", limits = c(0, 75),
```

```r
        expand = c(0, 0)) +
    coord_cartesian(clip = "off") +
    theme_dviz_hgrid(12) +
    theme(axis.line.x = element_blank(),plot.margin = margin(3, 1.5, 3, 1.5)
    )

    pdens2 <- ggplot(titanic, aes(x = age)) +
      geom_density_line(fill = "#56B4E9", color = darken("#56B4E9", 0.5),
            bw = 2, kernel = "gaussian") +
      scale_y_continuous(limits = c(0, 0.046), expand = c(0, 0),
            name = "density") +
      scale_x_continuous(name = "age (years)", limits = c(0, 75),
            expand = c(0, 0)) +
      coord_cartesian(clip = "off") +
      theme_dviz_hgrid(12) +
      theme(axis.line.x = element_blank(),plot.margin = margin(3, 1.5, 3, 1.5)
    )

    pdens3 <- ggplot(titanic, aes(x = age)) +
      geom_density_line(fill = "#56B4E9", color = darken("#56B4E9", 0.5),
            bw = 5, kernel = "gaussian") +
      scale_y_continuous(limits = c(0, 0.046), expand = c(0, 0),
            name = "density") +
      scale_x_continuous(name = "age (years)", limits = c(0, 75),
            expand = c(0, 0)) +
      coord_cartesian(clip = "off") +
      theme_dviz_hgrid(12) +
      theme(axis.line.x = element_blank(),plot.margin = margin(3, 1.5, 3, 1.5)
    )

    pdens4 <- ggplot(titanic, aes(x = age)) +
      geom_density_line(fill = "#56B4E9", color = darken("#56B4E9", 0.5),
            bw = 2, kernel = "rectangular") +
      scale_y_continuous(limits = c(0, 0.046), expand = c(0, 0),
            name = "density") +
      scale_x_continuous(name = "age (years)", limits = c(0, 75),
            expand = c(0, 0)) +
      coord_cartesian(clip = "off") +
```

```
  theme_dviz_hgrid(12) +
  theme(axis.line.x = element_blank(),plot.margin = margin(3, 1.5, 3, 1.5)
)

plot_grid(pdens1, NULL, pdens2, NULL, NULL, NULL,pdens3, NULL, pdens4,
    align = 'hv',
    labels = c("a", "", "b", "", "", "", "c", "", "d"),
    rel_widths = c(1, .04, 1),
    rel_heights = c(1, .04, 1)
)
```

（二）多变量可视化分布

在许多情况下，有多个分布需要同时可视化。例如，想知道泰坦尼克号男乘客和女乘客的年龄分布。年龄是唯一分组，乘客的性别有两个分类。通常情况下，可视化策略是使用一个堆叠的直方图来展示，如图 6-2-45 所示，使用不同的颜色将女乘客的直方图置于男乘客的直方图之上，把这类图形称之为堆积或堆叠直方图。

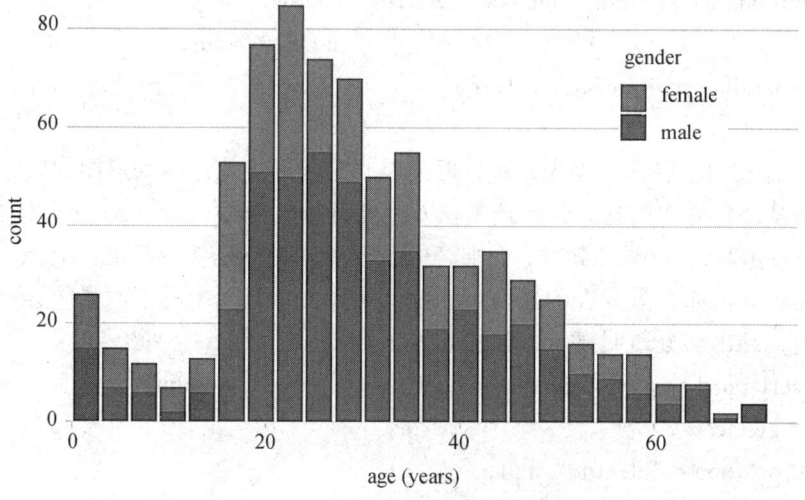

图 6-2-45　不同年龄和性别乘客的堆叠直方图

```
data.frame(
    age = (1:25)*3 - 1.5,
    male = hist(filter(titanic, sex == "male")$age,
                breaks = (0:25)*3 + .01, plot = FALSE)$counts,
    female = hist(filter(titanic, sex == "female")$age,
                breaks = (0:25)*3 + .01, plot = FALSE)$counts ) %>%
    gather(gender, count, -age) -> gender_counts
gender_counts$gender <- factor(gender_counts$gender,
```

```
                                        levels = c("female", "male"))
p_hist_stacked <- ggplot(gender_counts,
                         aes(x = age, y = count,
                             fill = gender)) +
    geom_col(position = "stack") +
    scale_x_continuous(name = "age (years)",
                       limits = c(0, 75), expand = c(0, 0)) +
    scale_y_continuous(limits = c(0, 89), expand = c(0, 0),
                       name = "count") +
    scale_fill_manual(values = c("#D55E00", "#0072B2")) +
    coord_cartesian(clip = "off") +
    theme_dviz_hgrid() +
    theme(
        axis.line.x = element_blank(),
        legend.position = c(.9, .87),
        legend.justification = c("right", "top"),
        legend.box.background = element_rect(fill = "white",
                                              color = "white"),
        plot.margin = margin(3, 7, 3, 1.5)
    )
```

图 6-2-45 存在两个问题：首先，从数据上看，完全不清楚这些条形图到底是从哪个变量值开始的，是从颜色变化的地方开始还是从 0 度量开始？例如，18～20 岁的女乘客约有 25 人，但是图上所示有约 80 人。其次，女乘客的条形图高度不是统一尺度的起点，横向之间不能直接相互比较。例如，男乘客的平均年龄比女乘客大，但图中看不出来。尝试让所有条形图都从 0 开始，超出部分透明显示，如图 6-2-46 所示。

```
p_hist_overlapped <- ggplot(gender_counts, aes(x = age, y = count,
    fill = gender)) +
    geom_col(position = "identity", alpha = 0.7) +
    scale_x_continuous(name = "age (years)", limits = c(0, 75),
        expand = c(0, 0)) +
    scale_y_continuous(limits = c(0, 56), expand = c(0, 0), name = "count") +
    scale_fill_manual(values = c("#D55E00", "#0072B2"),
        guide = guide_legend(reverse = TRUE)) +
    coord_cartesian(clip = "off") +
    theme_dviz_hgrid() +
    theme(
        axis.line.x = element_blank(),
        legend.position = c(.9, .87),
```

```
    legend.justification = c("right", "top"),
    legend.box.background = element_rect(fill = "white", color = "white"),
    plot.margin = margin(3, 7, 3, 1.5)
)
stamp_bad(p_hist_overlapped)
```

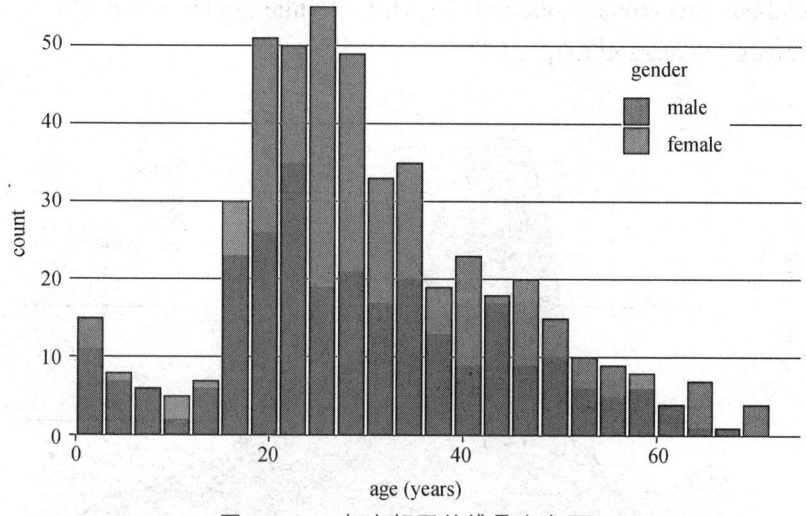

图 6-2-46　起点相同的堆叠直方图

然而，从图 6-2-46 中看出，实际上出现了三个不同的类，而不是两个，我们仍然不完全确定每个条形图的起点和终点。堆叠直方图的可视化效果并不好，因为在另一个直方图上绘制的半透明条形图看起来不像半透明条形图，而像是用不同颜色绘制的条形图。

堆叠密度图通常不存在堆叠直方图所存在的问题，因为连续的密度曲线有助于视觉保持分离。然而，对于这个数据集，男乘客和女乘客的年龄分布在 17 岁左右几乎是重叠的，此后出现分离，因此，可视化的效果仍然不理想，如图 6-2-47 所示。

```
titanic2 <- titanic
titanic2$sex <- factor(titanic2$sex, levels = c("male", "female"))
ggplot(titanic2, aes(x = age, y = ..count.., fill = sex, color = sex)) +
    geom_density_line(bw = 2, alpha = 0.7) +
    scale_x_continuous(name = "age (years)", limits = c(0, 75),
        expand = c(0, 0)) +
    scale_y_continuous(limits = c(0, 19), expand = c(0, 0),
        name = "scaled density") +
    scale_fill_manual(values = c("#0072B2", "#D55E00"), name = "gender") +
    scale_color_manual(values = darken(c("#0072B2", "#D55E00"), 0.5),
        name = "gender") +
    guides(fill = guide_legend(override.aes = list(linetype = 0))) +
    coord_cartesian(clip = "off") +
```

```
theme_dviz_hgrid() +
theme(
    axis.line.x = element_blank(),
    legend.position = c(.9, .87),
    legend.justification = c("right", "top"),
    legend.box.background = element_rect(fill = "white", color = "white"),
    plot.margin = margin(3, 7, 3, 1.5)
)
```

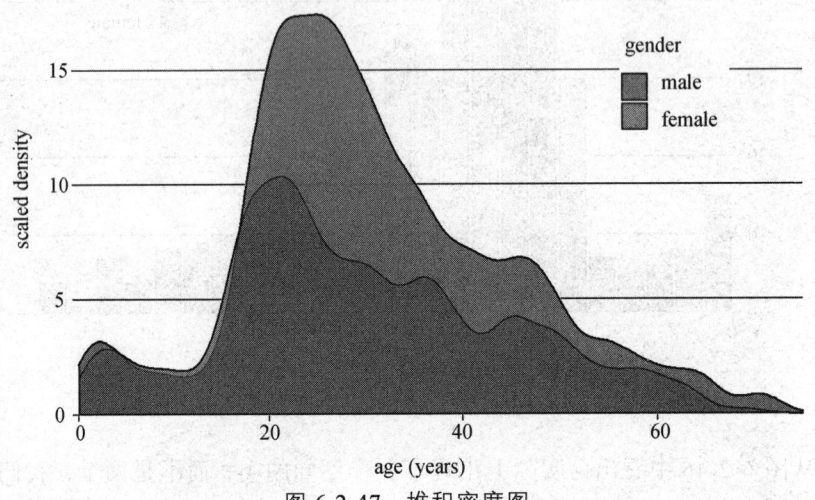

图 6-2-47　堆积密度图

对于这个数据集,最好的解决方案是分别显示男乘客和女乘客的年龄分布,每个人都占总体年龄分布的比例如图 6-2-48 所示。从图 6-2-48 中可以更直观、清晰地展示泰坦尼克号上 20~50 岁年龄段的女性比男性要少得多。

```
ggplot(titanic2, aes(x = age, y = ..count..)) +
  geom_density_line(
      data = select(titanic, -sex), aes(fill = "all passengers"),
      color = "transparent" ) +
  geom_density_line(aes(fill = sex),
                    bw = 2,
                    color = "transparent") +
  scale_x_continuous(limits = c(0, 75),
                     name = "passenger age (years)",
                     expand = c(0, 0)) +
  scale_y_continuous(limits = c(0, 26),
                     name = "scaled density",
                     expand = c(0, 0)) +
  scale_fill_manual(
```

```
    values = c("#b3b3b3a0", "#D55E00", "#0072B2"),
    breaks = c("all passengers", "male", "female"),
    labels = c("all passengers   ", "males   ", "females"),
    name = NULL,
    guide = guide_legend(direction = "horizontal")   ) +
coord_cartesian(clip = "off") +
facet_wrap(~sex, labeller = labeller(
    sex = function(sex) paste(sex, "passengers"))) +
theme_dviz_hgrid() +
theme(
    axis.line.x = element_blank(),
    strip.text = element_text(size = 14, margin = margin(0, 0, 0.2, 0, "cm")),
    legend.position = "bottom",
    legend.justification = "right",
    legend.margin = margin(4.5, 0, 1.5, 0, "pt"),
    legend.spacing.x = grid::unit(4.5, "pt"),
    legend.spacing.y = grid::unit(0, "pt"),
    legend.box.spacing = grid::unit(0, "cm")
)
```

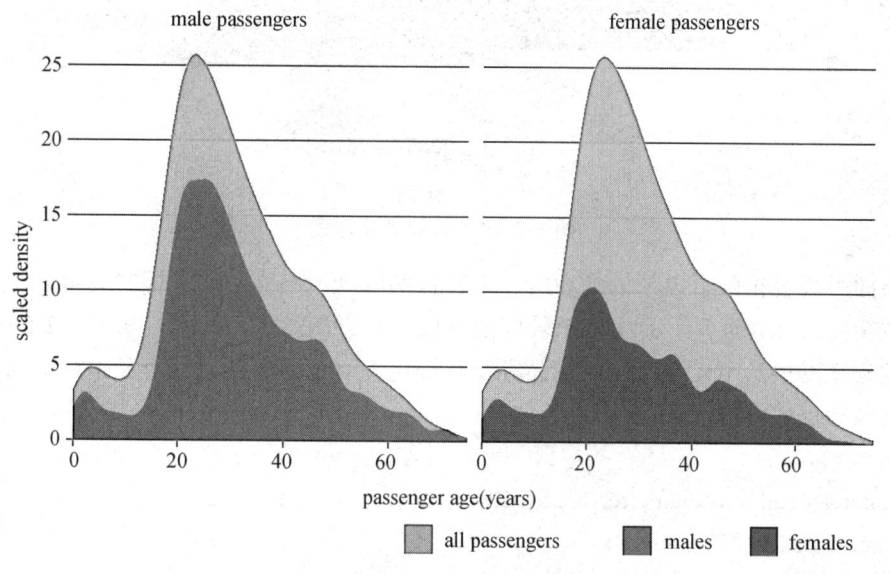

图 6-2-48 按乘客性别展示的堆积密度图

当要精确地可视化两个分布时，还可以制作两个独立的直方图，将它们旋转 90°，让其中一个直方图中的柱形点指向另一个直方图的相反方向，如图 6-2-49 所示。在可视化年龄分布时，通常使用这个技巧，得到的图形被称为年龄金字塔图。

```
ggplot(gender_counts, aes(x = age, y = ifelse(gender == "male",-1, 1)*count,
    fill = gender)) +
  geom_col() +
  scale_x_continuous(name = "age (years)", limits = c(0, 75),
      expand = c(0, 0)) +
  scale_y_continuous(name = "count", breaks = 20*(-2:1),
      labels = c("40", "20", "0", "20")) +
  scale_fill_manual(values = c("#D55E00", "#0072B2"), guide = "none") +
  draw_text(x = 70, y = -39, "male", hjust = 0) +
  draw_text(x = 70, y = 21, "female", hjust = 0) +
  coord_flip() +
  theme_dviz_grid() +
  theme(axis.title.x = element_text(hjust = 0.61))
```

图 6-2-49　年龄金字塔图

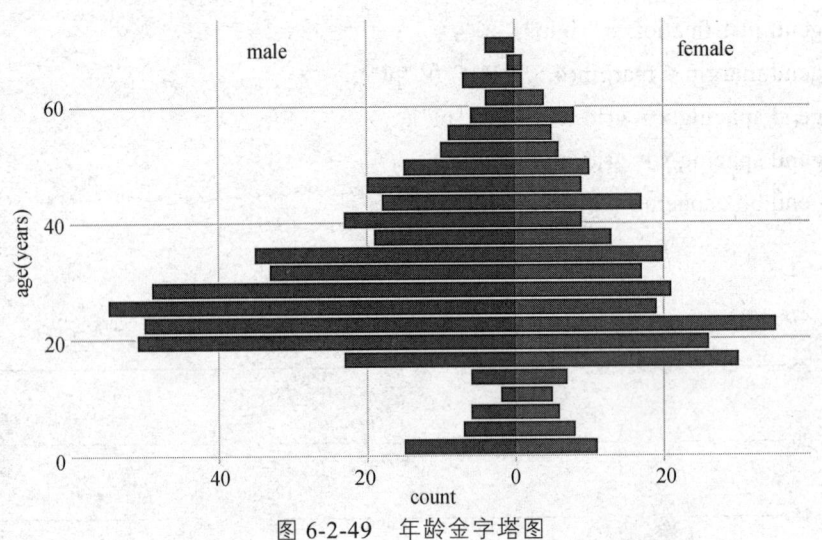

如果同时可视化两个以上的分布时，上述这些图就不起作用了。同时展示多个分布，直方图往往会变得非常混乱，而密度图较好地克服了直方图的这个缺陷。如图 6-2-50 所示，使用堆积的密度图展示了 4 种不同奶制品乳脂百分比，对于同类的研究对象进行横向比较时能较好地表现数据的内部信息。

```
cows %>%
  mutate(breed = as.character(breed)) %>%
  filter(breed != "Canadian") -> cows_filtered
cows_dens <- group_by(cows_filtered, breed) %>%
  do(ggplot2:::compute_density(.$butterfat, NULL)) %>%
  rename(butterfat = x)
cows_max <- filter(cows_dens, density == max(density)) %>%
  ungroup() %>%
```

```r
  mutate(
    hjust = c(0, 0, 0, 0),
    vjust = c(0, 0, 0, 0),
    nudge_x = c(-0.2, -0.2, 0.1, 0.23),
    nudge_y = c(0.03, 0.03, -0.2, -0.06)
  )
cows_p <- ggplot(cows_dens, aes(x = butterfat, y = density, color = breed, fill = breed)) +
  geom_density_line(stat = "identity") +
  geom_text(
    data = cows_max,
    aes(
      label = breed, hjust = hjust, vjust = vjust,
      color = breed,
      x = butterfat + nudge_x,
      y = density + nudge_y
    ),
    inherit.aes = FALSE,
    size = 12/.pt
  ) +
  scale_color_manual(
    values = darken(c("#56B4E9", "#E69F00", "#D55E00", "#009E73"), 0.3),
    breaks = c("Ayrshire", "Guernsey", "Holstein-Friesian", "Jersey"),
    guide = "none"
  ) +
  scale_fill_manual(
    values = c("#56B4E950", "#E69F0050", "#D55E0050", "#009E7350"),
    breaks = c("Ayrshire", "Guernsey", "Holstein-Friesian", "Jersey"),
    guide = "none"
  ) +
  scale_x_continuous(
    expand = c(0, 0),
    labels = scales::percent_format(accuracy = 1, scale = 1),
    name = "butterfat contents"
  ) +
  scale_y_continuous(limits = c(0, 1.99), expand = c(0, 0)) +
  coord_cartesian(clip = "off") +
  theme_dviz_hgrid() +
  theme(axis.line.x = element_blank())
cows_p
```

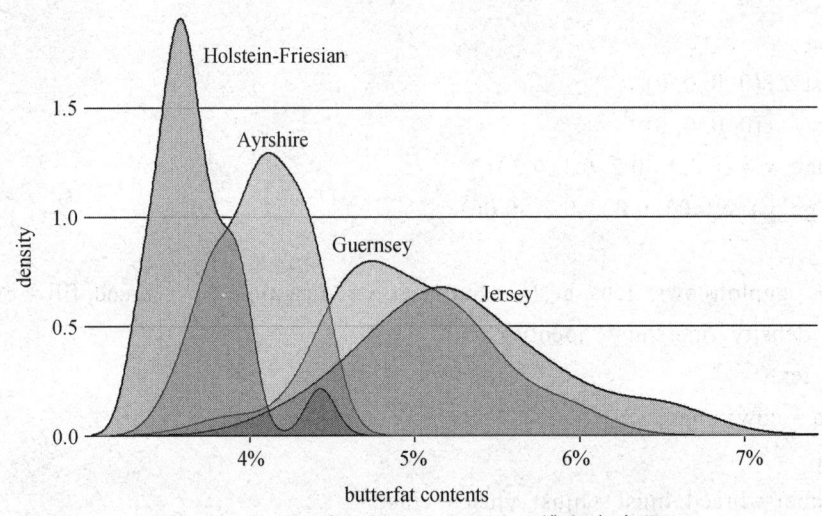

图 6-2-50　四种乳制品乳脂百分比堆积密度图

五、描述时间序列数据的可视化图形

#本节演示需要载入的软件包
library(ggridges)
library(lubridate)
library(ggrepel)
library(ggplot2)
library(dplyr)
library(plotly)
library(hrbrthemes)
library(readxl)
library(dygraphs)
cpi <- read_xls("../cpi.xls")
cpi$date <- ymd(cpi$date)　　#定义列表日期格式
str(cpi)　　#显示数据集字段类型
tibble [72 × 4] (S3: tbl_df/tbl/data.frame)
$ date   : Date[1:72], format: "2016-01-01" "2016-02-01" ...
$ cpi.val   : num [1:72] 1.8 2.3 2.3 2.3 2 1.9 1.8 1.3 1.9 2.1 ...
$ cpi.city   : num [1:72] 1.8 2.3 2.3 2.3 2 1.9 1.8 1.4 2 2.2 ...
$ cpi.countryside : num [1:72] 1.5 2.2 2.2 2.4 2.1 1.9 1.5 1 1.6 1.8 ...

先前我们讨论过相关变量如何绘制散点图，即将两个变量进行对比生成的图形。如果两个变量中有一个被认为是时间序列时，就会出现一类特殊的数据类型，将这类带有时间序列的数据称之为时间序列数据。现在数据点有一个固有的顺序，可以按时间的顺序排列这些点，想要可视化这个时间序列，一般使用点图或是线图来实现。然而，线形图或者折线图并不局限于时间序列。当一个变量被定义为一个顺序变量时，这类可视化图形是适用的。此外，时间序列可能同时控制多个变量的顺序时，可以按照时间序列统一维度下的以多条线图和散点图来展示数据，一般情况下，如果数据有明显的趋势特征时，这类图形是适用的。

（一）单变量时间序列数据可视化

CPI 是居民消费价格指数（Consumer Price Index）的简称。居民消费价格指数是一个反映居民家庭一般所购买的消费商品和服务价格水平变动情况的宏观经济指标，是度量一组代表性消费商品及服务项目的价格水平随时间而变动的相对数，是用来反映居民家庭购买消费商品及服务的价格水平的变动情况。

居民消费价格统计调查的是社会产品和服务项目的最终价格，一方面同人民群众的生活密切相关，同时在整个国民经济价格体系中也具有重要的地位。它是进行经济分析和决策、价格总水平监测和调控及国民经济核算的重要指标。其变动率在一定程度上反映了通货膨胀或紧缩的程度。一般来讲，物价全面地、持续地上涨就被认为发生了通货膨胀。下面示例是近几年的 CPI 涨跌情况（见图 6-2-51）。

```
ggplot(cpi, aes(date, cpi.val)) +
    geom_point(color = "#0072B2") +
    geom_point(color = "white", fill = "#0072B2", shape = 21, size = 2) +
    scale_y_continuous(limits = c(-1, 6) , expand = c(0, 0), name = "CPI/%") +
    scale_x_date(name = "year")+
    theme_bw()+
    theme(plot.margin = margin(5, 3, 3, 3))
```

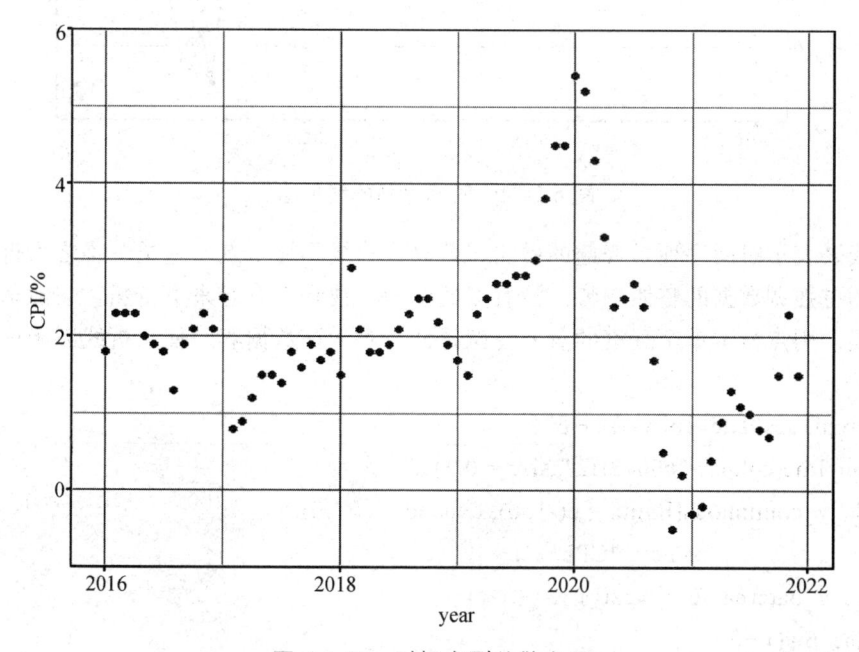

图 6-2-51　时间序列的散点图

然而，图 6-2-51 与前面内容讨论的散点图有一个重要区别。在这个点图中，y 的变化是随着时间序列 x 轴有均匀间隔，点与点之间有明确的顺序。每个点只有一个左邻和一个右邻的点（除了最左和最右的点，每个点只有一个邻点）。通过用线连接相邻的点来从视觉上观察这个顺序，把这样的图称为线形图，如图 6-2-52 所示。

```
ggplot(cpi, aes(date, cpi.val)) +
  geom_line(size = 0.5, color = "#0072B2") +
  geom_point(color = "white", fill = "#0072B2", shape = 21, size = 2) +
  scale_y_continuous(limits = c(-1, 6), expand = c(0, 0),
                     name = "CPI/%") +
  scale_x_date(name = "year") +
  theme_bw() +
  theme(plot.margin = margin(7, 7, 3, 1.5))
```

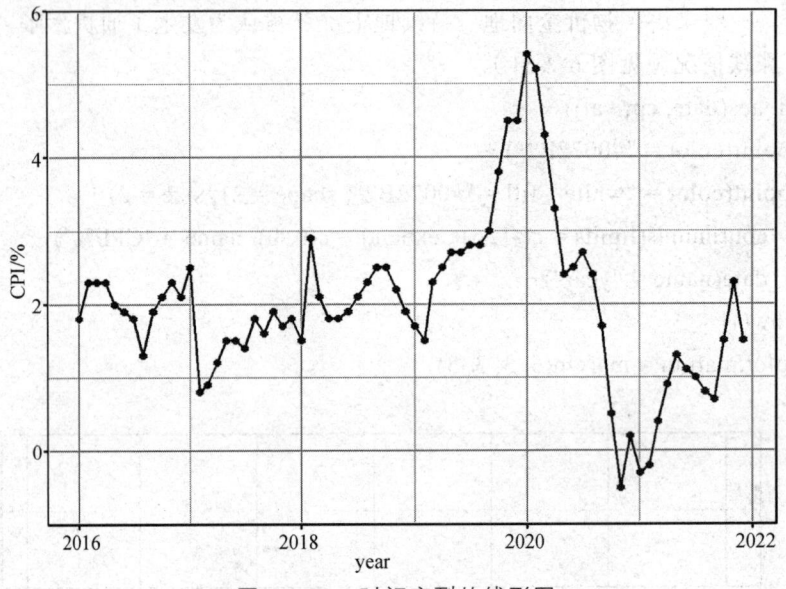

图 6-2-52　时间序列的线形图

使用线来表示时间序列是普遍的做法，若只显示线不显示点，这类图称之为折线图。没有点，该图更强调数据的整体趋势。没有点的图形在视觉上看起来更自然。一般来说，时间序列越密集，用点显示单个观察的重要性就越低。对于该数据集，使用折线图来展示，如图 6-2-53 所示。

```
ggplot(cpi, aes(date, cpi.val)) +
  geom_line(color = "#0072B2", size = 0.7) +
  scale_y_continuous(limits = c(-1, 6), expand = c(0, 0),
                     name = "CPI/%") +
  scale_x_date(name = "year") +
  theme_bw() +
  theme(plot.margin = margin(7, 7, 3, 1.5))
```

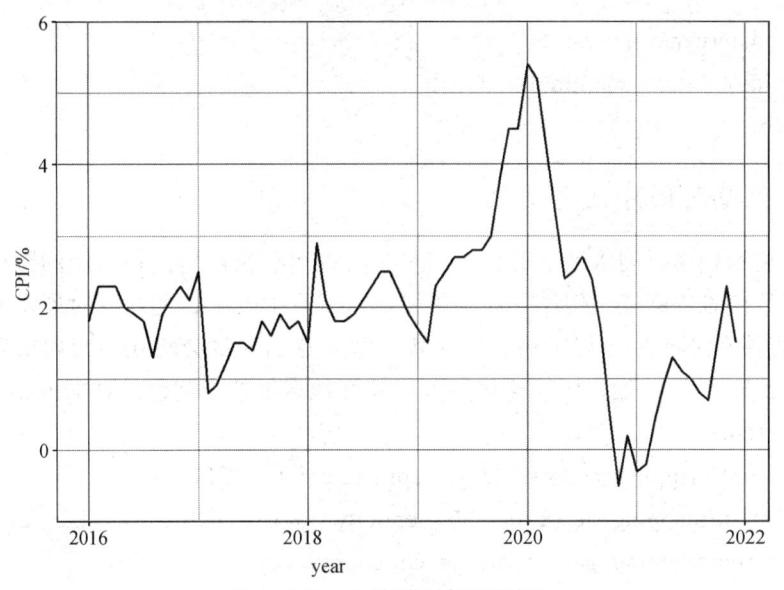

图 6-2-53　时间序列的折线图

接下来，用纯色填充曲线下方的区域。这类图形类似于面积图，进一步强调了数据的总体趋势。但是，这种可视化只有在 y 轴从零开始时才有效，如果有小于 0 的情况，显示的图形会缺失这部分图，如图 6-2-54 所示。此外，每个时间点的阴影区域的高度代表了该时间点的数据值大小。

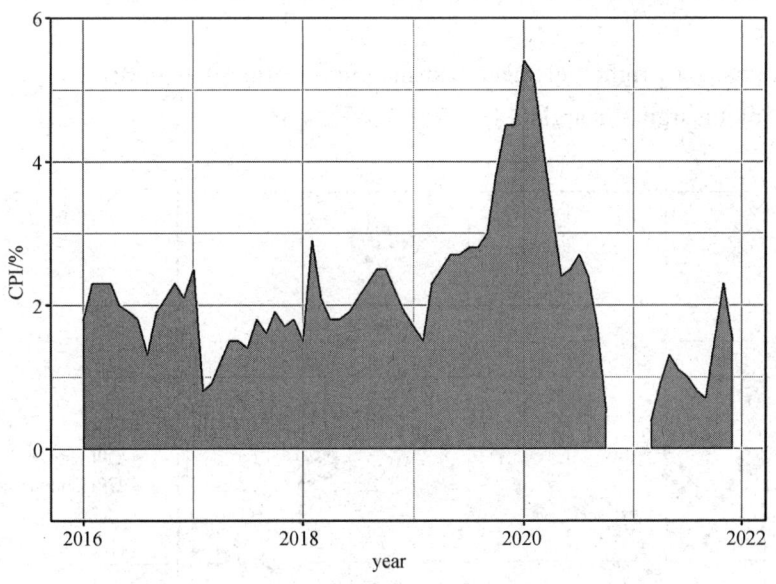

图 6-2-54　时间序列的面积图

```
ggplot(cpi, aes(date, height = cpi.val, y =0)) +
    geom_ridgeline(color = "#0072B2",alpha=0.6,fill = "#0072B240", size = 0.40) +
    scale_y_continuous(limits = c(-1, 6), expand = c(0, 0),
            name = "CPI/%") +
```

```
scale_x_date(name = "year")+
theme(plot.margin = margin(4,4, 3, 3))+
theme_bw()
```

（二）多变量时间序列可视化

如果同时展示相同时间维度上的多个变量，必须更加慎重地选择绘制的图形，因为该图形可能变得混乱或难以阅读。例如，如果想要显示每月 CPI 外，还要同时展示城市和乡村的 CPI，这时散点图就不是一个好策略，因为各个时间点的变量会相互影响和重叠，视觉效果不佳，如图 6-2-55 所示。如果用线连接点可以较好地缓解这个问题，如图 6-2-56 所示。

```
p <- ggplot(cpi)
p+ geom_point(mapping=aes(x=date, y = cpi.val, color = "CPI"),size = 2) +
    geom_point(mapping=aes(x=date, y = cpi.city, color = "CPI City"),size =2) +
    geom_point(mapping=aes(x=date, y= cpi.countryside,
                color = "CPI Countryside"),size = 2) +
    scale_y_continuous(limits = c(-1, 6), expand = c(0, 0),name = "CPI/%")+
    scale_x_date( name = "year", expand = expand_scale(mult = c(0, 0))) +
    scale_color_manual(values = c("#0072b2", "#D55E00", "#009e73")) +
    scale_fill_manual(values = c("#0072b2", "#D55E00", "#009e73")) +
    scale_shape_manual(values = c(21, 22, 23), name = NULL) +
    theme_bw()   +
    theme(axis.text.y.right = element_text(margin = margin(0, 0, 0, 0)),
          plot.margin = margin(14, 7, 3, 1.5))
```

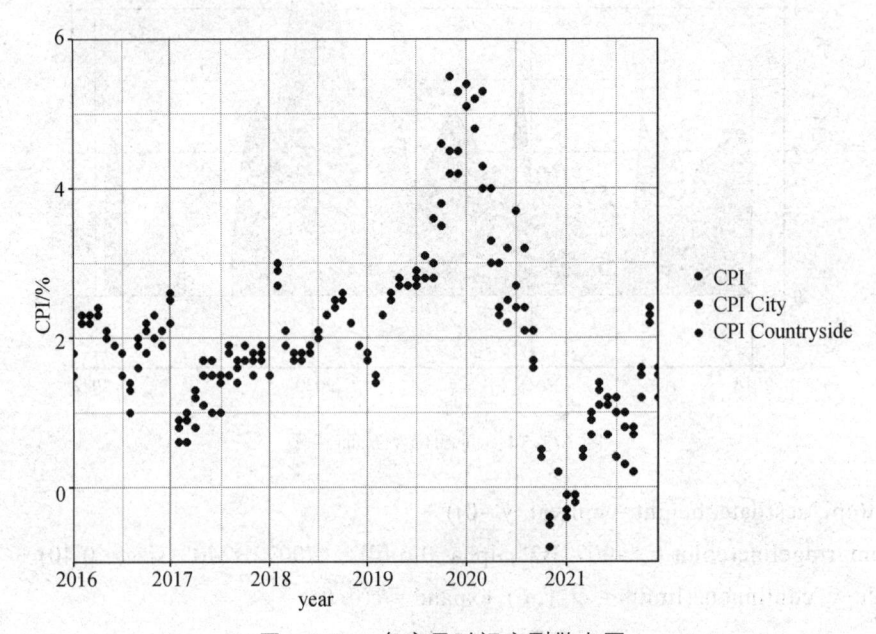

图 6-2-55 多变量时间序列散点图

p <- ggplot(cpi)
p + geom_line(mapping = aes(x = date, y = cpi.val, color = "cpi.val"),size = 0.8) +
   geom_point(mapping = aes(x = date, y = cpi.val, color = "cpi.val"),size = 3) +
   geom_line(mapping = aes(x = date, y =cpi.city, color = "cpi.city"),size = 0.8)+
   geom_point(mapping = aes(x = date, y = cpi.city, color = "cpi.city"),size =3) +
   geom_line(mapping = aes(x = date, y = cpi.countryside,
           color = "cpi.countryside"),size = 0.8)+
   geom_point(mapping = aes(x = date, y = cpi.countryside,
           color = "cpi.countryside"),size = 3) +
   scale_y_continuous(limits = c(-1, 6), expand = c(0, 0),name = "CPI/%")+
   scale_x_date(name = "year", expand = expand_scale(mult = c(0, 0))) +
   scale_color_manual(values = c("#0072b2", "#D55E00", "#009e73")) +
   scale_fill_manual(values = c("#0072b2", "#D55E00", "#009e73")) +
   scale_shape_manual(values = c(21, 22, 23), name = NULL) +theme_bw()   +
   theme(axis.text.y.right = element_text(margin = margin(0, 0, 0, 0)),
         plot.margin = margin(14, 7, 3, 1.5))

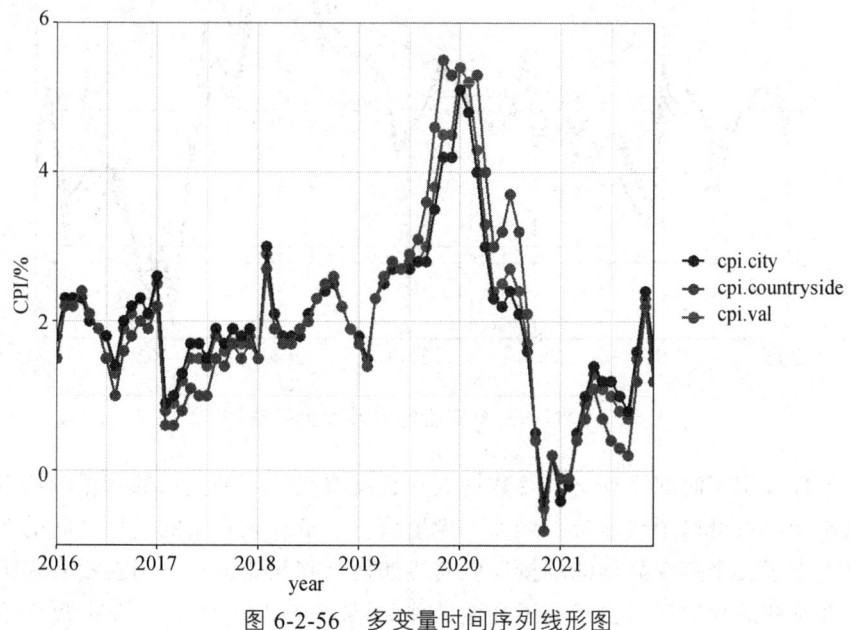

图 6-2-56 多变量时间序列线形图

如果消除了图 6-2-56 中的单个点，结果更加精简和易于阅读，如图 6-2-57 所示。
p <- ggplot(cpi)
p + geom_line(mapping = aes(x = date, y = cpi.val, color = "CPI"),size = 1) +
   geom_line(mapping = aes(x = date, y = cpi.city, color = "CPI City"),size =1) +
   geom_line(mapping = aes(x = date, y = cpi.countryside,
      color = "CPI Countryside"),size = 1) +

```
scale_y_continuous(limits = c(-1, 6), expand = c(0, 0),name = "CPI/%")+
cale_x_date( name = "year", expand = expand_scale(mult = c(0, 0)))+
scale_color_manual(values = c("#0072b2", "#D55E00", "#009e73")) +
scale_fill_manual(values = c("#0072b2", "#D55E00", "#009e73"),name = NULL) +
scale_shape_manual(values = c(21, 22, 23), name = NULL) +
coord_cartesian(clip = "off") +
theme_bw()   +
theme(legend.position = "none") +
theme(axis.line.y.right = element_blank(),axis.ticks.y.right = element_blank(),
      axis.text.y.right = element_text(margin = margin(0, 0, 0, 0)),
      plot.margin = margin(4, 4, 3, 3))
```

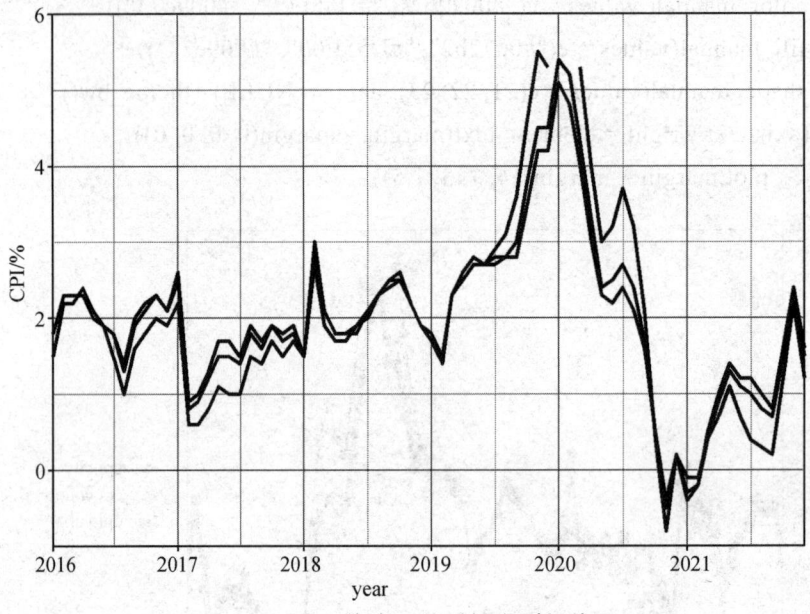

图 6-2-57 三个变量的时间序列折线图

折线图不仅仅用于时间序列，只要数据点具有反映在沿 x 轴显示的变量中的自然顺序，就适用，以便相邻点可以用线连接。例如，测量燕麦产量和施肥量的增加之间的变化关系。折线图突出考虑了三个燕麦品种的剂量反应曲线如何具有相似形状，但在没有施肥的情况下起点不同（即某些品种的产量自然高于其他品种）。如图 6-2-58 所示，剂量-反应曲线显示了施肥后燕麦品种的平均产量。粪肥是氮的来源，燕麦产量通常会随着可用氮的增加而增加。

```
MASS::oats %>%
   mutate(N = 1*as.numeric(sub("cwt", "", N, fixed = TRUE))) %>%
   group_by(N, V) %>%
   summarize(mean = 20 * mean(Y)) %>%
   mutate(variety = ifelse(V == "Golden.rain", "Golden Rain", as.character(V))) ->
   oats_df
```

```
    oats_df$variety <- factor(oats_df$variety,
                  levels = c("Marvellous", "Golden Rain", "Victory"))
ggplot(oats_df,
    aes(N, mean, color = variety, shape = variety, fill = variety)) +
    geom_line(size = 0.75) +
    geom_point(color = "white", size = 2.5) +
    scale_y_continuous(name = "mean yield (lbs/acre)") +
    scale_x_continuous(name = "manure treatment (cwt/acre)") +
    scale_shape_manual(values = c(21, 22, 23)) +
    scale_color_manual(values = c("#0072b2", "#D55E00", "#009e73")) +
    scale_fill_manual(values = c("#0072b2", "#D55E00", "#009e73")) +
    coord_cartesian(clip = "off") +
    theme_bw() +
    theme(legend.title.align = 0.5)
```

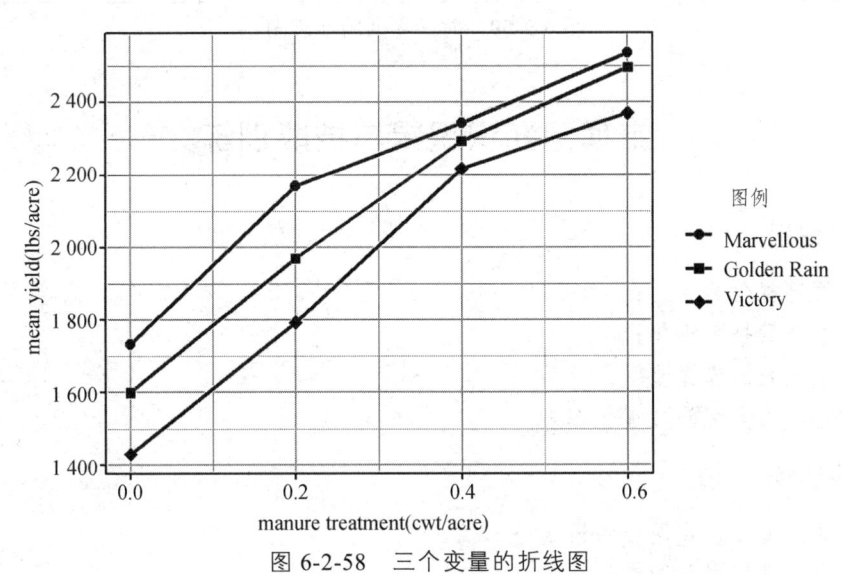

图 6-2-58　三个变量的折线图

另外，R 语言的 dygraphs 函数提供了一个网页上动态展示个性化的时间序列图形，如图 6-2-59 所示。

```
p <- cpi %>%
    ggplot( aes(x=date, y=cpi.val)) +
      geom_area(fill="#0072B2", alpha=0.6) +
      geom_line(color="#0072B2",size=0.2) +
      scale_x_date(name="year")+    #相当于 xlab("year")
```

```
        ylab("CPI/%") +
        theme_ipsum()+
     theme_dviz_hgrid()
p <- ggplotly(p)
p
```

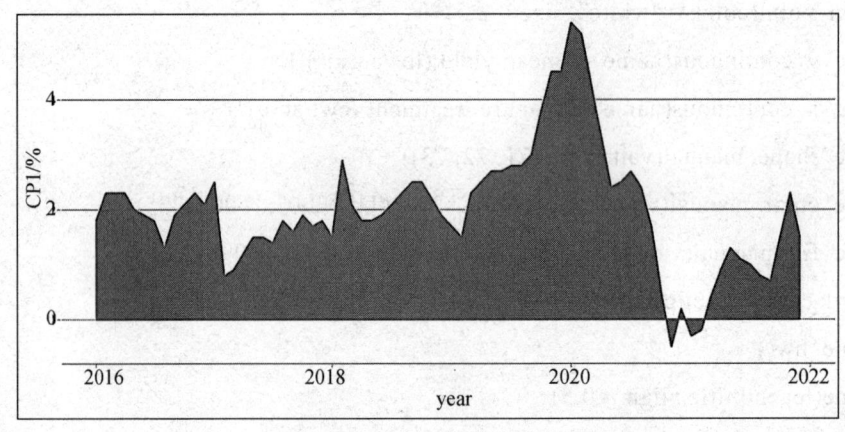

图 6-2-59　时间序列的动态图

本项目知识积累与技能训练

- **知识积累**

（1）数据可视化的目的；
（2）探索型数据可视化；
（3）常见图表的选择流程；
（4）常见不同类型的可视化图表。

- **技能训练**

（1）不同类型可视化图表的绘制；
（2）不同变量可视化图表的分布；
（3）时间序列数据的可视化。

项目七　商务大数据应用场景

○ **知识目标**
（1）了解税收大数据的内涵和应用。
（2）了解金融大数据的内涵及其在银行、证券和保险行业中的应用。
（3）了解电子商务大数据分析的内涵和应用。
（4）了解财务大数据的内涵和应用。
（5）了解旅游大数据的内涵和应用。

○ **能力目标**
（1）掌握税收大数据的应用。
（2）掌握金融大数据在银行、证券和保险行业中的应用
（3）掌握电子商务大数据的应用。
（4）掌握财务大数据的应用。
（5）掌握旅游大数据的应用。

○ **素养目标**
（1）培养学生的大数据应用能力。
（2）扩展学生的税收、金融、财务、旅游、电子商务等知识。

○ **德技并修**
随着大数据、云计算、数字人文等数字技术的产生与发展，数字时代已然到来。数据作为一种信息资源，已经成为个人、企业和社会关注的重要战略资源。数据作为争抢的新焦点，将逐渐成为最有价值的资产，不同程度地渗透到各个行业领域和部门。通过大数据的力量，借助大数据技术、工具和模型，与税收、金融、财务、电子商务、旅游等领域互相融合，进行数据分析，挖掘潜在有用的知识来指导实际应用，真正享受到大数据带来的福利。

○ **项目说明**
本项目包括5个任务：税收大数据、金融大数据、电子商务大数据、财务大数据、旅游大数据。这些是大数据在实务领域的应用体现，以培养学生的大数据应用能力，提高学生的大数据应用水平。

任务一 税收大数据

一、税收大数据的内涵

大数据在税收领域的应用催生了税收大数据这一先进理念。税收大数据是指运用互联网信息新技术，对结构混杂、类型众多的海量、巨量涉税信息数据进行获取、存储、挖掘、分析和利用的系统集合。税收大数据是基于互联网新技术及云计算的新处理模式，是具有高增长率、多样化的涉税海量信息数据资产，是针对总局、省局、市局等不同税收管理层面，不同税收总体的涉税海量信息数据资产，而非通过随机抽样获得的部分小规模的涉税信息数据。

例如，某省税务机关为了优化营商环境，开展优化纳税服务工作，该省范围内所有纳税人的涉税信息数据就形成了税收大数据；又如，为了加强房地产行业的税收风险防控，全国房地产行业所有纳税人的涉税信息数据就是房地产行业的税收大数据。当然，一个纳税人也可以作为一个税收统计总体形成税收大数据，如上市公司的纳税申报数据、财报信息数据、发票数据、上市公司公告信息、企业门户网站涉税信息，以及与中华人民共和国国家发展和改革委员会（简称国家发展改革委）、中国证券监督管理委员会（简称中国证监会）、银行、中华人民共和国国家统计局（简称国家统计局）等部门共享的公司相关的涉税信息数据就形成了该公司的税收大数据。

二、税收大数据的应用

（一）税收大数据技术

税收大数据技术是指对海量、巨量的涉税信息数据快速获取、存储、处理、分析、挖掘的现代信息技术。目前所说的"税收大数据"不仅指数据本身的规模体量，同时包含税收大数据获取、存储、挖掘、分析及可视化应用的现代信息技术手段。税收大数据应用的目的是有效推进大数据技术应用到税收征管领域，通过涉税海量数据的获取、处理、分析挖掘和利用促进其突破性发展，更有力地推动税收征管数字化转型智慧税务建设。因此，税收大数据给广大税务人员带来的挑战不仅体现在如何获取、处理、分析、应用涉税海量数据，从中获取有价值的税收信息资源，也体现在如何有效推进税收大数据技术的研发及推广应用。税收大数据技术主要包括以下几种。

1. 数据获取技术

数据获取技术包括 ETL（Extract-Transform-Load）工具、网络爬虫技术等。ETL 是将数据从来源端口，经过抽取（Extract）、转换（Transform）、加载（Load）至目的端的工具，负责将分布的、异构数据源中的数据，如关系数据、平面数据文件等抽取到临时中间层后再进行清洗、转换、集成，最后加载到数据仓库或者数据集中成为联机分析处理、数据挖掘的基础。例如，金税系统的决策一包到决策二包，就是运用数据抽取转换技术集成后，再开展进一步挖掘、分析和利用，有效完成决策系统的各项功能。

2. 数据存储技术

数据存储技术包括结构化数据存储技术、半结构化数据存储技术和非结构化数据存储技术。目前，税务系统积极拓展开发应用区块链技术基础架构、云存储、分布文件存储等技术，为有效推进智慧税务建设奠定坚实的数据基础。

3. 数据处理技术

数据处理技术是在进行数据分析前，对获取的原始数据进行的诸如清洗、填补、平滑、合并、规格化、一致性检验等一系列操作技术，目的是提高税收大数据的质量，为后期的数据挖掘分析奠定良好基础。数据处理主要包括四个部分，分别是数据清理、数据集成、数据转换、数据规约。

4. 数据统计分析技术

数据统计分析技术主要包括假设检验、显著性检验、差异分析、相关分析、T 检验、均值与方差分析、离散度分析、回归分析、简单回归分析、多元回归分析、回归预测与残差分析、logistic 回归分析、曲线估计、因子分析、聚类分析、主成分分析因子分析、聚类分析、判别分析、对应分析、bootstrap 技术、实时分析、图片识别语音识别等统计分析技术。

5. 数据分析挖掘技术

数据分析挖掘技术主要包括分类（classification）、聚类（clustering）、估算（estimation）、预测（prediction）、相关性分析、回归分析或关联规则（affinitygrouping or association rules）、描述分析、数据可视化（description and visualization）、复杂数据类型挖掘（Web 挖掘、图形图像、视频、音频处理）、人工神经网络模型与智能化、预测分析模型技术、估算分析模型技术、机器学习、仿真建模技术等。

6. 数据可视化展现技术

数据可视化展现技术是对税收大数据挖掘分析结果通过图像、图表、动画等方式的呈现技术，是了解复杂数据、开展数据深入分析不可或缺的技术手段和方法。数据可视化技术能够迅速、有效地简化与提炼税收数据流，更直观地呈现税收大数据的特点、趋势和规律，通过交互式视觉表现方式帮助税务人员探索和理解复杂的涉税数据，有助于更快、更好地从复杂数据中得到分析结论及更新意见，就如同看图说话一样简单明了，更容易被税收管理人员所接受。

数据可视化主要有图表展示、文字展示、图像动画展示等不同方式。其中，图表展示方式应用更加广泛，包括散点图、折线图、柱状图、地图、饼图、雷达图、K 线图、箱线图、热力图、关系图、矩形树图、平行坐标图、桑基图、漏斗图、仪表盘等。

（二）税收大数据分析在税收治理中的主要应用

1. 税收形势分析

税收形势分析是由收入规划核算部门牵头负责、其他业务部门配合开展的一项税收大数据分析应用工作，主要通过计算宏观、中观和微观不同层面税收指标及相关分析方法，针对一定时期内，一定区域、行业及纳税人不同范围内税收的总量规模、结构特点、质量及增减变动趋势进行分析预测，客观反映税收的数量特征及发展变动趋势，剖析收入增减变化的原因，查找组织税收收入、税收征管及经济运行中存在的问题，提出加强组织收入、税收征管的建议及措施。

2. 经济税源分析

经济税源分析简称税源分析，根据分析的视角，在有些情况下又称为经济形势分析，主要通过计算宏观、中观和微观不同层面涉税经济活动指标及相关分析方法，针对一定时期内，一定区域、行业及纳税人不同范围内涉税经济活动的总量规模、结构特点、税源质量及增减变动趋势进行分析预测，客观反映涉税经济活动的数量特征及发展变动趋势，如某地区的国内生产总值、增加值的产业结构、社会消费品零售额、固定资产投资额等。通过开展税源分析，能够客观反映涉税经济活动的总量规模、结构、质量及增减变动等数量特征，涉税经济数据对税收产生的关联影响，查找税源管理中存在的问题，分析影响税收增减变化的主要原因，为更好地优化营商环境、完善税制、加强征管、促进经济税收协调高质量发展提供决策依据。

3. 税收经济分析

税收经济分析是站在税务机关的角度分析经济运行的变化及税收经济之间的关联影响关系。通过有效获取税收大数据，运用税收经济分析指标，分析经济运行对税收的影响，同时透过税收大数据反映经济运行发展状况及经济结构调整变化情况，反映税收与经济发展的协调程度，查找税收征管中存在的问题，有针对性地采取加强税收治理的措施，为税制改革完善、加强税收征管、组织税费收入、促进和推动经济、税收协调高质量发展提供决策依据。税收经济分析是从税收视角观察和反映经济运行的状况，做好税收经济分析可以有效提升税务机关的话语权。

4. 税收风险分析

税收风险分析是税收大数据应用的重要核心领域，是指围绕税收风险管理目标，依据掌握的税收大数据，构建税收风险指标体系，运用大数据的量化模型及智能化现代信息技术，对潜在的税收风险进行分析识别，探究税收风险特征规律，寻找发现税收风险可能发生的区域、行业、纳税人及具体的税收风险发生环节的过程，并对可能产生的税收风险进行预警预测，为科学有效地防范规避税收风险，有效实施税收风险应对控制和排查提供具体的明确指向和决策依据。税收风险分析可以从宏观、行业及微观不同层面范围开展和实施。

5. 税收政策效应分析

税收政策效应分析是从事前、事中和事后，密切跟踪税制改革和税收政策发展变动及实施效果等情况，测算税收政策变动、减税降费政策实施等对税收和经济社会发展、产业结构优化调整、动能转换等的定量影响，并提出进一步完善税收制度政策，进一步促进经济结构调整优化、经济社会协调高质量发展的建议措施，充分反映税收对经济社会发展的重要调控职能作用，发挥税收在国家治理体系和治理能力现代化建设中的积极促进作用。

三、案例解析——税收大数据治理

税收大数据治理又称"以数治税"，是现代税收治理体系中重要的组成部分，是在互联网、大数据、云计算及人工智能等现代信息技术应用的背景下，建立和完善税收大数据应用的相关法律制度与政策，对税收大数据的获取、存储、处理、分析等智能化应用制订科学统一的规划、方案，促进税收征管与税收大数据技术的深度融合应用，即税收征管数字化、数字化税收征管，通过综合一体化的税收大数据智能化应用平台，全方位系统集成各类内外部税收大数据，实现对税收大数据的增值利用，不断提升税收管理流程的优化能力及知识管理能力，有效降低征纳成本，提高税法遵从度，实现精准税务监管，进而提升税收治理能力和治理效能。

（1）有效提升纳税服务的专业化、精细化水平。

第一，税收大数据治理可以不断改变和优化税收治理模式，促进纳税服务的主动型、优化式发展。通过对海量的涉税数据获取、分析、应用，可以常态化、动态分析纳税服务中存在的问题，寻求更专业、高效的服务策略，从而简化办税流程，不断优化智能化办税程序，让大数据多跑路，纳税人少跑路，降低办税成本，为纳税人提供更加高效便捷的优质高效服务，最终改善服务体验，提高纳税缴费的满意度和遵从度。

第二，税收大数据是分析纳税人需求、提升精细化纳税服务水平的有效工具。利用税收大数据识别画像，可以在海量的数据分析中精准挖掘纳税人的动态涉税服务需求，精准判断共性需求和个性化需求，更好地满足普遍服务需求的同时，为纳税人提供量身定制的更专业的个性化服务，提升专业化、精细化纳税服务水平。

第三，依据大数据技术获取的海量数据，共享于不同的服务平台，建立相应的政策咨询服务平台，根据大数据分析结果了解纳税人的潜在需求，提供更精准的纳税咨询服务，并提出纳税人可能享受的税收优惠政策，及时了解自己享受的税收优惠政策及变化或有效期限，使税收优惠政策及时惠及广大纳税人。

（2）有效提升税收风险分析识别的精准性，降低征纳成本，提高智能化税收风险管控能力。

第一，运用税收大数据技术可以增强征纳双方的税收风险防控意识，针对潜在的税收风险有效开展分析识别、预警监控，进而差别化、有针对性地开展税收风险防范控制和排查。

第二，用大数据分析方法精准开展税收风险画像，识别税收遵从风险，事前开展预防性的税收风险提示提醒，有效规避税收遵从风险，降低税收成本，同时防范和规避国家的税收流失风险。

第三，运用税收大数据获取、存储、处理和分析技术，可以有效提升风险分析识别的精准性和针对性。无论是事前预防、事中监控，还是事后风险应对控制，通过有效运用税收大数据技术，税收风险分析识别的精确性都大大提高；在纳税评估、税务审计和税务稽查的风险应对过程中，运用税收大数据风险画像分析技术进行全面系统综合分析，可以有效提高风险分析识别的指向性和精准性，进而锁定风险目标、精准实施、有效应对，使风险应对的质效大大增强。

第四，互联网、大数据、区块链技术、智能化数据挖掘技术的融合发展应用，可对涉税生产经营全过程的交易和支付、发票开具等数据进行分布式记账、加密存储及智能化综合分析利用，可以有效提升税收大数据的真实性和可靠性，实现征纳信息的精准、有效对称，以及税收风险精准识别和有效防控，进而提升智能化税收风险管控能力。

（3）以税收大数据为驱动力，开发建设"信用+风险"高效联动的、智能化综合评定信息系统，推进更精确税务执法、更精细税费服务、更精准税务监管。

第一，在全面推行实名办税缴费制度的基础上，利用税收大数据，可以跨领域、跨行业跟踪、记录纳税人的投资、生产、分配和消费的经营活动过程及涉税行为，通过汇总整合、分类统计、挑选去噪、深度挖掘等加工处理程序，立体化呈现一个企业的真实图像。结合金税四期及税收大数据平台开发建设、推广应用的有利契机，有效运用"一户式""一人式"税收大数据及人工智能等现代信息技术，探索开发建设纳税缴费信用等级与税收风险等级有机结合的综合评定信息系统，将两个不同的评定系统集成统一、有机联动互动、智能化综合评定、动态化运行监管，开发建立"信用+风险"高效联动的、智能化综合评定信息系统。

第二，以税收大数据为驱动力，推动建立"信用+风险"联动监管体系，就是要建立税费服务和税务监管有机结合的联动治理体系。即随着税收风险等级的提高，纳税经费信用等级的降低，税收风险应对控制策略由优化服务提升到风险提醒式辅导服务，由柔性管理提升到监控管理，最后提升到严格的刚性执法，执法的刚性和力度逐级加大，由此建立分级分类、差别化、递进式的服务和监管有机结合的税收治理体系，促进服务、监管、执法的有机结合，促进更精确税务执法、更精细税费服务、更精准税务监管，有效降低征纳成本，不断提高税法遵从度和社会满意度。

（4）税收大数据治理是"智慧税务"的大脑与核心。

金税四期工程及智慧税务大数据服务平台是集区块链、大数据、云计算、人工智能于一体的综合型税收大数据平台，是以发票电子化为突破口，以税收大数据为驱动力，以互联网现代信息化技术为依托，高效地完成内外部异构数据、分散数据的税收大数据的系统集成，以"信用+风险"联动监管为主线，促进税收业务与大数据技术的深度融合，税收征管数字化转型，资源优化配置，高效实现对税收风险以及税务舆情风险的有效防范、预警和监测，从而支撑税务部门高效智能化的智慧决策，有效防控税收风险，弥补征管漏洞，纠正治理偏差，进而有力推进税收征管改革和税收现代化建设。

● 技能训练

（1）税收大数据技术主要包括哪几种？
（2）简述税收大数据分析在税收治理中的主要应用。
（3）简述大数据治理的作用。

任务二　金融大数据

一、金融大数据的内涵

金融大数据是指运用大数据技术和大数据平台开展金融活动和金融服务，对金融行业积累的大数据和外部数据进行云计算等信息化处理，结合传统金融，开展资金融通、新金融服务。具体来说，金融大数据通过收集和整合海量的非结构化数据，运用大数据、互联网、云计算等信息化方式，对客户消费数据进行实时分析，可以为金融企业提供客户全方位信息，通过分析和挖掘客户的交易和消费信息，掌握客户的消费习惯，准确预测客户的行为，提高金融服务平台的效率以及降低信贷风险。

金融行业的大数据大致分为以下 3 类。

（1）传统的结构化数据，如各种数据库和文件信息等。

（2）以社交媒体为代表的过程数据，涵盖了用户偏好、习惯、特点、发表的评论、朋友圈之间的关系等。

（3）日益增长的机器设备以及传感器所产生的数据，如柜面监控视频、呼叫中心语音、手机、ATM 等记录的位置信息等。

根据金融行业的分类，可以将金融大数据细分为大数据银行、大数据保险和大数据证券。

二、大数据在商业银行中的应用

（一）大数据与商业银行

商业银行在大数据技术的应用中具有独特的优势。这一优势主要来源于 3 个方面：第一，商业银行的业务系统信息化程度高，数据资源充足；第二，商业银行的数据规模庞大，数据种类较为齐全；第三，由于商业银行受到严格的监管，其数据的格式较为规范，数据的准确性也相对较高。因此，大数据在商业银行的客户关系管理、精准营销、信贷管理、风险管理、运营优化等方面有着广泛的应用。

（二）案例——大数据在反洗钱工作中的应用

商业银行是反洗钱职责的主要承担者。在全球经济一体化和信息化不断加快的背景下，洗钱犯罪的特征也呈现隐蔽、快速的新特点。在大数据时代，随着大数据技术的日益成熟和完善，商业银行也开始将大数据技术应用到防范和控制洗钱活动中来，从而提升反洗钱工作的效率，并通过构建统一的反洗钱工作系统，对商业银行所拥有的内部海量数据进行整合和深入挖掘，进而使反洗钱工作的时效性和准确性得到提高。

1. 大数据在反洗钱工作中的优势

（1）发挥商业银行的数据优势。在商业银行开展业务的过程中，每天都会产生海量数据。这些数据包括商业银行交易系统中所产生的海量交易信息、商业银行业务处理流程中用于作业和授权的影像资料等半结构化数据以及客户的投诉和评价等交互信息。因此，商业银行在对大数据进行应用方面具备天然的优势。利用大数据技术，商业银行可以充分整合银行内部甚至相关三方数据源，构建反洗钱数据资源池，并对其进行分析和挖掘，切实提升对可疑交易和客户身份的识别准确度。

（2）提高反洗钱调查的时效性。商业银行在进行反洗钱调查时，主要依据《金融机构大额交易和可疑交易报告管理办法》对客户身份的真实性进行识别。只要相关交易的数据特征符合可疑交易的给定标准，商业银行就会将该交易数据报送至反洗钱监管机构。商业银行在判别客户交易是否具有可疑性时，必须在客户身份真实性识别的准确度得到提高的前提下，实现其可疑性审查质量的提高。在大数据应用下，商业银行在对客户身份的真实性进行审查时，可以将可疑交易数据与客户所在地域、工作状况、受教育程度、收入水平等个人身份特征相联系，进而减小可疑性审查出现失真和误报的可能性，提高反洗钱调查的时效性。

（3）提升反洗钱工作的效率。商业银行内部有许多信息系统，这些信息系统是分散且异构的，各个信息系统的技术指标也不尽相同，因而导致每个信息系统都是封闭的"信息孤岛"。正因为如此，基于上述关系型数据库和传统数据挖掘技术所构建出的反洗钱工作系统，会面临大量数据的格式不统一、无法存储、难以处理等技术障碍。由于大数据技术能够对非结构化数据进行处理并允许数据存在不一致，因而利用大数据技术可以解决上述传统反洗钱工作系统中所存在的难题，缩短系统的响应时间，进而使商业银行在反洗钱工作中的效率得以提升。

2. 商业银行基于大数据的反洗钱工作系统

（1）反洗钱工作系统的工作目标。反洗钱工作系统的工作目标主要包括4个方面：一是构建基于大数据的数据仓库；二是对数据进行加载、处理、清洗、转换；三是配置反洗钱业务规则；四是对可疑数据进行展示。

（2）反洗钱工作系统的逻辑分层如表 7-2-1 所示。

表 7-2-1　反洗钱工作系统的逻辑分层

序号	分层	内容
1	源数据	商业银行内部各个系统中的数据
2	数据存储	在初始状态下与源数据层的表结构一致，但之后不再随原数据层表结构的变化而变化
3	数据汇聚	完成对客户、账户和交易数据中的相关主题数据的采集和整理
4	数据分析	根据预先设定的可疑规则对数据汇聚层的数据进行计算分析，进而从中找出可疑交易并生成可疑报表
5	信息管理	对数据分析层得出的预警信息和报表信息进行管理，具体包括用户管理、规则定义、权限管理、日志管理、报表管理、报送管理等相关管理活动
6	决策分析	商业银行相关工作人员对预警信息进行处理，对可疑交易进行确认，进而将所筛选出的可疑数据报送相关监管部门

（3）反洗钱工作系统的基本架构。反洗钱工作系统的基本架构如图 7-2-1 所示。

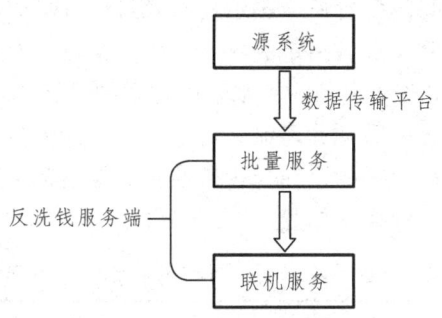

图 7-2-1　反洗钱工作系统的基本架构

① 源系统：属于源数据层的商业银行内部的各个数据系统。
② 数据传输平台：该平台的功能在于将源系统中的数据传输至指定位置。
③ 反洗钱服务端：服务端由批量服务和联机服务两部分组成。其中，批量服务是指系统自动完成对可疑数据提取的活动，即从源系统获取源数据，并进行清洗和装载；而联机服务则是指系统用户进入系统完成系统操作的活动。具体来讲，批量服务在源数据的基础上根据预设的各项指标计算账户和客户的指标值，在各项指标值的基础上根据预设的可疑规则生成可疑报送数据，同时进行报表生产，属于系统逻辑分层中的数据存储层、数据汇聚层、数据计算层。而联机服务则主要包括系统管理、参数设定、预警/报告处理、统计报表，属于系统逻辑分层中的信息管理层。

三、大数据在证券行业中的应用

（一）大数据与证券

在金融行业中，证券业属于数据密集型行业，积累了上市公司财务报表、客户关系、市场信息、交易数据等大量信息，伴随着时间增长和上市公司数量不断增加，其数据已呈指数型增长趋势。而这些数据的分析和处理对投资者、券商乃至整个证券市场来说都是至关重要的。例如，一家券商发布的一份股票研究报告很可能影响投资者或者其他券商的投资决策，进而对整个证券市场产生影响。券商为了应对激烈的同业竞争，都争相把大数据技术作为维护自己市场地位的有力武器。随着大数据技术的成熟和证券市场的网络化，大数据目前已应用于证券行业的股票分析、客户关系管理、投资情绪以及量化交易等方面。

（二）案例——基于技术分析的数据挖掘方法在股票分析中的应用

（1）决策树。以 C4.5 算法为基础，首先，将投资者对股票买点的规则要求作为分类样本，将买点分类为"+""-"两类群体；其次，将投资者所需要分析的指标作为自变量；最后，利用决策树产生的"+"类群体的分类规则来找出自变量的有效区间，并从中筛选出"有效买点"。

（2）人工神经网络。以 BP 算法为主，由投资者提供的个股历史价格数据集通过训练-学习的循环来预测未来某一时间段的价格，提示投资者最佳入场时机。

（3）时间序列分析。按照投资者指定的个股和板块指数，对其价格走势进行分析并建立 ARIMA 模型，利用历史价格变动来预测未来一段时间的价格走势。

（4）关联分析。以 Apriority 算法为基础，通过投资者给定技术指标以及投资者指定的个股历史信息，找到以其中某些指标的出现与否来预测其他指标出现与否的规则。

各类算法在分析与预测中的作用如表 7-2-2 所示。

表 7-2-2　基于基本面分析和技术分析的算法分类

数据挖掘算法	基本面分析		技术分析	
	股票选择	建构投资组合	选择投资策略	选择买卖时机
决策树	○	×	○	○
人工神经网络	○	○	○	×
遗传算法	×	○	○	×
聚类	○	×	×	×
逻辑回归	×	○	○	○
时序模式分析	×	×	○	○
关联分析	×	○	○	○

注：○代表可行，×代表不可行。

四、大数据在保险行业中的应用

（一）大数据与保险

大数据保险指保险公司通过利用大数据技术对风险数据进行分析、处理和挖掘，使风险数据实现有效的价值变现。在此基础上，保险公司通过其治理端和商业端的协同创新，使传统的保险服务方式和资源配置方式得以优化，从而实现保险产品、保险服务和保险业务模式的创新，进而更好地满足客户需求，并为客户提供更为优质的保险服务。

大数据保险的特征有以下 6 个方面：

（1）数据驱动。与互联网保险的渠道驱动不同的是，大数据保险是由数据驱动的。保险数据处理技术的变革和应用是大数据保险发展的关键驱动力。大数据技术不仅在保险公司建立风险模型和对产品进行定价的过程中被充分利用，也在承保理赔过程中发挥作用。

（2）问题思维。在运用大数据技术实现数据挖掘和数据价值变现的过程中，大数据技术消灭信息不对称、不匹配的能力得以体现。保险公司在业务开展过程中所遇到的难点和"痛点"，正是应用大数据技术的重点；通过利用大数据技术对数据进行分析和处理，之前的难点和"痛点"将变为大数据保险的创新点。

（3）融合创新。大数据技术在保险领域中的应用使保险业在与新技术相融合的过程中，推出更多具有创新性的产品和服务，也使保险公司的业务模式得到了创新和优化。

（4）运营提升。通过利用大数据技术，大数据保险的资金摩擦被最小化，资源配置的过程得到充分优化，进而使大数据运营效能得到了有效提升。

（5）活力生态。随着大数据技术与保险行业的深度融合，数字生态系统的建立势在必行。在这一生态系统中不仅有保险公司的参与，还有其他行业的从业者参与其中。数据在这一生态系统中不断地更新，从而使该生态系统更具有活力。

（6）服务导向。在传统保险中，虽然众多保险公司早已将客户需求的服务导向作为其经营的核心价值观，但由于时间与空间上的信息不对称，该服务导向在重重制约中被扭曲。大数据保险利用大数据技术在交互的价值网络中及时、有效地获取信息，实现了信息数据的透明化，进而帮助保险公司为客户提供恰当优质的保险服务。

（二）案例——大数据在车险定价中的应用

车险保费一直是车主最关心的话题。在大数据技术应用以前，不论客户驾驶行为如何，车险保费的价格基本相当。而随着大数据技术在保险行业的广泛应用，过去优质车主为高风险车主买单的现象将不再出现，基于车主驾驶行为的保费定价模式也将完全颠覆传统的定价模式。

1. 车险费率厘定的基本模式

通常保险公司在为车险费率进行定价时主要参考两类风险因素：第一类是与机动车辆相关的风险因素，包括品牌、购买价格、使用情况等；第二类是与车主相关的风险因素，包括车主的年龄、婚姻状况、职业、驾驶行为等。因而，我们可以将车险费率的定价模式划分为从车定价模式和从人定价模式。

2. OBD 和 UBI 车险

（1）OBD 与车险费率厘定。车载自动诊断系统（On-Board Diagnostics，OBD）即是能够测度和读取机动车辆的运行参数，具有车辆检测、维护、管理等功能的程序系统。OBD 系统能读取机动车辆发动机、变动箱和 ABS 等的故障码，再通过小型的车载通信设备（GPS 导航仪或者无线通信等）将机动车辆的基本信息、所在位置或者故障码等自动上传管理平台或设备上。

（2）UBI 与车险费率厘定。UBI（Usage Based Insurance）是指基于机动车辆驾驶人驾驶行为状况进行个性化保费率厘定的车险。在 UBI 车险中，保险公司将根据实时监测获取的与驾驶人驾驶行为和习惯相关的各项数据，通过分析和挖掘进而对该投保车辆的驾驶人风险程度进行判断，并将该风险判断的结果应用于车险费率的厘定——根据驾驶行为安全性的不同，对拥有安全驾驶行为的投保人给予与其风险程度相匹配的保费优惠，而对具有危险驾驶行为的投保人收取更多与其风险程度相匹配的保费。在 UBI 车险定价中，与驾驶人驾驶行为相关数据是通过安装在机动车辆上的 OBD 设备获取的。

3. 基于 OBD+UBI 的车险费率厘定

基于 OBD+UBI 的车险费率厘定方法就是以驾驶人驾驶行为为基础，根据驾驶人的不同风险程度确定特定投保人保费水平的差别化车险保费厘定方法。

（1）"从车+从人"的定价模式。OBD 设备与 UBI 车险相结合，可以基于投保车辆的车辆状况以及驾驶人的驾驶行为习惯对投保人的车险需求进行风险判断，进而为风险不同的投保人厘定不同的车险费率。

具体来讲，在这一模式下保险公司为确定某个具体投保人的驾驶风险程度，利用 OBD 系统所收集的包括能够反映车辆状况的车辆行驶区域、总行驶里程、日行驶里程、发动机状态等相关数据，以及能够反映驾驶人驾驶行为习惯的急刹车次数、急加速次数、急减速次数等相关数据，对该投保人车险需求的风险程度进行量化评判。一般评分越高，该投保人的风险程度越低；反之，评分越低，该投保人的风险程度就越高。

（2）车险费率的厘定方法。基于 OBD+UBI 的车险费率，主要是由基础费率和附加费率两部分构成的。

基础费率的厘定主要是通过采用传统的费率厘定方法来实现的。在该厘定方法下对投保人进行相关风险的判断，所考虑的是与投保车辆和驾驶人相关的不变因素，即通过对投保车辆的品牌、车型、出产地、购置价格、车龄以及驾驶人的年龄、驾龄、性别、健康状况等因素进行交叉分类，进而确定该投保人的基础费率。

● 技能训练

（1）根据金融行业的分类，可以将金融大数据细分为哪几种？
（2）简述大数据在反洗钱工作中的优势。
（3）简述大数据保险的特征。

任务三　电子商务大数据

一、电子商务大数据的内涵

电子商务大数据分析是运用分析工具研究电子商务大数据信息，搭建数据分析与电子商务管理的桥梁，指导电子商务决策的一门新兴学科。通常概念下，电子商务大数据分析指的是对电子商务经营过程中产生的数据进行分析，在研究大量数据的过程中寻找模式、相关性和其他有用的信息，从而帮助商家做出决策。

电子商务大数据分析的主要任务：

（1）行业分析。行业分析流程包括行业数据采集、市场需求调研、产业链分析、细分市场分析、市场生命周期分析、行业竞争分析等。

（2）客户分析。客户分析流程包括客户数据收集、客户特征分析（客户画像）、客户行为分析、客户价值评估、目标客户精准营销（营销策略制定和资源配置）、销售效果跟踪等。

（3）产品分析。产品分析流程包括竞争对手分析、客户特征分析、产品需求分析、产品生命周期分析、客户体验分析，最后通过调研报告形成合理化建议，对产品开发及市场走向提出预测。

（4）运营分析。运营分析流程包括销售数据分析、推广数据分析、客服数据分析。

二、大数据在电子商务中的应用

1. 应用于客户体验

电子商务平台网站的界面结构和功能是吸引大量客户的关键，多数电商企业为提高客户在交易过程的第一体验，根据大数据技术分析客户消费行为的历史记录建模，然后在此基础上使用 Web 挖掘技术改进关键字加权法，有效地将用户输入的关键字合理地拓展延伸，提高商品信息检索功能的精准率，并且针对不同的消费习惯，动态地调整页面布局，全方位地把握客户的实际需求，实现对商品的合理聚类和分类，呈现商品信息的初步浏览效果，如某电商平台根据客户关心某些产品的访问比例和浏览人群的分类来决定广告的排版布局，增加广告的投资回报率。通过大数据技术的应用，能满足消费者个性化的需求，改善了客户的购物体验，有利于提高客户的购物满意度。

2. 应用于市场营销

电商企业引进了先进的大数据技术，在市场营销各环节最大限度地降低人力、财力以及时间成本。技术部门可构建分布式存储系统，运用 Web 数据挖掘技术将客户在不同网络平台上的个人信息以及动态的浏览习惯贴上"标签"，根据不同格式的数据选取不同的存储策略，再针对性、大范围地对潜在的客户进行商品与服务推销。

3. 应用于库存管理

在零售业中，库存销量比是一种重要的效率指标，数据仓库可以使管理人员实时追踪商品库存的流入与流出，并通过在线的市场供求变化数据分析，准确把握预期的市场供求动态，制订合理的生产计划，降低库存积压风险，提高企业的资金周转能力。

4. 应用于客户管理

客户管理的实质是为消费者提供可持续的产品和服务。运用大数据分析的优势，电商可以划分普通用户群和核心用户群，并且建立会员信誉度级别。在各大电商平台的领军企业，技术人员利用大数据技术根据买家的消费行为定量定性地评定买家信用，同时也能够通过跟踪商家的服务质量和产品销量来评定商家的信用，这样买卖双方都能尽可能遵守交易的规范，以此促进电商交易平台的良性发展。

三、案例解析——电子商务在客户分析中的应用

（一）电商客户分析的主要数据指标

1. 有价值的客户数

网店客户包括潜在客户、忠诚客户和流失客户。对于网店来说，忠诚客户才是最有价值的客户，这是客户分析的重点。

2. 活跃客户数

活跃客户是相对于"流失客户"的一个概念，是指那些会时不时光顾网店，并为网店带来一定价值的客户。客户的活跃度是非常重要的，一旦客户的活跃度下降，就意味着客户的离开或流失。

3. 客户活跃率

通过活跃客户数可以了解客户的整体活跃率，一般随着时间周期的加长，客户活跃率会出现逐渐下降的现象。如果经过一个长生命周期（3个月或半年），客户的活跃率还能稳定保持在 5%~10%，则是较好的客户活跃的表现。

4. 客户回购率和复购率

两个指标均体现的是消费者对该品牌产品或者服务的重复购买次数。重复购买率越高，反映出的消费者对品牌的忠诚度越高，反之越低。因此客户回购率是衡量客户忠诚度的一个重要指标。

5. 客户留存率

客户留存率是指某一时间节点的全体客户在特定的时间周期内消费过的客户比率，其中时间周期可以是天、周、月、季、年等。店铺通过分析客户留存率，可以得到网店的服务效果是否能留住客户的信息。客户留存率反映的是一种转化率，即由初期的不稳定客户转化为活跃客户、稳定客户、忠诚客户的过程。随着留存率统计的不断延展，就能看到不同时期客户的变化情况。

6. 平均购买次数

平均购买次数是指在某个时期内每个客户平均购买的次数，主要体现店铺的老客户忠诚度。

7. 客户流失率

流失客户是指那些曾经访问过网店，但由于对网店渐渐失去兴趣后逐渐远离网店，进而彻底脱离网店的那批客户。当新客户比例>客户流失率时，说明店铺处于发展阶段；当新客户比例=客户流失率时，说明店铺处于成熟稳定阶段；当新客户比例<客户流失率时，说明店铺处于下滑衰退阶段。

（二）基于分类算法的客户特征模型

1. 决策树算法

ID3 算法用信息增益（Information Gain）作为属性选择度量。信息增益值越大，不确定性越小。因此，ID3 算法总是选择具有最高信息增益的属性作为当前节点的测试属性。信息增益越大，信息的不确定性下降的速度也就越快。这种信息理论方法使得对一个对象分类所需的期望测试数目达到最小，并尽量确保找到一棵简单的（但不必是最简单的）树来刻画相关的信息。ID3 算法以自顶向下递归的分而治之方式构造决策树。ID3 算法就是根据"信息增益越大的属性对训练集的分类越有利"的原则来选取信息增益最大的属性作为"最佳"分裂点。

2. "5W""1H"和"6O"客户行为分析的基本框架

市场营销学中把消费者的购买动机和购买行为概括为"5W""1H"和"6O",从而形成消费者购买行为研究的基本框架。

市场需要什么（What）——有关产品（Objects）是什么。通过分析消费者希望购买什么,为什么需要这种商品而不是需要其他商品,研究企业应如何提供适销对路的产品去满足消费者的需求。

为何购买（Why）——购买目的（Objectives）是什么。通过分析购买动机的形成（生理的、自然的、经济的、社会的、心理因素的共同作用）,了解消费者的购买目的,并采取相应的市场策略。

购买者是谁（Who）——购买组织（Organizations）是什么。分析购买者是个人、家庭还是集团,购买的产品供谁使用,谁是购买的决策者、执行者、影响者。根据分析结果组合相应的产品、渠道、定价和促销。

何时购买（When）——购买时机（Occasions）是什么。分析购买者对特定产品购买时间的要求,把握时机,适时推出产品,如分析自然季节和传统节假日对市场购买的影响程度。

何处购买（Where）——购买场合（Outlets）是什么。分析购买者对不同产品购买地点的要求。顾客一般会在电子商务平台上网络购买哪些商品？而哪些商品会在商业中心或者专业商店购买？

如何购买（How）——购买组织的作业行为（Operations）是什么。分析购买者对购买方式的不同要求,有针对性地提供不同的营销服务。分析不同类型的消费者的特点,如经济型购买者对性能和廉价的追求,冲动型购买者对情趣和外观的喜好,手头拮据的购买者要求分期付款,工作繁忙的购买者重视购买方便和送货上门等。

3. 客户忠诚度指标权重的计算方法

层次分析法（Analytic Hierarchy Process,AHP）是解决非数学模型决策问题的方法。该方法从系统观点出发,把复杂的问题分解为若干层次和若干要素,并将这些因素按一定的关系分组,以形成有序的递阶层次结构,通过两两比较判断的方式,确定每一层次中因素的相对重要性,然后在递阶层次结构内进行合成,以得到决策因素相对于目标的重要性排序。层次分析法是一种定性与定量分析相结合的评价决策法,要求评价者对评价问题的本质、包含要素及相互间的逻辑关系掌握比较清楚,比较适合于多目标、多准则、多时期的系统评价。

层次分析法的计算步骤如下：
（1）明确问题,建立层次结构。
（2）构建判断矩阵。
（3）层次单排序。
（4）层次单排序的一致性检验。

（5）层次总排序——自上而下的综合权重。
（6）层次总排序的一致性检验。
（7）结果分析。

- **技能训练**

（1）简述电子商务大数据分析的主要任务。
（2）简述电子商务客户分析的主要数据指标。
（3）简述层次分析法。

任务四　财务大数据

一、财务大数据的内涵

在当今科技应用和财务转型高速发展的时代背景之下，社会各行业对财务人员提出了越来越高的数据分析需求和综合能力要求。在某会计学院等单位发布的"影响中国会计从业人员的十大信息技术"评选结果中，大数据技术占有越来越重要的位置。2021年评选结果按影响程度从高至低分别为财务云、电子发票、会计大数据分析与处理技术、电子会计档案、机器人流程自动化（RPA）、新一代ERP、移动支付、数据中台、数据挖掘、智能流程自动化（IPA）。信息技术越来越多地赋能财务转型，财务转型需要越来越多的信息技术。在新时代财务职能从核算财务转向业务财务、共享财务和战略财务的过程中，怎样从财务数据中挖掘价值和创造价值是财务工作的核心需求。财务数据分析的精细化、多元化、动态化、实时化和可视化成为财务工作的基本特征。

二、大数据在财务中的应用

1. 大数据技术可以提升财务信息收集的精确性

大数据技术可以利用相应的数据处理模型，使用定量分析与定性分析的收集方法，分门别类地收集出相关的财务信息，提升财务信息数据收集的精确性。

2. 大数据技术可以提升财务信息预测与评价的工作效率

大数据技术可以对以往的经营活动信息进行整理与总结，对管理阶层重点考虑的项目可能发生的财务活动以及可能产生的财务成果进行实时分析，得出精确结论，在最短的时间内向管理人员提供出相应的参考数据，为后续工作、投资项目的选择做好基础性工作。

3. 大数据技术可以提升财务信息评价的精确性

大数据技术可以利用多维度的结果评价技术，进行立体式、复合式评价，产生多维度的评价结果，供管理阶层或决策者参考。

三、案例解析——产品标准成本计算

根据图 7-4-1 所示的竞赛平台，运用 Python 就可以输出产品的标准成本。

图 7-4-1 竞赛平台

# 引入 pandas 数据库
import pandas as pd
# 读取'产品标准成本表.xlsx'并跳过第一行，从第二行开始读取
df= pd.read_excel('产品标准成本表.xlsx'，skiprows = 0) # 请将下划线替换成相应代码
# 将读取的文件转化为 DataFrame 格式
df = pd.DataFrame(df) # 请将下划线替换成相应代码
# 创建一个包含'产品名称','产品生产数量'这两列的 DataFrame
df1 = pd.DataFrame(data = [['蹲便器毛坯', 150000], # 请将下划线替换成相应代码
                    ['坐便器毛坯', 70000], # 请将下划线替换成相应代码
                    ['洗手盆毛坯', 150000], # 请将下划线替换成相应代码
                    ['立柱毛坯', 170000], # 请将下划线替换成相应代码
                    ['面盆毛坯', 85000] # 请将下划线替换成相应代码
                    ], columns = ['产品名称', '产品生产数量'])
添加一个'需要投入生产数量'的数据列，保留 1 位小数
df1['需要投入生产数量'] = round(df1['产品生产数量'] / df['标准烧制良品率']) # 请将下划线替换成相应代码
添加一个'投入委外材料成本'的数据列
df1['投入委外材料成本'] = df1['需要投入生产数量'] * df['材料单位标准成本'] # 请将下划线替换成相应代码
添加一个'委外加工成本'的数据列

df1['委外加工成本'] = df1['需要投入生产数量'] * df['委外烧制加工单价'] # 请将下划线替换成相应代码

添加一个'不良品回收成本'的数据列

df1['不良品回收成本'] = (df1['需要投入生产数量'] - df1['产品生产数量']) * df['标准重量(KG)'] *1.5 # 请将下划线替换成相应代码

添加一个'总成本'的数据列

df1['总成本'] = df1['投入委外材料成本'] + df1['委外加工成本'] - df1['不良品回收成本'] # 请将下划线替换成相应代码

在最下面添加一行数据，名称为'合计'

df1.loc[5] = ['合计', '-', '-', df1['投入委外材料成本'].sum(), df1['委外加工成本'].sum(), df1['不良品回收成本'].sum(), df1['总成本'].sum()]

将'产品名称'设置为索引

df1.set_index ('产品名称', inplace = True) # 请将下划线替换成相应代码

将第二个表格作为结果输出

Print(df1)

- 技能训练

（1）简述财务大数据分析的基本特征。
（2）简述大数据技术对财务数据的影响意义。
（3）简单描述 pandas 与 numpy 的区别。

任务五　旅游大数据

一、旅游大数据的内涵

旅游行业本身包括"食、住、行、游、购、娱"六大要素，涉及范围广泛，并且具有各领域边缘模糊等特点，加之大数据具有容量大和复杂性的特征，决定了旅游大数据涉及的数据量大，除了旅游主管部门、景区景点积累的数据外，还包含了关联行业数据、游客的行为数据等。同样，旅游大数据的来源范围较广，包括旅游主管部门业务数据、旅游基础数据、旅游行业数据、搜索引擎数据、OTA（在线旅行社）数据、通信运营商数据、媒体数据、用户消费数据、App 行业监测数据、游客行为数据、智慧城市关联数据等。

二、主要应用需求

旅游大数据可以进行游客属性分析、游客行为分析、旅游景区或目的地的偏好度分析、景区或目的地流量预测等通过这些分析，能够有效促进旅游目的地的智慧化发展，推动旅游

服务、旅游营销、旅游管理的变革。首先,在旅游管理方面,国内各大运营商及互联网公司,通过 LBS(基于位置服务)定位及手机信号定位,实现对景区及重点区域内的游客人流、车流密度的监测、预警,是基于网络文本数据的挖掘,实现对旅游目的地舆情监测及预警;其次,在游客服务方面,基于对旅游产品、旅游线路的数据挖掘、分析,实现对游客旅游资讯及旅游产品信息的精准推送;最后,在旅游营销方面,通过对不同用户属性信息及用户兴趣偏好等数据的挖掘分析,指导旅游目的地精准营销。

(一)旅游大数据的类型

基于不同地域旅游大数据的发展速度和运用能力的差异,旅游大数据分为以下四个类型:报告或指数、数据中心(展厅)、云服务、大数据解决方案。

(1)报告或指数类型:即以数据报告或者大数据指数为主要表现形态,主要由国家各级政府或文化和旅游主管部门所制定的文化和旅游行业数据报告,利用互联网第三方数据的整合,作为各级文化和旅游主管部门的外部数据验证、决策支撑、内部报告。这样的大数据产品定制化程度较高,且更具有辅助决策的属性。

(2)数据中心(展厅)类型:即依赖于数据中心或者展厅展现文化和旅游大数据的方式,其硬件部分主要由 IDC(互联网数据中心)机房、展示大屏幕、高速网络组成,数据部分主要来自 OTA、运营商、UGC(用户生成内容)口碑评论、交通定位、旅游局等单位以及外部数据。这类数据一般由省一级文化和旅游局(厅)建设,同时各地市及景区也有部分自建所属辖区范围内的文化和旅游大数据中心。

(3)云服务类型:即以数据云服务(Software as a Service,SaaS)作为大数据的主要体现形式。该类型主要指的是基于公有云或远端服务提供文化和旅游行业大数据服务,以供相关机构以购买账号的方式购买该数据服务。以云服务的方式提供旅游大数据服务,具有标准化程度高、价格相对便宜、数据更新周期较短等优点,但由于云服务是以多组用户公用数据为基础的单一系统,其存在数据相对单一、模板较为固定,缺乏目的地个性化数据需求。

(4)大数据解决方案类型:即以大数据解决方案作为主要的体现形式,主要提供基于大数据的实际解决方案,真正从数据中得到最终的价值服务。大数据解决方案要求对业务非常熟悉,并能定制化解决实际问题,且对方法、算法、处理能力要求较高。目前,主要在旅游行业可能涉及的一些大数据应用解决方案包括商业选址、人流预警、线路规划、资源保护等。

(二)旅游大数据的种类

从旅游行业的微观角度来分析,旅游大数据主要包括交通大数据、住宿业大数据、景区行业大数据、旅行服务大数据、OTA 在线预订数据、运营商数据、UGC 消费数据等。

1. 交通大数据

在预订方面,航空大数据主要应用于后台实时监控机票价格的浮动来进行后续的价格调整,以及航线直飞路线的选定等方面;在机场服务方面,透过 CRM(客户关系管理)最快速、最满意、最大限度地满足客户需求,提供贵宾室服务,并基于航班历史数据判断航空的准点率,改进航班延误险服务;在目的地服务方面,对旅游需求进行定位分析,如商务需求或旅游休闲需求;在服务种类方面,针对不同的出游形式进行大数据分析。

2. 住宿业大数据

住宿业大数据分为住前、住中和住后数据。其中，住前数据就是用户在入住前的选择行为数据，比如用户在 OTA 平台的搜索数据、浏览数据、预订交易等，这些数据反映了客人的需求和偏好。住中数据是指客人在酒店入住过程中所形成的数据，即酒店管理系统（Property Management System，PMS）中的经营和管理的闭环数据，这些数据反映了酒店的经营状况，以及客人入住后的感知数据等。住后数据多指客人离店后的线上反馈数据，比如客人对酒店的点评、调查问卷、投诉建议等。其中，专家暗访数据也属于住后数据，这些数据基于客人和专家的角度，反映了酒店的产品及服务价值。酒店通过口碑评论大数据，将口碑管理与内部管理打通，并通过口碑与价格监测、智能门锁与后台数据打通等实现了智能化的应用和管理。

3. 景区行业大数据

景区行业大数据分为游前、游中、游后数据。其中，游前数据就是旅游者在旅游前的搜索景区或预约景区门票等行为所产生的数据，比如景区预约码、OTA 订单数据、游客画像、购买行为等。游中数据主要是对入园人数实时监测的数据，以及旅游者在景区内的消费方式、行动轨迹和参观感知等形成的数据。游后数据则是指旅游者在旅游后对旅游过程的反馈数据，比如景区口碑和意见反馈等数据。

4. 旅行服务大数据

旅行服务大数据主要包括导游和行程过程中所产生的数据。首先，导游自主执业化产生的导游大数据使旅行社对导游的监控更加快捷方便，对导游的相关数据如口碑数据和个性化服务等数据更加明晰。其次，通过对带团实时数据监测、导游导览轨迹追寻、进店情况的追踪、投诉情况跟踪、OTA 渠道销售情况数据、低价团情况监测数据、热销线路与产品等相关数据，对旅行社出团情况进行大数据分析。

5. OTA 在线预订数据

OTA 在线预订数据分为线上销售预订数据和消费行为产生的数据。其中，线上销售预订数据主要是产品的销量、价格等相关数据，线上预订的区域分布数据以及游客的年龄、性别、职业、消费能力等游客画像。消费行为数据主要是指旅游者的浏览、搜索所产生的数据以及旅游者的回购率和消费水平等相关数据。

6. 旅游消费数据

旅游行为与消费的关系非常紧密，通过消费可以分析游客的购买倾向和产品偏好，这也是目的地了解旅游所带动当地经济发展的有效途径。

三、案例解析——基于网络舆情的旅游者情绪分析

（一）网络舆情与旅游者情绪

旅游者情绪在网络舆情中体现。随着互联网的普及，以微博、论坛、博客等为代表的网络社交媒体广泛流行，网络舆情逐渐成为影响人们情绪、态度行为的重要因素。

网络舆情（Network Public Opinion），是指在互联网上流行的对社会问题不同看法的网络舆论，是社会舆论的一种表现形式，是通过互联网传播的公众对生活中某些热点、焦点问题所持的有较强影响力、倾向性的言论和观点。它具有以下几种特征。

1. 直接性

直接性是指网民可以通过微博、论坛和博客随时发表意见，民意表达十分畅通；网络舆论具有无限次即时快速传播的可能性，网民可以转发将信息重新传播，一个爆炸性的新闻信息能在很短的时间被大多数网民获取。

2. 虚拟性

互联网是一个虚拟的空间，发言者的身份是隐蔽的，再加上我国对网络舆情的管理和监督机制不够完善，因此网络舆情的真实性值得推敲。有的信息可能是网民片面、错误的认识，有的信息可能是网民宣泄情绪所捏造的，还有的信息可能是出于商业目的甚至是不法目的的杜撰的。因此，网络舆情具有一定的虚拟性。

3. 突发性

网络舆情的形成往往非常迅速，一个新闻热点再加上一个情绪化的观点就可以掀起大片舆论的波浪。

4. 随意性和多元性

网络舆情不同于传统媒体的一点是网络舆情没有门槛，所有人都可以通过网络媒体发表意见和评论。网民在网上或隐匿身份，或现身说法，谈论国事、交流思想。网络为民众提供了交流的空间，也为收集真实的舆情提供了素材。

在旅游行业中，越来越多的旅游者会在网络中表达自己的情绪，同时旅游者的决策也会受到网络舆情的影响。网络舆情中的旅游者情绪对证券经营机构来说具有极高的研究价值。

（二）获取旅游情绪的分析方法

应用网络舆情分析旅游者情绪，需要从大量文本信息或非结构化数据中挖掘有价值的资料。通过网络舆情分析旅游者情绪的过程如图 7-5-1 所示。

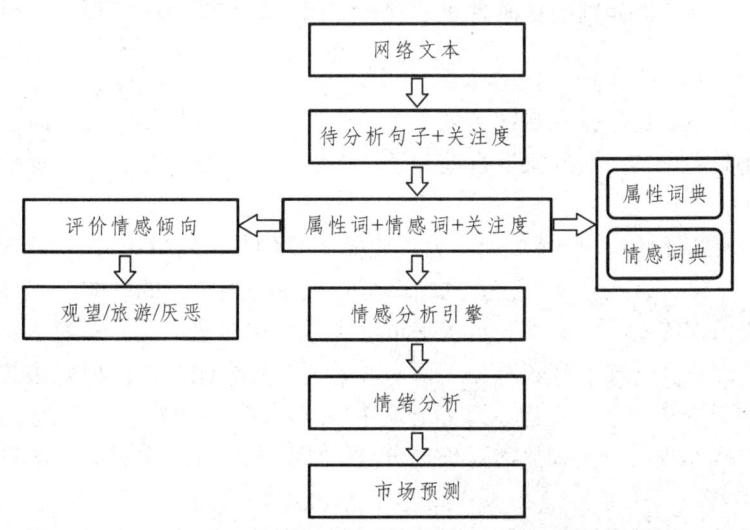

图 7-5-1 通过网络舆情分析旅游者情绪

首先，应用文本挖掘技术，从杂乱无序的网络媒体信息中获取有价值的信息，把非结构化的文本信息转化为结构化文本信息，从文本信息中提取情绪测评指标，结合属性词典和情感词典，应用情感分析引擎，获得情绪分析结果。其次，可支撑两方面的应用：一是基于情绪分析结果，以及情绪与旅游市场之间走势的关联，对市场行情进行预测；二是基于文本信息中的属性和情感倾向，指导各类旅游营销产品。

对于网络舆情中旅游者情绪的分析，主要应用网页抓取技术、特征挖掘技术以及情感极性分类技术等。

1. 网页抓取技术

网络爬虫是目前使用最多的文本采集技术。网络爬虫又称为"网络蜘蛛"，是一个自动抓取网页的计算机程序。通用网络爬虫的原理如下：从一个或若干初始网页的 URL 开始，获得初始网页上的 URL 列表，在抓取过程中，不断地从当前页面上抽取新的 URL 放入队列，直到 URL 的队列为空或满足某个爬行终止条件。主体爬虫的工作流程较通用网络爬虫复杂，需要根据一定的网页分析算法过滤与主题无关的链接，保留有用的链接并将其放入等待抓取的 URL 队列中。然后，根据一定的搜索策略从队列中选择下一步抓取的网页 URL，并重复上述过程，直到满足系统设置的任一停止条件。有别于传统网络爬虫的是，主体爬虫主要解决三个问题：一是对抓取目标的描述或定义；二是对网页或数据结构的分析与过滤；三是确定对 URL 的搜索策略。这一过程所得到的分析结果还将对以后的抓取过程提供反馈和指导。

2. 特征挖掘技术

特征挖掘技术是一种能够从结构化的文本信息中提取出关键属性词的技术。属性词一般由名词和名词短语组成。产品具有多种属性，也称为产品特征。一般情况下，一篇产品评论信息可能涉及产品的多个特征。产品特征可以分为显性特征和隐性特征两类。显性特征是指出现在语句中可以直接作为产品特征的词汇或短语，而隐性特征是指句子中没有明显的特征描述，需要对句子进行语义理解才能得到的特征。提取隐性特征需要自然语言的完全理解技术，而该技术目前还不够成熟。因此，目前的产品特征挖掘只考虑显性特征，在网络舆情中也只能识别显性属性，进而判断旅游者对不同显性属性的情感倾向。

3. 情感极性分类技术

情感极性分类主要是分析主观性文本、句子或者短语的褒义或贬义，即判定它们的极性类别。情感极性分类是有指导的机器自动分类，一般分为训练和分类两个阶段，具体可以分为以下几个步骤。

（1）确定情感分析单元。情感分析单元即情感极性的分类对象，它是由研究目的决定的。情感分析单元的选择，直接对文本信息的情感分析效果产生较大的影响。

（2）文本表示训练文本。文本表示将决定选用什么样的文本特征来表达文本信息。就目前的文本分类系统来看，绝大多数都是以词语或者词语组合作为特征项表达文本信息。

（3）挑选分类方法并训练分类模型。已有的文本分类方法有统计方法、机器学习方法等。在对待分类样本进行分类前，需要确定分类方法，利用训练文本进行学习训练并获得分类模型。

（4）运用分类模型对测试集进行极性分类，评价所建立的分类模型的分类效果。

情感极性分类算法可以分为两类，即基于语义的情感分类方法和基于机器学习的情感分类方法。

① 基于语义的情感分类，是指通过文本信息语义分析的方式建立情感分类器，主要有两种方式：第一种是先从情感单元中抽取带有情感倾向的形容词或者动词，以及和这些词具有修辞关系的程度副词或否定副词，将其称为情感词；然后对这些情感词进行情感倾向计算，并得到它们的情感倾向值；最后对情感词的情感倾向值求和，得到情感分析单元的情感倾向值。第二种是建立一个包含情感字典的情感倾向语义模式库；然后把情感倾向分析单元按照这个模式进行模式匹配，计算出情感倾向值；最后对这些短语模式的情感倾向值求和，得到该情感分析单元的情感倾向值。

② 基于机器学习的情感分类，主要算法包括朴素贝叶斯算法、决策树、人工神经网络、K近邻算法等。对常用文本分类算法分析比较发现，支持向量机、K近邻算法、朴素贝叶斯是三种较好的文本分类算法，其中，支持向量机具有最高的分类精度，但分类速度最慢；朴素贝叶斯算法具有最高的分类速度，但是精度最低。

基于语义的情感分类算法和基于机器学习的情感分类算法各有利弊。基于语义的极性分类算法能够更加接近现实的语义特征，但分析效果依赖于对语义模式的正确归纳；基于机器学习的情感分类算法，直接明确提取文本信息情感特征项，但分析效果依赖语料库或训练文本信息的代表程度。

（5）使用获得的分类模型对待分类文本进行分类，并对分类效果进行评价。

文本分类中普遍使用的性能评估指标包括查准率（precision）和查全率（recall）。查准率反映了一个分类器对类别的区分能力，查准率越高，表明分类器识别的正确分类数与总分类数差距不大，即识别的错误率较低。查全率反映了一个分类器的泛化能力，查全率越高，说明这个分类器越能够把正确的类别识别出来，但并不关心识别出的总个数。

为了判断属性词所在文本信息的情感极性是否符合人工标注的真实极性，可以归结为一个二值分类，评估选择使用二维列联表。判断情感极性的过程可以通过列联表进行展示，如表7-5-1所示。真正属于该类的极性数即在人工标注中得到的情感极数。衡量查准率与查全率的计算方法如下：

$$\text{precision} = \frac{A}{A+B}$$

$$\text{recall} = \frac{A}{A+C}$$

表7-5-1 评估极性分类性能的列联表

项　　目	情感极性句子数	非情感极性句子数
挖掘出来的情感极性句子数	A	B
未挖掘出来的情感极性句子数	C	D

如果算法的查准率高而查全率低，虽然分类效果的可靠性高，但对新的语句进行分类时很多正确的类别不能识别。而如果算法的查全率高而查准率低，虽然对新语句的正确识别效果很好，但分类结果中错误的数量可能比较多。由此分析，单独使用查准率和查全率中的一个指标来评价分类算法是不全面的，需要综合考虑。

● **技能训练**

（1）简述云服务的缺点。
（2）简述网络舆情的特征。
（3）简述文本分类两大性能评估指标——查准率和查全率。

附　录

附录一　H航空公司大数据应用案例

○ **知识目标**
（1）了解航空业的业务复杂性和数据资源的丰富性。
（2）了解大数据技术在航空业中的应用。
（3）了解H航空公司的发展历程和战略定位。
（4）了解信息化在航空企业中的作用。
（5）了解大数据开发和利用的历程。
（6）了解大数据平台的技术架构和功能。

○ **能力目标**
（1）数据分析能力：能够对航空业务数据进行分析，提取有价值的信息。
（2）问题解决能力：面对业务和系统挑战，能够提出并实施有效的解决方案。
（3）决策支持能力：利用数据分析结果为航班计划、收益管理等提供决策支持。

○ **素养目标**
（1）服务意识：提升对旅客服务需求的敏感性和响应速度，增强主动服务的意识。
（2）创新思维：鼓励创新，不断探索大数据技术在航空业务中的应用。
（3）团队协作：在数据实验室等团队环境中，培养团队合作精神和协同工作能力。
（4）持续学习：适应大数据技术快速发展的趋势，不断学习和更新相关知识。

○ **德技并修**
（1）职业道德：在处理旅客数据时，注重隐私保护和数据安全。
（2）技术精湛：追求技术上的精益求精，不断提升数据处理和分析的专业水平。
（3）服务精神：将技术应用与提升旅客体验和服务满意度相结合，体现服务精神。

○ **项目说明**
（1）项目背景：H航空公司作为中国航空业的领先企业，面临业务需求和挑战，需要利用大数据技术提升竞争力。
（2）项目目标：通过建设实时处理大数据平台，实现业务目标和技术目标，提升旅客服务体验和内部管理效率。
（3）项目内容：包括数据资产管理、元数据管理、数据标准管理、数据质量管理等。
（4）实施步骤：从数据报表开发到建立大数据平台，再到实时数据处理和分析应用。
预期成效：提高数据服务质量，实现个性化服务，提升内部管控能力，适应环境变化。

H航空公司航空业涉及面广泛、影响面巨大、业务复杂，并且是数据资源极为丰富的行业，为我国航空事业的发展做出了重要贡献。如何利用大数据技术提升管理水平和运营能力，更好地满足客户的服务需求，以全面提升企业的竞争力、发展力和服务力，是全球航空企业所共同追求的目标。H航空经过多年卓有成效的努力，走出了一条有特色、富成效、可持续的发展道路，不但对航空企业具有较大的借鉴意义，而且对其他的企业同样具有参考价值。

一、案例背景

1997年，H航空成为首家在纽约、香港和上海三地上市的中国航空企业。目前，H航空在全球范围内拥有约8万名员工，运营着由600多架客货运飞机组成的现代化机队，年旅客运输量超过1亿人次，位列全球第七位。2011年，H航空提出了"推进客货运转型，打造现代航空服务集成商"的发展方针，并深入研究市场变化规律，把握市场主流方向，确定了"航空增值服务，出行集成服务，客户资产价值变现"三条业务发展路径，集合优势资源，加快产品、业务、技术等各方面的创新投入。在此基础上，H航空明确了自身的战略定位——以产品转型实现服务转型（从卖座位到卖服务，从规范化到个性化，如附图1所示）。2012年，H航空提出了自己的"H航梦"，即实现"打造世界一流，建设幸福H航"的两大战略目标。2014年12月，H航空成立了国内首家具有航空公司背景的电商公司——H航空电子商务有限公司，加快了H航空客运业务转型的步伐。2015年，H航空在移动端/PC端平台更新迭代、空中互联网建设等方面都做出了前瞻性的探索，并牵头组建了上海跨境电子商务行业协会，成为中国航空业涉足跨境电商发展的先行者。

附图1　H航空的战略定位

2017年，H航空实现营业收入1 017.21亿元人民币，利润总额为86.2亿元人民币，荣登《财富》杂志（中文版）"最具创新力中国公司25强"、企业社会责任排行榜十强，并连续多年被国际品牌机构（WPP）评为"中国最具价值品牌30强"。面向未来，H航空按照"以全面深化改革为主线，以国际化、互联网化为引领，以打赢'转型发展，品牌建设，能力提升'新三场战役为保障，以实现'世界一流，幸福H航'为发展愿景"的"1232"发展新思路，以精准、精致、精细的服务为全球旅客不断地创造精彩体验，致力于打造"员工热爱，顾客首选，股东满意，社会信任"的世界一流航空企业。

H航空是中国领先的航空企业，既有着非常宏大的发展愿景，又面临着十分严峻的挑战。如何充分地利用独特且丰富的大数据资源优势，积极把握大数据发展机遇，尽早实现自身的发展愿景是H航空所面临的重大而又迫切的任务。

二、业务需求

H 航空作为国内领先的航空企业,长期以来十分重视信息化的建设与应用,取得的建设成效也较为显著,但在新的形势下又面临着新的业务需求。

（一）信息化发展

H 航空围绕"世界一流服务集成商"的发展目标,将信息化作为企业的五大发展战略之一,全面推动"营销、服务、运行、机务、管控、物流、基础、移动"八大领域信息化应用建设,着力构建信息技术支撑下的"协同运作,高效运行,资源配置"三大能力,实现了由"H 航信息化"向"信息化 H 航"的转变。为了更好地支撑业务发展的需要,H 航空构建了整合的六张网络应用架构,以支持全流程服务和一体化运营,如附图2所示。

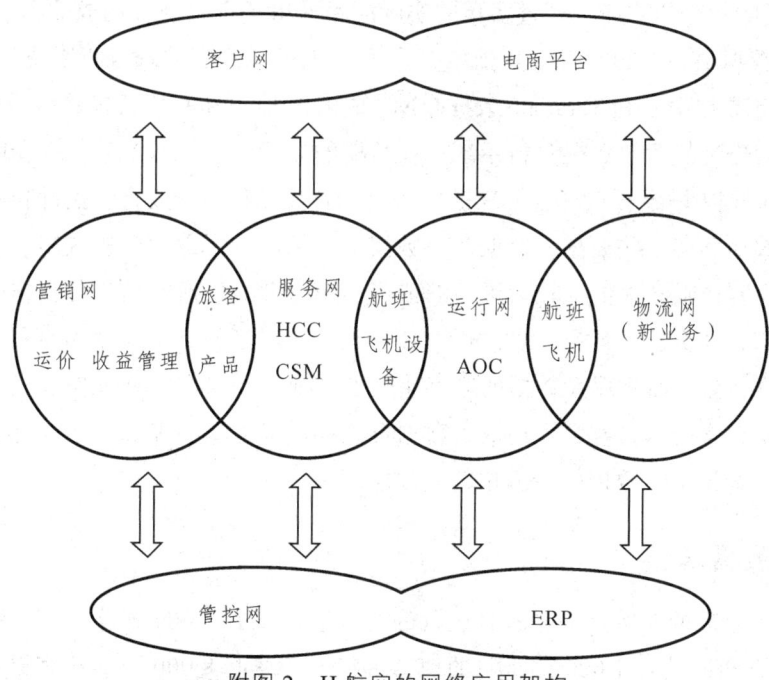

附图 2　H 航空的网络应用架构

根据附图2,这六张网络具体包括：

（1）客户网,面向客户,以电商平台为支撑。

（2）管控网,以 ERP（Enterprise Resource Planning,企业资源计划）为支撑。

（3）营销网,以运价和收益管理为核心。

（4）服务网,以 HCC（Hub Control Center,枢纽控制中心）和 CSM（Customer Service Management,服务管理体系）为主体。

（5）运行网,以 AOC（Airplane Operating Control,运行控制中心）和 MRO（Maintenance, Repair and Operations,维护、维修和运营）为主体。

（6）物流网,以物流新业务为主体。

（二）数据开发历程

在国内，依托国家民航局为背景的中国民航信息集团公司（简称中航信）是所有民航数据的拥有者，该机构会随时通过 XML（eXtensible Markup Language，可扩展标记语言）报文的方式把大量数据传输给航空公司。过去，这些半结构化数据并没有得到很好利用，各家航空公司耗资巨大的 IT 基础设施也只是个单纯的工具。如今，因为大数据技术的出现，使得这些数据变成了亟待开发的宝藏，IT 设施也成为发掘数据金矿的支撑平台，众多航空公司都将实时大数据服务作为战略管理重点纳入 IT 基础架构进行部署，予以高标准建设、大力度推进。

H 航空在数据利用上已经走过了 20 多年的发展历程。早在 2000 年，H 航空就开始着手数据报表的开发。2002 年，H 航信息中心就开发完成了基于 ASP（Active Server Page，动态服务器页面）的数据报告系统，经过多年的实际应用取得了良好的应用成效，并于 2007 年整合为 H 航商务数据中心。2009 年，H 航空开发了 H 航航线经营管理分析系统，并于 2012 年整合了 H 航商务数据中心和 Teradata 数据仓库，成为 H 航空新一代营销数据洞察系统，是当时中国民航最为先进的营销数据分析系统。在长期的运营中，H 航空的数据仓库积累了大量的旅客数据，这些数据涵盖了旅客在 H 航空进行的订座、购票、成行、投诉和服务等各个环节。为了更有效地利用这些数据，H 航商务数据中心构建了大量的分析应用，初步建立了数据服务体系，为客户服务提供了较为可靠的依据。2013 年，H 航空信息部数据中心成立了统一的数据产品部，启动了 H 航空大数据的全面建设，并制定了 H 航空大数据的三大战略：数据、技术和思维，为全面实现大数据的应用奠定了基础。2014 年，H 航空建设完成了高性能实时数据处理平台来处理订座，为获取大数据资源提供了可靠的来源。2015 年，H 航空建立大数据云平台，开始了大数据的全方位的实际应用。

（三）发展需求

H 航空作为全球的航空巨头，每日运营的航班量超过了 2 000 班次，其航线网络通达全球近 200 个国家和地区的 1 000 多个目的地，每年为全球近 8 000 万名旅客提供服务。随着业务的扩张，这样一个极为庞大的服务群体面临着十分棘手的两大痛点。

1. 业务痛点

在常规情况下，H 航空从中航信获得的是旅客的购票订座、值机离港等实时数据，其中，离港数据为 1 200 条/s，订座数据为 9 000 条/s。这样，每天的数据量可以达到 1 800 多万条，而这些数据全部是报文形式的，是非结构化数据，需要进行解析。按照传统的处理方式，这样的数据必须先入库再进行分析，通常需要数个小时，如此 H 航空就无法及时、准确地获知已出售的座位数以及航班离港的实时数据，导致场景应用不及时，从而使得从航班计划、收益管理、销售、运行保障一直到地面服务、客舱服务都难以得到可靠的决策支持。附图 3 为 H 航空所面临的业务挑战。

附图3 H航空所面临的业务挑战

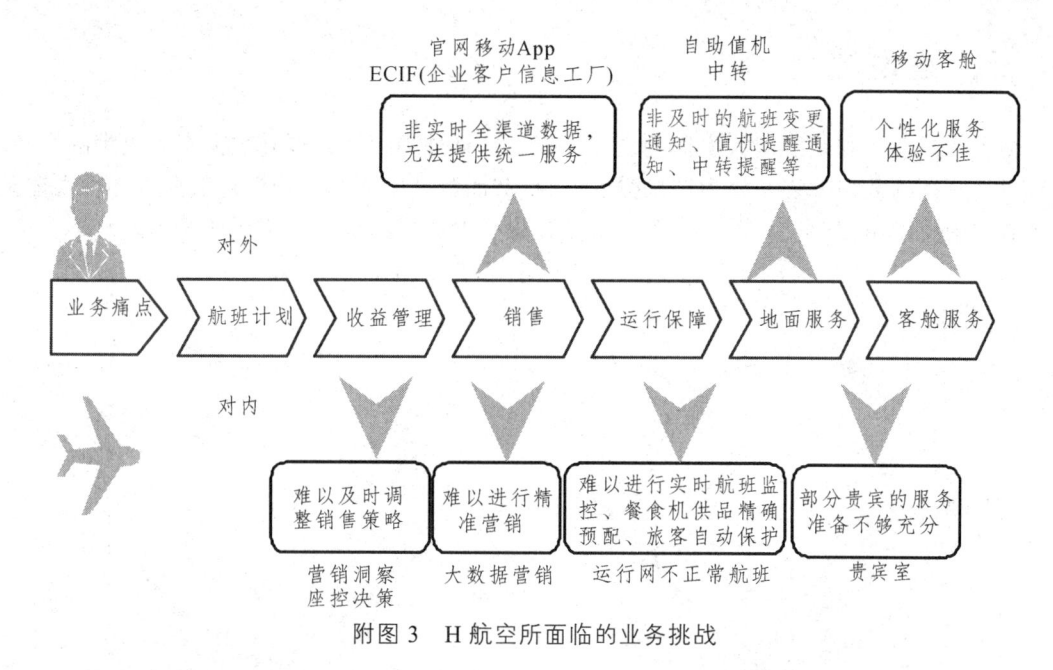

2. 系统痛点

系统痛点主要是从系统层面来看,关系复杂、难扩展、难以满足业务发展需求,表现在订座、离港和电商三大平台之间相互割裂、无法融合,如附图4所示。

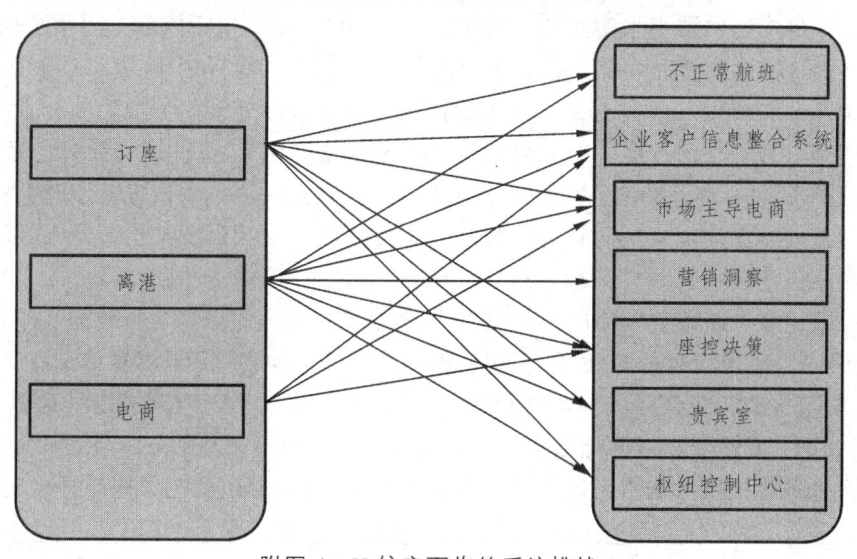

附图4 H航空面临的系统挑战

在传统条件下,H航空的数据系统主要采取两种方式从中航信获取数据:一是eTerm(中航信开发的远程终端系统)仿真,以定时指令方式提取,存在的主要问题是实用配置资源多、数据非实时、稳定性差;二是中航信每日标准数据文件,以批量处理的方式获取,存在的问题是每日只提供一次,无法适应瞬息万变的新业务发展需要。

如何将中航信提供的实时数据应用于实时的决策和服务,是H航空曾经面临的重大难题,也是其加快大数据技术发展和应用的重要源动力。

- 341 -

三、建设思路

为了解决业务和系统两大方面的痛点，提升数据处理效率，提高数据服务决策的水平，H航空将原有的数据中心一分为二，建成了客户产品数据中心和生产运行数据中心两大体系，每个数据中心都由实时交易数据库和分析型数据仓库共同组成，如附图5所示。

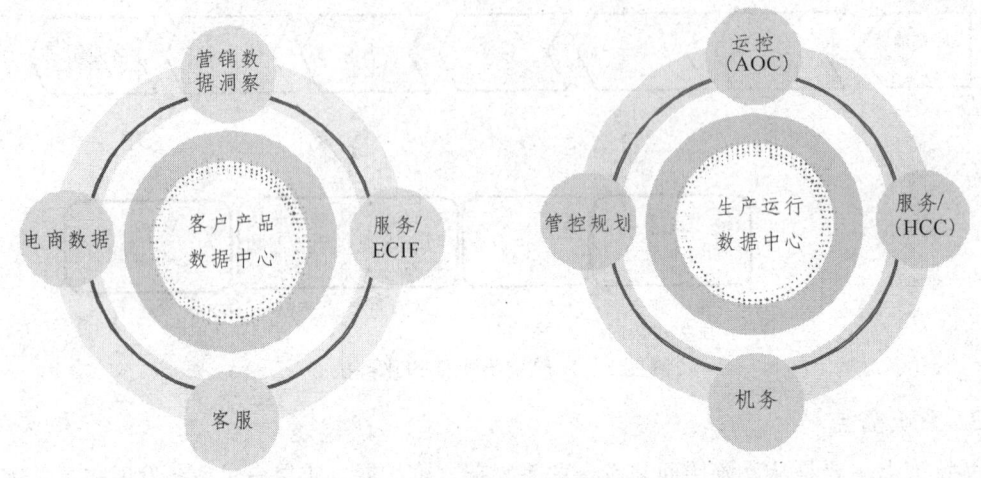

附图5 数据中心的组成

这两大数据中心的数据来源主要有两个：一是内部数据，包括内部应用系统数据[结算数据库HABO系统、销售管理系统及企业客户信息工厂（ECIF）等]和中航信实时数据（Passenger Service System，PSS）；二是外部数据，包括行业内数据（如交通、旅游等）、行业外数据（如金融、电信等）和物联网数据（如社交媒体、电商、门户等）。通过搭建数据仓库Hadoop平台、SOA组件管理平台等措施，H航空建立了操作性数据中心，用以进行实时数据处理，实现总体运营情况、变动成本实时计算、智能仓位控制决策支持以及基于个体旅客的精准营销等全方位应用，为真正达到"精准、精致、精细"的服务提供了基础保障。

经过反复论证，H航空最终决定与IBM公司合作，引入流数据（指数据实时产生、实时处理）处理平台，实现实时数据处理，确保从中航信获取的座位库存（INV）、旅客订座（PNR）、旅客出票（TKT）、离港控制系统（DCS）以及航班计划（SCH）五种类型的数据，通过InfoSphere Streams的处理，就能变成结构化数据，随时发送给业务部门，为业务部门的营销方式、定价策略、客户服务等提供数据参考。附图6为InfoSphere Streams实时数据处理平台的架构。

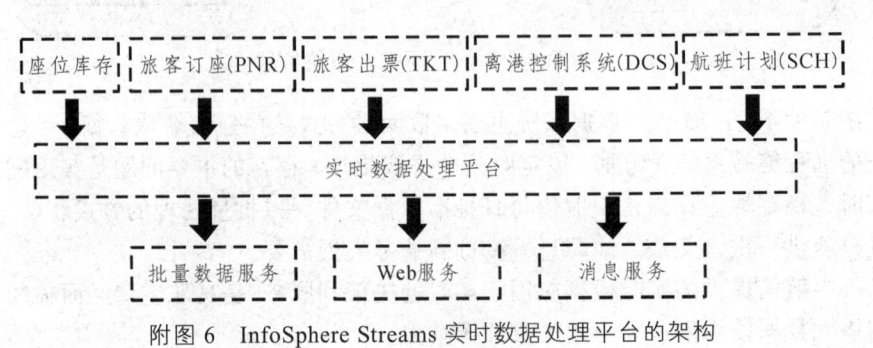

附图6 InfoSphere Streams实时数据处理平台的架构

InfoSphere Streams 实时数据处理平台具有以下技术特性：

（1）不仅能够轻松地处理结构、非结构化或者是半结构化的数据，而且还能同时对这些数据进行深入分析。

（2）提供了大量丰富的算法模型，同时能够将第三方的算法嵌入其中，能够保证拥有自主开发能力的企业顺畅地接入自身的算法。

（3）能够对接任意系统，可以实现和客户业务逻辑的链接，同样也可以实现消息队列的对接、数据库的对接，或者 Hadoop 平台的对接等。

（4）具有高度的可扩展性，能够通过增加节点或是增加服务器等线性扩展方式应对持续增长的数据量，同时在响应上也将延迟控制在微秒或是毫秒级别。

H 航空在搭建大数据平台的同时，还创建了 H 航数据实验室。该实验室拥有一个由业务专家、统计学家和软件工程师组成的"数据专家小组"，既关注实验室倡导数据价值的发现与分享，同时更关注数据探索所带来的经济效益，团队成员之间相互学习、协同合作，发挥各自的业务和技术优势，共同解决业务上的难点问题。

四、建设目标

H 航空大数据项目的发展目标包括业务目标和技术目标两个方面。

（一）业务目标

H 航空建设实时处理大数据平台，希望能达到以下业务目标：学习国内外先进的大数据项目成功经验，聚焦客户和产品中心，以"万里行会员"常旅客信息为基础，结合内部其他应用系统和新兴大数据，围绕客户和产品信息建立大数据分析体系，充分挖掘信息的价值，并应用于 H 航空的应用和服务场景，切实辅助其他应用，以提升业务处理能力，从而为会员用户提供更好的服务体验并实现会员收入提升。例如，为客服人员提供全方位的客户视图和推荐建议，为贵宾厅提供个性化服务建议，为领导者提供实时分析或趋势预测报告，支撑领导者进行重大决策等。

（二）技术目标

构建统一的实时处理大数据平台，总体的技术目标包括：

（1）要与其他的系统紧密配合，实现数据融合，有利于对 H 航空整个企业的所有数据进行统一管理和分析。

（2）提供数据应用，有利于为企业全数据提供统一展现和服务能力。

（3）为实时处理大数据平台提供数据分析模型和实时联合数据访问支撑，为数据仓库提供数据卸载和高耗时数据处理能力卸载，从而降低在数据仓库等高价值系统上的成本，让数据仓库更好地为数据集服务，从而实现整体成本的降低。

（4）进行大数据平台基础设施建设，为数据建模开发、界面展现及数据留存方面提供技术支撑。

在明确总体目标的基础上，H航空还对实时处理大数据平台提出了以下具体目标：

1. DPI报文采集识别

采用DPI（Deep Packet Inspect，深度报文识别）技术可以对互联网上用户使用互联网业务产生的各种流量数据，从底层传输协议到上层应用报文进行精确识别和分类，从而将其中能体现用户的身份信息、访问内容等有价值的字段、数据片等信息提取出来，同时提取字段还可以根据用户的需求进行定制。

2. 数据挖掘分析

通过分析用户上网报文，可以识别具体的客户端类型，可以分析和提取重要的航空客户端、OTA（Online Travel Agency，在线旅行社）商旅客户端的用户信息，可以识别用户的订票行为，并确定是否是具备挖掘潜力的高价值用户。

3. 数据整合

建立以运营商传输层全量镜像数据为基础，整合大数据联盟成员用户标识之间的直接或间接的关系映射，通过用户在互联网上的访问行为，提取用户喜欢搜索的关键词、喜欢访问的站点类型等信息，对未知用户、潜在用户和存量用户分别建立画像。这些丰满、立体、动态的用户画像能够全面反映用户的行为习惯、需求和关注点。与此同时，为各种分析、推广场景提供技术手段和依据。通过对采集汇聚的源数据进行聚类、脱敏、加权、偏移、算法、筛选等加工，将数据标签化，保证无关方无法逆推到源数据；并利用实测/效果累计等方法，进行公允评价。

五、解决方案

针对业务和系统所面临的挑战，H航空经过全方位的调研，并与合作方反复沟通，最终提出了相应的解决方案。

（一）业务解决方案

业务解决方案的核心是要将从中航信获取的座位库存（INV）、旅客订座（PNR）、旅客出票（TKT）、离港控制系统（DCS）以及航班计划（SCH）五种类型的数据经过实时处理后用于座控决策支持、不正常航班管理、企业客户信息系统、中转服务等管控和运营业务，同时还输出给营销数据集、移动App、现场保障、运行网、贵宾室和机供品应用，以确保数据能满足航空业务全方位运营的需要。

（二）系统解决方案

系统解决方案是通过中航信实时数据的引入，实现订座、离港和电商三大平台之间的系统融合和数据共享，充分满足数据在不同业务系统之间实时处理的需要。附图7为系统解决方案的架构。

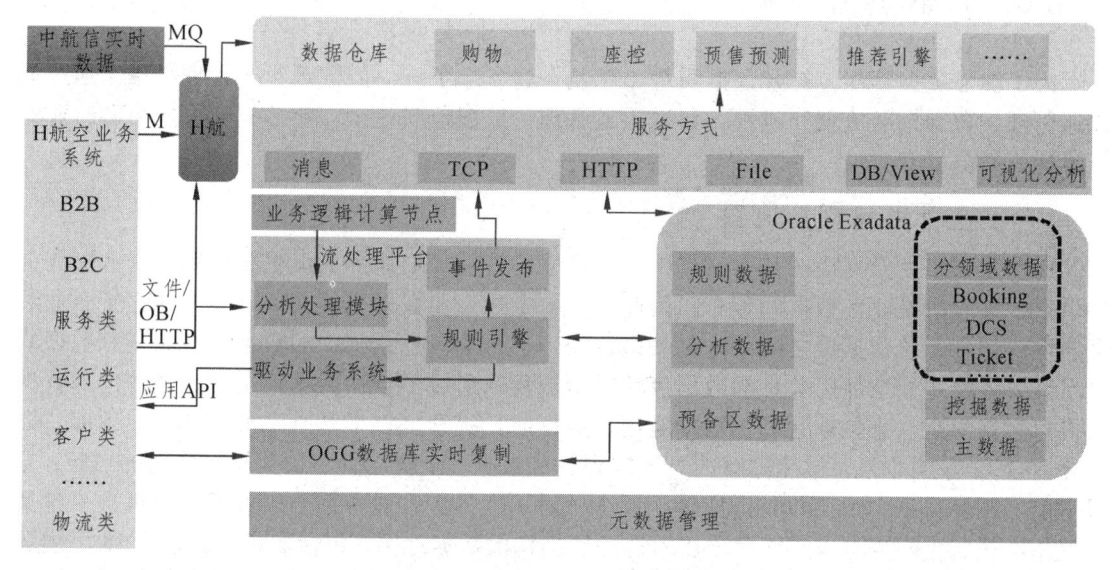

附图 7　系统解决方案的架构

基于这一系统解决方案，H 航空的大数据项目形成了如附图 8 所示的数据流处理逻辑。

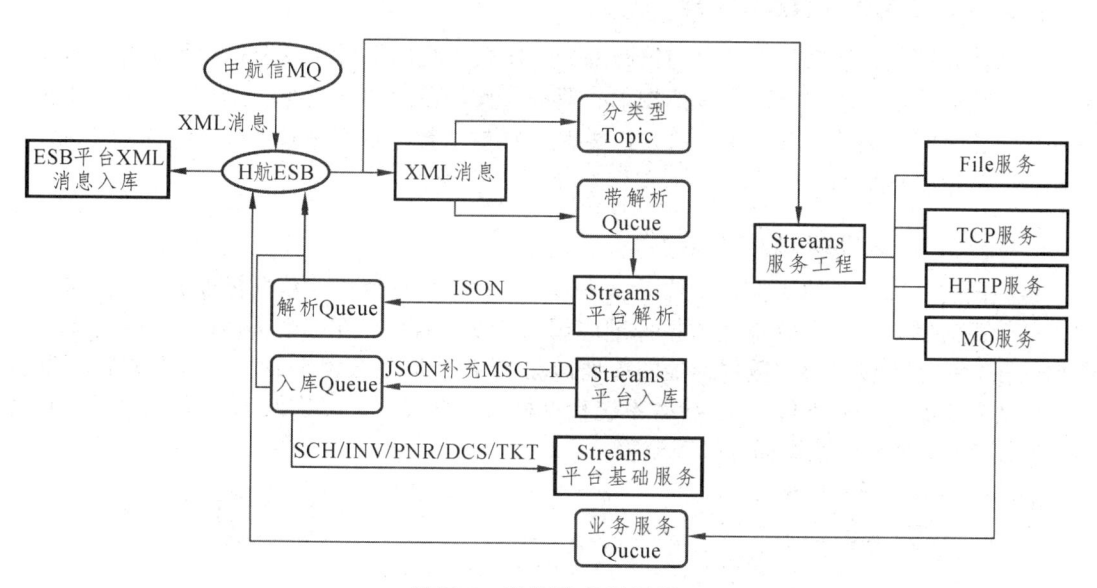

附图 8　数据流处理逻辑

如附图 8 所示，从中航信引入的 XML 消息一部分经过 H 航 ESB(Enterprise Service Bus，企业级服务总线) 系统的处理，实现 XML 消息的入库和分发。分发消息部分需要通过 InfoSphere Streams 实时数据处理平台的解析，然后进入下一个环节进行后续处理。部分未进入 ESB 系统的订座、离港事件数据直接进入 Streams 服务工程进行处理，然后进入 TCP 服务、File 服务、HTTP 服务以及 MQ(Messape Queue，消息队列) 服务等，以满足下一个环节数据处理的需要。

六、大数据应用

为了加强数据管理,提升数据质量,H 航空建立起了统一的数据资产管理平台,通过元数据管理、数据标准梳理和建设、数据质量管理、数据地图建设,使数据支撑能力和行业竞争力得以显著提升。

(一)全景数据资产地图

H 航空原来的数据地图基本只有技术人员才能看懂,但业务人员更关心和自身业务相关的事务,关心的是业务数据的分布。为此,H 航空在企业数据模型的基础上,建立了企业数据模型与信息系统数据项之间的映射关系,梳理了企业信息系统中的数据分布状况和数据质量状况,分析了数据加工关系和数据流转的全流程,形成了企业数据地图,为企业内部数据交换、数据安全、主数据管理、数据应用、数据质量提升提供了基础,形成了企业内部"数据导航仪",并用业务人员能理解的方式展现各种数据。H 航空借鉴达美航空公司的经验,分析了航空领域模型中近 2 000 个实体,逐个核对了 1 249 张业务系统表数据,梳理出了包括数据主题域、数据实体和业务系统在内的三层结构的数据地图,包括航班、票务等 13 个主题域,并针对每个主题域给出了多达 227 个业务实体目录及定义,以及每个业务实体对应的数据库表与业务系统。

(二)全自动的元数据管理

元数据管理是大数据治理平台的核心部分,H 航空利用平台中的全自动采集和大数据地图自动展现等功能,集中管理了包括技术、业务、操作在内的全企业的元数据,并分析出了海量元数据之间的关系,以可视化的方式展现出 H 航空数据资产全貌和数据之间的流向。附图 9 为元数据管理架构。

(三)全流程的数据标准管理

借鉴国内外同行业的经验,H 航空快速形成了具有自身特色的数据标准流程,并通过自动化的管理流程,保证了 H 航空数据标准应用的效率和效果。在标准落地时,H 航空通过元数据的核心技术手段来检查数据标准的落地情况,从而能够在数据生命周期中的多个阶段(如计划、规范定义、开发上线等),检查系统数据模型的合规性,以确保 H 航空数据标准的落地。附图 10 为 H 航空数据标准管理流程。

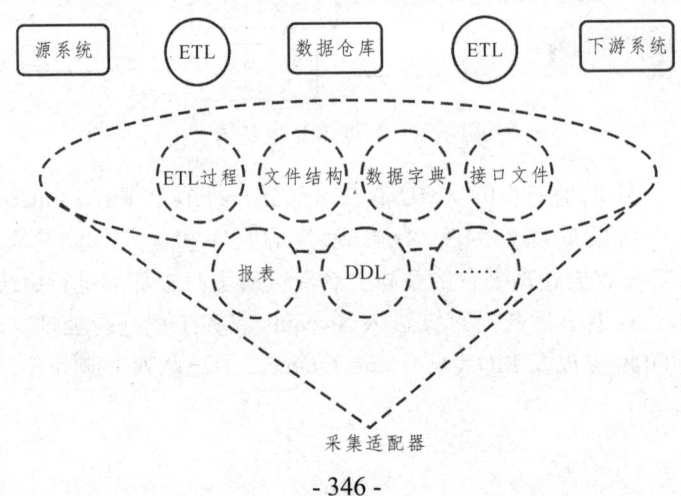

适配器类型	传统散据	大数据
文件	Excel、XML、Json、TXT	HDFS
数据库	DB2,Orele、Infomix、Teradata、SQLSever、MySQL等JDBC驱区动采集适配器	HBASE、HIVE
ETL	Datasuge、PowerCenter、TeraDmaETL、Automaton、DI、Keule、脚本语言、数据库存储过程	BDI
数据模型建模	ERWin,PowerDesigner	27类采集适配器，涵盖了大数据与传统数据领城是高了自动化采集度
报表	MSTR、Cognos-Reportstudio、BOXI、WEBintelligence	
其他	DB数据记录	

附图 9　元数据管理架构

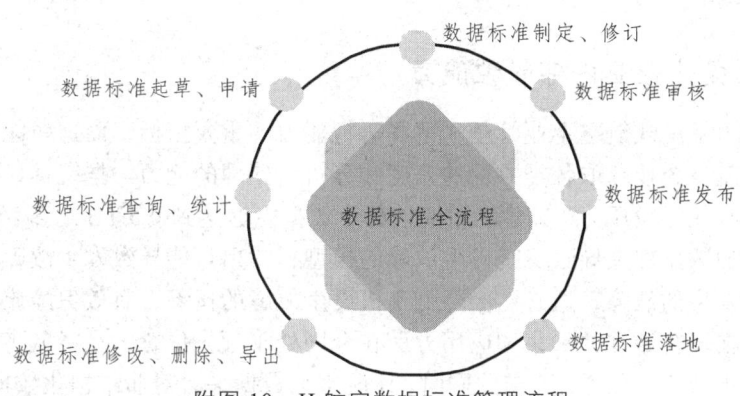

附图 10　H 航空数据标准管理流程

（四）智能化的数据质量管理

为了实现数据质量的统一闭环管理，H 航空数据质量管理覆盖了数据质量定义、监控、问题分析、整改和评估等多个环节，并建立了数据质量考核机制，对数据质量进行统一汇总、分析，同时自动形成数据质量问题报告，实现了度量规则的灵活管理，提供了数据质量规则引擎和模板化的配置，以及复杂的度量规则和检核方法生成机制，支持以智能化的检核方法高效地对海量数据进行质量检查，以 PDCA 管理模型思路实现了数据质量的有效提升。

七、应用成效

H 航空通过大数据技术的应用，在企业面向旅客的服务和内部管理等方面取得了十分明显的成效。

（一）实现了从被动服务向主动服务的转变

让旅客能以更快的速度、更便捷的方式获得自己所需要的相关信息是提升旅客满意度的关键点所在。但是，过去由于数据滞后加上分析不到位，旅客无法在需要的时候获得有针对性的数据，并因此心生不满。尤其是航班不正常引起的群体性事件，大多是因为旅客没有及早得到准确的消息，最后不得不迁怒于现场的客服人员，使航空公司面临着巨大的压力。有了大数据平台后，H航空在实时获取航班信息发生异动时，就可以在第一时间把相关信息传递给旅客，让旅客提前做好准备，从而大幅度降低了旅客的不满意度。同样，这些信息也可以及时传递给H航空的运行保障部门，以便其提早准备好预案。比如，一个旅客购买了H航空的机票之后，系统能自动地将他的信息传递到业务系统中，客服人员就能根据该旅客平时的登机习惯向其推送一些个性化消息，例如提醒旅客开始进行网上值机，并且优先向旅客推荐其平时喜欢的过道或者靠窗的座位。这样不仅提高了旅客的满意度，而且还减轻了H航空进行基础服务的压力，将服务尽量前移。与此同时，H航空还从航空网站、移动应用、社交媒体上收集相关旅客的行为数据，通过对这些数据的相关性分析，为旅客开发和设计了具有个性化的产品和价格，不仅能满足旅客快速获取信息的需求，而且也能提高旅客的预订可能性，使过去的被动服务转变为主动服务。

（二）全面提升企业内部管控能力

内部管控能力是反映航空企业管理水平和运行能力的重要指标，而这一能力的高低在很大程度上取决于航空企业获取各类数据的速度和分析、处理的能力。据统计，一架普通客机飞行一次产生的有关客舱压力、高度、燃油消耗等数据能够达到0.5 TB之多。航空企业可以利用这些收集来的数据建立导致飞机发生故障的模型，找出可能导致发生故障的警告信号，预测出飞机即将发生的故障，这必然会降低飞机发生故障的概率，有效保障旅客和机组人员的安全。H航空在飞行数据的采集和应用方面在全国处于领先位置，在降低飞机故障和保障安全方面起到了十分明显的作用。与此同时，H航空大数据平台对非结构化数据的有力支持、可扩展的架构、强大的实时动态分析能力、与现有业务的无缝连接，使企业的内部管控能力有了很大提升。

（三）动态适应天气环境变化和突发情况的出现

大雨、暴雪、台风等极端天气以及雾霾都可能给航空企业带来重大损失。但在传统条件下，由于相关数据传输的滞后，一旦遇到天气环境发生变化，航空企业很难在短时间内对飞机、机组人员、旅客以及航线等做出合理安排，常常会导致旅客的不满，同时也会给航空企业的资源调度带来极大困扰。H航空大数据的应用，使得航空企业能提前预知可能的天气状况等变化对航空业务的影响，做到未雨绸缪、应对有序。与此同时，各种临时空中管制也是航空企业必须应对的挑战，依托大数据平台，能对诸如此类的情况做到科学部署、处置有力。

八、案例评析

H航空作为世界级的航空企业，一方面有着极其丰富的数据资源，另一方面又有着十分迫切的开发和利用数据资源用于生产经营活动的需求。经过多年的开发和应用探索，H航空取得了较为显著的成效，成为业界典范。H航空充分认识到，在已经到来的数据时代，获取数据、分析数据和应用数据已成为任何企业实实在在的核心竞争力，为此 H 航空积极拥抱大数据，深入推进大数据平台建设，以提高自身的生产效率，为旅客提供最优的服务，以实现节约成本、高效运营、强化服务、增强实力的目的。可以肯定的是，随着数据积累的日臻丰富，数据量的逐步增大，数据分析技术的不断加强，数据价值的进一步提升，大数据平台对 H 航空的发展必将发挥越来越重要的作用。

放眼全球，以大数据技术应用为表现形式的航空业竞争正在展开，谁能更好、更快地从航空数据资源中挖掘出"宝藏"，谁就能抢占先机，赢得更加广阔的未来。H 航空从自身的实际需求出发，积极拥抱大数据，使大数据技术真正成为促进其"从卖座位到卖服务"和"从规范化服务到个性化服务"的双重转型的利器，相关经验和做法非常值得我们学习和借鉴。

【案例思考】

（1）H 航空公司数据系统解决方案带给你哪些思考？

（2）H 航空公司元数据管理构架是什么？

附录二　M科技公司大数据应用案例

○ **知识目标**

（1）了解大数据在移动互联网公司中的应用和重要性。

（2）了解M科技公司如何通过大数据技术提升产品和服务。

（3）了解M科技公司如何利用大数据进行精准营销和用户行为分析。

（4）了解大数据技术架构，包括数据采集、存储、管理、分析和可视化。

○ **能力目标**

（1）能够分析大数据在不同业务场景下的应用案例。

（2）能够理解并应用大数据技术解决实际商业问题。

（3）能够评估大数据技术对企业运营和决策的影响。

○ **素养目标**

（1）培养学生的数据意识和数据驱动决策的思维。

（2）提升学生的职业道德，包括数据隐私保护和合法使用数据。

（3）提高学生对数据科学和技术创新的认识。

○ **德技并修**

（1）在使用大数据技术时，坚持保护用户隐私和数据安全。

（2）通过团队合作和案例学习，培养学生的责任感和协作精神。

（3）强调创新思维和持续学习，以适应大数据技术的快速发展。

○ **项目说明**

（1）项目背景：M科技公司作为移动互联网的快速成长企业，利用大数据技术进行产品和服务创新。

（2）项目目标：通过分析M科技公司的大数据应用案例，学习如何利用大数据技术提升企业竞争力。

（3）项目内容：

　◆ 数据思维与职业素养：理解数据在企业决策中的作用。

　◆ 商务数据分析方法与工具应用：学习如何应用数据分析工具解决商业问题。

　◆ 商务数据分析报告撰写与陈述：练习编写和展示数据分析报告。

M 科技公司（以下简称"M 公司"）是伴随我国移动互联网的快速发展而成长起来的创新型企业，在短短数年的发展历程中，M 公司以"让每个人都能享受科技的乐趣"为愿景，应用互联网开发产品的模式，用极客（Geek）精神做产品，用互联网模式精减中间环节，致力于让全球每个人都能享用来自中国的优质科技产品，走出了一条富有特色、充满活力并具有巨大潜力的发展道路，成为我国企业转型升级的成功典范。M 公司作为一个专注于高端智能手机、互联网电视以及智能家居生态链建设的创新型科技企业，不仅是数据密集型企业，而且更是数据驱动型企业，大数据在 M 公司的发展壮大中发挥出了突出的作用。

一、案例背景

M 公司自创办以来，取得了令人惊艳的快速增长：2011 年销售收入为 5.5 亿元；2012 年售出手机 719 万台，销售收入 126.5 亿元；2013 年售出手机 1 870 万台，销售收入 316 亿元；2014 年售出手机 6 112 万台，销售收入 743 亿元；2015 年售出手机 7 100 万台，销售收入 780 亿元；2016 年，由于供应链的问题，遭遇了 4 个月的缺货，销售情况比 2015 年有所下滑，但 M 手机周边的生态链系统全年收入超过 150 亿元，连接了超过 5 000 万台智能设备，M 公司也因此成为全球最大的智能硬件孵化生态链。与此同时，M 公司的国际业务在 2016 年也取得了突破性进展，例如在印度全年销售突破 10 亿美元，成功跻身印度手机市场前三名。

除在手机市场异军突起外，M 公司在互联网电视机顶盒、互联网智能电视、家用智能路由器和智能家居产品等领域也颠覆了传统市场。其中，M 移动电源、M 手环、M 空气净化器以及 M 活塞耳机等产品均在短时间内迅速成为影响整个中国消费电子市场的产品，形成了独特的智能产品生态体系。

M 公司从一开始就建起了"M 社区"，并开发了云服务和大数据业务，然后迅速渗透到电视和路由器领域，可以说各项业务的发展都是环环相扣、循序渐进和持续升维的。附图 11 是 M 公司的发展模式。

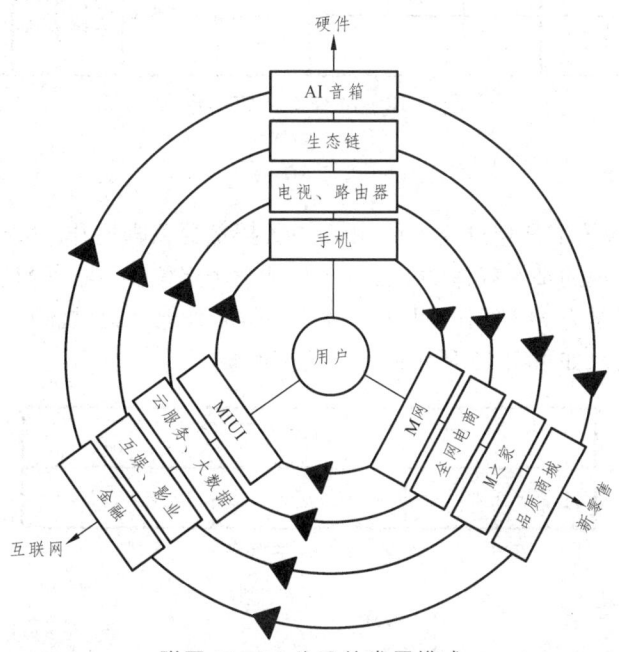

附图 11　M 公司的发展模式

M公司一方面具备了不可多得的大数据资源优势,另一方面企业的快速发展壮大亟须通过大数据赋能,为企业超常规发展提供强劲的动力。

二、业务需求

M公司是伴随移动互联网而成长起来的企业,数据是其业务运营的基本"血液",如何保持数据高效顺畅地流动,同时发挥数据的应用作用,是M公司必须面对的现实问题。

(一)M生态大数据

M公司作为智能硬件制造商,所生产的产品几乎都跟移动互联网紧密相关,都能产生数据,所以从某种意义上M公司可以看作是一家销售智能产品的大数据公司。迄今为止,M公司已售出销售总数位居国内前列的手机、电视和机顶盒产品,并且路由器、手环、扫地机器人、空气净化器、传感器和电饭煲等诸多生态链智能产品的销量已形成相当规模。在软件方面,M公司的操作系统是国内安装量较大的智能终端操作系统之一。与此同时,各类App使用、搜索、购物、社交、娱乐等已成为M公司大数据的重要来源,如M公司的应用商店最高日下载量超过8 000万次,M公司内置的新闻资讯产品日活跃也近千万人。附图12为M生态大数据构成。

硬件	手机				电视及机顶盒	路由器	手环/生态链
数据类型	App使用	搜索	购物	社交	娱乐	视频	家庭场景	生活周边
数据来源		浏览器	电子商城	M聊	游戏	M-TV系统	Wifi系统监控	运动智能家庭
	操作系统	应用商店	M之家	论坛	直播			

附图12 M生态大数据构成

(二)M云平台

与M手机销量快速上升相对应的是M用户数据量的急剧提升,M云平台是支撑各项业务运营和数据存储处理的基本载体。M云平台包括两个定位:一是为M公司的各项业务提供云端平台性支持;二是为M公司的用户和M生态链合作伙伴提供优质的云服务。M云是M云平台的最重要产品,如附图13所示的三个部分组成。

M云		
个人云服务平台	M内部云	M生态云

附图13 M云的组成

1. 个人云服务平台

个人云服务平台即用户的数据中心,主要面向M用户提供云支持服务,能够为用户提供备份和存储功能。用户的联系人、短信、照片和便签等数据都由用户存储备份到个人云服务平台。

2. M 内部云

M 内部云主要提供以下三种服务：

（1）为各大业务提供互联网云端服务，如为 M 公司的手机等设备提供天气、浏览器、日历、游戏中心等内置的 App 服务。

（2）为 M 公司的各业务部门提供大数据存储、计算、分析、挖掘的能力和资源，充分发挥大数据的价值，为用户提供更好的个性化服务。

（3）为内部的研发、运维和测试团队提供一个完备的物理机和虚拟机资源池。

3. M 生态云

M 生态云主要为 M 公司的生态链合作伙伴提供一个一站式的云服务、一个 PaaS（Platform-as-a-Service，平台即服务）平台和一个应用引擎，让所有生态链企业的互联网业务都能高效地接到云端，与 M 云和 M 大数据平台实现有效对接。M 生态云可以高效地融合各种数据，帮助生态链企业实现业务云端化，为它们提供包括账户管理、信息安全和大数据等服务，让它们能够更好地服务自己的用户。

伴随生态大数据的形成所带来的是数据规模的快速扩大，M 云平台日活跃用户超过 1 亿人，存储总量达到数百个 PB（1 PB=1 024 TB），并且每时每刻都在不断增加。由此可见，海量的数据为 M 公司如何更好地管理和应用大数据提出了极为严峻的挑战。

（三）M 大数据的应用需求

M 公司拥有海量大数据资源的根本目的是更好地开发和利用大数据资源，以产生大数据应用的价值。从大的方面来看，M 大数据的应用主要包括以下六个方面：

（1）广告营销：作为核心应用，用于点击预估、人群画像、营销 DMP（Data-ManageMent Platform，数据管理平台）和精准营销等。

（2）搜索和推荐：为用户提供较为精准的搜索和个性化的推荐服务。

（3）互联网金融：为用户提供征信评价以及融资服务支持。

（4）精细化运营：根据用户的个性化需求提供具有针对性的服务，实现运营的精细化。

（5）防"黄牛"抢购：利用大数据识别为牟利而囤货的购买行为，打击"黄牛"抢购。

（6）图片分析和处理：用于照片分享、图片在线处理以及图像分析等。

三、大数据平台

M 公司对大数据的管理、开发与应用有着自身独特的需求，必须建设适合自身业务需求的大数据平台来满足业务需求，并能支撑业务的稳定、快速发展的需要。

（一）技术架构

M公司从自身的业务需求出发，充分借鉴了其他企业在大数据发展和应用方面的经验，形成了如附图14所示的技术架构。

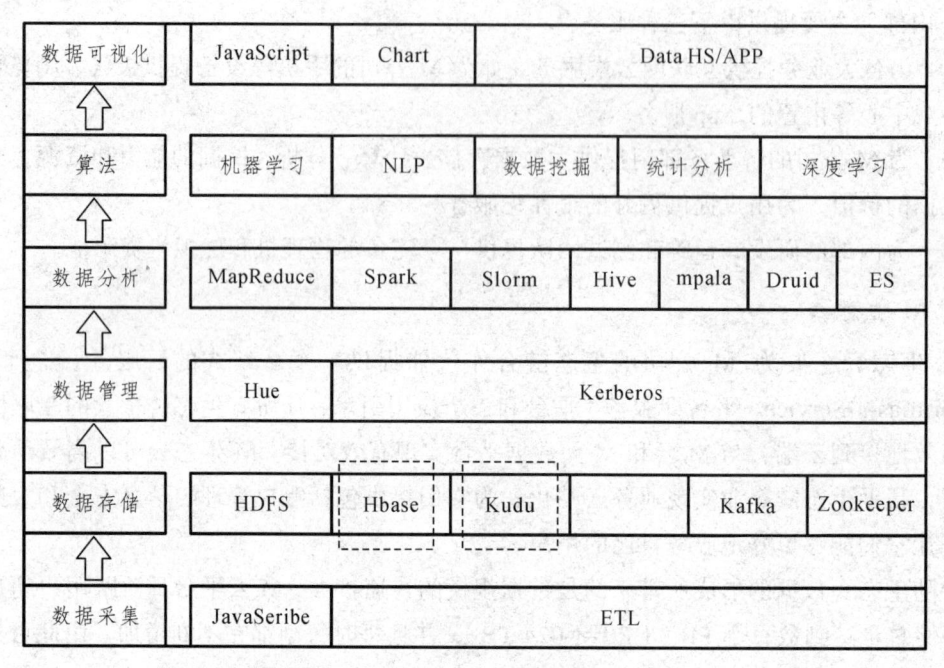

数据可视化	JavaScript	Chart	Data HS/APP				
算法	机器学习	NLP	数据挖掘	统计分析	深度学习		
数据分析	MapReduce	Spark	Slorm	Hive	mpala	Druid	ES
数据管理	Hue	Kerberos					
数据存储	HDFS	Hbase	Kudu	Kafka	Zookeeper		
数据采集	JavaSeribe	ETL					

附图14 M公司的大数据技术架构

从图中可以看出，M公司的大数据架构主要包括数据采集、数据存储、数据管理、数据分析、算法以及数据可视化等组件，大部分组件均采用了开源技术，并对一些核心组件进行了深加工、优化和自定义。数据采集采用的是JavaScribe技术，每台机器都有一个代理软件把数据收集起来。存储部分以HBase技术为主，取得了较好的效果。数据管理采用Kerberos进行认证，准确性和效率都得到了保证。数据分析采用了MapReduce、Spark、Storm、Hive、Impala、Druid和ES等较为成熟的技术。算法包括机器学习和深度学习等，选用Tensorflow深度学习平台和Kubernetes软件进行一些资源调度和管理，以支持M公司的广告、金融、相册和搜索场景等业务。数据可视化包括两条线：一条是通过Kafka→Druid→数据可视化显示，另一条是完整数据落盘到HDFS。可视化的方式主要以各种报表为主。

（二）M数据工场

承担M公司大数据业务发展的一个重要部门是M数据工场，这是一个为全公司业务各团队及M生态链企业提供数据采集、计算、存储等基础能力以及机器学习、挖掘工具和方法任务的专门部门，是M公司大数据技术开发和资源利用的主力军。数据工场提供支撑M公司大数据业务运营的基础性平台，M公司希望通过这一平台能将数据开放给企业的各个部门，促进不同部门之间数据的相互利用，并且希望能加强对数据的权限管理，杜绝数据的不当利用。M数据工场的总体架构如附图15所示。

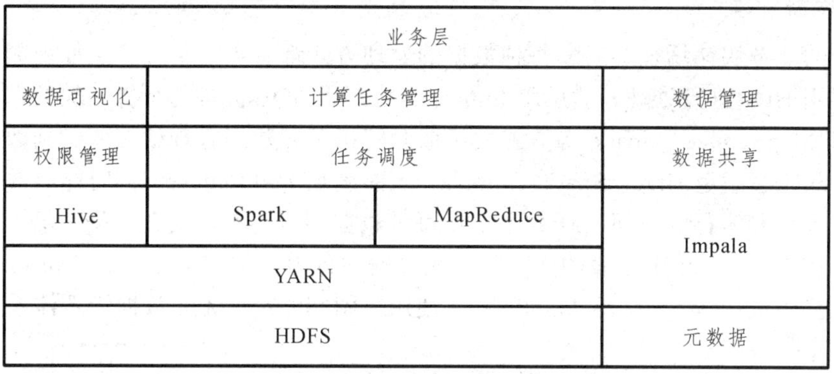

业务层		
数据可视化	计算任务管理	数据管理
权限管理	任务调度	数据共享
Hive	Spark　　MapReduce	Impala
YARN	
HDFS		元数据

附图15　M数据工场的总体架构

从图中可以看出，数据工场平台的底层基础平台建立在以 HDFS 和元数据为支撑的 Hadoop 体系之上，由于 M 公司及其生态链企业业务场景丰富，因此在技术选型方面，包括 Hive、Spark、MIapReduce、YARN 以及 IMIpala 等在内的大数据技术都在不同的场景下使用。中间层为 M 公司自行研发的数据工厂，主要提供数据可视化、计算任务管理、数据管理、权限管理、任务调度和数据共享等服务。架构的最上层为 M 公司及其生态链企业的关联业务，业务的规模处于动态扩展之中。

（三）数据处理方式

除提供底层的能力外，M 数据工场也为 M 公司及其生态链企业提供全方位的数据保障能力，这方面的能力主要用于 M 信用卡的风险控制和额度评估、广告精准投放、限时抢购时用数据打击"黄牛"超量订购等，既帮助各业务部门对数据进行系统分析，同时也有利于将数据应用到核心业务场景中去。

1. M 数据存储格式

M 数据存储统一采用 Parquet 格式。这种格式的优点在于其使用的是列式存储，能支持 MIapReduce、Hive、IMIpala 和 Spark 等大数据处理技术，并且读取速度快、占用空间少、处理效率高。

2. 客户端数据接入

客户端数据接入是指通过手机的 WAP、App 等数据采集端，数据的存在方式有 SDK 和服务端 Log 两种模式。这两种模式各有优点和缺点：SDK 模式的优势是采集便捷、数据稳定完整、格式化较为容易并能消除爬虫的影响，劣势是需要前端介入；而服务端 Log 模式的优势是无须前端介入、部署容易，劣势是接口变化较多、采集数据不够完整、格式化复杂以及受爬虫的干扰等。尽管这两种模式各有优势和劣势，但在不同的场合需要两种模式灵活使用。

3. 服务器端数据源

除前端数据源外，整个处理数据时还会有大量的服务器端数据源需要处理。来自业务数据库类的数据，用 ETL 工具进行批量导入；对服务器端日志等数据，用 Scribe 工具将数据写入 HDFS 之中。

4. 元数据管理

当企业的业务快速增加之后，每种数据的处理方式都有可能不一样。如视频播放日志、分析师希望用 Hive 进行处理，然后用 Impala 直接写入 SQL 去进行计算，但数据挖掘工程师就要因此用 MapReduce、Spark 等方式去读取和解析。元数据管理就是要做到数据处理方式的统一性，既能够满足 Hive、Spark、Impala，还能满足 MapReduce，同时能有效地节省各类用户对数据理解和执行的时间。M 数据工场每份数据的描述都需要在数据工场上提交，之后数据工场会在 MetaStore 中建表的同时附上元数据的行为，供 Hive、Spark 和 Impala 使用。数据管理还会生成 Java Class 给 MapReduce 使用。附图 16 为 M 元数据管理体系。

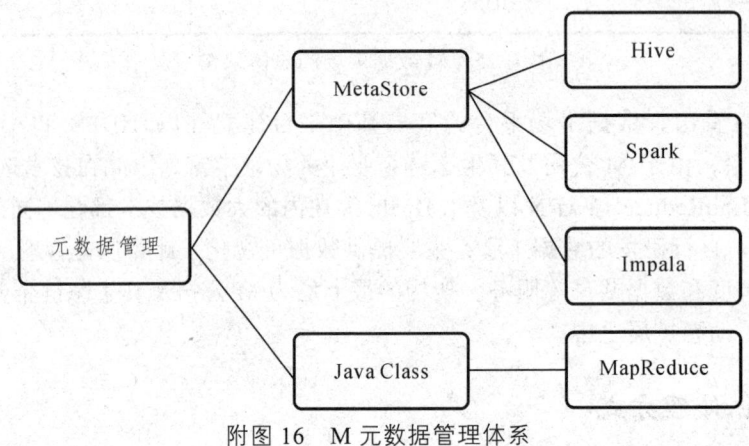

附图 16　M 元数据管理体系

5. 计算管理

相较于数据管理，计算管理的难度要高得多，尤其是每天面对海量的计算量时，情况变得尤为复杂。为此，M 公司做了以下各方面的优化。

（1）定时执行：按照指定的时间执行确定的任务。

（2）手工执行：将不定期使用的作业注册到平台上，在需要的时候，手动触发执行任务。

（3）任务参数：将任务参数化，提升任务的可执行度。

（4）数据依赖：依靠数据进行任务的安排和执行。

（5）指定队列：指定任务运行时所使用的队列。

（6）指定账户：为任务的执行选择 Kerberos 账户运行。

（7）结果通知：任务执行的结果，通过电子邮件发送给指定的人。

（8）数据对接：通过 HTTP 网络 POST 请求回调，直接导入数据库中。

6. Docker

为了管理好纷繁复杂的计算框架和模型，在计算执行方面，M 公司使用 Docker 来解决对环境的不同需求和异构问题，并且与 Hive、Impala、Spark 等不同的计算模型进行对接，以适配不同应用场景计算不同数据的模型。在不同的业务场景下，同一个计算逻辑也可以选用不同的计算模型，Docker 的使用有效地避免了资源的浪费。另外，Docker 在用户数据隐私保护方面也很有优势。M 公司采用了 Docker 与自身安全策略有机融合的方案，使用户的隐私保护和数据安全达到了业界领先的水平。

四、大数据实时分析

M公司的用户总数超过2亿人,有20多款M应用软件的日活跃用户超过千万人,这样的一个数据密集型企业,如何实现大数据实时分析,既是一个必须面对的严峻挑战,也是必须克服的现实问题。

(一)数据的迁移

在初期,M公司很多的业务数据是通过MySQL进行处理的,但它的处理容量有限,业务容量快速扩张以后,尤其是到了日活跃用户超过1亿人时,MySQL变得难以满足要求,这时很多的业务不得不考虑迁移到HBase上去。为此,M公司采用了一个常规的HBase迁移方法,在最开始写数据的时候双写——既写HBase的又写MySOL的,以保证新的数据同时存储于HBase和MySQL中,然后把MIySQL中的历史数据迁移到HBase,这样从理论上两个数据库就能拥有同样的内容,最后采用双读HBase和MySQL的办法以校验数据是不是都一致。当达到99.9%的结果时,就确定迁移基本完成,再将灰度返回到HBase结果中去。数据迁移的过程如附图17所示。

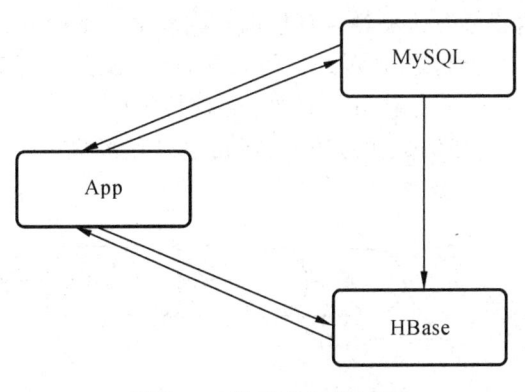

附图17 数据的迁移过程

(二)基于Druid的数据实时分析

M公司在第一个阶段做统计分析平台时,数据并未做到实时处理。到了第二阶段后,M公司通过MIapReduce的处理将数据放到MIySOL等关系型数据里,随着业务的不断增长,RDBMIS的容量限制产生了很多问题,于是到了第三个阶段将RDBMIS变成了HBase,这个阶段持续了较长时间,然后到了第四个阶段开始进入实时分析阶段,通过Kafka、Storm再到RDBMS或者NoSQL,最后一步直接把数据从Kafka转到Druid。附图18为实时数据分析演进历程。

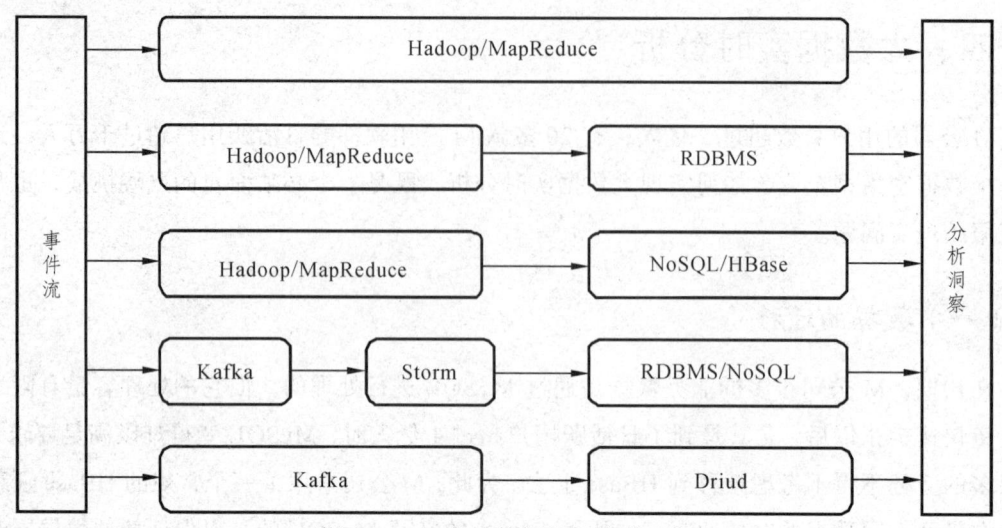

附图 18 M 实时数据分析演进历程

Druid 相对比较轻量级，技术也相对较为成熟，很多企业都在用它做实时分析，包括一些广告、搜索、用户的行为统计。它的特点包括：

（1）为分析而设计：它为 OLAP（On-Line Analytical Processing，联机分析处理）而生，支持各种 filter、aggregator 和查询类型。

（2）交互式查询：低延迟数据，内部查询为毫秒级。

（3）高可用性：集群设计，去中性化规模的扩大和缩小不会造成数据丢失。

（4）可伸缩：Druid 被设计成 PB 级别，能充分满足日处理数十亿事件的处理需求。

在 M 公司内部，Druid 除应用于 M 统计外，还应用于广告系统，主要对每个广告的请求、点击、展现做一些实时分析。附图 19 为基于 Druid 的使用场景——广告实时统计分析架构图（非计费部分）。

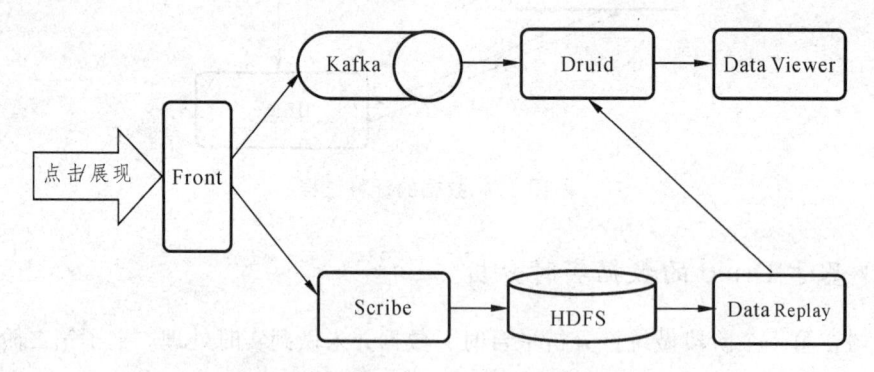

附图 19 基于 Druid 的使用场景——广告实时统计分析架构图（非计费部分）

（三）基于 Kudu 的实时数据分析

M 公司除使用 Druid 进行实时数据分析外，还采用了其他多种实时数据分析技术。其中，由 M 公司于 2015 年 10 月联合发布的 Kudu 技术应用状况良好，M 公司将其主要用于一些服务质量监控、问题排查等方面。附图 20 列出了使用 Kudu 前后的效果比较。

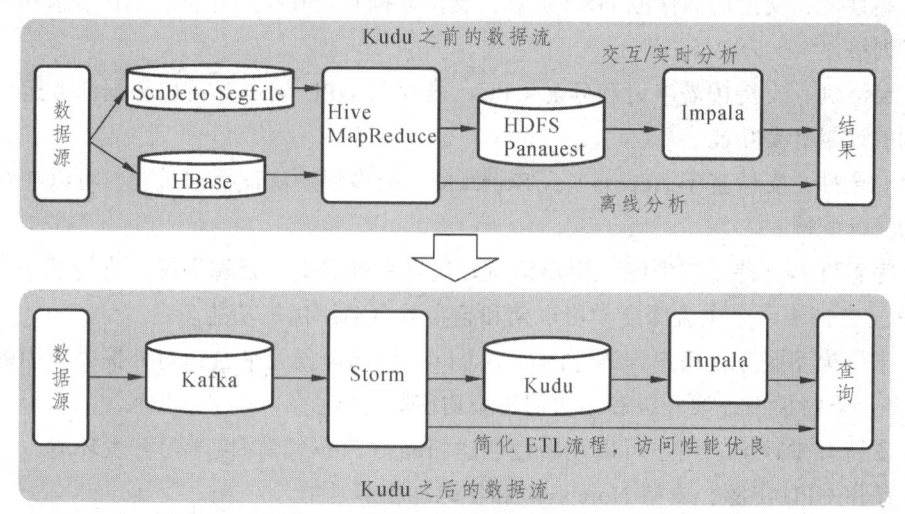

附图20 使用 Kudu 前后的效果比较

从图中可以看出，在使用 Kudu 之前存在诸多问题，如 ETL 高延时、Logo 无序计算、需要等待完整数据才开始计算等；而使用 Kudu 之后，ETL 的流程得以简化，访问性能也变得更为优良，效果提升十分明显。

（四）实时统计数据服务

大数据实时分析平台面向不同的服务对象提供了内容丰富的各类实时数据分析服务，其中，实时统计数据服务是应用范围广泛的服务之一。实时统计分析列出了某项业务的用户数据，可以用数据分析某项应用的使用情况，然后结合 M 公司的用户画像，为开发者提供更好的数据分析服务。

五、云深度学习平台

为了更好地帮助生态链企业实现更多的人工智能等方面的应用，同时也为了促进内部各业务部门之间的学习交流和合作，M 公司推出了基于云计算的机器学习和深度学习平台，已取得了一定的应用效果。

（一）性能特点

M 云深度学习平台是 M 公司针对机器学习优化而开发的高性能、分布式的云服务，为开发者提供了模型开发、训练、调优、测试、部署和预测的一站式解决方案。该平台所具有的性能特点如下：

（1）易用性：支持简单易用的命令行工具，可在 Linux/Mac/Windows 操作系统或者 Docker 中运行，也可以通过 API、SDK 或者 Web 控制台使用云深度学习服务。

（2）兼容性：支持 TensorFlow 等深度学习框架的标准 API，兼容 Google Cloud-ML 的 samples 代码，相同模型代码可以在不同云的平台上训练，避免了厂商绑定。

（3）高性能：支持超高性能 GPU 运算，支持数据并行和模型并行、单机多卡和多机多卡的分布式训练。

（4）灵活性：支持按需申请和分配 CPU、内存和 GPU 资源，可以根据任务运行时间实现秒级别的计量计费功能。

（5）安全性：支持基于 Access Key/Secret Key 的多租户认证授权机制，可以在线动态调整用户 Quota 配额。

（6）完整性：支持云端训练，用户编写好代码一键提交到云端训练，支持基于 CPU 或 GPU 训练，支持十余个主流深度学习框架和超参数自动调优等功能。

（7）支持模型服务，用户训练好的模型可以一键部署到云平台，对外提供通用的高性能 gRPC 服务，支持模型在线升级和多实例负载均衡等功能。

（8）支持开发环境，用户可以在平台创建 TensorFlow 等深度学习开发环境，自动分配 CPU、内存和 GPU 资源，支持 Notebook 和密码加密等功能。

（二）系统架构

M 云深度学习平台建立在公有云和私有云为支撑的云计算平台之上，利用 GPU 机器集群为云深度学习平台的运行提供了强大的计算能力。这一平台包括存储服务、深度学习任务管理、GPU 集群管理和计算服务四个核心组件，采用了支持 TensorFlow 等用户自定义的模型结构。该平台所服务的核心业务包括智能助手、云相册、广告、金融和搜索推荐等。

目前，这一平台通过对图像、自然语言和语音的大量训练，调试出了图像识别、自然语言识别和语音处理等相关的场景，通过提供 API、SDK、命令行以及 Web 控制台多种访问方式，最大限度地满足了用户复杂多变的使用环境的应用需求。

（三）应用场景

M 云深度学习平台有较为广泛的应用，基本的应用场景如附图 21 所示。

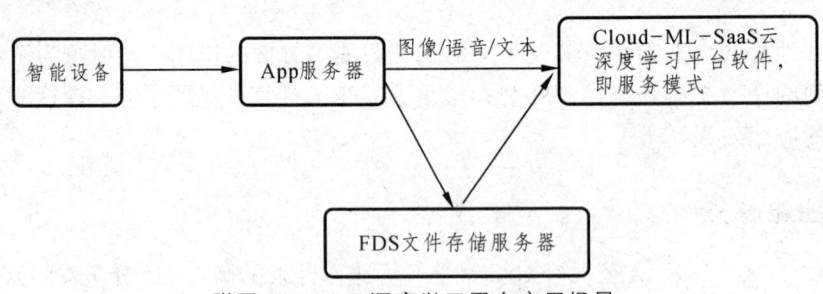

附图 21　M 云深度学习平台应用场景

从图中可以看出，M 用户的各类智能设备通过接入 App 服务器，将图像、语音、文本数据传输到 M 云深度学习平台进行相应的分析处理，同时 App 服务器将相关数据提交给 FDS（File Storage Service，文件存储服务）系统，处理后的数据也提交给 M 云深度学习平台，经综合分析处理后得出相应的结果，为用户提供各类服务。

（四）应用实例

目前，M 云深度学习平台在人脸检测和物体识别等方面有良好的应用效果。人脸检测包括人脸的位置、性别、年龄等数据的采集，物体识别能对 1 500 多种物体进行分类，包括客厅、卧室等场景。人脸检测服务通过上传图像可以识别图像中的人脸参数，能广泛应用于照相机、摄像头监控等场景；物体识别通过上传图像可以进行物体识别，为智能家居提供了想象空间。

（五）应用状况

M 云深度学习平台已经在 M 公司内部各业务部门推广使用，相比于直接使用物理机，云服务拥有超高的资源利用率、快速的启动时间、近乎"无限"的计算资源、自动的故障迁移、支持分布式训练和超参数自动调优等优点，具有良好的推广和应用前景。目前，该平台已支持数十个功能和近 20 个深度学习框架，达到了"支持通用 GPU 等异构化硬件、支持主流的深度学习框架接口、支持无人值守的超参数自动调优以及支持从模型训练到上线的工作流"等业务需求，建成了一个多租户、任务隔离、资源共享、支持多框架和 GPU 的通用服务平台，并且在支持高性能 GPU 和分布式训练的基础上还集成模型训练和模型服务等功能，为用户创造了多方面的价值。

六、"4M"智能营销

M 公司凭借极为丰富的大数据资源，于 2016 年创新性地提出了"4M"智能营销体系（MoMent——场景感知，Media——全媒体触达，Matching——精准匹配，MeasureMent——实效衡量），旨在通过全面的场景感知来捕获用户的需求，以大数据实现精准匹配，以最优的媒体表现，以期在最佳时刻触达用户，实现更加可靠的实效衡量。基于"4M"智能营销体系，M 公司将营销活动分成了大数据类、全场景类、社群类和创意创新类四个大类。

（一）大数据类营销

M 公司的主要产品包括手机、电视和路由器，手机代表个人媒体，电视和路由器代表家庭媒体。M 公司依靠庞大的手机、电视用户群体，对用户大数据进行分析，找出特定的目标用户和营销对象。例如，M 公司分为以下三个阶段开展大数据类营销：

（1）第一阶段，深度挖掘种子用户。M 公司从用户大数据中选择了五项维度，将符合五项维度的用户锁定为种子用户，然后选择音乐、视频、浏览器、安全中心的开屏、焦点图及信息流等广告点位对符合条件的用户进行重点推介。

（2）第二阶段：寻找潜在受众。使用 M 数据管理平台 lookalike 找回投放第一阶段的点击用户，对其进行扩充，找到其他的潜在受众。

（3）第三阶段：更新潜在受众。累积两个阶段点击人群进行交集后，再次使用 lookalike 进行扩充，更新潜在受众。

通过以上三个阶段的机器学习和深度深挖,到最后 M 公司一共投放了 1 027 万人,投放效果与定向推广中的通投相比提升了 87%,搜索用户增长数达 185%。

(二)全场景类营销

M 公司拥有数量不断扩大的生态链企业,这些生态链企业已推出 200 多款产品,种类丰富的生态链产品与手机和操作系统有着密切的联系,能够实现全场景无缝触达用户。

例如,某运动品牌公司推出的跑鞋全新上市,并同步推出了"酷跑街头"的传播理念。M 公司的营销活动将这一传播理念与 M 运动进行对接,实现跨平台的数据整合与展示,用户在锁屏界面就能看到穿了这一跑鞋用户的累计步数、消耗热量等与运动息息相关的关键数据。

(三)社群类营销

互联网思维下营销模式的一大特征即粉丝营销,M 公司在创办初期就积极培育"粉丝文化",大力开展粉丝营销,取得了极为显著的成效。依托数量庞大的粉丝群体,M 公司通过话题和互动,增强了用户社群的参与感,同时能更好地激发用户与品牌发生互动。

(四)创意创新类营销

利用各种创新的方法和手段,是 M 公司的营销取得成功的重要保证。在 M 公司为相关品牌提供的服务中有很多成功的例子。例如,某汽车品牌公司希望通过 M 公司的营销借势奥运会和欧洲杯进行品牌促销。M 公司为该品牌创建了互动专题,将不同的动物对应成不同的速度,形成不同的挑战,用户挑战成功即可点亮该模式下的动物勋章,用户点亮的勋章越多,最终收获的奖励也就越大。M 运动 App 开机大屏及各板块对此活动专题进行了大量推送,将用户关注引导至活动专区。高关注度为该品牌汽车的线下试驾专区提供了大量的潜在用户,参与者填写简单的信息后即可获得试驾机会,并最终转化为潜在消费者。

七、广告交易平台

M 公司作为一家具有独特生态的互联网企业,利用庞大的用户规模开展广告业务是该公司的重要战略。

(一) M 广告平台

M 广告平台是一个涵盖面十分广泛的体系,是支撑 M 公司广告业务运营的基本平台,主要负责应用商店、浏览器、一点资讯、电视等全线软硬件数十个业务,支持应用游戏下载、信息流、搜索、开屏、视频贴片、电视画报等十余种主流和创新的移动广告形式。附图 22 为 M 公司广告平台的体系架构。

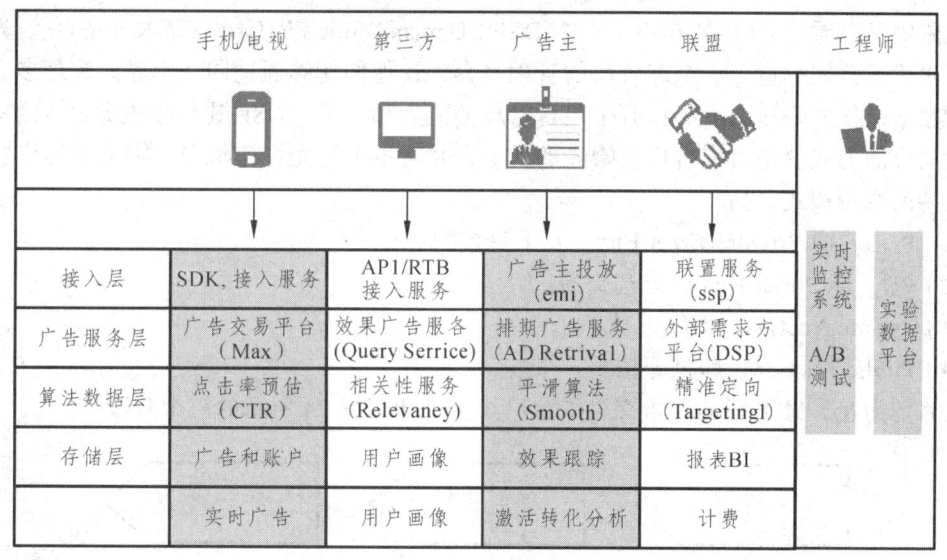

附图 22 M 公司广告平台的体系架构

从图中可以看出，从上至下广告平台分成接入层、广告服务层、算法数据层和存储层，各层的功能如下：

（1）接入层的接入对象包括用户的手机、服务器、广告主、广告联盟和工程师等，负责流量的接入、管理、配置和运营。

（2）广告服务层包含广告选取、过滤、排序等核心逻辑，主要的服务有广告交易平台、效果广告服务和排期广告服务等，是广告检索的核心。

（3）算法数据层负责点击率预估、预算平滑、精准定向等算法。

（4）存储层负责广告数据的存储，同时也是各种广告和用户数据的访问层。

（二）广告交易平台

M 公司的广告交易平台（MI AD Exchange，MAX）是广告平台的主要组成部分，承担着广告交易的相关服务功能。这一平台的体系架构如附图 23 所示。

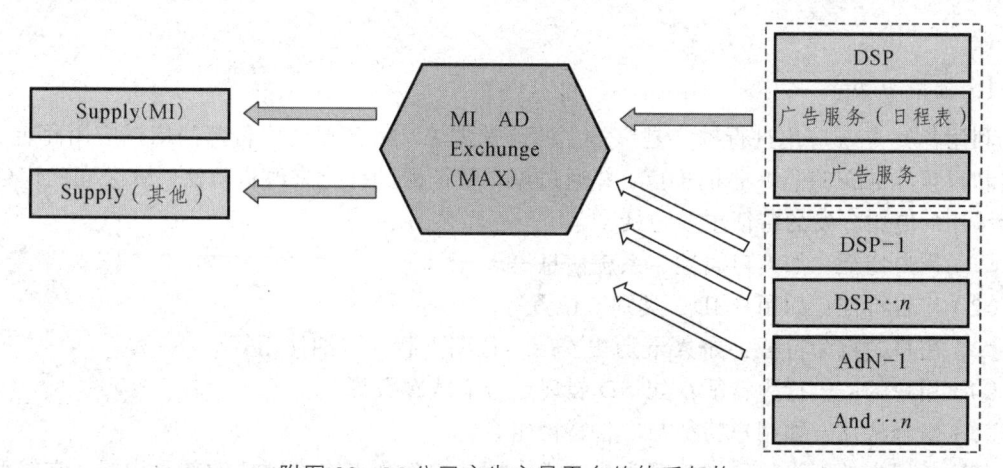

附图 23 M 公司广告交易平台的体系架构

从图中可以看出，MAX 提供了一个 DSP（Demand-Side Platform，需求方平台），为广告主、广告代理公司打造了一个综合性的管理平台，让他们能够通过同一个界面管理多个数字广告和数据交换的账户，大幅提升了广告管理的能力和水平。DSP 让广告主通过 MAX 平台以实时竞价的方式获得对广告进行曝光的机会，并对每个曝光进行付费。M 公司的广告交易平台支持的竞价模式包括：

（1）PDB，即 Private Direct Buy，私下直接购买；

（2）PD，即 Prefer Deal，首选交易；

（3）Private Auction，即私下拍卖；

（4）Public Auction，即公开拍卖。

到目前为止，M 公司的广告交易平台已经历了如附图 24 所示的三个阶段。

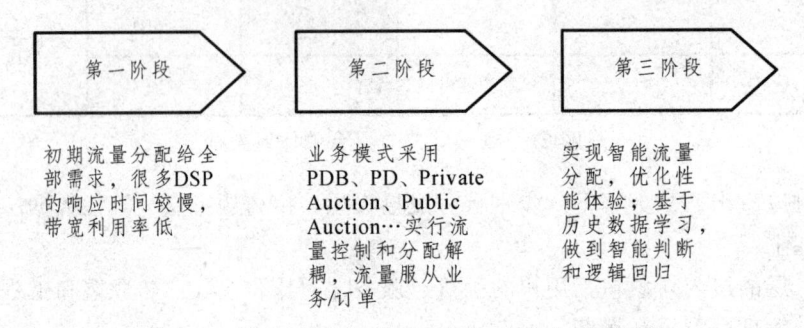

第一阶段	第二阶段	第三阶段
初期流量分配给全部需求，很多DSP的响应时间较慢，带宽利用率低	业务模式采用 PDB、PD、Private Auction、Public Auction⋯⋯实行流量控制和分配解耦，流量服从业务/订单	实现智能流量分配，优化性能体验，基于历史数据学习，做到智能判断和逻辑回归

附图 24　M 公司的广告交易平台的三个发展阶段

（三）点击率预估

广告点击率是评价广告绩效的基本指标，对点击率进行较为准确的预估是提升广告绩效的重要条件。点击率预估是广告算法的核心，重点围绕特征挖掘和模型优化展开。特征挖掘犹如一门艺术，进行特征挖掘不仅需要熟悉业务，而且更需要灵感。M 公司的算法工程师们为此发掘跟用户点击广告相关的各种因素，并优化模型。此外，在线 CTR（Click Through Rate，点击通过率）服务也是 M 公司广告的一项基本业务。

M 公司的广告业务涉及面广泛，点击率预估重点取决于应用分发、搜索和信息流三大类业务。

1. 应用分发

利用各类 App 应用进行推广是广告主的首选需求，M 公司的广告部门依托应用商店、浏览器和视频等 App 进行广告的推广，并通过用户特征值的优化来改进算法。M 公司的广告部门所采用的应用分发的特征主要包括：

（1）用户特征：如人口属性、系统信息等。

（2）广告特征：如用户 ID、类别、位置等。

（3）用户的行为特征：如 App 历史安装、近期下载、近期使用等。

（4）用户的广告行为特征：如 AD 展现点击下载次数等。

（5）组合特征：如用户特征与广告特征组合。

其中，用户的行为特征被证明为最有效，因此被作为点击率预估的首要指标。在模型方面，M公司的广告部门从最开始的离线模型逐步过渡到小时级的 FTRL(Follow The Regularied Leader，在线学习算法)，效果得到了显著提升。

2. 搜　　索

搜索是指应用搜索，主要依托于应用商店和浏览器庞大的搜索流量进行广告的投放。其特征方面主要包括：

（1）上下文特征：如搜索关键词、搜索自然结果及分类、搜索来源等。

（2）广告特征：如ID、类别、广告标题等。

（3）用户特征：如人口属性、系统信息等。

（4）组合特征：如用户特征与广告特征、搜索上下文特征与广告特征组合。在模型选取方面，已从过去选用的相关性模型升级为点击率模型，效果提升明显。

3. 信息流

信息流广告起源于Facebook，国内的今日头条、微博等也取得了成功。信息流的广告形式有大图、小图及组图等，广告类型包括应用分发、H5 和视频等。M 公司的信息流广告的主要载体是一点资讯和浏览器。信息流广告的素材更新频繁，广告数量也比较多，广告收益也在不断攀升。

除上述三个方面外，M 公司还对浏览器导航引入了个性化算法，把导航入口按照用户切分成多份流量，变过去浏览器的"千人一面"为现在的"千人千面"，使得广告的效果得到了大幅度提升。

（四）大数据反作弊应用

广告流量作弊是常见现象，对广告的真实效果和交易秩序都有极大的影响。M 公司充分利用大数据相关技术手段，主要从以下两个方面来应对相关问题：

1. 设备真伪识别

一般是通过 SDK 的方式采集硬件信息，为每台设备生成唯一的设备 ID，后续即使刷量者对设备的硬件信息进行了修改，唯一的设备 ID 也不能改变。M 公司已经开发了一套基于硬件标识的设备真伪识别方案，实际应用效果良好。

2. 用户行为分析

M 公司利用大数据手段对用户 IP 分布异常、机型分布异常、点击率异常、下载激活时间间隔异常、留存率和使用时长异常进行分析，并通过加强身份验证等手段进行监控。

M 大数据广告反作弊系统的架构如附图 25 所示。M 大数据广告反作弊系统包括以下三个组成部分：

第一部分是客户端。其核心模块是反作弊 SDK，通过采集系统信息生成设备唯一 ID，用于机器真伪识别，另外采集其他必要的信息，用于服务端的反作弊模型分析。

第二部分是服务端，包括实时反作弊系统和离线反作弊系统：实时反作弊系统收集实时上报的日志，通过实时流计算框架，快速分析作弊情况，一般用于捕捉短期的作弊行为；离线反作弊系统则是通过收集多维度的数据，经过离线计算和反作弊模型，最大限度地发现各种长期和短期的作弊行为。这两者都牵涉三个模块：

（1）数据收集，包括设备 ID、IP、广告点击/下载/激活时间戳等信息。

（2）特征计算，包括多维度（如 IP、UserAgent 等）、多粒度（周、天、小时、分钟）、多指标（CTR、下载数、时间间隔等）的实时/离线计算。

（3）反作弊模型（实时模型主要是基于规则的模型；离线模型主要是基于规则的模型，将尝试用机器学习模型）。

第三部分是前端。前端主要提供数据报表、异常监控、智能分析等功能。

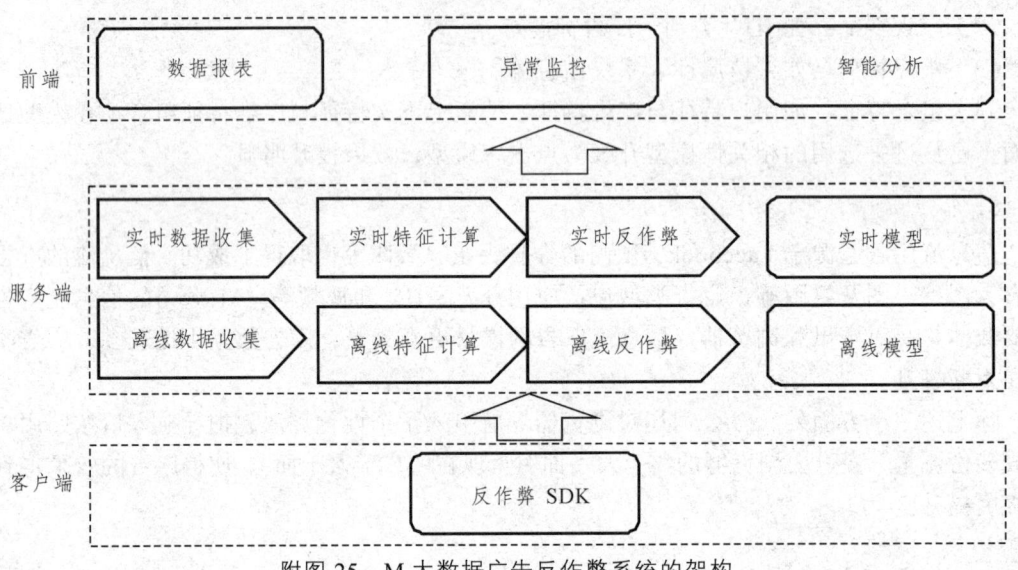

附图 25　M 大数据广告反作弊系统的架构

八、品牌广告业务

M 品牌广告业务是 M 公司重要的广告营收项目。广告投放的媒体为 M 用户的手机和电视全系资源，包括浏览器、视频、音乐、新闻资讯、天气和日历等 App 应用以及电视/盒子等产品，广告形式包括开屏、锁屏、电视画报、信息流、横幅、贴片以及换肤等，日曝光量近百亿次。

（一）业务特点

M 品牌广告业务的特点包括以下四个方面：

1. 售卖方式

售卖方式包括 CPT/CPMI 方式和合约式两种，前者需要广告主提前下单，后者售卖方如违约需要予以补量赔偿。CPT 的英文全称是 Cost Per Time，是一种以时间来计费的广告，一般是以"一个月多少钱"的收费模式进行收费。CPMI 的英文全称是 Cost Per Thousand Impression，是一种以展示量多少进行付费的广告，只要展示了广告主的广告内容，广告主就要为此付费。合约式广告是一种基于合约的商业模式，一旦广告主完成下单则视为合约，投放系统按约定执行广告投放，若不能保量完成则视为违约，售卖方需补量赔偿。

2. 定向方式

M 公司的品牌广告业务提供了较为丰富的定向方式：

（1）用户属性：可以根据地域、年龄和性别等属性进行用户群的选取。
（2）设备型号：可以根据手机、电视和盒子等具体的型号选取目标对象。
（3）人群包：可以选择"包含"或"排除"特定人群包。
（4）时间：以小时为单位进行时间安排。
（5）内容：包括对视频分类、剧集、CP（Couple，男女组合）等进行分类。
（6）特殊定向：根据天气状况等进行定向。

3. 频 控

绝大多数的广告需要有频次控制，M品牌广告业务以小时、日、周进行频控。

4. 第三方监测

M品牌广告业务委托秒针、Admaster和DoubleClick等第三方机构进行专业监测。

（二）系统架构

M品牌广告业务平台的系统架构包括三大块，分别是广告检索、广告售卖和数据处理，如附图26所示。

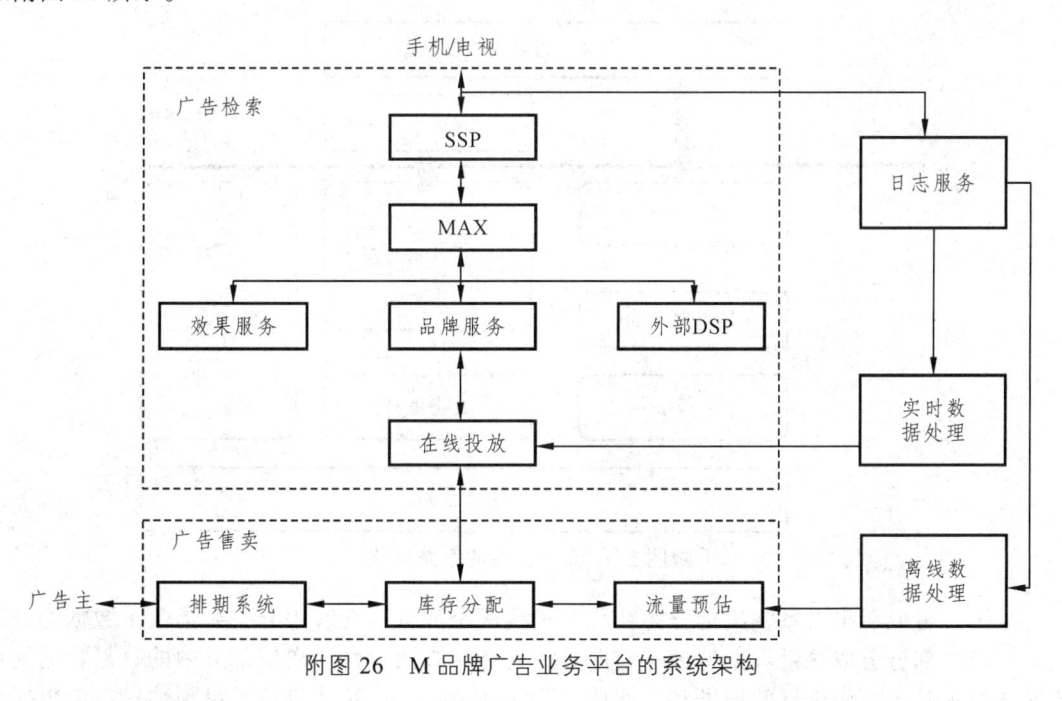

附图26 M品牌广告业务平台的系统架构

1. 广告检索系统

手机和电视的流量通过M公司的SSP（Sell-Side Platform，供应方平台）接入广告平台。SSP是M公司的流量方管理平台，负责流量的接入。M公司的MAX广告交易系统对接了很多个DSP，其中效果服务和品牌服务由M公司的DSP管理。效果服务主要包括广告的检索、过滤、CTR/CVR预估、排序等；而品牌服务则包括广告检索、过滤、定向、平滑等，对应的是在线投放模块。

2. 广告售卖系统

广告售卖系统即广告排期系统，提供了一整套的订单管理和库存分配的功能，包括定量、寻量、删量和改量等。其中，库存分配又依赖于流量预估模块。

3. 数据处理

数据处理包括日志服务、实时数据处理和离线数据处理等。而离线数据处理的结果则用于流量预估，实时数据处理的结果用于在线投放的实时反馈。

整个系统架构中和品牌广告最相关也是最核心的部分就是在线投放、库存分配和流量预估。其中，流量预估是基础，在线投放和库存分配都依赖于流量预估。

（三）流量预估

流量预估在 M 品牌广告业务中占有重要的位置，以一个实例来说明。比如，某一经营化妆品的广告主要求购买 2 月 13 日这一天在 M 视频首页焦点图广告位、杭州男性用户的流量，这一需求包含了日期、广告位和定向条件三个要素，流量预估牵涉到很多个因素，面临着组合可能繁多、时间和季节变化多端等挑战。为了提升流量预估的准确性和流量查询的效率，M 公司的广告部门选用了如附图 27 所示的流量预估的系统架构。

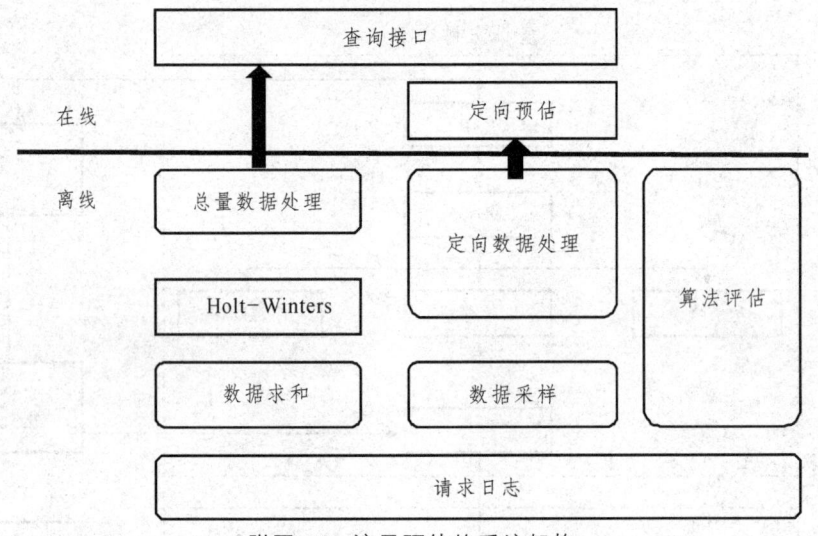

附图 27 流量预估的系统架构

从图中可以看出，系统架构分为在线和离线两个部分：在线部分主要提供了数据的查询接口；离线部分分成总量数据处理、定向数据处理和算法评估。离线部分中的总量数据处理依赖于请求日志，先进行数据求和，然后采用 Holt-Winters 算法进行总量预估；定向数据处理也依赖于请求日志，取决于 M 公司的广告部门所采用的两套独立的预估算法（BitMap 算法需要对请求日志进行采样，结果以 BitMap 的形式直接放到内存中查询，而正交算法不需要做采样，定向数据经过处理之后存储到了 MySQL 供查询）；算法评估模块主要是 RMISE（Root Mean Square Error，均方根误差）、高估率和低估率等指标的计算。

（四）库存分配

M 品牌广告业务平台每天要接收数以百计的广告订单，每个订单的定向条件各不相同，多个订单之间会出现冲突和竞争抢量等情况,尤其是在一些热门的节日,比如双十一、情人节等,库存的售卖率会非常高。因此,库存分配面临的最大挑战是在如何最大限度地保证库存利用率的同时满足用户的需求。

库存分配的流程包括三个方面:一是根据请求日志进行流量预估,然后根据订单数据生成最小化定向条件;二是根据流量预估和订单数据生成二分图,然后分配算法;三是输出分配结果,如附图 28 所示。

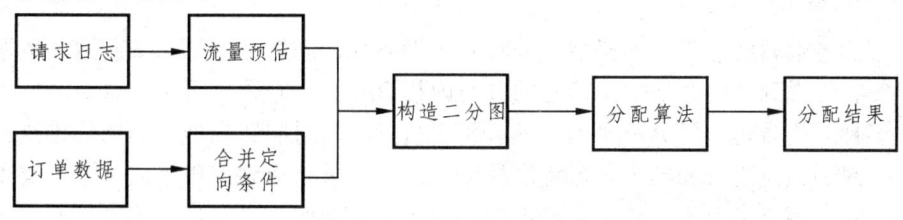

附图 28 库存分配的流程

从图中可以看出,合并定向条件、构造二分图和分配算法是库存分配的重点和难点所在,分别说明如下:

(1)合并定向条件:目标是生成最小规模的流量节点,以简化分配算法,需要为每个维度生成最小互斥的散列集合,然后再进行维度组合。

(2)构造二分图:需要遍历每一个候选节点,检查是否被某个订单节点所包含。

(3)分配算法:依赖于订单优先级,采用启发式的算法进行求解,订单优先级根据订单可用流量、订单时间进行排序。

(五)在线投放

在线投放的目标是要提高订单的完成率和投放的平滑程度,所需要面对的挑战是实际流量和订单完成率偏离预期时如何实现快速修正。实时反馈是在线投放的核心,既需要修正实时流量预估,又需要动态反馈实时订单的完成率,能实现小时级模型训练的更新。附图 29 为在线投放的流程。

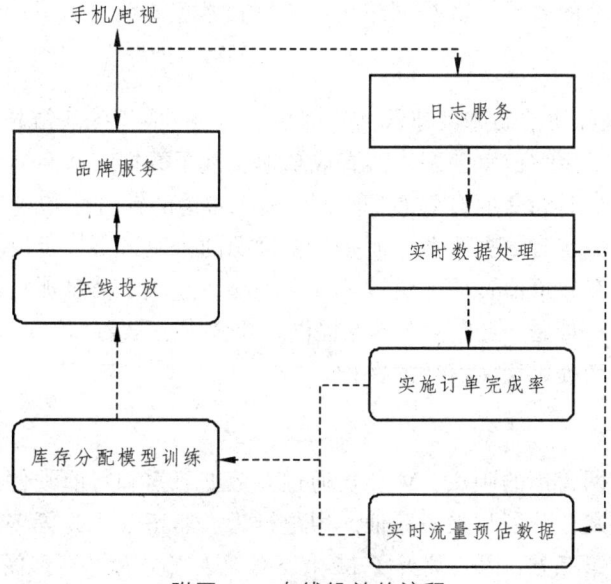

附图 29 在线投放的流程

从图中可以看出，在线投放是一个闭环，实时订单完成率和实时流量预估数据进入库存分配模型进行训练，形成在线投放方案，结合品牌服务的具体需求，通过手机或电视进行广告的发布，相关的数据进入日志服务，在经过实时数据处理后，得出实时订单完成率的数据，然后进入下一个循环。

（六）分析平台

在广告业务运营的过程中，必然会面临着各种各样的问题，包括系统问题、数据问题和算法问题等，当遇到问题时如何在最短的时间内找出并解决问题显得十分重要。为此，M公司开发出了针对广告运营的分析平台。该分析平台支持实时问题和历史问题的排查：对于实时问题，一般通过发送 debug（排除程序故障）广告请求获取到广告投放每个关键步骤的信息，以此判断在哪个环节出了什么样的问题；对于历史问题，平台提供了分阶段详细的计数信息。可以看到，这个广告每个小时的分阶段数据统计、总的请求数、被平滑过滤数量以及被在线分配算法过滤次数等，据此即可断定存在的是预估问题还是分配问题，在此基础上进行对症下药，解决存在的问题。

九、区块链应用

区块链因具有去中心化、共同维护数据、不可篡改等特点，受到了国际、国内的广泛关注。M公司将区块链用在营销领域，提供全场景智能营销解决方案，可谓是行业中的创新应用者。

（一）区块链技术解决了M公司的营销痛点

M公司在开展营销业务的过程中遭遇了不少传统技术手段无法解决的痛点，而应用区块链技术能得到较为满意的效果。M公司应用区块链技术主要针对以下三个方面的痛点：

1. 数据互联互通

以M公司和某国际快消品牌共建数据管理平台为例，应用区块链技术后，在完全保护用户隐私的前提下，通过用户信息匹配，两者成功地实现了数据互联互通。数据管理平台共建最大的优势在于能第一时间获取有效的"种子"，提高营销的针对性和成功率。在传统条件下，有客户资源的企业不一定有数据资源，而有数据资源的企业又不一定有客户资源，各自建立一个数据管理平台，有效价值资源无法被整合在一起，造成了信息孤岛和巨大浪费。而区块链技术恰恰能解决这一难题，能为合作各方提供一个去中心化的、安全透明的数据交换平台，并能为各方的数字资产提供切实有效的保护。

2. 反作弊

流量作弊是互联网营销的顽疾，M公司通过大数据积累和智能硬件技术虽已形成了一套高效的反作弊解决方案，分别从设备验证、用户行为、非正常行为等多维度进行反作弊，但是结果却无法输出至第三方，因为离开了M生态系统，安全就得不到保障。为此，M公司利用区块链技术构建了一个平台，将 M 公司以及其他优秀的反作弊能力安全透明地输送出去，实现去中心化的共享。

3. IP 不一致

IP 不一致常常会导致营销活动的监控失败。比如，在一次广告交易中，定向监测某地区的 IP 数据，但是因为有时间差，得到广告响应显示的 IP 地址已经改变，产生了 IP 漂移现象，最终导致数据监测失真。应用区块链解决方案能将投放请求环节实现相互关联，协助不一致性的排查，降低不一致的比例，避免 IP 不一致现象的出现。

（二）技术选型

M 公司采用了 Hyperledger 联盟的区块链技术。M 公司积极倡议和探索基于区块链的营销解决方案，用于解决营销程序化购买过程中的痛点。M 公司倡议的区块链方案，优势在于能够用相对低的运营成本解决信任问题，避免了资源浪费，大幅提高了运营效率。

在程序化营销的数据交换、广告投放和效果跟踪三个环节，借助区块链解决方案，所有参与者的角色是确定的，而且规则是一致的，信息也是对称的，参与各方的信息全程透明，对于共同建设安全、透明和高效的营销生态作用显著，需要各方共同参与、协力推进。

十、案例评析

M 公司是伴随着我国移动互联网的快速发展而成长起来的创新型企业，移动互联网为 M 公司获取数据资源提供了前所未有的条件和保障。在短短数年之间，M 公司依靠自身及其生态链企业制造的各类智能产品，结合移动互联网渠道，打造成了在产业界具有领先地位的"数据金矿"。M 公司在大数据开发和利用方面带给我们以下启示：

第一，树立大数据思维，将大数据当作企业生产经营的战略资源。M 公司以生产高性价比的智能手机起家，在手机规模取得快速突破的同时，企业将手机作为建立企业与用户之间连接的重要载体，以数据交互作为服务的重要内容，在不断提升服务水平的同时，逐步夯实了数据资源基础。

第二，坚持商业模式创新构筑新型商业生态。M 公司的商业模式可以概括为"是手机公司，也是移动互联网公司，更是新零售公司"。其中，手机包括以手机为主体，电视、路由器和生态链产品为补充的智能硬件产品；移动互联网是以操作系统为主体，以互娱、云服务、金融和影业等为补充的互联网产品；新零售则是以 M 商城为代表，以全网电商、M 之家和有品商场为补充的新零售体系。三大业务板块之间数据共享、业务联动、资源整合，犹如相互作用的 3 个轮子，紧密耦合，共同驱动 M 公司的快速崛起。

第三，基于大数据的商业开发潜力巨大。M 公司在完成大数据资源基本的积累之后，积极利用自身的智能硬件和互联网产品开展大数据的营销与广告业务，已形成了可观的市场规模和较为成熟的运营模式，成为大数据资源增值服务的领先开拓者，也成为其既稳定又可观的营收来源。

第四，大数据的开发和利用必须牢牢坚持"以用户为本"。"真心诚意和用户交朋友"是M公司的核心价值观，大数据的开发和利用首先应将其作为更好地了解用户需求的基本依据，并在此基础上为用户提供个性化、专业化和精细化的产品及服务。M公司因为操作系统及其之上各类应用的存在，不仅拥有了系统层级的各种传感器和应用使用数据，而且还拥有丰富的不同场景的应用数据，同时又因为生态链"周边"产品的存在，对用户的感知从手机扩展到了全身，从个人扩展到了家庭，几乎做到了"无微不至"。在此基础上深入细致地做好用户的数据积累，建立全方位的用户模型，以便进行深入的数据挖掘，为更好地满足用户的特定需求进行了深入探索，充分体现了"以用户为本"的发展理念。

M公司作为处于快速成长起来的创新型企业，大数据所创造的价值和贡献自然功不可没。展望未来，M公司必将在大数据技术的研发和大数据资源的利用方面在新的起点上再攀高峰，创造更多、更大的奇迹。

【案例思考】

（1）M公司大数据战略思维是如何形成的？
（2）大数据分析在M公司广告投放中起到了怎样的积极作用？

附录三　H公司大数据应用案例

○ **知识目标**

（1）了解大数据在制造业中的应用和重要性。

（2）了解H公司如何通过大数据技术提升产品和服务质量。

（3）了解H公司如何利用大数据进行用户画像构建、精准营销和个性化定制。

（4）了解H公司如何通过大数据实现供应链优化和物流管理。

○ **能力目标**

（1）能够分析大数据在不同业务场景下的应用案例。

（2）能够理解并应用大数据技术解决实际商业问题。

（3）能够评估大数据技术对企业运营和决策的影响。

○ **素养目标**

（1）培养学生的数据意识和数据驱动决策的思维。

（2）提升学生的职业道德，包括数据隐私保护和合法使用数据。

（3）提高学生对数据科学和技术创新的认识。

○ **德技并修**

（1）在使用大数据技术时，坚持保护用户隐私和数据安全。

（2）通过团队合作和案例学习，培养学生的责任感和协作精神。

（3）强调创新思维和持续学习，以适应大数据技术的快速发展。

○ **项目说明**

（1）项目背景：H公司作为全球领先的家电品牌，利用大数据技术进行产品和服务创新。

（2）项目目标：通过分析H公司的大数据应用案例，学习如何利用大数据技术提升企业竞争力。

（3）项目内容：

- ◆ 商业模式创新：理解H公司如何通过大数据实现从制造产品向孵化创客的转变。
- ◆ IT建设愿景：学习H公司如何建立以用户体验为核心的社群经济和技术平台。
- ◆ IT服务模式：了解H公司的IT服务模式，包括云计算、大数据、信息安全和办公生产力。
- ◆ 战略实施：探索H公司如何通过IT支撑战略实施，促进网络化转型。

H公司是世界白色家电的领导者，目前，在全球17个国家和地区拥有8万多名员工，用户遍布世界100多个国家和地区。H公司作为以全球数亿个家庭为主要服务对象、以制造为主体业务的跨国巨型企业，拥有得天独厚的大数据资源优势。在大数据资源利用和大数据技术开发方面，H公司努力打造大数据企业，成为大型实体企业发展大数据的典型示范，积累了大量宝贵的经验和创新做法。

一、案例背景

从1984年创立至今，H公司已经经历了五个发展阶段，分别是名牌战略发展阶段（1984—1991年）、多元化战略发展阶段（1991—1998年）、国际化战略发展阶段（1998—2005年）、全球化品牌战略发展阶段（2005—2012年）以及从2012年12月开始至今尚在经历的第五个发展阶段——网络化战略发展阶段。在每个发展阶段，H公司都有不同的目标，而随着目标的变化，组织也相应地发生着变化，如附图30所示。

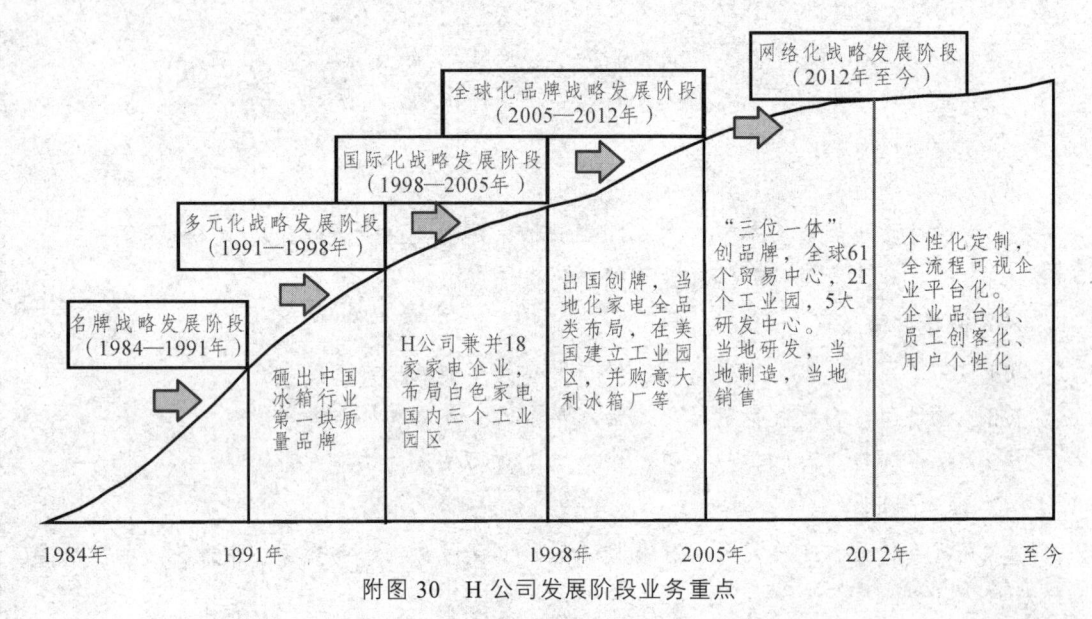

附图30 H公司发展阶段业务重点

经过40年的快速发展，H公司已从开始单一生产冰箱起步，拓展到家电、通信、IT数码产品、家居、物流、金融、房地产以及生物制药等领域，成为全球领先的美好生活解决方案提供商。H公司作为全球布局的国际化公司，拥有遍布全球的十大研发中心和108个工厂，旗下包括两家上市公司：一家主营业务方向是家电制造业，负责在新型制造业方面的经营；另一家主营业务方向是渠道，承担新型物流业务的运营。

进入第五个发展阶段后，H公司致力于转型为真正的互联网企业，打造以社群经济为中心、以用户价值交互为基础、以诚信为核心竞争力的后电商时代共创共赢生态圈，成为新经济时代的引领者。为了更好地实现转型，H公司在以下三个方面进行发力：

（1）在战略上，建立以用户为中心的生态圈，实现生态圈中各利益攸关方的共赢增值。

（2）在组织上，变传统的封闭科层体系为网络化节点组织，开放整合全球一流资源。

（3）在制造上，探索以互联工厂取代传统物理工厂，从大规模制造转为规模化定制。

H 公司作为已进入 2 亿中国家庭、拥有超过 6 亿国内用户的数据密集型企业，大数据已在其研发端、制造端、产品端、服务端和生态端等多个环节开花、结果，成为驱动新形势下企业超常规发展的核心动力。

二、数字化转型

在 H 公司快速发展壮大的过程中，信息技术的应用和信息化的发展是重要的助推器。从开始实施多元化发展战略开始，H 公司的 IT 战略分别经历了信息化起步阶段（1991—1998 年）、基础管理信息化阶段（1998—2005 年）、人单合一转型阶段（2006—2012 年）以及由流程驱动转变为信息驱动（2012 年至今）阶段，以 IT 应用的数字化转型促进集团"网络化转型"的深化。

（一）商业模式创新

进入"网络化转型"发展阶段之后，H 公司确立了商业模式创新的方向，基本思路是从过去"制造产品"向"孵化创客，人单合一"的双赢模式转变。为了实现这一转变，H 公司确立了"从产品销量转向用户流量""从价格交易转向价值交互"和"从产品金融转向生态金融"三个新的思想，重点推动"互联网+工业""互联网+商业"和"互联网+金融"三大业务板块健康、快速地发展。附图 31 为 H 公司的商业模式创新框架。

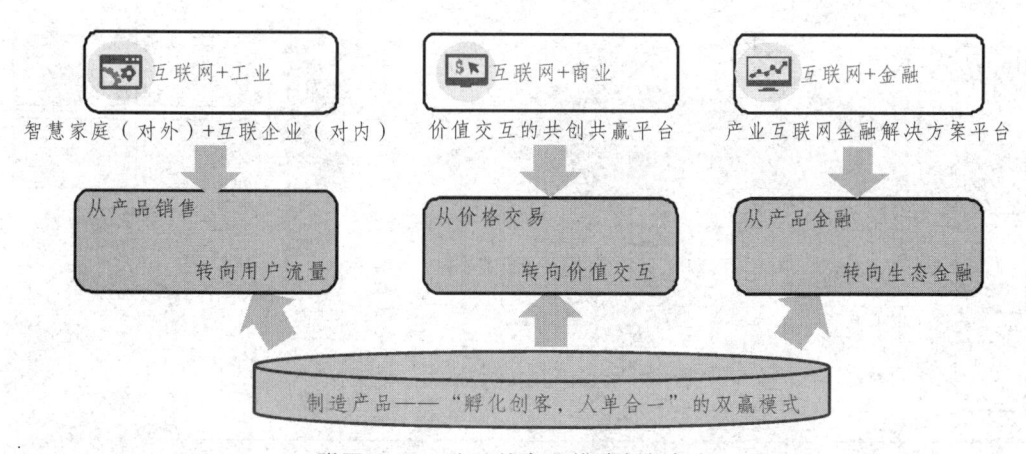

附图 31　H 公司的商业模式创新框架

（二）IT 建设愿景

为了更好地发挥 IT 在促进企业转型和支撑业务快速发展中的作用，H 公司确立了如附图 32 所示的 IT 建设愿景。

商务大数据分析导论

聚焦以用户体验为核心的社群经济/建立全球化技术平台
优化数字化应用服务/助力后电商时代网络化转型

体验服务　　　　　　　　　　　　　　经营运维

互联互通，共享协同

市场营销　　　　　　　　　　　　　　办公管理

附图 32　H 公司的 IT 建设愿景

H 公司的 IT 建设以促进"互联互通，共享协同"为基本着力点，加强 IT 在体验服务、市场营销、经营运维和办公管理中的全面应用，实现"聚焦以用户体验为核心的社群经济、建立全球化技术平台、优化数字化应用服务以及助力后电商时代网络化转型"等方面的建设目标。

（三）IT 服务模式

H 公司在长期的 IT 战略实施过程中，形成了既具有特色又富有成效的 IT 服务模式，如附图 33 所示。

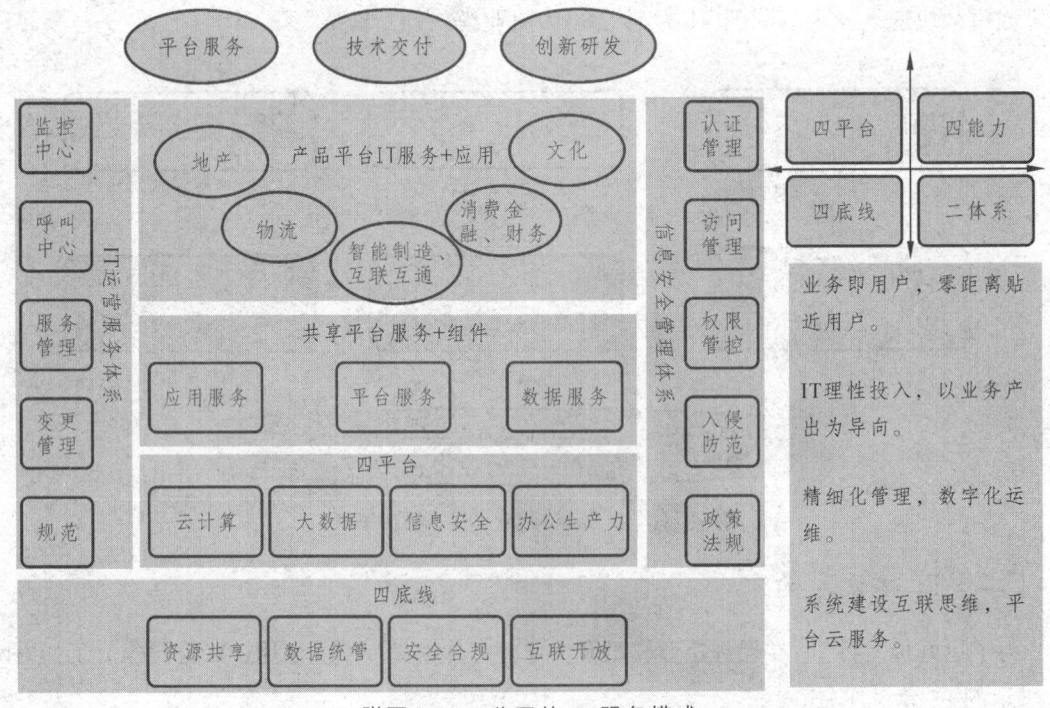

附图 33　H 公司的 IT 服务模式

从图中可以看出，H 公司的 IT 服务模式以四平台（云计算、大数据、信息安全和办公生产力）、四能力（企业架构能力、平台服务能力、技术交付能力和数据交付能力）、四底线（资源共享、数据统管、安全合规和互联开放）和二体系（IT 运维服务体系和信息安全管理体系）为基本保障，面向集团各产业提供"产业平台 IT 服务+应用"以及全方位的平台服务、技术交付和创新研发。

（四）IT 支撑战略实施

在"网络化转型"发展阶段之后，家电产业作为 H 公司的核心支柱，提出了各项战略，以加快推进"互联网+工业"的战略任务，附图 34 为 IT 支撑战略实施分解图。

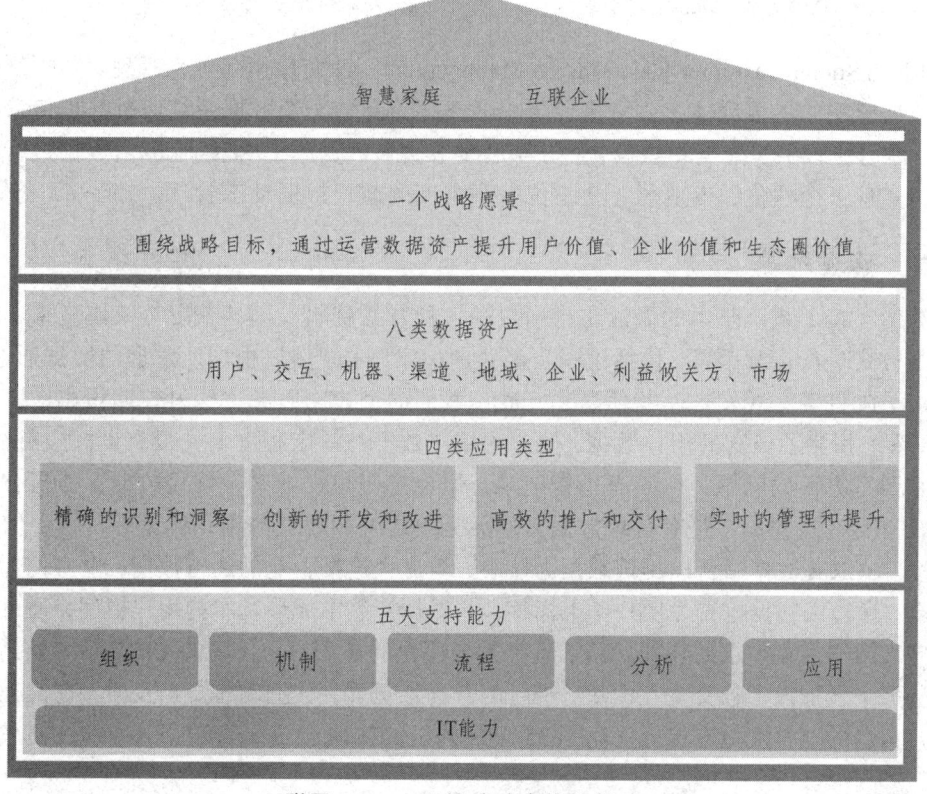

附图 34　IT 支撑战略实施分解图

IT 支撑战略的实施必须以强大的 IT 能力作为基础，提升组织、机制、流程、分析和应用五大能力，在精确的识别和洞察、创新的开发和改进、高效的推广和交付、实时的管理和提升四大应用类型中全面发力，最大限度地发挥用户、交互、机器、渠道、地域、企业、利益攸关方和市场八大类型数据资产的价值，实现"围绕战略目标，通过运营数据资产提升用户价值、企业价值和生态圈价值"的战略愿景，最终确保战略目标的全面实现。

（五）大数据驱动的数字化转型

充分发挥大数据推动企业在数字化转型中的突出作用是 H 公司 IT 建设的中心任务之一。为此，H 公司明确了企业实时大数据战略：

（1）集团层面全面数据接入，包括社群及媒体传播数据、物联网数据、经营管理数据、客户行为数据、非结构化数据。

（2）优化模型及算法，发掘潜在数据价值。

（3）切实提升数据实时分析能力，缩短显差及分析周期，全面提高业务洞察力。

根据企业提出的实时大数据战略，H公司提出了大数据驱动数字化转型的路径。

大数据驱动数字化转型以统一大数据云平台服务为依托，以DTS（Data Transmission Service，数据传输服务）实时大数据引擎驱动体验，以实时大数据驱动显差关差，实现了"驱动社群体验升级，驱动小微关差升级，自驱动业务升级"等方面的目标。

三、SCRM 数据平台

SCRM（Social Customer Relationship Management，社交化用户关系管理）数据平台是H公司大数据应用的主要载体。这一平台与H公司全流程12个数据系统通过数据接口进行数据采集、融合、识别、聚类和建模，将1.4亿线下实名数据与19亿线上匿名数据进行动态匹配管理，实现了个性化、专业化、全方位、多角度的客户数据动态管理。

（一）数据采集

传统的CRM系统基本的做法是将用户的各种背景资料、消费情况等收集进来，然后通过系统的方式进行持续跟踪，包括进一步消费的记录归档，然后根据所掌握的数据通过电话、短信、电子邮件等方式发送一些信息，开展一些面向用户的服务。经过长期积累，H公司内部CRM系统积累了丰富的用户数据，但这些用户数据在一定程度上并没有发挥应有的作用，主要存在四个方面的问题：一是有销售记录，但没有用户详细的个性化数据；二是有交易过程，但没有交互过程；三是有订单数据，但无订单之外的相关数据；四是有营销，但用户缺乏忠诚度。SCRM数据平台以用户数据为核心，全流程连接企业的运营数据，全方位连接社交行为数据，通过大数据挖掘为用户贴上标签，并根据标签形成最基本的用户模型，通过用量化分值来定义用户潜在需求的高低，精准满足其个性化的需求。与传统的CRM系统相比，由于SCRM数据平台加入了社交交互模块，平台的互动性更强，数据动态更新及时，在交互过程中使得用户信息的完整度更有保证。附图35显示的是SCRM数据平台数据采集的主要来源。

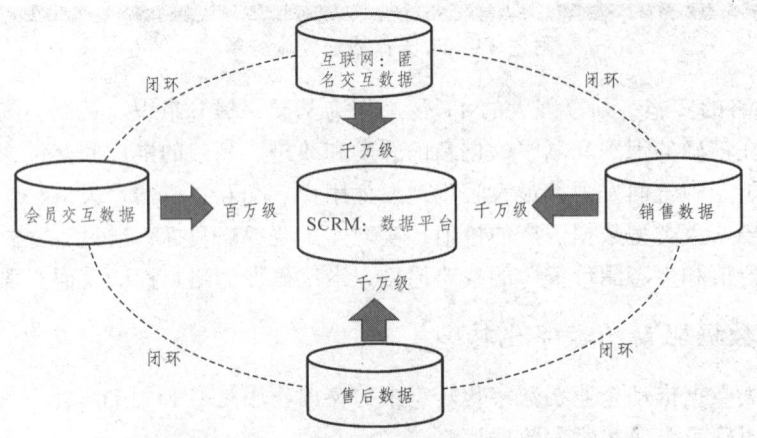

附图35 SCRM数据平台数据采集的主要来源

SCRM 数据平台的数据来源主要包括互联网匿名交互数据、销售数据、售后数据、会员交互数据等。纳入这一平台的数据提供渠道包括社交媒体（微博、微信、QQ）、知乎账号、网站、用户电话中心、iHaier（模块商）、众创汇（H 公司为用户提供的产品定制平台）、海创汇（H 公司为创客提供的创意孵化平台）等。同时也包括 H 公司在线下的各类自建销售渠道或合作销售渠道（如苏宁、国美），拥有线下实名用户超过 1.5 亿人，线上匿名用户超过 2 亿人。借助 SCRM 数据平台，H 公司还建立了口碑交互系统，对 100 多个主流社交媒体进行舆情监测。只要用户在其中发帖或发言，系统就会实时自动抓取与电器有关的数据，并自动反馈给各个产业部门，他们可以直接在平台与用户回复互动，回复数据会直接回传到相应的社交媒体或网站。

（二）数据模型

H 公司建设 SCRM 数据平台的根本目的是通过汇集全方位的用户数据进行数据挖掘，并用于各类预测和决策。这一平台经过数据融合、用户识别，生成数据标签，以建立起各类数据模型。H 公司先后建立了 3 个大类、10 多个数据模型。比如，预测用户接下来会有哪些大的行动（如购房、结婚、异地搬迁等），会有什么样的消费需求，或者对已有的产品、方案有哪些改进、完善的需求等。附图 36 为 SCRM 数据平台数据模型的构成。

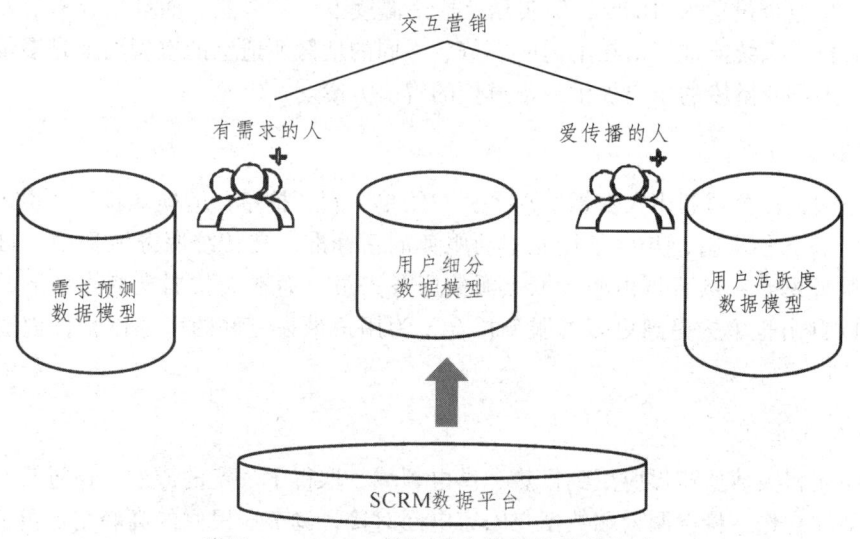

附图 36　SCRM 数据平台数据模型的构成

（三）数据应用

基于 SCRM 数据平台，H 公司开展了全方位的数据应用，尤其是数据密集程度最高的空调领域，诞生了总数量超过 500 亿条的室内空气大数据，覆盖了全球 30 多个国家、地区和国内 500 多个 10 万人以上的小区。各类数据在 H 公司的研发端、制造端、产品端、服务端和生态端有着全方位的应用。

1. 研发端应用

在研发端，空调事业部通过大数据实现了从研究"机器"到研究"人"的跨越。通过大数据联合研发智能仿生人技术，空调事业部可以模拟人体 30 个身体部位、20 种新陈代谢模式、162 个神经元传感器以及 17 种温冷环境。H 公司将人体对空调吹风的舒适度量化，建立了全球首例人体空气舒适性模型，同时依托仿生人研发出的自然风、自清洁以及离子送风等原创技术和产品，能满足用户健康舒适的个性化需求，真正做到了使个性化需求得到最大限度地满足。

2. 制造端应用

H 公司以 SCRM 数据平台的用户数据为助力，实现了从"大规模生产"到"大规模定制"的转变。例如，H 公司通过空调应用大数据分析发现，用户群普遍存在空调清洁上的痛点。为此，H 公司发明了会自己"洗澡"的空调——自清洁空调。这种空调会根据用户的开机时间、使用时长等大数据分析其自清洁需求，当达到自清洁指标时，自清洁空调就会给用户发送自清洁指令，用户只需一键控制就可以让空调给自己"洗澡"。

3. 产品端应用

在产品端，H 公司基于大数据实现了从"电器"到"智能网器"的升级和产品智能化的跨越，同时还以海量数据为基础建立了地域差异化的舒适度节能模型，主动学习用户的使用习惯，实现"千人千面"的个性化节能。比如，在夏天使用空调时不少用户为了追求速冷舒爽的效果，把空调设置为 18 ℃，但实际上这个温度不仅不节能，而且很容易引发感冒。通过大数据分析，系统能推算出在不同的季节、不同的地区所适宜的空调温度是多少，从而为不同区域、不同年龄段的用户提供一个最佳的解决方案。

4. 服务端应用

在服务端，H 公司利用大数据实现了从"派单"到"抢单"的模式转变，引入了优胜劣汰的行业服务竞争机制，开启了行业主动服务的新标准。在传统服务流程中，订单首先会被先派到服务网点，然后再由服务网点派给服务人员。而在大数据支持体系下，优秀的服务人员可以自由抢单，得到更多的服务机会，为用户带去更好的服务体验，创造更高的服务价值。

5. 生态端应用

H 公司还将大数据跨界应用到供热、供电领域，取得了一定的成效。通过与某电力公司展开电力削峰合作，将空调云端数据与国家电网对接，调节居民侧的高峰用电负荷，降低电网峰谷差近 20%，缓解了电网运行压力；通过与某暖通公司展开供热合作，将空调室内空气大数据用于企业供热小区室温实时监测，辅助实现供热企业的适时按需供热，取得了良好的成效。

四、大数据营销

利用大数据资源实现大数据营销是 H 公司开发和利用大数据资源的重中之重，H 公司在建设和运营 SCRM 数据平台的基础上进行了全方位的探索。

（一）规划与建设

在规划与建设阶段，H公司从以下六个维度来推进建设：

（1）营销流程：针对H公司内部组织管理架构、业务流程，以及如何保证流程的顺畅运行进行了相应的规划和梳理，为开展大数据营销建立了新的流程。

（2）数据管理：对如何捕获数据、怎样对数据进行ETL处理以及如何进行存储、清洗、整合等问题，确定具体的方案。

（3）营销分析：如何利用数据指导决策，怎样站在企业的高度对战略和业务发展方向进行指导规划。

（4）营销系统：分析各业务部门是如何进行营销的，并针对实际情况提出实施精准营销的措施。

（5）沟通渠道：考虑在传统沟通渠道的基础上，增加微信、App推送等沟通渠道。

（6）评价体系：参考电商平台的一些评价规则，提高评价的作用和价值。

（二）数据归集和数据清洗

在H公司，与用户行为比较相关的六套系统分别是H商城、净水商城、微信公众号、线下店系统、物流系统和售后服务系统。H公司在对这六个系统进行分析的基础上实现了数据归集和数据清洗，形成了统一的系统。

（1）H商城：已集聚数千万的用户数据，由于数据完整、时效性较强，应用价值比较高，所以在整合后可供其他的系统使用。

（2）净水商城：主要集聚了购买净水设备的用户数据，利用开发的系统，通过H商城和净水商城的交叉销售，找到用户之间的关联，促进交叉销售。

（3）微信公众号：把微信公众号的信息整合到统一的系统中，将用户的其他信息和手机号相关联，促进用户数据的统一和完整。

（4）线下店系统：集成线下店数千家商户的信息，实现线上、线下数据的整合。

（5）物流系统：将用户通过H商城、天猫商城配送的地址信息和系统中的用户信息进行匹配，丰富和完善物流基础数据。

（6）售后服务系统：将已经入库的数亿用户售后数据激活，用于不同产品线的大数据营销活动。

（三）用户画像

基于大数据资源进行用户画像，可以全面系统地抽象出一个用户的信息全貌，为进一步精准、快速地分析用户行为，提供了足够的数据基础，以便更好地满足用户个性化、差异化和多样化的需求。H公司拥有海量的线下实名数据和线上匿名数据，为全方位开展用户画像提供了基础。在实际运作中，H公司将用户数据分成3个层级、7个维度（入市意向、地理位置、人口统计特征、兴趣爱好、使用偏好、品牌喜好度以及购买和使用倾向），200多个标签和5 000多个节点进行用户画像。

用户画像既可以通过现有用户数据更好地发现消费需求，又可以洞察新产品开发的商机。例如，H公司用户数据显示，用户群体中40岁以下的人数超过2/3，他们的学历层次远超社会平均水平，对健康问题较为关注，生活有较高的品位等。H公司据此开发出了一整套智慧自健康家电，包括既能保湿又能保干的干湿分储冰箱、边洗衣边清洗内桶的免清洗洗衣机以及一键清洗蒸发器的空调等。这些创新型的自健康家电产品通过自主解决机器自身存在的安全、健康和洁净等问题，在为用户带来健康、智慧、时尚生活体验的同时，也充分体现了用户画像的独特价值。

在用户需求变得更加个性化、多样化，同时也更加碎片化的时代，产品的创新与迭代变得更加不可捉摸，H公司将用户画像数据与用户消费数据、交互数据、体验数据、反馈数据、评论数据和产品画像数据有机融合，可以在第一时间掌握用户的现实需求和潜在需求，从而为各类经营决策提供依据，对提升企业的竞争力和发展力必然大有裨益。

（四）营销自动化系统

基于用户画像所获得的大量用户数据，H公司开发了一套自动化营销系统。这一系统基于用户画像，可以对用户进行全方位的分群、筛选，并制定相应的营销规则。营销的自动执行主要通过短信、电子邮件、微信以及App推送，在这个过程中，业务人员可以检测点击与访问数据，比如说电子邮件是否到达、是否被点击、购买情况是什么样的等。这些信息都会回传到EDW（Enterprise Data Warehouse，企业数据仓库）系统中，形成数据流的闭环。

为了更好地利用营销自动化系统，H公司建立了统一的营销规则，明确了每个部门都可以利用大数据平台，或者说利用营销自动化平台达到自己的营销目的。在同一个平台上，不同部门的用户享有不同的权限，他们可以使用各方的数据，同时需要确保良好沟通，避免重复营销，以免引发用户的反感情绪。

（五）U+智慧生活平台

H公司大数据营销的重要发展方向是搭建"U+智慧生活平台"。"U+智慧生活平台"是以"互联平台、云平台、大数据平台"为支撑，构建并联交互平台和生态圈，为全球数亿用户提供互联网时代美好生活解决方案。附图37为"U+智慧生活平台"的框架。

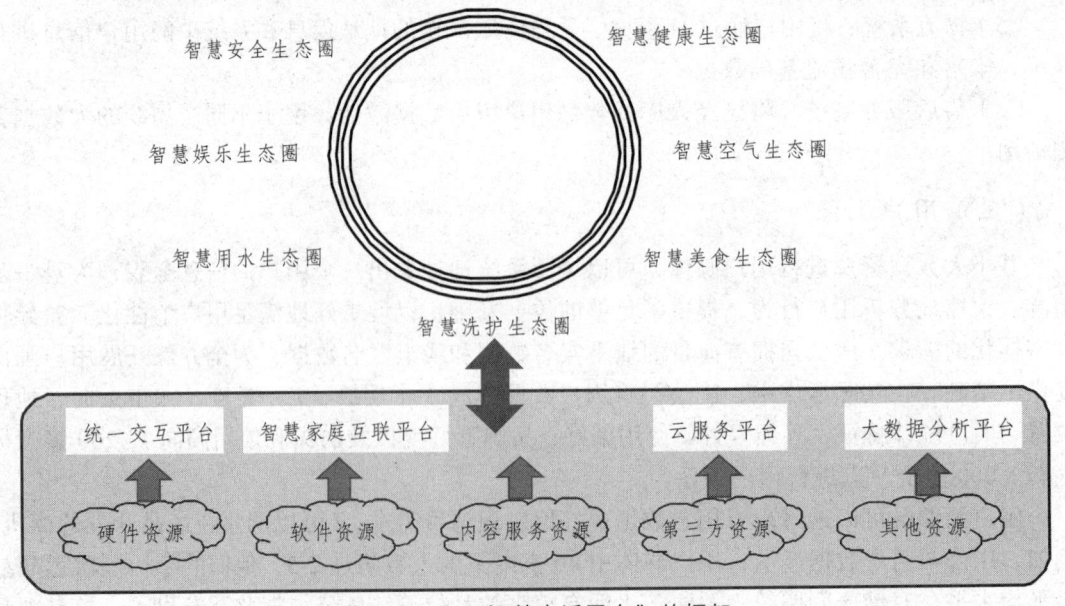

附图37 "U+智慧生活平台"的框架

"U+智慧生活平台"以硬件资源、软件资源、内容服务资源、第三方资源和其他资源为支撑，打造统一交互平台、智慧家庭互联平台、云服务平台和大数据分析平台，构筑智慧用水生态圈、智慧娱乐生态圈、智慧安全生态圈、智慧健康生态圈、智慧空气生态圈、智慧美食生态圈和智慧洗护生态圈。

（六）大数据营销工具

为了更好地开展线下交互营销，SCRM 数据平台开发了两个大数据营销工具。

1. H 营销宝

H 营销宝是为营销及销售人员开发的具有精准营销功能的大数据产品，可以辅助其面向区域、社区和用户个体开展精准营销。

2. H 交互宝

H 交互宝是为研发人员开发的具有用户交互功能的大数据产品，可以帮助研发人员更好地发掘会员俱乐部内的海量活跃用户，并进行交互创新。

H 交互宝有助于建立以用户为导向的数据应用场景，整合以需求分析、新品研发、上市渠道选择、推广内容制作、消费者意见反馈、消费者调研为构架的闭环，帮助研发人员更全面地了解用户的痛点、受欢迎的产品特征、用户的兴趣分布与可参与交互的活跃用户。

H 交互宝具有以下三方面的特征：

（1）场景驱动：分角色、分场景的产品体验设计，通过关联规则分析的算法，找到最适合特定目标人群的若干种产品特征组合，通过对应分析的算法，比较不同人群对产品的差异化需求。

（2）智能预测：内置的营销场景模型，交互式实时分析，数据可视，所见即所得，能根据产品特征需求在时间轴上的波动，预测某一产品特征在未来的需求增减情况。

（3）行动明确：使分析结果明确可执行，并可以无缝对接其他数据的应用，结合关联规则分析和人群特征匹配算法，按可能性从大到小给出潜在人群推荐。

五、COSMOPlat 平台

如何利用大数据等技术实现大规模的个性化定制，实现制造业的转型升级，是每个制造业企业都在苦苦追求的目标。H 公司通过构建和运营 COSMOPlat 平台，探索出了一条行之有效的发展道路。

（一）建设思路

H 公司将用户碎片化、个性化的需求与智能化、透明化的制造体系无缝对接，打通了整个生态价值链，实现了用户、产品、机器和生产线之间的实时互联。在互联工厂内，用户能够参与到产品的交互、设计、制造等全流程中，由单纯的消费者变成"产消合一"的产消者。在此基础上，H 公司推出了中国首个自主创新的工业互联网平台——COSMOPlat。这一平台以互联工厂模式为核心，改变了传统工业制造中单纯"以机器换人"的模式，让用户全流程参与产品的设计研发、生产制造、物流配送以及迭代升级等环节，从提出设想到设计、下单，再到最后拿到产品，用户可以看到定制产品的全过程，产品生产出来后直接就送到用户家中。附图 38 为从创意到交付的全过程。

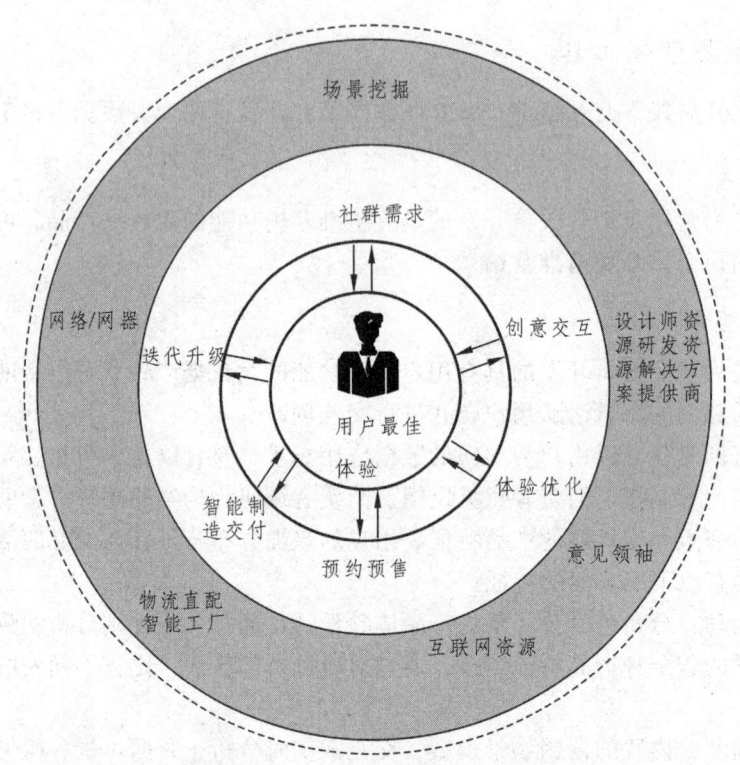

附图 38 从创意到交付的全过程

COSMOPlat 平台除体现以用户需求为中心外，还展现出了大数据所具有的独特价值。目前，这一平台上聚集了上亿的用户资源，同时还聚合了 300 万以上的生态资源，为平台服务更多的企业、实现智能制造的转型升级提供了强大的支撑能力。

（二）建设目标

COSMOPlat 平台建设的总体目标是要缔造社会化服务平台，从产品生态扩展到工业新生态，助力更多的中国制造业企业实现换道超车。

COSMOPlat 平台建设的具体目标是通过将互联工厂模式产品化、社会化，为企业智能制造转型升级提供整体解决方案——互联工厂解决方案的应用系统，帮助企业实现全流程的业务模式革新，精准抓取用户需求、精准生产，实现高精度、高效率的大规模定制升级转型。COSMOPlat 平台提供的互联工厂解决方案包括协同创新、众创众包、柔性制造、供应链协同、设备远程诊断维护、物流服务资源的分布式调度以及计划的跨企业协同等，全面提升了产业链的整体效率。与此同时，企业内部的研发、生产、工艺、物流和服务等全流程信息互联、并联协同，有助于促进企业资源聚集用户需求，推动模式和技术创新，创造出更大的价值。

（三）平台架构

COSMOPlat平台的总体架构由物联层、平台层和应用层构成。底层的物联层包括两类大数据，即消费端的用户产品形成的产品大数据以及制造端加工设备形成的智能制造大数据；平台层将产品大数据和智能制造大数据实现融合，完成从交互、设计、定制、生产、物流、服务到使用，再到体验迭代的全过程；应用层通过HOPE（H内部开放创新平台）、众创汇（用户交互定制平台，用户全程参与个性化设计）、海达源（模块商资源平台）等平台实现智能生产、能源管理和设备管理。具体的应用系统包括用户交互系统、定制系统、开放创新系统、模块采购、智能生产和智慧物流等。COSMOPlat平台的系统架构如附图39所示。

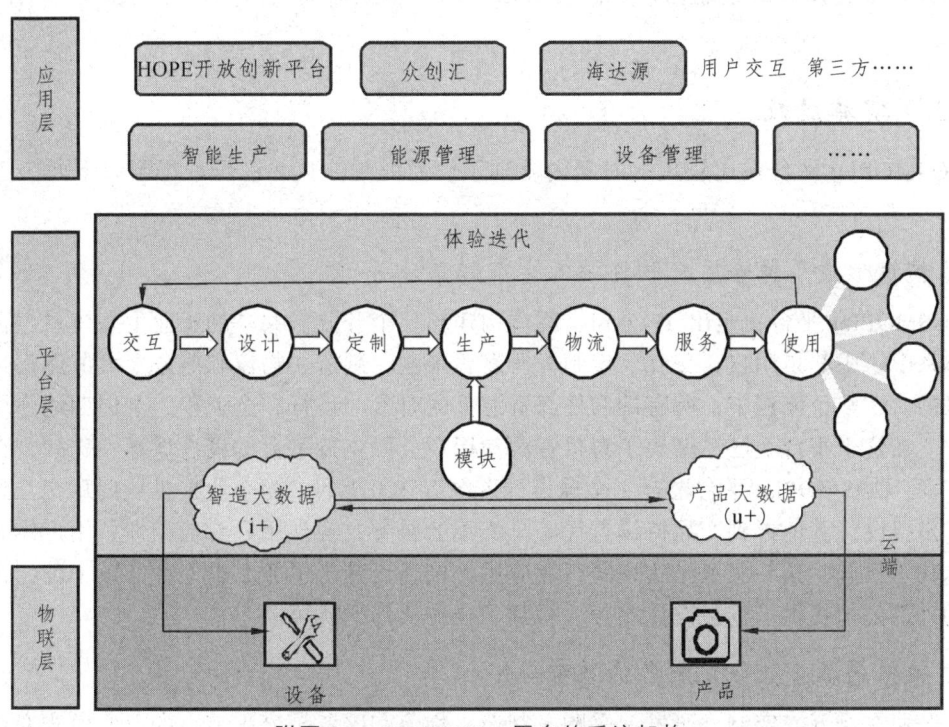

附图39 COSMOPlat平台的系统架构

COSMOPlat平台作为H公司互联工厂的支撑性平台，具有以下先进性：

（1）开放的云平台：开放的架构、接口在保障平台安全性的同时也支持了跨行业的发展。

（2）模块化微服务：将传统的工业模型、工业流程分解为可高度适用的微服务模型，能支持应用方案的快速部署和灵活定制。

（3）分布式的架构：支持平台性能横向无限扩展，能满足高并发、高可靠和负载均衡的需要。

（4）智能物联：采用快速采集和高压缩存储技术，支持工业级别数据流式在线分析，实时预测响应和资源分布式调度，实现全面的智能物联。

（四）核心能力

COSMOPlat平台作为中国版自主创新的工业互联网平台，具有有别于其他平台的核心能力：

（1）用户全流程参与的大规模定制体验迭代：支持用户参与企业运作，具有全流程大规模定制的能力，不仅能让企业精准地获取用户需求，而且用户需求可以推动企业的全流程的变革和优化，推动企业的经营理念从"以企业为中心"向"以用户为中心"的转变。

（2）强化企业的基础运营能力：目前，国内的很多企业还停留在自动化和孤岛式信息化层面，内外部之间的互联互通尚未实现，通过COSMOPlat平台构建全要素互联互通的能力，有助于企业提升全要素、零距离的运营能力，夯实精准营销、智能生产以及大数据应用的基础，把设备数据、工业数据等企业数据和用户数据深度融合，真正释放出数据的无限潜能。

（3）开放、共创、共赢的诚信新生态：COSMOPlat平台致力于提供覆盖企业全生命周期的生态服务，进而帮助企业构建起围绕自己的用户全生命周期以及产品的全生命周期的生态圈。

（五）实施成效

COSMOPlat平台在比较短的时间内受到了广泛的关注，并已经取得了以下两个方面的成效：

1. 初步形成了聚合用户和资源的生态体系

COSMOPlat平台正走出H公司，逐步构建起一个开放、共享的工业生态体系。在这个生态体系中，中心是用户，交互、定制、研发、采购、制造、物流和服务七大节点都是与用户并联的。在整个流程中，所有的内外部资源都同时参与运行，全流程、全周期地为用户提供服务。在这个平台上已经聚集了海量资源和用户，以支持平台的良性循环。比如，在开放创新方面，COSMOPlat平台聚合了全球设计资源近300万种，为企业提供从创意交互到协同设计、虚拟设计验证再到产品持续迭代等全流程的服务，实现用户参与设计、用户体验驱动产品迭代。目前，这一服务已实现跨行业应用，创新设计出了非家电类产品数十种，为数以百计的外部公司提供了创新设计服务，得到了合作伙伴的认可。

2. 输出七类可社会化服务的系统应用

H公司在交互、定制、研发、采购、制造、物流和服务全流程节点的业务模式变革，已经输出为七类可社会化服务的系统应用。这些应用，一方面可以帮企业实现开放、跨界的协同，提升企业精准交互用户、实现外延式创新的能力；另一方面可以通过信息集成共享，提升企业的柔性、响应速度等内在的能力。比如IM（Intelligent Manufacturing，智能生产）系统和传统的MES（Manufacturing Execution System，制造执行系统）不同，其基于平台的架构可以灵活配置、按需定制、快速部署，八大功能模块支持智能排产、生产实时监测、精准配送和能源优化等，同时还可以将生产过程全数据链集成，实现生产、质量信息的全过程可追溯。

六、透明工厂大数据应用

H公司作为一家有100多家工厂分布在世界各地的全球跨国企业，如何实现高效、敏捷、协同管理，一直是其需要面对的挑战。利用大数据手段构建"透明工厂"战略是解决这一问题的有效手段。

（一）建设目标

H公司实施"透明工厂"战略主要包括以下建设目标：

（1）实现以用户为中心的个性化定制生产，激活H公司的市场、研发、生产、销售和服务等环节，形成一个对市场反应迅速、对用户需求敏感的生产体系。

（2）在互联工厂的模式下，通过与用户产生交互，形成互联互通的工厂，使企业管理者和用户能随时查看正在运转的生产线情况，并可以跟踪产品的整个生产过程。

（3）和用户产生高频次的互动，实现去中介化，让企业和用户享受更多因成本下降、效率提升所带来的实际利益。

（4）让企业能够实时听到市场的声音，保证产品的升级和变革能更快地适应市场需求，增加产品的竞争优势，提高产品的可持续创新性。

"透明工厂"战略最终要实现利用物联网了解实体工厂中每个物理对象的状态，通过互联网加强上下游供应商以及终端客户的需求和行为管理，同时满足制造系统中各级管理人员管控业务的需要。

（二）建设思路

"透明工厂"制造大数据的建设思路包括以下三个方面：

（1）对各互联工厂的生产执行情况进行实时掌控，实现全面可视化，达到对内可以满足集团、产业线、工厂及各职能部门的管理需求，对外可以满足用户个性化定制的订单全过程追踪需要。

（2）通过设备报警和预警显示，对报警的问题进行闭环处理，实现快速排故及设备预测性检修，使设备停机时间降低20%。

（3）通过对质量影响因素识别与关联进行分析，以及对集团级质量控制和过程的追溯，对质量状况、质量问题进行监控，实时显示和分析，使订单合格率在原有合格率的基础上提高2%。

（三）实现方案

H公司"透明工厂"大数据架构的最底层是各个空调工厂、冰箱工厂等互联工厂，它们是数据产生的源头。在这些工厂之上，建立一个集团级的大数据平台。该平台包括数据集成、存储、预处理技术，以及可视化分析和大数据分析技术，为整个H公司互联工厂的制造大数据提供技术性、平台性的支撑。

"透明工厂"战略中的数据集成包括非实时数据接入服务、实时数据接入服务，以及实时、批次处理；数据存储及预处理包括非结构化数据存储、结构化维表数据、结构化事实表以及分布式计算；平台实现的大数据可视化包括集团可视化（如制造大数据可视、采购大数据可视、供应链大数据可视等），工厂平台层可视化（如订单、物料、设备、质量和人员等维度的可视化），业务追溯层可视化（如执行层可视、问题分析、用户交互可视等）；最后的大数据分析是利用数据分析的算法和数据挖掘的手段,在质量、制造、服务等方面进行探索和应用。

(四)可视化建设

H公司"透明工厂"的可视化建设包括以下两个部分:

1. 互联工厂运行状况可视化

运行状况可视化主要用于向公司大屏幕提供数据展示支撑,同时给公司的领导层提供PC端应用。大屏幕上展现的是H公司全球各个互联工厂的运行情况,根据H公司管理的纵向维度分为集团、区域和工厂三个级别。全球级别的展现以世界地图为核心,在地图的周边展现各项生产运行指标;在地图上主要分为七大区域,周围展现的指标是对这七大区域形成对比的数据,包括整个供应链中的生产执行情况、设备参数实时展现、设备运行情况监控、订单执行报警等数据;生产过程将展示企业内部以及各个业务主体,各个产品在设计过程、采购过程、制造过程、应用过程的相关设备、订单信息,通过对各个不同产品、不同过程的分析,达到对各个阶段质量信息的展现。

2. 生产过程动态可视化

生产过程动态可视化是对工厂级的整个生产过程进行建模,实现一个动态的展现图,满足动态可视化监控的需要。每个生产场景都可以看到该区域的负责人、各生产单元的管理人员的信息,同时还包括用户对各位人员的评价等。在展现图上,管理人员可以看到货物在工厂内流转的情况,可查看的信息包括该产品的产品批次、订单、所属用户等。这些动态的监视图既可以展现在车间管理人员的PC端桌面,使管理人员实时掌握该工厂各生产线的订单、设备、负荷、质量、异常报警、用户评价等生产运行情况,又可以展现给用户,使用户能快速地看到订单的生产走到哪个环节。

七、物流大数据应用

物流大数据主要定位于为居家大件提供供应链一体化解决方案的服务平台。

(一)发展历程

1. 企业物流再造——打造家电供应链一体化服务能力

物流业务成立之初对原先分散在28个产品事业部的采购、原材料配送和成品分拨业务进行整合,创新提出了三个JIT(Just In Time,即时生产)的管理模式,赢得了基于速度与规模的竞争优势。同时,还提出了"一流三网"同步模式,即整合全球供应商资源网、全球配送资源网、计算机网络,三网同步流动,为订单信息流提速,建立起贯穿供应链一体化的服务能力。

2. 物流企业的转型——为用户定制供应链一体化解决方案

凭借多年来打造的供应链一体化服务能力、业务流程再造经验和专业化物流团队等资源,

H公司物流开始从企业物流向社会化物流企业转型。随着全国三级物流网络的快速布局，H公司物流建立起了服务订单/产品的全程透明可视化信息平台，并为用户定制供应链一体化解决方案。

3. 平台企业的期限——打造大件物流信息互联生态图

在互联网时代，物流企业单一服务、简单仓配服务、打价格战等已经很难满足用户的需求，因此物流企业开始向平台企业转型。定位于为居家大件提供供应链一体化解决方案服务平台，以用户的全流程最佳体验为核心，以用户付薪机制为驱动，H公司物流建立起开放的、互联互通的物流资源生态圈，快速吸引物流地产商、仓储管理合作商、设备商、运输商、区域配送商、加盟车主、最后一千米服务商、保险公司等一流的物流资源进入，实现了平台与物流资源方的共创共赢。

（二）核心竞争力

H公司物流的发展先后经历了从企业物流→社会化物流企业→平台企业的三个转型，依托先进的管理理念和大数据等物流技术，整合全球一流的网络资源，建立起了四网融合的核心竞争力。

1. 覆盖到村的仓储网

H公司物流建立起辐射全国的分布式三级云仓网络，拥有10个前置揽货仓、100个物流中心、2 000个中转库，总仓储面积在500万平方米以上，实现了全国网络无盲区覆盖。

2. 即需即送的配送网

H公司物流建立起了即需即送的配送网，在全国规划了3 300多条班车循环专线、9万辆创业"车小微"，为用户提供到村、入户送装服务，并在全国2 915个区县实现"按约送达，送装同步"。

3. 送装一体的服务网

H公司物流在全国范围内建立了6 000多家服务网点，实现了全国范围内送货、安装同步上门服务，为用户提供了安全可靠、全程无忧的服务体验。

4. 即时交互的信息网

H公司物流建立了开放智慧物流平台，不但可以实现对每台产品、每笔订单的全程可视，而且还可以实现人、车、库与用户需求信息即时交互。

依托四网融合的竞争力，H公司物流为用户提供了供应链一体化解决方案，搭建起开放的专业化、标准化、智能化大件物流服务平台和资源生态圈平台，为用户提供差异化的服务体验。

（三）解决方案

为了解决当下大件物流偏远地区送不到、时效差、破损多和送装不同步等问题，H公司物流以强化三线、四线城市的配送网络及送装入户能力为己任，针对大件配送的全流程提出了如附图 40 所示的五大核心解决方案。

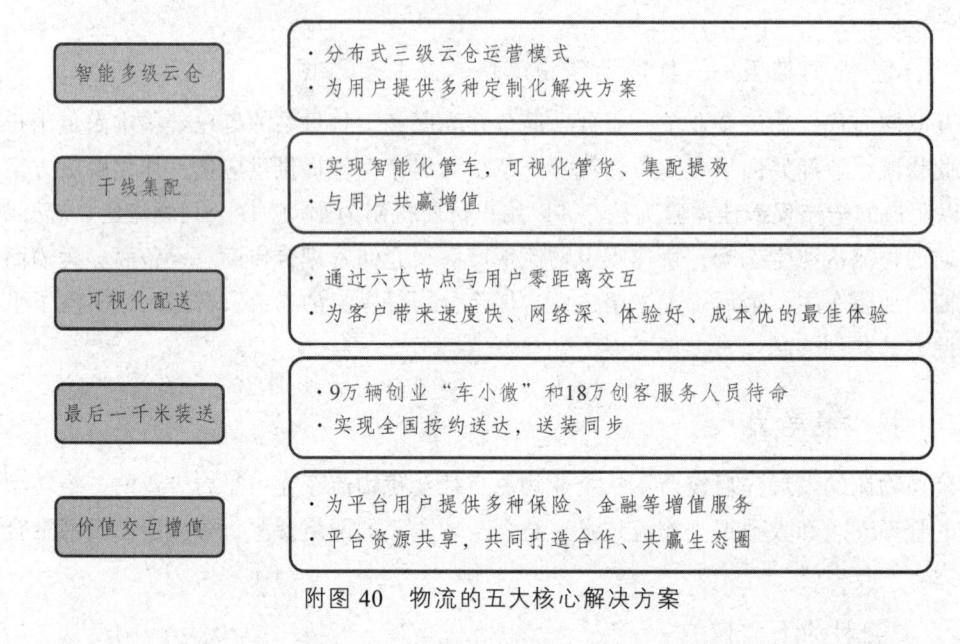

智能多级云仓	· 分布式三级云仓运营模式 · 为用户提供多种定制化解决方案
干线集配	· 实现智能化管车，可视化管货、集配提效 · 与用户共赢增值
可视化配送	· 通过六大节点与用户零距离交互 · 为客户带来速度快、网络深、体验好、成本优的最佳体验
最后一千米装送	· 9万辆创业"车小微"和18万创客服务人员待命 · 实现全国按约送达，送装同步
价值交互增值	· 为平台用户提供多种保险、金融等增值服务 · 平台资源共享，共同打造合作、共赢生态圈

附图 40　物流的五大核心解决方案

五大核心解决方案从仓储、配送到安装，全流程无断点，为用户提供全流程的解决方案，打造最佳的购物体验。H 公司物流基于自身强大的智慧物流送装网络和多年沉淀的大数据，以及进村入户、送装同步的差异化优势，为全国范围内大件商品物流"触网"提供强有力的支撑。H 公司物流现已打造开放型的物流大数据平台，在一端聚合了家电、家居、快消品等品牌及跨境、冷链客户，另一端引入了物流地产商、仓储管理合作商、仓储自动化设备商、IT 公司及干线运输商、区域配送商、"车小微"创业车主、金融投资方等合作伙伴，匹配大件物流供求双方的需求，提供更多、更好的增值服务。

（四）"三零"运作模式

经过多年的探索，H 公司物流已逐步形成"三零"运作模式。

1. 零库存：打造社会化物流平台

目前，H 公司智慧物流仓可以做到 90% 以上的线下直发，商品从生产线下来之后直接装车配送，基本可以实现"零库存"。其中，部分小家电及零散订单由物流中心集中中转，流转时间小于 24 小时，极大提高了仓库的使用效率。

2. 零盲区：打造大件智慧物流标杆

从国内外的发展现状来看，大件物流行业面临着"最后一千米"的配送难题。历经近 20 年的发展，H 公司物流已经建立起了覆盖全国近 3 000 个区市的一整套智慧化物流体系，为全国范围内的客户提供 24 小时按约送达、送装同步的服务，是国内为数不多的能够进村入户、送装一体的大件物流服务提供商。

3. 零断点：提供全流程的解决方案

H公司物流基于四网融合的核心竞争力，已形成了包括智能多级云仓方案等五大核心解决方案，同时以3万个专卖店订单为基础匹配同类型大件订单，这样既解决了集配时间长、送达慢的问题，又解决了大件行业因中转多次、中转混装导致的破损，从仓储、配送到安装，无断点式提供了全流程的解决方案。

（五）车小微

H公司物流于2014年6月启动了"车小微"工程，将每辆配送车武装为一个小微公司，布局"最后一千米"物流服务平台，依托全国的门店体系和物流网点，给每辆配送车装上"大脑"，强化"最后一千米"物流配送的保障，实现对整体物流体系的升级。"车小微"的形成，让H公司物流颠覆了传统物流车的单一配送功能，将"车"升格为"送装一体化用户服务云终端"，建立起面对用户资源需求的"人车合一"经营模式。每辆物流送货车均配有POS机、GPS、PAD，在为用户提供增值服务的同时变成服务平台，真正做到了"销售到村，送货到门，服务到户"，切实有效地解决了大件网购市场"最后一千米"的配送难题，可以为全国的用户提供"无处不达，送装一体"的全流程体验。

八、大数据质量管理

对质量的精益求精是H公司不断发展壮大的重要法宝。大数据在H公司的质量管理中发挥着不可或缺的作用，已成为H公司实施质量战略的新武器。

（一）质量战略

在40年的发展历程中，H公司经过不断探索逐步认识到，质量的高标准是由用户制定的，只有用户满意才是真正的高质量，只有为用户不断地提供超出期望的体验，才能真正创造好的质量。鉴于这样的理念，H公司形成了如附图41所示的质量战略框架。

附图41 H公司的质量战略框架

质量是企业发展的第一竞争力，因此必须围绕以下四个维度进行发力：

（1）双赢：通过全方位的交互满足共享需求，使共创共享平台越来越大。

（2）强黏度：通过持续性高水平的服务和交互，洞察用户的需求，超越用户的期望，满足用户超值的愿望，使H公司的"粉丝"数量越来越多，形成强大的"粉丝经济"。

（3）差异化：通过可持续的创新，满足用户的衍生需求，为用户创造越来越大的价值。

（4）零缺陷：以极高的可靠性满足用户对产品质量的基本需求，使产品的保证期越来越长。

（二）质量绩效体系

"人单合一双赢模式"是H公司独创的企业文化管理模式，"人"即是H公司的员工，"单"即是用户的需求。"人单合一"是要让员工与用户融为一体，而"双赢"则体现为员工在为用户创造价值的同时体现出自身的价值。"人单合一双赢"的本质是"我"的用户"我"创造，"我"的增值"我"分享。员工有权根据市场的变化自主决策，有权根据为用户创造的价值自己决定收入，通过"人单合一双赢模式"成为自己的经营者。H公司以"人单合一双赢"为出发点，搭建全流程以用户最佳体验为核心，以持续卓越绩效共赢为目的，开放的、广义的质量保证体系。附图42为H公司的质量绩效体系。

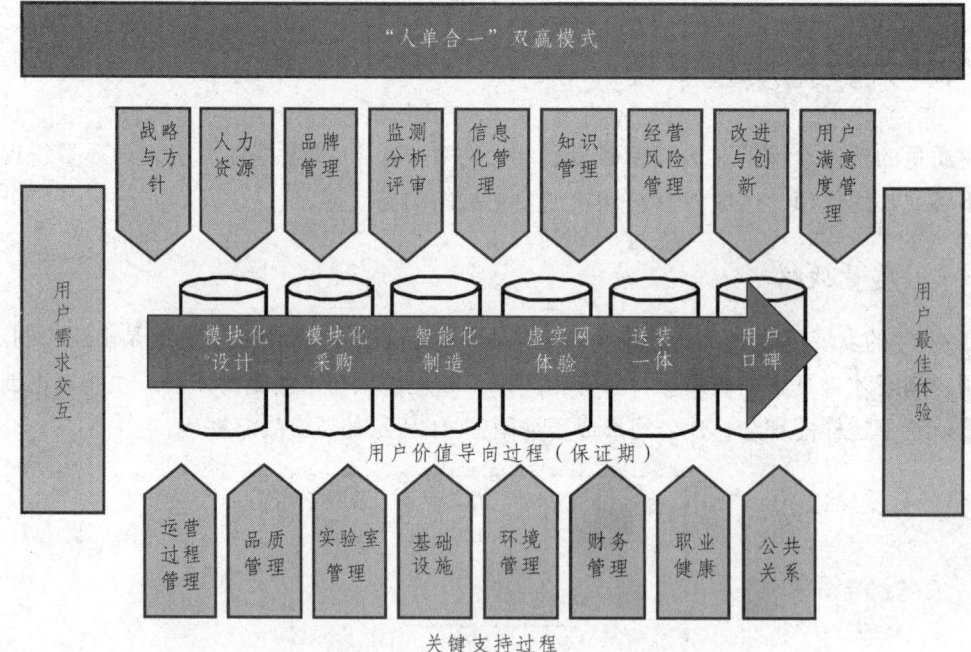

附图42 H公司的质量绩效体系

H公司提供运营过程管理、品质管理等关键支持过程，在企业内部以用户价值导向完成模块化设计、模块化采购等作业过程，创造用户最佳体验。H公司在组织增值过程中提供战略与方针、人力资源、品牌管理等方面的全面指导，在业务运作的过程中，全面贯彻各类质量标准体系，如ISO 9000、ISO 14000、TS 16949等。

（三）TQM 保障体系

全面质量管理（Total Quality Management，TQM）是风靡世界的质量管理模式，是指企业以产品质量为核心，以全员参与为基础，通过让用户满意和企业利益攸关方共同受益而建立起的一套科学、严密、高效的质量体系，从而提供满足用户需求的产品的全部活动。全面质量管理要求 H 公司采取一系列的活动，有效率、有效益地实现发展目标，在适当的时间以合适的价格提供满足用户需求的产品和服务。附图 43 为 H 公司的 TQM 质量保障体系。

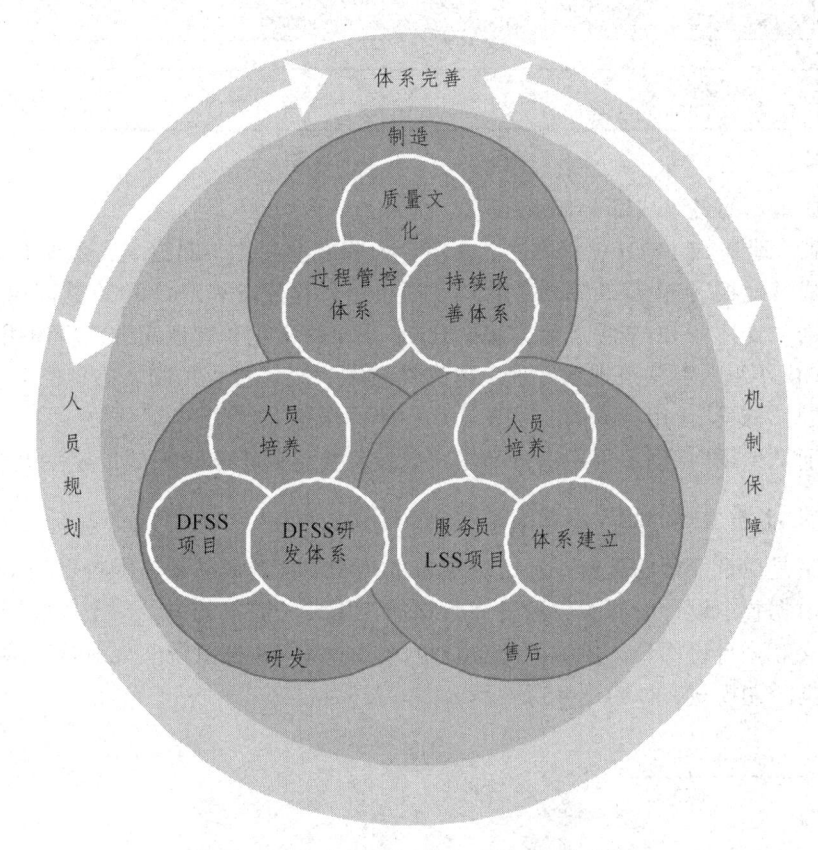

附图 43　H 公司的质量生态圈 TQM 体系

H 公司的 TQM 质量保障体系从人员规划、体系完善和机制保障三个方面支撑企业的研发、制造和售后三大业务部门的运营，同时各业务部门根据自身的需要确立相应的质量保障体系。

（四）H 公司质量屋

H 公司质量屋是实现高水平质量管理的工具方法，集成了一系列的理念、技术与方法，形成了一个创新的质量管理模式，如附图 44 所示。

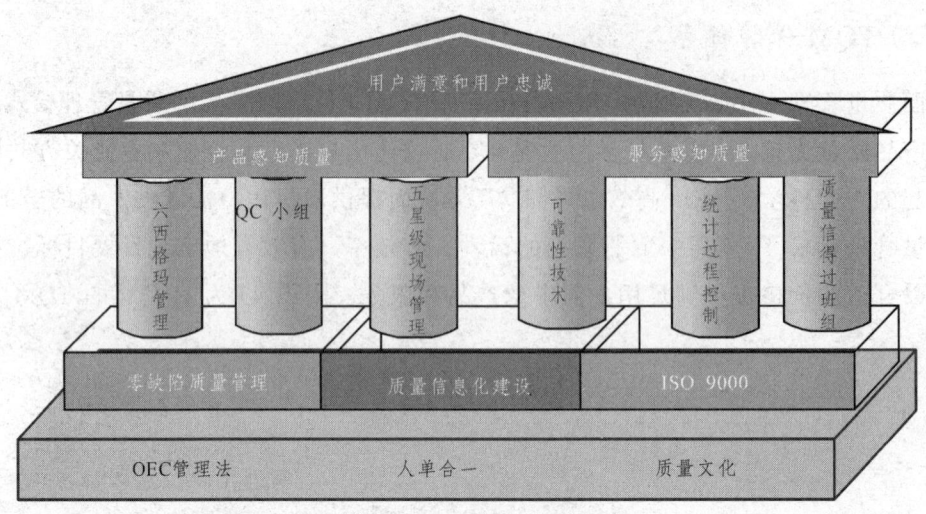

附图44　H公司质量屋

H公司质量屋的各组成部分如下：
（1）基础"地基"：由OEC管理法、人单合一和质量文化共同组成，夯实了发展的根基。
（2）集成"地板"：由零缺陷质量管理、质量信息化建设和ISO 9000共同组成。
（3）创新"支柱"：由多种质量方法融合H公司的文化和管理模式创新使用，包括六西格玛管理、QC小组、五星级现场管理、可靠性技术、统计过程控制、质量信得过班组等。
（4）稳健"栋梁"：用一流的产品设计、一流的服务黏住用户。
（5）美丽"屋顶"：创造用户满意和用户忠诚，搭建起牢不可破的世界一流质量华盖。

（五）设计质量大数据监控

设计质量是质量管理的重要一环，决定着生产和销售的商品最终能否得到市场的认可。H公司将大数据置于设计的源头，通过大数据捕获用户的需求趋势，用于体验用户的痛点，并借助并联交互平台将用户、供应商与全球范围内一流的研发资源实现对接，形成独特的设计质量大数据控制模式，如附图45所示。

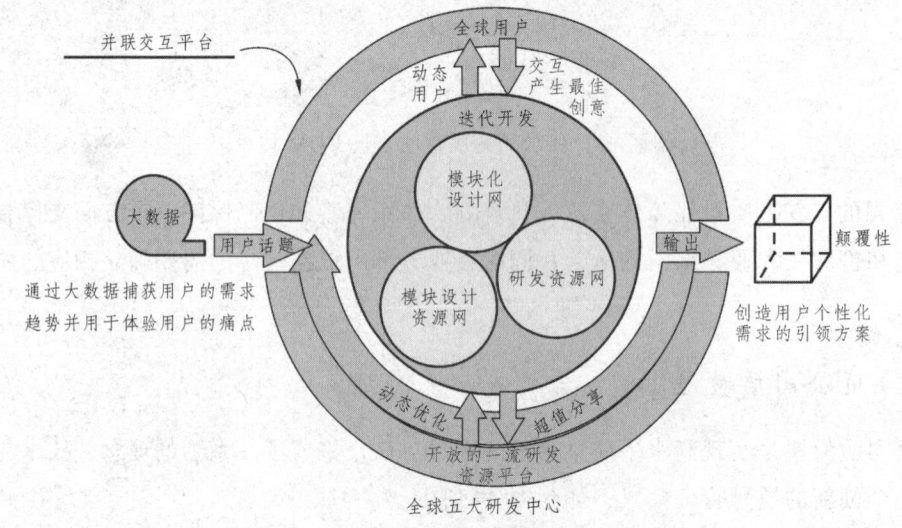

附图45　H公司的设计质量大数据控制模式

以用户话题形式表现的大数据进入 H 公司的设计体系，由模块设计资源网、模块化设计网以及一流研发资源网共享相关数据，通过全方位的协同设计，最终产生创造用户个性化需求的引领方案，输出颠覆性引领产品。

（六）模块质量大数据强化

模块商是向用户提供优质产品和服务的参与主体，主要提供模块供货能力、设计能力、质量保证能力以及二级、三级供应商的管理能力。H 公司大数据平台为模块商提供了无障碍进入的渠道，促使利益攸关方能动态地优化各种模块的能力，从运作模式上实现以下三个方面的转变：

（1）从单纯的买卖关系转变为共创共享的利益共同体。
（2）从采购零件转变为交互模块化引领方案。
（3）从内部评价转变为共同面向用户、用户评价导向。

模块商资源共享云平台实现了与用户的需求零距离，形成了一流模块商资源生态圈，通过全流程用户体验评价，驱动用户小微自交互，开放引入一流资源，有效地强化了模块质量。

（七）服务质量大数据提升

服务质量的高低直接决定了用户满意的程度，H 公司利用大数据云平台保持与用户的零距离，做到用户评价信息到人、价值到人，驱动利益攸关方自优化、自演进，使大数据成为提升服务质量的利器。

九、案例评析

H 公司经历了 40 年的发展历程，一步一个脚印，取得了非凡的成就。H 公司是服务全球数亿用户的超级企业，数据是 H 公司所拥有的特有资源，企业将数据资源取之于用户又用之于用户，真正发挥了大数据资源的作用和大数据技术的价值。从 H 公司发展大数据所取得的成果，我们可以得出以下四个方面的启示：

第一，发展大数据是实体企业转型升级的战略选择。H 公司是我国制造业企业中信息化发展水平领先的企业，是信息化带动工业化发展的杰出典型。早在大数据技术刚刚出现的 2012 年，在国内很多行业、企业还不太关注这一技术的时候，H 公司就开始启动数据智能化的部署。经过 10 多年的快速发展，H 公司在大数据发展方面已渐入佳境，走在了国内制造业企业的前列。

第二，要将发展大数据作为提高效率、提升效益的重要抓手。当 H 公司的全球营业额在 1 200 亿元左右时，会计人员达到 1 800 个；当全球营业额超过 2 000 亿元时，集团会计人员已下降到 240 人。以前每位会计月均处理业务 1 000 多单，现在每人月均处理业务 1.1 万单，这一显著变化，大数据的作用自然功不可没。

第三，以共享开放的姿态打造大数据生态圈至关重要。数据的价值在于应用，数据的生命在于流动。在内部，H 公司实现了大数据在工厂端、研发端、销售端、物流端和服务端的充分共享，将数据视作企业业务运营的"血液"；在外部，H公司向模块商以及电网、供暖等行业的合作伙伴开放数据，使数据发挥出更大的作用和价值。共享和开放是大数据应用的常规法则，如何在"互利共赢"的基本原则下，明确各自的责权利，形成合作互惠的新模式，是每个企业都必须考虑的现实问题。

第四，大数据的开发和应用必须牢牢把握"以用户需求为中心"这条基本准则。H公司通过多种形式和渠道掌握了非常丰富的用户数据，这些数据首先转化为研发的具体需求，所以H公司的新品开发和服务升级都能给用户带来需求痛点解决以后的惊喜，自然会得到广大用户更多的认同。在大力推进个性化、定制化的过程中，大数据更是发挥着无可替代的作用，COSMOPlat平台在短时间内取得极大的成功也说明了这一点。

当然，大数据的发展和应用是一个长期不断推向深入的过程，在看到大数据为H公司带来巨大价值的同时还要看到其所面临的各种挑战，只有锲而不舍地攻坚克难，才能使大数据结出更加丰硕的果实。

【案例思考】

（1）大数据分析下H公司的用户画像是怎样的？

（2）说一说大数据分析在H公司营销中的应用。

附录四　全国职业院校技能大赛商务数据分析赛项应用案例

○ 知识目标

（1）理解商务数据分析在企业决策中的作用和重要性。

（2）了解数据采集、预处理、分析、可视化和报告撰写的基本方法。

（3）学习如何运用统计分析、预测模型、机器学习等工具和技术解决商务问题。

（4）了解如何通过数据分析支持企业开拓线上销售渠道和优化供应链管理。

○ 能力目标

（1）能够独立完成从数据采集到报告陈述的全流程数据分析任务。

（2）能够运用数据分析工具对企业历史业务数据进行深入分析。

（3）能够基于数据分析结果提出合理的商业建议和决策支持。

（4）能够识别并应用数据驱动决策的理念解决实际商务问题。

○ 素养目标

（1）培养学生的数据思维，提升对数据价值的认知深度。

（2）提升学生的职业道德感，包括责任心和团队协作精神。

（3）提高学生的职业素养，包括数据保密意识和合规使用数据的意识。

○ 德技并修

（1）在数据分析过程中，坚持职业道德，保护客户隐私和数据安全。

（2）通过团队合作，培养学生的责任感和协作能力。

（3）强调实事求是的学术态度和对数据真实性的追求。

○ 项目说明

（1）项目背景：Y家具公司面临线下转线上的业务挑战，需要通过数据分析来支持其战略决策。

（2）项目目标：通过数据分析帮助Y家具公司理解市场趋势，优化产品线，提升供应链效率，增强市场竞争力。

（3）项目内容：

◆ 数据思维与职业素养：提升学生对数据价值的认知和数据驱动决策的理念。

◆ 商务数据分析方法与工具应用：评价学生运用数据分析工具解决实际问题的能力。

◆ 商务数据分析报告撰写与陈述：评估学生编制和陈述分析报告的能力。

一、竞赛宗旨与目标

商务数据分析赛项秉持以高端竞技平台驱动职业教育内涵式发展的核心理念,积极响应并践行党的二十大关于"加速推进数字经济进程,着力实现数字经济与实体产业深度耦合"的战略部署,旨在全方位提升高职院校学生在数字素养、商务数据分析方法与实践应用能力方面的综合素质,精准培育适应新时代需求的"数字工匠"。赛事紧密对接新兴产业发展趋势、创新业态模式以及商务数据分析行业前沿标准,致力于强化高职财经商贸类专业教学质量,系统锻造具备卓越商务数据分析与应用技能的高技术技能型人才队伍。

赛事设计遵循严谨的教育规律与产业需求,精心规划、科学构建竞赛内容体系,确保其紧密契合高职教育教学实况与现代企业对商务数据分析岗位的专业技能期待。通过竞赛机制,有效激发"以赛促学、以赛促教、以赛促改"的良性循环,有力推动产教深度融合,旨在培养兼具高尚职业道德与深厚专业功底的高素质技术技能型人才,使之能在商务数据分析与应用领域中发挥关键作用,有力支撑我国数字经济与实体经济的深度融合及高质量发展。

二、竞赛内容概览

(一)竞赛模块

(1)数据思维与职业素养:考察参赛者对数据价值的认知深度、数据驱动决策的理念,以及在商务环境中展现出的职业道德、责任心与团队协作精神。

(2)商务数据分析方法与工具应用:评价选手运用各类数据分析工具与技术,如统计分析、预测模型、机器学习等解决实际商务问题的能力。

(3)商务数据分析报告撰写与陈述:评估参赛者编制逻辑清晰、结论准确、建议可行的分析报告,以及通过口头或PPT形式有效传达分析成果、影响决策的能力。

(二)技术技能考察要点

竞赛通过对数据采集、预处理、分析、可视化、报告撰写与陈述等全流程任务的综合评判,全面衡量选手在商务数据分析领域的技术实力与职业素养:

(1)数据采集:要求选手依据任务要求,灵活运用竞赛平台提供的工具与资源,精准定位数据需求,科学确定采集维度与指标,高效完成数据获取。

(2)数据预处理:借助 Excel 与 Python 等工具进行数据清洗,涵盖查看、删减、拆分、增补、替换等操作,确保数据质量,为后续分析奠定坚实基础。

(3)数据分析:引导选手深入挖掘数据内涵,揭示隐藏信息与规律,运用统计学原理、算法模型等手段解决复杂的商务问题。

(4)数据可视化:鼓励选手创新选择图表类型,进行对比、结构等多元分析,通过构建与展示可视化大屏,直观呈现数据结论,提升决策洞察力。

(5)商务数据分析报告:要求撰写结构完整、逻辑严密、结论鲜明的报告,包含精确计算、精美图表、深入解读、建设性建议等要素。

（6）商务数据分析报告陈述：考验选手结合业务需求，将分析结果与业务场景深度融合，借助 PPT 进行生动陈述，展现与业务人员及其他利益相关者的高效沟通与协调能力。

（三）典型职业应用场景

竞赛内容紧密对接商务数据分析职业的核心任务：

（1）商务数据采集与处理：模拟从事销售、产品、客户、供应链、市场、运营等多维度数据的全链路管理，涵盖采集、抽取、清洗、转换、加载等预处理环节。

（2）商务数据分析与应用：模拟应对企业日常经营管理需求，开展数据深度分析、可视化呈现，以及撰写、制作、发布具有指导意义的分析报告。

（3）商务数据分析报告陈述与决策支持：模拟面向管理层及相关部门，**精准解读数据趋势与模式**，提供富有洞察力的决策依据与改进建议，彰显数据分析师的专业影响力。

三、具体赛项案例展示——Y 家具公司商务数据分析报告

（一）案例任务描述

Y 家具公司成立于 2016 年，是一家集研发、生产、销售为一体，具有核心竞争力和可持续发展的现代化大型民营家具企业。公司以布局线下实体店的传统经销为主，其终端销售网络遍布全国。近几年来，家具线下实体商家受到线上电商的冲击影响越来越大，Y 家具公司也面临客户出现流失和营销额下降的问题。为了解决经营困境，在激烈的市场竞争中获得更多的客户，Y 家具公司准备拓展线上渠道。Y 家具公司专门组建商务数据分析团队，通过分析历史业务数据，为开拓线上销售渠道提供决策支持。为此，商务数据分析团队需要采集并处理历史商品数据、客户数据、供应商数据、竞争对手数据和营销推广数据，对商品同类竞争态势、替代品竞争、四类客户群体、供应链风险、营销推广效果等进行分析与可视化呈现，总结业务拓展经验，提出合理化建议。附图 46 为 Y 家具公司项目赛项界面。

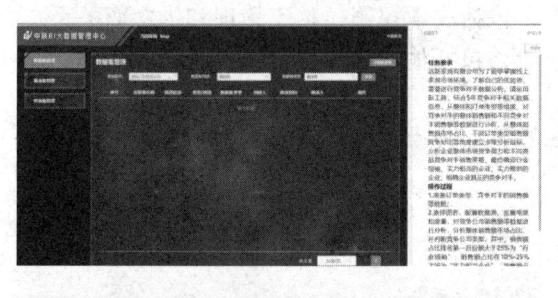

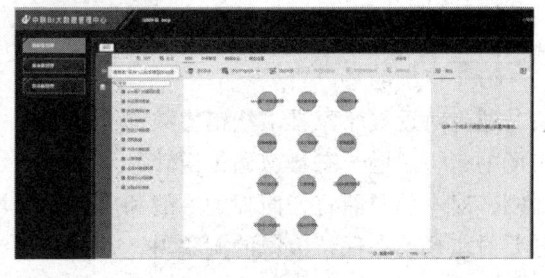

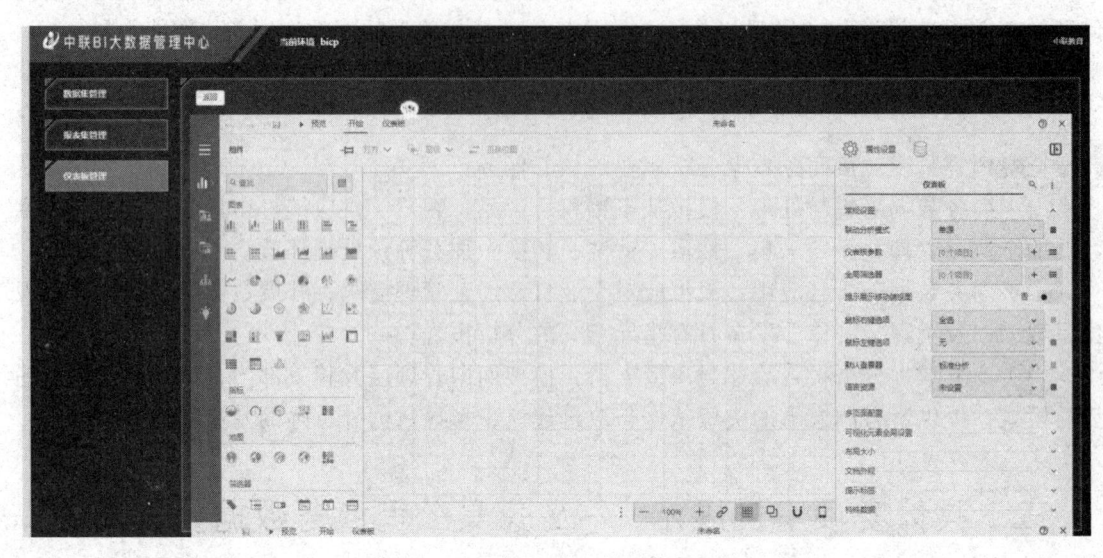

附图46　Y家具公司项目赛项界面

（二）数据来源及分析方法

本分析报告综合运用了 Python 编程语言、BI（商业智能）工具以及 Excel 电子表格软件，对背景企业在 2018 至 2022 年这五个会计年度的动态经营数据进行了深入分析。报告的核心目标是围绕 Y 家具公司的企业战略目标，从多个关键维度对企业的经营状况进行细致剖析。

具体来说，分析的维度包括但不限于以下几个方面：

（1）商品分析：评估企业产品线的竞争力，包括产品的销售表现、库存状况以及生命周期管理。

（2）客户分析：深入了解客户群体的消费行为、偏好和忠诚度，以及客户细分和价值评估。

（3）供应链分析：分析供应链的效率和效果，包括成本控制、物流管理和供应商关系。

（4）竞争对手分析：研究市场上的主要竞争者，包括他们的市场份额、营销策略和产品优势。

（5）营销推广分析：评估营销活动的有效性，包括推广渠道的选择、营销成本的投入产出比以及促销活动的市场反响。

（三）市场数据分析

1. 市场分析

（1）市场趋势分析。

通过对近五年家具市场销售数据（见附图 47）的细致分析，我们观察到自 2019 年起，市场的销售额增长态势遭遇了逆转，步入了下行通道。这一趋势表明，家具市场的竞争日益加剧，对本公司而言，面临的挑战和压力随之增大，发展的难度相较于以往有所提高。公司需要对市场动态保持敏锐的洞察力，并适时调整战略以应对市场变化。

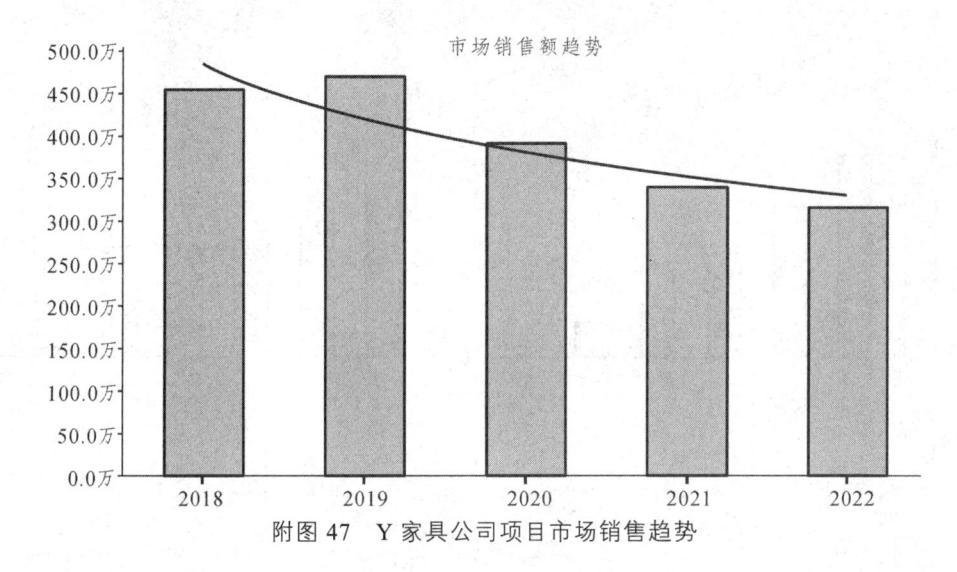

附图47 Y家具公司项目市场销售趋势

（2）市场份额分析。

在2018至2022年的线上销售市场中（见附图48），京选家具以25.35%的市场份额占据首位，慕名家具和伊始家具紧随其后，分别以23.33%和20.09%的市场份额位列第二和第三位。这一数据显示，尽管市场竞争激烈，但京选家具依然保持了其在行业中的领先地位，而慕名家具和伊始家具也展现出了不俗的市场竞争力。

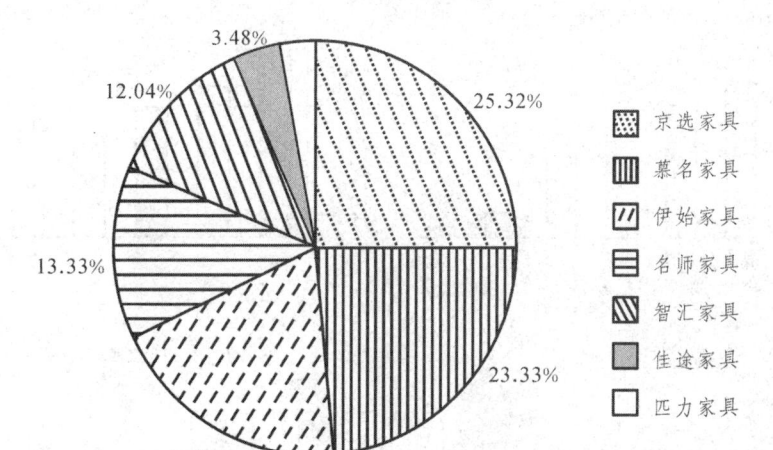

附图48 Y家具公司项目市场销售额占比

（3）销售区域分析。

进一步深入分析不同销售区域的销售额表现（见附图49），我们发现慕名家具在东北、西北和西南地区的销售额表现尤为突出，分别为51.7万元、70.5万元和68.8万元，显示了其在这些区域的强劲市场影响力。伊始家具在其他地区的销售额占比最高，达到17.2万元，表明其在非传统销售区域也有稳定的市场基础。京选家具则在华东、华北、华南和华中地区展现了其领先地位，销售额占比最高，分别为95.2万元、110.5万元、49.7万元和62.8万元，这一数据凸显了京选家具在核心市场的竞争优势。

— 401 —

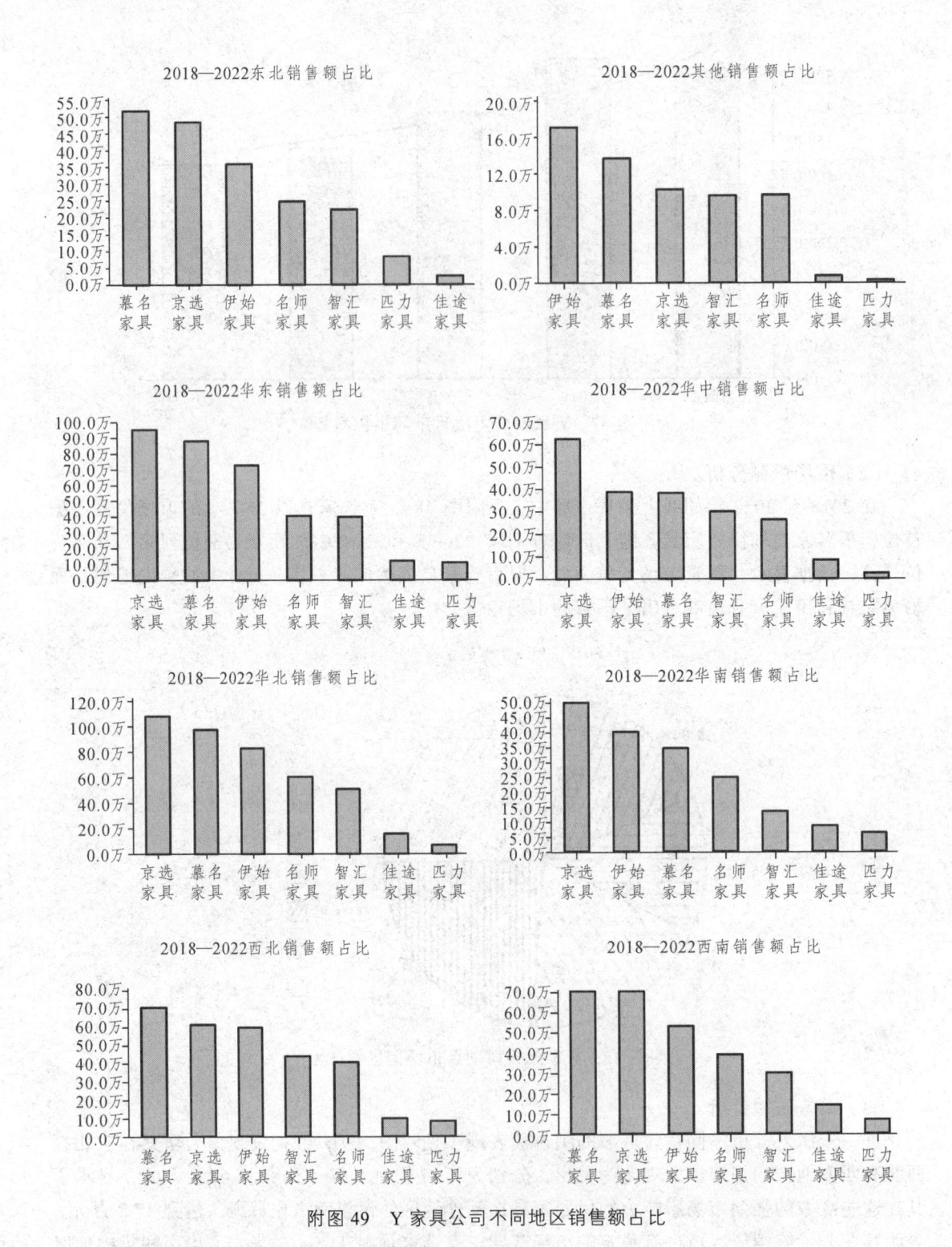

附图49　Y家具公司不同地区销售额占比

2. 竞争对手分析

（1）竞争对手销售额分析。

在 2018 至 2022 年的市场线上销售数据中（见附图 50），可以清晰地看到京选家具以其显著的销售额稳居行业首位。紧随其后的是慕名家具、伊始家具、名师家具和智汇家具，这些企业在市场上的表现旗鼓相当，构成了市场中坚力量。而佳途家具和匹力家具虽然销售额相对较低，但他们在市场上仍占有一定的份额，是不容忽视的竞争力量。

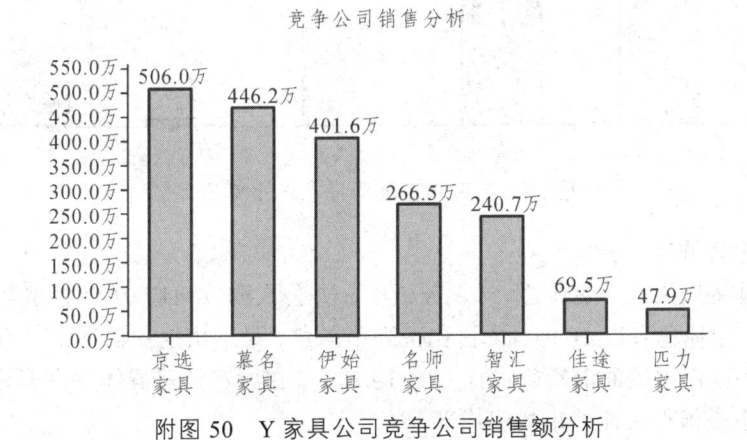

竞争公司销售分析

- 京选家具：506.0万
- 慕名家具：446.2万
- 伊始家具：401.6万
- 名师家具：266.5万
- 智汇家具：240.7万
- 佳途家具：69.5万
- 匹力家具：47.9万

附图 50　Y 家具公司竞争公司销售额分析

（2）商品类别销售额分析。

在商品类别的销售额分析中（见附图 51），沙发类以高达 1 657.7 万元的销售额遥遥领先，成为最畅销的商品类别。椅子类、门柜类和物架类也表现出了不错的市场表现，销售额分别为 223.7 万元、83.2 万元和 31.3 万元。综合类商品以 2.6 万元的销售额位居末席，显示出其在当前市场中的需求相对较小。

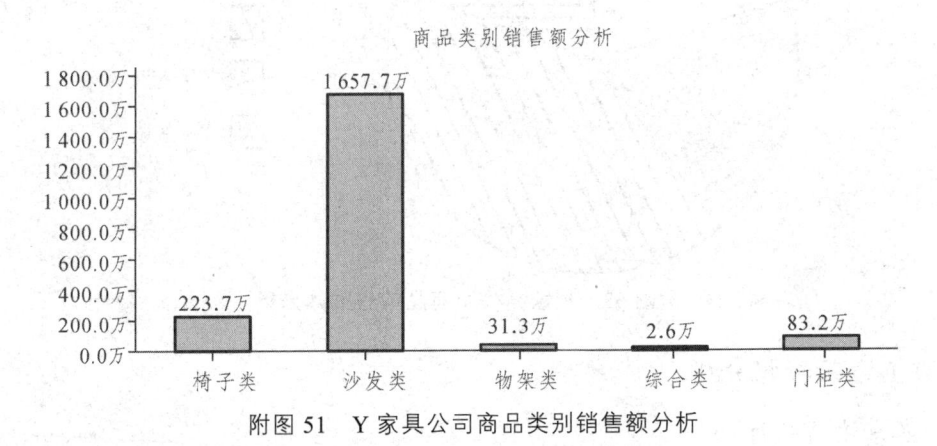

商品类别销售额分析

- 椅子类：223.7万
- 沙发类：1 657.7万
- 物架类：31.3万
- 综合类：2.6万
- 门柜类：83.2万

附图 51　Y 家具公司商品类别销售额分析

（3）商品类别销售量分析。

从销售量（见附图 52）的角度来看，椅子类以 3 970 件的销售量位居所有商品类别之首，展现了其在消费者中的普及度。沙发类和物架类的销售量分别为 2 186 件和 1 383 件，紧随其后。门柜类的销售量为 1 115 件，而综合类的销售量最低，仅为 57 件，这可能提示着市场对此类商品的需求有限。

商品类别销售量分析

附图52　Y家具公司商品类别销售量分析

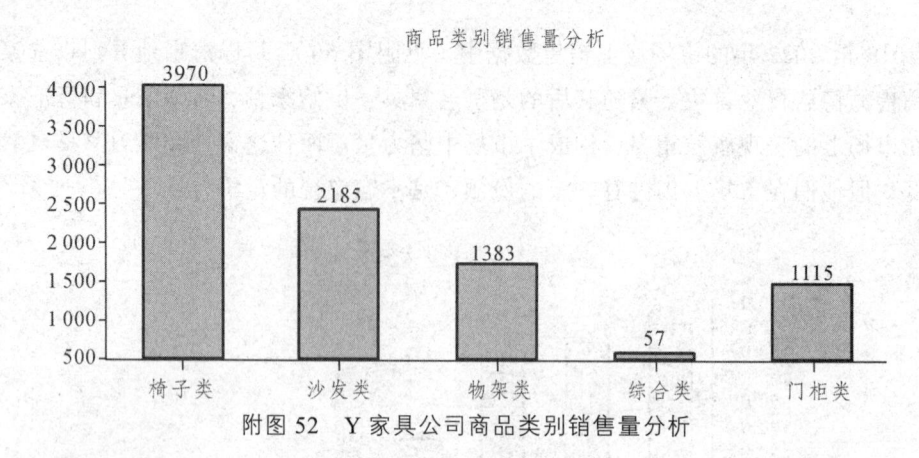

（4）商品销售群体分析。

在消费群体的购买力（见附图53）分析中，办公人群以41.79%的消费额占比成为最有力的消费群体。个体业者以20.01%的占比位列第二位，显示出这一群体也具有相当的购买能力。在校学生和颜值主播的消费额占比均为19.10%，在所有消费群体中占据相当的比例，表明这两类群体也是值得关注的市场组成部分。

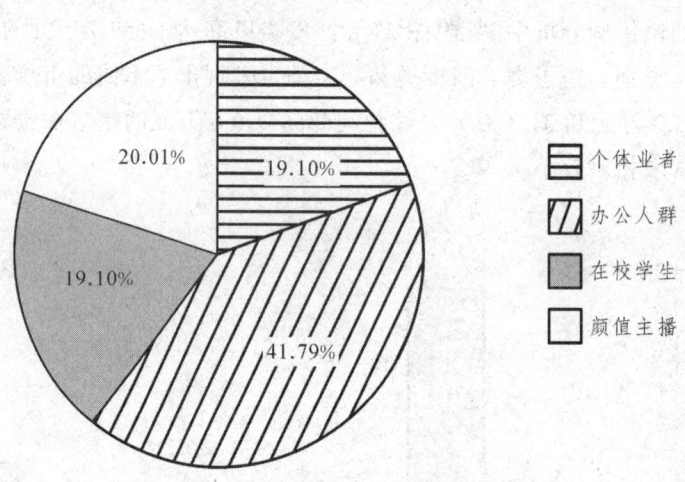

商品销售群体分析

附图53　Y家具公司商品销售群体分析

（四）运营数据分析

1. 客户数据分析

（1）客户基础属性分析（见附图54）。

① 地域分析：通过细致的区域销售数据分析，我们可以观察到华北地区以527.4万元的销售额位居榜首，展现出该地区强劲的购买力。紧随其后的是华东地区，销售额达到441.5万元，显示出不俗的市场潜力。西南地区和西北地区分别以342.1万元和340.2万元的销售额位列第三和第四位，表明这些地区同样不容忽视。华中地区的销售额为240.3万元，位列第五位，而东北地区和华南地区则分别以230.3万元和213.1万元的销售额排在第六和第七

位。值得注意的是,"其他地区"的销售额为 74.6 万元,虽然相对较低,但也反映出公司在这些区域的业务拓展仍有很大的提升空间。

② 性别分析:性别销售额分析揭示了性别在消费行为上的均衡性。数据显示,男性和女性在销售额上几乎没有明显差异,这表明公司的产品或服务在性别层面上具有广泛的吸引力,没有特定偏好,为市场的进一步拓展提供了平等的机会。

③ 年龄分析:年龄销售额分析展现了不同年龄段消费者的购买力。从提供的数据中可以看出,随着年龄的增长,销售额呈现出一定的波动趋势。年龄在 25 至 45 岁之间的消费者是公司的主要客户群体,他们的购买力在不同年龄段之间有所变化,但总体上维持在一个相对稳定的水平。这一发现对公司在制定针对性市场策略时具有重要意义,可以根据各年龄段的特点和需求,设计更加个性化的产品和服务。

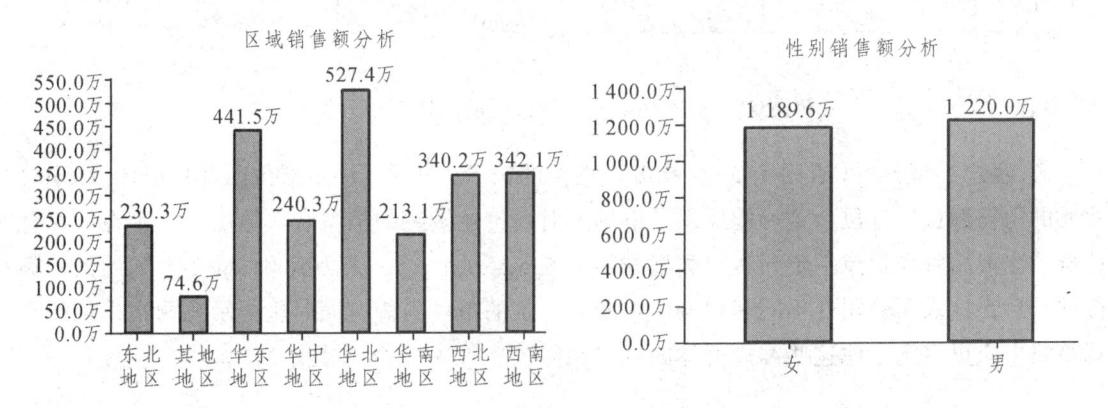

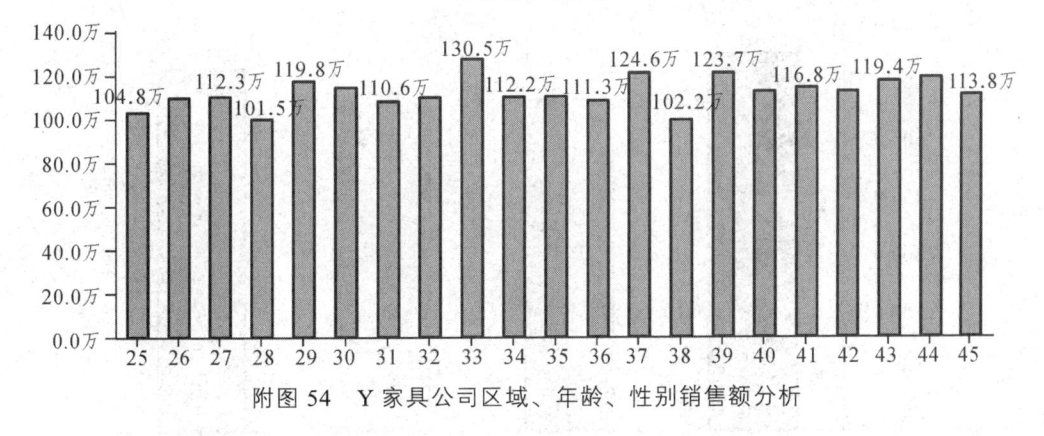

附图 54　Y 家具公司区域、年龄、性别销售额分析

(2)客户产品偏好属性分析。

① 销售渠道分析(见附图 55):在销售渠道的分析中,抖音平台以 847.7 万元的销售额遥遥领先,彰显了其在当前市场中的强大吸引力和销售潜力。紧随其后的是"其他"渠道,销售额为 646.7 万元,显示出除了主流电商平台外,其他销售途径也占有一席之地。淘宝和京东作为知名的电商平台,分别以 545.7 万元和 369.5 万元的销售额位列第三和第四位,这进一步证实了线上购物平台在现代消费者中的普及度和影响力。

② 流量入口分析(见附图 55):流量入口分析揭示了直播访问在销售中的重要地位,其销售额高达 1 235.6 万元,显著高于其他流量入口。广告推广和搜索访问分别以 607.1 万元和

566.9 万元的销售额紧随其后，这表明除了直播这一新兴渠道外，传统的广告推广和搜索访问依然是引导流量和促进销售的有效手段。

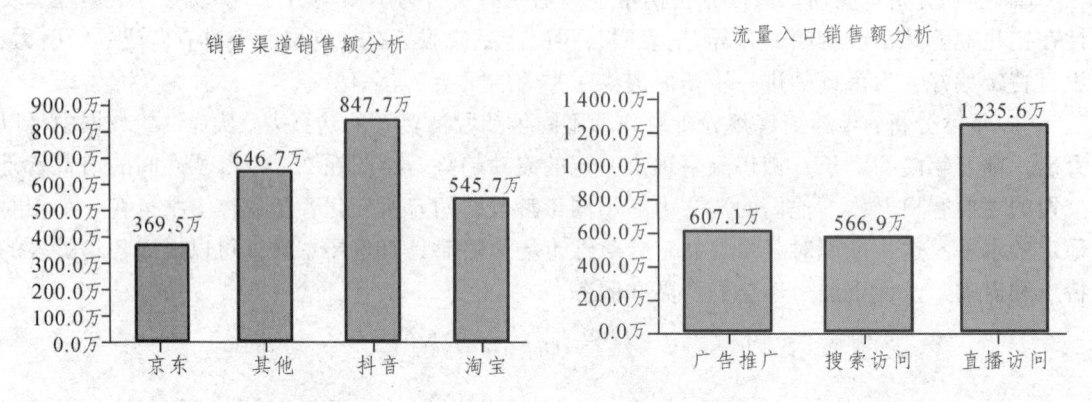

销售渠道销售额分析：京东 369.5万；其他 646.7万；抖音 847.7万；淘宝 545.7万。

流量入口销售额分析：广告推广 607.1万；搜索访问 566.9万；直播访问 1235.6万。

附图 55　Y 家具公司销售渠道及流量入口分析

③ 客户类型分析（见附图 56）：在客户类型的销量分析中，注重低价的客户群体以 650.1 万元的销售额位居首位，这可能反映了市场上对性价比敏感的消费者群体的广泛存在。综合评价、注重品牌和犹豫不定的客户类型分别以 625.5 万元、569.8 万元和 564.1 万元的销售额位列其后，这表明公司在不同客户群体中均有稳定的市场份额，同时也提示公司在未来的市场策略中应更多地考虑这些客户群体的特点和需求。

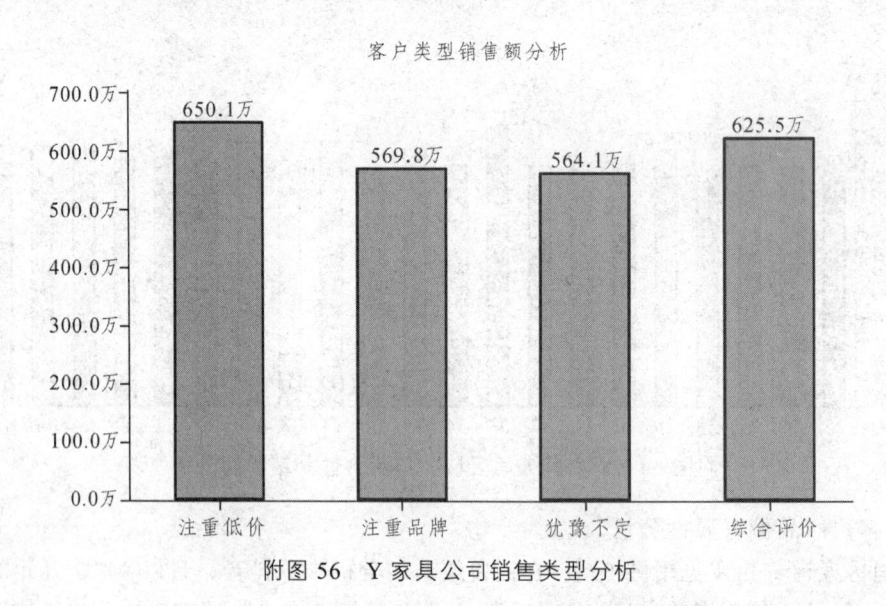

客户类型销售额分析：注重低价 650.1万；注重品牌 569.8万；犹豫不定 564.1万；综合评价 625.5万。

附图 56　Y 家具公司销售类型分析

④ 付款方式贡献度分析（见附图 57）：在付款方式的贡献度分析中，微信以 40.68%的占比率占据了首位，这反映了微信在移动支付领域的领先地位和用户偏好。银行卡、支付宝和其他方式分别以 21.13%、19.15%和 19.04%的比例位列其后，显示了消费者在支付方式上多样化的选择。这一分析结果有助于公司在优化支付流程和提升支付体验方面做出更加精准的决策。

客户类型销售额分析

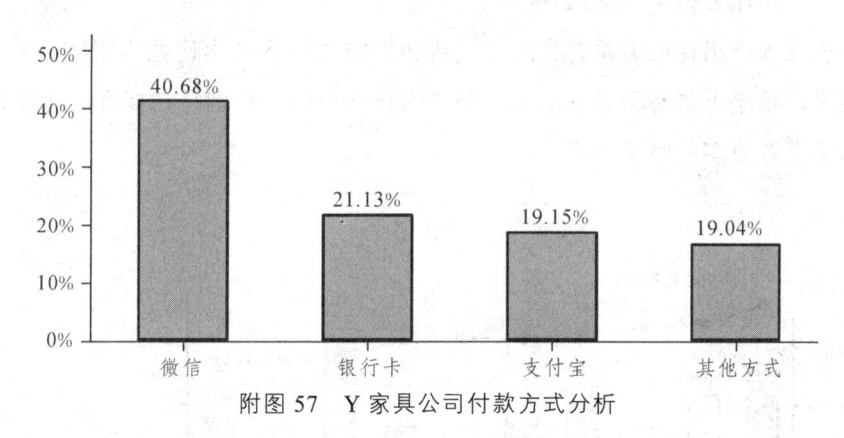

附图57　Y家具公司付款方式分析

2. 促销数据分析

（1）推广渠道分析（见附图58）。

在流量结构的分析中，我们通过对比SEM（搜索引擎营销）付费流量与SEO（搜索引擎优化）免费流量的数据，可以观察到SEM渠道的点击量显著高于SEO渠道。此外，SEM的点击转化率也远超SEO，表明SEM在吸引潜在客户并促成转化方面更为有效。这一发现提示我们在未来的营销策略中应更加重视SEM渠道的投入和优化。

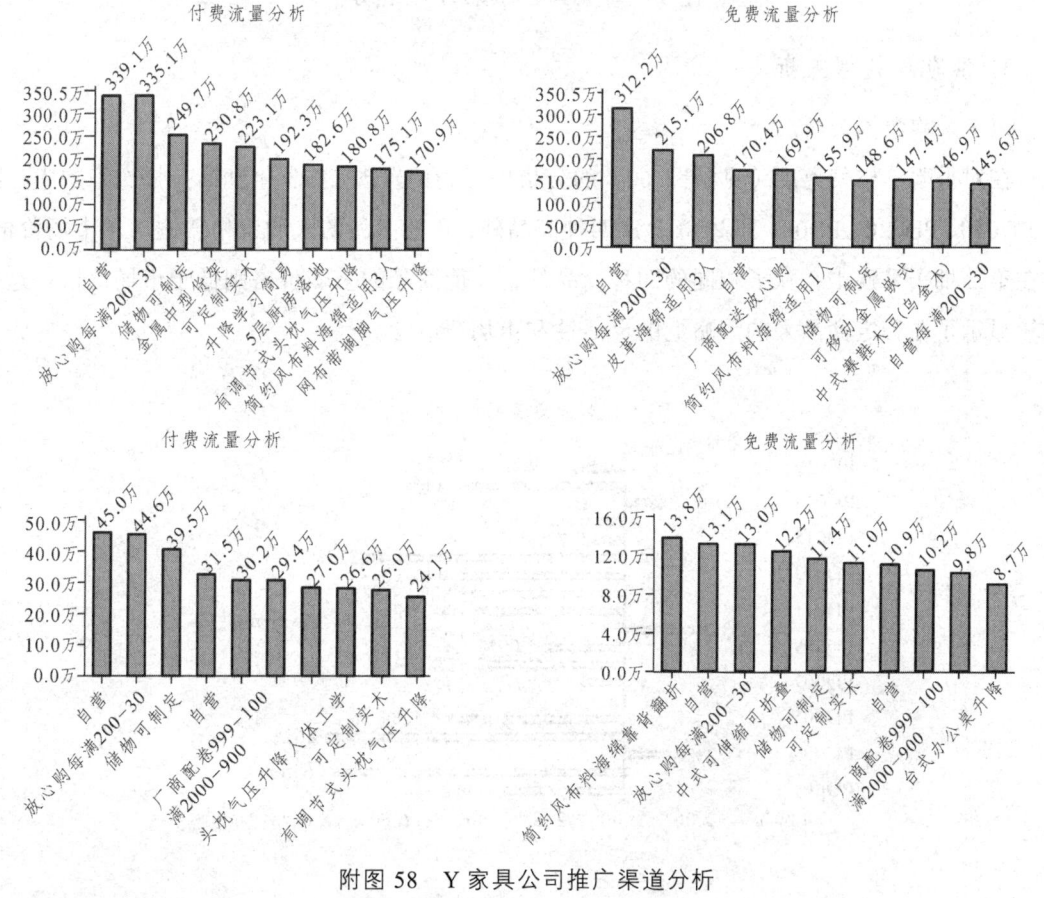

附图58　Y家具公司推广渠道分析

（2）投入产出比分析（见附图59）。

通过分析投入产出比的关系，我们注意到PD045的投入产出比尤为突出。这表明该关键词在当前的推广策略下具有较高的效率，但仍有优化空间，特别是在提升展现量和相关影响因素上，以期获取更多的曝光机会。

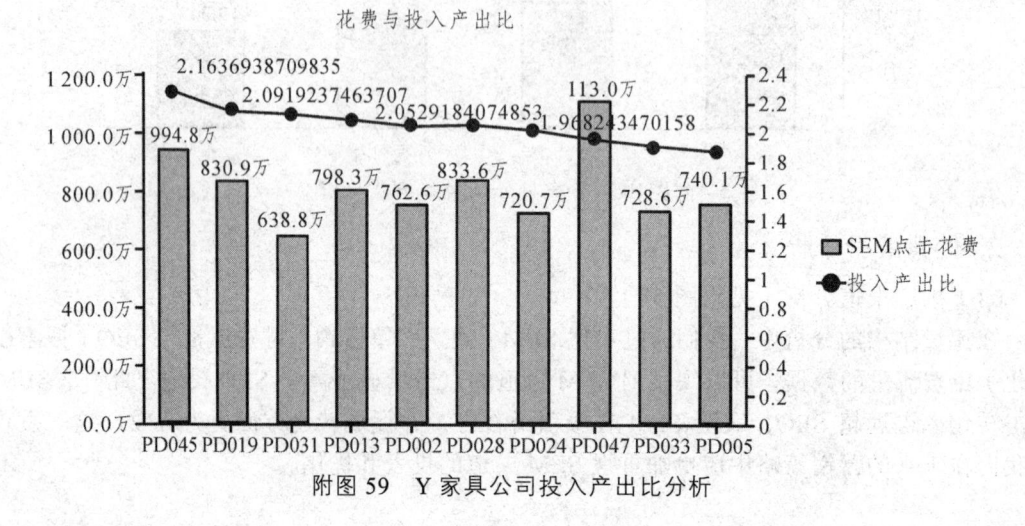

花费与投入产出比

关键词	SEM点击花费	投入产出比
PD045	994.8万	2.1636938709835
PD019	830.9万	2.0919237463707
PD031	638.8万	
PD013	798.3万	2.0529184074853
PD002	762.6万	
PD028	833.6万	
PD024	720.7万	1.9682
PD047	1 130.0万	43470158
PD033	728.6万	
PD005	740.1万	

附图59　Y家具公司投入产出比分析

3. 供应链数据分析

（1）采购数据分析。

在对采购价格偏离度（见附图60）的分析中，我们发现2023年度第一批次采购中，除了PD010、PD020、PD003和PD017这四种商品外，其他商品的采购价格普遍高于市场价格。而在第二批次采购中，除了相同的四种商品外，其他商品的采购价格则低于市场价格。这一比较显示了在特定商品采购策略上的灵活性和市场适应性。

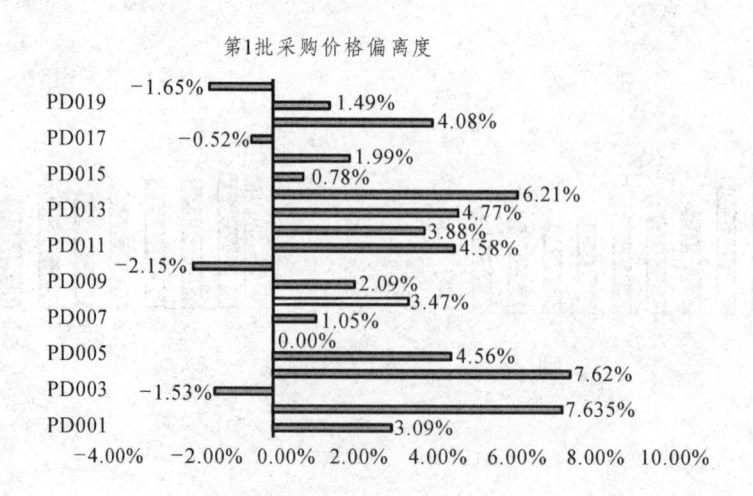

第1批采购价格偏离度

商品	偏离度
PD019	-1.65%, 1.49%
PD017	-0.52%, 4.08%
PD015	1.99%, 0.78%
PD013	6.21%, 4.77%
PD011	3.88%, 4.58%
PD009	-2.15%, 2.09%
PD007	3.47%, 1.05%
PD005	0.00%, 4.56%
PD003	-1.53%, 7.62%
PD001	7.635%, 3.09%

-4.00%　-2.00%　0.00%　2.00%　4.00%　6.00%　8.00%　10.00%

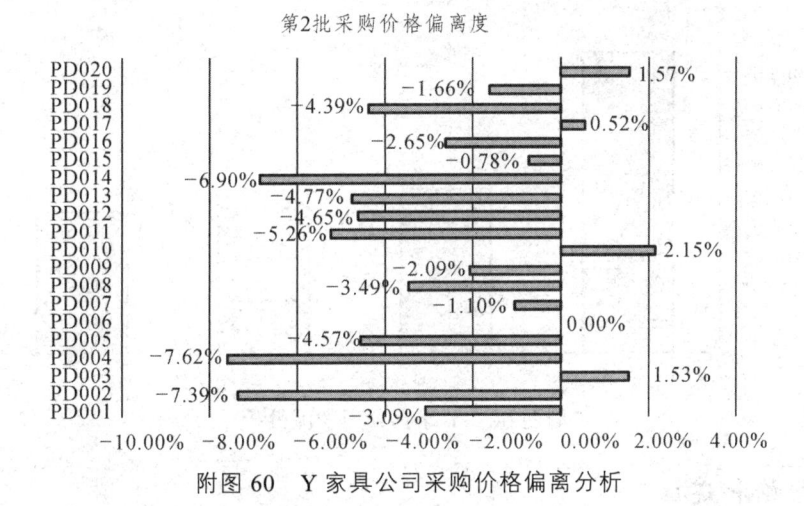

附图60 Y家具公司采购价格偏离分析

进一步分析采购成本降低率(见附图61),我们发现在从第一批次到第二批次的采购过程中,PD010、PD020、PD003 和 PD017 这四种商品的采购成本有所降低,降低率分别为 -4.40%、-3.28%、-3.12%和-1.04%。这一成本效益的改进对提升整体供应链效率具有重要意义。然而,对于其他商品,采购成本在第二批次中有所上升,这需要我们进一步审视采购策略和市场条件。

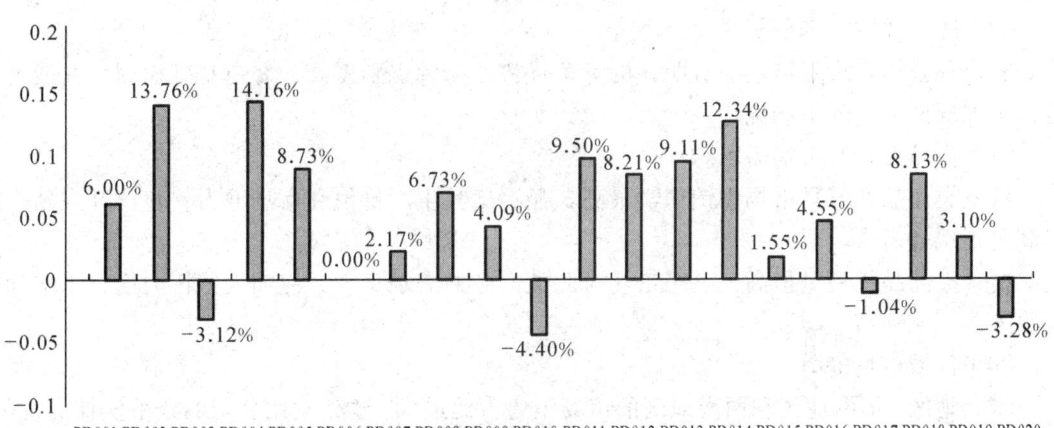

附图61 Y家具公司采购成本降低率分析

(2)物流数据分析。

物流分析(见附图62)显示,平台自建物流在销售额上优于共同配送、物流一体化和第三方物流服务。这意味着我们在物流合作伙伴的选择和服务模式上需要更加细致地考量,以确保成本效益和服务质量的最优化。

物流分析

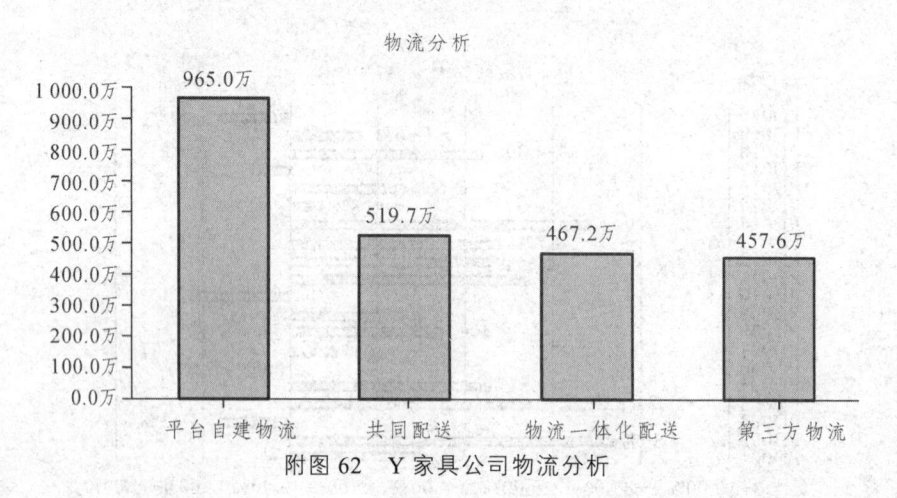

平台自建物流	965.0万
共同配送	519.7万
物流一体化配送	467.2万
第三方物流	457.6万

附图62 Y家具公司物流分析

（五）结论和建议

1. 结 论

（1）行业地位与战略动向。

京选家具作为行业龙头，其成功的战略值得借鉴。建议采取灵活策略，避免与其正面竞争，同时积极寻求合作机会，如合资或股权交易，以实现共赢。

面对实力相当的企业，应注重内部人才培养和商品质量提升，同时提供个性化服务，挖掘并利用竞争对手的劣势。

对于相对弱势的企业，我们应持续关注其发展动态，防止其通过创新或市场策略实现反超。

（2）线上线下市场分析。

Y家具公司在线下市场拥有明显的竞争优势，品牌识别度高，客户基础稳固，在线上平台，也展现出一定的市场优势。

（3）商品类别与市场需求。

沙发类商品在家具市场中销售额最高，显示出其生产价值和市场潜力，建议开发新产品以满足消费者需求。

椅子类商品销售量最高，表明市场对此类产品的需求量大，应加大销售力度，以增加公司收入。

（4）区域市场潜力。

华北地区、华南地区和西南地区的市场销售占比最大，建议利用公司的线下实体店优势，重点开展线上销售，同时将其他五个地区作为线上扩展区域。

（5）客户群体分析。

抖音平台的销售额最高，建议增加投入，并考虑引入直播销售，以提升销售效率。

针对注重低价和质量的客户群体，应提高商品质量并加大宣传力度，以吸引更多客户。

（6）目标人群特征。

主要消费人群为25～45岁的办公人群，特别注意40～45岁的购买主力，以及个体业者和在校学生。

对高消费人群实施 VIP 制度，提供个性化服务，同时对线下基础用户进行线上宣传，拓宽购买渠道。

（7）供应商管理。

鉴于供应商单一可能带来的风险，建议优化供应商选择，根据不同产品的市场价格偏离度和商品质量，寻找优质供应商。

2. 建 议

（1）营销推广策略。

在促销活动期间，增加 SEM 推广的投入，以利用其高销售额的优势；在非促销期间，注重 SEO 推广，以降低成本。

鉴于精确匹配的转化率高于广泛匹配，建议增加精准营销关键词匹配，以提高营销效果。

（2）商品品质与供应商优化。

定期评估供应商的报价和商品质量，选择性价比高的供应商，以提升商品的市场竞争力。

（3）客户关系管理。

对长时间未活跃的沉睡客户进行定向推广，以激活其购买潜力。

（4）市场扩展策略。

在保持线下市场优势的同时，加大线上市场的开发力度，特别是在高潜力区域的线上销售。

四、案例评析

Y 家具公司的商务数据分析案例，生动展示了大数据技术在传统家具行业中的创新应用。面对线下实体店受到线上电商冲击的挑战，公司通过组建专业的商务数据分析团队，利用先进的数据分析工具和方法，对企业的历史业务数据进行了全面挖掘和分析。这一过程中，团队不仅提升了对数据价值的认知，而且在实际商务环境中展现了出色的职业道德和团队协作精神。

通过深入分析商品、客户、供应链、竞争对手和营销推广等关键维度，Y 家具公司成功识别了市场趋势，优化了商品结构，强化了供应链管理，并制定了针对性的营销策略。特别是在开拓线上渠道的决策支持上，数据分析团队提供了有力的数据支撑，帮助企业在激烈的市场竞争中把握先机，实现业务的转型升级。

该案例充分体现了商务数据分析在现代企业运营中的核心作用，以及数据分析人才在推动企业数字化转型中的重要价值。Y 家具公司的实践证明，大数据技术是企业提升市场竞争力、实现可持续发展的重要驱动力。

【案例思考】

（1）Y 家具公司在面对线下转线上的业务挑战时，采取了哪些关键的数据分析策略？这些策略如何帮助企业在电商领域取得突破？

（2）在 Y 家具公司的案例中，数据分析团队是如何平衡数据采集、预处理、分析、可视化、报告撰写与陈述等多个环节的工作，以确保数据分析的全面性和准确性？

（3）考虑到数据分析在企业决策中的重要性，Y 家具公司在未来的发展中应如何进一步完善其数据分析体系，以适应不断变化的市场环境和消费者需求？

参考文献

[1] ZHANG W. Machine Learning and Deep Learning: Concepts and Applications in Big Data Analysis[J]. Journal of Big Data and Intelligence, 2020, 5(1): 15-30.

[2] SMITH J, LEE K. Supervised and Unsupervised Learning: A Comparative Study[J]. Artificial Intelligence Review, 2019, 3(2): 123-145.

[3] CHEN H, ZHANG Y. The Evolution of Decision Tree Algorithms[J]. Data Mining and Knowledge Discovery, 2021, 4(3): 210-230.

[4] LIU T, WANG L. K-means Clustering: Theory and Practice[J]. Journal of Cluster Computing, 2022, 25(4): 401-419.

[5] BROWN P H, MARTIN R G. Bayesian Networks and Their Applications in Healthcare[J]. Health Informatics Journal, 2020, 26(1): 45-59.

[6] PATEL A K, Kim J H. Support Vector Machines: A Comprehensive Review[J]. Machine Learning and Applications, 2018, 11(2): 98-116.

[7] GARCIA S, LUENGO J, HERRERA F. Data Preprocessing in Data Mining[J]. Springer International Publishing, 2015, 7(1): 31-54.

[8] KAUR P, SINGH H. Artificial Neural Networks: An Overview and Recent Advancements[J]. Neural Computing and Applications, 2021, 33(10): 3321-3344.

[9] ZHAO L, LECUN Y. Deep Learning for Computer Vision[J]. Proceedings of the IEEE, 2017, 95(8): 2264-2279.

[10] RUSSELL S, NORVIG P. Artificial Intelligence: A Modern Approach[M]. Pearson Education Limited, 2016.

[11] MITCHELL T M. Machine Learning[M]. McGraw-Hill Education, 1997.

[12] HASTIE T, TIBSHIRANI R, FRIEDMAN J. The Elements of Statistical Learning[M]. Springer Series in Statistics, 2009.

[13] DUDA R O, HART P E, STORK D G. Pattern Classification[M]. Wiley-Interscience, 2001.

[14] MURPHY K P. Machine Learning: A Probabilistic Perspective[M]. MIT Press, 2012.

[15] GOODFELLOW I, BENGIO Y, COURVILLE A. Deep Learning[M]. MIT Press, 2016.

[16] JAMES G, WITTEN D, HASTIE T, et al. An Introduction to Statistical Learning[M]. Springer, 2013.

[17] AGGARWAL C C. Data Mining: The Textbook[M]. Springer, 2018.

[18] HAN J, PEI J, KAMBER M. Data Mining: Concepts and Techniques[M]. Morgan Kaufmann, 2011.

[19] NORVIG P. Artificial Intelligence: A Modern Approach[M]. Pearson Education Limited, 2019.

[20] RUSSELL S. Artificial Intelligence: A Modern Approach[M]. Pearson Education Limited, 2019.

[21] LIAO T W. Data Clustering: Algorithms and Applications[M]. CRC Press, 2015.

[22] XU R, WUNSCH D. Survey of Clustering Algorithms[J]. IEEE Transactions on Neural Networks, 2005, 16(3): 645-678.

[23] JAMES G, WITTEN D, HASTIE T, et al. An Introduction to Statistical Learning[M]. Springer, 2013.

[24] PROVOST F, FAWCETT T. Data Science for Business: What You Need to Know about Data Mining and Data-Analytic Thinking[M]. O'Reilly Media, 2013.

[25] LIU H, MOTODA H. Computational Methods of Feature Selection[M]. CRC Press, 2012.

[26] BROWN P H, MARTIN R G. Machine Learning: A Probabilistic Perspective[M]. MIT Press, 2020.

[27] 李航. 统计学习方法[M]. 北京：清华大学出版社，2019.

[28] 周志华. 机器学习[M]. 北京：清华大学出版社，2016.